华东政法大学法律史研究中心　编

法律史研究

（第5辑）

欧美学者研究中国法律史论文选译专号

本期执行主编：杨焯　方强

执行副主编：陈灵海　高珣

法律出版社
LAW PRESS·CHINA

《法律史研究》（第5辑）精选16篇论文翻译而成。本书的出版分别获得了16篇论文著作权人的同意和许可。

This translated collection consists of 16 English papers and is published with permissions of proprietors of original papers.

《周代的实体法与程序法》
Legal Institutions and Procedures during the Chou Dynasty
By Herrlee Glessner Creel
Creel, Herrlee Glessner. 1980. "Legal Institutions and Procedures during the Chou Dynasty" Essays on China's Legal Tradition, ed. Jerome Alan Cohen, R. Randle Edwards, and Fu-mei Chang Chen, 26–55. Princeton, N.J.: Princeton University Press. © 1980 Princeton University Press
Translated and published with permission of Karen Turner

《早期中国国家概念中的战争、惩罚与自然法》
War, Punishment, and the Law of Nature in Early Chinese Concepts of the State
By Karen Turner
Turner, Karen. "War, Punishment, and the Law of Nature in Early Chinese Concepts of the State." Harvard Journal of Asiatic Studies 53:2 (1993), 285–324. © 1993 Karen Turner
Translated and published with permission of Karen Turner

《社会变革与早期中国法律思想中的成文法》
Social Change and Written Law in Early Chinese Legal Thought
By Ernest Caldwell
Caldwell, Ernest. "Social Change and Written Law in Early Chinese Legal Thought." Law and History Review 32:1 (2014), 1-30. © 2014 by Cambridge University Press.
Translated and published with permission of Cambridge University Press.

《孝与唐之前的法律》
Filial Piety and the pre-Tang Law
By Geoffrey MacCormack
MacCormack, Geoffrey. "Filial Piety and the pre-Tang Law." Fundamina: A Journal of Legal History, n8 (2002), 137-164. © 2002 Geoffrey MacCormack
Translated and published with permission of Geoffrey MacCormack

《烫手山芋——1898年以前的中国上访制度》
Hot Potatoes: Chinese Complaint Systems from Early Times to the Late Qing (1898)
By Qiang Fang
Fang, Qiang. "Hot Potatoes: Chinese Complaint Systems from Early Times to the Late Qing (1898)." The Journal of Asian Studies 64:4 (2009), 1105-1135. © 2009 Qiang Fang
Translated and reprinted with permission of Qiang Fang.

《传统中国法制惩治强盗的研究》
Studies in the Traditional Chinese Law of Forcible Theft
By Geoffrey MacCormack
MacCormack, Geoffrey. "Studies in the Traditional Chinese Law of Forcible Theft." The journal of Comparative Law (an organ of the Association of Comparative Legal Studies) 7:2, 207-257
© Geoffrey MacCormack
Translated and reprinted with permission of Geoffrey MacCormack.

《法律，法律，什么法律？
——西方学者何以对中国法无话可说》
Law, Law, What Law? Why Western Scholars of China Have Not Had More to Say about Its Law
By William P. Alford
Alford, William. "Law, Law, What Law? Why Western Scholars of China Have Not Had More to Say about Its Law." The Limits of the Rule of Law in China, edited by Karen G. Turner, James V. Feinerman, and R. Kent Guy, Washington U.P. 2000; pp. 45-64
in The Limits of the Rule of Law in China, edited by Karen G. Turner, James V. Feinerman, and R. Kent Guy, Washington U.P. 2000; pp. 45-64. © 2000 University of Washington Press .
Translated and reprinted with permission of University of Washington Press.

《权大于法？——中国法治理论古今谈》
Were Chinese Rulers above the Law? Toward a Theory of the Rule of Law in China from Early Times to the Present
By Qiang Fang, Roger Des Forges
Fang, Qiang. and Forges, Roger Des. "Were Chinese Rulers above the Law? Toward a Theory of the Rule of Law in China from Early Times to the Present." Stanford Journal of International Law 44:1 fall (2007), 101-146. © 2007 Stanford University Press
Translated and reprinted with permission of Stanford University Press.

《以太祖之名
——〈明太祖实录〉对朱元璋法哲学与中国文化认同的构建》
In the Name of 'Taizu': The Construction of Zhu Yuanzhang's Legal Philosophy and Chinese Cultural Identity in the 'Veritable Records of Taizu'

By Yonglin Jiang
Jiang, Yonglin. "In the Name of 'Taizu': The Construction of Zhu Yuanzhang's Legal Philosophy and Chinese Cultural Identity in the 'Veritable Records of Taizu'." Toung Pao (01/2010)96, 408-470.© Brill
Translated and reprinted with permission of Brill.

《明代中国（1368～1644年）的条例与婚约解除
——对〈黄明条法事类纂〉卷一三的深度解读》
Precedents and the Dissolution of Marriage Agreements in Ming China (1368-1644),
Insights from the "Classified Regulations of the Great Ming"
By Dominiek Delporte
Delporte, Dominiek. "Precedents and the Dissolution of Marriage Agreements in Ming China (1368-1644), Insights from the 'Classified Regulations of the Great Ming'." Book 13, Law and History Review 21:2 Summer (2003), 271-296. © 2003 by Cambridge University Press.
Translated and published with permission of Cambridge University Press.

《清代的宽宥与法律推理理论》
Filial Felons : Leniency and Legal Reasoning in Qing China
By Thomas Michael Buoye
Buoye, Thomas Michael. "Filial Felons : Leniency and Legal Reasoning in Qing China." Writing and law in late imperial China: Crime, Conflict, and Judgment ed. by Robert E. Hegel and Katherine Carlitz, ISBN 0295986913, pp. 109-124. © 2000 University of Washington Press.
Translated and reprinted with permission of University of Washington Press.

《中国的人治和法治——清代政府对地方官员的惩处》
Rule of Man and the Rule of Law in China: Punishing Provincial Governors during the Qing
By R. Kent Guy
Guy, R. Kent. "Rule of Man and the Rule of Law in China: Punishing Provincial Governors during the Qing." The Limits of the Rule of Law in China, edited by Karen G. Turner, James V. Feinerman, and R. Kent Guy, pp. 88-111. © 2007 University of Washington Press.
Translated and reprinted with permission of University of Washington Press.

《清代法的“长臂”
——清代杀人罪规范在民国法院中的影响》
The Long Arm of Qing Law? Qing Dynasty Homicide Rulings in Republican Courts
By Jennifer Neighbors
Neighbors, Jennifer. "The Long Arm of Qing Law? Qing Dynasty Homicide Rulings in Republican Courts." Modern China 35: 1 (2009), 3-37. © 2009 by Jennifer Neighbors.
Translated and reprinted with permission of SAGE.

《发掘治外法权——作为上海会审公廨之原型的理事同知》
Excavating Extraterritoriality:
The 'Judicial Sub-Prefect' as a Prototype for the Mixed Court in Shanghai
By Par Cassel
Cassel, Par. "Excavating Extraterritoriality: The 'Judicial Sub-Prefect' as a Prototype for the Mixed Court in Shanghai." Late Imperial China 24:2 (2003), 156-180. © 2003 by the Society for Qing Studies and The Johns Hopkins University Press.
Translated and reprinted with permission of Johns Hopkins University Press.

《晚期中华帝国的堕胎——例行节育还是危机处置？》
Abortion in Late Imperial China: Routine Birth Control or Crisis Intervention?
By Matthew H. Sommer
Sommer, Matthew H. "Abortion in Late Imperial China: Routine Birth Control or Crisis Intervention?" Late Imperial China 31:2 (2010), 97-165. © 2003 by the Society for Qing Studies and The Johns Hopkins University Press.
Translated and reprinted with permission of Johns Hopkins University Press.

《国家、主权与人民——中国与印度的“法治”比较》
State, Sovereignty, and the People: A Comparison of the 'Rule of Law' in China and India
By Jonathan K. Ocko, David Gilmartin
Ocko, Jonathan K. and Gilmartin, David. "State, Sovereignty, and the People: A Comparison of the 'Rule of Law' in China and India", in The Journal of Asian Studies, Volume 68, Issue 01, February 2009, pp 55-100: Cambridge University Press. © Cambridge University Press
Translated and reprinted with permission of Cambridge University Press.

出版支持

国家重点学科
华东政法大学法律史学科建设项目

上海市人文社科基地
华东政法大学外国法与比较法研究院建设项目

上海市研究生教育创新计划
“法律文明的互动与变迁”项目

他山之石，可以攻玉

（代序）

方　强

中国传统文化除了历史久远、博大精深以外，还对外来的文化、人士和观点一向采取相当包容和尊重的态度。比如，传统文化中我们相当熟悉的名言："海纳百川，有容乃大""当局者迷，旁观者清""他山之石，可以攻玉""外来的和尚好念经"等都无不证明了吸收、重视外来文化的重要性。

不过，历史上许多著名学者都以中华文明为正统，轻视和排斥外族文化。如孔子在《论语·八佾》中说过"夷狄之有君，不如诸夏之亡也"，是指华夏诸侯即使没有国君，也比夷狄有君主强。[①]《左传·成公四年》提到"非我族类，其心必异"，后世多以此话专指夷狄或外族。到了汉代和魏晋，似乎学者对夷狄的贬斥得到加强。东汉史学家班固在《汉书》中写道："夷狄之人贪而好利，被发左衽，人面兽心，其与中国殊章服，异习俗，饮食不同，言语不通，辟居北垂寒露之野，逐草随畜，射猎为生，隔以山谷，雍以沙幕，天地所以绝外内地。"[②]南朝历史学者范晔继承了班固对夷狄的看法："夫戎狄者，四方之异气也。

① 后世对此说有两种看法，还有一种认为孔子感叹华夏无君，连夷狄都比不上。杜道生注译：《论语新注新译》，中华书局2011年版，第15页。

② （汉）班固：《汉书》卷九四《匈奴传中》，中华书局1962年版。

蹲夷踞肆,与鸟兽无别。若杂居中国,则错乱天气,污辱善人,是以圣王之制,羁縻不绝而已,不以伤害中国也。”①

幸而学者对异族歧视并没有被许多君王接纳。实际上,史书中大量记载了古代君王对外来人才和文化的重视,并不在乎他们的出身是华夏还是外族。传说中的舜来自东夷,西周文王则是西夷人。东周春秋战国时代,群雄各展神通,不拘一格,广纳贤才。当时的英俊才士并非因为楚国或秦国偏处蛮夷之地而踯躅不前。晋才楚用、楚才晋用并不鲜见。位居三晋之一的赵国武灵王不以北方戎狄为蛮夷,诚恳向其学习胡服骑射,使赵国成为七雄之一。②商鞅、孙膑、乐毅、苏秦、张仪等著名政治、军事和纵横家纷纷到异国为官,并能屡建奇伟功业。而任用他们的君王也不计国别、门第和出身,只要有才能,就能得到重用。公元前243年,当秦王嬴政发现韩国水工郑国实施的以大兴水利达到“疲秦”的计划后,下令驱逐外国门客。其中包括来自楚国的李斯。李斯因此写下著名的《谏逐客书》,指出“泰山不让土壤,方能成其大;河海不择细流,方能就其深;王者不却众庶,故能明其德”,恳请秦王撤回逐客令。最后,秦王被说服,召回外国客卿。身为楚人的李斯最后辅佐秦国一统天下,奠定帝业。

汉唐盛世是中华民族最引以为骄傲的时期。汉唐强盛的原因之一也许就在于其文化能够海纳百川、兼容并包。比如,汉武帝临终之前不以匈奴休屠王太子金日磾(jīn mì dī)是夷狄而嫌弃,反而想将太子(汉昭帝)托付于他。③东汉初期,儒家学说经过汉武帝(公元前157~公元前87年)的“罢黜百家,独尊儒术”以及汉昭帝(公元前94~公元前74年)时期的“盐铁论”,地位得到极大的提升。④但是汉明帝(公元28~75年)依然派了18名使臣到中亚寻找梦中的金神,最后在月氏国把佛教引入中国,并建立了中国第一个佛寺——白马寺。⑤到了魏晋南北朝时期,南北诸国君王争相信佛,大肆建造浮屠和石窟。南朝梁武帝(公元464~549年)更是几次宣布要退位,到寺庙做和尚。⑥

一代贤君唐太宗带有鲜卑人血统,所以能对汉族和其他民族一视同仁,不分

① (宋)范晔:《后汉书》卷三三《朱冯虞郑周列传》,中华书局1965年版。

② 参见(宋)司马光:《资治通鉴》卷三,中华书局1956年版。

③ 参见《资治通鉴》卷一九,中华书局1956年版。

④ 汉武帝的尊儒和汉昭帝的“盐铁论”,参见金春锋著:《汉代思想史》,中国社会科学出版社1987年版,第82~90页、第298~304页。

⑤ See Huajin Nan, *Basic Buddhism: Exploring Buddhism and Zen* (Newburyport: Weiser Books, 1998):77.

⑥ 参见方立天主编:《中国佛教简史》,宗教文化出版社2001年版,第237页。

华夏蛮夷。他曾经严厉批评那种重视汉族但是贬低夷狄的观点和做法，并表示他将平等关爱所有民族。正因为此，他被少数民族尊称为“天可汗”。①唐太宗的以身作则对后世唐朝皇帝有很大的影响。唐玄宗(公元685～762年)在位时，胡人安禄山因为善于奉承拍马，得到玄宗的宠信，被任命为河东节度使。贵妃杨玉环还将安禄山视为干儿子。②尽管安禄山叛乱给唐朝造成沉重的打击，但是也说明唐朝皇帝用人不在乎华夏还是蛮夷。唐末黄巢起义后，沙陀人李克用尽忠尽责，辅佐唐室击败黄巢起义军。正是由于唐朝统治者的宽广胸怀，才使各族精英除少数人外，都能够对唐朝忠心耿耿、恪尽职守。《诗经·大雅·文王之什》所说的“济济多士，文王以宁”正是这个道理。

1399年明太祖朱元璋去世后仅一年，燕王朱棣发动“靖难之役”，力图篡夺侄子建文帝的帝位。1402年朱棣占领南京后称帝，史称明成祖。与其父皇朱元璋一样，朱棣有吞吐天地之志，所以对异族人才与汉族一视同仁。郑和原为穆斯林，得到朱棣的宠信。1405年开始奉命下西洋达7次之多，最远到达阿拉伯和非洲等地。不仅比欧洲航海家早到半个世纪，而且郑和舰队的“宝船”比哥伦布的船要大得多。还有学者甚至声称郑和的船队首先发现了美洲。③

明朝中后期，欧洲的宗教革命促使罗马教皇派遣“耶稣会士”到其他国家传教，以重振天主教。以利玛窦为首的罗马耶稣会士自16世纪末到达中国。利玛窦带来的西方技术和地图让中国人更多地了解西方。他传教所奉行的“本土化”策略也得到明朝皇帝和百官的包容和信任。④著名科学家徐光启和不少其他官员都受洗成为天主教徒。清朝统治中国后，对西方传教士比明朝更加尊重。年轻的顺治皇帝以耶稣会士汤若望为贵宾，曾一度将其视为“祖父”。⑤康熙即位后，依然尊重传教士，不把他们看成“夷狄”，而且从他们那里了解到很多有关当时欧洲政治和科技的知识。如南怀仁帮助清朝革新了历法，其他传教士的翻译和参谋让康熙在1689年与俄国顺利交涉签订了《尼布楚条约》，第一次划定中俄北方边境。⑥遗憾的是，由于罗马教皇反对利玛窦等耶稣会士对中国实行的“本土化”策略，导

---

① Ping-Ti Ho, “In Defense of Sinicization: A Rebuttal of Evelyn Rawski’s ‘Reevvisioning the Qing’”, in *The Journal of Asian Studies*, 1998, pp. 123－155.

② 参见(宋)司马光：《资治通鉴》卷二一七，中华书局1956年版。

③ See Aliya Ma Lynn, *Muslims in China*(University Press, 2007): 34；郑和舰队及首先到达美洲，参见 Gavin Menzies, 1421: *The Year China Discovered the World*(New York: Harper Colins, 2012)。

④ 利玛窦的“本土化”策略是允许中国天主教徒继续祭奠祖先。

⑤ Jonathan Spence, *To Change China: Western Advisers in China*(U.K.: Penguin Books, 2002).

⑥ See Peter C. Perdue, *China Marches West: The Qing Conquest of Central Eurasia*(Harvard: Harvard University Press, 2009): 172.

致清廷与天主教决裂,使中国失去了进一步了解西方近代先进文化和科技的桥梁。①

随着清朝国力在乾隆时期步入顶峰,加之与西方的交流中断,清朝统治者夜郎自大,以天朝上国自居,不屑与西方"蛮夷"多做交流通商,仅开放偏居南隅的广州为通商门户。1793年由于英国公使马可尼勋爵(lord Macartney)拒绝对乾隆行中国式的叩拜礼,傲慢的乾隆拒绝接见并同时坚辞英国的扩大通商请求,从而丧失了与西方强国交往了解的一次良机。

正当清政府由盛转衰的时候,英国却正经历人类史上第一次工业革命。与此同时,英国还拥有当时世界上最强大的海军。当英国商人走私鸦片到中国遭到钦差大臣林则徐的没收和销毁后,英国国会授权派遣远征军到东亚"教训"中国。鸦片战争的惨败并没有引起国人的太多注意。以魏源、冯桂芬、曾国藩、李鸿章等为代表的早期开明官员首先看到西方的强大,积极主动地收集和了解有关西方的地理、政治和风土人情。魏源的《海国图志》和徐继畬的《瀛寰志略》都是充分利用西方传教士和其他途径编写的有关西方地理、历史和社会的著作。然而,他们在呼吁向西方学习科学技术的同时又坚信中国的文化传统优于西方,提出"师夷长技以制夷"和"中学为体、西学为用",成为日后洋务运动的旗帜。

如果说鸦片战争前后清朝的有识之士学习西方文化是被迫而局部的,那么中日甲午战争,尤其是八国联军攻占北京城以后的学习西方则是主动而全方位的。1894~1895年的甲午之战,清军惨败于日军,并签下屈辱的《马关条约》,让很多爱国人士(如郑观应等)将日本的成功归因于1889年的帝国宪法和君主立宪。他们强烈要求学习西方和日本制定宪法和实行议会制。保守派慈禧太后虽然反对光绪的新政,但是在被八国联军赶出北京城后,深感改革的必要性,下诏改革,拉开了清末新政进行全面西式改革的序幕。1905年日本击败俄国,成为黄种人的骄傲,大批中国留学生和官员涌入近邻日本学习强国的经验。近代启蒙学者严复将西方著名思想论著(如《天演论》《论法的精神》《原富》等)翻译成中文,希望国人能更多地了解和借鉴西方社会。

鸦片战争后,随着列强通过不平等条约强迫清政府打开国门、允许外国人自由进入中国并在租界享有治外法权,很多外国传教士、学者、教师和医生等也进入中国。其中一些人将西方文化,如基督教、西医、科技、文学、法律、教育理念等,带入中国。中国文化在遭到强烈冲击的同时,也受益匪浅。美国著名传教士和学者丁韪良(William Martin)帮助清政府翻译了亚洲第一本《万国公法》,并创造了很

① See Jonathan Spence, *Emperor of China: Self-Portrait of K' ang-His* (U. K. Vintage, 1988).

多我们今天非常熟悉的法律和政治词汇，如“权利”等。[1]同样来自美国的巴克（Peter Parker）医生和传教士将西医带入中国，并在广州建立医院，治愈了不少中国病人。[2]

1877 年德国地理学家费迪南·冯·李希霍芬（Ferdinand von Richthofen，1833～1905 年）首先提出了中西交流的“丝绸之路（Seidenstrassen）”这一概念。最近中国政府提出的“一带一路”规划也正是延续了古代的“丝绸之路”。[3]再者，世界七大奇迹之一的“万里长城”坐落于中国北方，延绵数千公里，据说是太空中唯一能看见的人类工程。然而，让国人引以为傲的长城并非先由中国人发现或重视。对清政府来说，因为国家版图跨越长城南北，长城失去了其首要的防御功能，加之城墙在国内几乎各省都有，所以没有受到重视。而对于西方人来说，依山而建的雄伟长城在西方从未见过，因而对其赞赏有加。结果“出口转内销”，长城成为国人的骄傲。每年都有数十万的游客到达长城。

西方学者不仅对中国近代的法律、教育和医学造成巨大的影响，而且对中国历史和哲学也有很大的贡献。我国台湾地区学者陈荣捷认为，17 世纪天主教传教士到中国，模仿西方哲学历史之进程将宋明理学称为新儒学（Neo-Confucianism）。近代以来中国学者受西方影响，也采用新儒学之名，以代理学。[4]

1901 年开始的清末新政，既是摇摇欲坠的清政府所企望的灵丹妙药，也是古老的中华第一次向西方进行的全面而主动的学习和借鉴。清政府除了引进近代西方先进的教育、军事、警察、监狱制度，还大刀阔斧地改革延续千年之久的法律制度。短短数年之间，清政府废科举、创新军、除酷刑、兴立宪、建模范监狱，并以西方法律为范式，将刑律和民律分开。新的《大清民律草案》专门针对民法，内容基本上照抄了德国的《民法典》。虽说中国古代有民法的存在，但从来没有一部民法典，所以清末制定的《大清民律草案》有着划时代的意义，对中华民国和中华人民共和国都有深远的影响。1908 年修订法律大臣沈家本聘请了日本著名法学家志田钾太郎、松冈义正、冈田朝太郎三人一同修订《法院编制法》，该法首次提到西方大陆法系具有的行政诉讼以保护民权免遭政府的侵害。

正当清政府不遗余力地向西方学习时，革命党领袖孙中山等人也以西方近代

---

① See Lydia Liu, *Clash of Empires*: *The Intervention of China in Modern World Making* (Harvard: Harvard University Press, 2009): 128.

② See Jonathan Spence, *To Change China*: *Western Advisers in China* (U. K.: Penguin Books, 2002).

③ Frances Wood, *The Silk Road*: *Two Thousand Years in the Heart of Asia* (Berkeley: University of California Press, 2004): 9.

④ 参见陈荣捷著：《宋明理学之概念与历史》，台湾“中央”研究院 1996 年版。

的民主共和思想为武器号召民众反对专制腐败的满清“鞑虏”。孙中山所倡导的“三民主义”可以说就是美国总统林肯1863年在哥德斯堡演说中所提出的“民有、民治、民享”的翻版。1912年建立的中华民国与西方主要国家的政治体制非常相似,不仅有参众两院,而且有经选举产生的议员。1913年4月美国总统威尔逊承诺在袁世凯政府召开国会的当天承认中华民国,理由是中华民国“把美国看作他们的朋友和典范”①。

“五四”运动后,一些爱国志士受到俄国“十月革命”的鼓舞,逐渐接受了西方的马克思主义。两年后,俄共领导的共产国际帮助建立了中国共产党。尽管国民党最后决定与中共分裂,但是20世纪中期中国最重要的两个政党都接受了列宁的以党治国理念。20世纪30年代初期,中共的领导权基本把持在以王明为首绝对忠于共产国际的“28个布尔什维克”手里。②当时的中央苏区“在共产国际的强大影响下”,以苏联为榜样,建立起“一套直接脱胎于苏俄的政治、经济、军事动员及意识形态体制”。③

中国共产党向苏联学习马列主义的热潮在取得政权后并没有消减,反而更是将苏联视为“老大哥”和榜样。朝鲜战争后,中国与西方的关系步入冰点,促使中国更紧密地与苏联站在一起,共同维护共产主义世界并积极帮助周边共产党取得政权。20世纪60年代中苏决裂,尤其是毛泽东发动的“文化大革命”使中国在一个时期中同时与西方和苏联为敌。1972年中美关系缓和以及美国总统尼克松历史性的访华,但是并没有打开西方文化进入封闭中国的通道,中西交流仍然举步维艰,仅限于部分的旅游观光。

1978年十一届三中全会制定的改革开放政策,20世纪80年代西方文化伴随着中国对外开放之春风鱼贯而入,各种西方哲学、文学著作纷纷出现在书店中。当时以介绍西方文化为宗旨的《走向未来》丛书让对马克思主义以外的西方文化充满想象的青年学生了解到近现代西方的主流思潮。这种对西方文化如饥似渴的需求同样又催生出更多的译著。但是总体来讲,当时对西方文化著作的翻译仍

① Arthur S. Link, ed., *Papers of Woodrow Wilson*, Princeton: Princeton University Press, 1978, p. 27,250,465;方强:《理想主义还是现实主义?——美国总统威尔逊的对华政策》,载《史学集刊》2010年,第84~89页。

② See Jerome Chen, "The Communist Movement 1927 - 1937" in Lloyd E. Eastman, Jerome Chen, Suzanne Pepper, Lyman P. Vanslyke, eds., *The Nationalist Era in China* 1927 - 1949 (Cambridge: University of Cambridge Press, 1991):58 - 9.

③ 高华:《红太阳是如何升起的:延安整风运动的来龙去脉》,香港中文大学出版社2000年版,第74页。

然有很多不足，大量译著集中于近现代西方的哲学、政治学、历史学和经济学，对西方学者研究中国传统文化、历史，特别是法律史的得力之作却重视不够。

令人欣慰的是，近年来许多国内外学者和国内的出版社对这个问题非常重视。比如，江苏人民出版社出版了一系列《海外中国研究》丛书，将国外研究中国文化历史的著作引入中国，帮助国内学者了解国外中国研究的最新著作和理论。美国加州州立大学历史系教授姚平和美国著名的研究中国历史的学者伊佩霞（Patricia Ebrey）联合主编了《当代西方汉学研究集萃》，由上海古籍出版社出版。该套论文集分为上古史、中古史、思想文化史、宗教史和妇女史五个分卷，将近数十年海外研究中国的名家名篇翻译成中文。笔者也有幸参与了其中的翻译工作。

遗憾的是，近年来国内翻译的海外中国研究，缺乏研究中国法律史的力作。最近的一本专门介绍翻译海外中国法律史研究的论文集是《美国学者论中国法律传统》，由美国著名中国法律史学者高道蕴（Karen Turner），清华大学法学院教授高鸿钧和北京大学法学院教授贺卫方联合编译，清华大学出版社于 1994 年出版。作为第一本海外研究中国法律史的译著，该论文集重点在于纠正美国学术界长期以来受到马克斯·韦伯以及费正清、李约瑟、博德、昂格尔等早期美国学者影响对中国法律史的误解或者不太符合实情的观点。比如，昂格尔认为中国法纯粹是"工具性和官僚政治的法"，所以缺乏西方法治所需要的来自外界宗教的挑战。但是哈佛大学学者安守廉（William Alford）反驳说，中国正式的法律早在周朝就已经出现，而且对政治权威的外部制约是以"天命"的形式出现的。针对李约瑟有关儒家的礼相当于自然法理想的观点，皮文睿的研究表明儒家思想并非自然法，而是在"一种既定的环境中，为获得和谐社会的具有文化价值的引导之中"。儒家的"礼"不是普遍原则，而是一些"历史性和社会性的必要规范"。①

《美国学者论中国法律传统》这本译文集具有良好的学术价值，为翻译和介绍海外法律史论文集开了一个好头。然而该论文集的出版距今 20 余年，其中大部分论文都是 20 世纪八九十年代的论文，对于日新月异的法律史学术界来说略显陈旧。再者，该论文集仅是关注美国的中国法律史研究，却忽视了其他海外国家和华裔的重要中国法律史论文。虽然用许纪霖教授的话来说，美国汉学研究"一直在国际汉学界执牛耳"，②但是仅仅翻译出版美国学者的中国法律史研究论

---

① 高道蕴、高鸿钧、贺卫方等编译：《美国学者论中国法律传统》，清华大学出版社 2001 年版，第 15～16 页。

② 许纪霖：《史学研究不过是"瞎子摸象"》，载共识网：http://www.21ccom.net/articles/read/article_2013020476528.html，最后访问日期：2013 年 2 月 4 日。

文,不得不说是该论文集的一个短板。

一、本译文集出版的原因和特点

鉴于国内翻译的海外研究中国法律史的论文很少,而且最近出版的《美国学者论中国法律传统》一书相距今日已颇有时日,其中很多论文的观点不是早已被国内学者熟知,就是相对过时并被新的观点取代。为了让国内广大法律史学者能够了解最新的海外研究中国法律史的论文和观点,在华东政法大学法制史研究中心陈灵海教授倡议和主持下,笔者和杨焯、姚远、于明等华东政法大学的青年才俊一起组成翻译委员会。本文集先由华政博士研究生、硕士研究生进行翻译,然后由翻译委员会成员负责审稿、定稿,确保翻译质量。法律出版社的刘晓萌编辑为本译文集的出版提供了热情的帮助,并负责联系海外的版权及出版事宜。

本译文集主要收录翻译了最近一二十年发表在西方重要法律和历史学报中有关中国法律史的论文。与《美国学者论中国法律传统》一书不同,本译文集中的论文并没有对西方中国法律史研究中出现的误解或较为陈旧的观点作进一步的修正和反驳,大多数论文都专注于中国法律史的局部或制度史等更为细致和详尽的研究。这对国内法律史专家、研究生和本科生来说不仅能够了解西方对中国法律史的最新研究成果,而且还可以帮助他们了解西方法律史研究中常用的新视角或新方法论。

为了全面反映海外近年有关中国法制史研究的最新成果,翻译委员会克服了经费、版权等难题,尽最大可能收录了中国法制史各个时段的论文,力求涵盖上自先秦下至清末的所有论文。本集中的论文大体可以分为先秦、前唐、明代、清代、比较法研究、制度通史以及对西方研究中国法律史的批评和建议七大类别。

二、论文主要内容和学术贡献

(一)先秦

本译文集的第一大类是先秦阶段。其中,主要收录了美国著名中国法律史学者顾立雅(Herrlee G. Creel)的《周代的实体法与程序法》,①欧内斯特·康佩里(Ernest Caldwell)的《社会变革与早期中国法律思想中的成文法》,②高道蕴的《早

① 原载 Jerome Alan Cohen, R. Randle Edwards, and Fu-mei Chang Chen, eds., *Essays on China's Legal Tradition*, Princeton, N. J.: Princeton University Press. 1980, pp. 26-55。

② 原载 *Law and History Review*, Volume 32, pp. 1-30 (2014)。

期中国国家概念中的战争、惩罚与自然法》。①

顾立雅教授是美国第一代汉学家,长期执教于著名学府芝加哥大学,是该校中国及东亚研究的奠基人。他对金文分期断代中的构拟王年历谱,商周"天""帝"崇拜("天"与"帝"的起源及二者关系、天道观念变化),西周政府的组织结构和运行机制都有自己独到的研究。值得一提的是,顾立雅教授运用社会学和政治学的理论方法对西周王朝政府的组织、财政、司法以及政府的管理技术等做了深入探讨,他认为"Feudalism"是一种政府的组织形态,尽管西周初期的政府并不是一个真正的官僚体制,只能是个原始的、初型的官僚体制,然而王室的官员确实具备许多官僚制的特征。

1994 年,年逾 89 的顾立雅教授去世。他的学生、芝加哥大学中国文学教授芮效卫(David T. Roy)在讣文中这样评价其恩师的一生:"他的去世标志着一个时代的结束。他是早期中国文明研究的大师,美国汉学界公认的元老。他将芝加哥大学建设成为东亚研究的重镇。"而《中国之诞生》(*The Birth of China*)是顾立雅教授的成名作,其最大的特色是利用了当时最新的考古发现资料,成为西方第一部利用甲骨文和金文对商周史进行综合描述的著作。我们也应该注意到本篇译文中所提到的高本汉(Klas Bernhard Johannes Karlgren),其研究以青铜器型式、纹饰为主,他使中国青铜文化引起了西方学界注意。

在《周代的实体法与程序法》一文中,顾立雅教授以《易经》《尚书》《诗经》、184 篇精选青铜铭文为基础,为我们勾勒了周代法制图景,他将时间界定为两段:周代初期(西周)与周代晚期(东周)。在不同篇章分别以《康诰》《左传》《论语》《商君书》《韩非子》等文献的部分段落以及从青铜铭文中解读出来的案例为切入点,探讨诸如"天与政权合法性、正当性的关系""中国早期法律的家族本位""中国早期行政立法化与国家建构""春秋法典化运动与中国早期法律秘密性""礼与法以及法律儒家化""法律的自然化"等问题。他认为西周天子对广袤领土实施强有力控制,在"天"的监督下(法律的自然化),周天子以传统为主要渊源的法律为工具承担了为天下公正司法的重任,而司法中对于私人契约的关注度、诉讼中允许双方当事人派代理人参与与后世相比都令人惊讶。春秋时期的法典化运动在作者看来并不昭示以前的做法就是法律秘而不宣,"法律儒家化"的说法也是值得商榷。最后作者认为周武王与法家具有相似性——以"极权"的社会组织方式整合国家,以法律塑造政府威权。

这里顺带提及顾立雅教授写作本篇论文的时代背景。新中国成立后,中国考

① 原载 *Harvard Journal of Asiatic Studies* 53(2):285-324(1993)。

古学取得瞩目成就,许多重要的古代遗址和墓葬相继被发现,其中河南、陕西、山西、北京、河北等地先后出土了大量的商周王室及诸侯国的青铜器,对西周史的重构意义重大。而今陕西省西安市西南12公里的沣河两岸,是所谓的西都“宗周”,是西周的王都和宗庙所在地,1961～1962年在沣西张家坡西周墓地清理出一批殷遗西周早期青铜器,为“幸旅”“敢”“木”诸族之物。而顾立雅教授写作本文所采用铭文的出土时间截至于此。因此受时代限制,顾立雅教授铭文素材有限,可能其观点当今看来有失偏颇,但仍不失为一篇值得重视的论文。

欧内斯特·康佩里是海外中国法律史研究的新锐,现在英国伦敦大学法学院任讲师,专攻法律史、中国文学和亚洲法制。2014年康佩里在《法律和历史评论》中发表了《社会变革与早期中国法律思想中的成文法》一文,对周朝时期的成文法进行了深度研究,对前人有关周代成文法是贵族阶级向平民阶层的妥协的观点提出质疑。通过《左传》中几篇有关成文法的文章揭示了社会变革与成文法的互动关系。成文法是贵族发起的改革的产物,同时又是调节社会秩序的工具。作者就此提出了三个论点:一是,早期中国人对于成文法的使用是对社会控制手段变革的需要,是当时的社会政治状况决定的;二是,其认为成文法不仅调整了贵族与普通平民之间的关系,同样也调节了贵族之间的内部冲突;三是,当时的中国人,尤其是当权者认为,成文法能够增强法律效力的功能。

为了论证上述观点,作者以《左传》为中心,考察了春秋战国时期不断变化的社会政治状况。以这样的社会变迁背景为依据,其分析了《左传》中的五篇文章,证实了这样一种不断增长的意识,即成文法具有产生社会和政治秩序的价值。然后作者把早期中国成文法的发展置于全球背景下,将其同其他前现代法律传统的成文法相对比。比较言之,考察文字与建立在成文法基础上的法律意识之间的关系,为正在进行的有关世界其他国家成文法发展的争论提供了新的视野。同样对于研究中国法律史的学者们,提供了一个在全球视野内分析中国法律发展的全新视角。

高道蕴教授是中国法律学人熟知的美国汉学家,1994年她曾与高鸿钧和贺卫方教授联合编译了《美国学者论中国法律传统》。高道蕴教授是耶鲁大学东亚研究硕士,密西根大学中国历史博士。现任圣十字学院(College of the Holy Cross)历史系教授,哈佛大学法学院东亚法学研究项目资深研究员。《早期中国国家概念中的战争、惩罚与自然法》是高道蕴教授在《哈佛亚洲研究学报》上发表的关于中国早期法治理念的力作,对美国汉学界了解中国历史上的法治传统有重要的意义。在论文中,高道蕴基于战国和汉代早期的著作,论证古典晚期的中国先哲们已为制定法、规范准则和有组织的暴力之间设定了可行的界限。虽然他们都认可国家必须垄断暴力以维持一个稳定的政治结构,但是如古典晚期的西方正义战争理论一样,他们也达成了这样的共识,即武力可在统治中占据合法的一席之地,但又告诫法律不得以变化无常的原因或以私利为由诉诸暴力。此外,他们还宣称,关于战争和惩罚的决定必须基于自然法。

通过对古典中国政治理论与西方自然法和正义战争概念的比较,高道蕴对当时有关早期中国法律文化既有的传统观点的评价提出了新的视角,努力从文献中挖掘出早期中国的法治观念,并以此驳斥早期中国不存在法治观念的论断。结合写作时中国当时有关法治与人治大论战的背景,高道蕴从历史和传统出发,为当代中国法治理念的确立提供了有力的理论依据。

(二)唐朝以前

先秦到唐朝之间我们仅收录翻译了一篇论文《孝与唐之前的法律》,①论文作者是英国著名中国法律史学者马若斐教授。马若斐教授1957年自澳大利亚悉尼大学获得学士学位,1966年从英国牛津大学获得博士学位,先后在牛津大学、悉尼大学、格拉斯哥大学和英国阿伯丁大学任教,现在是阿伯丁大学荣退教授。马若斐教授著述丰厚,长期从事中国古代法律史,尤其是唐宋法律史的研究。除了在诸多西方法律和历史学报上发表论文外,马若斐教授写作的《中国传统刑法》(2013年)和《中国传统法律的精神》(1996年)二书在海外汉学界颇具反响。其代表论文有《荀子的法律社会观》《传统中国的宗教与法律》等。

在《孝与唐之前的法律》一文中,马若斐教授以雍正二年(公元1724年)颁行的《圣谕广训》为起点,论述了唐以前各朝代中"孝"的内涵及变迁。马若斐教授以非常严谨的态度,从史料出发,对孝的一般概念、与孝有关的法律以及民间对于违反孝道的惩罚和观念进行了详细的阐述,细数了各种不孝行为的刑罚以及对出于孝道而作出违法行为的处罚和宽恕,对从秦朝到唐之前的历代关于孝和孝道的情况进行了非常详细的论述。从这些讨论中,马若斐教授发现尽管秦朝不推崇儒家思想,但是也重视孝和孝道,因此得出孝并不是儒家所特有的精神的结论。文章结论认为孝不仅仅是儒家提倡的一种精神,更是统治者在特定的情况下为了统治而使用的一种政治工具,儒学被大力推崇的原因在于其符合这样的统治目的,可以培养臣民们对父母服从和对君王忠诚的精神习惯,从而使统治阶级的统治更加稳固。

(三)明代法律史

明代法律史有两篇论文,分别是姜永琳教授的《以太祖之名——〈明太祖实

---

① 原载 *Fundamina: A Journal of Legal History*, n8(2002):137-164。

录〉对朱元璋法哲学与中国文化认同的构建》和多米尼克·德尔波特(Dominiek Delporte)教授的《明代中国(1368~1644年)的条例与婚约解除——对〈皇明条法事类纂〉卷一三的深度解读》。①

姜永琳教授是美国明尼苏达大学历史系博士,现在担任美国布林茅尔学院(Bryn Mawr)的副教授和浙江大学光华法学院的讲座教授。姜永琳教授的研究课题主要集中于中国古代的法律文化、伦理和法律史。他是《大明律》的英文译者,《天命与大明律》(2011年)一书的作者,并发表了很多中英文法律史的论文。姜永琳教授还曾担任过美国明史研究协会的主席。

在《以太祖之名》中,姜永琳教授论述了朱元璋的法律思想是如何在明初的官方正史《明太祖实录》(*Taizu Shilu*)以及后世一些相关史料中得以构建的。通过对朱元璋言行评价的讨论,文章论证的核心观点是:朱元璋的法律思想在明代史学文献中得到了精心的构建,而这些史学构建则反映了官方重新去界定中华文化认同的努力。文章研究主要从近年来史学界的"历史书写"研究这一新视角出发并展开,通过对文本的分析、对史料的比对与对时值政治背景的解读,深入揭示朱元璋法律思想被塑造后的政治原因与时代氛围,以说明朱元璋法律思想的构建过程,将意识形态的建构、历史书写与政治制度的变迭三者结合起来,进行综合分析,因此文章采用的角度新颖,为对朱元璋法律思想研究中尚未出现的角度。

《明代中国(1368~1644年)的条例与婚约解除》一文是比利时根特大学(University of Ghent)中国语言与文化系的助理研究员多米尼克·德尔波特撰写的一篇论文。该文主要通过对《皇明条法事类纂》卷一三之中部分条例的解读,考察了明代与妇女婚约和婚姻解除相关的条例是如何提出和适用的。

在对明代条例以及中华帝国的离婚和婚约解除进行相关介绍后,相继考察了1452年条例、1468年条例和1483年条例。德尔波特认为,大明律中对于离婚的相关立法不够充分,来源于官员奏折的条例起到了很好的补充作用。但是由于条例往往不为官员所知,实际中条例的适用存在困难。同时由于男方拥有强烈的"永久控制妇女"的观念,往往会向地方官府施加压力,这也阻碍了地方官员对于条例的适用。

本文以《皇明条法事类纂》卷一三为切入点,向我们介绍了明代官方对于妇女解除婚约和离婚的态度,间接展现了明代妇女的地位,具有一定启示意义。

---

① 两篇论文分别原载*Toung Pao*,01/2010;96,pp.408-470和*Law and History Review*,Volume 21(2003),pp.271-296。

（四）清代法律史

正如高道蕴教授在《美国学者论中国法律传统》一书中所说，清代的史料“比以前各代的材料丰富得多”，所以西方学者更容易接触清代的材料，也更热衷于研究清代。①

正因为此，本译文集收录了5篇清代法律史的论文：步德茂（Thomas Buoye）的《清代的宽宥与法律推理理论》（2009年），②苏成捷（Matthew Sommer）的《晚清中华帝国的堕胎——例行节育还是危机处置?》（2010年），③盖博坚（R. Kent Guy）的《中国的人治和法治——清代政府对地方官员的惩处》（2000年），④卡塞尔（Par Cassel）的《发掘治外法权——作为上海会审公廨之原型的理事同知》（2003年）⑤和胡宗绮（Jennifer Neighbors）的《清代法的“长臂”——清代杀人罪规范在民国法院中的影响》（2009年）。⑥

步德茂教授在美国密西根大学获得博士学位后到俄克拉荷马州的塔尔萨大学任教，现为塔尔萨大学历史系主任、美国密歇根大学中国研究中心副研究员、中国人民大学《清史研究》编委、葡萄牙阿威罗大学客座副教授。其代表作为2000年由剑桥大学出版的《过失杀人、市场与道德经济：十八世纪中国的财产权暴力纠纷》（Manslaughter, Markets, and Moral Economy: Violent Disputes over Property Rights in Eighteenth-Century China）。步德茂教授把社会变迁中财产权暴力争端的经济法律问题放到了特定文化背景之下予以考察，视经济、政治和文化为一体，以清朝刑科题本为素材用多学科的思维方式多视角地研究了18世纪的中国法律思想文化。步德茂教授长期致力于清代法律史、经济史等方面的研究，是目前国际上少数以清朝刑科题本作为研究对象的学者，也是美国目前“新法制史”研究的代表人物之一。⑦

在论文中，步德茂教授认为：作为裁判得出的重要方法，清代的法律推理理论完全不同于形式主义下的推理过程，法官多在伦理及家族秩序的影响下进行着从

---

① 参见高道蕴、高鸿钧、贺卫方等编译：《美国学者论中国法律传统》，清华大学出版社2001年版，第15页。

② 原载 Robert E. Hegel and Katherine Carlitz, eds., *Writing and law in late imperial China: crime, conflict, and judgment* (Seattle: University of Washington Press, 2009): 109 – 124。

③ 原载 *Late Imperial China*, Volume 31, Number 2, December 2010, pp. 97 – 165。

④ 原载 Karen G. Turner, James V. Feinerman, and R. Kent Guy, eds., *The Limits of the Rule of Law in China* (Seattle: University of Washington Press, 2000): 88 – 111。

⑤ 原载 *Late Imperial China*, Vol. 24, No. 2, December 2003, pp. 156 – 180。

⑥ 原载 *Modern China*, 35, No. 1 (2009): pp. 3 – 37。

⑦ 资料来源中国近代史研究所，载 http://cs.zgjds.org/news4_part.jsp? id = 3396&&classid = 79。

宽量刑。这充分体现在死刑复核及秋审的程序之中。论文中所讲述的几个杀人案例正是在此思维模式之下,由县长娴熟地运用审判技巧,通过对不确定案件事实的合情理推测,做出既符合法律规定又符合道德要求的判决。这些行为既是对儒家行为的严格恪守,同时也满足着司法裁判的高效性要求。

苏成捷教授1994年毕业于美国加州大学洛杉矶分校,现在任职于州斯坦福大学历史系,专注于18世纪、19世纪晚清社会的性别、性爱、家庭和法律的研究,代表作为《晚清的性、法律和社会》(Sex, Law, and Society in Late Imperial China, 2000年)。目前,苏成捷教授正撰写第二本专著《中国清朝的卖妻和一妻多夫制:生存策略和司法干预》(Wife-Selling and Polyandry in Qing Dynasty China: Survival Strategies and Judicial Interventions)。

在《晚清中华帝国的堕胎》一文中,苏成捷教授反驳了人口史学家和性别史学家观点的核心面向。对于人口史学家而言,苏教授认为其赖以立论的核心论据存在证明力不足的情况,如李伯重选取的文献记载的药方未经证实确实有效;而对于性别史学家而言,苏教授认为其立论与其史料自相矛盾,如在主张妻室借助堕胎或避孕来逃避生儿育女的职责的同时,其立论文献却声明了堕胎或避孕的危险性。除批判了前人的观点外,苏教授接下来依据掌握的司法判例提出了晚期的中华帝国中堕胎与避孕并不普遍的核心观点,论证了文首提到的马尔萨斯"神话"并不只是神话。但在苏成捷教授的论证中也同样存在一些问题。例如,苏教授利用了一些尚未刊印的刑科题本,但苏教授本人也承认这些案例只是众多史料记载的案例中的一部分,因此,这些案例是否能够较为全面的代表当时民众生活状态仍是值得商榷的一个问题。但无疑苏成捷教授的研究说明了许多中国学者对于传统中国医书的迷恋是缺乏根据的,在这一面向上,苏成捷教授的研究极具创见性。

盖博坚也是老一代的美国汉学家。1981年从哈佛大学获得博士学位,以后在华盛顿大学历史系和杰克逊国际研究院任教。现在是该校的荣退教授。主要研究方向为中华帝国和殖民主义,著有专著《皇帝的四库全书:乾隆皇帝早期的学者和国家》(The Emperor's Four Treasuries: The Scholar and the State in the Early Qianlong Reign),由哈佛大学出版社于1987年出版。

盖博坚教授在其论文《中国的人治和法治——清代政府对地方官员的惩处》中认为清代中国的法律本身并不具有道德性,然而却被国家用来保护必要的道德秩序。较之西方法律,中国法律更明显地服务于道德和政治目的。盖博坚教授通过具体案例来论述清代政府的高级官员(如总督和巡抚)如何运用法律表达其意见以及弹劾其他官员,探讨了在清代中国,皇帝、高级官员和普通官员之间的关系。不同身份的政治参与者掌握不同的弹劾方式,皇帝可直接纠劾官员,督抚可采秘密参奏，御史及其他官员可以运用普通参奏的方式。在作者看来，这些不同的弹劾方式构成了一个系统的连续体，该连续体根据中国政治行为最后建立的基础形成的绝对权力程度而确定，抑或由本质上即属于法律的程序性保护措施决定。盖博坚教授认为，中国的法律在形式上与实质上与西方法律大相径庭，但是不能因此认为中国不存在法律。相反地，我们可以从中国显著的法律执行机构和弹劾官员的方式上引申出这样的论断，即不同时期、不同地点的人类社会都可以根据规则对其生活和政治做出不同的安排。

作为西方较为年轻的中国法律史学者，卡塞尔（Cassel）教授于1996年在瑞典斯德哥尔摩大学获得汉学本科和硕士学位，2006年哈佛大学博士毕业后到密西根大学任教，现为历史系副教授。代表作有2012年牛津大学出版社出版的专著《判决的依据：十九世纪中日的治外法权和帝国权力》（*Grounds of Judgment: Extraterritoriality and Imperial Power in Nineteenth-Century China and Japan*）。卡塞尔教授发表于美国《清史研究》上的论文《发掘治外法权：作为上海会审公廨之原型的理事同知》是其博士学位论文的一部分。

1843年中英《五口通商条约》最早规定在华英国人享有治外法权。长期以来，治外法权一直是近代中国主权丧失的象征，而这一点在上海的会审公廨中表现得最为明显。以前的学者普遍认为，中国人对于治外法权的“无知”，造成了中国人最初对于外国治外法权的接受。而卡塞尔教授则反其道而行之，认为满清在统治中国时的旗民分治政策，以及旗民交涉案件处理的实践，为晚清政府处理华洋交涉案提供了模型。理事同知作为处理旗民交涉案件而专门设立的职官，更是成为了上海租界内会审公廨的原型。清政府在最初为华洋隔离和处理华洋交涉案时，处理旗民交涉的已有经验无疑成为了首选。因此，治外法权的丧失或者说上海会审公廨的设立，似不应单纯归责于西方强国，而应看作双方协商的结果。但卡塞尔教授最后也承认，尽管清政府熟悉治外法权的概念，但其并不能预测治外法权的后续发展会产生出乎其意料的结果，而且双方之间不平等的权力关系，也是造成清政府与列强之间的不平等的原因。

治外法权一直是研究近代中国法制不可避免的话题，关于治外法权的源起以及其在中国的影响，也一直为学者所争论，不同的学者站在不同的角度会得出不同的观点。卡塞尔教授在本文中着重从上海会审公廨入手，以清朝制度为角度，去深度挖掘治外法权，同时提出了在此背景下诠释治外法权及其影响的一种新的方式，这不得不说是对以往观察角度的更新。

与苏成捷教授一样，胡宗绮（Neighbors）教授也是美国加州大学洛杉矶分校的历史博士，主要研究中国清代法律史，现在美国华盛顿州普及桑大学历史系担任副教授。胡宗绮教授与卡塞尔教授都属于美国较为年轻的一代汉学家。在其论文《清代法的"长臂":公共法庭中的杀人法》中,胡宗绮教授着重阐述了清代刑法中的杀人法在法律规范、立法精神和法院实践中的变化。她以独特的视角,从民国时期的新法律与清朝司法规范的紧密性出发,展现出了司法机关在面对法律制度产生巨大变化时,在实践中起了重要的作用,并利用此使民国时期的法律更加贴近清朝的司法规范,从而调和了法律理想与现实社会的关系。

胡宗绮教授从杀人法出发,援引了许多当时的具体法规和案例,系统而翔实地展现了其在立法和实践中的变化,从理论和实践中真实再现了当时的法律现状,证实了清朝和民国时期法律的关联性。胡宗绮教授认为纵然民国时期刑罚借鉴了欧美国家的法律模式,使新法在表面上突破了传统的清朝法律,司法机关正是利用此,在保留旧的司法观念的同时也缓解了一些改革的冲动。

(五)比较法研究

在海外汉学研究中,比较法研究比较少。所以本译文集仅收入了一篇《国家、主权与人民——中国与印度的"法治"比较》。两位作者分别是美国汉学家欧中坦教授和印度法律史学者吉尔马丁(David Gilmartin)教授,都在北卡州立大学历史系任教。此文原载美国2009年的《亚洲学刊》。欧中坦教授1975年从耶鲁大学历史系博士毕业,师从史景迁教授。除了在北卡州立大学任职并担任长达13年的历史系主任外,欧中坦教授还在临近的杜克大学法学院教授中国法律史。2000年出版的《美国学者论中国法律传统》一书中收录了欧中坦20世纪80年代发表于美国《亚洲学刊》上的一篇研究清代京控的论文。遗憾的是,欧中坦教授在2015年1月不幸去世,享年69岁。

在论文中,两位教授使用"法治"的概念来将清代中国与英属印度进行比较,相较于机械地运用法治,将其深深地嵌入在中印两国国家主权和权力的历史中。三个主题都以特定方式表达了法治和人治作为对立和矛盾纠缠的两个观念,组成了文章的对比性。对于法律问题的讨论同时规范和约束着三个方面:(1)国家的政治权力;(2)法律和法律程序在塑造和保卫社会中所扮演的角色;(3)法律在捍卫基于契约、财产制度和权利基础上在经济和社会秩序中所起的作用。文章的第四部分表达了这些发现对中印20世纪的历史轨迹产生的影响。将法律视为一种权力的工具,一个超然于日常权力并且运行于权力之外的理想领域,本篇论文旨在拓宽欧美背景下的"法治"历史。

(六)法律制度史和通史

虽然海外研究中国法律史的学者大部分专注于某个朝代、某个法律或某个案例,但是这也带来一些问题。因为如果研究仅仅关注某一朝代或特定的法律,或许无法对该法律或案例的历史根源和社会因素有一个全局、更深刻的认识,容易陷入盲人摸象的困境。有鉴于此,海外有一些学者秉着"不谋全局者,不足谋一域;不谋万世者,不足谋一时"的信念,试图从宏观方面考察中国法律史。他们或是研究中国某一特定法律制度的历史发展轨迹,或是研究某个法律在各个朝代中的演变和适用。本译文集收录的这一类论文主要有马若斐教授的《传统中国法惩治强盗的研究》、[1]笔者的《权大于法?——中国法治理论古今谈》和《烫手山芋——1898 年以前的中国上访制度》。[2]

马若斐教授的《传统中国法惩治强盗的研究》运用比较法和语义分析等方法,以清朝的刑律、条例为主要研究对象,兼论其他朝代的刑律,罗列多条具体律例和历史案例,加以律学家们的分析议论,将中国传统盗窃法的精神在 4 万多字中如同抽丝剥茧一般简明而系统地抽绎出来。该文不但分析了自秦以来"强盗"法的发展过程,并从各个朝代对"强盗"犯罪的司法实践中观察"强盗罪"的构成要件和量刑条件的变化,准确而独到地介绍了各种法律继承发展的联系和异同,以及这种种变化后的历史政治因素。观察各个朝代的强盗法发展可以发现,对强盗的规定越来越详细、复杂,对构成此罪的标准也不断变化,越来越趋近此罪的本质特征。在强盗法打击的犯罪行为愈加广泛的同时,对强盗的处罚也越来越严厉。尽管有"情有可原"规则的加入,笔者认为这并不是一种法律的态度,而是为了标榜皇帝的仁政。马若斐教授通过充分地引用材料证明,中国传统强盗法是一套错综复杂又有着矛盾之处的规则,它适应于时代的实际社会背景、执政者的政治主张以及律学工作者的理解,在维护社会稳定方面发挥了积极作用。

2006 年笔者从美国纽约州立大学布法罗分校获得博士学位,主修中国法制史,师从美国汉学家戴福士教授(Prof. Roger Des Forges)。现任美国明尼苏达大学(德卢斯校区)历史系副教授,并为中国地质大学(武汉)公共管理学院讲座教授。代表著作有《天理抗争:中国诉冤制度史》(Chinese Complaint Systems: Natural Resistance,2013 年)和《中国上访制度史话》(2013 年),合编《当代中国法律改革:新的视角》(Modern Chinese Legal Reform: New Perspective,2013 年)。

近年来海内外学术界对于中国历史上是否存在法治的理论和实践而产生的争论是《权大于法?——中国法治理论古今谈》一文的主要成因。通过对早期直

---

① 原载 *The journal of Comparative Law* (an organ of the Association of Comparative Legal Studies), Vol. 7, No. 2, pp. 207 – 257。

② 原载 *Stanford Journal of International Law*, Vol. 44, No. 1, fall 2007, pp. 101 – 146 和 *The Journal of Asian Studies*. Vol. 64, No. 4, November 2009, pp. 1105 – 1135。

至19世纪中叶的史料进行详尽分析和论证,笔者厘清了“法治”与“法制”的重要概念。虽然主流观点认为在中国发展历史的各个阶段,意味着统治者屈从于法律原则和实践的“法治”从未实现过,该文却通过具体分析周朝法律原则与实践的来源,春秋战国的儒家、法家、道家思想基础,魏晋、南北朝、隋朝、唐朝、元朝、明朝、清朝以及民国等各个政权的法律政策和时代特点发现:中国亦曾有过政权分离,中央集权与郡国并存的时代,其中不乏统治者主动遵从法律,依照法律行政的事实。该一发现得自研究者沙里淘金的研究努力,亦使该文具备了较高的学术价值。

在另一篇论文《烫手山芋:1898年以前的中国上访制度》中,笔者认为从整个上访制度的历史来看,中国的上访制度大致经历了从混沌(传说时代到隋)到系统(唐到清末)的过程,在唐朝之前上访制度逐步发展,唐朝首次将其制度化,唐之后的朝代均大致沿袭唐制,但也有重大改变。不同于斯考特(James C. Scott)从南亚语境下发展起来的“日常抗争”(everyday resistance)的概念以及欧博文(Kevin J. O' Brien)在分析当代中国的基础上形成的“依法抗争”(rightful resistance)的概念,笔者提出中国访民对于地方政府的腐败和社会不正义的回应会采用他们称为“天理抗争”(natural resistance)的方式,它在中国的统治者和访民的眼中是“天赋的自然权利”,并非仅仅是一种“习惯的”或“法律的”权利。与那些基于风俗习惯和法律的其他抗争形式不同,中国流行的抗争方式是基于历史的。传统的“民本”思想使得统治者是天下臣民的“父母”,当访民因地方上官官相护而无处申冤,便只好寄托于中央控诉这个最后的希望。统治者虽然头疼和无奈于持续不断、数量庞大的访民们各自五花八门的诉求,但是作为天下臣民的“父母”,他们因为害怕冤屈招致天罚而不敢有所拒绝——上访对统治者来说就是“烫手山芋”(hot potatoes)。

(七)对西方研究中国法律史的批评和建议

这一类别编者仅收录了一篇论文《法律,法律,什么法律?——西方学者何以对中国法无话可说》,①文章作者是美国著名汉学家安守廉。安守廉教授教育经历丰富,自1970年从安姆赫司特学院(Amherst College)本科毕业后,到剑桥大学就读法律硕士,两年后毕业。1974年和1975年分别从耶鲁大学获得中国学研究和中国历史的硕士学位,1977年又拿到哈佛大学的法律博士学位。现任哈佛大学法学院研究生院和国际法律学院副院长。作为中国法律史的专家,安守廉教授著述颇丰,不少研究成果获得业界重视。代表作有《窃书为雅罪:中华文化中的知

① 原载 Karen G. Turner, James V. Feinerman, and R. Kent Guy, eds., *The Limits of the Rule of Law in China*(Seattle: University of Washington Press, 2000):45 - 64。

识产权法》（To Steal a Book is an Elegant Offense，1995，李琛译，法律出版社2010年版）。2000年出版的《美国学者论中国法律传统》译文集中包括安守廉教授的论文《不可思议的西方？昂格尔运用与误用中国历史的含义》。该文结构严谨，批评昂格尔运用其“本人不屑一顾的资产阶级法治模式的假定来判断中国的情况”。①

从今天来看，安守廉教授的《法律，法律，什么法律？——西方学者何以对中国法无话可说》一文所提出的问题早已得到重视和逐步解决，但在当时（2000年）此文对学界无疑为当头一棒。作者安守廉教授以他的老师芮沃寿教授（Arthur F. Wright）在20多年前就提出的一个问题为开始——为什么一个颇具才智的年轻人试图浪费时间研究中国法律史？与这一问题相呼应的就是：如果说20世纪90年代之前西方学者作为一个整体都忽视中国法律研究，未免有些言过其实，但在近一个世纪的时间里，在西方研究中国历史与社会的绝大多数学者，往往忽视或误解了法律在中国人生活中的作用。无论是古典汉学家们对传统中华帝国的描绘，还是冲击—反应模式影响下的历史学家们对帝国晚期和中华民国的研究，抑或是之前学者对中华人民共和国的认知，法律都被视为严厉的社会统治工具，在人们日常生活中没有多大作用。

近年来，西方学者对中国法律的相对忽视正在逐渐得到改观。这些卓越的历史学家们对法律材料进行了深入且丰富的挖掘，揭示出法律在中国人的生活中起着更为重要的作用。这是充满希望的开始，但不应止步于此。法律教义不能仅仅被理解为孤立于其他社会现象的书面上的东西，在中国同样如此。法律史学者应该继续努力将法律吸纳到对中国更广泛的理解中去，探寻悠久广阔的中国法律史，避免使用西方模式了解中国。唯有如此，我们才能够更好地理解中国法律，看到中国人民出于对法律规则的渴求所创造的价值。

三、结语

通过对历史的回顾，我们知道中国历史上大部分年代都与外来文化保持着较为紧密的联系。令中华民族骄傲的汉朝、唐朝也是保持自我谦卑并与外来文化交流非常密切的时期。清朝中期被迫实行的“闭关锁国”政策，使中国社会在很大程度上失去了了解、追踪西方近代先进的科技发展和政治文化变革的机会。经过近百年屈辱的历史，近代中国各届政府逐步加强了与海外的交流联系，并诚恳向西方学习甚至照搬其政治、法律、教育等理念和制度。总体来讲，近代中国社会的

① 高道蕴、高鸿钧、贺卫方等编译：《美国学者论中国法律传统》，清华大学出版社2001年版，第15页。

各个层面无不打上了西方文化的烙印。1978年后实行的全方位改革开放政策既是对“文化大革命”相对封闭政策的大力修正,也在某种意义上是清末新政学习西方的翻版。经过几十年的对外交流和开放,中国取得了可喜的成就,一跃成为世人瞩目的第二大经济强国,而且在很多方面都可与发达国家平起平坐。

本译文集的主要目的之一就是让中国学者了解海外最新的中国法律史研究,加强中外法律史研究者的交流,以便更深入地理解和挖掘中国漫长而纷杂的法律史中存在的问题和现象。近几年,许多国内大学学者都曾表示他们学校要求在海外英文学报上发表论文。其实,就笔者所知,国内有很多非常出色的论文因受限于语言而不能让海外汉学家和其他研究者了解。这不得不说是一件很可惜的事情。由于当前国际上的通用语言是英语,大多数海外中国问题研究者都通过英语互相交流和学习,然而国内很多学者还不太熟悉国际著名英语学报对投稿论文摘选和发表的要求。本译文集的翻译委员们克服经费、版权等困难,精心挑选和认真翻译了最新海外研究中国法律史的论文,其中不乏著名汉学家的成果,而且几乎所有论文都发表在西方著名的中国法律或历史类学报。这对国内众多的法律史学者、爱好者和大学生来说,无疑是很有帮助的。通过阅读这些海外论文,国内学者可以更好地了解海外法律史论文的写作范式、观点、方法和规范注释。如果能有更多的国内学者从本译文集中受益,并在海外著名学报上发表高质量的论文,将是本译文集翻译委员们最乐见的事。

方 强

于美国明尼苏达大学(德鲁斯校区)

2016年1月11日

目 录

周代的实体法与程序法 ……………… 顾立雅(Herrlee Glessner Creel) 著
蒋 辰 王鹏飞 译 姚 远 方 强 校 1

早期中国国家概念中的战争、惩罚与自然法 …… 高道蕴(Karen Turner) 著
余 璐 高童非 译 杨 焯 统译 于 明 方 强 校 31

社会变革与早期中国法律思想中的成文法
……………………………… 欧内斯特·康佩里(Ernest Caldwell) 著
魏 鑫 译 于 明 方 强 校 61

孝与唐之前的法律 …………………… 马若斐(Geoffrey MacCormack) 著
陈曦宇 郑欣沂 译 杨 焯 统译 姚 远 方 强 校 87

烫手山芋
——1898 年以前的中国上访制度 ………………………………… 方 强 著
蒋 辰 王鹏飞 译 姚 远 方 强 校 111

传统中国法惩治强盗的研究 ………… 马若斐(Geoffrey MacCormack) 著
周 欢 朱 琳 译 陈灵海 方 强 校 147

法律,法律,什么法律?
——西方学者何以对中国法无话可说
…………………………………………… 安守廉(William P. Alford) 著
杨 焯 于 莹 译 陈灵海 方 强 校 200

权大于法?
——中国法治理论古今谈 …… 方 强 戴福士(Roger Des Forges) 著
杨 焯 译 陈灵海 方 强 校 216

以太祖之名
——《明太祖实录》对朱元璋法哲学与中国文化认同的构建
…… 姜永琳 著
袁也 阚剑 译 杨焯 统译
高珣 方强 校 259
明代中国(1368~1644年)的条例与婚约解除
——对《皇明条法事类纂》卷一三的深度解读
…… 多米尼克·德尔波特(Dominiek Delporte) 著
杨安舒 杨焯 译 陈灵海 方强 校 300
清代的宽宥与法律推理理论 …… 步德茂(Thomas Buoye) 著
宋保振 译 高珣 方强 校 320
中国的人治和法治
——清代政府对地方官员的惩处 …… 盖博坚(R. Kent Guy) 著
余璐 宋麟 译 杨焯 统译 陈灵海 方强 校 330
清代法的"长臂"
——清代杀人罪规范在民国法院中的影响
…… 胡宗绮(Jennifer M. Neighbors) 著
朱琳 译 陈灵海 方强 校 350
发掘治外法权
——作为上海会审公廨之原型的理事同知 …… 卡塞尔(Par Cassel) 著
翟晓强 译 于明 方强 校 377
晚期中华帝国的堕胎
——例行节育还是危机处置?
…… 苏成捷(Matthew H. Sommer) 著
黄桦 译 高珣 方强 校 406
国家、主权与人民
——中国与印度的"法治"比较
…… 欧中坦(Jonathan K. Ocko) 吉尔马丁(David Gilmartin) 著
杨焯 赵阳 译 姚远 方强 校 462

编后记 …… 499

周代的实体法与程序法

顾立雅(Herrlee Glessner Creel)* 著
蒋 辰 王鹏飞 译
姚 远 方 强 校

一、审视古代中国的全新视角

只有到了 20 世纪，我们才有可能对于公元前 206 年汉朝建立之前的中国文化机制有一定程度、确切的理解。如此言论并非旨在抹黑过去 2000 多年来学者们所做出的杰出贡献，但是，他们的研究工作在当时确实囿于三项阻碍：其一，文献资料非常少；其二，真伪文献鱼龙混杂或者年代记述错误；其三，即便得到了真实的文献，却因其晦奥艰深，无法对其进行解释，不得不在研究中望而却步。虽然汉代及以后的注释家们通过精读文本“阐明”了那些文献资料的含义，但是在某种程度上说，这些解释仅仅是他们所处时代理念与制度的理想化

---

* 顾立雅(Herrlee Glessner Creel,1905 - 1994)，美国芝加哥大学教授，曾任芝加哥大学东方语文系主任、美国东方学会会长、亚洲学会会员等，是西方著名的汉学家，同时也是孔子研究的权威。顾立雅的孔子观对现代的欧美人士影响颇大，他的著作特别是《孔子与中国之道》(*Confucius and the Chinese Way*)一向是西方汉学界孔子研究领域学者的必备参考书(本书已由山西省社会科学院哲学所所长高专诚翻译，最新版本为大象出版社 2014 年版)，他对中国初期汉学的贡献亦使芝加哥大学成为西方汉学研究的中心。——译者注

原文为 Creel, H. Glessner, “Legal Institutions and Procedures during the Chou Dynasty”, in Jerome Alan Cohen, R. Randle Edwards, and Fu-mei Chang Chen, eds., *Essays on China's Legal Tradition*, Princeton, N. J.: Princeton University Press, 1980, pp. 26 - 55。

的复制品而已。

在20世纪,每10年就会有新的文献资料被发现。从1903年第一部商代甲骨文文献[①]的出版到其后连续发现刻有铭文的青铜器,再到1961年挖掘出土的53件西周青铜器。[②] 相关的研究在各国(主要在中国)开展,学者正努力一丝一丝揭开古代文化真实的面纱,这一点也同样重要。古代铭文已经逐步被破解,并且在辨别传世文献真伪基础上又迈出了一大步。同时,依据新的发现,传世文献资料也逐步被重新解释与翻译。当然,这并不意味着我们对于古代文化已经完全理解了。我们这一行的所有人在每一次达到新的研究高度时都意识到已经犯下了错误,但是我们不能过于自满地假设在将来或许能完全避免这些错误,还是希望我们所做的研究正在逐渐接近历史真相。

研究的提升和发展是不平衡的。大多数研究成果是由各个领域的专家完成的,而他们之间并不充分了解他人的研究成果。我们要将研究成果应用于对文化历史进行整体阐释,甚至是对文化历史不同侧面做出解释,不过这一过程是非常缓慢的。对周代[③](公元前1122~公元前256年)的实体法与程序法的研究很明显地表现出这种研究滞后的状态,这种现象在周代早期的研究中表现得尤为突出。

通说认为,在周代早期,实体法几乎不存在,即使有也并不完备。马伯乐[④](Henri Maspero,1883~1945年)写道,直到公元前3世纪,“仍然没有占主导地位的法典和习惯法”。[⑤] 其他学者根据《左传》的文本推测郑国早在公元前536年

---

① 1903年,刘鹗从他所收藏的五千余片甲骨中精选1058片,编成《铁云藏龟》六册于抱残守缺斋石印出版。《铁云藏龟》是“殷墟”甲骨文历史上的第一部著录书。——译者注

② 1961~1962年,考古队在陕西长安县伴西公社马王村白家堡子村北、张家坡村东一带进行发掘。在马王村发掘了客省庄第二期文化和西周时期的各种遗迹;在张家坡发掘了西周的各种遗迹外,还发掘了西周时期的墓葬。详情参见赵永福:《1961~1962年沣西发掘简报》,载《考古》1984年第9期。——译者注

③ 传统上认为公元前1122年是周代的起始。但是笔者也意识到有其他的说法,比如,公元前1027年、公元前1050年、公元前1111年等。但是经过研究,笔者和其他许多学者一样仍然还没找到令人确信的证据来支持其中任何一种学说。所以,笔者还是继续用传统的断代时间,同时承认这确实可能存在错误因素。对该问题的进一步讨论,参见 Herrlee Glessner Creel,“The Origins of Statecraft in China”, Vol. 1, *The Western Chou Empire*, Chicago, 1970, pp. 487-491。

④ 马伯乐(Henri Maspero,1883-1945年),法国著名汉学家,在中国宗教研究方面的重大业绩,在于他阐明了在中国流行的3种主要宗教(儒教、道教和佛教)彼此之间的关系。汉学主要代表作为《古代中国》(La Chine antique)和《道教与中国宗教》(Le Taoisme et les religions chinoises)。——译者注

⑤ Henri Maspero,“Le Régime féodal et la propriété foncière dans la Chine antique”, in Maspero, *Mélanges posthumes sur les religions et l' histoire de la Chine*, 3vols, Paris, 1950, Vol. 3, p. 139.

"铸刑书于鼎",在那之前中国并没有成文法,至少没有公开发布的法律。[①]

1935 年,马伯乐发表了一篇名为《古代中国司法程序中的誓言》[②](Le Serment dans la procédure judiciaire de la Chine antique)的论文,根据西周时代(公元前 1122 ~ 公元前 771 年)的一系列青铜铭文着手描绘当时的司法程序。事实上,当时解读铭文的水平并未达到我们现今的程度,所以研究就不可避免受到限制。但在笔者看来,更严重的障碍是他的研究方式出了问题。马伯乐根据像《周礼》这样的著作——许多学者,包括马伯乐自己也认为该书成书于西周之后的数世纪——来描绘出当时的司法程序的情景,[③]并且使用铭文来填补所勾勒的情景中的细节。虽然这是一种鼓舞人心而具有开创性的方式,但是并没有使我们对西周时期法律制度的认识有所增加,同时也远远达不到我们所期待的水平。[④]

这种"旧瓶装新酒"的研究方式为后来的中国及西方学者所接受。这种方法可靠的前提是我们能够精准地把握古代中国的旧有观念其所有要点。但是新的材料(尤其是那些关于西周的)正在"呼唤":不管是中国传统的盛行通说,抑或是当代流行的严谨学术观点,就某些要点看来可能是大错特错的。

不久之前,笔者重新对西周的历史与制度做了一次历时数年的考察研究。在这个研究中,首先,笔者完全使用一手材料,其中包括经过严格审查的文献和精心

---

① 《左传》(*Tso-chuan*)根据其之前的历史记录编纂而成,成书约于公元前 300 年。Tr. James Legge, *The Chinese Classics*, Vol. 5, Hong Kong, 1960, p. 609.

② *Mélanges chinois et bouddhiques*, Vol. 3, 1934 - 1935, pp. 257 - 317.

③ 马伯乐认为《周礼》成书于公元前 4 世纪。参见 Henri Maspero, "Contribution à l' étude de la société chinoise à la fin des Chang et au début des Tcheou", *Bulletin de l' École Française d' Extrême-Orient*, Vol. 46, 1954, p. 335。

④ 如果马伯乐根据西周以后的史料(而非以西周结束之前的史料)做研究,那么笔者怀疑他就不会选择誓言制度作为他的主题了。因为在春秋时期誓言制度是非常重要的,而在西周的著述和铭文中却鲜为提及。在马伯乐文章中重点引用的 6 篇铭文中,只有 2 篇提及誓言制度。

挑选的184篇青铜铭文。[①] 笔者仅使用手头这些材料勾勒出一幅当时的“图景”,然后用在后世作品中体现的传统观点去增补那些材料,在这种情况下,传统观点与材料并不冲突。从某些重要的方面来看,这幅“图景”是新颖的,并且后来新发现的青铜铭文以及那些重新解释的传世文献都符合这幅“图景”。周代有哪些实体法,是我们必须要弄清楚的,也是这幅“图景”的背景,在此有必要简要介绍。

二、周代(西周)统治概览

西周天子的权力在当初制度设计时仅仅限于“王畿”之内,“王畿”之外的领土由诸侯统治。天子不可干涉诸侯封国内的事务。理论上,如果没有一支常备的军事力量,亦没有支持其对地方进行有效统治的财政制度,周天子并不能超出“王畿”之外进行中央集权化的统治。此外,他的权力也非常有限,他的统治主要依靠其声望,这是基于他与诸侯之间的宗法血缘关系和宗教上的地位而获得的。

然而事实上,西周天子们对于广袤的领土实施了强有力的控制。在那时其实并没有“王畿”,[②]天子与他的大臣们可能会干涉诸侯封国的事务,事实也常常如此。天子的大臣们常常巡视诸侯封国,也有情况表明,有时候巡视大臣会作为天子的代表常驻各个封国。西周当时就已经存在包括税收和账目审计在内的财政体系。西周天子并不像后来中国的其他帝王那样高高在上,深居简出。他们进行着强有力的个人统治,常常巡视四方,召见诸侯。在许多情况下,他们也常常亲领王师。西周天子的常备军有14个“师”,有的驻扎营地,有的岗哨驻防,有的负责在公共道路进行巡逻。主要的军事威胁,如蛮夷的叛乱或入侵,都由王师抵御,而

---

① 笔者参考了以下西周史料:(1)《易经》(*I-ching*)文本,包括叫作《十翼》(*Ten Wings*)的注释;(2)《书经》(*Shu-qing*)[又称《尚书》(*Document Classic*),在本文中笔者称为“*Documents*”]的12个章节,包括“大诰”(Ta Kao)、“康诰”(K'ang Kao)、“酒诰”(Chiu Kao)、“梓材”(Tzu Ts'ai)、“召诰”(Shao Kao)、“洛诰”(Le Kao)、“多士”(To Shih)、“君奭”(Chün Shih)、“多方”(To Fang)、“顾命”(Ku Ming)、“文侯之命”(Wen Hou Chih Ming)、“费誓”(Pi Shih);(3)《诗经》(*Shih-ching*)(又称为“*Poetry Classic*”,笔者在本文中称为“*Poetry*”)。根据通说,《诗经》约成书于公元前1122年至公元前600年。其中部分晚于公元前771年的,笔者将其予以排除,但是在大多数情况下甄别某一首诗的确切年代是极为困难的;(4)184篇青铜铭文。这也只是那些宣称可以追溯至西周的著名铭文中的一小部分。笔者的研究重点是当时西周重要的统治情形,坚信在那些反映当时统治信息的较长铭文中,笔者选取的184篇铭文占了绝大多数。这些铭文已被研究过,并且已被笔者所认为至少一个(在某些情况下多位)具有这方面能力的学者证实为真实文献。至于笔者为何采用这些材料而舍弃另一些的原因,参见Herrlee Glessner Creel,“The Origins of Statecraft in China”,Vol. 1, *The Western Chou Empire*, Chicago,1970,pp. 444 - 486。

② 这当然并不意味着天子没有自己的私人地产,毫无疑问他是有的。正如传统上认为,西周并不存在一个能够约束天子及其大臣的行政权力的“王畿”。

非诸侯军队。青铜铭文与传世文献均显示了在西周时代天子很少强制运用军事力量来对付诸侯,这与中世纪欧洲国王与其封臣之间战乱频发的局面大相径庭。①

通说认为,西周的社会状况和春秋时期并不相同。春秋时期②(the Spring and Autumn Period),庞大而强势的贵族阶层占据了统治地位,而这种情况在西周早期并非如此。很明显,春秋时代的贵族势力似乎是在西周时期逐渐发展起来的,正如中世纪欧洲的贵族阶层是从进入封建时代以后才逐渐发展起来的一样。③与此相似的是,贵族的行为规范"礼"(li)——其一个侧面便是战争中的骑士精神——在西周史料中并未出现,这是毫无疑问的。礼是在整个西周时代逐渐发展起来的。④

三、实体法出现的早期迹象

周代绝非没有自己的实体法,但是就文化的某些方面来说,比起他们在公元前1122年征服的商族人文化稍逊发达。就我们所能得到的商代甲骨文的性质而言,其中不太可能蕴含法律实体法部分,即便有,或许笔者还没有意识到。但是,很明显,确实存在某些方面为周代所承继了的商代法律。征服者周武王对他的兄弟说:"外事,汝陈时臬司师,⑤兹殷罚有伦……汝陈时臬事罚。蔽殷彝,用其义刑义杀。"⑥

---

① See Herrlee Glessner Creel, "The Origins of Statecraft in China", Vol. 1, *The Western Chou Empire*, Chicago, 1970.

② 笔者使用的术语"春秋时期"指公元前770年至公元前464年;使用的术语"战国时期"(Warring States period)是指公元前463年至公元前222年。这种断代方法不同于其他学者。笔者给出的解释,参见 Herrlee Glessner Creel, "The Origins of Statecraft in China", Vol. 1, *The Western Chou Empire*, Chicago, 1970, p. 47, notes 18 and 19。

③ Cf. Marc Bloch, *Feudal society*, tr. L. A. Manyon, Chicago, 1961, pp. 283 – 285.《左传》这部涉及春秋历史的书中,充满了被称为"氏"(shih)[有时译为"氏族"(clan)]这种贵族血缘团体的名词。但是在西周史料中,我们似乎并未看到一例以"氏"为其名的血缘团体,或者很少涉及以其他名字命名的血缘团体。

④ "礼"这个汉字在西周的史料中非常罕见,它似乎也从未被用来指代贵族的行为规范。《诗经》中也未出现骑士精神的主题。参见 Magdalene Von Dewall, *pferd und wagen im frühen china*, Bonn, 1964, p. 186。"礼"这个字也在包括青铜铭文在内的其他史料中缺失,参见 Herrlee Glessner Creel, "The Origins of Statecraft in China", Vol. 1, *The Western Chou Empire*, Chicago, 1970, pp. 331 – 342。

⑤ See Cf. Bernhard Karlgren, "Glosses on the Book of Documents (1)", *Bulletin of the Museum of Far Eastern Antiquities*, Vol. 20, 1948, p. 290.

⑥ *The Book of Documents*, tr. Bernhard Karlgren, *Bulletin of the Museum of Far Eastern Antiquities*, Vol. 22, 1950, p. 40.

正如许多学者所主张的,这些法律没有被记录下来是不可能的,事实上,周代还是非常善于以书面方式做记录的。汉字“天”的象形意思是一本放在桌上的书,它常常用于表达“合法”①(lawful)的意思。是否存在法典或许只是一个定义的问题。一份文献提及一系列由士兵触犯的罪行,并且每种罪行都有相应的“常刑”,②这似乎暗示了有军事法典的存在。西周可能存在法典,但我们没有关于它们的确切信息。

和其他法律一样,西周法律的主要渊源似乎都是传统。似乎只有一个案例,在此案例之中一个个体被称为立法者:“天惟与我民彝大泯乱(familial offenses);曰乃其速由文王作罚,刑兹无赦。”③其中的文王便是周武王的父亲——周文王。虽然某些法律并没有神圣的起源,但是“天”作为最高的神灵被认为是公正司法的监督者。因为商失去了正义,这就成为“天”从商收回维持其统治的“天命”而令周取而代之的原因之一。周武王承担起了为天下公正司法的重任,他宣布:“……爽惟天其罚殛我,我其不怨。惟厥罪无在大,亦无在多……”④

四、周代初期的司法

《尚书》中的《康诰》是中国最为古老的讨论司法的作品。这是征服者周武王对他弟弟康叔的指示。《左传》中提及康叔被任命为司寇——简单地说就是掌管刑狱的官员,通常被称为司法部长。⑤《康诰》或许是武王对弟弟就任司寇之后如何为官的具体指示。

周武王将那些“元恶”描述为“……寇攘奸宄,杀越人于货,暋不畏死……”,然而周武王认为对于这样的人,我们都憎恨。但是我们更憎恨“子弗祗服厥父事,大伤厥考心;于父不能字厥子,乃疾厥子。于弟弗念天显,乃弗克恭厥兄;兄亦不念鞠子哀,大不友于弟……”,对这些人“刑兹无赦”。⑥ 这种“家族主题”在后世的3000多年中一直延续,但和后世中国的做法相比,值得一提的是这时父亲对儿子的责任与长兄对幼弟的责任地位等同,由此,这也支撑起了家族血亲之间关系

① *The Book of Documents*, tr. Bernhard Karlgren, *Bulletin of the Museum of Far Eastern Antiquities*, Vol. 22, 1950, pp. 40, 65.

② Ibid., p. 80.

③ Ibid., p. 42.

④ Ibid., pp. 42, 45, and 64.

⑤ *Tso-chuan*, tr. James Legge, *The Chinese Classics*, Vol. 5, Hong Kong, 1960, p. 754.

⑥ See *The Book of Documents*, tr. Bernhard Karlgren, *Bulletin of the Museum of Far Eastern Antiquities*, Vol. 22, 1950, p. 42.

的规范。

周武王对康叔的指示使中国法律制度中的另一条支流变得明显起来，那就是政府行政服务中的法律："不率大戛，矧惟外庶子、训人惟厥正人越小臣、诸节。乃别播敷，造民大誉，弗念弗庸，瘝厥君，时乃引恶，惟朕憝。已！汝乃其速由兹义率杀。"[①]何四维（A. F. P. Hulsewé，1910～1993年）评论说这是一种在后世汉代法律中也出现的行政规章与刑事制定法相混合的局面。[②] 卡尔·宾格尔（Karl Bünger，1903～1997年）指出，虽然规制政府行政的法律在罗马帝国欠发达，但是在早期中国就已经存在"惊人完备"的行政立法体系，这样的立法在欧洲直到近代晚期才出现。[③]

其他的犯罪在传世文献和铭文中也有所提及，其中就包括拒不纳税，不管是针对华夏人或是臣服的蛮夷；违反契约的指控将由王室官员裁判；拒不服军役将遭到起诉，因为这明显是对天子命令的蔑视。在西周早年，群饮是一项罪名，将遭到最严重的惩罚，除非他们是在参加祭祀性的典礼。这些似乎是西周早期"清教主义"的表述，但后来这样的规定慢慢地减少了。[④]

对于群饮罪，周武王规定的刑罚是死刑。我们同样也发现周武王认为"不率大戛……乃别播敷"也会被处以死刑。事实上，他还说过，"人有小罪，非眚，乃惟终自作不典"。周武王甚至威胁他的一位兄弟，如果无法治理好他的封邑，就会被处以极刑。但是西周在王朝初立之后却很少提及死刑，这可能是因为我们所使用的材料中相关记载未面面俱到。而诸如"劓"、"刖"等肉刑仅仅在《康诰》中有所提及。

在违反契约的案件中，并没有相应的刑罚，但是处理的规则是契约必须被履行。在谷物盗窃的案件中，犯罪人不仅要如数归还相应的谷物，还要另支付给原告相等数量的谷物作为惩罚性赔偿，并且总的债务在一年中若无法清偿将会翻倍。据判决显示，一个人如果无法跟从天子出征，必须缴纳一定的罚金，如果确实无力清偿，判罚便可以减少。流放作为一种广为人知的刑罚，据记载实际上并非

① *The Book of Documents*, tr. Bernhard Karlgren, *Bulletin of the Museum of Far Eastern Antiquities*, Vol. 22, 1950, p. 42. 笔者对本段的翻译与高本汉（Klas Bernhard Johannes Karlgren, 1889～1978）的译本有很大不同。笔者把汉字"义"（i）翻译成"司法"（justice），尽管字面上的意思是"适当"（appropriateness）。

② See A. F. P. Hulsewé, *Remnants of Han law*, Vol. 1, Leiden, 1955, pp. 4－9.

③ Karl Bünger, Die Rechtsidee in der chinesischen Geschichte, Saeculum, Vol. 3, 1952, p. 211.

④ 关于上述观点的考证，参见 *The Origins of Statecraft in China* Justice 章，详见 Herrlee Glessner Creel, "The Origins of Statecraft in China", Vol. 1, *The Western Chou Empire*, Chicago, 1970, pp. 161－193。

在任何情况下都是具有强制性的。[①] 为被逮捕的嫌疑人暂时收押而用的监狱确实存在,但是并没有提及牢狱作为一个刑种。

正如我们所见,一般认为司法是天子的职责。对于那些犯下群饮之罪的人,周武王说:“尽执拘以归于周,予其杀。”[②]周天子似乎对于饮酒的问题非常狂热,并且没有其他的迹象表明周天子主张执行或者复审判决的权利。天子是凌驾于诸侯之上天生的仲裁者,并且我们看到诸侯们将其之间的争议诉诸天子裁决。我们看到周武王曾用死刑来威胁他的一位兄弟。有一个传说是非常鲜活的(尽管只能在晚于西周的作品之中找到),那就是公元前892年,“王致诸侯,烹齐哀公于鼎。”[③]

至于西周的官员是否明确而排他地承担司法职责,这也很难说。甚至掌管刑狱的官员(通常我们把他等同于司法部长)只在两份青铜铭文中出现,并且铭文也没能将该官职的具体职责说得很清楚。有时候,我们看到那些执掌司法的官员被冠以“史”的头衔,但是在大多数情况下他们仅仅是被这样命名而已,并无迹象表明他们所担任的职务。

对此,存在两种可能的解释。第一个原因可能是司法的职能是分散的,仅仅作为官员所承担的职责中的一项来履行。这在后来的中国历史中显得很正常。第二个原因是我们发现在西周政府组织的特点中并不能总结出一张“组织职能表”,在这张“表”中官员们在各个领域各司其职。我们发现“史”有时候掌管军事,而军事指挥官“司马”有时候掌管民政。这是一个人治的政府,周天子通常根据官员不同的能力和表现安排工作,时常和他们保有的官职头衔并不一一对应。[④]

---

① 在被征服的商族人的大暴动被镇压之后,许多商族人都被迁至离故乡很远的地方。这似乎是一次为防止将来的异议而为的政治大迁徙,而非普通意义上的司法惩罚。流放作为刑罚的一种方式在两处铭文中有所提及,尽管并非是强制的。参见郭沫若著:《两周金文辞大系图录考释》,上海书店出版社1958年版,第26a页、第127a页。

② *The Book of Documents*, tr. Bernhard Karlgren, *Bulletin of the Museum of Far Eastern Antiquities*, Vol. 22, 1950, p. 46.

③ 王国维:《古本竹书纪年辑校》,影印民国王忠悫公遗书本(1927~1928年),第三集(共四集),8a。

④ 有一点必须指出,研究西周的学者(包括笔者在内)认为官职通常是可以继承的。但对证据进行谨慎研究后发现这不是真的。要是西周真有可继承的官职,其作用也是极其有限的。参见Herrlee Glessner Creel, “The Origins of Statecraft in China”, Vol. 1, *The Western Chou Empire*, Chicago, 1970, pp. 396-400。

五、周代初期的程序法

在《康诰》中，周武王对刑事公诉特别慎重，反复强调诉讼程序的必要性，避免审判不公导致冤狱："要囚，服念五、六日至于旬时，丕蔽要囚……汝陈时臬事罚。蔽殷彝，用其义刑义杀，勿庸以次汝封。"①汉字"义"在此处译为"公正"，更严格地说，这个字包含"正当"的意思。

毫无疑问，在作出一个裁决的过程中，不仅需要关注于法律，而且还要关注衡平，即"以自由而人性的方式适用法律"。在许多著述与铭文中我们发现西周非常强调慎刑、公正，甚至是宽大仁厚。我们没有理由去怀疑那种宽大仁厚出于他们真挚的情感，这也是由于他们接受了先王审慎的训示。在西周王朝早期，周族人需要遵循（并且他们此后也是如此践行了）一种与被征服的民族和解的国家政策。因此，我们发现周武王曾警告说："今惟民不静，未戾厥心……敬哉！无作怨……丕则敏德，用康乃心。"②这种对于慎刑的关注看起来似乎"长出了许多果实"，因为中国的传统将西周描绘为这样一段时期——总的说来，存在非同寻常的平静与公正。

我们并没有看到对西周审判的完整描绘，但是从"要囚"这个术语的使用上我们很清晰地可以看出对于证据的审慎考量。"囚"是一个象形字，表示一个人被困在围墙之中，它意味着监狱以及案件中被逮捕的人。"要"是"重要"这个意思的延伸，意味着"概要"，总结了所有的重点。在《左传》中，它意味着一份"摘要"，总结了诉讼中两造出示的证据。③ 因此，"要囚"意味着将与刑事诉讼相关的所有要点进行整理，这其实就是审判。④ 周武王与其弟周公都运用了这个术语，甚至在周公明显试图使被征服的商族人臣服的时候，也并没有用"就地正法"来威胁他们。他说他会"要囚"，逮捕他们并且加以审问。⑤

另一个具有"带去审问"意思的字是"讯"，它的最基本的意思是"讯问、调查"。在三篇青铜铭文中，它清楚地用来指代司法讯问，但并没有迹象表明司法调

---

① *The Book of Documents*, tr. Bernhard Karlgren, *Bulletin of the Museum of Far Eastern Antiquities*, Vol. 22, 1950, pp. 40 – 42.

② Ibid., pp. 42 – 43.

③ See *Tso-chuan*, tr. James Legge, *The Chinese Classics*, Vol. 5, Hong Kong, 1960, p. 449.

④ See Cf. Bernhard Karlgren, "Glosses on the Book of Documents (2)", *Bulletin of the Museum of Far Eastern Antiquities*, Vol. 21, 1949, p. 142.

⑤ See *The Book of Documents*, tr. Bernhard Karlgren, *Bulletin of the Museum of Far Eastern Antiquities*, Vol. 22, 1950, pp. 65; Cf. also pp. 40, 64.

查的过程中伴随着刑讯。事实上,《尚书》中的一篇显示出对“历人”和“奸宄”的谴责。[①]

可能至今法律诉讼中仍在使用的最常见的术语便是“讼”(sung),其意便是“诉讼、起诉”。这个词通常用在此等情形中,即一方对另一方提出了控告,并且要求司法裁判。

一些青铜铭文让我们得以管窥当时运作中的司法程序。其中一篇——可以追溯到早期西周——由师旂为自己铸造。他叙述到他的一部分“仆”(可能是居住于其采邑中之人)在一次军事远征中,拒绝随从王履行其出征义务。于是,师旂派了他的属僚弘把这件事起诉到伯懋父(一位王室官员)那里,[②]伯懋父给出的裁决是罚丝300锊。[③] 但是,他们付不起这笔罚金。于是,伯懋父就发布了一则命令说:“义敝,厥不从厥右征,今毋敝,斯有纳于师旂。”弘把这件事告知中史写下来,师旂后来将这个判词铸在一件彝器上。[④]

这一事件具有很有趣的特征。首先,弘从头至尾一直在为“师”旂辩护;其次,这是天子的官员在一个确定无疑是诸侯采邑的地方进行司法。被告是一些卑微的人,而“师”旂则是天子的封臣。

另一篇铭文简单记述了西周末年发生于两个贵族之间的一桩诉讼案件。根据记载,周厉王住在都城的康宫太室中。鬲从就向王起诉攸卫牧。案件涉及土地纠纷,但是具体案情不甚明了。天子就命令大司寇虢旅调查处理,虢旅最后做出裁决,命令攸卫牧发誓对鬲从进行赔偿。鬲从因为赢了官司,铸鼎以示纪念。[⑤]

对于研究法律来说,所有铭文中最有趣的一篇在相互独立的两个部分分别记述了两种不同的诉讼规则。这件青铜器由生活在公元前900年的一个名叫舀的

---

① See *The Book of Documents*, tr. Bernhard Karlgren, *Bulletin of the Museum of Far Eastern Antiquities*, Vol. 22, 1950, pp. 65; Cf. also p. 46.

② 这里表示“起诉”(accuse)短语之意思的是“告”(kao)[而告的通常意思是“告诉”(to tell)],它在铭文中以“控告某人”(to lay a complaint against)的意思重复出现。

③ “锊”最初是重量单位,后来成了价值单位;该等价物是否是丝尚存争议,但是在西周早期时丝确实可以当作货币使用。参见 Herrlee Glessner Creel, “The Origins of Statecraft in China”, Vol. 1, *The Western Chou Empire*, Chicago, 1970, pp. 144 – 151。

④ 许多学者都在讨论这段铭文及其反映出的问题。笔者基本遵循的是周法高在《金文零释》中的解释。参见周法高:“金文零释”,载1951年中国台湾地区《“中央”研究院历史语言研究所专刊之三十四》,第38~88页。

⑤ 参见郭沫若著:《两周金文辞大系图录考释》,上海书店出版社1958年版,127a。

人铸造的，可能在这只鼎铸成之后他被拔擢为大官。① 周孝王某年，天降灾荒，匡季的20名家臣抢走舀的禾共计10秭。② 舀便与匡季到东宫争讼。东宫听取陈诉后，要求匡季对抢禾的家臣好好管教，否则严惩。匡季答应舀赔偿其5块田地和4名家众。匡季也做了陈述把自己的过错降到最低，不过内容我们不得而知。舀再次向东宫诉称自己被盗的禾并未得到赔偿。东宫命令匡季除必须偿还舀的10秭禾之外，还要再赔付给舀10秭禾，以示惩戒。如果拖延到明年还不偿还，就加倍惩罚，偿付40秭禾。匡季最后提出给舀的赔偿增加至7块田地和5个家众。这似乎显示出如果明年还不能了结诉讼的话，那总的赔偿数目将会是40秭禾，但是考虑到其他赔付，舀表示同意接受仅赔付被盗的10秭禾。

在这篇铭文中的另一个部分记述了曶差遣他的部从𩵦，起诉一个叫作限的贵族。这桩案件是由一个更高级的官员刑权来裁决的，是一个涉及违反契约的案件。曶向限的代理人按约定的价格支付了"匹马束丝"，以购买5个奴隶。交易并没有完成，故双方约定好返还价金。然而限的代理人并未按约返还已支付的价金，他又提出了一个新的交易方案。具体详情我们不太清楚，但是他们最后或许还是达成了一个新的契约，并在王三门将新契约刻在木榜之上。这仅仅是笔者自己的翻译，也是一种公认的假设。③ 虽然这段文字是翻译过来的，但是有一点是确定无疑的：那就是这件案子涉及对于刻在木榜之上的契约（可能是一式两份）的检验，其后将木榜裂为两半，这两块榜事后合并起来可以作为验证契约效力的证据。④ 我们有充分的理由相信西周时代存在登记契约的政府机关，正如当下我们的地契登记一样。大量青铜铭文提到了木榜被用作证明不同类型契约效力的

---

① 参见郭沫若著：《两周金文辞大系图录考释》，上海书店出版社1958年版，96b～97b。这篇铭文涉及许多棘手的问题，相关讨论参见 Herrlee Glessner Creel, *The Origins of Statecraft in China*, Vol. 1, *The Western Chou Empire*, Chicago, 1970, pp. 180－184. 马伯乐在他的文章 Le Serment dans la procédure judiciaire de la Chine antique 第272～280页中也讨论了这些问题，但是解释和笔者的不太一样。一个问题就是马伯乐将鼎的制作者念作"Hou"，是法文对于"曶"（Hu）这个字的转译。而笔者认为应该叫"舀"（Yao）。

② 据说，1"秭"等于200"秉"（handful）庄稼。（收获时，每割1把庄稼即为1"秉"。——译者注）

③ 这个词的汉语表示为"王三门"（Wang ts'an men），关于这个翻译，参见 Herrlee Glessner Creel, "The Origins of Statecraft in China", Vol. 1, *The Western Chou Empire*, Chicago, 1970, pp. 183－185。

④ 在这一点上，马伯乐在他的文章 Le Serment dans la procédure judiciaire de la Chine antique 第275页中所解读的铭文和笔者大不相同，他翻译为："que le roi fasse une enquête (et fasse examiner) la tablette de bois（王将调查、检验木榜）。"

依据,在许多情形下,天子的官员甚至担当起了契约担保人。①

与后世的做法相比,早期对于私人契约的关注度是相当令人惊讶的。让·埃斯卡拉(Jean Escarra,1885~1955年)写道,中国正式法律在传统上很少涉及如"买卖、租赁或其他种类契约"等此类事务。卡尔·宾格尔陈述道:"涉及日常交易的法,规制债务和贸易的法律(在中国)起步比较晚,而且处于不完善的形态。……这部分法律问题留给习惯法处理。"②

六、周代晚期的实体法

上述对于西周实体法与程序法所得出的结论是以对可得的相关可靠文献的分析为基础的。东周时期(公元前770~公元前256年)的史料相较西周时期就非常多了。我们了解到记述那个时期的著作卷帙浩繁,但是其中部分著作的真实性难题就极其复杂了。要充分了解东周,我们需要一部书,而且不能是一部简单的著作。此处,笔者只能对著作真伪这一难题做出简要考量。

第一部成文法典仅仅是在公元前536年出现的,除此通说之外,很明显在春秋时期这些成文法典就持续存在。证据来自《左传》。《左传》这部极其重要的史书无疑成书于公元前300年左右,这一点在学术界取得了共识。《左传》还包括公元前300年以后的一些篇章。③ 但是,正如通说所认为的那样,《左传》中包含了大量可靠的史实。据《左传》记载,公元前621年,"(晋国)(范)宣子于是乎始为

---

① 参见郭沫若著:《两周金文辞大系图录考释》,上海书店出版社1958年版,26a、40b、81b、96b、124b~125a、127a、129b~131a、144b;周法高:《金文零释》,载1951年台湾《"中央"研究院历史语言研究所专刊之三十四》,第64~72页。关于这些木榜的使用,参见Herrlee Glessner Creel,"The Origins of Statecraft in China",Vol.1,*The Western Chou Empire*,Chicago,1970,pp.185-188。

② 让·埃斯卡拉:《中国法(中国法学通论)》,北平法文图书馆1936年版,第79页;Cf. also Derk Bodde and Clarence Morris,*Law in Imperial China*,Cambridge,Mass,1967,p.4(本书已由朱勇翻译,书名为《中华帝国的法律》,作为"海外中国研究丛书"之一由江苏人民出版社于1995年出版,本文中出现的相关文献,译者均通过中文译本进行了校对。——译者注);Karl Bünger,Die Rechtsidee in der chinesischen Geschichte,Saeculum,Vol.3,1952,p.212。

③ 例如,虽然理雅各(James Legge)的《左传》译本第244页提到了成文法典,但这很值得怀疑,因为这前面有了"君子曰"(chün-tzu yüeh)这三个字。添加在《左传》文本多处地方的诸如"君子曰"这类评论很明显是编者所为,或许晚至成书之后。关于《左传》成书年代的学术观点综述,参见Herrlee Glessner Creel,*The Origins of Statecraft in China*,Vol.1,*The Western Chou Empire*,Chicago,1970,pp.475-477。

国政，制事典，正法罪，辟刑狱，董逋逃”。[①]《左传》和其他著作都提到了“范宣子之法”，并且这部法律中一些内容确定无疑在公元前536年前后也成文公布了。[②]

这部法典据考证渊源众多。我们发现在文王之后6个世纪（公元前535年）仍然可以诉诸“周文王之法”，[③]并且在公元前484年，据说周公（文王之子）所制定的“周公之典”依然存在。[④] 可以这么说，在中国和在其他地方一样，新的法律是对旧有法律的修订。法典的修订通常被认为是政府总体改革的一个重要部分，这也是公元前621年晋国法律修订活动的背景。公元前597年，楚国“蔿敖为宰，择楚国之令典”。作为晋国在公元前573年的另一项改革措施，晋悼公命令修订“士蔿之法”以及“范武子之法”。[⑤] 士蔿生活在公元前7世纪上半叶，他的孙子范武子成名之时在公元前600年左右，两人都是当时晋国官员。

公元前536年的法典长久以来一直为研究中国法的学者所强调，所以我们有必要仔细查考一番。《左传》如此记述：

> 郑人铸刑书，叔向使诒子产书曰，始吾有虞于子，今则已矣，昔先王议事以制，不为刑辟，惧民之有争心也，犹不可禁御，是故闲之以义，纠之以政，行之以礼，守之以信，奉之以仁，制为禄位，以劝其从，严断刑罚，以威其淫，惧其未也，故诲之以忠，耸之以行，教之以务，使之以和，临之以敬，莅之以强，断之以刚，犹求圣哲之上，明察之官，忠信之长，慈惠之师，民于是乎可任使也，而不生祸乱，民知有辟，则不忌于上，并有争心，以徵于书，而徼幸以成之，弗可为矣，夏有乱政而作禹刑，商有乱政而作汤刑，周有乱政而作九刑，三辟之兴……[⑥]

那些主张成文法典仅仅在公元前536年出现的学者常常引用上文的开头部分，但是他们从来没有引用过后面的部分，甚至也没有提及。这就很明显了，《左

---

① *Tso-chuan*, tr. James Legge, *The Chinese Classics*, Vol. 5, Hong Kong, 1960, pp. 243 – 244。笔者把“法罪”二字翻译成了“关于犯罪的法律”（laws concerning crime），其字面意思是“合法认定的有罪”（legal guilts）。

② See *Tso-chuan*, tr. James Legge, *The Chinese Classics*, Vol. 5, Hong Kong, 1960, pp. 317, 409, 609, 616, 711, 732, 772, 802; *Kuo-yü*, 2:6a, 3:7a, and 14:4b; *Chan-kuo ts'e*, 14:10b.

③ *Tso-chuan*, tr. James Legge, *The Chinese Classics*, Vol. 5, Hong Kong, 1960, p. 616.

④ Ibid., p. 826.

⑤ Ibid., pp. 243 – 244, 317, 409.

⑥ *Tso-chuan*, tr. James Legge, *The Chinese Classics*, Vol. 5, Hong Kong, 1960, p. 609.

传》的作者并不认为这就是最早的成文法典,甚至远远不是。

事实上,整个引文都是值得高度怀疑的。据说,禹(事实上是传说中的人物)是夏朝的建立者,汤是商朝的建立者。为何当他们的王朝陷入"乱政"后,新法典还是以王朝建立者的名字命名呢?而我们所知的"九刑"并没有出现在西周的材料中,而在《左传》中(撇开此处引用中出现的一次)也仅仅出现过一次。那一次"九刑"是在"周公制礼"时所作演讲之中出现的。① 但是,周公生活在西周早期,那是周朝最为繁荣的时期。那么,在周朝陷入"乱政"之后这部法典又是怎样被制定出来的呢?编造这段引文的人准是一个马虎的学者。但是,叔向(这封信的作者)确实是当时最为博学优秀的人当中享有盛名的一位。

这篇引文暗示使得法律秘而不宣是当时惯常做法让其更加可疑了。这方面的论述很多。瞿同祖写道:"贵族决不肯将他的法律公开,致使被统治者明晓其内容。如果始终不揭露其秘密则他的意志有更大威权,他的命令就是法律,不容人怀疑,更不容人质问。……一直到春秋之世,郑、晋、魏等国次第颁定刑书,法律才由秘密而公开……"②这种法的秘密状态也在《左传》中的另一篇提到了,那一篇也是很值得怀疑的,对此我们将在下一个部分加以讨论。除了这两处,笔者就不知晓在其他什么地方还提及了法律理应秘而不宣这一做法,由此我们有理由认为这种做法不存在。

确定无疑的是在西周时期,法律并不是秘密的。周武王指出了法律的条款应当是公开的,他说:"汝陈时臬事罚。"他所用的汉字词汇"陈"的意思是"展示、发布"。周公责备那些被征服了的商族人所作所为不合法时曾说道,"尔殷遗多士,弗吊旻天"。所用的指称"合法"的汉字是"天",这个象形文字代表了一本书。他指控他们并未按照成文法行事——如果他们还是无视法律的存在的话,这就是个没有意义的责备。鲁侯伯禽在军前立下《费誓》,列举出了一系列罪名,违反其中任何一项,"则有常刑"。他的士卒都是些地位卑微的人,以至于伯禽对他们颐指气使命令道:"我惟征徐戎。峙乃糗粮,无敢不逮;汝则有大刑!鲁人三郊三遂,峙乃桢干。甲戌,我惟筑,无敢不供。"士卒们被假定知晓所列举的每一种犯罪相对应的"常刑"。③

在春秋时期,当周王室权力式微之时,很可能天子在封国中的司法活动逐渐

① See *Tso-chuan*, tr. James Legge, *The Chinese Classics*, Vol. 5, Hong Kong, 1960, p. 282.

② Ch'ü T'ung-tsu, *Law and Society in Traditional China*, Paris and The Hague, 1961, p. 170. (即瞿同祖:《中国法律与中国社会》。——译者注)

③ *The Book of Documents*, tr. Bernhard Karlgren, *Bulletin of the Museum of Far Eastern Antiquities*, Vol. 22, 1950, pp. 40, 65, 80.

减少了。的确,我们也看到了似乎有许多案例,其中有些人不经法律程序而被专断施以刑罚,还有些犯罪之人很有可能偏爱不按照法律程序来办。然而,我们却发现在公元前536年之前众多封国中的官员们确实就已经制定了法典。当法典制定出来以后却秘而不宣,这似乎是不太可能的,至少据笔者所知,那些法典曾被如此对待并无根据。在公元前632年的一次对话中记述了周襄王(King Hsiang)拒杀卫成公时提道:"不可……布刑而不庸,再逆矣。"①另一处记述了楚国的令尹屈建在公元前550年前后在祭祀他父亲时说道:"其法刑在民心而藏在王府。"②这些事实都显示出,当时法律制定后惯常做法就是公之于众。

在我们暂搁对早期法典的讨论前,有必要指出《法经》被认为是在公元前400年左右由李悝制定。中西方杰出的学者都认为这部法典奠定了后世法典编纂的基础。但是,后世最早提及《法经》是在其编纂完成之后的1000多年。至少可以这样说,古代任何一部法典存在与否都是存疑的。③

七、孔子和法律

《左传》中第二处提到法律秘密性问题的地方可以追溯到公元前513年,据传,"遂赋晋国一鼓铁,以铸刑鼎,著范宣子所谓刑书焉"。这一事件再一次遭到了如下的批评:

> ……仲尼曰,晋其亡乎,失其度矣,夫晋国将守唐叔之所受法度,以经纬其民,卿大夫以序守之,民是以能尊其贵,贵是以能守其业,贵贱不愆,所谓度也,文公是以作执秩之官,为被庐之法,以为盟主,今弃是度也,而为刑鼎,民在鼎矣,何以尊贵,贵何业之守,贵贱无序,何以为国……④

---

① *Kuo-yü*(《四部备要》第44册),2:6a;这件事的发生时间是根据理雅各(James Legge)的《左传》译本第212页推算出来的。(译见《左传·鲁僖公二十八年》相关记载。——译者注)

② *Kuo-yü*(《四部备要》第44册),17:3a。此处的疑问点和屈建祭祀他父亲屈到有关。屈到最后一次被提及是在公元前557年[理雅各(James Legge)的《左传》译本第469页];而屈建首次出现在公元前551年[理雅各(James Legge)的《左传》译本第496页]。"王府"(King's repository)中的"王"是指楚国国君(the ruler of Ch'u)。

③ Timoteus Pokora, "The Canon of Laws by Li K'uei-A Double Falsification?", *Archiv Orientalni*, Vol. 2, 1959, pp. 96 – 121; Hulsewé, *Remnants of Han law*, Vol. 1, Leiden, 1955, pp. 28 – 30.

④ *Tso-chuan*, tr. James Legge, *The Chinese Classics*, Vol. 5, Hong Kong, 1960, p. 732.

这篇引文明显是《论语》之外载有孔子言论著述的篇章。孔子的名字,正如其他著名且有影响力的人物的名字一样,都会被其他人冒用服务于其各自的目的,甚至那些"反儒家"的言论都会被附上孔子之名。庄子作为一个具有自我坚定信念的道家思想者反复引用孔子以批评其理论和说教;法家学说的狂热者韩非子在其著作《韩非子·内储说上》中也载有子贡问道的情形,主张"刑弃灰于公道者断其手"。①

有鉴别力的学者提出,唯一可靠的并且是最完好地记录了孔子思想的文献就是《论语》。② 如果我们将上述《左传》中孔子评价晋国得失的那段引文与《论语》相比较,我们清楚地发现《论语》中并没有相关的记述。证据是非常明显的,在这一段引文中"贵"和"贱"两个汉字被翻译成了"noble"(高贵的人)和"humble"(卑微的人),并且"贵"字出现了6次而"贱"字出现了2次。但是,综观整部《论语》,孔子及其学生从未使用过"贵""贱"二字来指代一个阶层。孔子唯一一次使用"贱"这个字作为形容词是为修饰他自己说:"吾少也贱。"③

《论语》中的孔子——那个真正的孔子——根本未曾使用过"upperclass"(高级阶层)和"lower class"(低级阶层)这样的术语,也从未主张过这种必要性——将低级阶层维持在合适的位置或者直接忽视他们。他曾说过:"不教而杀谓之虐。"④他也曾谈及了那些有权有势之人,但是基本上都用了贬义词。他劝诫那些有权有势之人,想要确保百姓忠诚于他们的唯一方法就是要自身有德行(这一点孔子一贯主张,但是有权有势之人往往做不到),为百姓树立起良好的榜样。⑤

很明显,孔子确实认为社会秩序需要良好地维持,并且主张"亲其所亲,尊其所尊"。但是,阶层之间流动的可能性被武断恣意地阻隔,相比其他人而言,孔子他进一步地致力于摧毁这种障碍。在孔子之前,一个具有高贵出身的人就是"君子","小人"就是平民,但是孔子对此作出了重新定义——君子就是那些具有高贵德性的"true gentleman"(真正的绅士),而小人就是缺乏高贵的德性的"mean

---

① *The Writings of Kwang-zze* (*Chuang-tzu*), tr. James Legge, in *Sacred Books of the East*, Vols. 39 - 40, London, Vol. 1, 1891, pp. 203 - 210, 354 - 362; Vol. 2, pp. 144 - 145, 192 - 201; *Complete Works of Han Fei Tzŭ*, tr. W. K. Liao, 2vols., London, 1939, 1959, Vol. 1, pp. 293 - 294.

② 这并不意味着《论语》就没有被篡改过,只能说相对较为可信。关于更多对于《论语》的文本争论,参见 Herrlee Glessner Creel, *Confucius, the Man and the Myth*, New York, 1949, pp. 291 - 294。

③ *Analects*, 9.6.

④ *Analects*, 20.2.3. 笔者猜测这段记录孔子言论的文本在收录到儒家经典中时经过了一些形式上的变动。

⑤ *Analects*, 1.15.1; 2.19, 20; 3.3; 4.13; 6.3.2; 8.2.2, 13; 11.16; 12.9, 17 - 19; 13.4.3, 6, 11, 13, 15, 20; 14.23, 44; 19.19; and 20.2.3.

man"(卑鄙之人),而无论其出身如何。孔子认为他的学生是一些出身低微的人,并且给予他们原先只能是贵族享有的教育,后来,他的许多学生被拔擢为各个封国的高官。

在这层社会关系中,"礼"是非常重要的。在西周时期,"礼"这个字特指牺牲与祀神,而在春秋时期,"礼"就用来指称贵族的行为准则,如同中世纪欧洲的贵族礼节。孔子对这个概念进行了扩展,使"礼"成为适用于社会上所有人的行为准则,也成为政府需要遵循的良善而正义的一种治国方略。他将"礼"教授给了来自社会各行各业的学生。

为什么这么多研究中国法的学者都认为法律上的不平等以及高级阶层享有法外特权是孔子的教诲?或许,从贵族行为规范中衍生而来的"礼"的概念(正如我们指代礼貌的那个词"courtesy")正是其中一个重要的原因。这种在汉朝时候在法律中引入不平等的现象被称为"中国法律的儒家化"①(the Confucianization of Chinese law)。但是,这个术语是否概括恰当则尚待商榷。②

有些研究中国法的学者对于《礼记》当中可能是偶然出现的一段文字给予了过度的重视。《礼记》成书于汉代,其中无疑包含了先于汉代的更加古老的材料,但是其中特定篇章的来龙去脉是难以查明的。在《礼记》中记载了一段具有争议

---

① Ch'ü T'ung-tsu:*Law and Society in Traditional China*,Paris and The Hague,1961,pp. 267 - 279;Étienne Balazs,*Le Traité juridique du"Souei-chou"*,Leiden,1954,pp. 9 - 18;Hulsewé,*Remnants of Han law*,Vol. 1,Leiden,1955,p. 5.

② 很明显,参与法律儒家化活动的绝大多数都是儒家学者。在公元前140年"罢黜百家"之后,这就变成了一种惯常做法,即要求每一位官员至少在名义上是儒家学者。儒家学者,例如,孟子,特别是荀子,无疑比孔子更加强调社会阶层的区分,但如果就此说他们支持在同种犯罪中对高级阶层施以轻刑就不太可信了。事实上,他们很可能认为应当考虑到高级阶层的特权与责任而对其犯罪施以重刑。尽管自汉代以降,"儒家"名号的内涵变得模糊不清了,但是有一点还是确定的,那就是那些真正的儒家是站在贫穷卑微者一边来反对有权有势阶层的。例如,在公元前81年,汉昭帝召集一批儒家学者(其中许多都是贫穷卑微之士),他们向皇帝倾诉百姓"疾苦"。See Huan K'uan:*Discourses on Salt and Iron*,tr. Esson M. Gale,Vol. 1,Leiden,1931,pp. 76 - 77,103 - 105,and 121. 任何人想要借助儒家或者其他学派的理论来解释汉代官员主张自己应当在法律上享有特权地位的做法是值得怀疑的。因为在汉代,特别是汉武帝时期,为官是极端危险的,即便是最高级别的官员也不例外。德效骞(Homer Dubs,1892～1969年)写道:"在公元前121年到公元前88年这31年间,7位丞相之中只有石庆一人自然死亡,其他人都因犯罪或者其他原因而被处死。"(具体参见《汉书·百官公卿表下》。——译者注)Pan Ku:*The History of the Former Han Dynasty*,tr. Homer H. Dubs,3vols.,Vol. 2,Baltimore,1938 - 1955,p. 9。促使一个处于如此危险境地的人要求在法律上享有特权地位并不需要什么哲学理论,仅仅需要逃生的欲求就可以了!

性的文字:“礼不下庶人,刑不上大夫。”[①]尽管“大夫”通常翻译成“高级官员”,但是他们事实上是封国当中一些最低序列的官员。这句话被广泛地误认为是儒家学说,其意思也被误读成贵族只受到礼的约束,而刑罚仅仅适用于平民。

据我们所知,孔子将“礼”教授给了他的学生,其中有一些人都是出生最为卑微的。在《论语》中记载,“子曰:‘道之以政,齐之以刑,民免而无耻;道之以德,齐之以礼,有耻且格’”。这一说法与上述从《礼记》中得出的结论截然相反。要是说曾经存在一段时间,在此期间刑罚是不适用于官员与贵族的,那么这似乎找不到证据来支持。相反,我们看到了历史上那些大夫一级以及级别更高的人频频被处死。例如,在公元前650年,9个这样位高权重的人惨遭杀戮;在公元前552年,又有10个这样的人被处死。他们有时候还可能遭到最为羞耻和痛苦的死刑执行方式,诸如公开处决和“车裂”。其死后,他们的尸体还会遭到“戮尸”,甚至“菹醢”。[②]由此可见,《礼记》当中这种富有争议的篇章无疑是当时的某些官员作为一种良好愿景的表达所写。

要考察孔子对于法律的观点,仅仅参考那些数量众多通常相互矛盾的《论语》之外出处不明的孔子言论,这无疑是差强人意的,但是如果单单聚焦于《论语》之上,我们便有可能勾勒出一幅前后一致并且可以理解的图景。这是孔子对于国家的总体观念的一部分:国家是一个理想中相互合作的共同体,其中君王及其官员致力于百姓的福祉,而百姓则忠诚并愿意服从于那些居于他们之上的统治者。孔子反反复复地强调:“政者,正也。子帅以正,孰敢不正……苟正其身矣,于从政乎何有?不能正其身,如正人何?”[③]由此,他认为使得百姓向善的最有效方式就是统治者为百姓做出德行良好的表率。子曰:“道之以政,齐之以刑,民免而无耻;道之以德,齐之以礼,有耻且格。”可见,孔子认为百姓应当受到礼的积极驱动,从而去做应该做的事;但是刑罚的威严只能让百姓努力避免作恶,而不能使其向善。谈及诉讼的时候,孔子又说:“听讼,吾犹人也,必也使无讼乎!”可见他认

---

① *Lî Kî*, tr. James Legge, in *Sacred Books of the East*, F. Müller ed., Vols. 27 – 28, Vol. 27, 1885, p. 90.

② *Tso-chuan*, tr. James Legge, *The Chinese Classics*, Vol. 5, Hong Kong, 1960, pp. 17, 71, 79, 89, 92, 95, 97, 121, 142, 157, 169, 186, 195, 208, 212, 226, 310, 322, 374, 404, 405, 417, 490, 495, 535, 604, 637, and 656; *Kuo-yü*(《四部备要》第44册), 3.9b, 92.b, 7b – 8a, 12.5a, 14.2b, and 15.1a; *Chan-kuo ts'e*(《四部备要》第44册), 3.1b and 14.8a。

③ *Analects*, 2.19 – 20; 12.17 – 19; 13.4.3, and 13.13.

为保证诉讼正义固然重要，但是最为重要的是要达到一种"无讼"的境地。[①]

很显然，这些观点都带有乌托邦色彩。然而，孔子那应当立即废除诉讼制度的主张显然并不是那么实际。子曰："善人为邦百年，亦可以胜残去杀矣。诚哉是言也！"[②]因此，并不能说孔子完全地反对法治，他对于法律制度的观点或许有点类似于马克思主义哲学的国家观——在理想状况下，法律是不必要的，甚至会消失。

八、周代晚期的程序法

总体而言，东周时期的程序法与西周时期具有很高的相似性。或许仅仅因为我们掌握这一时期更多资料的缘故，所以我们在考察史料时发现了更多对法官受贿的处罚以及极端的刑罚（如"车裂"）的记载。

在那一时期的许多封国之中，我们找到了"司寇"这一官职。一份资料显示，当时在晋国只有司寇才被赋予执行死刑的权力——"请归死于司寇"。[③] 然而，我们发现，多半而言那些司法的官员或者国君同时也履行部分行政权力。我们在阅读中也发现晋国的地方行政官员如果无力审断案件，便会送往国都由中央的高级官员"卿"处理。主持公道是国君的责任。在公元前684年，鲁庄公在列举他对美德的主张时说道："小大之狱，虽不能察，必以情。"晋国国君事实上是在当时中国最有权势的人，他甚至在一个控告周天子的案件中作出了裁决。[④]

在那一时期，存在许多的案例，其中最为复杂完整的案件据记载发生于公元前536年。当时王叔陈生与伯舆争夺周王室的执政权力，周灵王支持伯舆，王叔陈生一怒之下离开了周王室。晋悼公（他当时实际上控制着中国，但是名义上仍然是天子的附庸）派使臣范宣子去调解周王室的这一纠纷，王叔陈生和伯舆两造争讼。王叔陈生的家宰和伯舆的大夫瑕禽在宫廷上辩论对质，由范宣子审核评判。王叔陈生的家宰说："筚门闺窦之人，而皆陵其上，其难为上矣。"瑕禽说："昔平王东迁，吾七姓从王，牲用备具，王赖之，而赐之骍旄之盟，曰，世世无失职，若筚门闺窦，其能来东底乎，且王何赖焉"，他还进一步指出："今自王叔之相也，政以

---

① *Analects*，2.3；12.13. 笔者在此并未提及*Analects*13.3中孔子对于刑罚的论述，因为这明显是后人的篡改。笔者相信亚瑟·威利（Arthur Waley，1888～1966年）是最早指出这一点的。参见Herrlee Glessner Creel，*Confucius*，*the Man and the Myth*，New York，1949，pp. 221，321－323。

② *Analects*，13.11.

③ *Kuo-yü*（《四部备要》第44册），15.1a；*Tso-chuan*，tr. James Legge，*The Chinese Classics*（《中国古代经典》），Vol. 5，Hong Kong，1960，p. 728。

④ See *Tso-chuan*，tr. James Legge，*The Chinese Classics*，Vol. 5，Hong Kong，1960，pp. 86，376，728.

贿成,而刑放于宠,官之师旅,不胜其富,吾能无筚门闺窦乎,唯大国图之,下而无直,则何谓正矣。"范宣子说:"天子所右,寡君亦右之,所左亦左之。"他让王叔陈生和伯舆两家当面对证,王叔一方因提不出对自己有利的证据而败诉。王叔陈生便跑到了晋国。最后两造双方都没有得到周王室的执政权力,而由第三方单靖公为卿士,以相王室。[①]

在一些西周的其他案件当中,我们再一次看到了诉讼双方由代理人(advocate)出席诉讼的情形,而且这在春秋时期也似乎非常普遍。[②] 但是,在大多数案件当中,并无迹象表明存在代理人的选任标准,同样也没有任何证据支持当时存在着如古罗马时期一样的由特定个人惯常地从事诉讼代理事务的代理人制度。

然而,我们从史料中确实发现,据传说曾经有个人将诉讼技巧教授给许多人。《左传》记载,公元前501年,"郑驷歂杀邓析,而用其竹刑"[③]。《吕氏春秋》(成书于公元前3世纪中叶)一书对这一案例进行了详尽的说明:

> 子产治郑,邓析务难之,与民之有狱者约,大狱一衣,小狱襦袴。民之献衣襦袴而学讼者,不可胜数。以非为是,以是为非,是非无度,而可与不可日变。所欲胜因胜,所欲罪因罪。郑国大乱,民口欢哗。子产患之,于是杀邓析而戮之,民心乃服,是非乃定,法律乃行。[④]

在其他地方,我们发现邓析被描述为一位诡辩家(sophist)。[⑤] 他真实的状况我们也很难了解。上述《吕氏春秋》中的引文显示他是因为教授人们规避法律而遭到子产的诛杀——注意,子产死于公元前522年——而在《左传》中又说他是法律的创制者,并且在公元前501年被驷歂所杀。

不管当时邓析所从事的活动究竟是什么,有一点可以肯定,那就是在周朝的绝大部分时期里当事人都会让其代理人参加诉讼。当然,这与后世代理人被完全

---

① See *Tso-chuan*, tr. James Legge, *The Chinese Classics*, Vol. 5, Hong Kong, 1960, pp. 448 - 449.

② Ibid., pp. 212, 267, 355, 376, 448.

③ Ibid., p. 772.

④ *Lü-shih ch'un-ch'iu*(《四部备要》第53册), 18. 8b - 9a。

⑤ 参见 *Hsün-tzu*(《四部备要》第52册), 2. 1b, 3. 9a, 4. 3b, 20. 1b。传统上认为他所著的书叫 *Teng Hsi-tzu*, 但通常都认为是一部伪书。

排除于诉讼程序之外的做法形成了强烈的对比。[①] 不过，这绝非是其唯一的不同。卜德（Derk Bodde，1909～2003年）在评价马伯乐的西周关于诉讼的铭文译本时写道："这种反映在纠纷解决机制中显著的妥协精神（give-and-take spirit）将西周的程序法与后世帝国时期自上而下的东方化（vertically oriented）的司法体制明显地区分开来，这就暗示与后世日益走向官僚化的中国政府统治下的社会相比，西周社会更加可能在精神层面上接近于西方社会。"[②]官僚化过程在这其中起了多大的作用尚存争议，但是这种贯穿周代大部分时期与后世各朝呈现出明显不同的司法状况及其背后哲学理论根基之间的差异的确是存在的。

九、法与自然秩序

让·埃斯卡拉在他那本关于中国法的开山之作——《中国法（中国法学通论）》（*Le Droit chinois*）中展开了对中国法概念的讨论，他写道："中国的精神中最为古老的指导原则就是相信存在着自然秩序，并且相信自然秩序与社会秩序间存在着一种协定的效能（efficacy of an accord）。"在描述这种"自然秩序"时，他提到了作为积极原则与消极原则的"阴阳学说"，以及所谓的"五行学说"的概念。在这些概念之下任何事物都可以分别归入五个序列（如五种元素、五种美德、五种刑罚等）和其他命理学（numerological）的安排之中，人与自然之间的关系被构想成是互动的（因此，举例来说，统治者的不义将会招致连绵的雨害）。[③]

无疑，在过去的2000年中，这种自然秩序的概念以及它与人类活动之间的相互关系成为了中国人法律思维的根本准则。很多人认为，这就是中国的"元"概念（primitive conception）。事实上，精确地说，这可能被唤作"相对现代性"（relatively modern）。上文提到的一些概念，从"阴阳学说"、对数字的关注（术数学）（preoccupation with numbers）以及人的行为与天气之间复杂细微的互动，是在春秋末期才慢慢形成的，并且是在战国时期才传播开来。[④] 卜德将这些理念的引

---

① 参见 Derk Bodde and Clarence Morris, *Law in Imperial China*, Cambridge, Mass, 1967, pp. 4, 28; 让·埃斯卡拉（Jean Escarra）：《中国法（中国法学通论）》，北平法文图书馆1936年版，第255页、第326页。

② Derk Bodde and Clarence Morris, *Law in Imperial China*, Cambridge, Mass, 1967, p. 48, note 95.

③ 参见让·埃斯卡拉（Jean Escarra）：《中国法（中国法学通论）》，北平法文图书馆1936年版，第7～11页。

④ 参见李汉三：《先秦两汉之阴阳五行学说》，台湾钟鼎文化出版公司1967年版，第47～49页；Derk Bodde and Clarence Morris, *Law in Imperial China*, Cambridge, Mass, 1967, pp. 43 – 44; Arthur Waley, *The Way and its Power*, London, 1934, pp. 109 – 110; Herrlee Glessner Creel, *Confucius, the Man and the Myth*, New York, 1949, pp. 198 – 200, 203, 317 – 319。

入唤作"法律的自然化"(Naturalization of Law),并且认为这一变化是在秦国(Ch'in)于公元前221年统一中国前的两个世纪中逐渐完成的。①

当然,此类转变并不仅仅局限于法律事务领域,它仅仅是从公元前5世纪至公元前3世纪期间发生在中国人思维领域的彻底的转变的一部分(但是我们尚未进行很好的研究与理解)。这一点很容易得到认可(recognize),但其内容却很难特征化(characterize)。或许可以把它描述为一场运动——对整个宇宙以及在其中的人的地位的分析从个体术语角度向以机械的(mechanical)或原始科学(protoscientific)术语角度的转变。举例而言,从早期商朝开始,甘霖依靠个人手段求得,如祈祷或向神灵献祭。到了汉代,董仲舒(Tung Chung-shu)写道,并非是神灵赐予了雨水,"明于此者,欲致雨则动阴以起阴"。② 因此,他又说道"故以龙致雨","龙"是"阴"(yin)的象征。另一位汉代学者王充记载:"董仲舒雩祭之法,设土龙以为感也。"③

在如此构想的一个宇宙之中,法律作用的适当变化是不可避免的。在周王朝的绝大部分时期里,法律运作过程的目标似乎主要是支持政府的威望与权力以及维持整个社会的秩序和安宁。卜德提出了他的新看法:"对于社会秩序的扰乱意味着对于整个宇宙秩序的违背,因为在中国人的世界观中,人与自然的不同维度密不可分地交织在一起,从而形成一个牢不可破的连续体(continuum)。"这种宇宙秩序和社会秩序会因为"道德和宗教上的不当行为或者是犯罪行为"而被打破。当这种秩序被打破时,就需要"施以刑罚使行为人付出报应(exact retribution)"。因此,卜德指出在中国所有的帝国法典中,"甚至对于行政行为或者非刑事法制裁的其他违法行为的处理方式通常遵循这样一个'有错必罚'的固定程式:任何人如若从事了X行为,将会受到Y刑罚"。④

接下来的议题就变成如何努力使得"罚当其罪"。这一点在《尚书》中的《吕刑》部分进行了集中论述,其中将诉讼描述如下:"两造具备,师听五辞。五辞简孚,正于五刑。五刑不简,天于五罚;五罚不服,正于五过。"⑤传统上认为《吕刑》作于周穆王(King Mu,公元前1001~公元前947年)时期,而让·埃斯卡拉认为

---

① See Derk Bodde and Clarence Morris, *Law in Imperial China*, Cambridge, Mass, 1967, pp. 43-44.

② Tung Chung-shu: *Ch'un-ch'iu fan-lu*(《四部备要》第54册),13:3b。

③ Wang Ch'ung: *Lun-heng*(《四部备要》第54册),16:1a。

④ Derk Bodde and Clarence Morris, *Law in Imperial China*, Cambridge, Mass, 1967, pp. 4, 28.

⑤ *The Book of Documents*, tr. Bernhard Karlgren, *Bulletin of the Museum of Far Eastern Antiquities*, Vol. 22, 1950, p. 77.

是公元前952年。① 事实上，“五刑”的出现似乎不会早于战国时期，②大量判据表明“吕刑”也要追溯到那个时期。③

十、“法”家

公元前4世纪，法家学说肇兴，其奠基者中至少是一些有实际工作经验的官吏。④ 法家主张极权式的军事组织方式，鼓励耕织，奖励军功，以达到“富国强兵”之效。法家主张对百姓和官吏一样以两种方式管理：奖励与惩罚。

法家的哲学思想在偏居西隅的秦国完成其政权组织极权化的过程中发挥了重要的作用。这样的国家组织促使了秦国对外征战，统一了中国，并且在秦王朝存在的短短10余年（公元前221～公元前207年）中将法家的统治模式扩展到了整个中国。其后的汉代，在很大程度上承袭了秦制，法家无疑也对后世中国的法制发展产生了重大的影响。

早期的法家思想者都一贯反对遵循传统，他们主张对于新时代的问题需要新

---

① See Jean Escarra, "Law, Chinese", *Encyclopaedia of the Social Sciences*, Vol. 9, New York, 1933, p. 251.（“Law, Chinese”词条，1933年《社会科学百科》，第251页）

② 笔者并未发现在青铜铭文或者其他西周文献当中提到“五刑”。在《左传》《论语》中，甚至晚至孟子为止的文献中均未出现“五刑”。最早可以追溯到《墨子》（*Mo-tzu*）之中，而这本书不会早于公元前5世纪的下半叶。在《国语》中确实存在一段对于“五刑”的冗长的讨论，它出现在公元前632年的一段对话之中——臧文仲言于僖公曰：“夫卫君给无罪矣。刑五而已，无有隐者，隐乃讳也。大刑用甲兵，其次用斧钺，中刑用刀锯，其次用钻笮，薄刑用鞭扑，以威民也。故大者陈之原野，小者致之市朝，五刑三次，是无隐也。”[《国语》（*Kuo-yü*）（《四部备要》第44册），4.4b-5a]但这部书又不可能早于战国晚期。我们在《国语》中发现许多上文提及的关于“五刑”讨论的类似篇章，它们反映出了那一时期的思想，但是和它们被记载于更早时期文本中的史实是相割裂的。因此，我们并不能把它们视为当时对于更早时期史实毫无异议的记录。

③ 在《尚书·吕刑》中，不仅是“五刑”，而且其他的带有“五”和“三”的段落，如“惟敬五刑，以成三德”“官罚之属三百”“五刑之属三千”，都表明了“吕刑”的出现不可能早于战国。齐思和（Ch'i Ssu-ho）：《西周时代之政治思想》，载《燕京社会科学》1948年第1卷，第32页；卜德指出“五刑”在公元前4世纪那本叫作《墨子》的书中提及了，这就至少为我们提供了一个时间起点（terminus ante quem）。Bodde and Clarence Morris, *Law in Imperial China*, Cambridge, Mass, 1967, p. 13。

④ “Legalism”这一术语，作为中国的一个哲学流派，在笔者看来被普遍地误用了。“Legalism”是“法家”（fa-chia）的转译。但是，“法家”事实上是由两个流派合成，更多详情，参见Herrlee Glessner Creel, "The Fa-chia: 'Legalists' or 'Administrators'?", *Bulletin of the Institute of History and Philology, Academia Sinica*, Extra Vol. 4, 1961, pp. 607-636。其中一派由申不害（Shen Pu-hai，卒于公元前340年到公元前337年间）创立，其特点是不关注于“法”，而注重“术”（administrative technique）；由商鞅（Shang Yang，卒于公元前338年）创立的另一派才可以合适地称为“法家”。本文中的“法家”主要指的是商鞅一派。了解申不害的思想可以参见Herrlee Glessner Creel, *Shen Pu-hai, A Chinese Political Philosopher of Fourth Century B. C.* Chicago, 1974。

一代人以新的方式去应对,[①]"故治民无常,唯治为法。法与时转则治"。[②] 韩非子认为:"是以圣人不期修古,不法常可,论世之事,因为之备。"[③]那么,我们或许可以合理地认为早期法家著作中反映出的思想范式和西周、春秋时期的迥然相异,但是却契合了战国末期(法家产生的时期),或许也包括汉代时期的社会状况。当我们深入研究这些著作的时候,我们有了惊人的发现。

法家著作中最早也是最重要的两部书是《商君书》和《韩非子》。我们可以合理地认为在这两部书中反映了早期的法家思想。[④] 在这两部书中,我们发现其鲜有提及在战国时期及后世流行开来的"自然秩序"这种特殊概念的特有属性,如"阴阳""五行"和"术数"。[⑤]

这两部书均未受到卜德所谓的"法律自然化"的影响,其反映的思想并不认为刑事犯罪是对"整个宇宙秩序的违背",他们很少强调同样见于《吕刑》中的"罚

① See *Book of Lord Shang*, tr. J. J. L. Duyvendak, London, 1928, pp. 167 - 175 and 225 - 233; *Complete Works of Han Fei Tzŭ*, tr. W. K. Liao, 2vols., London, 1939, 1959, Vol. 1, pp. 154 - 155; Vol. 2, pp. 252, 275 - 280, 316 - 317, 328.

② *Complete Works of Han Fei Tzŭ*, tr. W. K. Liao, 2vols., London, 1939, 1959, Vol. 2, p. 328.

③ Ibid., p. 276. 通说认为这段出自《韩非子·五蠹》的引文极有可能是韩非子本人所写。

④ 尽管传统上认为《商君书》的作者是商鞅,但是似乎并没有明确的证据证明商鞅写了其中任何一部分,这部书极有可能由多人编纂而成。戴闻达(J. J. L. Duyvendak, 1889 ~ 1954 年)总结认为可能这部书最原始的部分保留了公元前4世纪时候的一些材料,然而书的大部分是在公元3世纪编纂而成,还有些部分甚至在更晚时候编纂。Cf.《商君书》(*Book of Lord Shang*), tr. J. J. L. Duyvendak, London, 1928, pp. 131 - 159.《韩非子》这部书一般认为由韩非子本人所写,其中的一些章节也确实是他本人所写。但是,这部书当中还混合一些在韩非子死后(公元前223年)补充进去的内容,那些作者根本不属于法家。第三本被公认为法家经典的著作是《管子》(*Kuan-tzu*)。《管子》中的12篇由李克(Allyn Rickett)翻译成英文。[*Kuan-tzu*, tr. Allyn Rickett, Hong Kong, 1965]在这部书的序言中,卜德指出其中只有一些篇章出自真正的法家之手,其他篇章则出自于其他流派的学者……基于目前可得的并不太确定的证据而言,李克的结论是《管子》中大部分篇章写于公元前3世纪,然而其中一小部分可能是写于公元4世纪末,还有一些是在公元前2世纪,或者甚至是公元前1世纪陆续添补进去的。[*Kuan-tzu*, tr. Allyn Rickett, Hong Kong, 1965, p. x.]诚然,《管子》作为早期法家的代表作,其中确实包含了法家学派的重要思想,但是就其重要性而言,是无法和《商君书》和《韩非子》相比拟的。

⑤ 笔者并未在《商君书》(*Book of Lord Shang*)中发现其提及"阴阳",在《韩非子全书》(*Complete Works of Han Fei Tzŭ*)中仅仅提到了四次。*Complete Works of Han Fei Tzŭ*, tr. W. K. Liao, 2vols., London, 1939, 1959, Vol. 1, pp. 52, 55 and 173; Vol. 2, p. 168."五行"在两本书中均未曾提及,尽管廖文魁(W. K. Liao)解释了一个术语(只出现了一次)作为其替代物。术数就出现得非常频繁了,但是不如在战国时代其他著作中出现的频率高。

当其罪"[①],并且这两部书都未曾提及"五刑"。

这并非说在那些法家经典当中就不存在什么新的理论了。那些著作强调法应当是公开的,并且能为百姓所理解,这一点在过去是鲜有提及的。[②] 然而,正如我们所见,并无理由认为在早些时候法是秘密的。我们仅能猜测法家的这种新观点是对战国时期部分专制国君实行法的秘密统治的反抗。

以下两个由法家主张的治国方法——"术"——似乎相对新颖,尽管两者被暗示由墨子在更早时候也或多或少曾提过。[③] 其一便是"奖惩"制度的运用,尽管相对于"奖",法家更强调"惩"。《商君书》记述:"重刑少赏,上爱民,民死上。"[④] 其二(尽管很少提及)便是在重刑之下强迫百姓暗中监视他们的亲属和邻居,并随时告发其犯下的罪行。[⑤]

这些法家著作的另一个特色就是内容的篇幅远比其相对缺乏创新性更令人称奇。就英文译本而言,法家著作的卷数是相当可观的,仅《商君书》和《韩非子》两部书总计就有20万字。这些书中充满趣闻轶事,并且涵盖的主题是相当广泛的,但是通常或多或少提及"law"(法)或"Legalism"(墨守律文)。然而,在其中包含的大量材料中,对于实体法和程序法的论述是极少的。

法家著作虽然常常提到"法",但也只是偶然间接引用了一些特定的法条或刑罚。对于法律执行方式的讨论也只有只言片语。法家给我们的一贯印象就是他们主张社会中只需要有法律存在就够了。"法平则吏无奸"。[⑥] "正明法,陈严刑,将以救群生之乱,去天下之祸,使强不陵弱,众不暴寡","明法制,去私恩。""私义行则乱,公义行则治,故公私有分……大立法令者,以废私也。法令行而私

---

① 两部书都提到了刑罚和犯罪应当相适应。*Book of Lord Shang*, tr. J. J. L. Duyvendak, London, 1928, pp. 327 – 328; *Complete Works of Han Fei Tzŭ*, tr. W. K. Liao, 2vols., London, 1939, 1959, Vol. 1, p. 272 and Vol. 2, p. 158. 但这并不是两本书的首要议题。两者通常强调的是使得刑罚严酷而确定,以至于人们不敢犯下任何罪行。

② See *Book of Lord Shang*, tr. J. J. L. Duyvendak, London, 1928, pp. 188, 237, 327 – 335; *Complete Works of Han Fei Tzŭ*, tr. W. K. Liao, 2vols., London, 1939, 1959, Vol. 2, pp. 188, 283 – 284, 288.

③ See *Ethical and Political Works of Motse*, tr. Yi-pao Mei, London, 1929, pp. 30 – 77.

④ *Book of Lord Shang*, tr. J. J. L. Duyvendak, London, 1928, p. 230; Cf. also *Complete Works of Han Fei Tzŭ*, tr. W. K. Liao, 2vols., London, 1939, 1959, Vol. 2, pp. 325, 326. 当然,如官职、爵位和赏赐物诸如此类的奖赏作为一种激励措施早在西周时期就已经使用了。

⑤ See *Complete Works of Han Fei Tzŭ*, tr. W. K. Liao, 2vols., London, 1939, 1959, Vol. 2, pp. 265 – 269, 331 – 332.

⑥ *Book of Lord Shang*, tr. J. J. L. Duyvendak, London, 1928, p. 252; Cf. also pp. 223, 325.

道废矣。私者,以乱法也”。[1]

似乎看起来法律有着一种神奇的功效,但是采取一种更世俗的解释是较为可信的。韩非子认为“罚莫如重而必,使民畏之”,[2]并且一贯强调严刑的重要性。《商君书·赏刑》中有如下论述:“自卿相将军以至大夫庶人,有不从王令,犯国禁,乱上制者,罪死不赦。”[3]法家反复强调这么做的目的是“重刑连其罪,则民不敢试”。[4]

如果这样的理想国度真的能实现,那么当然就没有刑事诉讼存在的必要了。可能这就是为何在卷帙浩繁的法家经典中很少能够找到关于审判这类主题的原因。[5] 法家经典中常常论及无辜的人不应该被惩罚,但是法家却又很少关注于证据及对其评估。在以下所列举的案件当中,司法判决的形成看起来几乎是轻率的。其一,“讼此而不决”,法官就会“以后息者为胜耳”[6];其二,在魏国,法律规定审判应以射箭比赛的方式进行,令曰:“人之有狐疑之讼者,令之射的,中之者胜,不中者负”[7];其三,“郑子产晨出,过东匠之间,闻妇人之哭,抚其御之手而听之。有闲,遣吏执而问之,则手绞其夫者也。异日,其御问曰:‘夫子何以知之?’子产曰:‘其声惧。凡人于其亲爱也,始病而忧,临死而惧,已死而哀。今哭已死不哀而惧,是以知其有奸也。’”[8]

即便我们掌握的西周时期的资料还是比较稀少,然而通过分析还是有可能获得一些关于西周时期实体法与程序法的概念的,尽管尚且粗略。但从早期法家著

---

① *Complete Works of Han Fei Tzŭ*, tr. W. K. Liao, 2vols., London, 1939, 1959, Vol. 1, p. 267; Vol. 2, p. 235; Cf. also Vol. 2, pp. 117, 240, 254, 322, 330.

② *Complete Works of Han Fei Tzŭ*, tr. W. K. Liao, 2vols., London, 1939, 1959, Vol. 2, p. 317.

③ *Book of Lord Shang*, tr. J. J. L. Duyvendak, London, 1928, pp. 231, 278 – 279.

④ Ibid., pp. 203, 209, 212, passim; *Complete Works of Han Fei Tzŭ*, tr. W. K. Liao, 2vols., London, 1939, 1959, Vol. 1, p. 295; Vol. 2, pp. 244 – 245, 325.

⑤ 《商君书》(*Book of Lord Shang*)对于审判只字不提。《韩非子全书》(*Complete Works of Han Fei Tzŭ*)中虽提及审判及其程序,但未进行实质性描述。See *Complete Works of Han Fei Tzŭ*, tr. W. K. Liao, 2vols., London, 1939, 1959, Vol. 1, pp. 123, 144, 285, 301; Vol. 2, pp. 39, 67, 182, 265 – 267.

⑥ 此典故为“郑人争年”,比喻争论的事情既无根据,又无意义。“讼”在此指“瞎争论”,而非诉讼。《韩非子·外储说左上》原文为:“郑人有相与争年者,一人曰:‘吾与尧同年。’其一人曰:‘我与黄帝之兄同年。’讼此而不决,以后息者为胜耳。”——译者注

⑦ 魏国以射箭为诉讼形式是为了鼓励魏人加强战备。《韩非子·内储说上》原文为:“李悝为魏文侯上地之守,而欲人之善射也,乃下令曰:‘人之有狐疑之讼者,令之射的,中之者胜,不中者负。’令下而人皆疾习射,日夜不休。及与秦人战,大败之,以人之善射也。”——译者注

⑧ *Complete Works of Han Fei Tzŭ*, tr. W. K. Liao, 2vols., London, 1939, 1959, Vol. 1, p. 301; Vol. 2, pp. 39, 182. 关于证据考量还在其他地方有所提及, *Complete Works of Han Fei Tzŭ*, tr. W. K. Liao, 2vols., London, 1939, 1959, Vol. 1, pp. 285 and 310; Vol. 2, pp. 62, 265 – 267。

作的文本中几乎不可能推导出一幅反映当时法律发展状况的清晰的图景，尽管那个时代（东周）距离我们更近，并且为我们更好地了解。但是，从战国末期法家著作中反映出的哲学思想的确和西周时期奠定的法律诉求之间有着共通性。

在西周时期，法律程序的目的似乎和维持宇宙和谐没有什么关系，相反它们被设计用来支持政府的威权，并且维持人们之间的秩序和安宁。法家还构想了法律意在实现的目标。《商君书》记载："夫利天下之民者，莫大于治；而治莫康于立君；立君之道，莫广于胜法。"①《商君书》和《韩非子》都反复告诫我们法律的目的在于支持统治者并且维持秩序。②

《商君书》对周朝的奠基者给予了高度赞扬，"武王逆取而贵顺，争天下而上让；其取之以力，持之以义"。③ 事实上，从《尚书》中反映出的周武王对于司法的观点和早期法家的主张之间存在不止一点点的相似性。我们发现周武王倾向于频繁地使用死刑，他告诫他的弟弟，如果官吏胆敢不遵从他的命令或者颁布的改革措施，那就"汝乃其速由兹义率杀"。《商君书》同样建议道："守法守职之吏，有不行王法者，罪死不赦。"④另外，周武王主张："人有小罪，非眚，乃惟终自作不典；式尔，有厥罪小，乃不可不杀。"在如此的执法形势下，他还主张："惟民其毕弃咎……惟民其康乂。"《商君书》也持同样的观点："行罚，重其轻者，轻者不至，重者不来，此谓以刑去刑。"法家著述中对于这种观点强调了很多次。⑤

周武王的观点和法家的主张居然如此吻合，这并不令人十分惊奇，这是因为他们发现自己所处的境遇是相同的。周武王当时试图在一片广袤而异质的（heterogeneous）的领土之上建立起一个中央集权式的同质化统治，事实上，他和他的继任者确实在这项艰巨的任务中取得了一定的成果；同样，对于法家来说，他们当时主要考虑的也是如何在春秋时期"礼崩乐坏"（extreme fragmentation）之后建立起一个中央集权的行政体制。周武王试图将他所征服的中国北部的不同的民族（他们中的一部分对周武王怀有极端的敌意）连结成一个同质的国家，故而

---

① *Book of Lord Shang*, tr. J. J. L. Duyvendak, London, 1928, pp. 232 – 233.

② Ibid., pp. 168, 223, 230, 260, 278 – 279, 325; *Complete Works of Han Fei Tzŭ*, tr. W. K. Liao, 2vols., London, 1939, 1959, Vol. 1, pp. 38, 122 – 124; Vol. 2, pp. 117, 124, 235, 254, 326, 328, 330.

③ *Book of Lord Shang*, tr. J. J. L. Duyvendak, London, 1928, p. 228.

④ *The Book of Documents*, tr. Bernhard Karlgren, *Bulletin of the Museum of Far Eastern Antiquities*, Vol. 22, 1950, p. 42; *Book of Lord Shang*, tr. J. J. L. Duyvendak, London, 1928, p. 279.

⑤ See *The Book of Documents*, tr. Bernhard Karlgren, *Bulletin of the Museum of Far Eastern Antiquities*, Vol. 22, 1950, p. 40; *Book of Lord Shang*, tr. J. J. L. Duyvendak, London, 1928, pp. 203, 209, 212, 233, 258 – 259, 275, 285, 288; *Complete Works of Han Fei Tzŭ*, tr. W. K. Liao, 2vols., London, 1939, 1959, Vol. 1, p. 295; Vol. 2, pp. 244 – 245, 325.

他采取的许多措施都是非常严苛的;战国时期频发的骚乱和冲突使得各封国风雨飘摇、动荡不安,法家也要以同样的方式把封国内骚动的百姓塑造成顺从国君意志的整体。他们的工具就是权主义的社会组织方式。

要完全了解周朝的实体法与程序法的历史,我们还有许多研究工作需要进行。然而,毫无疑问,周代的法制和汉代及其以后朝代的法制存在较大的差异。因此,我们可以认为早期的法制史研究和对中国法主体部分的研究是毫无关联的,不过在不了解中国法律起源的基础上是无法理解后世法制的。随着我们对早期法制史知识的积累,我们可以合理地期待这将给予我们理解后世中国实体法和程序法的本质与发展提供有益的帮助。

中英词汇对照

A

Announcement to K'ang 《康诰》
A. F. P. Hulsewé 何四维
anti-Confucion 反儒家
Analects 《论语》
Arthur Waley 亚瑟·威利
Allyn Rickett 李克

B

Book of Lord Shang 《商君书》

C

Confucius and the Chinese Way 《孔子与中国之道》
Ching Shu 井叔
chün-tzu yüeh 君子曰
Ch'ü T'ung-tsu 瞿同祖
Chuang-tzu 庄子
Chien 贱
Chün-tzu 君子
Chan-kuo ts'e 《战国策》
chief minister 卿
Ch'un-ch'iu fan-lu 《春秋繁露》
Ch'i Ssu-ho 齐思和

D

Duke of Chou 周公
deeds to land 地契
Discourses on Salt and Iron 《盐铁论》
Derk Bodde 卜德

F

fallen into confusion 乱政
Fa-ching or *Classic of Law* 《法经》
five punishments 五刑
fa-chia 法家

H

Herrlee Glessner Creel 顾立雅
Henri Maspero 马伯乐
Hsün 讯

Hung 弘
Hu 曶
Handful 秉
Hsien 限
Han-fei-tzu 韩非子
Hsiao-jen 小人
Hsün-tzu 荀子
Huan K'uan 桓宽
Homer Dubs 德效骞

I

I-ching 《易经》
i 义

J

James Legge 理雅各
Jean Escarra 让·埃斯卡拉
J. J. L. Duyvendak 戴闻达

K

K'ang Shu 康叔
Karl Bünger 卡尔·宾格尔
Klas Bernhard Johannes Karlgren 高本汉
Kuo Ts'ung 鬲从
K'uang Chi 匡季
Kao 告
King Hsiang 周襄王
Kuo-yü 《国语》
King's repository 王府
Kuei 贵
King Mu 周穆王
Kuan-tzu 《管子》

L

Le Serment dans la procédure judiciaire de la Chine antique 《古代中国司法程序中的誓言》
li 礼
lieh 锊
Li K'uei 李悝
Lü-shih ch'un-ch'iu 《吕氏春秋》
Le Droit chinois 《中国法(中国法学通论)》
Lun-heng 《论衡》

M

Mencius 孟子
made into pickle 菹醢
Mo-tzu 《墨子》

N

Nine Punishments 九刑
Naturalization of Law 法律的自然化

P

primary evildoer 元恶
Puritanism 清教主义
Po Mou Fu 伯懋父
Pan Ku 班固
Po Yü 伯舆
Punishment of Lü 《吕刑》

R

Ritual of Chou 《周礼》
royal domains 王畿

regular punishments 常刑

Royal Comparison Office (Wang ts'an men) 王三门

S

state of cheng 郑国

Shu-qing 《书经》

Shih-ching 《诗经》

Shih 氏

secretary 史

Ssu-k'ou 司寇

regular punishments 常刑

Sung 讼

Shih Ch'ing 石庆

sauve qui peut 逃生

Ssu Ch'uan 驷歂

Shen Pu-hai 申不害

Shang Yang 商鞅

T

Tso-chuan 《左传》

Ten Wings 《十翼》

the Spring and Autumn Period 春秋时期

tien 天

the Book of Documents 《尚书》

Tong Kung 东宫

the laws of Shih Wei 士蔿之法

the laws of Fan Wu-tzu 范武子之法

torturers 历人

traitors and villains 奸宄

tzu 秭

T'ang 汤

the Confucianization of Chinese law 中国法律的儒家化

the Book of Rites(*Li-chi*) 《礼记》

tai-fu 大夫

The History of the Former Han Dynasty 《汉书》

torn to pieces by chariots 车裂

Teng His 邓析

Teng Hsi-tzu 《邓析子》

Tzu-ch'an 子产

Tung Chung-shu 董仲舒

The Way and its Power 《道德经》

terminus ante quem 时间起点

W

Warring States period 战国时期

wooden tallies 木榜

Wang Ch'ung 王充

Wang Shu 王叔陈生

W. K. Liao 廖文魁

Y

yao-ch'iu 要囚

Yu Wei Mu 攸卫牧

Yao 舀

Yün 允

Yü 禹

Yin 阴

早期中国国家概念中的战争、惩罚与自然法

高道蕴(Karen Turner)* 著
余 璐 高童非 译
杨 焯 统译
于 明 方 强 校

就冲突的解决而言,存在着两种基本的形式:治理规则和武力。

法律和战争,过于倚重其中一方,都会粉碎本欲保护或扩张的利益。

——保罗·博安南《法律与战争》
(Paul Bohanan, *Law and Warfare*)

公元前3世纪至公元前2世纪,后古典时期的中国思想家们提出中央集权结构和官僚国家体制所带来的治国

---

* 高道蕴(Karen Turner),圣十字学院(Holy Cross College)。本文花费多年的时间才得以成型,笔者无法一一感谢所有帮助笔者理解文中所涉及的关键点的人。最近,要感谢哈佛大学东亚法律研究所(East Asian Legal Studies at Harvard University)的威廉·奥尔福德(William Alford)主任,他在1990年10月安排了一场研讨会讨论了这篇文章,哈佛大学的史华慈(Benjamin Schwartz)教授和劳埃德·魏因雷布(Lloyd Weinreb)教授在会上也作出了评论。李博士(Dr. H. P. Lee)在古典文献上给予笔者慷慨而专业的帮助。还有我们圣十字的同事们,像人类学家苏珊·戈得昌(Susan Gottschang)、克里斯廷·格林韦(Christine Greenway)以及苏珊·罗杰斯(Susan Rodgers),他们促进了与汉学圈外学者的交流。

问题,并试图予以解决。事实上,从古典时期这些问题就同样困扰着西方政治理论家们。这些问题包括:国家使用武力对付自己的国民以及他们的敌人时,应当受到何种规则的管制?官方法律在使用武力镇压时应扮演什么角色?判决时,实在法、人类法与更普遍的准则之间存有何种关系?本文中,笔者着重研究的是战国(公元前403~前221年)和汉代早期(公元前202~25年)一些哲学、历史和法律文献的作者是如何在实在法、规范准则和制度化的武力之间设定可行界限的。正如记载显示,就如何使用武力而努力制定规则的时候,这些作者均接受国家必须垄断武力以维持稳定的政治结构这个前提。和后古典时期西方正义战争理论者的观点一样,①笔者在本文中解读的中国思想家们均认为武力可在统治中占据合法的一席之地,同时告诫统治者不得出于变化无常的原因或一己私利而诉诸武力。此外,像西方同时期的先哲一样,一些中国思想家们滔滔不绝地宣称:战争和惩罚的决定必须基于源自自然道法的法律。

通过比较古典中国政治理论与西方自然法和正义战争论,在对早期中国法律文化传统观点既有批判的基础上,本文提出了新的视角。这一传统观点近来曾被梁治平用极端的形式表述过。他认为任何法治的观念对古代中国来说都是陌生的:"缺乏管理的规范……这一事实是古代中国采用人治的起因。"②就早期法家学者支持的"狂热的专制君主政体"(建立在法律制度仅作为"镇压工具"的基础上),他予以了谴责。与其他学者一样,梁治平认为中国的法律通常被当作实施而非限制武力镇压的工具,他也指出中国传统法学理论的缺陷,解释了现代中国为何无法基于法治建立民主政府。在对现代西方法治体系根源的分析中,罗伯托·昂格尔(Roberto Unger)也将早期中国作为负面的例子。通过对比古典时期的中国与文艺复兴时期的西方,昂格尔总结道:早期中国没能演变出西方类型法律秩序的主要原因有两个:第一,中国的统治者从没受到来自自治群体或组织的挑战,如西方式的贵族或教会;第二,古典中国政治理论家业已被证明,他们无力构想出

---

① 此处使用的术语"中世纪晚期"是指从战国中期直到汉朝统治的1世纪这一整个时期。公元前221年秦朝创建的中央集权的皇帝制度是一项重大的政治变革,但这并未终结地方与中央之间的角力。此外,公元前3世纪和公元前2世纪的中国致力于重新发现、重新解释以及综合早期的思想,以适应新的政治现实——就像那些思想被运用于古典晚期的西方时的境况一样。

② 梁治平,"Explicating 'Law': A Comparative Perspective of Chinese and Western Legal Culture", *Journal of Chinese Law* 3(1989):81. 近期对此观点的另一表述,参见 Leon Vandermeersch,"An Enquiry into the Chinese Conception of th Law", in *The Scope of State Power*, ed. Stuart Schram(Hong Kong: The Chinese University Press, 1985), pp. 3-25。

可以"衡量国家法律及限制政府的普遍性准则"①的超验自然法。李约瑟(Joseph Needham)则指出,构想出作为人类法基础真正普世的法则是个难题。其解决如此重要,以至于其不仅关乎中国法的发展,也影响其科学发展的进程。② 这些现代提出的对中国早期法律特征的批评呼应了传统儒家学说的告诫——正式的法律不能像贤能的领袖与礼教那样,能有效地服务于共同的善,而后两者可以从源头阻止冲突的发生。不过笔者认为古典思想家在评判法律时不像现代观察家们那般严苛。现代观察家们不免会因为中国法与产生于中国经验之外的理想状态不符感到失望。就连对法律形式主义者最严苛的传统儒教批判者都重视秩序和稳定,且明白对于维持国家管控,正式法律虽存在不足却是必不可缺的。③

过去20年间,随着公元前3世纪至公元前2世纪佚失的法律材料重见天日,正当中西方学者不约而同地搜寻中国的历史,为后毛泽东主义的法律改革提供意识形态基础之时,一个更加综合的中国法律传统视角出现了。④ 以史华慈(Benjamin Schwartz)和安格斯·格瑞艾姆(Angus Garham)近期的研究为例,他们并没有将早期法家学者描绘成专制独裁的仆人,而是竭力制定公开法律以防止统

---

① Roberto Mangabeira Unger, *Law in Modern Society* (New York: The Free Press, 1976), p. 76. William Alford 细致反驳了昂格尔在下文中的论述:"The Inscrutable Occidental? Implications of Roberto Unger's Uses and Abuses of the Past", *Texas Law Review* 64(1986):915–72。

② 李约瑟已认可了儒家礼的观念与西方自然法理念包含了一些相似的元素,但由于礼是建立在习俗(flokways)之上,因此他相信儒家表达的并不是真正普遍的自然法标准。此外,因为中国的司法的理念从未与自然法相联系,故其科学与法律的发展并没有遵循西方的路径。See Joseph Needham, History of Scientific Thought, Vol. 2 of *Science and Civilization in China* (Cambridge: Cambridge University Press, 1956), pp. 518–83. 卜德(Derk Bodde)对李约瑟做出了回应,他指出,中国古典文献中确实存在少数能体现自然法的思想。参见 Bodde, "*Chinese 'Laws of Nature': A Reconsideration*", *in Essays on Chinese Civilization*, ed. Charles Le Blanc and Dorothy Borei (Princeton: Princeton University Press, 1981), pp. 299–315。

③ 关于从罗纳德·德沃金(Ronald Dworkin)和约翰·罗尔斯(John Rawls)的当代正义理论看儒家的法哲学的讨论可参见 R. P. Peerenboom, "Confucian Jurisprudence: Beyond Natural Law", *Asian Culture Quarterly* 18(1990):12–38。

④ 例如,有关法治与人治的讨论可参见《法学研究》1980年第2期,第40~52页;1980年第4期,第61~64页。(前者为李步云、王礼明:《人治和法治能相互结合吗》,后者为四篇有关法治与人治的文章。——译者注)王礼明着手研究如何调和人为对法律的操纵这一具体问题,参见《法治与人治不能分开吗?》,载《法制日报》1988年9月14日第3版。1992年10月,在北京举行的探究法治如何能支持当前中国经济的发展的国际研讨会上,有数篇主张法治理念以某种形式存在于早期的中国之中。研讨会的报告,参见高鸿钧、周汉华:《加强法治促进社会经济发展》,载《法学研究》1992年第1期。

治者将一己私利置于民生之上的改革家。[①] 新发现的材料也提供了证据,对商鞅(卒于公元前338年)和韩非(公元前280~公元前233年)提出法家原则促使秦国发展出无视法则的君主专制制度这一点提出了质疑。[②] 1975年睡虎地出土的有关程序方面的规定提供了确凿的证据,证明早期秦国努力阻止地方官吏做出任意决断。细致的成文程序的目的在于使官员调查犯罪与裁定刑罚时做到有理有据、明察秋毫和大公无私。1984年,江陵发现的汉代法典则表明汉代延续了以秦朝法典体例为基础的成文法典。[③] 此外,根据宋格文(Hugh Scogin)的研究,汉代的契约比之前人们想象的更为重要。他认为汉朝"在相当大的范围内推行私人契约"。[④]

1973年和1974年有关治国的论著在马王堆汉墓(公元前165年封墓)中被发现。[⑤] 这些论著为研究百家思想对政治的影响增添了新的资料。中国学者们为了努力发掘出没有政府过多监管下经济一度繁荣的论据,将马王堆帛书中记录的黄老学说与汉朝实际采取的自由放任政策联系起来。在研究中,他们试图

---

① See Benjamin Schwartz, *The World of Thought in Ancient China*(Cambridge: Harvard University Press, 1985), pp. 345-49; Angus Graham, *Disputers of the Tao*(La Salle, Illinois: Open Court, 1989), pp. 290-92. 关于韩非政治理论的早期修正性解读,参见 Leo Chang and Wang Hsiao-po, *Philosophical Foundations of Han Fei's Political Theory*(Honolulu: University of Hawaii Press, 1986)。

② 参见其著作萧公权对先秦法家是如何影响帝国的暴虐特征的分析仍然是关于这一问题最全面的研究。See his *A History of Chinese Political Thought*, trans. F. W. Mote(Princeton: Princeton University Press, 1979), pp. 440-45.

③ 中国和日本有大量研究睡虎地考古发现的二手文献。有关文本的翻译和解释,参见 Robin D. S. Yates and Katrina McLeod, "Forms of Ch'in Law", *HJAS* 41(1981): 11-63。文献的英译可见 A. F. P. Hulsewé, *Remnants of Ch'in Law*(Leiden: E. J. Brill, 1985).(睡虎地秦简中所见程序规定,主要集中在《为吏之道》与《封诊式》。——译者注)有关近期发现的汉代法律材料引申出的概念和文本问题的分析,参见张廷皓:《江苏连云港市出土的汉代法律板牍考述》,载《文博》1984年第3期。据笔者所知,有几篇已发表文章涉及江陵的发现,其中一篇为连劭名:《西域木简中的汉代法律文书》,载《考古与文物》1991年第2期。

④ Hugh T. Scogin, Jr., "Between Heaven and Man: Contract and the State in Han Dynasty China", *Southern California Law Review* 63(1990): 1325-1404.

⑤ 四篇帛书已被命名为"经法""十六经""道原"和"称"。有关其重要性的最有助益的英文研究及中国人对确定其年代归属上做的工作为: Tu Wei-ming, "The 'Thought of Huang-Lao': A Reflection on the Lao Tzu and Huang Ti Texts in the Silk Manuscripts of Ma-Wang-Tui", *JAS* 39(1979): 95-110。有关帛书的文本问题和思想渊源的研究,参见 W. Allyn Rickett, "Kuan-tzu and the Newly Discovered Texts on Bamboo and Silk", in Chinese Ideas About Nature and Society; *Studies in Honor of Derk Bodde*, ed. Charles Le Blanc and Susan Blader(Hong Kong: Hong Kong University Press, 1987), pp. 237-48; Susan Blader(Hong Kong: Hong Kong University and Angus Graham, "A Neglected Pre-Han Philosophical Text: Ho-Kuan-Tzu", *Bulletin of the School of African and Oriental Studies* 52(1989): 497-532。

展示出法家与道家黄老学说的融合，如何通过将法律普遍适用于统治者、官员和平民，[①]通过促使上级为下级树立典范，[②]以及限制中央官吏过多介入地方事务[③]来缓和专制统治。黄老之道中的法律建立在自然标准上，其“道”的设想与西方自然法观念惊人的相似。笔者与裴文睿（Peerenboom）据此断定，中国古典思想家确实知晓将实在法建立在自然原则基础上的效用。[④] 此外，正如笔者在近期一篇文章中所提出的，[⑤]法治理念不应被视为西方现代早期自由国家独有的产物。金春峰对此持相同的观点，他阐述了战国时期发生了基于礼治（rule of rites）的世袭社会向基于法治的官僚国家的转变。[⑥] 安守廉（William Alford）也指出，中国古典思想家将公开律法作为限制私权滥用的方式。[⑦] 新的研究结果同样表明，马王堆的文本对汉学界来说虽然是全新的，其中蕴含的哲学观点并不新奇。一些相似的主题亦出现在更为常见的文本（如《淮南子》《管子》与《新书》）当中。[⑧]

纵览各种观点和文本，这些最近的解读重新审视了这样的观点：中国古典政治理论将纯粹工具性的法律制度合理化了。然而，在后古典时期中国人分离法律与武力，根一般原则衡量法律与惩罚之正当性方面，如何适用一个比较性的框架，还有待深入研究。

---

① 黄老思想在中国古典晚期知识和政治生活中的重要性已经引起了几位学者的注意。在中国对年代和归属争议的研究可见张维明、何介钧著：《马王堆汉墓》，文物出版社 1982 年版。更近的注释可见李宗唐主审，胡信田注释：《黄帝经通释》，台湾天工书局 1984 年版。关于帛书，日本对其思想线索的最佳研究之一，也是少有的意识到儒家思想在其中的作用的一本书为 *Uchiyama Toshihiko*, “*Maōtai kinsho*‘*Keihō*,’‘*Jūdaikei*,’‘*Shō*,’‘*Dōgen*’*shōkō*”, *Tōhōgaku* 56 (1978): 1 – 15（内山俊彦：《马王堆帛书“经法”、“十大经”、“称”、“道原”小考》）。

② 饶鑫贤：“汉初黄老学派法律思想略说”，载《法律史论丛》1983 年第 3 期。

③ Shimamori Tetsuo, “Kō-Rō shisō no kōzō to ichi: Keiho nado shihen o yonde kangaeru”, *Shūkan Tōyōgaku*（岛森哲男：“黄老思想的构造与位置：经法等四篇释读及考证”，载《东洋学集刊》，45 (1981): 1 – 16）。

④ 对这一思想新近和深入的研究以及对帛书真实性问题的研究，参见 R. P. Peerenboom, *Law and Morality in Ancient China: The Silk Manuscripts of Huang-Lao* (Ph. D. diss., University of Hawaii, 1990)。亦可参见 Karen Turner, “The Theory of Law in the Ching-fa”, *Early China* 14 (1989): 55 – 76。

⑤ Karen Turner, “Rule of Law Ideals in Early China?” *Journal of Chinese Law* 6 (1993): 1 – 44.

⑥ 参见金春峰：《论〈黄老帛书〉的主要思想》，载《求索》1986 年第 2 期。该学者并未言明那时存有制度化的法治，但他认为在理想的国家中，法律比个人智慧拥有更高的权威。

⑦ See William Alford, “The Inscrutable Occidental.”关于通过比较的眼光看待法律，参见 Karen Turner, “Sage Kings and Laws in the Chinese and Greek Traditions”, in *The Heritage of China*, ed. Paul Ropp (Berkeley and Los Angeles: University of California Press, 1990), pp. 86 – 112。

⑧ 两个包含大量信息的有关传世文献中法律思想的研究，可见华友根：《〈淮南子〉法律思想刍议》，载《学术月刊》1985 年第 2 期。杨鹤皋著：《贾谊的法律思想》，群众出版社 1985 年版。

一、武力与国家

中国政治理论从一开始就与法律和武力问题相关。公元前6世纪以后,随着国家获得专有权力来审断刑事行为、执行惩罚和招募平民进行战争,①原本属于私人事务的裁定成为公众关心的问题。意识到遭受国家惩罚和用生命在战争中冒险的人并不能为自己声张权利,中国的思想家们承担起了界定何为正当合法武力的任务。早期墨家曾以破坏地方统治者对土地神的常规祭祀,从而干扰天地和气为理由谴责战争。② 道家则认为任何对自然秩序的干预都具有潜在危害性,并以此为前提提出了反对意见。孟子(生于公元前389年)亦宣称,解决冲突时武力很少成为正义或有效的手段。就连极力鼓吹国家掌控战争和惩罚大权的商鞅也不支持任意随性的暴力制裁。他劝诫统治者:“以刑去刑,国治;以刑致刑,国乱。”③

到了公元前3世纪,政治思想家们对使用武力的伦理有了更清晰明确的表达。例如,荀子(卒于公元前238年)实际衡量了国家的镇压需求和潜在利益后说道:“国者,天下之制利用也。”④他也承认“国者,重任也”。⑤ 根据荀子的理论,只有有能力负责的领导者实施法律和制度,才能减轻由权力集中带来的危险。其他战国晚期和汉代早期以来的文本,如《管子》、《韩非子》、《吕氏春秋》、《经法》和《鹖冠子》中关于法律、战争和惩罚的章节,⑥都表明国家须遵照规范使用

---

① 许倬云关于春秋战国的转变的研究仍是具有权威性的,在此也不必重述其主要观点。See *Ancient China in Transition*(Stanford:Stanford University Press,1965). 有关战争和技术的转变可见叶山(Robin Yates):《攻守城器械及东周军事技术》,载李国豪、张孟闻、曹天钦主编:《中国科技史探索》,古籍出版社1982年版,第409~451页。(1986年版,第403~435页。——译者注)陆威仪(Mark Lewis)描述了战争从一种贵族的特权到平民的责任的转变。参见 *Sanctioned Violence in Early China*(Albany:State University of New York Press,1990)。

② 有关墨家与战争的论述,参见 Robin Yates,“The Mohists on Warfare:Technology,Technique,and Justification”,*Journal of the American Academy of Religion*:*Thematic Issue* 42(1979),pp. 549 –603。

③ 《商君书解诂》(成都 n. p. ,1935)1. 11a。(原文出自《商君书·去强》。——译者注)

④ 《荀子·王霸》(四部备要)11. 1a。

⑤ 《荀子·王霸》11. 3b—4a。

⑥ 对于此项研究,笔者已选择的著作远不限于战争策略的讨论,而是为立法建制提供具体的建议。如《鬼谷子》,就只专注于战争的技术,而不注重巩固其所得。由于没有更好的术语,笔者就用“中庸学说”(eclectic texts)来指称自公元前3世纪至公元前2世纪起,那些以多个主要的传统为基础形成自己的立场来谈论治国大略的文献。近期研究表明,我们可以合理地认为,笔者在这里使用的文献都是在首个帝国形成前后的半个世纪中出现的。参见 Angus Graham,“A Neglected Pre-Han Philosophical Text:Ho-Kuan-Tzu”。近期围绕“经法”年代的争论主要集中在其是否早于汉代。关于这些争论的研究可参见 Karen Turner,“The Theory of Law in the Ching-fa” and R. P. Peerenboom,“Law and Morality in Ancient China”。关于《管子》和《马王堆帛书》的年代分析,参见 W. Allyn Rickett,“Kuan-tzu and the Newly Discovered Texts on Bamboo and Silk”。

武力。[1]《经法》这一重文轻武的著作则为实施律法、劳动力需求和惩罚勾画了详尽的蓝图。[2] 不同于西方关于正义战争论的文本，这些著作通常将战争和惩罚联系起来探讨，到了战国时期，战争和惩罚的标准已经属于同一探讨范畴。正如梁启超在一篇论法的起源的文章中所发现的，"军事征讨确有司法功能"。[3] 其引用的支持该论断的经典出自《国语》："大刑用甲兵，其次用斧钺；中刑用刀锯，其次用钻笮；薄刑用鞭扑，以威民也。"[4]

大汉帝国的建立终结了已分裂中国两个世纪之久的诸国纷争局面。但是汉代的哲学家和官员仍要面对决定在何种情况下诉诸武力的难题。根据汉代史料记载，汉代统治者和官吏们就治国之道进行了争论，其中包括持续运用严刑峻法、法律改良的适当限制、运用武力控制蛮族和威胁国家太平的藩王。相较于战国思想家们，汉代早期思想家有优势，因为他们可以用秦未能维护长治久安，而且没能以武力治民取得合法政权这一史实，间接告诫汉代统治者引以为鉴。一些重要的汉代思想家，如被认为是《新书》作者的贾谊（公元前 201 ~ 公元前 169 年），以及稍晚的董仲舒（公元前 179 ~ 公元前 104 年）都亲自参与汉朝中央政府的事务，并且考察汉朝如何能避免重蹈秦朝的覆辙。大约成书于公元前 140 年的《淮南子》这部论文集代表了更具特殊性的地方看法。此书是在刘安（卒于公元前 122 年）的支持下完成的，而他的藩地长期处于被中央消灭的危险中。因为刘安是个想坐上皇位的诸侯王，所以何时以何种方式合法使用武力是他最迫切关心的问题。[5]

在这些文本中一些共同的设想逐渐成形。汉时大多数思想家含蓄地赞同国家必须在仁慈的领袖与制度化的武力之间保持平衡。《淮南子》宣称："智不足以为治，勇不足以为强。"[6]《史记》中一篇短文记述了在景帝（公元前 157 年 ~ 公元前 141 年在位）的召见下，一位德高望重的诗经学家申公入朝，并告之统治者："为

① 克里斯托弗·兰德（Christopher Rand）关于大范围的春秋战国文献中的文武哲学的研究，揭示了将武力融入市民社会中的问题是如何深深地吸引了思想家的目光。参见 Christopher Rand，"The Role of Military Thought in Early Chinese Intellectual History"，Ph. D. diss.，Harvard University，1977。

② 尤其可见"四度"。

③ 梁启超：*History of Chinese Political Thought*（London：Kegan Paul，Trench，Trubner & Co.，1930），p. 163。

④ 《国语国语·鲁语上》（四部备要）4.6a。有关此篇的论述，参见 A. F. P. Hulsewé，Remnants of Han Law（Leiden：E. J. Brill，1955），pp. 322，353。

⑤ 关于文本中统治哲学的分析，参见 Roger Ames，*The Art of Rulership*（Honolulu：University of Hawaii Press，1983）。关于文本的历史，参见 Harold D. Roth，*The Textual History of the Huai-nan-tzu*（Ann Arbor：Association for Asian Studies Monograph Series，1992）。

⑥ 《淮南子·主术训》（四库备要版）9.5b；笔者的译文与下文存在些许差别：*Ames*，*The Art of Rulership*，pp. 175 – 76。

治者不在多言,顾力行何如耳。"[①]这种对于对单纯的力量[即力(li)]的实用主义的态度促使一些汉代思想家扭转了孟子反对霸权(pa)、反对依靠权势力量而非个人德行统治霸主的强烈看法。在一篇纪念汉文帝的文章中,晁错(卒于公元前154年)称赞了"霸"的作用,称其可以知道何时惩罚其人民,抑制仇敌的滋长。[②]汉代政治家陆贾(约公元前202~公元150年)虽始终告诫不可单靠武力巩固权威,他同时又大肆赞赏古代最有名的霸主齐桓公,因其能有效维持地位。[③] 就连较之先前汉代思想家更为信奉儒家价值观的史学家班固,也都直言道:"刑罚不可废于国。"[④]因此,到了汉代,某种程度上,贤君被定义为掌控武力的人。这一观点在《淮南子》中提出:该书虽注重描述贤君的个人品质,但也宣称"夫兵者,所以禁暴讨乱也"。[⑤]

这些文本虽然提供了有用的信息,但也有局限性。比如,历史记录和法典更多地告诉我们其撰写者如何信奉统治者应该运用法律和武力,很少讲述治国思想是如何切实影响到制度和政治的。睡虎地的史料揭示了秦国试图抑制地方层面的任意决断,却未证实官员确实会因无视法律受到惩罚。汉代历史记录多数记录了历史学家们——希望确信他们效力的王朝已经合法取得了统治地位——认为武力本该如何使用,以及其实际上如何被运用。这些哲学著作呈现出不一致的政治理论。有些思想家提出早期君王法律是最有效和最道德的,另一些则支持更普遍和抽象的原则,还有些讲述了不止一种的法律渊源。最后,意识到所有统治者都可能轻易操纵集权以满足私利,许多思想家仅间接支持国家对武力的垄断。

因此,同一材料会产生包含早期中国不同的关于自然法和武力的理念。这不仅因为原始文献包含了许多模棱两可的表述,也是因为它们可以依照不同的现代国家理论来解释。一项政治文化的研究如果主要以控制武力和维持层级体制的能力来定义国家,那它可以找到丰富证据,载有早期中国国家将武力来源合理化的过程。陆威仪(Mark Lewis)近期被认可的关于中国战国时期武力的研究就采纳了这一关于国家的定义,并更多地强调压制国民的国家权力,而非民众与士人

---

① (西汉)司马迁:《史记·儒林列传》,中华书局1962年版,121.3121—22。相似的篇章,参见《史记》2:402。(作者疑误读此句,其原文英译意为:"统治之道不依赖于说了多少话,而在于具备支撑决策的力量。"——译者注)

② 参见(汉)班固:《汉书·晁错传》,中华书局1962年版,49.2294。(其行罚也,非以忿怒妄诛而从暴心也,以禁天下不忠不孝而害国者也。——译者注)

③ 参见《新语·道基》(四部丛刊)1.4b。德盛者威广,力盛者骄众。齐桓公尚德以霸,秦二世尚刑而亡。

④ 《汉书·刑法志》23:1091;Hulsewé, *Remnants of Han Law*, p.329。

⑤ 《淮南子·兵略训》(四库备要)15.2a。

对国家命令的反抗。陆威仪指出,“天地间强有力的独裁者”获得了对武力的最高统治,并将其用来压制和调动被动的农民群体。① 与之相反,有一种国家模式强调统治者与被统治者之间更加互惠的关系,这必然引发合法性问题。因此,根据这一模式,所有国家获得长久的支持是以国民认识到服从其命令会得到基本利益(如保护其免遭恣意的武力、获得基础资源以及拥有裁断纷争的可靠机制等)作为回报为前提的。② 如霍贝尔(E. A. Hoebel)在其对传统社会的法律、武力和合法性的人类学分析中观察到的:“合法武力的本质是整个社会对武力运用的普遍接受。这种武力由持有特权的群体或以威胁或以既定事实的方式体现,且具有合法原因,通过合法方式,在合法时间内施行。”③从这个角度来看,史料揭示了中国后古典时期的思想家们收集了不少有利的说辞,以劝说帝王在什么时候、以什么方式、出于什么原因而决定诉诸战争和惩罚,以执行法律。为了捍卫自己的理论,他们告诫统治者:如果出于不明确的原因,一怒之下滥用武力,那他迟早会或因天报,或因民叛被颠覆。

二、正义战争的规则

按照现代西方正义战争理论,多出于利己目的而发起的战争通常经由两种方式之一得以合理化:作为主权国家追求自身利益的权利,只要这些行为不违反既定条约;或是出于制止他国特定非法行为的道德责任。④ 第二种模式更接近古典中国的观念。他们认为战争在原则上是错误的,但如果它惩罚了对无辜百姓犯下罪行的暴君则为正当。《荀子》《淮南子》和《吕氏春秋》中对“义兵”的表述与西方最重要的前现代正义战争理论家奥古斯丁(Augustine)(公元354~430年)以及阿奎那(Thomas Aquinas)(约公元1225~1274年)对正义战争的定义有几分相似之处。奥古斯丁提供了以下定义:“当国家或政府因拒绝弥补让国民痛苦的罪行,或归复不正当的攘掠而应受惩罚,正义战争通常被表述为对恶行的报复。”该

---

① See Mark E. Lewis, *Sanctioned Violence*, p. 246.

② 关于两种当代主要国家理论的简要分析,参见 Elman R. Service, “Classical and Modern Theories of the Origins of Government”, in *Origins of the State: The Anthropology of Political Evolution*, ed. Ronald Coleman and Elman R. Service (Philadelphia: Institute for the Study of Human Issues, 1978), pp. 21-34。

③ E. Adamson Hoebel, *The Law of Primitive Man* (Cambridge: Harvard University Press, 1967), p. 27.

④ 关于国际法与战争的论述,参见 Hans Kelson, *A General Theory of Law and the State*, (New York: Russell and Russell, 1961), pp. 331-32。

表述后来被引为权威。[①] 奥古斯丁将正义战争(justum bellum)的概念建立在这样的设想上:战争是人类社会不可避免的产物,但战争造成的损害必须被限制。他不仅用法律语言为武力限定了规则,更强调了必须运用于战争的共同道德设想。[②] 中国后古典时期的思想家们同样注意到了战争规则背后的伦理原则,但他们显然更关注提出具体规则以保护战争中的无辜受害者。

决定何时发动战争给所有政府带来了一个道德和实践上的难题。阿奎那阐述了三个使战争合法化的条件:由合法的权威实行,有正当的原因和出于善意。[③] 现代正义战争理论的特征则在于其侧重点不同。如迈克尔·沃尔策(Michael Waltzer)就花费了大量笔墨讲述了战争的反作用:"侵略者要对其发动战争的一切后果负责。在特殊情况下,也许无法预知这些后果,但总是可怕的。"[④]中国思想家会认同阿奎那的观点:正义的缘由和适当的意图是重要的,并且只有合法统治者有决定何时发动战争的权利。但如沃尔策一样,很多人担心使用侵略性武力带来无法预见的后果。他们赋予统治者维持宇宙秩序的职责,但也警戒他必须采用消极、不干涉的方式实现。比如,《经法》就重申了道家的告诫:"生必动,动有害。"《管子》中也曾说,事物的违法性内在于其自身。[⑤] 在这样的中国体制中,战争自然预示着最可怕的危险。如同《国语》警告的,军队是造成破坏的工具,不仅伤及无辜,还会危及发动战争之人。[⑥] 鉴于如此强烈反对侵略的情绪,没人会惊讶于中国的文献均表明战争应在不带情绪、没有私心或报复动机时作出开战决定才能发动。《经法》提出了雇佣人们做事的基本原则:"去私而立公。"[⑦]这种观点在《淮南子》的文章中展开:因个人利益搅乱世界、伤害人民的统治者永不会被容

① See Summa Theologica 2.2.40.1.

② See Paul Ramsey, "The Just War According to St. Augustine", in *Just War Theory*, ed. Jean Eshthain(New York:New York University Press,1992),pp.8-22.

③ See Summa Theologica 2.2.40.1.

④ Michael Waltzer, *Just and Unjust Wars*(New York:Basic Books,1977),p.23.

⑤ 《管子》的翻译可参见 W. Allyn Rickett, *A Repository of Early Chinese Thought*(Hong Kong:Hong Kong University Press,1965),p.178。《经法》中的"道法"有言:"生必动,动有害。"笔者使用的版本为:《经法:马王堆汉墓帛书》,(中华书局1980年版),(作者引用出版社有误,应为国家文物局古文献研究室编:《马王堆汉墓帛书》,文物出版社1980年版。——译者注),并且根据九篇短文的标题来确定文章的篇目。这些标题为:"道法""名理""六分""论""论约""国次""君正""亡论""四度"。笔者要特别感谢北京大学历史系的田余庆教授在1979年为笔者解读了该文献。全部文本都由笔者自行翻译。

⑥ 参见《国语·越语下》21.2a。(王若行之,将妨于国家,靡王躬身。——译者注)另一个关于"战争是恶的工具"的说法,参见《吕氏春秋》(四部备要)8.3b。

⑦ 《经法·道法》。

忍,那些与其国民利益保持一致的统治者则会在战役中赢得支持。[①] 这些文本在比较公平公正、心存万民、富有公德心的统治者与贪图财富和土地的自私暴君时,还表述了关于公共福利的模糊概念。统治者的决定不能被视为个人的事情,因为它们会影响整个人类社会。如《吕氏春秋》所言:"天下,非一人之天下也,天下之天下也。"[②]

统治者不能轻易认为臣民会服从命令并跟随其参加战斗,这一观点并非只在纯粹推测性的文本中能找到。《左传》是了解早期军事实践的最佳资源之一,其中一则故事就阐明了这一观点。有一段有关卫国的一个王侯(卫懿公),他被狄族所败,因为他对他养的那些乘坐轩车的鹳比对他的人民更亲近。调遣军队之时,他的人民抗拒了其命令。根据《左传》记载,他们都说:"使鹤,鹤实有禄位,余焉能战?"[③]哲学家重申了对统治者的警告:忽视人民感受的统治在道德上是错误的,在政治上是灾难性的。《吕氏春秋》也说:"故凡举事,必先审民心,然后可举",[④]用《淮南子》中的话来说,为:"故明王之用兵也,为天下除害,而与万民共享其利。民之为用,犹子之为父,弟之为兄。"[⑤]只有在领导者遵守特定行为准则的情况下,族人间心照不宣的义务可以扩展到家族关系之外。这在《史记》叙述一支战败军队对一名汉朝官员孟舒的忠诚时得到了阐述。孟舒的军队为其战斗至死,就像为了族人一样。这是因为他发动的战事是正义的,且行为是无私的。[⑥]

并非所有思想家都认同平民会自愿服从正义领导者这一理想愿景。韩非指出,部属会像孩子服从父亲那般忠实服从上级的想法是荒谬的。从功利的观点出发,他认为只有可预见的回报和明确的惩罚才能驱使人民参战。[⑦] 然而,韩非确

---

① 参见《淮南子·兵略训》15.2a。故圣人之用兵也,若栉发耨苗,所去者少,而所利者多。杀无辜之民,而养无义之君,害莫大焉;殚天下之财,而澹一人之欲,祸莫深焉。

② 《吕氏春秋》1.8b。(语出《吕氏春秋·孟春纪·贵公》——译者注)

③ (春秋)左丘明:《左传·闵公二年》,岳麓书社 1988 年版,第 46 页。此篇为《闵公二年》,参见 James Legge, trans. *The Chinese Classics*, Vol. 5 (1871; reprint, Hong Kong University Press, 1970), pp. 126-29。

④ 《吕氏春秋·顺民》9.5b。对《吕氏春秋》中的正义战争文本的全面分析参见刘元彦:"《吕氏春秋》论'义兵'",载《哲学研究》1963 年第 3 期。

⑤ 《淮南子·兵略训》15.4a。

⑥ 参见《史记·田叔列传》103.2777。匈奴冒顿新服北夷,来为边害,孟舒知士卒罢敝,不忍出言,士争临城死敌,如子为父,弟为兄,以故死者数百人。参见 Burton Watson, trans, *Records of the Grand Historian of China: Translated from the Shih chi of Ssu-ma Ch'ien*, 2 vols. (New York: Columbia University Press, 1961) 1:558。

⑦ 参见(战国)韩非:《韩非子集释》,中华书局 1958 年版,37:840。参见 W. K. Liao, *The Complete Works of Han Fei Tzu*, 2 vols. (London: Probsthain, 1959), 2:170。

实默认人民参战意愿与统治者能否提供稳定有组织的体制之间的联系。他不止一次指出,一个管理不善,尤其那些没能实施明确法律和恒定刑罚的国家会江河日下,并因此容易受到外部入侵。① 因此,在后古典时期,政府在管控人民的劳动和生活前必须得到人民支持这一早期的儒家信条已成为治理国家的基本原则。

在西方,古典正义战争论关注何时可以正当的原因发动战争这个问题。② 同样地,公元前3世纪和公元前2世纪的中国文献详述了墨家的观念,强调将侵略行为正当化的重要性,即侵略性战争哪怕原则上是错误的,但上天需要惩罚恶行时,就是适当的。③ 持中庸之道的文本则就战争提供了更为实用的视角。他们认为强国需要良好的统治,弱国则显然毁于罪恶或无能的统治者。他们还认为,攻击强国是错误的,而将人民从弱国中"拯救"出来则是合法的。这为攻击弱小的敌人提供了便捷的理由。在这一模式下,如果惩罚已经对自己的人民犯下罪行或威胁要伤害其敌国无辜百姓的国家,那么战争就是正当的。因此,《淮南子》说道:"故闻敌国之君,有加虐于民者,则举兵而临其境,责之以不义,刺之以过行。"④此文也说明侵入者要遵循某种程序,即要告知普通民众自己的意图。

公元前3世纪和公元前2世纪,与早期文本——或者说与古典西方作品相比,正当战争理论中战争法(Jus in bello)的概念有了更为显著的发展。实施战争的方式要和最初发动战争的原因得到同样细致地考量。《吕氏春秋》指出,发起战争的方式可以将单纯的盗匪行为与正当的战争行为区分开来。⑤ 中国文献强调战争是惩罚的最后一种方式,因此它不仅必须具备正当的理由,还须注意适当的时间和损害程度。贯穿了公元前3世纪和公元前2世纪哲学领域的关联性思维方式亦扩展到了国家活动,尤其是战争领域。依据这种思维方式,好的统治者知道如何遵从自然引导进行战争及施行惩罚。⑥ 因此,与死亡有关的活动只能在一年中的死亡季节,也就是在阴的权柄——黑暗、死亡和衰败的力量——主导自

---

① 参见《韩非子》19.309。

② See Waltzer, *Just and Unjust Wars*, p.21.

③ 许多其他文献也提及上天会审判和惩罚因错误动机进行战争的领导者。其中态度最为强烈的在《经法·君正》中。

④ 《淮南子·兵略训》15.2a。夫兵者,所以禁暴讨乱也。炎帝为火灾,故黄帝擒之。共工为水害,故颛顼诛之。教之以道,导之以德而不听,则临之以威武。临之威武而不从,则制之以兵革。

⑤ 《吕氏春秋》7.7a。参见刘元彦:《〈吕氏春秋〉论"义兵"》,载《哲学研究》1963年第3期。

⑥ 相关思想的讨论参见John Henderson, *The Development and Declineof Chinese Cosmology*(New York:Columbia University Press,1984)。

然界时。如《经法》所述："天有死生之时，国有死生之正。"[①]《吕氏春秋》的作者为国家活动制定了详细的日程表。这是一个精确规定了军队何时可以合法召集以及刑罚何时应予施加的周期性计划。[②] 得知该"武力年历"具有实际意义，因为根据陆威仪的说法："那些服役和被处决的人正是那些播种耕作的人。"因此国家有义务计算耕种与收获季节调集军队的代价。在陆威仪看来，战国时期统治者管制农民群体劳动的能力支撑了他们作为"绝对掌权者"的权威，其国家是通过战争也是为了战争组织起来的。[③] 不过在笔者看来，哲学家接受关联性思维另有原因，即微妙地对国家权威提出批评。《经法》中的《论约》篇解释道，正如生长的季节滋养众生，同样地，蛰伏的季节与刑罚和死刑相称。如果不遵循自然周期，统治者不管多么积极向上都难有所成就。因此这种关联性思维不仅可以为管制人民的方式提供依据，还能提醒国家，如果恣意——违反季节规律地——干预地方活动，很快就会招致报应。

公元前3世纪和公元前2世纪，中国学者关于限制武力的表述，与对不当善意（这种善意会助纣为虐，如同无端的残暴会引发叛乱）出于实用主义的藐视结合在了一起。《经法》指出，统治者必须懂得抓住时机，同时就可能折损其威望的消极推延与可能伤害自身和子民的激进战斗之间的微妙平衡予以协调。《经法》也提醒，一旦决定了实行正当的刑罚，需要同时注意衡量损害的程度。同时，许多作者警告说，正当的侵入者只应惩罚对错误负责的领导人，而不应惩罚被征募来的无辜人民。在这个问题上，《经法》采取了强硬的态度警告侵略者："大杀服民，僇（戮）降人，刑无罪，过（祸）皆反自及也。"[④]荀子特别列举了作为正义之师的领袖必须施行的规则。他劝告将领不可对百姓欺瞒战争的动机，也不能让他们卷入希望渺茫的战争。一旦开战，领导者不可强迫人民参战超过一季。敌方的人民也必须得到公正地对待。军队不可杀害老幼，不可破坏庄稼，不可不正当地对待俘

---

① 参见《经法·君正》。点校者认为"正"实为"政"。相似的论述，参见《管子》（四部备要）1.4b。（原文对后半句翻译似有误，但不影响理解。——译者注）

② See John Louton, "The 'Lushi Chunqiu': An Ancient Chinese Political Cosmology" (Ph. D. diss., University of Washington, 1981).

③ See Mark Lewis, *Sanctioned Violence*, p. 65.

④ 《经法·亡论》。

虏,不可屠城。① 在许多思想家眼里,违反这些规则的统治者们将会灭亡。②

这些文章并不仅仅关注统治者的意念与行为,人民的感受也同样得到考量。如果新的臣民愿意服从国家的法律、接受刑罚及参加战争,征服者应如何对待他们?对于这个问题《经法》提出了有条件的明确建议:③

> 一年从其俗,二年用其德,三年而民有得。四年而发号令,五年而以刑正,六年而民畏敬,七年而可以正(征)。一年从其俗,则知民则。二年用其德,则民力。三年无赋敛,则民不幸。六年民畏敬,则知刑罚。七年而可以正(征),则朕(胜)强适(敌)。

文章表达的统治哲学遵循了孔孟之道。孔子认为好的统治者会在人民作战前教育他们7年,而孟子也提出合法的政府因其自身原因而向人民征收赋役前,总会提供给人民足以维持生计的粮食。《经法》将国家满足基本经济需求并建立合法国民秩序的责任与人民参加战争服从刑罚的义务结合在了一起。

在描绘汉代崛起的历史叙事中,思想家关于正义战争的一些见解被反复提及。众所周知,汉代思想家们试图将汉朝立国者使用武力摧毁秦朝统治机构的行为合法化。他们提出内战是正义的战争,使汉朝立国者能将那些在秦国受难的人民从压迫政权中解救出来。④ 司马迁构建了这样的叙事逻辑,表示对秦朝的反叛并非始于后来的汉高祖刘邦,刘邦也因此可以不对后来使用武力负责。从该史学家揭露汉朝第一位皇帝的残忍可以看出,司马迁对皇帝的所作所为十分矛盾。比如,在荥阳时刘邦为了保存自己的军队,征召妇女和孩童去当炮灰。他在被敌人追赶时,打算把自己的父亲和孩子扔下马车。但存留在《高祖本纪》中史学家的"官方版本"展现的是一个更加谨慎的领导者。他明断审慎地使用人力、物力资

---

① 参见《荀子·议兵》15.8b;Knoblock,2:227。(不杀老弱,不猎禾稼,服者不禽,格者不舍,犇命者不获。——译者注)

② 参见《经法·亡论》。[凡犯禁绝理,天诛必至。一国而服(备)六危者灭。一国而服(备)三不辜者死,废令者亡。其中,"三不辜"即妄杀贤、杀服民和刑无罪。——译者注] 相似的观点,参见《淮南子》15.3a;《韩非子》15.268;以及《管子》8.8b。

③ 参见《经法·君正》。

④ Jack Dull,"Kao-tsu's Founding and Wang Mang's Failure: Studies in Han Time Legitimation"(Paper delivered to the Conference on Legitimation of the Chinese Imperial Regimes, Sponsored by the Committee on Studies of Chinese Civilization, American Council of Learned Societies. Asilomar, Monterey, California, July, 1975).

源，细心筹划战役时会咨询他的谋士，慷慨地奖赏自己的跟随者，并且心系广大民众。[①] 最重要的是，司马迁将未来王朝的开创者描述成正义战争的宣扬者，并有意做出一些象征性姿态，使自己对武力的运用合法化。另外，传奇的失败者项羽则因鲁莽的决定引发了一场浩劫。他杀死了秦朝最后统治者，洗劫了秦国的都城，吝惜于赐予将士奖赏，还将自己亲属的利益置于广大民众的需要之上。项羽，这个更加英武传奇的人物被刻画成一个没落的贵族，他在战争中的本领和对礼仪的通晓都不能拯救他。而刘邦这个粗俗的平民被描述为一个合法的征服者，因为他依法打了一场正义的战争。

刘邦战胜战略高超但道德低下对手的故事映射了哲人的忠告，即没有道德的领导者注定失败。在这个问题上，《经法》说得很清楚："兴兵失理，所伐不当，天降二殃。"[②]《管子》重述了这个警告，书中写道：强大的军队和战略的优势不足以换来胜利。其中一篇文章还将法律与战争放在一起讨论："勇而不义伤兵，仁而不法伤正。故军之败也，生于不义；法之侵也，生于不正。"[③]

武力必须被规范以保护无辜受害者是中国正义战争论和传统西方正义战争理论的不同之处。确实，中国的政治理论没有忽视实际的关切。思想家、史学家和军事战略家都认为，与试图调动不满民众的统治者相比，繁荣有序的国家统治者在战争中获胜的机会要大得多。[④] 他们同样认为，在注定失败的战争中浪费人力物力资源的统治者和因不道德的缘由决定发动战争者一样失当。旧约中，在神圣战争中屠杀大批敌方人民[⑤]是正当的，但笔者在中国文献中没有发现与之对应的论述。不仅如此，中国的文献中也没有阿奎那那般残忍的实践观念，即在战争中应放过妇女、小孩和果树，但对于违抗上帝的罪行，可以正当地惩罚整个城市或国家以阻止此类罪行再度发生。[⑥] 为邪恶政权效力的平民是不幸的，而中国文献

---

① 詹姆斯·斯科特(James Scott)认为"隐藏的副本"在表述如何反抗统治者的时候时常会颠覆"公开副本"中所描述的观念。他的分析对我解读这些篇章提供了帮助。参见 James Scott, *Domination and the Arts of Resistance: Hidden Transcripts* (New Haven: Yale University Press, 1990)。

② 《经法·亡论》。

③ 《管子·法法》16.7a；参见 W. Allyn Rickett, *Guanzi: Political, Economic, and Philosophical Essays from Early China* (Princeton: Princeton University Press, 1985), p. 261。

④ 叶山认为早期中国的战争策略指南时常包含的观点近似于那些更常用于哲学文献中的观点。参见"New Light on Ancient Chinese Military Texts: Notes on Their Nature and Evolution and the Development of Military Specializations in Warring States China," TP 74 (1988): 211–48。

⑤ 费正清(John Fairbank)依据一组不同的数据，做出了该判断。参见 John Fairbank, *Chinese Ways in Warfare*, ed. Frank A. Kierman, Jr. and John K. Fairbank (Cambridge: Harvard University Press, 1974), p. 7. In the Old Testament, see Deuteronomy 20。

⑥ Summa Theologica 2.1.105.2.

中所蕴含的观点并不是将战争视为对这些平民罪孽的补救,而是对那些用不当的命令将国民引入歧途的特定领导者的惩罚。因此,武力只应针对做出决定的统治者而不是他们的国民。[①] 此外,中西方关于正义战争论述的一个重大区别,在于中国的著作更注重对战争经济和社会成本的阐述。

三、施行刑罚的规则

后古典时期的中国著作中,战争的规则亦适用于内部刑罚。因此,如同统治者发动战争的动机必须不偏不倚一样,刑罚也不能掺杂个人偏见;就像战争必须适时,死刑的执行也必须遵循自然规律;对敌国施加的刑罚必须与此国对其人民犯下罪行的严重性相当,国家内对犯罪施加的刑罚也必须与其罪行的严重程度相称。这些思想家意识到,正当的严刑峻法对维持秩序而言是重要的,但他们同样警告说,只有统治者避免出于愤怒或报复使用刑罚,严苛的刑罚才能防止进一步的犯罪。韩非指出,在统治中限制个人动机对制度稳定来说是至关重要的:“故至治之国,有奖惩而无喜怒”。[②] 他进一步指出,过去贤明的君王用最野蛮的惩罚措施维持秩序,但因为他们从不出于恶意或残忍使用战争和死刑,所以甚至是最邪恶的人都遵从他们的命令。《管子》说道,“喜以赏,怒以杀,怨乃起,令乃废”。[③] 只有在公共裁决中剔除个人偏好,裁决的确定性和可预测性才能得到保证。而《经法》还诉诸宗教的权威来强调该价值的重要性,其中写道:“必者天之命也。”[④]

一些思想家对国家应如何运用死刑以及何时运用死刑的关切表明他们并不情愿支持最严重的武力制裁。这种不情愿是可以理解的,因为人们在该政权之下可能会因此受难。一些思想家认为死刑是合理的,因为它可以作为一种威慑:“杀僇必信,民畏而惧。”[⑤]只有死刑被一以贯之地执行,国家的刑罚才会顺利地被人民所接受。《经法》中的《君正》说道:“以刑正者,罪杀不赦殹(也)。畏敬者,民不犯刑罚殹(也)。可以正者,民死节殹(也)。”人们遵从统治者的命令去为他冒生

---

① 参见《淮南子·兵略训》15.2b。故圣人之用兵也,若栉发耨苗,所去者少,而所利者多。杀无辜之民,而 养无义之君,害莫大焉。

② 《韩非子》27.500;Liao,1:203;《韩非子》19.309。有关将国家安全与刑罚一致联系在一起的论述参见《管子》55.3a;《经法·论》。

③ 《管子·版法》7.7b;Rickett,Guanzi,p.139;《淮南子》9.13b;Ames,The Art of Rulership,pp.190-191。

④ 《经法·论》。

⑤ 《管子·版法》7,8a。

命危险之前，国内的刑罚必须前后一致，这一观点为韩非子所赞同。[①]

汉代的史料针对统治中运用严厉刑罚的效力提出了更为严肃的质疑。一些汉代的思想家，如董仲舒、贾谊，都遵循孔子所宣扬的用教化和道德引导优于严厉刑罚的治国原则。为了阐释自己的观点，董仲舒用"阴阳学说"进行类比，他认为刑罚属"阴"而教化属"阳"，因此刑罚应从属于教化。[②] 但他同时写道，对于严重的犯罪，国家必须施以死刑，因为只有国家毫无例外地实行了法律，国民才会服从命令。[③] 贾谊采取了更温和的态度。他的观点类似于西方的"无罪推定"。他说道："诛赏之慎焉，故与其杀不辜也，宁失于有罪也。"暗示在是否有罪尚存疑之时，死刑不应被急于施行，即使是恶人也应该得到改造的机会。[④]《尚书》可能很好地启发了贾谊对保护无辜者的观点，但成文的传统既可以被用来支持苛政，也可以用来支持仁政。韩非将早期君王描绘成了严酷刑罚的支持者，[⑤]而汉代官员运用传统模式，使统治者相信取消严刑峻法是危险的。[⑥]

理想的制度之中，统治者有责任监督法律秩序以确保犯罪都得到恰当的惩罚，因为只有罚当其罪，才能消除犯罪带来的破坏，统治者的地位才会稳固。[⑦] 一些思想家警告，如果统治者刑罚失当，就要当心招致和人民的愤怒般危险的天谴。例如，贾谊就告诫统治者，如果希望逃脱因不当杀人而招致的天谴，他就要得当地运用刑罚。贾谊说道："诛杀不当辜，杀一匹夫，其罪闻皇天。"[⑧]在他看来，不义的统治者要畏惧天威，就如罪犯应惧怕国威。[⑨] 董仲舒政治思想的前提就是人世间统治者和人民的不和谐会引起自然灾害，不合时宜和不适当的刑罚会引发尤为可怕的事件。[⑩]《淮南子》更是具体描述了不明智使用武力的后果："枉法令则多虫螟，杀不辜则国赤地。"[⑪]这些关于统治者违反规则会受到惩罚的论述说明了统治者循规蹈矩是迫不得已。

---

① 参见《韩非子》;Liao,1:168。

② 参见《汉书·董仲舒传》56:2501-503。阳为德，阴为刑。

③ 同上。

④ 参见《新书》(四部备要)。参见杨鹤皋著:《贾谊的法律思想》，群众出版社1985年版，第39页。

⑤ 参见《韩非子》18.310;Liao,1:168。

⑥ 参见《汉书·刑法志》23.1097-99;Hulsewé, Remnants of Han Law, p. 335。

⑦ 叶山和麦克劳德(McLeod)在此书中讨论了这一术语:"Forms of Ch'in Law", pp. 125-26。

⑧ 参见《新书·耳痺》7.4b。

⑨ 同上。

⑩ 参见《汉书·董仲舒传》56:2510。

⑪ 参见《淮南子·天文训》3.2b。笔者在此遵循了以下翻译及解释，参见 John Henderson, *The Development and Decline of Chinese Cosmology*, p. 25。

虽然这些思想家都构建了强有力的理论来抑制武力,但我们尚不能确定哲学家的论述如何直接影响了有关刑罚的实践。睡虎地关于法律的资料表明秦国至少试图防止官员反复无常地做出决定。这些文献为处理案件的地方官吏提供了调查案件和裁定刑罚的细致指导,附带解释已颁布法律的实例,概述官员正当行为准则的文章,以及可用作先例的简单案例和惩罚。分析这些文本时,何四维(Hulsewé)教授评论道:"刚接触其中司法材料的人会惊讶于其给予刑事诉讼调查的关切。第一步是侦查工作,要求出具相关详细报告……参与调查的官员被要求保持耐心,即使相关涉案人员多次推诿搪塞甚至明显说谎……刑讯逼供则被认为是下策。"①某些情况下,上诉至更高权威是可能的。但制度似乎被设计为减少上诉的必要性,以此确保地方一级能依规则裁决。然而该司法制度绝不是仁慈的,因为文献呈现了有罪推定和对刑讯逼供的容忍。此外,对官员责任的关注有可能是出于实践的目的而非伦理上的考量。秦朝法令表明秦国出于实用主义的目的掌管着生杀予夺的大权,②且秦国并未将国民视为与国家相对的、拥有与生俱来权利的个体,而是视为必须储蓄起来为国家付出劳力的资源。然而,政府自身的指导方针也表明,运用生杀大权时不可掉以轻心。葬在睡虎地的秦朝官员死后的随葬品中有一个手册,上面简述了国家对他的期望:对律法有清晰的认识、胜任各项事务、诚实并心存万民。他享有一定的自由裁量权,但又被许多细致的指令所束缚,这些指令要求他将自己的决定报告给上级。因此,中国的首个帝国创制了许多成文规定以保证官员对其行为和决定负责。

汉代思想家用秦的灭亡来支持限制国家使用武力的观点。他们认为秦朝的法律制度没有被落到实处。据董仲舒的说法,秦的失败之处在于没有使无辜者确信自己可以免于刑罚,也没能让作恶者相信他们必定要承受刑罚。③ 汉代的法律改革家晁错(卒于公元前154年)对秦代中央政府的批判中,首要的就是对法律的忽视和没能控制地方官吏,"妄诛以快怒心,法令烦憯"。④ 秦王朝的灭亡为后古典时期的哲学家论战提供了历史实例,他们认为法律和刑罚本非消极的力量,但

---

① Hulsewé, *Remnants of Ch'in Law*, pp. 6 – 7.

② 米歇尔·福柯(Michel Foucault)有关西方社会中刑罚观念的变化的论述为考察中国早期的演变提供了一个有趣的框架。福柯展现了后文艺复兴时代的国家是如何将自己的权力定义转变为让其子民的思想和劳动满足社会需求的权力,而不是对子民的生杀大权。参见"Right of Death and Power of Life", in *Foucault Reader*, ed. Paul Rabinow (New York: Pantheon Books, 1984), pp. 258 – 72。对将福柯的理论适用到中国制度中的批评,参见 Michael Dutton, *Policing and Punishments in China: From Patriarchy to "the People"* (Cambridge: Cambridge University Press, 1992)。

③ 参见《汉书·董仲舒传》56.2510。诛名而不察实,为善者不必免,而犯恶者未必刑也。

④ 《汉书·晁错传》49.2296。

必须按照特定规则使用才能行之有效。

四、法之本性

"明法"和"必刑"在公元前3世纪至公元前2世纪的中国文献中常被放在一起讨论,这似乎假定了对武力可预测的使用取决于保持法典的清晰明确。因此在这些文本中,"法"是指国家强制力支持的规则以及指导国家使用武力的律法。和西方后古典时期文献不同的是,中国相关论著中并没有形成包括神法、自然法、国法以及市民法这些等级明确的法的概念,而是用"法"这一单个术语涵盖了其广泛含义。如英语中"法律(law)"这个词容纳了多个等级的规范——上帝之法、国际法、法治、国家强制法和运用于各种人类活动的特定法律,西方这种法律多层次的观念使有关法律的学术讨论变得复杂。马克斯·韦伯(Max Weber)就把法律视为既是权力又是权威,如同它既是一种强制又是"行为规范的结构化渊源"。[①] 甚至到了今天,关于法的本质的争论仍然聚焦于一个问题,即对法律的遵循是基于它是由国家创设和支持的?还是基于它承载了超越传统习俗的价值?前者是实证法学派的观点,后者是自然法学派的观点。[②] 尽管这些法律背后正当化过程的理念有所不同,西方的思想家们大体上都赞同,良好且真正符合"法治"理念的法律制度的运行应当遵循特定的原则:法律应该比命令更加抽象和普遍,应广为周知,足够明确以避免被人为地操纵,且只有通过合法程序才能改变,还应超越任何个人权威的意志。[③]

虽然中国的论著体现了他们并不信奉西方发展出的法治体系,但他们确实倡导法治理念。在韩非的理念中,法律被当成规范,用以指导武力可预见性的运用。

---

① David Trubek, "Max Weber on Law and the Rise of Capitalism", *Wisconsin Law Review* 3 (1972):720 - 53.

② 对自然法思想的明晰考察参见 Lloyd Weinreb, *Natural Law andJustice* (Cambridge: Harvard University Press,1987)。近期在实证主义与自然法思想之间的争论表明,对于基本点(fundamental points),他们更多的是赞同而非反对。有关这些立场的很好的一个总结参见 Tim Kaye, "Natural Law Theory and Legal Positivism: Two Sides of the Same Practical Coin?" 14 *Journal of Law and Society* (1987):303 - 20。然而,法律的冲突矛盾并不限于正式法律理论,Carol J. Greenhouse 展示了当代美国人是如何相信法律是基础的,因为其支撑起由家庭团体建构的"自然的"社会秩序,但是普遍美国民众同样蔑视那些滥用法律制度的好讼之人。参见 Carol J. Greenhouse, "Interpreting American Litigiousness", in *History and Power in the Study of Law*, ed. June Starr and Jane Collier (Ithaca: Cornell University Press,1989), pp. 252 - 273。

③ 关于法治这一观点的研究参见 Dean Spader, "Rule of Law v. Rule of Man: The Search for the Golden Zigzag between Conflicting Fundamental Values", *Journal of Criminal Justice* 12(1984):379 - 94。

他说:“法者,宪令著于官府,刑罚必于民心,赏存乎慎法,而罚加乎奸令者也。此臣之所师也。”[①]从韩非开始,“法”似乎已经是指整个公共法律制度,而非单单是制定法、强制力或规范模式。韩非认同商鞅关于最好的统治者也需要辅以法律的观点:“释法术而心治,尧不能正一国。”[②]因此,只有通过法律才能肃清将会引发朝政混乱的私利。[③] 在韩非眼中,法律有多种作用:限制统治者的机制;控制地方官吏;确定官员责任;划清官僚等级界限——而这些措施可以使国家变得强大。法律同样迫使人们遵从某些行为标准,尽管这些标准可能会与地方习惯和个人喜好产生激烈冲突。《管子》将法定义为一种武力,它使“民皆舍所好而行所恶”。[④]《经法》中的《道法》篇包含了类似观点。据其定义,法是教导人们不要“相信会有能脱罪的侥幸”。法律同样使得统治者不受个人利益的影响。《经法》针对法律运用提出了另外的理由,即法律可以限制恣意的权力以及确保国家的苛税用之于众而非用作私人目的:“法度者,正之至也。而以法度治者,不可乱也。而生法度者,不可乱也。精公无私而赏罚信,所以治也。”[⑤]

在法律制度里规范统治者的活动范围这一问题,在中国的政治理论和历史资料中得到了谨慎的处理。一个积极的个人立法者的典型形象就在《鹖冠子》中有所体现:“生法者笔者也,成法者彼也。”[⑥]其他思想家则更加隐晦地把统治者描述成实在法的渊源;不过大多数思想家不会愚蠢到为统治者违反既定法律的行为正名。因为将统治者置于国家权力的顶端,商鞅曾被斥为专制之法的创制者。毋庸置疑,商鞅建构的政治理论是为了维护国家的实力和安全,而不是为了提高社会福利。但他将统治者的个人地位与国家在制度上的需求相分离,并且将法律视为统治者规范公共行动的准则:“故有明主忠臣产於今世,而能领其国者,不可以须臾忘於法。破胜党任,节去言谈,任法而治矣。”[⑦]这一段文字不意味着统治者必须遵循法律,而是表明法律能提供官方裁决的可靠标准。其他论著把明君塑造成为立法者,即便如此,其中也暗含着他必须尊重既定法律的意味。《管子》提出圣贤可以制定法律,但即便是出于对子民的热爱,不能改变或废除既存的法律——

---

① 《韩非子》43.906;Liao,2:212。
② 《商君书解诂》9.3 b;《韩非子》27.498。(语出《韩非子·用人》。——译者注)
③ 《韩非子》45.946;Liao,2:245。
④ 《管子·法法》16.5a;Rickett, *Guanzi*, p. 257。
⑤ 《经法·君正》。
⑥ 《鹖冠子·环流》5.12a。
⑦ 《商君书解诂》。(语出《商君书·慎法》)

"法重于民"。[①] 类似的篇章可见于《经法》中的《道法》篇,这篇将"法"与"道"相联系的文章写道:"故执道者,生法而弗敢犯殹(也)。"

汉代思想家继续强调通过法律限制统治者活动的价值。贾谊写道,统治者的行为必须遵照人道主义原则,但也同样必须遵从法律:"法立而不犯,令行而不逆。"[②]陆贾认为如果统治者希望人民服从法律,那他自己就必须要遵守法律。[③]《淮南子》对法的作用提出了更加明确的观点,认为法律代表了一种不明确、集体性的民众意识。法律是权威的国家运转的轮轴:"所谓亡国,非无君也,无法也。"[④]《淮南子》认为法律如此重要,是因为它是统治者发布命令时遵循的准绳,[⑤]也是对各级政府施加控制的一种模式:"古之置有司也,所以禁民,使不得自恣也;其立君也,所以剬有司,使无专行也;法籍礼仪者,所以禁君,使无擅断也。"[⑥]《淮南子》首要关心的是提倡一种负责任的统治,但其论及法律的篇章更接近于倡导一种法的统治而不是人治。

毋庸置疑,就统治者为其干涉法治的行为正名而发出警告,这是中国哲学和历史文献中难得的另一种声音。事实上,在这些文书当中,不难发现,理想的治国理念之间往往相互矛盾。中央集权国家的拥护者们需要构想出一个统治的模式以进行积极的制度建设。而传统的其他要素都倾向于消极不干涉的统治者。黄帝的传说解决了这个争议。这位贤明的统治者用法律和制度使国家强大,并用以暴制暴[⑦]的方式让世界有了秩序。马王堆文献中的《十六经》表明,一旦国家得以建立,黄帝可以对天地万物洞察秋毫,并命令他的助手修治律法。[⑧] 这里,当改革是必要的时候,黄帝就充当变革的执行人;一旦秩序建立起来,他就成为消极的监督者。同样,历史记录显示汉代皇帝并非积极的立法者,而是厘清法律最重要的裁判者。如汉元帝(公元前 49 ~ 公元前 33 年在位)即位时就颁布诏书,曰:"夫法

① 《管子·法法》16.7b and 7a;Rickett,*Guanzi*,1985,pp.262 and 261;《经法·道法》。

② 《汉书·贾谊传》48.2237。相似的表述参见《新书》8.3b。

③ 参见《新语》4.10b;夫王者之都,南面之君,乃百姓之所取法则者也,举措动作,不可以失法度。分析荀子对陆贾政治思想的影响,尤其是平衡法与善人的观念。参见[日]松岛隆裕,陆贾新语的圣人与君主,载《伦理学年报》1975 年第 24 期。

④ 《淮南子·主术训》9.14a;Ames,*The Art of Rulership*,191 -92。

⑤ 参见《淮南子·主术训》9.13b;Ames, *The Art of Rulership*,p.191。法者,天下之度量,而人主之准绳也。

⑥ 《淮南子·主术训》9.13a;*The Art of Rulership*,p.191。

⑦ See Sarah Allen,*The Shape of the Turtle*:*Myth*,*Art*,*and Cosmos in Early China* (Albany:State University of New York Press,1991).

⑧ 十六经中的《观》篇,《十六经:马王堆帛书》,文物出版社 1980 年版。(黄帝令力黑浸行伏匿,周流四国,以观无恒,善之法则。——译者注)

令者,所以抑暴扶弱,欲其难犯而易避也。今律令烦多而不约,自典文者不能分明,而欲罗元元之不逮,斯岂刑中之意哉!"[①]有关死刑的法律和程序都被施以特别的关注,由统治者和官吏定期审查。他们遵循四时相关宇宙观,主张限制执行死刑的季节。那些已被判决的罪犯躲过了行刑,就被称为"过了冬天"。[②] 不过,不仅一种观点会占据上风。司法官吏勤勉地修改和补充法律及强调刑罚制度时,汉代的皇帝往往主张轻缓严刑,并举行大赦。[③] 这些宽宥的行为并不总与特定事件相联系,反而更像是用来展现统治者才拥有生杀予夺的大权。

五、法律、历史与自然

马克斯·韦伯提出了两个主要标准来衡量传统社会中法律的正当性:一种"原始"的观念是好的法律保留传统行事方式;另一种抽象的观念,依据自然制定普世法则。[④] 第一个标准通过法律是否既符合传统又维护现状来判断法律的良善。早期日耳曼人就认识了这一理念,相信最好的法律是"存在于共同的良心和传统中的良善而古老的法律"。根据这一观念,法律必须是被发现的,不是人为创设的。[⑤] 中国古典文献对上述两种法律模式均有提及。但到了汉代,更保守的观点支配了法律活动。法律改革经常以亨利·梅因所谓的"法律拟制"的形式出现,这种拟制是指法律变革并没有产生真正的变化,不过是简单维持现状。[⑥] 汉成帝(公元前33年~公元前7年在位)在命令律学家简化有关死刑的规定后,要求"务准古法"。[⑦] 然而,描述古代法律时,大多数著者都没有提及特定国家(像西方中世纪早期王国那样)的习惯法和不成文法,而是详细记录了具有惩戒意义的统治者行为和决定,留作后世的教训。到了汉代,这些记载在《诗经》《尚书》和《春秋》里的旧王的活动成为裁断案件的重要依据。[⑧] 因此,一些最活跃的汉代法律改革家、学者兼政客,如贾谊、晁错,都兼通律学家的技巧和《诗经》《尚书》里的学问。根据汉代历史记录里的一些文本来看,遇到疑难案件时,官员和统治者会

---

① 《汉书·刑法志》23.1103;Hulsewé,*Remnants of Han Law*,p.340。

② Hulsewé,*Remnants of Han Law*,pp.104–105.

③ See Brian McKnight,*The Quality of Mercy:Amnesties and Traditional Chinese Justice*(Honolulu:University of Hawaii Press,1981),pp.12–36.

④ See Max Weber,*The Theory of Social and Economic Organization*,trans. A. M. Henderson and Talcott Parsons(New York:The Free Press,1964),pp.130–131.

⑤ See Fritz Kern,*Kingship and Law in the Middle Ages*(New York:Praeger,1956),p.xxi.

⑥ See Henry Maine, *Ancient Law*(New York:Henry Holt,1888),pp.20–28.

⑦ 《汉书·刑法志》23.1103;Hulsewé,*Remnants of Han Law*,p.340。

⑧ 笔者已在别处讨论过这一问题,参见 Karen Turner,*Sage Kings and Laws*, pp.86–112。

求助于“古法”。[①] 如桂思卓(Sarah Queen)近期研究表明,《春秋》在法律判决中起到了重要作用:“比如《公羊传》的汉代注释者就认为《春秋》是一个权威性文献,包含了永恒的道德原则,所有法律裁决都要受其约束。此外,统治者参与审判法律案件时同样也要受到《春秋》中道德原则和判决的约束,且他的裁决必须遵照其中先例。”[②]由于精通《春秋》,董仲舒在法律裁决中发挥了重要作用,[③]但是他并没有受制于以往的实践。作为一个改革家,他以史为鉴,提倡可行的政策以满足新的政治需求。对他以及许多汉代思想家来说,传统力量制约了变革,但也提供了通过“恰当的历史词汇”来“学会如何重新理解和表达过去”的方式。[④]

诉诸古老法律的哲学家和政治家们相信,先前贤能统治者行为在新的形势下亦是永恒、普世和完全适用的。倪德卫(David Nivison)对荀子关于贤君之法的观点评论道,“通过过人的智慧,他们了解人性和人类的宿命,同时也看到法令引导的必要。因此可以看到,他们不仅将制定法律和规范公之于众,还以身作则用法律规范约束自己——将道德命令适用于芸芸众生的普遍原则,如同日出日落一般”。[⑤] 荀子认为良善先王的具体决定就是一种自然权威,因为他们巧妙解决了人类的困境。相比荀子,韩非对人类做出决定的价值持怀疑态度,他认为法律是管理官员和人民的最好方式。但他同样诉诸历史,使法律和自然原则之间的联系正当化:“先王以道为常,以法为本。”[⑥]其他学者将理想标准与历史分离之后,朝自然法的抽象理论又迈近一步。自然法中,自然本身被优先考虑,因为和历史经验相比,统治者的制度和法律提供了更可行的基准。这些作者将自然看作法的渊源,同时也是法律颁布后评判其正当性的尺度。

---

① 参见《史记》106.2825,21.3125;《汉书》23.1103,24.1138。

② Sarah Queen,“From Chronicle to Canon:The Hermeneutics of the Spring and Autumn Annals according to Tung Chung-shu”(Ph. D. diss. ,*Harvard University*,1991),p. 165.

③ See Benjamin Wallacker,“The Spring andAutumn Annals as a Source of Law in Han China”, *Journal of Chinese Studies* 2(1985):59 – 72.

④ See Hans-Georg Gadamer,*The Relevance of the Beautiful and Other Essays*,trans. Nicholas Walker and ed. R. Bernasconi(Cambridge:Cambridge University Press,1986),pp. 48 – 49. 引起笔者注意的是下面这项研究,参见 Roger Ames,“The Mencian Conception of Ren xing:Does It Mean Human Nature?” in *Chinese Texts and Philosophical Contexts*:*Essays Dedicated to Angus C. Graham*,ed. Henry Rosemont,Jr. (La Salle,Illinois:Open Court,1991),p. 167。关于传统的创造性,参见 Eric Hobsbawm and Eric Ranger,eds. *The Invention of Tradition*(Columbia University Press,1983),and Benedict Anderson, *Imagined Communities*:*Reflections on the Origin and Spread of Nationalism*(London:Verso Press,1983)。

⑤ See David Nivison,“Hsun Tzu and Chuang Tzu”,*in Chinese Texts and Philosophical Contexts*, p. 142.

⑥ 《韩非子》5.310;Liao,1:164 – 65。

中西方的传统之中,为法律寻找一种抽象的模式的思想家们,都在自然中找到了某种意象,适用于指导人类的活动。最接近于西方自然法理论的中国法律观念在中庸学说中有所体现,其中,"道"被推崇为永恒普遍的统治形式。这种将自然作为一种法律形式的理念与西方后古典时期自然法理论颇为相近,但必须小心对待。在其他文章中,笔者曾认为黄老学说体现了自然法思想的观点,裴文睿在近期研究中则对其进行了详细的说明。根据裴文睿的研究,马王推中的黄老帛书将规范的最高价值赋予了自然秩序,它被当作构建人类秩序的基础。[①] 此外,他还认为黄老思想体现的是先定的(pre-determined)自然法。[②] 笔者赞同后古典时期中西方关于法律和自然观念都强调支持法律权威,但笔者认为应当将存在根本性差异的认识论考虑在内——这决定了谁可以参与有关法律的决定——从而将中西方自然法理论区别开来。

在西方,一种自然法的观点将所有人都置于同等的道德和法律世界,从而超越了亚里士多德政治理论中的特殊主义(这一理论认为奴隶是一种天生的身份,并且藐视外邦人)。在希腊皇帝拓展了罗马的领土和社会边界后,这种观点开始变得重要。[③] 正如罗斯科·庞德(Roscoe Pound)阐述西方趋势时所说:"自然法理论成为了发展的手段……法学家的任务就是在古旧的地方性资料的基础上建构和塑造法律,让其成为满足全世界需求的工具,同时确保一致性和可预测性。"[④]后古典时期的中国,政治变革同样需要一个更宽泛的法律概念:新的帝国要求来源于不限特定历史和地方的普世性标准,以建立一个国家和制度的模式。北村良和(Kitamura Yoshikazu)谈论过这一观点,他认为自然法(他将其等同于physis 这一希腊的概念)在汉代中国必不可少,那时的地方习俗和习惯都要服从出自中央集权政权的法律。他认为秦代历法是人为创制的,因为其没有遵循季节规律,也不具有普遍性,因而是一个特定诸侯国的产物。历法在武帝当政时期得到修改,在某种程度上,实际的农作行为与之相协调。更重要的是,汉代政权与秦代的地方性法律和象征从此开始分离。[⑤]

---

① See Peerenboom, *Law and Morality in Ancient China*, p. 38. 笔者的论述参见"The Theory of Law in the Ching-fa"。

② See Peerenboom, *Law and Morality in Ancient China*, p. 107.

③ See Charles McIlwain, *The Growth of Political Thought in the West* (New York: The MacMillan Press, 1932).

④ Roscoe Pound, *An Introduction to the Philosophy of Law* (New Haven: Yale University Press, 1959), pp. 10 – 11.

⑤ 参见北村良和:《后汉的颂汉思想的根源　武帝"受命"的意味》,载《古史春秋》1984年第1期,北村良和将自然法与汉时期发展起来的阴阳学说相等同。

公元4世纪时，希腊的斯多葛学派思想家对西方后古典时期新的政治和社会现实作出了哲学回应。他们将法律的本性与法律的理性相等同，认为法律适用于任何人，不论出身和地位。[①] 受到希腊人的启发，自然法最著名的演说者，罗马法学家西塞罗(Cicero)(公元前106～公元前103年)认为，由于正义既非特定的也非易变的，它遵循的法则并存于任何个人或国家的意志之中。他指出："对正义进行论证时，让我们不妨从那种最高形式的法律开始；它产生于任何成文法之前，更确切地说，产生于任何国家形成之前。"[②]西塞罗将自然法视作"普世、不变、永恒的真正法律，要求人们履行其规定的义务，避免做出其禁止的行为……任何试图改变……或废止自然法的行为都是犯罪"。[③] 西塞罗对自然法的描述是西方法理学中的经典定义。在中国文献中，《经法》对法律的定义与西塞罗的定义最能产生共鸣。其文本开头就写明了"道生法"，紧接着又说："法者，引得失以绳，而明曲直者殹(也)。故执道者，生法而弗敢犯殹(也)。"[④]《经法》将"道"看作一个统一、永恒和普遍的自然原则，不因人类行为而改变。同时，"道"也是一个指导政府重要行动的可靠模式，包括任命官员、调整国家对徭役和兵役的要求、制定成文法、发动战争以及决定适当的刑罚。其表达的最重要的信息是，只有当人的意志、法律和制度服从于自然法时，法律才是值得信赖的标准。

其他的中国文献用功利主义哲学将法律与自然联系起来，这种理论假定国民更可能服从不违背自然规律或是不为统治者私人目的服务的法律。《经法》中的《道法》篇以"道"为基础阐述了法律的功能：

> (故)能自引以绳，然后见知天下而不惑矣。……故执道者之观于天下殹(也)，无执殹(也)，无处殹(也)，无为殹(也)，无私殹(也)。……公者明，至明者有功。

《管子》采取了类似的功利主义进路："宪律制度必法道，号令必著明，赏罚必信密，此正民之经也。"[⑤]根据《鹖冠子》的论述，基于法律之道的观念用于阐明内

---

① See Edgar Bodenheimer, *Jurisprudence*: *The Philosophy and Method of Law*(Cambridge: Harvard University Press, 1962), pp. 12－13.

② *Laws* 1.6.(中译本参见西塞罗著：《论法律》，王焕生译，上海人民出版社2006年版，第35页。——译者注)

③ *Laws* 3.22.

④ 《经法·道法》。

⑤ 《管子·法法》16.4b－5a; Rickett, *Guanzi*, p.256。(原文篇目有误，已校正。——译者注)

在自然的运作及外在政治生活之间的联系,①用以权衡生死的裁断,②以及明确公正地统治。③ 这些文献中谈论的“道”可以看作对普遍王权的隐喻。它是统一、消极、普遍和永恒的,并可恒定地作为决策的根本标准。此外,“道”虽神秘,却可以被一些贤君所认知,他们用自然净化,协调自身,且遵从四时轮回观念,用以指导自己的公共生活。如果统治者和官员决定国家事务时能遵循自然可预测的法律,就可避免因处置失当而激起的人神共愤。《经法》将上天视作惩罚滥用权力攫取人民劳力和生命统治者的终极力量。其中一些篇章就提及统治者“不有人戮,必有天刑”。④ 因为“道”与“天”的关系在文本中是模糊的,所以很难确定两者之间哪个具有更高权威。但是这两种力量似乎服务于不同目的:“道”是亘古不变的,不受人类行为的影响;“天”会对人类行为做出嘉奖或惩罚的回应,即使这只是机械性的反应。⑤ 因此,一方面,“道”提供了一个理念,追求公正不变法律统治下的秩序;另一方面,“天”则向那些对违反规则负有责任的人施以制裁。这两个观念都被一些思想家很好地利用,他们使专断的统治者相信,如果没有遵从自然法,他们不仅会成为世上的破坏性力量,还会引发上天的愤怒,并因此危及自身。

中国这一源于自然的法律形式与西方古典自然法理论有多少相似之处?这个问题很难回答。部分原因在于法律理论家对自然法的价值仍有争议。当代西方自然法的支持者推崇其对人类自然权利的保障,反对者则指出自然法理论是相当模糊的,以至于其“只能基于对不合情理的世界观教条式地接受,或基于对每个个体良心的主观接受。”⑥现如今,自然法学论者与法律实证主义者间争论的关键在于人的法律与道德之间的关系:前者认为法律以道德规范为核心;而后者则主张法律不需要,也通常不会反映任何道德关切。⑦ 尽管自然法发展有着复杂的历史,要找出古典和现代自然法理论中恒有的特征还是可能的。如劳埃德·魏因雷

---

① 参见《鹖冠子·环流》5.1lb。

② 参见《鹖冠子·天则》4.6a。

③ 参见《鹖冠子·环流》5.12a。

④ 《经法·论约》。

⑤ 在《古代中国的法律与道德》(*Law and Morality in Ancient China*)中,裴文睿考察了在“道”与“天”之关系上已经出现的一些争议,并且对其进行了恰当的论述。笔者认为,这两个术语指称的是不同的对象,并且这使争论何者具有更高权威变得没什么意义。

⑥ 有关自然法的潜在危险,尤其与宗教权威联系起来时的一项有说服力的解释,参见 Jeffrie G. Murphy and Jules L. Coleman, *The Philosophy of Law*(Totowa, N. J. :1984), pp. 13 – 60。

⑦ 实证主义最具影响力的代言人是哈特(H. L. A. Hart)。参见 *The Concept of Law*, Oxford, Clarendon Press, 1961。

布(Lloyd Weinreb)所阐释的:“二者的共同点在于否认‘应然’与‘实然’、自然法与规范性命令,以及实在法与道德之间的割裂。”①“理性的人”对习惯法和国家制度正当性的判断在这些理念中相当重要。西塞罗就说过,法是理智的人的精神和理性,是衡量正义与非正义的标准。② 此后,阿奎那认为,通过理性,人们可以管窥至高之法——上帝的神法,并可据此明辨是非。③ 基督教思想家认同西塞罗的观点,认为个人服从国家法律的义务取决于法律是否遵从正义的自然准则。④ 必须要注意的是,纵观西方历史,“理性的人”的范畴相当有限,不仅与性别有关,还取决于教育和财富。尽管如此,后古典时期关于普通人在原则上有能力也有权利评判国家法律的争论持续影响着西方法律理念。无论是依赖于将先例背后的理由应用于新案件的普通法传统,还是依赖于实施反映法律改革者才智的法规的大陆法系,都建立在这样的假定上:个人可以发现、解释和运用法律。以陪审团审判为例,其背后的理念即是同类人的裁断可以产生正义的判决。⑤

与西方对普通人裁断能力的信赖形成鲜明对比的是中国人认为只有专门的人才拥有独特的认知能力,也称“诺斯替式智慧”,能使他们解读自然显露的讯息并遵循这些指示。⑥ 一些文献声称,心中有“道”的贤明君主可以超脱于琐碎的人类事务,拥有超乎寻常的才智。圣明的统治者,往往会在静默无为的冥想中阐释和遵守自然之法,并以此依从上天的意志。如《经法》所指出的那样,统治者只有具备明晰的洞察力,才能做到顺应天意。这一文本表明,统治者顺应了“道”,就不会被琐事困扰,也不会被私人欲望驱使;他可以以自然为范式,消除法律和刑罚之间的矛盾。《经法》就说,“三时成功,一时刑杀,天地之道也。四时时而定,不爽不代(忒)”。⑦ 拥有理解自然这一必备特质的圣明君主可以知道如何将启示运用到国家事务中。⑧ 因此,虽然《经法》的政治理论建立在一切生灵都会对自然形态做出反应的假定上,该文本同样表达了先找到能够解读自然征兆的圣贤之人,

---

① Lloyd Weinreb, *Natural Law and Justice*, p. 3.

② See Laws 1.6.(中译本参见西塞罗著:《论法律》,王焕生译,上海人民出版社 2006 年版,第 35 页。——译者注)

③ See *Summa Theologica* 2.1.93.3.

④ See Cicero, *Laws* 1.14; Augustine, City of God 2.21 – 23.

⑤ 罗斯科·庞德将这个问题建立在中西方编纂法典原则的比较研究上,参见“Comparative Law and History as a Basis for Chinese Law”, *Harvard Law Review* 61(1948):749 – 62。

⑥ See Benjamin Schwartz, *The World of Thought in Ancient China*, p. 248.

⑦ 《经法·论约》。

⑧ 有关西方自然法观念的论述,参见 D. M. Armstrong, *What is a Law of Nature*? London: Cambridge University Press, 1983, p. 4。

而后再决定如何行事这一观点。故而,中国自然法理论家并未针对芸芸众生推出其论点,而是面向有义务推行利民制度和法律的统治者们。

综上所述,后古典时期中国和希腊关于自然法的著作都构建了一个抽象的自然法概念,以满足领土扩张带来的对标准的需求,将之用于国民,使他们适应并服从地方法律及习惯。倡导自然法的中国和希腊哲学家都认为人的法律必须从属于某种比任何人类意志或欲望更具权威性的规范形式。两种传统都相信自然法必须被用来限制武力,而不是认可无限制的国家权力。此外,中西方古典自然法遗产的实际影响都是无法估量的。在一些现代自然法理论家看来,自然法是一个强有力的提醒,意味着所有人都拥有某种自然权利,可以将道德置于任何官方法律之上。[①] 其他观点则认为自然法被用以使国家权威具体化。[②] 除此之外,西方的历史还提供了自然法理论抑制专制主义的实例。

在中国,自然法理论维护了专制独裁的政体,将决定生死的职责交到一小部分受过正规训导的统治精英手里。这就使统治者在做出重大决定时必须极为谨慎。汉代的文献中,我们确实发现统治者在作出战争与惩罚的重大决定时会与谋臣商议。但作为法律渊源来说,先例看似远比自然法来得可靠。[③] 或许是将法律建立在“道”上的理念太过模糊和不稳定,因此比不上从过去具体实践中得到、有白纸黑字的记录那样易于被信任。还有一种可能,是“自然”的概念往往与王朝和国家繁盛等同起来。正如何四维在《汉律拾零》(*Remnants of Han Law*)中所说,被称作“不道”的犯罪种类在汉代确实存在。但从笔者收集的资料来看,这一种类中大多都是会威胁到王朝或国家的犯罪。[④] 汉代衰亡后,“道”是否还和法律问题相联系有待进一步研究。一篇短文提到的宋朝对一桩复杂法律案件的争论表明,对法律的考量中确实包含了“道”。在这一案件中,王安石支持对正式成文法条款的维护,以保持刑罚的一致性,司马光则认为“道”为决策提供了更为权威的规范——对于那些能充分理解其奥义的人而言。[⑤]

后古典时期中国与西方法律理论最重要的差异在于自然法学家所预想到的

---

① See John Finnis, *Natural Law and Natural Rights* Oxford: Clarendon Press, 1980.

② 例如,有关自然法理论是如何用以支持德国法西斯主义的分析,参见 Franz Neumann, *The Rule of Law: Political Theory and the Legal System in Modern Society*, Dover, N. H.: Berg Press, 1986。

③ 在一项借助收录了汉代历史记录的数据库的研究中,笔者并未发现将法直接与道相联系的文章。

④ See Hulsewé, *Remnants of Han Law*, pp. 152 - 62.

⑤ See John Langlois, "'Living Law' in Sung and Yuan Jurisprudence", HJAS, Vol. 40, 1981, pp. 165 - 217.

法律参与的限制性。西方古典自然法理论产生出了一种对全人类自然权利的深深依附,这一自然权利可以判断官方的法律和命令是否足够理性,使人民遵从。与此形成对比的是,本文探究的中国思想的主线都集中于发展一种官僚伦理,服务于一小部分负责决策的统治精英群体。这一官僚模式极为看重一致性、公正性和普遍性,因其可以增进中国社会中某些群体(如统治者、官员和商人)的保障和机会。如果有人像现代西方自然法思想家那样①假定政府干涉可预测的时候,全人类会得到更好的发展,附于自然法之上的价值也会间接地使普通百姓受益。但中国的自然法理论终归更像致力于明确官员和统治者的责任,而非支持普通百姓在创制、实施和评判法律过程中作为中间人的天赋权利。

中英词汇对照

A

A. F. P. Hulsewe　何四维
Angus Garham　安格斯·格瑞艾姆
Aquinus　阿奎那
Augustine　奥古斯丁

B

Benjamin Schwartz　史华慈

C

Carol J. Greenhouse　卡罗尔·J. 格林豪斯
Christine Greenway　克里斯廷·格林韦
Christopher Rand　克里斯托弗·兰德
Cicero　西塞罗

D

David Nivison　倪德卫
Derk Bodde　卜德
Dr. H. P. Lee　李博士

E

East Asian Legal Studies at Harvard University　哈佛大学东亚法律研究所

H

Hoebel　霍贝尔
Holy Cross College　圣十字学院
Hugh Scogin　宋格文

J

James Scott　詹姆斯·斯科特

① 在《自然法与自然权利》(*Natural Law and Natural Right*)一书中,约翰·菲尼斯(John Finnis)将专制国家干预下的自由视作人权的先决条件。

John Fairbank　费正清
John Finnis　约翰·菲尼斯
John Rawls　约翰·罗尔斯
Joseph Needham　李约瑟

K

Karen Turner　高道蕴

L

Law and Morality in Ancient China　《古代中国的法律与道德》
Law and Warfare　《法律与战争》
Lloyd Weinreb　劳埃德·魏因雷布

M

Mark Lewis　陆威仪
Max Weber　马克斯·韦伯
Michael Waltzer　迈克尔·沃尔策

N

Natural Law and Natural Right　《自然法与自然权利》

P

Paul Bohanan　保罗·博安南

R

R. P. Peerenboom　斐文睿
Remnants of Han Law　《汉律拾零》
Roberto Unger　罗伯托·昂格尔
Robin Yates　叶山
Ronald Dworkin　罗纳德·德沃金
Roscoe Pound　罗斯科·庞德

S

Sarah Queen　桂思卓
Susan Gottschang　苏珊·戈得昌
Susan Rodgers　苏珊·罗杰斯

W

William Alford　威廉·奥尔福德

社会变革与早期中国法律思想中的成文法

康佩里(Ernest Caldwell)* 著
魏　鑫　译
于　明　方　强　校

是什么社会因素促使法律实践由基于口头或习惯法转变为依靠成文实体法?① 毫无疑问,无论是本土发展而

---

* 欧内斯特·康佩里(*Ernest Caldwell*),伦敦大学亚非研究学院(法学院)中国法讲师。原文为 Ernest Caldwell,"Social Change and Written Law in Early Chinese Legal Thought", in *Law and History Review*, 32. 1 (2014):1 – 30. 作者对张伟仁(Chang Wejen)、塔玛拉·钦(Tamara Chin)、加加林(Michael Gagarin)、唐纳森·哈珀(Donald Harper)、利·詹科(Leigh Jenco)、姜永琳(Jiang Yonglin)、蒲慕州(Poo Mu-chou)、赛思·理查森(Seth Richardson)、夏含夷(Edward Shaughnessy)、高道蕴(Karen Turner)以及叶山(Robin D. S. Yates)的帮助表示感谢。同时对《法与历史评论》两位匿名审稿人对文章初稿的批评表示感谢。原文为 Ernest Caldwell, " Social Change and Written Law in Early Chinese Legal Thought", in *Law and History Review*, 32. 1(2014):1 – 30。

① 本文提及古代中国公元前3世纪之前的成文法集合时,笔者将避免使用"法典"一词。即便是现代人想要创造这样一个通用的定义,也会在面对多样的世界各国传统理论和解释影响下的编纂法律体系时遭遇挫折。当试图把这样一个术语不合时宜地运用到古代世界的法律传统中时,这个问题会变得更加复杂。想要构建一个多层次的概念范式从时间和空间上的不同法律传统研究"法典"这一术语,参见 Mark D. Rosen, " What Has Happened to the Common Law? Recent American Codifications, and Their Impact on Judicial Practice and the Law's Subsequent Development", *Wisconsin Law Review* 5 (1994):1119 – 286; Geoffrey MacCormack, "The Transmission of Penal Law (lv) from the Han to the T'ang: A Contribution to the Study of the Early History of Codification

来,还是文化交流的借鉴,基于特定社会中的有效的书写系统是成文法构建的先决条件。然而一些学者,特别是人类学家和社会学家认为,仅有书写系统的存在并不一定会导致特定社会政治制度直接必然的发展,即便这些制度赖以存在的技术能力是由书写提供的。①这些学者还警告说,将成文法的产生完全归功于书写,会降低诸如成文法的发展之类的社会现象多层面的复杂性,继而导致不可避免的目的论。相反,许多人认为,书写系统为社会组织的发展类型和配置选择提供了如杰克·古迪所说的"潜在可能"。②也就是说,书写的技术手段为特定的制度发展——如成文法的使用——提供了可能性。然而要使这种可能性成为现实,就必须首先在社会内部形成一种社会需要,并且伴之以这样一种认识:那种社会需要可以通过书面形式的贯彻得以充分的满足。

究竟是什么样的社会变革导致了成文法的发展,这个问题一直引导着西方学者的研究,这些学者试图理解既定社会中成文法的出现或者解释相邻时间、地域上法律传统的制度差异。③例如,古希腊和古罗马法的学者,一直在探讨过渡到成文法的潜在原因。对于一些人来说,成文法的建立是统治阶级的一种抚慰行为,旨在安抚广大民众日益增长的不满。另一些人则认为,过渡到成文法实际上巧妙

---

in China", *Revue Internationale Des Droits De L'antiquité* 51 (2004):47 – 83。寻求更多有关此术语应用于古文明的重要评述,参见 Martha T. Roth, "The Law Collection of King Hammurabi: Toward an Understanding of Codification and Text", in *Codification Des Lois DansL'Antiquite*, ed. Edmond Levy (Paris: De Boccard, 2000), pp. 9 – 31. Raymond Westbrook, "Codfication and Canonization", *in Codification Des Lois DansL'Antiquite*, pp. 33 – 47; John K. Davies, "Deconstructing Gortyn: When Is a Code a Code?" in *Greek Law in Its Political Setting: Justification Not Justice*, ed. Lin Foxhall and Andrew Lewis(Oxford: Oxford University Press, 1996), pp. 33 – 56。

① 有关这些争论的经典例证,参见 Jack Goody, *The Power of the Written Tradition*(Washington D. C.: Smithsonian Institution, 2000); *The Logic of Writing and the Organization of Society*(Cambridge: Cambridge University Press, 1986); Erik Havelock, *The Muse Learns to Write: Reflections on Orality and Literacy from Antiquity to the Present*(New Haven: Yale University Press, 1986),以及 Walter Ong, *Orality and Literacy*, *2nd ed.* (London and New York: Routledge, 2002)。这些学者同样表示,尽管书写为传播知识提供了新的可能,但在书写占据历史舞台的同时,口语的存在和力量依旧保持良好。

② 杰克·古迪早期的一些作品因暗含书写对于特定社会政治制度发展的"决定性"作用而广受批判。想要获悉对这些批评和古迪回应的概述,参见 Goody, *The Power of the Written Tradition*, pp. 2 – 9。

③ 例如,古美索不达米亚文明早在捷姆迭特那色时期(约公元前 3200 ~ 公元前 3000 年)就使用了复杂的书写系统。然而最早的成文法典,如《乌尔纳姆法典》(约公元前 2100 年)、《埃什嫩那法典》(约公元前 1770 年)和《汉谟拉比法典》(约公元前 1750 年)都是在采用书面形式超过一千年后才得以颁布。参见 Martha T. Roth, *Law Collections from Mesopotamia and Asia Minor* (Atlanta: Society of Biblical Literature and Scholars Press, 1997)。

地维护了统治阶级在面对民众时的法律权威,同时减轻了贵族内部间的矛盾。① 有关类似过渡到成文法的潜在原因及社会政治影响的问题引起了研究中国传统法律学者们的注意。② 同样地,有关争论也呈现出两极化,大部分的理论方法局限于努力从一或两个主流学派的视角来理解法律转变背后的基本原理,这两大早期中国主流学派便是儒家和法家。③ 儒家学说常痛惜成文法的转变,认为这有损贵族统治在道德上(和法律上)的权威,并且警告由于法律成文化,使普通民众在面对统治阶级时被赋予了更大的法律权利。④ 相反,法家学说将成文法视为中央用来控制官僚和民众的一种政治工具。当回顾早期中国史料时,法家这样的阐释过于狭窄地关注了成文法纵向的社会政治影响。也就是说,如同古希腊和古罗马的一些学者一样,中国传统法律的学者,仅仅从被统治者(普通民众)和统治者(贵族阶级)之间政治法律关系的角度关注成文法实行的意义。因而,他们只关注能影响这种特殊关系的潜在因素。这种观点往往没有考虑到更为广泛的社会因素,如书写理论对于法律和行政理论的影响,以及由贵族血缘关系的模糊所带来的各诸侯国之间不断变化的内外动态权力。

在本文中,笔者提出什么样的动态社会因素为早期中国的法律变革提供了意识上的需要?为什么要将成文法的采用看作法律变革的一个组成部分呢?在回答这些问题时,先为大家揭示早期中国人对于成文法价值和作用观点的三个新的层面。其一,早期中国人使用成文法是为了直接应对不断增长的对另一种社会控制方法的需求,这种需求是经由"春秋"和"战国"晚期日益恶化的社会政治状况

---

① 想要寻求有关罗马法案例双方争论的极好分析,参见 Walter Eder,"The Political Significance of the Codification of Law in Archaic Societies: An Unconventional Hypothesis", in *Social Struggles in Archaic Rome: New Perspectives on the Conflict of the Orders*, ed. Kurt A. Raaflaub (Maiden: Blackwell Publishing Ltd.,2005),239 - 67,笔者会在本文的后面提到这些争论。

② 例如,T'ung-tsuChü, *Law and Society in Traditional China*(Paris: Mouton,1961); MacCormack, "The Transmission of Penal Law(lv) from the Han to the T'ang"以及 John W. Head and Yanping Wang, *Law Codes in Dynastic China: A Synopsis ofChinese Legal History in the Thirty Centuries from Zhou to Qing* (Durham, N. C.: Carolina Academic Press,2005)。

③ 继斯科特·库克(Scott Cook)和其他的一些学者之后,笔者也认为后来的学者给战国时期很多哲学家贴上"儒家"和"法家"的标签是不合时宜、武断的。就此文来说,笔者仅仅将这些中国早期的哲学家称为"儒家":他们引用或公然倡导建立于道德规则之上及归功于历史人物孔子的治国理念。同样,"法家"指代这些人:他们主张建立于官僚中央集权、严刑峻法、严厉惩罚上的以及归功于如商鞅、韩非子之类的思想家的治国之道。笔者既没有暗示与上述哪种思想有直接联系,也没有自我界定属于哪一个思想"派系"。参见 *Scott* Cook,"The Use and Abuse of History in Early China from Xunzi to LushiChunqiu", *Asia Major*, Vol. 18,2006, pp. 48 - 70。

④ 此解释基于《左传》中特定文章的第二节。

积淀而成。① 其二,不同于之前的观点,笔者认为对成文法的依赖并不能看作仅对传统贵族和普通民众间的社会法律关系产生垂直的法律效力,而且同样认为可以调节贵族之间不断上升的内部冲突。这种内部冲突威胁到了各诸侯国间的内部稳定。其三,笔者要证明在一些早期中国的诸侯国中有一种不断发展的意识,即书面媒介具有增强法律效力的功能。

为了论证上述观点,笔者首先考察经典著述《左传》中所描绘的这个时代不断变化的社会政治状况。以这样的社会变迁背景为依据,笔者分析了《左传》中的五篇文章,证实了这样一种不断增长的意识:成文法具有产生社会和政治秩序的价值。然后把早期中国成文法的发展置于全球背景下,将其同其他前现代法律传统的成文法相对比。从对比的视角来看,仔细考察书写理论同建立在早期中国成文法基础上的法律意识形态发展之间的关系,为正在进行的有关世界其他国家成文法发展的争论提供了新的视野。同样,中国法律史的学者们可以通过参照其他社会中法律的发展轨迹获得一个对于中国法律发展的全新视角。

一、《左传》和社会变革

如果我们的研究是为了考察早期中国如何应对导致成文法产生的社会变革,那么《左传》提供了一些具有典型意义的社会转型的例子。《左传》,或称《左氏传》,是现存对于经典著作《春秋》(或称《春秋经》)的三大评注之一。②《春秋》是一部简洁的编年史,记载了从公元前722年至公元前481年间影响鲁国的内外事件。③《春秋》的编译和编辑要归功于孔子,人们认为在所记载事件中包含了孔子精妙隐微的道德评断。因此,其地位后来提升为儒家经典之一。而《左传》是一篇篇幅相对较长的著述,从时间上涵盖了公元前722年至公元前463年。它的编撰要归功于左丘明,相传他是孔子的弟子。《左传》被认为是对《春秋》的扩展性注释,意在阐明其许多简洁之处及含义模糊的词目。《左传》中充满叙事式的历

① 古代中国年代的复杂对于不熟悉的人来说是令人望而生畏的。周王朝表面上统治中国中原地区大约是从公元前1046年到公元前256年。他们的统治被分为两个大的时代:西周(公元前1046年到公元前771年)和东周(公元前771年到公元前221年)。东周又被细分为两个时代:春秋时期(约公元前771年至公元前476年)和战国时期(约公元前476年至公元前221年)。

② 就三大评注之间的关系存在争议。许多人认为,《公羊传》和《谷梁传》是对"新本"《春秋》的评注,而《左传》是对"旧本"《春秋》的评注,"旧本"《春秋》在汉朝档案中得以保存下来并以中国古体汉字(古文)写成。关于这些争论,参见 Anne Cheng, "Ch'unch'iu, Kung yang, Ku liang and TsochuanX", in *Early Chinese Texts: A Bibliographical Guide*, ed. Michael Loewe (Berkeley: SSEC and Institute of East Asian Studies, 1993), 67 - 76。

③ 鲁国是一个相对较小的政体,占据着现今山东省的部分地区。

史趣闻、独白和对话,因而《春秋》中的三四个字词可能对应《左传》中的好几页。[①]然而这些独白和对话的真实性几个世纪以来一直为人所质疑,这些内容包含的时期也从公元前5世纪延伸至公元1世纪。[②] 许多学者认为,《左传》很可能是春秋时期历史轶事的集合,是由战国中期或后期的历史学家整理和编撰的。[③] 因此,在分析其中的一些文章时,笔者并不一定要为所记载的事件断定一个真实的年代,也不去争论不同人话语的真实性,然而仅仅将这些记载看作伴随着成文法与法律编纂理论兴起的新的思想论域,这一论域起源于春秋时期,进一步发展并最终确立于战国时期。[④]

如前所述,《左传》记载了东周初期的状况,那时权力和正统的来源、传统的权力基础和社会阶层都在不断变化。这种不稳定性的根源之一可以追溯到西周早期的土地分封政策。

传统史学著述将西周时期描绘为早期中国文明的"黄金时代"。周人的两位统治者,文王及其子武王,领导了一系列充满道德感召力的运动,最终推翻堕落的商朝(约公元前1600~公元前1045年)。推翻商朝后,武王建立周朝并自诩周王。随后周王向东发起一系列军事扩张,使中原大部分地区处于周朝统治之下。[⑤] 作为一种统治方式,也为了获得周氏家族成员的忠诚和军事上的支持,周朝统治者常常将新吞并的遥远领地划分为单独区域,安排家族成员作为王室代理人主管各自辖区,负责维护辖区内社会和政治秩序。因此,周中央的权威向外

---

① 本来这两个文本是彼此独立流传的,据传晋朝的《左传》评论者杜预将这两个文本结合为现今的单一本。参见竹添光鸿译版,第6~7页。本文对于左传的引用都是基于竹添的版本(Taipei: Tiangongshuju,1998,台湾天工书局1998年版)。除非另有说明,所有的翻译都源自竹添光鸿。

② See Cheng,"Ch'unch'iu,Kung yang,Ku liang and Tsochuan",p.70.

③ 许多学者今天认为,《左传》中大部分对话内容都应追溯至战国时期。他们还声称该著述代表着试图接受早期中国社会的发展轨迹,同样代表了中国历史学的发展类型。例见 Wai-yee Li, *The Readability of the Past in Early Chinese Historiography*(Cambridge,MA:Harvard University Asia Center,2007);David Schaberg,*A Patterned Past:Form and thought in early Chinese historiography*(Cambridge,MA:Harvard University Press,2001)。认为《左传》的大部分内容应当被归入春秋晚期和战国早期的观点,参见 Yuri Pines,"Intellectual Change in the Chunqiu Period:The Reliability of the Speeches in the Zuozhuan as Sources of Chunqiu Intellectual History",*Early China* 22(1997):76-132。

④ 这种说法类似于斯科特·库克最近的一种陈述:"这些事件可能反映出来的特定时间的陈述的准确性,毫无疑问是值得商榷的。然而,它们的的确确展示了一幅那个时代知识的画面,这个画面从历史上来说是十分合理的,并且我们都知道,它还很有可能是基于可靠的史学记载的。"参见 Cook,"The Use and Abuse of History",p.47,fn.3。

⑤ 想要概观西周建立及其以后的扩张,参见 Edward L. Shaughnessy,"Western Zhou History",in *The Cambridge History of Ancient China:From the origins of civilization to* 221 *B.C.*, ed. by Michael Loewe and Edward L. Shaughnessy(Cambridge:Cambridge University Press,1999),pp.292-351。

围诸侯国的扩展极大地依赖于血统关系和亲属关系层次。类似的血缘层次构成了各诸侯国内社会政治的根基。随着时间的推移和异族婚姻实践,这些延伸的血统关系逐渐被冲淡了。渐渐地,相对于中央,各诸侯国的自治权增强了。而在这些诸侯国内,类似的权力移转也出现了,导致了强大的卿族家庭获得极强的权力,以至于开始挑战他们的统治者。[①] 此后,由于西戎的入侵,迫使孱弱的周王室逃往东方(东周时期开始),在那里,周王和他的继承者们成为强大诸侯国的傀儡。

周王室权力分散的结果,便是地方主义的增强以及传统社会政治秩序的崩塌。这种崩塌从外部体现为诸侯国之间为争夺政治和领土上的霸权而增加的战争,内部体现为各式各样的致命的政治阴谋。这种社会动荡使新的制度形式得以呈现,如霸主政治体系作为一个新的制度出现,旨在重新建立诸侯国之间的凝聚力。从前的政治统一是依靠血缘得以维系,那时认可周王享有独一无二的权力,包括执行特定的祭祀仪式、召开多个诸侯国的集会或者召集众诸侯国的军队来讨伐其他“不服从”的诸侯国。在霸主政治体系下,行使上述这些职能的权力(和责任)形式上由孱弱的周王授予政治上和军事上最强有力的诸侯国领袖。书写在这种权力的授予中发挥了重要作用,特别是在宗教—法律仪式上订立盟约之时。在订立盟约时,各诸侯国的领袖齐聚一堂,认可周王选择的权力继任者,也往往会同样认可类似盟约的忠诚宣言。随后,这些书面形式的誓言以及献祭的动物将被埋葬在一起以祭奠这场授权活动。[②] 周统治者的实际王室机构并未被直接取代,但不断变化的政治环境(周现在只占据着它以前领土的一小部分,失去了大部分由血缘维系的权力,并且无法组建一支像样的军队)不断促使能维系诸侯国间凝聚力的替代性的、权威的组织机构的发展。[③]

随着各诸侯国政治自治权的扩大,更多有关诸侯国内部制度的明显的区域特性得到了发展。这些社会变革包括日益区域化的文字、行政方式、艺术和宗教习

---

① 弱化血统关系在削弱西周中央权威中的作用,参见 Feng Li, *Landscape and Power in Early China: The Crisis and Fall of the Western Zhou*, 1045 – 771 *BC* (Cambridge: Cambridge University Press, 2006)。

② 书写在中国早期盟约中的宗教—法律意义在下文中得到了详细的记载。参见 W. A. C. H Dobson, “Some Legal Instruments of Ancient China: The Ming and the Meng”, in *Wen-lin: Studies in the Chinese Humanities*, ed. Tse-tsung Chow (Milwaukee: University of Wisconsin Press, 1968) 以及 Mark Edward Lewis, *Writing and Authority in Early China* (New York: SUNY Press, 1999), 18 – 21。

③ 有关霸主政治体系及其对西周地缘政治影响,参见刘伯骥:《春秋会盟政治》(第2版),台湾文景书局1977年版。

俗的发展。[①] 社会领域中的法律也受到了影响。由于社会流动性的增强以及各诸侯国间血缘关系的削弱,很多与法律有关的反应出现了。这些应对要么是通过控制以前的组织机构来重构以前的"线形"权力,要么是通过构建新的组织机构确立新的权力来源。在这些诸侯国间,许多强权的卿族盗取了宗教—法律组织盟约,以在他们自己和其他家族内建立忠诚协议的准盟约,即不以血缘关系为基础。私人之间的书面合约创立于石板之上,并埋入祭祀坑,产生了一种不完全依赖于亲属关系的内部凝聚力。[②] 如同霸主政治体系一样,书面形式为旨在应对不断变化的社会环境的法律制度的发展发挥了重要作用。本文的其余部分探讨这种社会变革的环境是如何发挥重要作用的。如同《左传》中描述的那样,这种社会变革引发了其他诸侯国内部对于书面形式的反应,表现为更多使用成文法律汇编。

二、《左传》中的社会变革、法律回应和成文法

《左传》中主要涉及成文法的篇章有五篇。笔者将从社会和法律变革的视角分析这些篇章。就论述而言,笔者不从主题线索来探讨这些篇章,而是分别陈述和分析每篇文章,并按照《左传》中记载的年代顺序展开论述。这样做是基于逻辑上和方法上的考量。我们即将看到,《左传》中的一些文章相当冗长并且触及成文法的多个主题,如果按主题论述,译文的片段就会支离破碎,需要大量令人费解的交叉引用和交叉翻译。从方法上来说,这种做法会破坏中国法律史学固有的体系结构,而这种结构呈现在各篇章的总体结构以及最初的体系安排上。尽管这些篇章主要的目的是研究成文法在中国早期的发展状况,但笔者还是会顺带向非汉学家阐释中国人是怎样了解他们自身历史和在那个时代背景下的法律的。

(一)成文法的组织功效:晋国赵盾的改革

这篇随后引用的内容在早期中国成文法的研究中常被忽视,因为它似乎不包

---

① Lothar von Falkenhausen, *Chinese Society in the Age of Confucius* (1000 - 250 BC): *The Archaeological Evidence* (Los Angeles: Cotsen Institute of Archaeology, University of California, Los Angeles, 2006), esp. ch. 7 and 8.

② 最近在山西温县和侯马的考古发掘(温县位于河南省。——译者注)出土了数以千计的晋国"盟书",一直可追溯至公元前5世纪。在这些盟书中有好几千份表达"忠诚"和"誓言"的文书,每一份都特别提及了一位向不知名的盟约领主表达忠诚的人。参见 Susan Roosevelt Weld, "The Covenant Texts from Houma and Wenxian", in *New Sources of Early Chinese History: An Introduction to the Reading of Inscriptions and Manuscripts*, ed. Michael Loewe and Edward Shaughnessy (Berkeley: SSEC and The Institute of East Asian Studies, University of California), Berkeley, 1997, pp. 140 - 148。

含直接引用成文法的内容。[①] 然而,当我们审视社会变革的历史背景时,可以看到的是成文法出现的潜在要素,我们最好将这些要素看作对不断加剧的国家内部混乱状态的应对。

据《左传》记载,鲁文公(公元前626~公元前609年)在位第六年春,晋国在夷地和董地举行了盛大阅军。检阅过后,晋国军队经历了一场严重的重组,其中包括重新任命一些新的指挥官,并解散了晋国五支军队中完整的两支。在董地的检阅期间,一个名叫赵盾的指挥官被阳处父提拔到更高的职位,而这个叫阳处父的人曾是赵盾父亲的下属并忠诚于赵氏。阳处父认为赵盾拥有非凡的才能并宣称:“使能,国之利也。”因此,赵盾(后来被称为赵宣子)得以升任并负责管理晋国朝政。

由于赵盾立即对一些政府机构进行了系统化改革,晋国政府受各式管理弊病限制的弊端很快就凸显出来了。《左传》原文如是记载:

> 宣子于是乎始为国政,制事典,正法罪,辟刑狱,董逋逃,由质要,治旧洿,本秩礼,续常职,出滞淹,既成,以授大傅阳子,与大师贾佗,使行诸晋国,以为常法。[②]

赵盾在升任后的改革,为我们提供了一个重要视野,来观察早期中国人有效利用法律和书写来构思和引发特定社会及政治变革的思想。

在本文中,一个非常显著的特点,便是这种有目的性地利用法律和书面形式,是为了抑制国内的混乱。晋国一直以来都被当作春秋战国初期社会变革和制度回应的一个例子。在很久以前,经常发生的公位继承的争端刺激了一项制度的变革,即凡未被立为太子的公子将会被送到其他诸侯国为质。[③] 卿族间权力的移转同样导致了争端的增加,而这些争端往往以流血和流放为终。在赵盾被任命去管理国家政务之时,晋国正经历着在国内和诸侯国间权力的衰退。公元前632年,

---

① 大多数学术著述和文章忽视了这篇文章的重要性,而是将郑国铸刑书(见下节)看作中国成文法的第一部书面文本。当论及成文法时,笔者直接引用这篇文章的唯一来源是 HerrleeGlessner Creel,“Legal Institutions and Procedures During the Chou Dynasty”,in *Essays on China's Legal Tradition*, ed. Jerome Alan Cohen,R. Randle Edwards and Chen Chang Fu-mei(Princeton:Princeton University Press, 1980),34 -37。

② *Saidenkaisen*(竹添光鸿)《左传会笺》(《左传会笺》英文应为 sadenkaisen,此为作者笔误。——译者注)文公六年,第596~597页。

③ Cho-yun Hsu, *Ancient China in Transition*: *An Analysis of Social Mobility*, 722 - 222 *B. C.* (Stanford:Stanford University Press,1965),82.

在远见卓识的晋文公(公元前636～公元前628年)的领导下,晋国通过对其他诸侯国主张霸主政治得到了政治地位上的提升。① 然而,这种提升后的地位在他的继任者晋襄公(公元前627～公元前621年)的统治下大大地削弱了。军事上的失利削弱了晋国的对外形象,迫使军队在夷地和董地集阅并解散了两支。在国家内部,"奸人"结党营私,集中于少数几个强大的卿族,以争夺对晋国公室的控制权。他们的政治诡计和阴谋导致了晋国政府内部的不稳定。正是这种稳定内部、保持对外强大形象的意愿促发了赵盾的改革。

从法律角度来看,赵盾的四个改革目标以及他用来形容改革举措的术语,证实了一种信念,即政治和社会制度的混乱可以通过改革以及制度的体系化得以缓和。赵盾的第一项改革,便是"制"政府机关。这项改革很可能需要对现存的行政系统进行改革,以为各个相互依赖的机关和职能创建一个全面的体系。

赵盾随后继续"正法罪"。以法律和刑罚为目标的改革表明:第一,晋国的法律是不稳定的;第二,晋国的无序一部分是由这种不稳定的法律导致的。这样的结论可以在描述赵盾改革的术语中找到支撑。"正"一词通常作为一个动词在早期中国的哲学表述中使用,用来表示根据预想的"正确"的标准组织事物的一种实践活动。② 用这一术语来描述赵盾的改革同时也表明了赵盾"正法罪"的目标。一直以为词义相反、二元的"法罪"拥有一个合适的组织机构,但与此同时,赵盾发现了它们的杂乱无章和不当分类。汉语中的"法"(fa)是一个多义词,在早期中国经常用以表示一系列语义相关的词,如"规范"、"方法"和"实践",这些词语都暗含着正确、恰当的形式、方法或行为的意思。③ 这篇文章中,"法"这个词所指代的正确行为,同它的反义词"罪"或者"违反法律"并列起来。很显然,赵盾认为"法罪"的分类混淆了,只有正确分类和区分"可接受行为"及"不可接受行为",混

① See Cho-yun Hsu, "The Spring and Autumn Period", in *The Cambridge History of Ancient China: From the Origins of Civilization to 221 B. C., ed. Michael Loewe and Edward Shaughnessy* (Cambridge: Cambridge University Press, 1999), 558－60.

② 也许早期中国术语使用最有名的是孔子的"正名"(*zhengming*)理论。孔子认为,当社会或者政治上合乎标准的或适当的等级制度(即"名")不再被认可或遵守时,混乱就会出现。社会政治秩序唯有在这些等级制度按既定的标准得到修正时才能恢复。与此相关,"正"字在早期中国作为形容词来使用,表示精确的、标准的、恰当的、合乎正道的。

③ 事实上,古代中国"法"的含义备受争议。对于不同含义的概述,参见 Perry Ernest Caldwell IV, "Hunting the Xiezhai: Mythology, Methodology, and an Alternative Explication of" (MA Thesis, University of Kansas, 2006) 以及 Chad Hansen, "Fa (Standards: Laws) and Meaning Changes in Chinese Philosophy", *Philosophy East and West* 44 (1994): 435－88。

乱的社会才能变得有序。

第三项重要的改革关乎对刑狱的“辟”。这篇中“辟”这个词语的使用似乎暗含着对“刑狱”这两个领域的法律进行标准化和整理。《左传》的后文中用一些术语对这种含义加以确认,这些术语指的是古代统治者禹、汤、周颁布的刑事成文法汇编以及其他在古中国文献中出现的术语。① 但具体刑狱哪些方面受到影响尚不清楚。然而,正如前述的改革涉及程序上的系统化和类型化一样,很有可能这些改革也触及了实体法和程序法。独具匠心地使用术语“狱”表示“对簿公堂”或“提起诉讼”,使用“刑”表示“惩罚”或“处分”,表明了“辟”的举措有可能在一定程度上根据特定的个人行为或犯罪行为以及相应程序而有所不同。最后一项改革涉及“治”旧洿,即赵盾清理晋国的政策,对它们进行分类和评估,然后废除了那些他认为无效的政策。

在本篇的最后一行,很容易发现书写对赵盾改革的贡献。他的改革一经完成,这些法制政令就“以授大傅阳子与大师贾佗,使行诸晋国,以为常法”。语词“授”的使用,意味着“呈给”,表明这些改革最初只是观念意义上的,然后才以书面形式创作出来,继而交给阳处父和贾佗。这种用法一直可以追溯至西周。② 那时所谓的授权仪式的铭文通常描绘了王室接见的对象。周朝的统治者发布一份王室的公告,为接受者授予新的职责、为勇士授予礼物或重申接受者对自己至高无上的义务。③ 通常书面形式的王室命令以“授”的口头形式呈现给继受者。④ 这种书面文件由继受者保留下来,作为对他任命的一种有形指代,同时为他的任命和奖赏提供证明。同样地,赵盾希望他的改革能够成为“常法”,因此把成文形式

---

① 涉及成文法“辟”作为清理的意思的类似用法,可以在《诗经》(《四库全书》版卷一九,子部44,a-b)和《管子》(《四库全书》版,卷一九,子部44a-b)中看到。

② 在早期中国,贵族家系会制造出精致的青铜器藏品置于宗祠之中,并在家族庆典时将其装满祭品和酒。有些容器是相当小的,而有些却超过100公斤。此外,这些青铜器通常会包含铭文在内,从一个字到几百字不等。这些铭文记载着不同的活动、集会、战争甚至是法律诉讼。想要了解对西周时期不同风格青铜器的概述,参见 Jessica Rawson, *Ancient Chinese Bronzes from the Arthur M. Sackler Collections*, 2 *vols.* (Washington, D. C. and Cambridge: Arthur M. Sackler Foundation; *Arthur M. Sackler Museum, Harvard University*, 1990) 金文对中国历史学(特别是法律史学)的意义,参见 Laura Skosey, "The Legal System and Legal Tradition of the Western Zhou (ca. 1045 - 771 B. C. E.)" (PhD diss., University of Chicago, 1996)。

③ 有关西周授权仪式铭文的概述,参见 Virginia C. Kane, "Aspects of Western Chou Appointment Inscriptions: The Charge, the Gifts, and the Response", *Early China*, 8 (1982 - 1983)。

④ 欲了解更多的书面材料在西周授权仪式典礼尤其是王室命令的传达中的作用,参见 Edward L. Shaughnessy, "The Writing of a Late Western Zhou Bronze Inscription", *AsiatischeStudien/Etudes Asiatiques* 61 (2007): 865 - 68。

的改革内容呈交给阳处父和贾佗,以期它们在日后的情形中被引用。

赵盾改革的广度,进一步支撑了书面形式的必要性。赵盾提出改变大范围行政领域改革的内容和形式的概念。他对于阳处父与贾佗会帮助他执行这些改革的信赖,促成了用一种能够完成预期变革的清晰、专一的水准传达复杂政策的需要。采用的书面形式为满足这些新的行政需求引起了早期中国人的一种意识,即书面形式为创作广博复杂、系统化的著述提供了必要的技术手段。这些著述可以在位于不同的地点、处于不同的时代以及不需要作者出现的情况下向其他人传达作者的原意。① 这种将书写看作概念化、创作、转达政令和法律有效工具的意识也在其他早期中国的著述中有所体现。《论语》包括以下文段:"为命,裨谌草创之,世叔讨论之,行人子羽修饰之,东里子产润色之。"②《论语》中的这篇文章,如同现在这篇关于赵盾的一样,并没有谴责使用书写来传达政策或法律是毫无根据或危险的。孔子对裨谌和其他人运用的程序表示了赞扬,也没有任何迹象表现出对使用成文形式的恐惧以及对贵族权威潜在的消极影响。然而,在本文接下来要分析的篇章中,却清晰地表达了这些担忧。

这一文本中成文法的最后一个特征,与这些改革所要归功的人有关。赵盾是强大的赵氏卿族首领的贵族公子,他有一段戎马生涯,并因为他的军事上的"能"被选拔出来。值得一提的是,制度和法律上的改革并不归功于统治者,而是要归功于那些代表统治者行使权力的人。人物性格的重要性会在文后再次提及,特别是争论到成文法是否会摧毁贵族权力时。

(二)成文法既是变革的成果也是催化剂:叔向对子产的批判

在早期中国法律的研究中,公开颁布成文法的起源往往归功于郑国的子产。③《左传》中记载,在公元前536年,他下令铸造青铜刑法文本,即《刑书》。④其记载如下:

---

① 书写对于各行政领域,特别是法律和归档的潜在贡献,已由杰克·古迪在《书写的逻辑与社会的机构》(*The Logic of Writing and the Organization of Society*, Cambridge, Cambridge University Press, 1986, pp. 87 – 171)中加以研究。

② 论语(四库全书版)卷一四子部5b。

③ Henri Maspero, "Le Regime féodal et la proriétéfonciéredans la Chine antique", in *Mélanges posthumessur les religions et l'histoire de la Chine*, ed. Henri Maspero (Paris: Civilisations du Sud, S. A. E. P., 1950); Geoffrey MacCormack, *The Spirit of Traditional Chinese Law* (Athens: University of Georgia Press, 1995) Head and Wang, *Law Codes in Dynastic China*; and T'ung-tsuChü, *Law and Society in Traditional China* (Paris: Mouton, 1961)。

④ "刑书"这个词从字面上翻译为刑法(刑)文本(书)。

> 三月,郑人铸刑书。叔向使诒子产书,曰:"始吾有虞于子,今则已矣。昔先王议事以制,不为刑辟,惧民之有争心也。犹不可禁御,是故闲之以义,纠之以政,行之以礼,守之以信,奉之以仁,制为禄位以劝其从,严断刑罚以威其淫。惧其未也,故诲之以忠,耸之以行,教之以务,使之以和,临之以敬,莅之以强,断之以刚。犹求圣哲之上,明察之官,忠信之长,慈惠之师,民于是乎可任使也,而不生祸乱。民知有刑辟,则不忌于上,并有争心,以征于书,而侥幸以成之,弗可为矣。夏有乱政而作《禹刑》,商有乱政而作《汤刑》,周有乱政而作《九刑》,三辟之兴,皆叔世也。今吾子相郑国,作封洫,立谤政,制参辟,铸刑书,将以靖民,不亦难乎?《诗》曰:'仪式刑文王之德,日靖四方。'又曰:'仪刑文王,万邦作孚。'如是,何辟之有?民知争端矣,将弃礼而征于书。锥刀之末,将尽争之。乱狱滋丰,贿赂并行,终子之世,郑其败乎!肸闻之,国将亡,必多制,其此之谓乎?"

子产回信说:"若吾子之言,侨不才,不能及子孙,吾以救世也。既不承命,敢忘大惠?"[①]这段文章包含了丰富的信息,关系到成文法的概念以及其与社会变革之间联系的双重性质。一方面,成文法律制度被描绘为是对不断变化的社会政治状况的回应;另一方面,它又是推动社会变革的活性剂。这种变革的双重性将在下文中展开讨论。

叔向相当激烈的反应,通常表现了传统"人治"与"法治"的合法性之间的紧张关系。[②] 现有的历史档案中包含的许多故事,都表明了由统治者根据他们自己的判断作出司法裁决的一种传统。[③] 叔向的争论强调了一个事实,即统治者是人们行为的模范、是规范行为的最高裁判者。他认为在过去,英明的统治者考虑了

---

① 竹添光鸿著:《左传会笺》(昭公六年),第1440~1444页。

② 参见 Head and Wang, *Law Codes in Dynastic China*, *ch.* 2.(海德和王:《中国王朝的法律汇编》,第二章)。有关这些争论在晚清和民国初年再现的论证,参见 Leigh Jenco,"Rule by Man and Rule by Law in Early Republican China: Contributions to a Theoretical Debate", *The Journal of Asian Studies* 2010,69:181-203。

③ 西周金文提供了早期中国"审判"的最早证据,这些金文很有代表性地描绘了争端当事人带着他们的纠纷来到官员面前寻求裁判。参见 Laura Skosey,"The Legal System and Legal Tradition of the Western Zhou",103-6,111-15,118-21。除此以外,《左传》和战国文本中也有多处有所提及,描绘了个人争端得以在统治者或高层官员前充分表达的情形。《左传》中对于法律和法律程序的援引以及其他对于《春秋》的评论,收集在张煜昊:《春秋三传法律资料辑注》,载张伯元编:《法律文献整理与研究》,北京大学出版社2005年版,第254~308页。

所有的情况并在个案的基础上做出裁决。实施了成文法,这种高度的司法灵活性会削弱,人们对于贵族解释法律的权威也会更加谨慎。许多学者认为叔向的争论反映了他的恐惧心理,他害怕成文法的实施会带来对贵族阶层潜在的限制,而这些阶层数个世纪以来一直保持着对法律权威的垄断。[①] 对于叔向来说,成文法通过合法地授予民众参与诉讼的权利,颠倒了传统等级制度,增加了社会混乱。

有趣的是,叔向的规劝暴露了一种信念或者说是忧惧,即将法律以书面形式固定下来并公之于众、为人所知晓会影响法律和社会制度的变革。从自下而上的角度来看,成文法的采用改变了人们对于法律渊源的观念,重新配置了他们与他们上级之间的法律关系,并且重新界定了他们参与法律和讨论法律的方式。从自上而下的角度来看,要求贵族"法官"作出的法律裁判符合公开、成文的标准并迫使他们向有能力阅读成文法律的人证明其裁判的正确性,这种转变会进一步改变现行的法律程序。总之,在叔向看来,正是书写法律的行为具有改变法律概念本身的变革能力。

然而,变革,并非从概念上只是单方面由法律变革引起的社会变革。叔向的规劝在许多方面暗含着与赵盾观点上的共鸣,即成文法可以用来对抗社会混乱。尽管是负面的,叔向的批评仍旧阐明了法律转变应对社会变革相互作用的本质。利用过去的做法作为权威的例证,他指出只有在王朝统治出现巨大社会混乱时才会出现成文法。当统治者无法通过范例和美德来控制人民时,他们将成文法当作一种"头痛医头,脚痛医脚"的方法来暂时找回社会控制的方法。从中国传统史学的角度来看,史嘉柏和李惠仪都认为这篇文本反映了早期中国史学家尝试调和历史记载中对书写观点的冲突之处。那些史学家通过构造历史先例来倡导良性的"人治"思想,这些先例表现了成文法与王朝衰败的负相关关系。[②] 然而,不考虑史官的意图,叔向和子产的对话展现了通过法律的变化来适应不断变化的社会状况的意识。子产在回复叔向时就说得很清楚。尽管子产承认长期依赖成文法是无用的,但是他肯定成文法对于应对郑国不断变化的社会状况是有必要的。这些社会变化已经导致了国内更进一步的混乱。

这篇文本包含了有关早期中国成文法发展三大主题的有益信息。首先,如同赵盾迫使晋国改革出现的问题一样,成文法是在郑国经历社会和政治危机时出现的。从前的社会管控方法不再有效了,因此,将成文法作为一种对抗社会政治失

① 例见 MacCormack, *Spirit of Traditional Chinese Law*, 2 – 8. 中对于儒家法律思想的讨论。

② Schaberg, *A Patterned Past*, 293 – 95; and Li, *The Readability of the Past in Early Chinese Historiography*, 363 – 65.

衡方法的可能性被摆在了优先考虑的位置。子产将成文法制度视作权宜之计来重获一时的稳定。其次,叔向的规劝阐明了一种信念,即成文法制度会产生一个新的、看得见的行为标准,不仅能够影响普通民众的行为,还能够影响负责监管和规范别人行为的贵族家族的行为。最后,这种增强了效力的法律是有可能同时控制民众和贵族的,因为书面方式是可见的并且是可以为普通民众接触到的。书面形式可以确保对上述行为基于一个已知、公开的标准加以评判。在接下来的文章中,这种法律形式由口头到书面、由私下到公开的转变的重要性会更为明显。

(三)法律由私下到公开的转变以及法律的实效:晋国刑鼎

郑国绝非是唯一将部分法律篆刻在铜器上的国家。子产也绝非是唯一因纵容这种行为受到严厉批评的人。在公元前513年,因为成文法汇编和分类过程提供最早事例而闻名的晋国,同样将刑法铸造在青铜器上使之持久和显著。就像叔向把带有篆刻刑文的青铜器视作郑国即将消亡的征兆一样,晋国铸刑鼎的颁布引起了孔子及太史蔡史墨的严厉批判。除了激烈的评论外(表达的观点同叔向十分相似),这篇文章还包含了有关早期中国社会变革、书写和法律之间关系的有趣观点。

《左传》记载,在鲁昭公(公元前541年~公元前510年)二十九年(公元前513年)的冬天,"晋赵鞅、荀寅帅师城汝滨,遂赋晋国一鼓铁,以铸刑鼎,着范宣子所为刑书焉"。①

这篇极其简短的文章包含了一些有关早期中国成文法使用有所增多的有用线索。最为重要的是,它为成文法真实的原始资料提供了最早的参照。从先前的文章中,我们无法确定由类似赵盾或子产这样的人转化成的成文法的法律来源。赵盾仅仅被记载为"制事典,正法罪"和"辟刑狱",但是涉及他所参与或者修正的混乱的制度的文本(或习惯的)来源,却未有所提。就子产来说,我们同样对于他主导的"刑书"的内容和来源一无所知。

然而,在本段文章中,赵鞅和荀寅分别属于赵氏和中行氏卿族。他们贡献了一部分铁,想要用这些铁来铸造刑鼎。即将铸造在这个容器上面的刑法文本,既不是由容器的贡献者,也不是由晋国的统治者凭空创造产生的。相反,我们从文中可以明确地得知刑鼎所铸内容为"范宣子刑书"。② 即这种公开的著述是根据

① 竹添光鸿著:《左传会笺》(昭公二十九年),第1745~1746页。

② 这篇文章的一个疑问之处就是《刑书》的制定者是谁。《左传》中确实有数篇文章涉及范氏卿族范宣子,但鲜有证据表明其曾经制定了法律文本。更为复杂的问题是,孔子的附加批评引用了来源于赵盾的《刑书》内容。他说:"宣子的刑罚起源于夷地的检阅。"有可能孔子提到的宣子就是前面提到的赵盾。参见 Schaberg, *A Patterned Past*, p. 430, n. 150。

另外预先由个人基于特定主题创作而成的书面文件得来的。在这种情况下，因为这种书面文件使用了术语"刑""刑罚"，其从本质上就可能是刑法。然而，仅此并不必然意味着对晋国刑罚总体或全面的认识。

此外，这阐释了一种意识，那就是书面形式影响预期变革的能力部分取决于篆刻的媒介。一部刑法文本，如范宣子所创作的那部，为特定人群规定并禁止了特定的行为。然而，这种文本规范行为的能力，取决于文本内容向受规制对象的有效传达。范宣子的文本起先有可能是以书面形式写在竹简上，这就可能限制文本向更小群体的学者或贵族直接传播。究竟范宣子刑书最初在晋国是如何得以运用的，目前还不清楚。但赵鞅和荀寅的举动表明了刑书的内容一旦公开化，就能够影响更为广泛、更为普遍的人们的行为。然而，为了提高文本改革能力的效力，一种替代性的媒介呼之欲出。因此，将文本铸于容器之上的过程表明了赵鞅和荀寅的意愿，他们想要通过一种能够扩大传播的媒介来提高文本的效力。

这种有关公开著述的假设可以在附加评论里找到支撑，这些附加评论表达了对转变为成文法及其结果的悲观看法。孔子对成文法的反对非常类似于叔向对子产的反对。在赵鞅和荀寅铸刑鼎之前，晋国近一个世纪以来强大卿族间冲突激烈，这些冲突导致了一些家族的流亡或绝灭。① 有人可能接着会辩称赵鞅和荀寅的举动是为了带来国内贵族间和民众间的稳定。然而，不同于所有以前声称成文法可以有效应对社会混乱的看法，孔子在他的批评里主张，公开颁布成文法的这种转变会在实际上模糊社会等级，导致更深的混乱（甚至是国家的灭亡）。他认为法律解释的权威应当仅仅赋予贵族，并且，如果成文法成为民族法律的唯一来源，就会破坏贵族在社会上突显的法律权威。引用孔子的话："今弃是度②也，而为刑鼎，民在鼎矣，何以尊贵？贵何业之有？贵贱无序，何以为国？"③

虽然评论的真实性存有争议，但它历来被当作孔子法律观的经典表述。即成文法的效力弱于其推崇的人治法律制度。④ 无视其哲学因素，附录中的评论和历史轶事都表明，至少公开颁布成文法来催生替代性的社会结构以及替代性的法律制度配置这一潜在能力引起了忧虑。此外，如同郑国铸刑鼎一样，法律存在的媒介和法律的效力之间暗含着直接的联系。

---

① See Hsu, *Ancient China in Transition*, 82 – 83.

② 孔子所指的"度"是基于社会等级制度以及由前周王授予晋国建立者唐叔虞的特定行为规范。

③ 竹添光鸿：《左传会笺》（昭公二十九年），第 1754 页。

④ See Head and Wang, *Law Codes in Dynastic China*, pp. 48 – 58.

(四)成文法的持久性:邓析的竹刑

接下来发生在郑国的事件中,我们找到了更多有关将刑法写于竹简之上的证据。在定公(公元前509~公元前495年间)九年(公元前501年)时,左传记载如下:

> 郑驷歂杀邓析,而用其竹刑。君子谓:"子然于是不忠。苟有可以加于国家者,弃其邪可也。《静女》之三章,取彤管焉。《竿旄》'何以告之',取其忠也。[①] 故用其道,不弃其人。《诗》云:
>
> 蔽芾甘棠,勿翦勿伐、召伯所茇。[②]
>
> 思其人犹爱其树,况用其道而不恤其人乎?子然无以劝能矣。"[③]

从文章中,主要基于"君子""弃其邪"的评论,我们可以初步推断,邓析很显然犯下了一些罪行。也是因为如此,邓析被郑驷歂杀死。可惜的是,《左传》并没有指出是什么罪行导致了他被处死。

就像范宣子(或是赵盾)的刑本一样,郑驷歂实施的文本是由个人创制完成的。因而我们也许可以假定竹刑的内容也是个人思想的产物。尽管文本的创作者邓析犯有罪行,但他依然被描述为是一个具有才华和能力的人。说他有能力是因为他创制了利于国家的成文法。因而,不同于早期叔向或孔子的批评,"君子"对于郑驷歂举动的批判并不是直接指向实施成文刑法的行为,而是指向他处死一个能够有益于国家的人的行为。就像赵盾一样,在前述对第一篇文本的分析中,我们找不到对使用成文法的谴责甚至认为其存在问题。相反,其产生和行使,被称赞为对王国积极有益。

此外,郑驷歂贯彻执行邓析的竹刑说明了成文法固有的超越作者的能力。同赵盾一样,邓析能够基于特定法律主题创作出一个文本,并使他人能够不求助于作者依旧能阅读、理解、翻译和执行其内容。这再次证明了早期中国人意识到成文法具有提高法律交流功能的能力,以改变那些要被文本内容影响的行为。

---

① 这两句诗引用的翻译都能在史嘉柏的《诗经》中找到。他主张引用这些的目的是表明赠送礼物的人同礼物具有同等的价值。例如,在《静女》一章,作者使用了"彤管"一词,但是他看重的"不是礼物本身而是赠与者之美"。对于史嘉柏来说,这暗含着一种对保留和重视邓析的礼物(竹刑)的情形下杀死他(法律的赠与者)的谴责。参见 Schaberg, *A Patterned Past*, 299 - 300。

② 这句话引自诗经《甘棠》。其参见 Arthur Waley, *The Book of Songs: The Ancient Chinese Classic of Poetry*(*New York: Grove Press*, 1996)。

③ 竹添光鸿:《左传会笺》(定公九年),第1835~1836页。

最后,这篇文章之后的评论者将执行邓析竹刑背后的刺激因素归因于郑国政府及社会萎缩及混乱的贫穷状态。[①] 因此,迄今为止,对前面分析的几乎所有文章而言,我们再一次看到社会变革或混乱激起法律的变革。并且,那种法律变革是建立于成文法具有变革能力的意识之上的。特定成文形式的法律被认为能够有效应对混乱状态。在现在的这篇文章中,没有任何地方表现了对使用成文法可能产生的对贵族法律权威消极影响的谴责。

(五)公开展示法律:鲁国的"象魏"

《左传》中最后提及成文法的一个地方同前面提及的文章主题有清晰的关联,其中强调了早期中国人的一个共识,即将法律公之于众会增加其促进预期社会变革的效力。这来源于鲁哀公(公元前 494 ~ 公元前 477 年)三年(公元前 482 年)。在那年夏天,一场大火发生在了司铎官宅附近,危及了公爵的贮藏室和金库以及一些寺庙。许多仆人和官员都奉命过来转移重要的文件,并在他人试图用浸水的帷幕和窗帘灭火时看管金库中的财物。很明显短时间内无法熄灭大火,所以最终大火烧毁了桓公和僖公的公庙。当鲁哀公的大臣季桓子到达现场时,他驾着哀公的车陪同他站在象魏的门外。在那儿他"命救火者伤人则止,财可为也。命藏象魏,曰:'旧章不可亡也。'"[②]

季桓子对保护"象魏"的担忧,为建立对早期中国人期待成文法有效功能的更全面认识提供了必要、重要的证据。

它表明至少早在公元前 6 世纪,像赵盾和子产这样的官员,都已意识到法律具有的能够转变社会政治制度和行为的潜在用途。此外,在前面讨论过的文章中,上述这些官员证明了他们对于"可见的书写"对法律预期功能潜在作用的理解,并因此创生了竹刑、铜、铁书,旨在达成为法律创造标准化的指示对象以及使这些法律"看得见地"予以传播这双重目标。然而,如果一部法律成立之初便带有这样的意图,希望指引在其管辖下的人们行使既定的行为,那么现实公众对那部法律的了解就会变得十分必要。

在季桓子命令从火中救出"象魏"前,涉及成文法的部分对指向一般民众的法律的公众可及性或分配的揭示是极少的。如前所述,那些由赵盾和邓析制定、被郑驷歂和赵鞅使用的法律文本,都很有可能是写在竹简上的。邓析的文本被称作竹刑,表明了其制定时所依赖的载体。就这些文本,我们可以构建出变革的模

① 在竹添光鸿的作品中,他收集了自公元 200 年至 19 世纪学者们的评论。就这篇文章而言,竹添仅仅陈述了政府处于萎缩和混乱之时,参见《左传会笺》,第 1835 页。

② 竹添光鸿:《左传会笺》哀公三年,第 1897 ~ 1898 页。

糊轨迹,但仅仅局限于贵族官员的精英圈层。然而,正如对实践批评证明的那样,只有在法律被铸于铜器或铁器上时,它们才能公然、直接地影响下层社会。除此以外,我们很难发现通过成文形式自上而下传播法律知识的参考。即使是那些受到大量批评的将法律铸在铜器或铁器上的记载,也少有信息关于这些容器为供给民众查看而放置的位置。"象魏"的作用可能会给这个问题的解决带来一线希望。

有关"象魏"的物理形态存有多种解释。有的学者将其解释为一个职位,有的解释为实际凸起的平台,还有的将其看作门道的框架。① 无论它实际的形式如何,我们都可以从《左传》的这篇文章中辨别出"象魏"的某些基本特征。它是一种人造的建筑物,半机动式(即它能从如火灾这样的危险下被移开),坐落在宫殿或城镇门的附近,用来公示官方文件。这些文件以后便是典型的法律文件,以法规或法令的形式,或是直接写在"象魏"之上或是写在布告上挂在上面。在现在的这篇文章中,季桓子通过陈述"旧章不可亡也"暗指了鲁国"象魏"的法律意义。"法令"这个词由"章"所代表,"章"这个词通常表示文章中的特定篇幅,但在其他早期中国的文献中也表示特定的成文法和政府政策。② 因此,"象魏"代表了鲁国统治者为了规制人民行为、利用成文法律公开通知人们特定新旧法律的一个媒介。

在《周礼》中再次出现了用"象魏"来通知公众法律的变化,《周礼》是战国晚期的一部著述,其构造了一个理想化的前周朝。③ 在详述一个叫作太宰的官职的作用这一节,有一处直接提到"象魏"。这个官职的某一项职责便是在一月一日这一天向全国传播新政策,为了确保这些公告为民众知晓,太宰受令将它们悬挂在"象魏"之上。④

同样是战国时期著述的《墨子》,进一步证明有意使用公开形式的书面材料向普通大众传达政府信息,反映了政府官员暗自期望这种书面形式可以传达至更为普遍的大众之中。有一节记载如下:"为守备程而署之曰某程,置署街街衢阶若门,令往来者皆视而放。"⑤

---

① 参见竹添光鸿著:《左传会笺》,第1898页。

② 一直到战国末期,"章"这个词还没有用来代表特定的法律文件。其法律意义被"律"这个词代替,这个词在今天依然用来代表法律法规。欲寻求其他早期中国著述中将法律意义归因于"九章"的。参见《尚书注疏》(四库全书版)卷一六子部4b及《诗经注疏》(四库全书版)卷二四子部62b。

③ 欲寻求更多有关《周礼》真实性及其日期争论的信息,参见William Boltz,"Chou li",in *Early Chinese Texts: A Bibliographical Guide*, ed. Michael Loewe (Berkeley: SSEC and Institute of East Asian Studies), 1993, pp. 24-32。

④ 参见林尹注译:《周礼今注今译》,台湾"商务印书馆"1972年版,第14~15页。

⑤ (清)孙治让:《墨子闲诂》,中华书局1986年版,第552页。

有趣的是,近期发现的考古材料进一步证实了自战国时期后公开公布法律的行为在持续进行。近期发掘的溯至西汉王朝(公元前206~公元25年)的政令文件"扁书",表明了当时有意利用"象魏"或类似"象魏"形式的法律说教功能,旨在通知政府官员和民众法律的变化(即新法的公布),最终成为一种强制性的行政惯例。这些文件一般都是指示那些负责执行新法令或法律的官员,"明白大扁书乡亭市里门外谒舍显见处,令百姓尽知之"。[①] "扁书乡亭市里显见处,令吏民尽诵之"。[②]

就像在之前的《左传》文章中提到的"象魏"那样,这些扁书表明了公开展示新的法律和法令。这些法律和法令都是通过大量的官驿系统从政治中心向外围行政机构以成文形式传播的。这些法律和法令一到,伴随着命令要求地方官员在显而易见、人流密集的地方展示这些文本使其他官员和普通民众知晓其内容。因此,统治者依靠公开展示成文法这一方式教育民众遵从新的义务。并且,如同晋国和郑国的刑鼎一样,"象魏"以及之后的"扁书",成为了法律知识的公众参照。

笔者并没有打算暗指这些公开的成文形式是唯一使用法律的方法,也不想说当时存在高水平的阅读能力使得每个人经过大门时都能完全理解它们的含义。至少,"象魏"的存在和使用,作为官方和法律信息公开的陈列室,表明了一种潜在的意识:至少一些法律在构思时并不局限于特定阶层内,由统治阶级小心翼翼地加以保护。并且,一些统治者认为公开成文法能有效实现社会变革的目的。

三、中国成文法在全球背景下的发展

从一个对比的视角出发,我们能发现同早期中国法律转变为成文法背后的基本原理相类似的东西。古希腊的早期贤人必定也进行过类似于叔向和孔子的争论,以削弱贵族权威为代价从法律上授予民众一定的权利,在城邦内实施成文法,具有"民主化"的影响。[③] 然而,考古证据清楚地揭露了大多数第一次创立成文法的城邦都是由贵族统治的,在成文法实施后依然保持得很好。[④] 在具体提及古克

---

① 2000ES7S:4A. 此字母和数字及下文同类型的字母和数字都源于魏坚主编:《额济纳汉简》,广西师范大学出版社2005年版。

② 2000ES9SF4:3.

③ 许多早期希腊的法律参考文献的确隐含着将法律散布到社会各个阶层的意愿,然而这种行为能够"授权"的水平难以评估。参见Rosalind Thomas, Written in Stone? Liberty, Equality, Orality, and the Codification of Law, *in Greek Law in its Political Setting: Justification not Justice*, ed. Lin Foxhall and Andrew Lewis(Oxford: Oxford University Press, 1996), 9-32。

④ See Michael Gagarin, *Writing Greek Law* (Cambridge: Cambridge University Press, 2008), 72-76.

里特岛的地方,济农进一步指出了规划和颁布成文法不应当理解为是试图限制贵族官员凌驾于普通人民之上的权力,而是由特定贵族派系通过限定他们的反对者的政治影响力来试图增加政治稳定性。① 因此,成文法被看作应对由贵族派系内部斗争引起的内部政治混乱的权宜之计。同样地,许多人曾主张古罗马创立《十二铜表法》代表了贵族向平民的妥协,严重破坏了贵族法律权威。然而,这种"妥协"的本质一直受到质疑。沃尔特·埃德认为这种向成文法的转变实际上在社会不安时期是"一种确保贵族优越地位的方法"。② 成文法及其之后的传播被视为同化各个阶级行为、纵向(贵族派系间的斗争)或横向(贵族、平民间的冲突)稳定社会不安状态,以及维持贵族优越地位的工具。③ 在此,使用成文法被看作巩固贵族权力和消灭社会混乱的权宜之计。

考虑到这一点,同孔子和叔向的观点相左,贵族揭开了中国早期成文法的开端并不一定和他们想要的对普通民众保持永恒权威相违背。事实上,这种比较的方法有助于我们理解早期中国人对于成文法的另一个思想意识,即害怕贵族间的冲突会毁掉这个国家。④ 尽管存有异议,许多贵族卿大夫相信成文法应对社会混乱的能力。提到赵盾的文献突出了社会内部混乱以及使用书面形式(包括法律)转变社会、带来稳定性的内容。尽管他是这些相互斗争的卿族成员之一,但他的改革旨在不仅通过系统化调节贵族机构和行为(理论上限制贵族间的冲突),还调整普通大众的相互关系来维护国家的统一。这样做,也没有迹象表明相对于民众而言贵族的地位必然会被削弱。然而我们可以假定,对贵族机构的改革是为了抑制贵族间的相互冲突,为精英阶层提供水平稳定性。同样地,子产(更弱地)维护郑国对于成文刑法的使用,作为寻求一些社会控制方法的权宜之计。赵鞅和荀寅使用范宣子的刑书同样是处于家族冲突危及晋国存亡之时。因此,更加依赖成文法不仅可以看作对增强的社会混乱的回应,也可以看作一种意识的体现:成文法可以用来影响特定、预期的社会政治变革,以期在不损害传统贵族法律权威的情况下应对社会混乱。

---

① See Zinon Papakonstantinou, "Written Law, Literacy, and Social Conflict in Archaic and Classical Crete", *The Ancient History Bulletin* 16(2002):149 - 50.

② Eder, *Political Signficance of the Codification of Law*, p. 239.

③ 极像孔子和叔向,沃尔特也指出法律编纂有可能消除(贵族)对法律的绝对权威,失去任意司法权(就裁判而言)会限制贵族随意性的范围。但是他认为,立法由贵族世代相传,所以法律的内容仍旧由贵族决定。"固定"的法律并不必然意味着"公正的法律"。很少有平民要求贵族妥协的主张在法律汇编里呈现出来这一事实加强了这一观点。See Eder, *Political Signficance of the Codification of Law*, pp. 252 - 53.

④ 这种危险确实是真实存在的。有许多有记载的例子表明了各国的君主被卿族杀害。此外,众所周知的具有严重家族冲突的晋国,最终被分割为三个王国:韩、赵、魏,各由之前的晋国卿族所统治。

其他古代文明的法律也是为了促进特定的社会变革才产生的。然而,创立者想让这些法律具有传达特定的权威以及政府规制官员和民众特定行为意愿的交流功能。并且,如果法律是用来转变行为的,那么它必须有效、精确地传达到其要转变的对象前。例如,在古巴比伦王国,汉谟拉比公然展示成文法来巩固他对新征服领土的主权,并没有想到这种行为会对他或者他的家族的法律权威造成威胁。① 法律被看作巩固权力的维稳工具,使用并公开展示成文法被认为是一种增强法律效力的方法。就古希腊来说,加加林主张希腊人相信法律如果被绝大多数人所理解和运用将会是最有效的。同样,他们通过向广大民众提供可以看到的方法传播官方信息,利用公开书面形式增强法律的预期效力来约束人们的行为。②

在这些早期社会利用可见的成文法,表明早期中国人意识到了书面形式的能力:以一种能够让目标受体理解和内在化的方式有效传达法律信息。这明显与赵盾产生了共鸣,赵盾将社会转变概念化入法律之中,并继而传输给了阳子和贾佗。后者能理解传达过来的成文法律知识,并开始实施想要的变革。同样,郑驷歂能够读懂郑析的竹刑,并能在不求助于作者的情况下实施其内容。铸刑书、"象魏"和"扁书"都是用来公开告知它们区域的政府官员、士兵、平民的法律义务。因此,像古巴比伦人、古希腊人和古罗马人一样,早期中国人也明白,特定成文形式能加强交流,并推而广之达到增强法律的变革作用。

四、结论

当代关于中国传统法律的学识倾向于通过两个视角来观察成文法的发展,要么是现代的普遍化的"法典"观念,要么是将儒家思想和法家思想对立起来的传统解释方法。然而,就像笔者试图在这篇文章中展示的那样,这些视角不当地限制了我们就社会政治状况对早期中国人创制的成文法作用的理解,并且模糊了增强作用的社会变革。如果我们把注意力从形式或内容之争上移开,代之关注成文法产生和引起发展的意识形态的内容,我们就能重构固有的价值体系中的一些元素。在这样的价值体系里,成文法的产生被认为是变革过程的一部分,能够使社会政治越来越稳定以及控制贵族和普通民众。

成文法产生开始突出的年代是一个社会大变革的时代,其更广泛的使用是对这些变革引起的与日俱增的混乱的一种应对。周王室权威的持续衰败日益损害着众所周知的维系区域地缘政治结构稳定的纽带。然而,成文法集合的增加,并

---

① Russ VerSteeg, *Early Mesopotamian Law* (Durham: Carolina Academic Press, 2000), 30 – 33.

② Gagarin, *Writing Greek Law*, 1.

不必然是对诸侯间权力争夺的直接反应,更多的是诸侯国内为了应对家族内部与日俱增矛盾的一种现象。事实上,导致传统周王室权威削弱的家族纽带的稀释,同样影响了诸侯国内社会政治等级制度,不仅导致了更有可能的社会不稳定,还加剧了强大卿族间为争夺更多权力的冲突。几乎上述提及的摘自《左传》的例子都描述了内部矛盾是成文法产生的前兆。

这种混乱的源泉经常被描述为软弱的政府或者是社会等级秩序的混乱,一直可以追溯到家族间的冲突或者他们之间各种各样的政治阴谋。在上述《左传》的文章中,成文法经常被定义为由贵族发起的自上而下改革的产物,被用作维持社会秩序的工具,以应对诸侯国间的冲突以及由此导致的混乱。但是,这种依赖于成文法的新法律制度拥有稳定社会的效力必然要以牺牲贵族传统法律权力为代价吗?笔者认为,贵族、精英身份和成文法间通常的联系使得叔向、孔子的反对,以及遍布各地的他们的观点产生了疑问。他们都认为通过将法律渊源从贵族个人转移到成文文本的方式过渡到成文法,不可避免地会导致社会等级制度更加的不稳定。推而广之,这还会篡夺贵族解释行为标准的权威,人们不再会被华丽的法律辞藻和命令所统治,相反他们会主张贵族引用法律的正当性。然而,不管这两种批评(以及它们可疑的来源),《左传》中绝大部分参考资料都表明了一种公认的观念:让部分精英创设成文法,并且他们缺少对潜在的削减权威影响的恐惧。

最后,上述分析的每篇文章提供的证据明示或暗示了,早期中国人重视公开成文法的价值。子产对于铜器的使用、范宣子的刑书从竹本到铁器的转变以及“象魏”的使用,都表明了早期将书写特别是公开书写看作为一项技术手段,来增强法律的效力,以产生和维持指定的社会政治秩序。因此,早期中国人似乎信奉这样一个积极的信念:将法律写下来并将其公之于众,法律就能为社会所有阶层提供一个可见、书面化的行为准则。

中英词汇对照

A

Analects of Confucius 《论语》
Andrew Lewis 安德鲁·刘易斯
Anne Cheng 程艾兰
Arthur Waley 亚瑟·威利

B

ba 霸
Bamboo Book of Punishments 《竹刑》
bi 辟
bianshu 扁书

Boji Liu　刘伯骥
Boyuan Zhang　张伯元

C

Cai Mo　蔡史墨
Chad Hansen　陈汉生
Chang Wejen　张伟仁
Chen Chang Fu-mei　张富美
Chou li　《周礼》
Cho-yun Hsu　许倬云
Ch'unch'iu　《春秋》
Confucianism　儒家
Confucius　孔子

D

Deng Xi　邓析
Donald Harper　唐纳森·哈珀
Dong　董
Dongli　东里
Du Yu　杜预
Duke Ai of Lu　鲁哀公
Duke Ding of Lu　定公
Duke Wen of Lu　鲁文公
DukeWen　晋文公
Duke Xiang　晋襄公
Duke Zhao of Lu　鲁昭公

E

Eastern Zhou　东周
Edmond Levy　埃德蒙·利维
Edward Shaughnessy　夏含夷
EjinaHanjian　额济纳汉简
ErikHavelock　埃里克·哈夫洛克

F

fa　法
Fan Xuanzi　范宣子
Feng Li　李峰
Flagstaffs　《竿旄》

G

Gantang　《甘棠》
Geoffrey MacCormack　马若斐
Gongyangzhuan　《公羊传》
GracefulGirl　《静女》
Grand Marshal　大师
Grand Tutor　大傅
gu　鼓
Guliangzhuan　《谷梁传》
guwen　古文

H

Han Feizi　韩非子
Han　韩
Henri Maspero　马伯乐
HerrleeGlessner Creel　顾立雅
Houma　侯马
Huan　桓公

J

Jack Goody　杰克·古迪
Jemdet Nasr period　捷姆迭特那色时期
Jerome Alan Cohen　孔杰荣
Jessica Rawson　杰西卡·罗森
JiHuanzi　季桓子

Jiang Yonglin 姜永琳
JiaTuo 贾佗
Jin 晋
jiuzhang 九章
John K. Davies 约翰·K. 戴维斯
John W. Head 约翰·W. 海德

K

Karen Turner 高道蕴
Ku liang 《谷梁传》
Kung yang 《公羊传》
Kurt A. Raaflaub 库尔特·A. 拉夫劳伯

L

Laura Skosey 郭锦
Laws of Eshnunna 埃什嫩那法典
Laws of Hammurabi 汉谟拉比法典
Laws of Ur-Namma 乌尔纳姆法典
Legalism 法家
Leigh Jenco 李蕾
Lin Foxhall 林·福克斯霍尔
Lord of Shao 召伯
Lothar von Falkenhausen 罗泰
Lu 鲁国
Lunyu 《论语》
LushiChunqiu 《吕氏春秋》

M

Mark D. Rosen 马克·D. 罗森
Mark Edward Lewis 鲁威仪
Martha T. Roth 玛莎·T. 罗思
Meng 盟
Michael Gagarin 迈克尔·加加林
Michael Loewe 鲁惟一
Ming 铭
Mozi 《墨子》
Mozixiangu 《墨子闲诂》

N

Nine Punishments 《九刑》

P

Perry Ernest Caldwell IV 佩里·欧内斯特·康佩里四世
Pi Shen 裨谌
Poetry 《诗经》
Poo Mu-chou 蒲慕州
Punishments of Tang 《汤》
Punishments of Yu 《禹刑》

R

R. Randle Edwards 艾德华
Raymond Westbrook 雷蒙德·韦斯特布鲁克
Robin D. S. Yates 叶山
Rosalind Thomas 罗莎琳德·托马斯
Rubin 汝滨
Russ VerSteeg 拉斯·费斯特根

S

Sadenkaisen [日]竹添光鸿
Scott Cook 斯科特·库克
Seth Richardson 赛思·理查森
Shandong Province 山东省
Shang shuzhushu 《尚书注疏》

Shang Yang　商鞅
Shang　商
Shanxi province　山西省
Shi jing　《诗经》
Shi Shu　世叔
Shijingzhushu　《诗经注疏》
shou　授
Shu Xiang　叔向
shu　书
Si Chuan of Zheng　郑驷歂
Sikuquanshu　《四库全书》
Spring and Autumn Annals　春秋时期
Spring and Autumn　春秋
Susan Roosevelt Weld　罗凤鸣

T

tai zai　太宰
Takezoe　竹添
Tamara Chin　塔玛拉·钦
Tang Shu　唐叔虞
Tang　汤
Tse-tsung Chow　周策纵
Tsochuan　《左传》
T'ung-tsuChü　瞿同祖
Twelve Tables　《十二铜表法》

V

Virginia C. Kane　弗吉尼娅·C．凯恩

W

W. A. C. H Dobson　杜百胜
Wai-yee Li　李惠仪
Walter Eder　沃尔特·埃德
Walter Ong　沃尔特·翁
Warring States　战国
Wei Jian　魏坚
Wei　魏
Wen　文王
Wenxian　温县
Western Zhou　西周
William Boltz　鲍则岳
Wu　武王

X

Xi　僖公
Xia　夏
Xiangwei　象魏
xingshu　《刑书》
xing　刑
Xuanzi　赵宣子
Xun Yin　荀寅
Xunzi　《荀子》

Y

Yang Chufu　阳处父
Yangzi　阳子
Yanping Wang　王燕萍
Yi　夷
Yu　禹
yu　狱
Yuhao Zhang　张煜昊
Yuri Pines　尤锐·皮纳斯

Z

zhang　章
Zhao Dun　赵盾

Zhao Yang　赵鞅
Zhao　赵
zheng　正
Zheng　郑
Zhengming　正名
zhi　制
zhi　治
Zhou　周
Zi Chan　子产
Zi Yu　子羽
ZinonPapakonstantinou　济农·帕帕康斯坦丁努
Ziran　子然
zui　罪
ZuoQiuming　左丘明
Zuoshizhuan　《左氏传》
Zuozhuan　《左传》

孝与唐之前的法律①

马若斐(Geoffrey MacCormack)* 著
陈曦宇 郑欣沂 译
杨 焯 统译
姚 远 方 强 校

一、简介

在所谓的“儒家中国”②时期,正统思想建立在孔子及其门徒的教诲之上,法律在理论上往往被视为次于伦理的统治工具。也就是说,皇帝及其臣僚们首先应树立一个好的榜样,其次要根据儒家经典提供恰当的指导,以此教化百姓。在此情境下,法律作为统治者制定的一套定罪量刑的规则,可以作为教化的组成部分对之进行强调。实践这一理论最好的例子是《圣谕广训》。该文书是清朝(公元1644~1911年)的皇帝们为了训谕世人守法和遵循应有德行而颁布的。其中包含多章,每一章都记载了朝廷希望臣民遵守的某种行为准则。各章均以道德劝诫为开篇,随后引用《大清律例》中相关的内容。其目的是

① 本文最初发表在加州大学伯克利分校于1999年秋天举办的一次会议上(获罗宾斯收藏赞助),后经过修改。我要特别感谢组织人艾伦·沃森教授(Professor Alan Watson)给的这个机会,让笔者将自己的想法汇集到这个主题中。

* 马若斐(Geoffrey MacCormack),阿伯丁大学(University of Aberdeen)教授。本文谨向玛格丽特·休伊特(Margaret Hewett)致以敬意和友谊。

② 这里笔者是指中国从公元前2世纪(前汉)到20世纪初(清末)。

明确表明,如果百姓未能遵从统治者关于德行的劝诫,他们可能会受到严厉惩罚。《圣谕广训》在大清帝国内广为传播;在乡镇或其他地方的集会中,官吏们也会定期向人们宣读和讲解这部法律。①

儒家的统治思想认为,在一个秩序良善的社会中,统治者德行完美,垂范于民,再附以明确之命令,足以使人民真诚顺服其制定的行为规范。法律及刑罚则应施于那些罪恶滔天、不思悔改的人身上。理论上如此,事实上,尽管有诸如《圣谕广训》及其他国家下达的道德训诫,相较于被奉为至尊的正统儒家治理思想,法律和刑罚却在实际的国家治理中发挥了更为显著的作用。

儒家政府竭力在百姓中推行的两种价值观念是:事君忠诚以及恭顺父母(进一步引申为孝)。这两种观念与统治者的理念紧密相关。因为他们认为自己和诸多官吏代表了民众的"父母"。因此,统治者希望百姓事君如事父,从君如从父。当然,忠君伦理与孝的伦理有所不同——前者至高无上,后者则在《圣谕广训》推崇的美德当中居于首位。

二、孝的概说

儒家政府以孝为最核心、最基本之伦理,对之予以弘扬。② 公元前6世纪的孔子及其后的门徒和儒家知识分子对这一伦理特别重视。《论语》这本记录了孔子思想的经典著作中,③当人们问孔圣人"孝道"的含义时,他回答道:"非无违也……生,事之以礼,死,葬之以礼,祭之以礼。"④他进一步指出:"今之孝者,是谓

---

① 有关《圣谕广训》,参见 FW Baller, *The Sacred Edict of Kang Hsi*(Orono, Maine: University of Maine, 1973); V Mair, "Language and Ideology in the Written Popularizations of the *Sacred Edict*" in *Popular Culture in Late Imperial China*, ed. D Johnson, AJ Nathan, and ES Rawski(Berkeley/Los Angeles/London: University of California Press, 1985), pp. 325 - 329。

② 中国文化中孝的重要性,参见 Hsieh Yu-wei, "Filial Piety and Chinese Society", in *The Chinese Mind*, ed. CA Moore(Honolulu: University of Hawaii Press, 1968) pp. 167 - 87; FH Jacobs, "The Origin and Development of the Concept of Filial Piety in Ancient China", *Chinese Culture* 19.3(1978), pp. 22 - 55; KN Knapp, "The Ru Reinterpretation of Xiao", *Early China* 20(1955), pp. 195 - 222; N Kutcher, *Mourning in Late Imperial China. Filial Piety and the State* (Cambridge: Cambridge University Press, 1999), pp. 1 - 2, 11 - 19。

③ 关于《论语》,参见 A Cheng, "*Lunyu*" in *Early Chinese Texts: A Bibliographical Guide*, ed. M Loewe(Berkeley, Institute of East Asian Studies, University of California, 1993), pp. 313 - 315。

④ Analects II. 5: WE Soothill, *The Analects or the Conversations of Confucius with his Disciples and Certain Others* (London: Oxford University Press, 1937), p. 9. 参见 Knapp, "The Ru Reinterpretation of Xiao", *Early China* 20(1955), pp. 204 - 205。

能养,至于犬马,皆能有养,不敬,何以别乎?"[①]这些描述形象地揭示一个孝子(女)须具备的四项基本品质:顺从父母、赡养父母、敬重父母以及在父母死后以合乎礼的方式悼念父母。

然而,须强调的是,孝并非独为儒家或佛教等一类宗教思想所提倡的美德。早在公元前11世纪左右的西周初期,"天王"周武王就曾说过,父母与子女之间的爱护和尊重、兄弟姐妹之间的关照和尊重乃一国最重要之道德准则,当使之永世长存。悖逆父子之道、兄弟之义或行不孝,其恶尤甚于杀人及盗窃。[②]

公元前4世纪,在反对儒家思想的浪潮中兴起的法家思想家们则持不同观点。秦国的商鞅是当时最著名的法家代表人物之一,他所推行的法家政策为秦国率先崛起立下了不朽功勋。在论述何为"善政"的著作中,他把孝列为"十大恶行",也称"六蝨"。[③] 并认为孝会导致国家分崩离析。[④] 然而,值得注意的是,以法家治国的秦始皇在公元前221年重新统一中国并建立了秦朝(公元前221~公元前206年),在歌颂自己功绩的石碑刻纹上,他将孝作为美德之一单列出来,予以宣扬。[⑤] 甚至在更早之前的公元前3世纪,秦律曾允许父亲将不孝的儿子交给官府处死。父母以外的其他人亦可对不孝的行为提出指控。[⑥] 秦朝不是一个尊奉儒家的王朝。秦政府针对孝道施加法律强制力,并非为了维持家庭关系的和睦有序(儒家视家庭内和谐稳定的等级秩序为天经地义),而是因为信奉法家思想的政府相信,对父母权威的敬畏,尤其是对作为一家之长的父亲的敬畏,将作为一

---

① Analects II.7:WE Soothill,*The Analects or the Conversations of Confucius with his Disciples and Certain Others* (London:Oxford University Press,1937),p.10. 参见 Knapp,"The Ru Reinterpretation of Xiao",*Early China* 20(1955),p.206。

② 《周书·康诰》[on which see EL Shaughnessy,"*Shang shu*",in Loewe(Berkeley,Institute of East Asian Studies,University of California,1993),pp.376-80]:B Karlgren,"The Book of Documents",*Bulletin of the Museum of Far Eastern Antiquities* 22(1950),p.42,par.16;J. Legge,*The Chinese Classics. Volume III:The Shoo King or the Book of Historical Documents* (Taipei reprint),pp.392-393.

③ 商鞅本人并没有提出"十恶"的概念,根据《商君书》,找到的原文是"民之有欲有恶也,欲有六淫,恶有四难。"大概作者总结为"十恶"了。——译者注

④ JJLDuyvendak,*The Book of Lord Shang. A Classic of the Chinese School of Law* (London:Probsthain,1963),pp.197,199,256. 这部作品参见《中国古代典籍导读》(伯克利东亚研究所,加利福尼亚大学,1993年版),主编鲁唯一,第368~380页,《商君书》篇,作者乐维。

⑤ M Ikezawa,*The Philosophy of Filiality in Ancient China:Ideological Development of Ancestor Worship in the Zhanguo Period* (University of British Columbia Doctoral Dissertation,1994),pp.256-8;M Kern,*The Stele Inscriptions of Ch'in Shih-huang:Text and Ritual in Early Chinese Imperial Representation* (New Haven,Connecticut:American Oriental Society),pp.13(line 12),59-61,146.

⑥ AFP Hulsewé,*Remnants of Ch'in Law* (Leiden:Brill,1985),pp.147(D85),196-7(E18).

种典范,引导百姓推父及君,从而加深对君主权威的臣服。①

因此,我们不能将孝视为独受儒家推崇的美德。至少在共产党的统治之前,古往今来大多数中国人的道德世界中,孝道始终构成了伦理中极为关键的一部分。一贯以来,孝的观念被历代政府推崇,因其能将对等级秩序的认同感深植于人心。②

三、孝和法律

在历代政府所颁行的政策中,无论是以"德治"为宗还是以"法治"为宗,当我们检视"尊崇孝道"在其中占据的分量时,都可以毫不意外地发现孝这种美德在刑法典中占据了至关重要的地位。西周初期(公元前1027～公元前771年)③,违背孝道已经被当作一种不可饶恕的犯罪。唐朝(公元618～907年)以及之后历朝历代的法典中,人们开始注重对不孝行为进行定义并划分等级。尽管在这些法典中,涉及孝的各种规定能被清楚地辨别出来,但是相关的法律规定在唐朝之前的演化却十分模糊。本文试图讨论唐以前关于不孝行为的法律的演化情况。所有的讨论将基于一个大致的区分:须承担刑罚的不孝行为和不予刑罚的不孝行为(需承担其他法律后果)。

(一)对不孝行为的刑罚

1. 罪莫大于不孝

"罪莫大于不孝"这句名言出自孔子的《孝经》,④孔子最重要的道德教化作品

---

① 对于秦朝文本的讨论,参见 K McLeod and R Yates,"Forms of Ch' in Law",*Harvard Journal of Asiatic Studies*,Vol. 44,1981,p. 151。A Hulsewé,"Law as One of the Foundations of State Power in Early Imperial China",in *Foundations and Limits of State Power in China, ed. SR Schram*(London and Hong Kong:University of London and Chinese University of Hong Kong Presses,1987),pp. 17－8;Ikezawa *The Philosophy of Filiality in Ancient China:Ideological Development of Ancestor Worship in the Zhanguo Period*(University of British Columbia Doctoral Dissertation,1994),pp. 261－265;*Yongping Liu, Origins of Chinese Law(Hong Kong:Oxford University Press*,1998),pp. 228－233。

② *The Stele Inscriptions of Ch' in Shih-huang:Text and Ritual in Early Chinese Imperial Representation* 中 Kern 的评论,第167～169页。

③ *The Stele Inscriptions of Ch' in Shih-huang:Text and Ritual in Early Chinese Imperial Representation.*

④ WGBoltz,"*Hsiao ching*",in Loewe(Berkeley, Institute of East Asian Studies, University of California,1993),pp. 141－4. It has been translated by ML Makra, The *Hsiao Ching*, ed. PKT Sih(New York:St John's University Press,1970)and RM Barnhart, *Li Kung-lin's Classic of Filial Piety*(New York:Metropolitan Museum of Art,1993),pp. 73－155.

之一。这一观点在汉初(公元前206~公元前220年)就已经存在,[①]一些其他早期著作中也能看到相同或类似的观点。[②] 如何理解这句名言的内涵,是一个难题。它是否只是一个模糊的说法,仅试图描绘出不孝行为的严重后果?还是说明对不孝行为施予刑罚的具体法条已经存在?在汉以后的文献中,这句名言有时被认为是对不孝行为设立刑罚的根据。但也有说法认为,这句名言早期的用法暗示了当时存在具体的法条。事实上,汉以前的文献中,我们很难找到关于不孝行为的具体法律规定。我们或许可以推断,弑亲和弑母总是作为最被人憎恶的行为,在法律规定中以某种方式体现。公元前3世纪,秦朝的法律规定了父亲可以以儿子不孝为由向官府举报,要求将其处死,同时,至少在一般犯罪中,子女不得起诉父母。[③] 殴打或伤害(父母)也可能是秦朝法律中明确规定的犯罪行为。除此之外,关于其他危害行为的规定尚处于空白状态。

基于现有的证据,对于法律中不孝行为的规定,可以依据以下假说勾勒出其法律发展线索:

(1)秦朝建立之时,中国的法律已经确定了某些具体的犯罪行为,特别是杀害、殴打、伤害父母或起诉父母。

(2)其他形式的不孝行为未做区分,统称为“不孝”。父母(甚至是其他人)可以起诉子女的各种不孝行为,并交给官府惩处。

(3)汉朝及后世的刑法典逐渐区分并确定了各种不孝行为的具体罪行,这些行为包括:咒骂父母、违抗父母的意愿、不赡养父母、父母死后未尽丧礼悼念。最后一个可能仅适用于官僚和贵族阶级。

(4)同时,其余的不孝概念被保留下来,成为对子女不当行为施加惩罚的依

---

① Makra, p. 25; Barnhart, p. 122. Cf. also T' ung-tso Ch' ü, *Law and Society in TraditionalChina* (Westport, Connecticut: Hyperion Press, 1980), p. 42. 同时也参见瞿同祖:《中国法律与社会》,亥伯龙出版社1980年版,第42页。

② 吕氏春秋(Mr Lu's Spring and Autumn),是一部汉朝早期(《吕氏春秋》为秦国时期的著作,作者对本书的年代理解可能有错误。——译者注)的汇编著作(参见M Carson and M Loewe, "*Lu shih ch' un ch' iu*), in Loewe (Berkeley, Institute of East Asian Studies, University of California, 1993), pp. 324-327),从西周之前的殷商的叙述中得出,在300多种罪行中,没有比不孝更为严重的罪行(*pu hsiao*): R Wilhelm, *Fruhling und Herbst des Lu Bu Wei* (Dusseldorf/Koln: Diederichs, 1971), p. 177; IP Kamenarovic, *Printemps et automnes de Lu Buwei* (Paris: Cerf, 1998), p. 214. 这表达了汉朝时期的一种普遍观点,而不是商周时期的事实,尽管它肯定反映了与《周书·康诰》中相同的观点(参见 *The Stele Inscriptions of Ch' in Shih-huang: Text and Ritual in Early Chinese Imperial Representation*)。

③ 关键的内容可以从两个不同的角度去解读,禁止任何子女对父母的指控或者仅是禁止子女提出的父母对其造成伤害的控诉。AFP Hulsewé, *Remnants of Ch' in Law* (Leiden: Brill, 1985), pp. 148-149(D87).

据,尽管这些不当行为没有具体的成文法根据。

(5)一开始,似乎所有的不孝行为都被视为死罪。"罪莫大于不孝"的名言意味着不孝行为的后果无可估量,唯有死刑被认为是合适的刑罚。不孝罪名开始根据严重程度划分等级。到了唐朝,有些不孝行为不再是死罪,甚至被归为程度相对较轻的犯罪。

(6)这种变化的发生很可能与家长和政府在起诉和裁判不孝行为中的角色分离有关。最初是由父母提起诉讼,其对不孝行为的指控将作为裁判的充分证据。之后国家开始扮演更为积极的角色,可以主动提起诉讼,不再让定罪权和惩罚权完全落入家长之手。唐朝的法典中,只有部分(不孝)情形是父母以个人名义起诉为定罪条件的,如违抗父母意愿或者不赡养父母以及咒骂公婆之类。

2. 与孝有关的具体罪名

(1)杀害父母

在汉朝的法典中,杀害父母被归于大逆一类的犯罪。① 这个归类颇堪玩味,它说明这种行为邪恶之极,它远远超过了一般的不孝范畴而应被归入最严重的一类罪行。这类犯罪还包括谋反和其他叛国行为,被统称为"大逆不道"。对于这类犯罪,罪犯本人要被腰斩,并且他最亲密的亲属——包括妻子和孩子——要被弃市。② 之后的法典也将弑亲和弑母视为最严重的一类犯罪。在少数民族统治了数世纪之久的中国北方地区,随着中原文化逐渐渗透并占据主导地位,我们可以检视不孝罪如何被重新阐释。例如,公元前431年,拓跋(北)魏(公元386~534年)最初颁布的法典中,对杀害父母者处以车裂之刑。③ 那时惩罚的严厉性或许反映了拓跋魏一贯的态度。和大多数民族一样,拓跋魏认为子女杀害父母是令人发指的恶行。在北魏末期,中原文化中孝的观念已经普及开来。这一时期的一份关于弑母罪的官方裁判文书中就记述了为了彰显孝的重要,弑母的凶犯被处以车裂之刑,两个儿子被斩首。④ 在后来的一些北方王朝(北齐,公元550~577年;北周,公元557~581年;隋朝,公元581~618年)的法典中,杀害父母被包含在"恶逆"这类犯罪中,包括卑幼对尊长犯下的最严重的罪行。隋和唐的法典中,

① AFP Hulsewé, *Remnants of Han Law I* (Leiden: EJBrill, 1955), pp. 159, 161.

② HH Dubs, *The History of the Former Han Dynasty by Pan Ku. Volume I* (Baltimore; Waverly Press, 1938), p. 313. n 4.2.

③ 参见(北齐)魏收:《魏书》,中华书局1974年版,第2874页。

④ 同上书,第1450页。

"恶逆"属于"十恶"中第四等严重的犯罪,仅次于那些危害政权的犯罪。①

唐朝的法律中,故意杀害父母或者祖父母(故杀),或者在打斗中杀害他们(斗杀),将被处以斩首。并且该罪被排除在通常的大赦范围之外。② 只有过失杀人(过失杀)不致处死,但也须承受最严厉的生刑,即流放3000里。③

汉朝之后,对孝的重要性的详尽阐述表现为杀害继母和公婆视同杀害父母。三国时期魏国(公元221~265年)的《新律》将杀害继母等同于杀害生母;④后来的晋朝(公元265~420年)法典中,媳妇杀害公婆也被视同子女杀害父母来处理。⑤

这些改变都集中体现在《唐律疏议》里。继母和养父母,在法律上都被视为生父母。⑥ 儿媳故意杀害(故杀)或是在打斗中(斗杀)杀害公婆的,罪当处斩。⑦ 然而,这项罪名处于"十恶"中的第八恶,即"不睦",并且可受大赦。⑧ 更有甚者,过失杀人(过失杀)者只需服劳役三年。⑨ 这些规则反映出,尽管《唐律疏议》将儿媳略等同于亲生女儿,仍然对这两者做出了区分。

(2)殴打父母

就汉朝而言,可以从两份史料中归纳出两条截然不同的规则。第一条规则表明殴打父母将被弃市,这种刑罚在严厉程度上仅次于腰斩。这项规定引自一位叫董仲舒(大约公元前179~公元前114年)的儒家学者假设的案件中。董仲舒假设在某个案件中,儿子加入了父亲与他人的打斗,不慎用木棍击中并打伤父亲。他主张,这种情况下儿子的行为不属于法典中的"殴打父亲",导致其受到弃市的

---

① 参见《唐律疏议》, article 6: W Johnson, *The T' ang Code. Volume I. General Principles* (Princeton, New Jersey: Princeton University Press, 1979), pp. 62, 66。

② 该推断来源于 article 253: W Johnson, *The T' ang Code. Volume II. Specific Articles* (Princeton, New Jersey: Princeton University Press, 1999), p. 248. See also article 6: Johnson I, p. 66.

③ Article 329: Johnson II, p. 366.

④ 参见(唐)房玄龄:《晋书》,中华书局1974年版,第925页;R Heuser, *Das Rechtskapitel im Jin-Shu*, Munchen, Schweitzer, 1987, pp. 98-99。

⑤ 参见(梁)沈约:《宋书》,中华书局1974年版,第1534页;(唐)李延寿:《南史》,中华书局1975年版,第727页,两书中提到一条法律条文,儿媳预谋杀害公婆,即使未遂也要被斩首(beheading)。我们也许可以从这项惩罚中推断出谋杀公婆既遂要被弃市。

⑥ Article 52: Johnson I, p. 259.

⑦ Article 253: Johnson II, p. 248.

⑧ Article 6: Johnson I, pp. 66, 78. See also below at article 6: Johnson II, pp. 61-83.

⑨ Article 330: Johnson II, p. 368.

惩罚。因为儿子的本意是帮助父亲而非伤害父亲。[①] 这条规则可以追溯到公元前2世纪中期。第二条相关规则被包含在敦煌近期出土的《九章律》之“贼律”这一汉简当中,其成书年代不可能早于公元前1世纪。根据这条规定,殴打亲生父母及同母兄弟,要判作司寇,即服劳役两年。[②]

对于以上两条规则中的明显矛盾,有两种解释。第一种解释我们可以假设公元前2世纪或公元前1世纪,法律发生了由严向宽的转变。支持这一假设的证据是其法条的构成相同,都只提到了“殴”。与之相反的证据是在有历史记载的传统法律中不存在殴打或伤害父母免于死刑的规定。第二种解释源自董仲舒假设的案件。在这起纠纷中父亲不仅被儿子打中,而且被儿子打伤。因此,被指控的罪行不仅是殴打父母,而且是实际上伤害了父母。基于这种解释我们不得不推定汉朝的法律中有一条(或者说实际上有一些条款)规定了“伤害父母”的刑罚,它显然比对殴打父母的刑罚更加严厉。在中国的刑法典中,把诸多相互关联的情形按照从轻到重的方式并列于同一主题下,这种做法并不罕见。我们可以毫无意外地发现,在一项以“殴打”开始,也以“殴打”为题的法例之下,涵盖了各种程度的受伤。依照这种更具内在合理性的理解,汉朝对“殴打父母”的惩罚通常为服劳役两年。这种解释的合理性在约公元前7年西汉末期的法典中得到进一步的强化。当时的法律规定,用刀剑等利刃伤害无亲属关系的人,根据事先是否有预谋判处四年或五年的徒刑。[③] 伤害父母则必然会处以更严厉的刑罚。因此那条规定处以两年徒刑的法律如果在当时依然有效,必定限在“殴打”之列。

结束这个话题之前,我们也许会注意到公元前3世纪的秦朝法律似乎也在“殴打”和“伤害”父母之间做出了区分。尽管我们没有与此有关的直接证据,但是在一份记载秦朝法令的竹简中有下列规定:“殴打祖父母或曾祖父母,处黥及城旦舂(即处以一定时间的劳役刑)。”[④]殴打父母将会受到同样严厉的刑罚,伤害祖父母和父母则可能被处以死刑。

即使假设汉朝法律一度对“殴打父母”者仅处以两年徒刑的惩罚,公元1世纪

---

① 参见(宋)李昉:《太平御览》,中华书局1985年版,640.8a,第2868页;Hulsewé“Law as One of the Foundations of State Power in Early Imperial China”, in *Foundations and Limits of State Power in China, ed. SR Schram*(London and Hong Kong:University of London and Chinese University of Hong Kong Presses,1987), pp. 264 – 5; SA Queen, *From chronicle to canon. The hermeneutics of the Spring and Autumn according to Tung Chung-shu* (Cambridge:Cambridge University Press,1996), pp. 137 – 8。

② 参见甘肃省文物考古研究所:《敦煌悬泉汉简释文选》,载《文物》2000年第5期。

③ 参见(汉)班固:《汉书》,中华书局1962年版,第3395页。

④ AFP Hulsewé, *Remnants of Ch'in Law* (Leiden:Brill,1985), p. 141(D63).

下半叶这种立场也一定发生了变化。这可以从公元 74 年到公元 79 年担任司徒一职的鲍昱的一份判决中看出来。一对夫妻因为丈夫对待老丈人不善而争吵。结果妻子打了她婆婆三个耳光。这个案件呈送到鲍昱面前时,鲍昱认为媳妇打婆婆毫无根据,应当被处以死刑以下的刑罚(可能是流放或者劳役)。[①] 从鲍昱对这个案件的处理中我们可以得出两个推论:首先,当时似乎没有儿媳殴打公婆的成文法;其次,鲍昱的判决是从殴打父母的惩处法律中类推出来的,当时殴打父母者必处死刑。

《晋律》对杀死父母、伤害父母、殴打父母的处罚一致,犯其中任一罪者即遭弃市。其中特别规定:儿子殴打母亲的,即使有大赦仍然要被弃市。[②] 弃市是法律规定的刑罚中最严厉的一种。《晋律》[③]的一个版本中规定了一系列行为——杀、伤、殴——统称为"贼"。在这种语境下,"贼"首要的内涵就是"故意的"、"故意伤害"。这也暗示了行为没有达到"贼"的情况下,处罚通常不会那么严厉。

《晋律》与南北朝法典在当时的地位相当。《唐律疏议》本质上承继了《晋律》的规定。《唐律疏议》将殴打父母定为"十恶"中的"恶逆",因此将其从一般的特赦范围中剔除,并处以最严厉的弃市之刑。当然,伤害父母的惩罚也是如此(弃市),除非是意外伤害,此时则处以三年徒刑。[④]

我们不知道殴打公婆行为首次进入成文法规则的明确时间,或许是在鲍昱的判决后被添加到汉朝法典中的。《唐律疏议》规定,妻子殴打丈夫的父母或祖父母的,处绞刑,如果他们受伤,刑罚则加重为弃市。过失伤害则处两年半的徒刑。[⑤] 这种行为是十恶中的第八恶,"不睦"。[⑥] 殴打公婆因此被规定为一项与殴打父母相近,但较为轻缓的犯罪。

(3)辱骂父母

迄今为止我们仍未发现任何关于子女辱骂父母的成文法条文。然而,敦煌最新发现的竹简中,有一条似乎表述了汉朝法典中对辱骂父母者处罚黄金一斤。[⑦] 尽管这和殴打父母处两年徒刑存在一致性,但多数人会认为这项规定依然反映这

---

① 参见(宋)李昉:《太平御览》,中华书局 1985 年版,640.7b,p. 2868;(清)沈家本:《历代刑法考》,中华书局 1985 年版,第 1479 页。关于鲍昱,《宋书》,第 1374 页;Bielenstein,p. 62。

② 参见(梁)沈约:《宋书》,中华书局 1974 年版。

③ 同上书,第 1534 页。

④ Article 6:Johnson, *The T' ang Code. Volume I.* (Princeton, New Jersey:Princeton University Press,1979),p. 66,and see also below at article 329:Johnson II,p. 366.

⑤ Article 330:Johnson II,p. 368.

⑥ Article 6:Johnson I,p. 79. See also below at article 6:Johnson II,pp. 61 – 83.

⑦ 参见甘肃省文物考古研究所:《敦煌悬泉汉简释文选》,载《文物》2000 年第 5 期。

两项罪名的严重性存在重要区别。

到了晋朝,辱骂父母被视为更严重的罪行。公元3世纪下半叶的法典对这种罪行处以斩首(不需要弃市),并将其纳入特赦的范畴。[①] 这样看来,辱骂父母与殴打父母的严重性处于同一水平,尽管辱骂父母略轻一些。虽然存在特赦制度,贵族或官吏若犯辱骂父母罪,仍然会被剥夺爵位和官职。公元460年的宋朝,一个贵族因为辱骂他的母亲而被废除了爵位。[②] 这种宽恕大概是由于贵族拥有享受特赦的特权。

唐朝的法律中,"殴打"和"辱骂"之间的区别依然存在。两者都是死刑,但后者是绞刑而非斩首。[③] 辱骂父母是"十恶"中的第七恶"不孝",且在特赦范畴之内。[④] 然而,犯下此罪的官员依然要被革去官职。[⑤] 妻子辱骂丈夫的祖父母或父母的仅处三年徒刑。只有在被辱骂的祖父母或公婆提起诉讼的情况下,妻子才须承担责任。[⑥] 这一罪行似乎不属于"十恶"范畴。

(4)状告父母

我们已经提到,公元前3世纪秦朝的法律禁止子女起诉父母,若坚持起诉将会受惩。[⑦] 到了汉朝,这种指控有时被定为死罪,至少是严重的不法行为。公元前123年,一位王子因不孝被弃市——他控告自己的父亲有谋反活动。[⑧] 但在实践中,要依具体情况而定。直到公元前66年,子女或孙子女才被允许隐瞒父母或祖父母的罪行,无须承担任何责任。[⑨] 我们很难轻易地理解(公元前66年之前)这两条规则的冲突:隐瞒父母罪行视同犯罪;同时禁止控告父母。

---

① 参见(梁)沈约:《宋书》,中华书局1974年版。

② 同上书,第1678页;H Bielenstein, "The Six Dynasties. Vol II", *Bulletin of the Museum of Far Eastern Antiquities* 69(1997), p. 62。

③ Article 329: Johnson II, p. 366.

④ Article 6: Johnson I, p. 74, and see also below at article 6: Johnson II, pp. 61 – 83.

⑤ Article 18: Johnson I, p. 119.

⑥ Article 330: Johnson II, pp. 119 – 20.

⑦ 当时禁止的原因与孝在儒家正统思想的影响成为后世朝代的基础这种理解是不同的。(当时禁止的原因与儒家正统思想影响下后世朝代所理解的孝不同。)

⑧ 参见(汉)班固:《汉书》,中华书局1962年版,第2156页;B Watson, *Records of the Grand Historian of China*. Translated from the Shih chi of Ssu-ma Ch'ien Volume II(New York and London: Columbia University Press, 1961), pp. 390, 392。这个案件非常有趣,因为在之后的法律中,控告父母犯叛国罪被从一般的禁止性规定中抽离。参见《魏书》,中华书局出版1974年版,第1910页。

⑨ HH Dubs, *The History of the Former Han Dynasty by Pan Ku. Volume Two* (The American Council of Learned Societies, 1944), p. 224; T'ung-tso Ch'ü, *Law and Society in Traditional China* (Westport, Connecticut: Hyperion Press, 1980), pp. 70 – 71.

随后的后汉及南朝时期,关于控告和隐瞒犯罪的规定不甚明朗。一些零星的史料表明,子女提供不利于父母的证据就是不孝。① 但是朝廷对这类案件的态度却变化不定。举一个梁朝(公元 502 ~ 557 年)的例子。公元 504 年的一起案件中,儿子提供证据指控其母亲犯有拐骗罪,负责调查的官员将此案呈送至御前,并认为如此不孝的儿子罪当处死,于是皇帝下令将此不孝子处斩。② 我们不能确定(这样处理)是一种特殊的情况? 还是它援引了某项具体的规定? 尽管前一个假设成立的可能性更大。

直到拓跋魏末期,在南方地区,我们才再一次找到明确的证据表明惩罚子女起诉父母的法律确实存在。这部公元 6 世纪初实施的法典不仅规定儿孙隐瞒父母或祖父母的罪行不承担责任,还规定了儿孙控告父母或祖父母的,处死刑(绞刑)。③ 唯一允许的情况是所隐瞒的是谋反一类的罪行。④

在北魏分裂成东魏和西魏(分别是北齐和北周的前身)之后,当时的背景下孝被赋予了更大的法律效力。公元 541 年东魏的法律规定,即使妻子杀害了丈夫,他们的儿子也不得控告母亲。如果他控告了母亲,将处死刑(绞刑)。公元 550 年,窦瑗将一份诉状递交到衙门,强烈质疑这条规定的合理性,认为母亲作为妻子的地位低于父亲作为丈夫的地位。因此,儿子隐瞒父亲杀害母亲是正确的,而隐瞒母亲杀害父亲是错误的。然而,争论的结果是主流观点认为父母亲(在这个问题上)地位平等,因此应同等对待。除了谋反一类案件外,子女在任何情况下都不得控告父母。⑤

公元 564 年颁布的《北齐律》很可能采纳了窦瑗的主张。深受《北齐律》影响的《唐律疏议》,将儿孙控告父母或祖父母的行为定为死罪,处以绞刑。这实质上坚定了北魏后期法典(在该问题上)的立场。然而,《唐律疏议》设置了两

---

① See T'ung-tso Ch'ü, *Law and Society in Traditional China* (Westport, Connecticut: Hyperion Press, 1980), p. 71.

② 参见(唐)魏徵:《隋书》,中华书局 1973 年版,第 700 页;E Balazs, *Le traite juridique du"Souei-Chou"* (Leiden: EJ Brill, 1954), p. 44. 瞿同祖:《中国法律与社会》,韦斯特波特,康涅狄格州:亥伯龙出版社 1980 年版,第 71 页。

③ 参见(北齐)魏收:《魏书》,中华书局 1974 年版,第 1909 页;Ch'ü, p. 72。对于控告祖父母的限制反映了成熟的法律以关注父系血脉为特征。瞿同祖:《中国法律与社会》,亥伯龙出版社 1980 年版,第 72 页。

④ 参见(北齐)魏收:《魏书》,中华书局 1974 年版,第 1910 页。

⑤ 同上书,第 1909 ~ 1912 页;参见 E Balazs, *Le traite juridique du"Souei-Chou"* (Leiden: EJ Brill, 1954), p. 131; J - D Lee, *Women and Marriage in China During the Period of Disunion* (University of Washington Doctoral Dissertation, 1992), pp. 243 - 6。

个例外:父母或祖父母犯了谋反类的犯罪;或者母亲杀害父亲。在这两种情况下,子女控告父母是被允许的。《唐律疏议》对儿媳控告公婆的处罚则轻得多:[①]处两年劳役刑,[②]尽管这种行为属于"十恶"中的"不睦"。[③]

关于这个问题的法律史体现出一种紧张关系:一方面是孝的内在要求;另一方面是父母对子女忠诚的要求和国家对臣民忠诚的要求。如我们在《唐律疏议》中所见,各方在经历了漫长博弈后才达成了一个可接受的妥协。将谋反一类的罪行排除在禁止控告的范围之外,是基于国家防止臣民不忠的需要。将母亲杀害父亲的情况排除在外,则体现了对孝的特殊解释:儿子对父亲的义务是居于首位的。当其对母亲的义务与对父亲的义务冲突时,后者居于优先地位。

(5)违抗父母

尽管我们已经清楚,甚至在汉以前,父母就可以以子女违抗其命令将其交予官府惩罚。但是包含这个规则最早的证据来自公元3世纪后半叶的晋朝刑法典中。《晋律》将不孝之罪定义为"子孙违反父母的教导和命令",允许后者向官府起诉并要求对失行的子女处以死刑(似乎是弃市)。[④] 从公元5世纪中叶一桩宋朝案例中——当时《晋律》仍在施行——可以推断:提出控告的父母必须证明子女有违抗他们命令或其他可以被视为"不孝"的行为。对于不孝的控诉,即使该控诉与父母对子女不当行为的描述一致,衙门也未必一定会受理。[⑤] 我们有一份史料记载了当时有名贵族违抗母亲的命令,但没有被处死,而仅仅被废除爵位。[⑥]这很可能是当时存在一种赦免或者特赦。如果确实如此,那一般通行的原则为被赦免的人必须被剥夺爵位或官职。

在北朝,违抗父母的命令最初不致死罪。公元487年,一份北魏诏令引用了"罪莫大于不孝"这一名言,并指出:依据北魏法典,不孝罪的处罚仅为五年劳役,这一规定必须加以修改。这份法令的措辞暗示了今后不孝罪应为死罪。[⑦] 最终,

---

① Article 345:Johnson II,p. 392.

② Article 346:Johnson II,p. 395.

③ Article 6:Johnson I,p. 79. Article 6:Johnson II,pp. 61 – 83.

④ 参见(梁)沈约:《宋书》,中华书局1974年版,第1702~1703页(同时参见2080页);瞿同祖:《中国法律与社会》,亥伯龙出版社1980年版,第22页。

⑤ 参见(梁)沈约:《宋书》,中华书局1974年版,第1702~1703页。

⑥ 同上书,第1374页;H Bielenstein,"The Six Dynasties. Vol II",*Bulletin of the Museum of Far Eastern Antiquities* 69(1997),p. 62。

⑦ 参见(梁)沈约:《宋书》,中华书局1974年版,第2878页;瞿同祖:《中国法律与社会》,亥伯龙出版社1980年版,第22页。

《唐律疏议》将不孝罪的处罚降低为两年劳役。①

唐朝的法律把不赡养父母与违抗父母命令放在一起，都处以两年的徒刑。法律上归责的前提是由父母或者祖父母亲自提起诉讼。无论如何，这种失当的行为都被归为"十恶"中的第七恶——"不孝"。② 这两种罪名的结合非常有启发性。我们找不到任何一条唐以前的成文法将不赡养父母作为一项具体的犯罪。很可能之前的法律将无法赡养父母视为不孝的一种体现，相当于违背父母意愿，因而处罚方式也相同。

(6)违反服丧规定

根据儒家礼教，子女应该为去世的父母守孝三年。③ 在这三年中，子女不得婚嫁或纳妾，也不得欣赏音乐或参加宴席。最严格的规定仅适用于上层阶级的贵族和官员，他们的一举一动受到礼的约束。法律则逐渐将这些礼的规范纳入刑法的范畴内。可以将其分为两类：一是要求官员在父母去世后辞官返乡，为父母守孝三年；二是对在守孝期间有不当行为（如成婚、纳妾、大摆筵席或纵情声乐）的官员施加惩罚。

在汉朝，对官吏来说，守孝三年渐渐成为强制规定。到了汉朝末期，法律规定了未守孝三年的不得被举荐升迁或任职。④ 汉朝灭亡之后这条规则似乎就不被遵守了。比如，公元286年之前的晋朝，法律要求官员在服毕丧礼后立刻复职。⑤ 然而，同年一部新法规允许官员在复职前完成守孝三年。这些规定似乎给官员强加了服满丧期的义务。大约在公元317年，一位官员因为没有为其继母守孝三年而受到弹劾，终身不得任职。⑥ 汉朝的法律中禁止在三年守孝期内谋求公职的规定被纳入公元504年北魏的法典中，该法典对此行为处以五年徒刑。⑦ 唐朝法典对服丧期内谋求官职者处以一年徒刑，但是似乎并没有将该行为纳入"十恶"的

① Article 348; Johnson II, p. 399.

② Article 6: Johnson I, pp. 74, 76. Article 6: Johnson II, pp. 61 – 83.

③ 这是孝经最重要的主题之一。参见 Makra, p. 39; Barnhart, p. 150.

④ 参见 HH Dubs, *The History of the Former Han Dynasty by Pan Ku. Volume III* (Baltimore, Waverly Press, 1955), pp. 40 – 2; Kutcher, *Mourning in Late Imperial China. Filial Piety and the State* (Cambridge: Cambridge University Press, 1999), pp. 14 – 5; 程树德著:《九朝律考》, 中华书局 1988 年版, 第 80 页, 应劭引律。

⑤ 参见程树德著:《九朝律考》, 中华书局 1988 年版, 第 270 页; J – D Lee, *Women and Marriage in China During the Period of Disunion* (University of Washington Doctoral Dissertation, 1992), p. 218。

⑥ 参见(唐)房玄龄:《晋书》, 中华书局 1974 年版, 第 1868 ~ 1870 页; J – D Lee, *Women and Marriage in China During the Period of Disunion* (University of Washington Doctoral Dissertation, 1992), pp. 195 – 196.

⑦ 参见程树德著:《九朝律考》, 中华书局 1988 年版, 第 352 页。

“不孝”中。①

就服丧期间的不当行为而言,汉朝历史上有些人因此(如服丧期内纳妾)受到了惩罚,但惩罚的措施不同,我们无法确定法典中规定了哪些具体的罪名。②后汉时期同样如此。在晋朝和南朝时期,有些官员或贵族因为在服丧期内设宴、奏乐或嫁女儿而受到惩罚,有时是死刑。这是一般性的道德原则,执行的时候,很可能有任意性。③

北朝可能采取了类似的措施。直到唐朝才有证据表明,刑法典确实明确规定服丧期内设宴、奏乐或婚嫁将会受到刑罚。很可能北朝后期的法典就有类似的规定。《唐律疏议》第120条规定,诸闻父母若夫之丧,匿不举哀者,流二千里。丧制未终,释服从吉,若忘哀作乐,自作、遣人等,徒三年。杂戏,徒一年;即遇乐而听及参与吉席者,各杖一百。④ 第179条则规定,诸居父母及夫丧而嫁娶者,徒三年;妾减三等。⑤ 所有这些行为,除遇乐而听及参与吉席和纳妾(做妾)外,都属于《唐律疏议》第6条规定的“十恶”中的不孝罪。⑥

(7)谎报父母死讯

我们在晋朝的法典中首次发现这方面的成文法条。武皇帝时期(公元265~290年)颁布的法典记载,子女谎报父母死讯要被处死刑并“弃市”。一名高官在他的观点中援引了该条文,他阐释了谎报父母死讯与殴打、辱骂父母这样的罪恶行为一样严重。⑦ 到晋朝末年,法律对刑罚做了一定调整。一名宋朝官员援引了前朝通行的旧律,对于谎报父母死讯,其处罚是强制服兵役。实践中,在一些特殊规定里将死刑改为服兵役以获取兵源这一做法非常普遍。⑧

北朝法典中几乎都确立了这项罪名。唐朝的法典中也能找到这项罪名。《唐律疏议》第383条规定:“若诈称祖父母、父母及夫死以求假及有所避者”将被处以三年徒刑;若祖父母、父母及丈夫已经死了一段时间才开始为其服丧的,处以一

---

① Article 121:Johnson II,p.91.

② 关于服丧期内不当行为的例子,参见程树德著:《九朝律考》,中华书局1988年版,第114页;(宋)范晔:《后汉书》,中华书局1965年版,第559页、第2091页、第2159~2160页。

③ 参见程树德著:《九朝律考》,中华书局1988年版,第270页;(唐)李延寿:《南史》,中华书局1975年版,第112页;参见H Bielenstein,“The Six Dynasties. Vol II”,*Bulletin of the Museum of Far Eastern Antiquities* 69(1997),p.62。

④ Johnson II,p.88.

⑤ Johnson II,p.157.

⑥ Johnson I,pp.76-7. Article 6:Johnson II,pp.61-83.

⑦ 参见(唐)房玄龄:《晋书》,中华书局1974年版,第2194~2195页。

⑧ 参见(梁)沈约:《宋书》,中华书局1974年版,第1625~1626页。

年半的徒刑。[①]《唐律疏议》第 6 条“十恶”中的不孝包括诈称祖父母或父母去世。[②]

(8)邪淫

子女与父母之间,或者儿子与继母、父亲的小妾或宠幸过的侍女之间不正当性的行为在任何时期都被视为严重的犯罪,且通常处死刑。如此严厉处罚,原因不仅仅是违背孝道,更重要的是,它会导致基本人伦关系的混乱。有很多汉朝的案例显示当时的贵族因这种不正当关系被处死、自杀或罢免。[③] 这当中只有一个案件明确提到是因不孝而受罚。公元前 48 年到公元前 43 年期间,发生了一起继母控告儿子不孝的案件,这位继母指控儿子“待她如妻子”,并且殴打她。负责调查的官员记录说当时的法典没有关于此“圣人所不忍书”之罪的规定。他以个人权威判决儿子被箭射死。[④]

该案表明当时的法典没有儿子与母亲(或者继母)之间乱伦的规定,这点很重要。这些案件中,涉及儿子与父亲的小妾或宠幸的侍女之间性关系的,也未援引任何与此有关的成文法。基于这些证据,杜敬轲(Dull)断定汉朝没有关于儿子与母亲、父亲的妻妾以及侍女之间乱伦的法律。[⑤] 该结论中至少有两点不够确定:我们不能确定关于儿子与父亲的妾室或女仆之间乱伦的规定不存在,因为它们或许未能反映在内容简略的史书中;我们也不能够确定公元前 48 年到公元前 43 年之后的法典没有在某些方面引入与继母乱伦的规定。敦煌出土的一份竹简中记载道:“继母将被弃市。”伟大的法国汉学家马伯乐(Henri Maspero)解释这些文字是某项法令的一部分,该法令规定儿子与继母之间如发生不正当的性关系,两人都将被弃市。[⑥] 对此我们仍须质疑,这份竹简并没有具体提到某部法律。这些文字可能取自司法裁判而非成文法规。尽管马伯乐对竹简内容的解读是正确

---

① Johnson II, pp. 489 – 90.

② Johnson I, p. 77. Article 6: Johnson II, pp. 61 – 83.

③ 参见(清)沈家本:《历代刑法考》,中华书局 1985 年版,第 1520 ~ 1521 页;争论参见 J Dull, “Marriage and Divorce in Han China: A Glimpse at ‘Pre-Confucian’ Society”, in *Chinese Family Law and Social Change in Historical and Comparative Perspective*, ed. DC Buxbaum, Seattle and London, University of Washington Press, 1978, pp. 68 – 70.

④ 参见(汉)班固:《汉书》,中华书局 1962 年版,第 3227 页;J Dull, “Marriage and Divorce in Han China: A Glimpse at ‘Pre-Confucian’ Society”, in *Chinese Family Law and Social Change in Historical and Comparative Perspective*, ed. DC Buxbaum, Seattle and London, University of Washington Press, 1978, p. 70.

⑤ Johnson I, p. 77.

⑥ H Maspero, *Les documents chinois de la troisième expedition de Sir Aurel stein en Asie Centrale* (London: British Museum, 1953), pp. 15 – 6.

的,我们仍缺乏强有力的证据证明汉朝法典中包含乱伦的规定。

我们不知道历朝历代的法典何时首次对儿子与父亲的妾或侍女乱伦的行为作出规定。晋朝的令规定侄子和婶婶之间发生不正当性关系的处以死刑,[①]可能令或律对儿子与父亲的妾或侍女之间的乱伦作出了同样的处罚。《唐律疏议》413条支持了这一猜想,该条规定:与叔伯的妻子乱伦和与父祖的妾乱伦的,处罚相同。[②]《唐律疏议》充分涵盖了各种乱伦行为,但未包含儿子与母亲或继母之间乱伦的情形。也许,和杀害父母一样,这种行为罪大恶极以致不忍提及。然而,《唐律疏议》却明文规定对儿子与父祖的妾或宠幸的侍女发生性行为的予以处罚,尽管两种情形存在一定区别。与妾通奸的处绞刑,但是与被临幸的侍女通奸的仅处三年徒刑。[③] 并且,只有前者属于"十恶"中的"内乱"。[④]《唐律疏议》的这些规定可能延续了北朝后期的一些法律规定,而这些规定又来自《晋律》。

(9)各种不孝的案件

我们必须记住,任何特定时期的法典所规定的"不孝"未必穷尽了所有受惩罚的情形。即使某种行为未在现有的成文法中有所规定,官府仍可能以此控告子女。公元5世纪中叶,宋朝有两个案例就说明了酷吏或者法律可以惩罚的范围可以达到如何程度。

第一个例子是一位母亲将自己抵押给她儿子的债权人以清偿其债务,随后以不孝罪将儿子告上公堂。最初调查的官员建议将儿子判处死刑。对该案做出最终裁决的上级官员指出了初审意见中两个基本的漏洞:母亲实际上并未要求处死她儿子;并且,初审判决适用的法律不正确。尽管该诉讼是以不孝为由提起,但最终是以法律中的"和卖"定罪处罚的。根据"和卖"的规定,母亲与儿子将同受其罪。这隐含着儿子串通母亲将她卖为奴隶(的事实),但是也许官府错误地适用了这条法律。在终审之前,这个儿子遇上大赦,免于处罚。[⑤]

第二个例子更令人印象深刻。一个男子在参加宴会之后病倒了,体内生虫,他嘱咐妻子在他死后解剖尸体查看病因。在儿子的默许下,妻子遵从了丈夫的指示。两人都因此被官府控告。最终妻子被定为"不道",而儿子被定为"不孝",尽管他们都没有伤害丈夫或父亲的意图。相反,他们仅仅是按其指示而为。这两个

---

① 参见(唐)房玄龄:《晋书》,中华书局1974年版,第927页;R. Heuser, *Das Rechtskapitel im Jin-Shu* ,Munchen, Schweitzer,1987, p. 107。

② 《唐律疏议》疏议413条与文章有所出入,疑作者理解有误。——译者注

③ Article 413: Johnson II, p. 475.

④ Article 6: Johnson I, p. 82. below at article 6: Johnson II, pp. 61 – 83.

⑤ 参见(梁)沈约:《宋书》,中华书局1974年版,第1702~1703页。

罪行都被处以死刑，且记载中未提到被赦免。[①]

某些行为还未被纳入成文法规定之前就以不孝而受惩，这种情况或许亦很常见。我们可以举出两个相隔数代之久的案例。汉灵帝（公元169～189年）时期，有一位高官的母亲在他即将升迁之际去世了，他将母亲葬于马厩中并且隐瞒了死讯，直到获得升迁后才开始服孝。真相大白时，他被罢免官职且终身不得再为官。[②] 有关的成文法规直到唐朝我们才看到，尽管唐朝的法律可能是从北朝后期的法典中继承来的。[③] 第二个例子来自隋朝（公元581～618年）。隋朝初年的一位高官郑译因为与母亲分居而被起诉。郑译被罢免官职，贬为庶民。隋朝开国皇帝隋文帝平生尊奉孝道，他命令郑译回到母亲身旁，并要求他研读《孝经》。这份诏书所使用语言的严厉暗示了该罪行或许应当处死。[④] 而当时的成文法条中似乎并未要求子女必须与父母同住，直到《唐律疏议》才有所改变。《唐律疏议》规定，祖父母和父母还健在时，儿孙要求分家或析产的，处三年徒刑。[⑤] 这种行为也属于"十恶"中的"不孝"。[⑥]

（10）十恶

我们已经陆续提到过与违背孝道有关的"十恶"罪名。将这类犯罪归为"恶"是意义非凡的。《唐律疏议》将一些极为可耻的罪行单独分为一类，称为"十恶"，其中那些违背孝道的罪行处于格外突出的位置。将子女忤逆父母的一类犯罪纳入其中，显示了国家对这句古老格言的正式表述和适用——"罪莫大于不孝"。

从北魏开始的立法似乎就已经完成了"十恶"的基本架构并确立了不孝行为在其中的地位。"十恶"这一术语最初记载于公元581年隋朝的《开皇律》。[⑦] 公元564年的《北齐律》列举了十项最严重的罪行，[⑧]这十项罪行几乎对应了唐律中的"十恶"。在公元563年的《北周律》中也能看到"十恶"中包括不孝在内的部分

---

① 参见（梁）沈约：《宋书》，中华书局1974年版，第2080页；J－D Lee, *Women and Marriage in China During the Period of Disunion* (University of Washington Doctoral Dissertation, 1992), pp. 241－2。

② 参见（宋）范晔：《后汉书》，中华书局1965年版，第2091页。

③ Article 155, Johnson II.

④ 参见（唐）魏徵：《隋书》，中华书局1973年版，第1137页；AF Wright, *The Sui Dynasty. The Unification of China, A. D.* 581－617 (New York: Knopf, 1978), p. 65.

⑤ Article 155: Johnson II, p. 129.

⑥ Article 6: Johnson I, p. 75. See also below at article 6: Johnson II, pp. 61－83.

⑦ 参见（唐）魏徵：《隋书》，中华书局1973年版，第711页；E. Balazs, *Le traite juridique du "Souei-Chou"* (Leiden: EJ Brill, 1954), p. 75。

⑧ 参见（唐）魏徵：《隋书》，中华书局1973年版，第706页；E. Balazs, *Le traite juridique du "Souei-Chou"* (Leiden: EJ Brill, 1954), pp. 62－3。

罪行,[1]不论《北周律》中是否具体列出了重罪十条。

在《唐律疏议》的"十恶"中,那些与孝有关的罪行由重到轻依次为:[2]

①恶逆,包括"谓殴及谋杀(未实际杀死)祖父母、父母……夫之祖父母、父母"。[3]

②不孝(违背孝道),这是一个专门用来描述触犯父母行为的罪名。它包括"谓告言、诅詈祖父母父母,及祖父母父母在,别籍、异财,若供养有阙;居父母丧,身自嫁娶,若作乐,释服从吉;闻祖父母父母丧,匿不举哀,诈称祖父母父母死"。

③不睦,包括"妻子殴告夫及大功以上尊长、小功尊属"。

④内乱,包括"谓奸小功以上亲、父祖妾及与和者"。

直到清朝灭亡,这些罪行都包含在后世历代刑法典"十恶"的范畴内。只有非常少量的罪行(仅限于在服丧期内寻欢作乐和身自嫁娶)被排除在"十恶"之外。"对不孝行为的"这种分类构成了国家教化的重要手段,它要求子女对父母恭敬顺从,无论如何不得伤害他们。

(二)不予刑罚的不孝行为

1. 复仇杀人[4]

在我们所考察的各个时期,法律对子女因复仇杀人的态度始终充满矛盾。一方面,礼教典籍阐述了儿子向杀父仇人复仇是一项义务;[5]另一方面,考虑到法律和秩序的维持及社会稳定,政府不希望看到这种仇杀逐渐升级为世仇而对社会秩序造成严重破坏,希望将决定百姓生死予夺的终极权力保留在自己手中。这两项相互冲突的目标——尊奉孝道而寻找并杀死杀父仇人和消除私人复仇——最终

---

① 参见(唐)魏徵:《隋书》,中华书局1973年版,第708页;E. Balazs, *Le traite juridique du "Souei-Chou"* (Leiden:EJ Brill,1954),pp. 66,68。

② Article 6;Johnson II,pp. 61-83.

③ 实际杀害父母或者祖父母明显被视为最严重的犯罪,以至于不需要具体说明。

④ 参见程树德著:《九朝律考》,中华书局1988年版,第78~90页;M Dalby,"Revenge and the Law in Traditional China",*The American Journal of Legal History* XXV(1981),pp. 267-307;ME Lewis, *Sanctioned Violence in Early China* (Albany,New York;State University of New York Press,1990),pp. 80-91.

⑤ 孔子本人对此也有所描述。参见J. Legge, *Li chi. Book of Rites. Volume I*, ed. C and W Chai, (New Hyde Park, New York: University Books, 1967), p. 140; S. Couvreur, *Li Ki. Memoires sur les bienseanceset les ceremonies. Tome I, premierepartie* (Paris:Cathasia,1950),pp. 147-8。

以一种妥协的方式在法律上协调。总的来说,尽管有一些例外,①从汉到唐的法律都将仇杀按一般杀人罪处罚。② 然而,官府或者皇帝自身极不情愿将那些替父寻仇的孝子定罪。这段时期的历史和文学材料中有很多这样的故事,儿女们有时在等待多年之后杀死了仇人并将其首级献到父亲坟前。通常来说,这些孝顺的凶手会被赦免死刑,尽管他们可能仍须受到其他惩罚。有时他们甚至因其孝行而被统治者完全赦免,并受到嘉许和奖赏。③

公元前6世纪后期的北周发生了一起耐人寻味的案件。就在一份规定复仇为一般杀人行为的法令颁布后不久,一位孝顺的儿子杀死了他的杀父仇人——一个得到官府偏袒的前匪帮首领。当时把持朝政的皇子逮捕了凶手、凶手的兄弟及抚养他们长大的叔叔。他指责叔叔作为尊长鼓励这种宣泄私愤且未经授权的杀人行为,而不是严守法律。这位叔叔起初用儒家"杀父之仇不共戴天"的教条来回应皇子。但是真正动摇皇子并让他勉强决定赦免的原因是叔叔的这句责难:"你以孝治天下,怎么能因为我尽了孝道而谴责我?"这暗示了北周的官府已经将《孝经》作为对百姓道德教化的主要工具。④

在汉朝后期,法学史上出现的一样新事物——凌辱罪——也说明了法律企图在复仇和孝之间建立某种联系。在公元76~84年,皇帝宽恕了一位儿子,因其杀害了侮辱其父亲的仇人。皇帝做出此决定旨在宣扬孝道,为后世涉及因侮辱父母而引发仇杀的案件创设了先例,但这项规则并未被正式法典所吸收。公元1世纪后期当这项立法建议被提起时,一位官员成功地对此予以了批驳:如果法律明文鼓励人们向辱骂父母的人复仇,就会导致人们在杀人后以各种借口为杀人行为辩护。⑤ 之后,在因辱骂仇杀的案件中不再有减刑,孝的作用在某种程度上被重新

---

① 至于汉朝,根据Cheng Min对(公元89和106年,汉和帝时期)的观察可以发现法令不允许对儿子杀害杀父仇人的行为减轻处罚。晋朝以及之后的南朝,以及北朝的法典以及唐律疏议中,没有正式地表现出允许减轻复仇杀人罪的条款。事实上,有时甚至会使用比较残忍的刑罚来抑制这种仇杀泛滥。公元435年的北魏的一份法令中记载,仇杀的犯人不仅要被处以死刑,同时还要祸及家族以及给予帮助的邻居。(北齐)魏收:《魏书》,中华书局1974年版,第385页、第81页;参见M. Dalby,"Revenge and the Law in Traditional China",*The American Journal of Legal History* XXV(1981),pp. 267-307;ME Lewis,*Sanctioned Violence in Early China*(Albany,New York;State University of New York Press,1990),p. 277。

② 参见Ch'ü and Dalby书中提供的事例。

③ 例子参见《九朝律考》和M Dalby,"Revenge and the Law in Traditional China",The American Journal of Legal History XXV(1981)。

④ 参见(唐)令狐德棻:《周书》,中华书局1971年版,第372页;SA Pearce,*The Yu-wen Regime in Sixth Century China*,Princeton University Doctoral Dissertation,1989,p. 446.

⑤ 参见(宋)范晔:《后汉书》,中华书局1965年版,第1502~1503页。

诠释了。在一个案件中,儿子陪同母亲去集市,将一个辱骂了母亲的醉汉杀死。官府主张将儿子处死。审判官陈述道,尽管儿子见其母亲被侮辱而怒不可遏乃人之常情,但对孝的正确理解是他不应做任何会为父母带来更多麻烦的事,如将父母牵扯进一件凶杀案的司法程序中。①

这个案件有一个非常有趣的脚注,再次展现了尊崇孝道对于司法程序产生的影响。在知道这位儿子有妻无子后,官员为已经定死罪的儿子解开脚镣,并允许他的妻子到狱房与其同住一夜,从而让这个家庭有生育儿子以延续香火的希望。尽管有些缺憾,但是这个儿子践行孝道的行为,促使官员对常规程序作出了一定调整。

2. 赡养年迈父母

有证据表明,公元3世纪后期晋朝的法律开始要求儿子承担赡养年迈父母这一道义上的责任(由孝产生)。《晋律》中规定,如果官员是家中独子,那么他应该离职回家照顾80岁高龄的父母。如果父母的年龄达到90岁,所有为官的儿子都应回家照顾老人。若未按规定回家照顾父母,将犯不孝之罪,至少会被革职。②在晋之后,我们不知道还有哪些法律也有如此明确的规定。

晋朝的另一个创新亦成为了后世法律标准。公元377年,皇帝出于怜悯赦免了一个死刑犯,以便让这个作为独子的罪犯回家照顾年迈的父亲。③ 这种做法在北魏时期成为正式法律的一部分。一份公元488年的法令记载,在死刑案件中,如果死刑犯的父母或者祖父母之一年事已高,且没有其他成年儿子或男性近亲属能够照顾他们,(处理案件的官员)须向皇帝呈报。皇帝可能会选择宽恕及赦免罪犯,让他回家照顾年迈的父母。④ 到了公元516~517年,法典本身就包含了这条规定,并且将这类情况的宽恕扩展到被判处流放的罪犯身上。⑤《唐律疏议》中也发现了类似的规定,尽管不完全相同。⑥

四、结论

中国传统社会一个重要的基本特征是在政治、社会及家庭关系上,它都体现

---

① 参见(宋)范晔:《后汉书》,中华书局1965年版,第2101页。

② 参见程树德著:《九朝律考》,中华书局1988年版,第238页、第259页。

③ 参见(宋)李昉:《太平御览》,中华书局1985年版,第2894页,646.7a;瞿同祖:《中国法律与社会》,亥伯龙出版社1980年版,第76页。

④ 参见程树德著:《九朝律考》,中华书局1988年版,第373页。

⑤ 同上书,第357页;瞿同祖:《中国法律与社会》,亥伯龙出版社1980年版,第76页、第77页。

⑥ Article 26;Johnson I,p. 152.

了典型的等级制度。在最为普遍的意义上,这项社会建构原则旨在形成“尊”与“卑”“上”与“下”的相对关系,后者对于前者有服从和尊敬的义务。更具体地说,社会由大量的二元对立关系组合而成,在这种关系中一方居于“低位”,另一方则居于“高位”。其中最重要的是父子关系及君臣关系,它们被认为是基于自然本性而生,统治精英也通过正确地维持这两组关系,从根本上保证国家的稳定和富强。不仅如此,父子伦理中蕴含的孝顺义务也被看作每个臣民对君主尽忠诚义务的基础或支柱。

国家竭尽所能地鼓励臣民培育“孝”和“忠”这两项价值同构的美德。这两种美德在道德教化和法律中显然都发挥了重要的作用。我们之前已经阐述了《圣谕广训》的立场。《唐律疏议》以及后世历朝的法律对违背忠君义务或违背尊重、服从父亲义务的行为都设立了刑罚,且通常为死刑。本文追溯了从秦到唐这段过程中,在法律所执行或鼓励的所有道德观念中,孝如何逐渐占据了核心的地位。从汉代起,影响治国理政的儒家正统思想认为父子关系是社会结构中的一大支柱,构成了现存自然秩序的一部分。在这种秩序中人类社会的一些成员被赋予“尊”的身份,而另一些则居于“卑”的位置。儒家道德教化及受其影响的法律的基本立场都是确保父子之间等级关系的维持。这种关系以后者对前者具有尊敬和服从义务为首要特征。在法律层面上维持该关系主要靠对不孝行为定罪处罚来实现。当然,孝行也可能会受到各种方式的正面奖励。

无论儒学有多重要,它也仅仅解释了中华帝国政府尊崇孝道的部分原因。儒学为这种价值在道德教化和法典中的优先地位提供了观念上的支撑。它也导致了法律惩罚不孝行为时过分严厉。然而,正如我们从秦国制度中看到的,即使未深受儒家思想之影响的政权也承认孝的重要性。秦朝的统治者、政治家们,和他们的继任者一样,将政治权威奉为基本原则。他们认为儿子服从父亲是臣民服从君主的有效的,甚至可能是关键的典范。这股实用主义的思潮并未随着秦帝国的覆灭而消失,它与儒家教义一起持续影响着帝国的政策,而这些儒家教义在政府对基本道德信念的阐述中体现出来。无论是法律对维持儒家核心道德信念的关切,还是政府对维持权威的关切(这种权威是实施有效统治的关键),孝都为它们提供了很好的诠释。这些事实不是独立的,而是相辅相成的。儒家和非儒家学说都将父子关系——与君臣关系一样——视为一种以“卑”对“尊”的尊敬与服从为特征的等级关系。两种学说都认为这种关系的正确维持是社会稳定最关键的要素。

[**译后记**]

1983~1984年,一份重要的汉朝法律文献汇编在中国的一座墓中被挖掘出来。这些文献直到2001年才对外公布(《张家山汉墓竹简247号墓》,北京)。这些竹简中包含了公元前186年的法律,即《二年律令》。这份法令中规定的罪行如下:(1)子女故意杀害或者伤害父母,应当被枭首示众;(2)子女谋杀父母或者殴打或者诅咒父母或祖父母,或者父母向官府控告子女不孝的,子女应当被斩首;(3)若父母告儿子不孝,则儿子的妻子和孩子都将受到奴役。在这些新证据的启发下,文章中的一些观点需要重新考虑。

中英词汇对照

A

A. Cheng　程艾蓝
A. F. P. Hulsewe　何四维
A. F. Wright　芮沃寿
A. J. Nathan　黎安友

B

B. K. arlgren　高本汉
B. Watson　华兹生

C

C. A. Moore　查尔斯·A. 穆尔
C. Chai　翟楚
Chang Chia Shan Han Mu Chu Chien-ErhSzuCh'iHao Mu　张家山汉墓竹简247号墓

D

D. C. Buxbaum　包恒
D. Johnson　姜士彬

E

E. Balazs　白乐日
E. L. Shaughnessy　夏含夷
E. S. Rawski　罗友枝
ErhNien Lu Ling　《二年律令》

F

F. H. Jacobs　F. H. 雅各布
F. W. Baller　鲍康宁

H

H. Bielenstein　毕汉思
H. H. Dubs　德效骞
H. Maspero　马伯乐
ho mai　和卖
Hsiao ching　《孝经》
hsiao　孝
Hsieh Yu-wei　谢玉伟
Hsinlu　《新律》

I

I. P. Kamenarovic　I. P. 卡梅纳洛维奇

J

J. Dull　杜敬轲
J. Legge　理雅各
J. Levi　乐维
J-D Lee　李贞德

K

K. McLeod　卡特里娜·麦克劳德
K. N. Knapp　南恺时
king Wu and the Duke of Chou　周武王
kuo shih sha　过失杀
kusha　故杀

L

Li Kung-lin　李公麟
ling　令
Lord Shang　商鞅
lu　律
Lunyu　《论语》

M

M. Carson　迈克尔·卡森
M. Dalby　迈克尔·多尔比
M. E. Lewis　陆威仪
M. Ikezawa　池泽优
M. Kern　柯马丁
M. L. Makra　玛丽·莱拉·马卡拉
M. Loewe　鲁唯一

N

N. Kutcher　柯启玄
neiluan　内乱

P

P. K. T. Sih　薛光前
pu mu　“不睦”
puhsiao　不孝
putao ta ni　大逆不道
putao　不道

R

R. Heuser　罗伯特·胡瑟
R. M. Barnhart　班宗华
R. Wilhelm　卫德明
R. Yates　叶山

S

S. A. Pearce　裴士凯
S. A. Queen　桂思卓
S. Couvreur　顾赛芬
S. R. Schram　斯图尔特·R. 施拉姆
Sacred Edit　《圣谕广训》
sha　杀害
shang　伤
Sir Aurel Stein　马尔克·奥莱尔·斯坦因爵士
ssu k’ou　司寇
ssu t’u　司徒

T

T’ung-tsoCh’u　瞿同祖

ta ni　大逆

ta　打

tousha　斗杀

tsei　贼

tseilu　《贼律》

V

V. Mair　梅维恒

W

W. Chai　翟文伯

W. E. Soothill　苏锡尔

W. G. Boltz　鲍则岳

W. Johnson　华勒斯·约翰逊

烫手山芋

——1898年以前的中国上访制度①

方　强* 著

蒋　辰　王鹏飞 译

姚　远　方　强 校

近年来,中国以及其他国家与地区的媒体逐渐意识到中国上访制度[complaint system(shangfang zhidu, lit. "the system of going up to visit")]的重要作用。每天,全国各地数以万计的民众——单枪匹马或成群结队,合法地或非法地——涌向各级特殊的机构(special bureaucracy),这些机构是由政府建立的用来接待来访群众申诉冤屈的。诸多中外学者均对此现象进行了研究并著书立说,加深了我们对这一现象的理解。然而他们的这些叙

---

① 本次研究得到了布法罗大学(University at Buffalo)弥尔顿·普勒苏论文奖学金(Milton Plesur Dissertation Fellowship)的大力支持。笔者特别感谢恩师戴福士教授(Professor Roger Des Forges)在论文写作过程中的鼓励、建议和指导。还要感谢《亚洲学刊》(*The Journal of Asian Studies*)前任编辑肯尼思·乔治(Kenneth George)以及两位匿名的审稿人在修订本文时提出的中肯评论与宝贵建议。

* 方强,明尼苏达大学(德卢斯校区)(University of Minnesota Duluth)历史系助理教授(现为历史系副教授),研究方向为中国法律政治史。原文为"Hot Potatoes: Chinese Complaint Systems from early Times to 1898", in *The Journal of Asian Studies*, Vol. 64, No. 4(November)2009: 1105-1135。

述[①]均仅仅着眼于当代中国,那些关注过去时期相似制度的学者倾向于研究某一项上访制度或特定时期、地点的其他上访制度[②][参见杨一凡、刘笃才1998年关于唐朝匦函的研究;欧中坦(Jonathan K. Ocko)1988年关于清朝的研究;周广元[③](音译)(Zhou Guangyuan)1993年关于四川的研究;黄源盛2002年关于中华民国的研究]。为了更好地理解中国当前上访制度的起源、特征以及可能的命运,我们需要了解更多关于过去制度的历史以及确定它们和当代制度的相关性。

本文是基于现有的研究成果并使用了原始文献,对中国有文字记载以来的时代直到晚清上访制度的发展进行了深入而有系统的叙述。本文认为,中国的上访制度作为一种理想化的实践源于上古神话时期,并且作为一系列非正式的制度在汉代(公元前206~公元前220年)和其后的朝代中逐渐形成,在唐朝(618~907年)上访就已经演化成为一种相当成熟的制度。在其后的宋(960~1279年)、元(1279~1368年)、明(1368~1644年)、清(1644~1911年)各朝中,上访制度又经历了重大的修正。尽管上访制度频频造成国家的困窘,也常常无法满足民众的需要,但它却深深地植根于那广受认同的观念——“天理抗争”。换言之,这项制度对统治者们来说,拿在手里太烫,但考虑其价值又不舍得丢弃。用一个在中国和其他地方通行的比喻来说,那就是“烫手山芋”(hot potatoes)。

---

① See Neil J. Diamant, “Hollow Glory: The Politics of Rights and Identity among PRC Veterans in the 1950s and 1960s”, in *Engaging the Law in China: State, Society, and Possibilities for Justice*, ed. Neil J. Diamant, Stanley B. Lubman, and Kevin O'Brien, 131 – 60, Stanford, Calif.: Stanford University Press, 2005, pp. 131 – 160;刁杰成著:《人民信访史略》,北京经济学院出版社1996年版;Laura M. Luehrmann, “Officials Face the Masses: Citizen Contacting in Modern China”, (PhD diss., Ohio State University, 2000);Laura M. Luehrmann, “Facing Citizen Complaints in China, 1951 – 1996”, *Asian Survey*, 43(5): 845 – 66, 2003;Carl F. Minzner, “Xinfang: An Alternative to the Formal Chinese Legal System”, *Stanford Journal of International Law*, 42(1): 103 – 79, 2006;Kevin J. O'Brien and Li Lianjiang, “The Politics of Lodging Complaints in Rural China”, *China Quarterly*, No. 143: 756 – 83, 1995;Kevin J. O'Brien, *Rightful Resistance in Rural China*, Cambridge: Cambridge University Press, 2006;Isabelle Thireau, and Lin Shanhua, “The Moral Universe of Aggrieved Chinese Workers: Workers' Appeals to Arbitration Committees and Letters and Visits Offices”, *China Journal*, No. 50: 83 – 103, 2003;应星著:《大河移民上访的故事》,生活·读书·新知三联书店2001年版;应星:《作为特殊行政救济的信访救济》,载《法学研究》2004年第3期;于建嵘:《信访制度改革与宪政建设》,载《二十一世纪》2005年7月31日。

② 杨一凡、刘笃才:《中国古代匦函制度考略》,载《法学研究》1998年第1期;Jonathan K. Ocko, “I'll Take It All the Way to Beijing: Capital Appeals in the Qing”, *Journal of Asian Studies*, 47(2): 291 – 315, 1988;Zhou Guangyuan, “Illusion and Reality in the Law of the Late Qing: A Sichuan Case Study”, *Modern China*, 19(4): 427 – 56, 1993;黄源盛:《民国第一个行政诉讼审判机关——民初平政院裁决书整编与初探》,载张晋藩编著:《20世纪中国法制之回顾与前瞻》,中国政法大学出版社2002年版。

③ 译者查阅了“Zhou Guangyuan”的这篇论文,发现其在作者信息处标注的大学为加州大学洛杉矶分校(University of California Los Angeles)。中文名尚不清楚,故在此处音译。——译者注

本文只是开始宏大研究的第一步，即提出关于所谓中国历史中的"法治"的基础性问题。① 中国两三千年的历史通常被贴上"传统的"、"封建的"和"帝国的"（姑且不提"停滞的"和"专制的"）的标签，我们暂且撇去这些通常的范式，考察贯穿了大约两千年间的各种上访制度的线性和周期性变化形式及其持续性和延续性特征。② 这项制度止于著名的"清末新政"（1898～1911年）前夕，这场晚清改革是当时统治者努力将更大世界（包括我们通常所说的西方）的理念与实践纳入考虑之中。③ 尽管20世纪中国上访制度的变迁相较于过去无疑是极端而操切的，但是仍然在某种程度上与现代的、资本主义或社会主义的以及共和政体的世界相联系的规则保持着一致。在进入21世纪后，我们将得到更多的证据证明：这些理念、实践以及该制度在中国千年历史中延续及变化的形式在一个日益全球化的（而非整合的）世界中将继续激发与塑造中国的法律体系。

一、上古神话时期理想化的上访制度

上访制度在中国拥有悠久的历史，但并不总是现在的模样。"上访"一词概念的形成很可能起于东周时代（公元前771～公元前246年），也似乎就是中国的法的基本概念形成的时期。④ 我们所能找到的第一份关于上访制度的书面记录

---

① See Fang Qiang, and Roger V. Des Forges, "Were Chinese Rulers Above the Law? Toward a Theory of the Rule of Law in Chinese History", *Stanford Journal of International Law*, 44(1): 101－46, 2008. 此处即翻译项目中方强教授的另一篇文章《权大于法？中国法治理论古今谈》。——译者注

② 若读者对此种研究范式有所疑问，参见 Roger V. Des Forges, *Cultural Centrality and Political Change in Chinese History: Northeast Henan in the Fall of the Ming*, Stanford, Calif.: Stanford University Press, 2003, pp. xvi-xviii; Roger V. Des Forges, "Toward Another Zhou or Tang? Views from the Central Plain during the Shunzhi Reign", in *Time, Temporality, and Imperial Transition: East Asia from Ming to Qing*, ed. Lynn A. Struve, 73－112, Honolulu: University of Hawai'i Press, 2005, pp. 73－74; Jack Goldstone, "Neither Late Imperial nor Early Modern: Efflorescences and the Qing Formation in World History", In *The Qing Formation in World-Historical Time*, ed. Lynn A. Struve, 243－301, Cambridge, Mass.: Harvard University Asia Center, 2004, pp. 242－302。

③ 任达（Douglas R. Reynolds），*China, 1898－1912: The Xinzheng Revolution and Japan*（《新政革命与日本——中国，1898～1912》，本书已由李仲贤翻译，江苏人民出版社1998年版。——译者注），Cambridge, Mass.: Harvard University Press, 1993, p. 1; Peter Zarrow, "The Reform Movement, the Monarchy, and Political Modernity", In *Rethinking the 1898 Reform Period: Political Change in Late Qing China*, ed. Rebecca Karl and Peter Zarrow, 17－47, Cambridge, Mass.: Harvard University Press, 2002, pp. 18－19；有关上访制度改革的影响，请参见 Fang Qiang, "A Hot Potato: The Chinese Complaint Systems from Early Times to the Present", (PhD diss., University at Buffalo, 2006)。

④ See Liu Yongping, *Origins of Chinese Law: Penal and Administrative Law in Its Early Development*, Oxford: Oxford University Press, 1998, p. 9.

来自汉代。伟大的史学家司马迁(公元前135~公元前190年)在《史记》中引述汉文帝(公元前180~公元前157年在位)说过的一段话:"古之治天下,朝有进善之旌,诽谤之木,敢谏之鼓。所以通治道而来谏者。"其意思为古代的贤王曾在宫廷中为那些呈递良言善谏的人竖立了一面旗帜(进善之旌)①以及为那些意欲批评统治者的人备置一块木牌(诽谤之木)。②

另一份汉代文献《周礼》把以下两种上访的形式归因于古代贤君尧、舜的创造。其一便是一面放置于深宫大门之外的鼓。③ 大仆④——其职责是维护君权,传达王命,惩罚忤逆君王的臣子——负责管理这面大鼓,在其他地方得不到救济的冤屈之人可以来击打这面鼓。大仆"闻鼓声,则速逆御仆与御庶子"。⑤ 其二便是利用一块红色的石头,也叫"肺石",它允许"凡远近惸独老幼之欲有复于上,而其长弗达者,立于肺石",道出他们的冤屈。⑥ 后来的学者们认为"诽谤之木""路鼓"和"肺石"制度都是周代创立的,并且此观点也为当代学者所接受。⑦

虽然对于上述的制度存在于周朝并没有考古和书面材料的证据,但是周朝还是通过著名的"天命"理论建立了其政治的正当性。⑧ 自此以后,中国的统治者们宣称其权力的获取部分基于由人民的态度所揭示的"天命"。在某种政治构想当中,人民被视为国家的根本,即"民惟邦本"。⑨ 存在于周代的"诽谤之木"、"路鼓"和"肺石"的理念仍被用来使汉代的统治者承担责任。比如,在东汉顺帝(公元125~144年在位)年间,有超过80人因诽谤朝政被捕入狱并遭到严刑拷打,当时负责公共工程的大臣司空张皓向皇帝进谏:"尧舜设敢谏之鼓,三王树诽谤之

---

① 专用术语表中为"荆善之旌"。——译者注

② 参见(汉)班固:《汉书》,中华书局1975年版,第118页;(汉)司马迁:《史记》,中华书局1975年版,第423页。

③ 此处可能是指"敢谏之鼓"。《周礼·夏官·大仆》记载:"建路鼓于大寝之门外,而掌其政。"——译者注

④ 大仆,官名。《周礼》记载夏官司马所属有大仆,设下大夫二人,赞襄礼仪、规正王的服装和站立的位置,传达王命。所属有小臣、祭仆、御仆。——译者注

⑤ (清)孙诒让:《周礼正义》,中华书局1987年版,第2499页。

⑥ 参见鲁嵩岳著:《慎刑宪点评》,法律出版社1998年版,第278页。

⑦ 参见Chen Xi,"An Authoritarian State and a Contentious Society:The Case of China",(PhD diss.,Columbia University,2006),pp.47-48;杨一凡、刘笃才:《中国古代匦函制度考略》,载《法学研究》1998年第1期。

⑧ See Michael Loewe and Edward L. Shaughnessy eds.,*The Cambridge History of Ancient China:From the Origins of Civilization to 221 B. C.*,Cambridge:Cambridge University Press,1999,chap. 5.

⑨ 《尚书》,湖南文艺出版社2003年版,第208页。《尚书·五子之歌》:"皇祖有训,民可近,不可下。民惟邦本,本固邦宁。"——译者注

木。”如果顺帝违反了这些做法当中的开明精神(liberal spirit),那将导致“天下杜口,塞谏争之源,非所以昭德示后也”,[①]统治者由此也会被剥夺凭借天命统治的正当性。

二、汉代:早期非正式的上访制度

根据宋朝史学家司马光的描述,早期只有一种被证实的上访制度——诣阙,即走向宫门。[②] 比如,在公元前284年,战国时期齐国的相国淖齿控诉齐王:“有人当阙而哭者,求之不得,去则闻其声,王知之乎?”昏庸的齐愍王对在其宫门前哭诉冤屈的百姓置之不理。[③] 在汉代也是如此,使用最为广泛且最为重要的接待访民的方式便是允许其诣阙上书。[④] 公元前167年,在仁慈的皇帝汉文帝统治时期,一位名为缇萦的年轻姑娘在汉帝国都城长安的宫门前哭诉冤屈,因为她不愿意她的父亲[⑤]——一位低级官员——将要遭受肉刑。她的上书不仅到达了皇帝的手中,挽救了其父亲的性命,而且成功劝服了统治者,文帝有感“夫刑至断肢体,刻肌肤,终身不息,何其楚痛而不德也,岂称为民父母之意哉”,在其后不久就废除了大部分毁损肢体的刑罚。[⑥] 在汉代,各级官员包括平民百姓都可以直接向统治者申诉。在东汉年间,一位来自平原地区(现今山东省境内)的平民百姓襄楷致信批评汉桓帝(公元146~167年在位)将那些清白正直的官员处以极刑,并阻塞忧国之臣的进谏忠言。他写道:“汉兴以来,未有拒谏诛贤,用刑太深如今者也。”[⑦]尽管汉桓帝对他的谏言并未作出回应,但是我们可以看到在东汉年间,平民百姓是

---

① (宋)司马光:《资治通鉴》,中华书局1956年版,第1796页。

② See Herrlee Glessner Creel, “Legal Institutions and Procedures during the Chou Dynasty”, In *Essays on China's Legal Tradition*, ed. Jerome Alan Cohen, R. Randle Edwards, and Fu-mei Chang Chen, 26 - 55, Princeton, N. J.: Princeton University Press, 1980, pp. 33 - 34, 40; Karen Turner, “War, Punishment, and the Law of Nature in Early Chinese Concepts of the State”, *Harvard Journal of Asiatic Studies*, 53(2):285 - 324, 1993, p. 308. 颖川太守赵广汉曾发明一种短期存在的地方性上访制度——缿筩(petition canister)。参见(汉)班固:《汉书》,中华书局1975年版,第3200页。

③ 参见(宋)司马光:《资治通鉴》,中华书局1956年版,第126~127页。

④ 很遗憾,汉代的法典基本已经散佚,根据残片拼凑恢复起的法典中并没有任何证据证明这种上访制度的存在。参见 A. F. P. Hulsewe, “Ch'in and Han Law”, In *The Cambridge History of China*, Vol. 1, *The Ch'in and Han Empires 221 B. C. - A. D.* 220, ed. Denis Twitchett and John K. Fairbank, 520 - 45, Cambridge: Cambridge University Press, 1995, p. 520。

⑤ 指齐国的太仓令淳于越。——译者注

⑥ 参见蒲坚著:《中国古代行政立法》,北京大学出版社1990年版,第175页;(宋)司马光:《资治通鉴》,中华书局1956年版,第49页。

⑦ (南朝刘宋)范晔:《后汉书》,中华书局1965年版,第1076页。

允许对政府的公共政策提出批评质疑,并且不受追究(至少在此个案中如此)。当然,在这种情形下,国家权威的衰退可能与允许诽谤朝政、针砭时事并且不受追究的氛围不无关系。

汉代的官员和百姓仍然采取"公车上书"的做法进行上访。这种方式原先是指:汉朝得到察举的士人入京师接受考核,皆由公家配备马车来回接送,以示礼遇。有一个案例显示,一位东汉的统治者为公车车夫拒绝这样的上访而担忧。根据东汉的学者王符的记载,①汉明帝(公元57~75年在位)统治时期,一位公车车夫因诉冤人提交时间错误而拒绝转递上访文书,汉明帝对此十分惊讶。皇帝写道:"民废农桑,远来诣阙,而复拘以禁忌,岂为政之意乎?"②汉明帝因此废除了禁止在禁忌日上访的规定。③

为何在汉代如缇萦、襄楷这样的上访者胆敢直接上书给皇帝而不用担心受到惩罚呢?为何像汉文帝、汉明帝这样的君王乐意接受平民的上访并且嘱咐官员不得横加阻挠呢?其中一个回答便是汉朝是由布衣将相建立的,早期的王朝统治者遵循"平民主义"的统治理念,④这反过来也加强了周代以来"民本"的思想。汉武帝(公元前141~公元前87年在位)⑤时期,汉代的儒家学者董仲舒发展出了"天人感应"学说。⑥ 根据他的观点,"灾者,天之谴也;异者,天之威也",一些自然现象——如日月亏蚀、地震等——都是对统治者执政错误的警告。"天出灾异以谴告之,谴告之不知变,乃见怪异以惊骇之,尚不知畏恐,其殆咎乃至",⑦倘若统治者对此种告诫置之不理,一个真正的大灾难便会接踵而来。东汉史学家班固写道,"天下狱二千余所,其冤死者多少相覆,狱不减一人,此和气所以未恰者也"⑧,

---

① 详见王符的《潜夫论·爱日篇》。——译者注

② 引自《后汉书·王充王符仲长统列传》。——译者注

③ (南朝刘宋)范晔:《后汉书》,中华书局1965年版,第1640页。

④ See Roger V. Des Forges, *Cultural Centrality and Political Change in Chinese History: Northeast Henan in the Fall of the Ming*, Stanford, Calif, Stanford University Press, 2003, p. 318.

⑤ 原文为"r. 141 – 187 BCE"。——译者注

⑥ See Hsiao Kung-Chuan, *A History of Chinese Political Thought*, Vol. 1, *From Beginnings to the Sixth Century A. D.*, Princeton, N. J., Princeton University Press, 1979, p. 487; John S. Major, *Heaven and Earth in Early Han Thought: Chapter Three, Four, and Five of the Huainanzi*, Albany: State University of New York Press, 1993, p. 175.

⑦ (汉)董仲舒:《春秋繁露 天人三策》,岳麓书社1997年版,第148页。

⑧ (汉)班固:《汉书》,中华书局1975年版,第1108~1109页。

倘若某人含冤而终，便会惊扰天的和谐。公元53年，①在一次日蚀中，开国皇帝光武帝刘秀（公元25~57年在位）立即遣使前往各处囹圄，调查囚犯的冤情，很快特赦了其中一部分犯人，并将他们释放。②

当然，汉朝的上访者们（包括我们上文提及的）的夙愿并不都能得到处理，也并不是每次都能得到他们满意的处理结果。允许百姓在禁忌日上访的东汉汉明帝因逮捕了一千多人而遭到他的教育大臣司徒鲍昱的指责。尽管缺乏证据来判断这些被捕者是否有罪，但我们似乎可以看出在此案件中皇帝使用了高压手段，这种傲慢的姿态是源自东汉统治阶层固有的贵族特质。③

东汉的学者王符认为百姓控诉官员滥权伤民是非常困难的，因为他们往往官官相护。④ 因此，尽管汉朝是由平民建立，并且乐于接受百姓的批评建议，但是王朝最终仍然因为忽视民众的利益诉求而为百姓所推翻。

三、魏晋到隋：基于早期模式的额外上访制度

在汉朝覆灭后的公元3世纪初，其后各个政权都通过沿袭周朝、汉朝的模式来建立其统治的合法性，在此种模式之下，统治者被认为是亲民的。⑤ 晋朝的奠基人晋武帝司马炎（公元265~290年在位）具有深厚的儒学知识背景，他依据《周礼》设置了“登闻鼓”制度。⑥ 晋武帝驾崩不久，在公元291年，太保主簿⑦刘繇挝登闻鼓控诉楚王司马玮非法杀害太保卫瓘的罪行。⑧

---

① 原文为“52 CE”。根据《后汉书》记载，“二十九年二月丁巳朔，日有蚀之，在东壁五度。东壁为文章，一名娵訾之口。先是皇子诸王各招来文章谈说之士，去年中，有人上奏：‘诸王所招待者，或真伪杂，受刑罚者子孙，宜可分别。’于是上怒，诏捕诸王客，皆被以苛法，死者甚多。世祖不早为明设刑禁，一时治之过差，故天示象。世祖于是改悔，遣使悉理侵枉也”，公元53年（建武二十九年）发生了日蚀。——译者注。

② 参见（南朝刘宋）范晔：《后汉书》，中华书局1965年版，第80页。

③ See Ch’ü T’ung-Tsu, *Han Social Structure*, Seattle: University of Washington Press, 1972, pp. 202-228.

④ See Etienne Balazs, *Chinese Civilization and Bureaucracy: Variations on a Theme*, Trans. H. M. Wright, New Haven, Conn.: Yale University Press, 1964, p. 203; Hsiao Kung-Chuan, “A History of Chinese Political Thought”, Vol. 1, *From Beginnings to the Sixth Century A. D.*, Princeton, N. J.: Princeton University Press, 1979, p. 539.

⑤ 参见（宋）司马光：《资治通鉴》，中华书局1956年版，第145页、第256页；张晋藩著：《中国法律的传统与近代转型》，法律出版社1997年版，第29页。

⑥ 参见曾宪义编著：《中国法制史》，北京大学出版社2002年版，第138页。

⑦ 专用术语表中为“太保主薄”。——译者注

⑧ 参见（宋）司马光：《资治通鉴》，中华书局1956年版，第2611页。

北魏(公元386~534年)承袭了晋朝的登闻鼓制度。在北魏世祖拓跋焘(公元423~452年在位)登基之后不久,其在宫门左侧亦放置一面大鼓,供含冤之人挝击申诉。负责看管登闻鼓的官员均有义务将任何击打此鼓之人的冤屈禀明圣上。公元436年,为了整顿吏治,也有可能是为了在兵荒马乱的年代中加强中央集权,拓跋焘规定任何官员与平民均有义务向皇帝禀告地方官员在其各自管辖地域内所犯的罪行。这道命令是历史上第一次鼓励百姓进行所谓的"越诉",①即跳过怠慢的地方官员直接向皇帝申诉。②

梁武帝萧衍(公元502~549年在位)登基之后,他遵循古代模式设立了"公车府",并在其衙署外置"诽谤之木"和"肺石"。他解释道:"夫大政侵小,豪门凌贱四民已穷,九重莫达。若欲自申,并可投肺石函。"③或许"诽谤之木"和"肺石"在中国的其他地方早已存在,但是梁代"公车府"制度是关于他们实际存在与运行的第一份无可争辩的证据。当然,这些制度的存在并不必然意味着它们在当时备受重视。梁武帝为后人诟病"急于黎庶,缓于权贵"。④

隋文帝杨坚(581~604年在位)登基后效仿梁武帝也推行了诸多措施,使他的法律制度更为仁慈。隋文帝将"十恶"——一些非常严重以至于不能被赦免的犯罪——法典化,废除了许多酷刑,并且明显保留了之前的上访制度。但是不久之前为北魏所采用的越级上诉制度,遭到了隋文帝的反对。他命令所有的上访必须依照行政等级从低到高逐级进行,仅当州长官拒绝受理百姓的申诉时,受冤人才能诣阙上书。倘若仍无法满足夙愿,受冤人才得挝登闻鼓申诉。然而,和梁武帝一样,隋文帝很快就显露出皇权对于正当程序的优先性,而这种正当程序适用于审判违法之人。他甚至制定了中国历史上最严苛的法律——"盗一钱弃市",严刑峻法导致了民怨沸腾。如果真的要解决,受冤人只能通过逐级上访,而不是

① 越诉在德川幕府时期的日本也非常普遍,日本人将其称为"end-run appeal"(译者查阅相关资料后得知"end-run"原为美国橄榄球战术,即"线外侧迂回进攻":带球跑的队员试图绕着防御线的一端兜圈子前进。后来引申为非正式用语,意为"以欺骗或诡计绕过阻碍"。——译者注)。参见James White, *IKKI*:*Social Conflict and Political Protest in Early Modern Japan*(一揆,日语词汇,即中文的"起义"。——译者注)Ithaca,NY:Cornell University Press,1995,p. 143。

② 参见(北齐)魏收:《魏书》,中华书局1974年版,第2874页;James White, *IKKI*:*Social Conflict and Political Protest in Early Modern Japan*,Ithaca,NY:Cornell University Press,1995,p. 143.

③ (清)朱铭盘:《南朝梁会要》,上海古籍出版社1984年版,第542页。

④ 同上书,第539页。根据清代史学家朱铭盘所言,在梁武帝统治后期,由于政治腐败,司法误判,奸吏滥用权力导致民怨沸腾。

直达上诉。①

四、由唐至清:上访的制度化

(一)唐朝

兼收了前朝创设的各种上访制度的优点,唐朝建立了一个更加完善而成熟的体系以服务于这个更加开放持久的政体。唐朝首次将上访制度化,并且细分了三种主要的上访形式——直达(中央机关或皇帝)上诉(访)、越级上诉(访)、逐级上诉(访)。在那部对后世影响深远的法典(《唐律》)中,对于每种上访形式作出了允许与禁止的规定。②

正如隋朝,唐朝的统治者也要求上访者遵循既定的行政层级:首先应求助于当地政府,如不满足,才得以向上申诉,直至处理国家事务的机构——尚书省,最后到达中央政府——三司,即大理寺、刑部和御史台。"又不伏者,上表。受表者又不达,听击登闻鼓。"③一方面,唐律规定除了官方认可的逐级上诉制度以外,越诉是非法的,官员是不得受理越诉的,"其越诉及官司受者,各笞四十";另一方面,唐律又规定对于应当受理"推抑而不受者,笞五十"。可见,拒绝受理比错误受理越诉处罚更严重。④

除了那些为加强正当程序而设计的严苛法律之外,似乎很多上访者仍然无视法律规定,而常常擅自越诉。实际上在公元722年、公元840年和公元847年,由于越诉数量猛增,皇帝多次发布法令禁止越诉,尤其禁止民事案件直接上诉到匦函和御史台——"自今已后,伏请应有论理公私债负,及婚田两竞,且令于本司本州府论理,不得即诣台论诉。"⑤

虽然唐朝禁止越诉(尽管并不成功),但是还是允许某些特殊的直达上诉:挝

---

① 参见(唐)魏徵:《隋书》,中华书局1973年版,第714页。隋文帝颁布的法典《开皇律》现已散佚,我们找不到任何对于越级上诉的惩罚措施。但是,我们在唐代的律法中找到了惩罚越级上诉的规定,因为唐袭隋律,由此推定隋律亦有相应的惩罚措施。

② See Wallace Johnson trans. and ed., *The T'ang Code*, Vol. 2, *Specific Articles*, Princeton, N. J., Princeton University Press, 1997, pp. 415 – 416; Geoffrey Maccormack, *The Spirit of Traditional Chinese Law*, Athens: University of Georgia Press, 1996, p. 28.

③ (唐)李林甫:《唐六典》,中华书局1992年版,第192页;钱大群、艾永明著:《唐代行政法律研究》,江苏人民出版社1996年版,第330页。

④ See Wallace Johnson trans. and ed., *The T'ang Code*, Vol. 2, *Specific Articles*, Princeton, N. J.: Princeton University Press, 1997, pp. 414 – 415; (唐)长孙无忌:《唐律疏议》,法律出版社1999年版,第482页。

⑤ (宋)王溥:《唐会要》,上海古籍出版社1991年版,第1231页。

登闻鼓、邀车驾和上表。但是采取这种方式上访的百姓倘若“不以实者,杖八十”①。

《唐六典》允许竭尽所有其他方式都无法救济的上访者挝登闻鼓,但似乎这种特权也仅仅被赋予重要案件的当事人——“凡有冤滞不申欲诉理者”②。

除了以上提及的三种直达上诉的形式,在唐代还存在其他的上访手段。第四种合法的方式便是古老的“肺石”制度。刘俊文③认为登闻鼓和肺石被置于东西两都(洛阳、长安)的禁城之外。那些老弱病残的上访者只需要站在肺石旁边即可申冤。④ 宋代杰出学儒、科学家沈括宣称其曾经发现过唐代的肺石,“可长八九尺,形如垂肺”。⑤

第五种形式就是“诣阙”,它与我们之前所看到的最古老的上访形式非常相似。最为著名的贤君唐太宗李世民(公元626~649年在位)就允许上访者“惟尚书省不伏者于东宫上启,令承乾断决。今若有固执己见,谓理不尽,然后闻奏”。⑥公元845年,江都县尉被诬受贿而处死,其兄长诣阙诉冤,最终将对此事负有责任的相关地方官员降级。⑦

在唐朝,最流行的上访形式或许是“匦函”,⑧这项制度于公元686年由女皇武则天(公元690~705年在位)创制。“立匦之制,一房四面,各以方色。”⑨“申冤”只是该制度的一个作用,它还用于“招谏”、“延恩”和“通玄”。《唐六典》中记

---

① (宋)王溥:《唐会要》,上海古籍出版社1991年版,第483页。

② (唐)李林甫:《唐六典》,中华书局1992年版,第192页。

③ 原文音译“Liu Junyi”,应为“Liu Junwen”。——译者注

④ 参见(唐)李林甫:《唐六典》,中华书局1992年版,第192页;刘俊文著:《唐律疏义笺解》,中华书局1996年版,第1672页。

⑤ 刘俊文著:《唐律疏义笺解》,中华书局1996年版,第1672页。

⑥ (清)董诰:《全唐文》,上海古籍出版社1990年版,第20页。

⑦ 参见(后晋)刘昫:《旧唐书》,中华书局1975年版,173.4500。[英文原文为:“in 845, a commoner complained at the palace gate that his elder brother had been executed on the false charge of taking a bribe; the head of Jiangdu Township eventually succeeded in having the responsible local magistrate demoted.”此处不按英文原文直译。据《旧唐书·列传第一百二十三》记载:“会昌五年,扬州江都县尉吴湘坐赃下狱,准法当死,具事上闻。谏官疑其冤,论之。遣御史崔元藻覆推,与扬州所奏多同,湘竟伏法。及(李)德裕罢相,群怨方构,湘兄进士汝纳,诣阙诉冤,言(李)绅在淮南恃德裕之势,枉杀臣弟。德裕既贬,绅亦追削三任官告。”——译者注]

⑧ 德川幕府时期的日本也仿效中国使用匦函。参见 Dan Fenno Henderson, “Chinese Influences on Eighteenth-century Tokugawa Codes”, In *Essays on China's Legal Tradition*, ed. Jerome Alan Cohen, R. Randle Edwards, and Fu-mei Chang Chen, 270 – 301, Princeton, N. J.: Princeton University Press, 1980, p. 275。

⑨ (宋)司马光:《资治通鉴》,中华书局1956年版,203.6438。

述了负责管理匭函的知匭使“掌申天下之冤滞,以达万人之情状”。[①] 尽管匭函有可能是武则天为了接收有关其政治敌人的密报而设立,[②]但是后来便用于接待个人的上访。在公元705年武则天驾崩后,唐中宗李显(公元705~710年在位)颁布命令:“其官人百姓等,有冤滞未申,或狱讼失职,或贤才不举,或进献谋猷,如此之流,任其投匭。”[③]

匭函制度在唐朝中后期得到了一些微小的修正。在公元756年时,害怕重要的上访信函为官员所截留,唐肃宗李亨(公元756~762年在位)否决了大臣的建议——“请先视其事状,然后为投。”在公元838年和公元840年,唐文宗李昂(公元827~840年在位)发布法令规定:“所有进状及封章……取舍可否,断自中旨……”,并且“如知朝廷得失,军国利害,实负冤屈有司不为申明者,任投匭进状”。[④]

唐朝创设了一套复杂而成熟的上访体制努力传承周汉之治,希冀借此统治一个空前庞大的国家,以期长治久安。唐太宗自比周公,“昔周公诛管、蔡而周室安……朕之所为,义同此类”并羞愧坦言,相较于汉文帝“惜百金之费,辍露台之役,集上书囊以为殿帷,所幸夫人衣不曳地”,自己“近令造小随身器物”,过于奢侈。[⑤] 武周时期,一位有胆识的官员陈子昂诉诸汉代“天人感应”之说,强调“冤人吁嗟,感伤和气;和气悖乱,群生疠疫;水旱随之,则有凶年。人既失业,则祸乱之心怵然而生矣”。[⑥] 曾任刑部尚书的著名诗人白居易(公元772~846年)同样也认为,“一妇怀冤,三年大旱,一夫结愤,五月降霜”。将洪水和干旱与狱囚的冤屈联系在了一起。[⑦]

尽管唐朝的上访制度相较于前朝已经相当发达完善,但因为其对许多冤屈仍然无法救济而遭到同时代的学者、官员诟病。武则天创设了匭函制度,但是冤屈

---

① (唐)李林甫:《唐六典》,中华书局1992年版,第282页。

② See Fang Qiang, “A Hot Potato: The Chinese Complaint Systems from Early Times to the Present”, (PhD diss., University at Buffalo, 2006), p.38.

③ (清)董诰:《全唐文》,上海古籍出版社1990年版,第78页。

④ (宋)王溥:《唐会要》,上海古籍出版社1991年版,第1123~1125页。

⑤ 参见(唐)吴兢:《贞观政要》,时代文艺出版社2001年版,1.37,348;高长山著:《〈荀子〉详注今译》,黑龙江人民出版社2003年版,第538页。

⑥ (后晋)刘昫:《旧唐书》,中华书局1975年版,第2147页。

⑦ 参见(唐)白居易:《白居易集》,岳麓书社1997年版,第630页。据《奏阌乡、湖城等县禁囚事宜》记载:伏闻前件县狱中有囚数十人,并积年禁系,其妻儿皆乞於道路,以供狱粮。其中有身禁多年,妻已改嫁者;身死狱中,取其男收禁者……古者一妇怀冤,三年大旱,一夫结愤,五月降霜。以类言之,臣恐此囚等忧怨之气,必能伤陛下阴阳之和也。——译者注

并未因此减少,可以说反而增多了。陈子昂批评武则天对当时发生的许多不受法律约束的刑讯与死刑视而不见:“大开诏狱,重设严刑……滥及良善,则淫刑逞矣。夫人情莫不自爱其身,陛下以此察之,岂能无滥也?”而这正是许多冤屈的源头。①

即便在公元733年的盛唐时期,含冤之人并不能找到一个正式的衙署申诉,而只能依靠个别正直的官员洗冤昭雪。替百姓洗冤昭雪的大理卿袁仁敬突然病故,所有狱囚为之惆哭悲歌:“天不恤冤人兮,何夺我慈亲兮,有理无由申兮,痛哉安诉陈兮。”②要是当时的上访制度真如统治者所宣称的那样高效,那些狱囚又因何要为区区一个官员之死而恸哭流涕呢?晚唐时代的上访制度变得不再那么高效率了,白居易说晚唐的统治者忘却了那些上访者,对登闻鼓的鼓声“终岁而不闻于一声”。③

由于上访被阻拦,许多歇斯底里的访民聚集在首都以自残的方式来引起统治者的注意。因此,那位相对仁慈而关切百姓的唐玄宗在公元725年发布了一道诏令——《禁诉冤自刑诏》,规定:“身体发肤,受之父母,不合毁伤。比来有诉竞之人,即自刑害耳目。自今以后,犯者先决四十,然后依法。”④

五代时期(公元907~960年)的诸多政权承袭了唐代的制度,包括匦函在内。在五代后期,许多访民不经过地方各级官员的处理,直接向中央的大理寺上访。这大大激怒了后周太祖郭威(公元951~954年在位),他发布《禁越诉》规定:“向来百姓诉讼,不得越次诉论……如或越次诉论,所司不得承接。如有抵犯,准律科惩。”⑤

(二)宋朝

吸取了五代的教训,宋朝的奠基者在法律与政治领域进行了一系列改革。在创建了一个由隶属于统治者的文官组成的中央集权体制后,宋太祖赵匡胤(公元960~976年在位)颁布了他严格的法律。但是据说他“立法之制严,用法之情恕,狱有小疑,复奏辄得减宥”。⑥ 此外,宋太祖又立下了祖训“勒石三戒”——其中之一为“不杀士大夫”。这种受到儒家思想和佛教影响的宽大仁慈一直延续下去,

---

① 参见(清)董诰:《全唐文》,上海古籍出版社1990年版,第951~952页。

② (宋)王溥:《唐会要》,上海古籍出版社1991年版,第1123页。据《唐会要·卷第六十六·太仆寺、群牧使、大理寺、鸿胪寺、司农寺等》记载:二十一年七月。大理卿袁仁敬暴卒。系囚闻之。皆恸哭悲歌曰:“天不恤冤人兮,何夺我慈亲兮,有理无由申兮,痛哉安诉陈兮。”——译者注

③ (唐)白居易:《白居易集》,岳麓书社1997年版,第698页。

④ (南朝刘宋)范晔:《后汉书》,中华书局1965年版,第1872页。其相关内容应在《全唐文·卷二十九》中。——译者注;李希泌著:《唐大诏令集补编》,上海古籍出版社2003年版,第894页。

⑤ (清)董诰:《全唐文》,上海古籍出版社1990年版,第543页。

⑥ (元)脱脱:《宋史》,中华书局1977年版,第4961~4962页。

为后世宋朝统治者所继承。根据马伯良(Brian E. McKnight)的观点,在中国历史上,宋朝将这种大赦制度推向了极致。[①]

公元963年,宋朝颁布的法典基本沿袭了唐律,几乎没有增加任何条文。[②] 宋朝的法律规定禁止越诉,任何上访必须按照行政等级从低向高依次进行。[③] 正如唐朝一样,宋朝也承认了直达上诉。宋朝修正了唐律中禁止自残上访的规定:"自毁伤者,杖一百。虽得实而自毁伤者,笞五十。"《宋刑统》对上访者的自残行为处罚更为严厉,意在维持儒家提倡的"身体发肤,受之父母,不敢毁伤,孝之始也"的价值观。[④]

宋朝继承了唐朝登闻鼓和匦函制度,并且分别设立登闻鼓院(前身为宋朝的登闻院鼓司)和登闻检院[⑤](前身为宋朝的登闻院)来管理。[⑥] 第二位皇帝宋太宗赵光义(公元976~997年在位)设立了审刑院,"凡狱上奏,先达审刑院,印讫,付大理寺、[⑦]刑部断复以闻。乃下审刑院详议申覆,裁决讫,以付中书省。当,即下之;其未允者,宰相覆以闻,始命论决。盖重慎之至也"。[⑧] 与唐朝不同的是,宋朝将邀车驾作为最高的上访等级,而非众多上访级别之一。宋朝设立的理检院在公元997年短暂废除以后,宋仁宗赵祯(公元1022~1063年在位)又将其恢复,"如有指陈军国大事、朝政得失、大改冤枉累经诉理未获便名,或事干机密,并许诣检投进"。[⑨] 仁宗时期恢复后的理检院制度或许是为了弥补登闻检院和登闻鼓院效

---

① See Brian E. Mcknight, *The Quality of Mercy: Amnesties and Traditional Chinese Justice*, Honolulu: University of Hawai'i Press, 1981, p. 75.

② See John D. Langlois, "Living Law in Sung and Yuan Jurisprudence", *Harvard Journal of Asiatic Studies*, 41(1): 165-217, 1981a, p. 169; Ichisada Miyazaki, "The Administration of Justice during the Sung Dynasty", In *Essays on China's Legal Tradition*, ed. Jerome Alan Cohen, R. Randle Edwards, and Fu-mei Chang Chen, 56-75, Princeton, N. J.: Princeton University Press, 1980, p. 56.

③ See Ichisada Miyazaki, "The Administration of Justice during the Sung Dynasty", In *Essays on China's Legal Tradition*, ed. Jerome Alan Cohen, R. Randle Edwards, and Fu-mei Chang Chen, 56-75, Princeton, N. J.: Princeton University Press, 1980, pp. 60-69.

④ 参见(宋)窦仪等:《宋刑统》,中华书局1984年版,第377页。

⑤ 经译者查阅古籍发现,公元984年,宋太宗改"匦院"为"登闻院",受理检函。公元1007年,宋真宗改"登闻院鼓司"为"登闻鼓院",改"登闻院"为"登闻检院",由"登闻检院"受理检函。作者原文中遗漏"登闻检院",仅仅提到受理击鼓投诉的"登闻鼓院"。——译者注

⑥ 参见(宋)李焘:《续资治通鉴长编》,中华书局1979年版,第582页。

⑦ 专用术语表中为"大理司"。——译者注

⑧ (元)脱脱:《宋史》,中华书局1977年版,第4972页。

⑨ 杨一凡、刘笃才:《中国古代匦函制度考略》,载杨一凡、刘笃才编著:《百年法史考证重要论文选编》,中国社会科学出版社2003年版,第46页。(相关史实在《续资治通鉴·卷三七》中。——译者注)

率低下而设。因为它规定:“其称冤滥枉屈,而检院、鼓院不为进者,并许诣理检使审问以闻。”即登闻检院和登闻鼓院不受理的上访可以诉至理检使要求其调查。①可见,如果登闻检院和登闻鼓院办事高效,这种上诉也就没有什么意义了。

唐宋两代,登闻鼓制度都为百姓昭雪冤屈、针砭时政而在法律上得以保留。但是,在宋朝,登闻鼓却可能用于较诉冤和针砭时政更为次要的目的。太祖朝时,当时的国子博士周惟简以虞部郎中致仕心有不甘,于是挝登闻鼓,“上表复求出仕”。② 由此看来,宋朝的登闻鼓使用起来有时候并不按常规,但至少在这个案件中效率却很高。

宋太祖颁布严格的法律严禁越诉——“若从越诉,是紊旧章。自今应有论诉人等,仰所在晓谕,不得蓦越诉状。违者,先科越诉之罪,即送本属州县,据所诉依理区分。”③宋徽宗赵佶(公元1101～1125年在位)对此作出了轻微的变动,规定那些超过法律限定而被施刑过重的人可以向尚书省呈递诉状。皇帝的目的在于控制住那些酷吏,以免他们污损了圣上仁德宽厚的清誉而对王朝的延续造成了威胁——“比闻官司辄紊常宪,置杖不如法,决罚多过数,伤肌肤,害亲恤之政,朕甚悯之,辄违前令者,许赴尚书省越诉,以违御笔论。行杖人同,若被决人不诉,与同罪。”此时的北宋王朝已被强大的北方邻国所觊觎。④

---

① 参见郭东旭著:《宋代法制研究》,河北大学出版社2000年版,第547页。英文原文为:“The Song also established the Complaint Review Office (lijianyuan), which was abolished in 997, although Renzong (r. 1022－63) reestablished it for complaints and comments that had not been getting through to the throne (Yang and Liu 2003, 46). Contemporaries regarded the Complaint Review Office in the Song as ineffective in dealing with appeals because after Renzong restored it, he ordered that any complaint that was unacceptable to it and to the Department of the Drum could be appealed to the director of the office (lijianshi) for investigation (Guo 2000, 547). If the office had been effective, such appeals presumably would have been unnecessary.”译者未按原文文意翻译,已经将译文做了局部改动以符合史实。据《续资治通鉴长编·卷一零七》记载:“其称冤滥枉屈,而检院、鼓院不为进者,并许诣理检使审问以闻。”另据《宋史全文·卷七上》记载:“其登闻检院匦函改为检匣,如指陈军国大事、时政得失,并投检匣,画时进入;常事五日一进。其称冤滥枉屈而检院、鼓院不为进者,并许诣理检使审问以闻。时上封者言:‘自至道三年废理检院,而朝廷得失、天下冤枉,浸不能自达。’夏竦因请复置使领,上从其议。”似乎,此处的检院指的是“登闻检院”,而非作者所说的“理检院”。——译者注

② (宋)李焘:《续资治通鉴长编》,中华书局1979年版,第424页。(并非是“appoint”,而是“复求出仕”。据《续资治通鉴长编·卷一九》记载:“初平江南,太祖以周惟简为国子博士。惟简先有愿隐终南之言,不得已,乃上书述前志,求解官,改虞部郎中致仕。惟简实非本心,又无禄养,上即位,自东南至阙下求入见,有司以致仕官非有诏召无求对之制,於是惟简击登闻鼓,上表复求出仕。壬辰,授以故官,士论薄之。”——译者注)

③ 《宋大诏令集》,中华书局1962年版,198.729。

④ 同上书,198.729,292.759。

公元1127年,北宋王室从中原迁至南方。期间,"国既南迁,威柄下逮",由于新兴的地方主义和国家精英的流失,其丧失了大部分政治权威。① "州郡之吏亦颇专行,而刑之宽猛系乎其人。"②为了重新获取日益衰落的中央集权,南宋王朝(公元1127~1279年)不得不对越诉加以宽容。③ 南宋一些正直的地方官员也认为容忍越诉是合理的:"讼公吏取受,多因县官好恶之偏,所以经府,岂可罪其越诉?"④但是,正如北宋徽宗时期一样,南宋时也只有少数一部分上访能够越过地方官,其余的越诉都会遭到惩罚。⑤

由于宋太祖立下祖训,"不杀士大夫",而宋朝后来的皇帝又十分重视"民本",他们至少像前朝唐代的统治者们那样宽厚仁慈。宫崎市定从故纸堆中挖掘出了一桩发生于公元1068年一女子谋杀亲夫未遂的奇案。最高司法机构和一位高级官员许遵在子女孝道和夫妻忠诚的立场选择上发生了分歧,导致案件处理拖延一年。可见,此案反映出了宋代在权衡道德义务冲突与死刑执行中表现出的慎重。⑥

除了佛教和王安石理性主义⑦的影响,宋朝的统治者依然相信自汉代以来的

---

① See Robert Hymes, *Statesmen and Gentlemen: The Elite of Fu-Chou, Chiang-His, in Northern and Southern Sung*, Cambridge: Cambridge University Press, 1986, pp. 210 – 212.

② (元)脱脱:《宋史》,中华书局1977年版,第4962页。

③ 伊沛霞(Patricia Buckley Ebrey)认为南宋相较于前朝对于女性更加宽容,因为南迁促使官员努力掌握那些在北方并不普遍的习俗。参见 Patricia Buckley Ebrey, *The Inner Quarters: Marriage and the Lives of Chinese Women in the Sung Period*(《内闱:宋代的婚姻和妇女生活》,本书已由胡志宏翻译,江苏人民出版社2010年版。——译者注), Berkeley and Los Angeles: University of California Press, 1993, p. 246。

④ 《名公书判清明集》,中华书局2002年版,第436页。

⑤ 参见《宋会要辑稿》,中华书局1978年版,第6593页。

⑥ See Ichisada Miyazaki, "The Administration of Justice during the Sung Dynasty"(《宋代司法》), In *Essays on China's Legal Tradition*, ed. Jerome Alan Cohen, R. Randle Edwards, and Fu-mei Chang Chen, 56 – 75, Princeton, N. J.: Princeton University Press, 1980, pp. 67 – 69. [此处案件并不明了,据译者考查,《宋史·刑法志》中曾记载过这样一个在宋代影响全国的案例:(熙宁元年)初,登州奏有妇阿云,母服中聘于韦,恶韦丑陋,谋杀不死。按问欲举,自首。审刑院、大理寺论死,用违律为婚奏裁,敕贷其死。知登州许遵奏,引律"因杀伤而自首,得免所因之罪,仍从故杀伤法",以谋为所因,当用按问欲举条减二等。刑部定如审刑、大理。时遵方召判大理,御史台劾遵,而遵不伏,请下两制议。乃令翰林学士司马光、王安石同议,二人议不同,遂各为奏。光议是刑部,安石议是遵,诏从安石所议。而御史中丞滕甫犹请再选官定议,御史钱凯请罢遵大理,诏送翰林学士吕公著韩维、知制诰钱公辅重定。公著等议如安石,制曰:"可。"于是法官齐恢、王师元、蔡冠卿等皆论奏公著等所议为不当。又诏安石与法官集议,反复论难。此处的"supreme court and a prefect"可能指代大理寺、审刑院和登州知府许遵。——译者注]

⑦ 王安石提出著名的"三不足"理论:天变不足畏,祖宗不足法,人言不足恤。——译者注

“天人感应”学说,[①]他们认为没有得到伸张的冤屈很有可能招致大灾难。例如,在公元992年,宋太宗就担心“刑狱有冤滥”就是连续不断爆发毁灭性旱灾(“亢阳滋甚”)的原因所在。[②]

按照标准的观点看来,相较于前朝,宋代的司法政策更加人性化,同时它也创设了一套更为昂贵的上访体制。在黄金时代,许多人都享受着毫无阻碍地向统治者上访(甚至和统治者对话)的特权。宋太宗就常常“亲录京城系囚”,在公元985年,他宣布:“……近年以来,颇革此弊,臣僚守法,兆民舒泰,虽未能还淳返朴,亦可谓之小康矣!”他认为这种盛况与五代时期“外则侯伯不法,恣其掊敛,内则权幸用事,货赂公行”的“嗷嗷蒸民”乱象形成了鲜明的对比。[③] 如宋太祖一样,南宋皇帝如宋孝宗(公元1163~1190年在位)和宋理宗(公元1225~1265年在位)也亲自审理上访案件,昭雪冤屈。[④] 尽管如此,在宋代,最高统治者对于百姓的体恤作用也相当有限。当宋真宗(公元997~1022年在位)“尝览囚簿,见天下断死罪八百人,怃然动容……遂命检讨沿革,而有司終虑淹系,不果行”——他立即命令司法官员复审这些死刑案件,查明其中是否有冤屈。但是这项命令却未付诸实践,因为司法官们认为执行这项皇命会无限拖延对其他案件的处理。[⑤] 尽管宋仁宗重新恢复了理检院,为那些通过其他方式无法上访的平民提供了救济,但是这恰恰说明现存的接待上访的机构运行不畅。就地方而言,许多地方官员直接忽视了平民的上访。有一个案例:平民马文千、高文密等五人被诬告为劫盗,“既而文密掠死狱中,余遂诬服”。马文千之父上诉至上级官员,但被上级官员拒绝受理,“……而不为理。文千等既抵死,而秦州乃捕得真为盗者”。宋仁宗听闻十分震怒,将相关上级官员“特远贬之,司理院狱吏仍杖脊配沙门岛,县吏刺配广南牢城”。[⑥] 在这个案例中,上访奏效了,但是有多少上访者能如此幸运使自己的冤屈为皇帝听闻而得到昭雪呢?

---

① See John B. Henderson, *The Development and Decline of Chinese Cosmology*, New York: Columbia University Press, 1984, pp. 119-120.

② 参见(宋)李焘:《续资治通鉴长编》,中华书局1979年版,第736页。[并非雨害,而是旱灾。据《续资治通鉴长编·卷三十三》记载:己酉,上以久愆时雨,忧形於色,谓宰臣曰:“亢阳滋甚,朕恳祷精至,并走羣望,而未获嘉应者,岂非四方刑狱有冤滥,郡县吏不称职,朝廷政治有所阙乎?”因遣常参官十七人分诣诸路按决刑狱。是夕,雨。——译者注]

③ 参见(宋)李焘:《续资治通鉴长编》,中华书局1979年版,第597页。

④ 参见(元)脱脱:《宋史》,中华书局1977年版,第4995~4996页。

⑤ 同上书,第4975页。

⑥ 同上书,第2556页。上诉之人是马文千之父,不是高文密之父。——译者注

在北宋晚期,朝廷的腐败明显变得严重了。根据一位同时代人记载,许多官员(尽管并非全部)"托公徇私,诛求百姓,公然窃取,略无忌惮"。[①] 南宋时期,许多地方官员据说从不处理案件,也不接见胥吏或百姓。由此便由胥吏审断案件,决定量刑尺度,其中不乏有人在作出判决之前收受贿赂——"……狠愎暴戾,霸一县之权……积奸贪恶,百姓恨之入骨。甚至检验受赇,恣为奸利。"——这都导致了民怨沸腾。[②]

(三)元朝

最近的研究显示,元朝对中国法制的发展也做出了贡献。一位专家指出,元朝曾拥有过中华帝国历史上最为完善成熟的司法体制。[③] 尽管这个观点遭到质疑,但这至少反映元朝并不是一个没有法制的朝代,事实上它拥有实质的司法体制。陈衡昭指出,元朝政府甚至允许出版法律文件和陈情书模版,教授百姓如何赢得官司。[④] 元朝的法制基本承袭了宋朝。[⑤] 元世祖忽必烈汗(公元 1260 ~ 1294 年在位)结束了中国长达 3 个世纪的分裂,重新统一了中国,他征求了汉儒的谏言,建立了一套汉化的统治体系。[⑥] 御史大夫塔察儿在公元 1260 ~ 1280 年这 20 年间运用匦函鼓励百姓上访以节制官员的恶行。[⑦]

与前朝相似,元朝的统治者们也规定上访必须逐级进行。所有越级上访者都会被"笞五十七"(相较于过去刑罚更重了)。仅当"本属官司有过,及有冤抑,屡告不理,或理断偏屈,并应合回避者,许赴上司陈之"。但是,元朝在所承继的唐、宋上访制度之上又做出了微小却又非常重要的修正。依唐宋法律,不仅越诉者将

---

① 郭东旭著:《宋代法制研究》,河北大学出版社 2000 年版,第 597 页。

② 参见《名公书判清明集》,中华书局 2002 年版,第 42 页、第 49 页。

③ See Ch'en Paul Heng-Chao, *Chinese Legal Tradition under the Mongols: The Code of* 1291 *as Reconstructed*, Princeton, N. J., Princeton University Press, 1979, p. 98.

④ Ibid., pp. 89 – 93.

⑤ See John D. Langlois, "Political Thought in Chin-hua under Mongol Rule"(金华学派是中国南宋重要的儒家学派,其代表人物是金华人南宋哲学家吕祖谦。金华学派在当时思想界有较大影响,为浙东学派先声之一,与永嘉学派同为浙东学派两大重要分支。——译者注), in *China under Mongol Rule*, ed. John D. Langlois, 137 – 85, Princeton, N. J.: Princeton University Press, 1981b, p. 164.

⑥ See Morris Rossabi, *Khubilai Khan: His Life and Times*, Berkeley and Los Angeles: University of California Press, 1989, p. 130;(明)宋濂:《元史》,中华书局 1976 年版,第 70 页。

⑦ 参见(明)宋濂:《元史》,中华书局 1976 年版,第 80 页。(但据译者仔细考证中华书局 1976 年版的《元史》发现,原文作者引注的中华书局 1976 年版的《元史》第 80 页非引文出处页,原文中的"Chancellor Chia"可能指《元史·本纪第六·世祖三》中提到的右丞相塔察儿:"立御史台,以右丞相塔察儿为御史大夫,诏谕之曰:'台官职在直言,朕或有未当,其极言无隐,毋惮他人,朕当尔主。'仍以诏谕天下。"当然也有可能是"jia"的韦氏拼音。——译者注)

受到惩罚,而且他们上访的案件无论是否属实都会被拒绝。而元朝法律规定,虽越诉者应当接受惩罚,但是他们所呈递的案件却不能置之不理或断然拒绝。元代的法律给了越诉人更多胜诉的机会,这也为后世明清所继承。

正如在两宋末期、元朝末期的法律也规定:"诸诉官吏受赂不法,径赴宪司者,不以越诉论。"[①]为了挽救王朝延续,我们再次看到了一个虚弱的王朝运用上访制度来节制已经威胁到其统治正当性的官员滥权无法。

蒙古人起初信仰万物有灵,这一点与道教相似,其后在他们试图统治已知世界的过程中又接受了佛教、伊斯兰教、儒教和景教。[②] 然而,他们及其汉族的顾问又都信奉古老的观念——"天命"和"天人感应"。例如,在公元1324年基于自然灾害频发,元泰定帝(公元1323~1328年在位)召集他的大臣,请他们解释灾害的原因,一位大臣说这是由于百姓的冤屈所致——"忠愤未雪,冤枉未理"——并希望皇帝改变其政策以救济百姓。[③]

(四)明朝

尽管元朝的统治者十分重视法制,但是元朝始终缺乏一部承袭《唐律》那样完整和正式的法典,而且法律亦未得到很好的执行,这一点在元末表现更甚。平民出身的明太祖朱元璋(公元1368~1398年在位)在14世纪的乱世中侥幸得存,当其身登大宝之后,他坚信元朝的灭亡是因为其自身法度废弛而失去了天命。[④]他于是打算详定法律,并且严格地执行来保证王朝的存续。[⑤] 许多研究者认为,

---

① (明)宋濂:《元史》,中华书局1976年版,第2671页。

② 景教是继承东方教会主教聂斯脱利的基督教(天主教会)分支宗派之一,起源于今日叙利亚,唐贞观九年(公元635年)由阿罗本将此教传入中国。被视为中国官方最早承认的基督教派,成为汉学研究的一个活跃领域。唐朝时曾在长安兴盛一时,并在全国建有"十字寺",但多由非汉族民众所信奉。——译者注

③ 参见(明)宋濂:《元史》,中华书局1976年版,第3781页。(有关元泰定帝的事例不在《元史》第3781页,其相关内容在《元史·本纪第二十九》中。——译者注)

④ See John W. Dardess, *Confucianism and Autocracy: Professional Elites in the Founding of the Ming Dynasty*, Berkeley and Los Angeles: University of California Press, 1983, p. 187; Edward L. Farmer, *Zhu Yuanzhang and Early Ming Legislation: The Reordering of Chinese Society Following the Era of Mongol Rule*, Leiden: E. J. Brill, 1995, p. 2.

⑤ See Edward L. Farmer, *Zhu Yuanzhang and Early Ming Legislation: The Reordering of Chinese Society Following the Era of Mongol Rule*, Leiden: E. J. Brill, 1995, p. 100.

朱元璋司法政策的严格性是前所未有的。[①] 事实上,朱元璋并不像有些人认为的那样对所有案件的处理都一律严格。尽管他为了对付现存和潜在的政治敌人而采取严厉的手段,但是他确实对平民犯罪表现出了宽大仁慈:"愚民无知犯法,犹赤子无知入井,见者莫不怵惕,岂宜遽以死罪论之?"[②]总体上,明朝的法律也承袭了唐代的法律。[③] 在他正式登基之前,"又令儒臣同刑官共讲《唐律》,每天二十余条"。[④]

正如前朝的统治者一样,明朝同样保留了逐级上访制度。当然,明朝法律也对古代旧有的上访机构的名称及其作用稍作修改,并增设了新的机构。在公元1378年,明太祖建立了通政使司以便"出纳帝命、通达下情"。在公元1383年,他又将御史台改为都察院,其中设监察御史[⑤] 8名。因此,在明朝的上访体制之下,如果按察使[⑥]"断理不公、不法等事,果有冤枉者",访民便可以将其冤屈上诉至巡按监察御史。[⑦] 如果依然无法得到救济,"……监察御史枉问,许赴通政司递状,送都察院申理"。若都察院拒绝受理或判决,仍不能为访民所接受,"……许击登闻鼓陈诉"。[⑧]

然而,明律依然禁止越诉,这一做法最早可追溯至隋朝。但是,明朝却发起了一项重要的改革:再也不将越级上诉发还当地政府解决。上级司法机关看起来非

---

① 范德(Edward L. Farmer)将朱元璋法律的严酷归咎于他和大臣、学者们之间的不信任。参见Edward L. Farmer, *Zhu Yuanzhang and Early Ming Legislation: The Reordering of Chinese Society Following the Era of Mongol Rule*, Leiden: E. J. Brill, 1995, pp. 44 - 46; Melissa Macauley, *Social Power and Legal Culture: Litigation Masters in Late Imperial China*, Stanford, Calif.: Stanford University Press, 1998, p. 35; 曾宪义编著:《中国法制史》,北京大学出版社2002年版,第201页。

② 刘重来等著:《明实录类纂:司法监察卷》,武汉出版社1994年版,第205页。

③ See Jiang Yonglin, with Wu Yanhong, "Satisfying Both Sentiment and Law: Fairness-Centered Judicial Reasoning as Seen in Late Ming Casebooks", In *Thinking with Cases: Specialist Knowledge in Chinese Cultural History*, ed. Charlotte Furth, Judith T. Zeitlin, and Ping-chen Hiung, 31 - 61, Honolulu: University of Hawai'i Press, 2007, p. 36; (清)沈家本:《寄簃文存》,台湾商务印书馆1976年版,第3页。

④ (清)张廷玉:《明史》,中华书局1974年版,第2280页。

⑤ 专用术语表中为"监察御使"。——译者注

⑥ 作者此处表述为"surveillance commissioner(anchasi)"。根据译者查阅古籍发现,原文为"凡按察司官断理不公不法等事",是"按察司官"而不是"按察司"。而且据《明史·志第五十一·职官四》记载:明初,置提刑按察司。吴元年,置各道按察司,设按察使,正三品,副使,正四品,佥事,正五品。十三年,改使秩正四品,寻罢。明代地方设按察司(机构),其长官为按察(司)使。——译者注

⑦ 专用术语表中为"巡按监察御使"。——译者注

⑧ 刘海年、杨一凡著:《中国珍稀法律典籍集成》,科学出版社1994年版,2.2.43。

常乐意并且能够对受理的任何案件作出判决,包括越级上诉案件。[①] 就此而言,至少自汉代以来,明朝的上访体制是最具"平民主义"色彩的。

贯穿整个明朝,各个皇帝对于越级上访的态度是不一样的,而且都有他们自己特定的政策。明太祖深信元朝的覆亡是因为腐败官员阻塞上下沟通的渠道,[②] 明太祖鼓励百姓对贪官酷吏进行越诉:"凡首令贪酷者,许民赴京陈诉。"尽管这在名义上是违法的。[③] 明太祖这一对待越级访民的宽大政策延续了数十年,直到他被各种琐碎的争执和虚假的诉求所激怒后才有所改变。在公元1395年,明太祖下令:"命有司择民间高年老人公正可任事者,理其乡之词讼。若户婚田宅斗殴者,则会里胥决之。事涉重者,始白于官。"任何人若跳过"里老"而直接向地方长官诉讼,其会因越诉而被责罚。[④]

正如前朝一样,明律和《明大诰》虽然禁止越诉,但是这样的规定往往为访民忽视。明宣宗(公元1426~1435年在位)年间,司法官员上书请求对愈发增多的失实越级上访采取更加严厉的惩罚措施。结果,明宣宗更改了惩罚方式,不管越级上访是否情实,均处"戍边"。这相较前几朝"笞五十"的刑罚更加严重了。但是在公元1433年时,明宣宗发觉这一严厉的惩罚也有其自身的弊端。虽然越级上访减少了,但是百姓的冤屈却陡然增多了。于是他就叮嘱司法官员:"凡民越诉得实者,免罪。不实者,仍发戍边。"[⑤]这种对于上访者宽大政策也许就是因明宣宗晚年冤案激增所致。

面对日益猖獗的越诉,明宪宗(公元1465~1487年在位)和明孝宗(公元1488~1505年在位)均采取严厉措施来控制。在他们统治年间,即便是重大谋杀案件和官员腐败案件的受害人都不允许直接前往京城直诉。由于在法律上无法对其进行救济,许多访民便采取了极端的方式,如在长安门外叫冤、辱骂京城官员、"直入衙门"甚至"挟制官吏"。在1479年,一道诏令禁止了所有上述行为:

---

① See Jiang Yonglin trans., *Great Ming Code* (Da Ming Lü), Seattle: University of Washington Press, 2005, p. 192.

② See John W. Dardess, *Confucianism and Autocracy: Professional Elites in the Founding of the Ming Dynasty*, Berkeley and Los Angeles: University of California Press, 1983, p. 186.

③ See Edward L. Farmer, *Zhu Yuanzhang and Early Ming Legislation: The Reordering of Chinese Society Following the Era of Mongol Rule*, Leiden: E. J. Brill, 1995, p. 105; (清)龙文彬:《明会要》,中华书局1956年版,第864页。

④ See Edward L. Farmer, *Zhu Yuanzhang and Early Ming Legislation: The Reordering of Chinese Society Following the Era of Mongol Rule*, Leiden: E. J. Brill, 1995, pp. 74 – 75; (清)龙文彬:《明会要》,中华书局1956年版,第951页。

⑤ 刘重来等著:《明实录类纂:司法监察卷》,武汉出版社1994年版,第69页。

"凡在长安门外等处,枉叫冤枉,辱骂原问官者,问罪,用一百斤枷号(cangued)一月发落……在外刁徒,身背黄袱,头插黄旗,口称奏诉,直入衙门,挟制官吏者,所在官司就拿送问……代人捏写本状,教唆或扛帮赴京……俱问发边卫充军。"另一道诏令规定:"各处军民词讼,除叛逆机密等项重事许其赴京奏告。其有亲邻全家被人残害及无主人命、官吏侵盗系官钱粮并一应干已事情,俱要自下而上陈告。若有蓦越奏告者,俱问罪。"①结果,那些在前朝得以挝登闻鼓上访的含冤者再也不能进京上访了。明初法制的"平民主义"色彩在权力日益官僚化运作的状况面前日渐褪色。

和宋朝一样,明代的直诉形式是挝登闻鼓、邀车驾和诣阙上书。明律规定:"若迎车驾及攀登登闻鼓申诉而不实者,杖一百。"(相较于唐律的规定加重了二十。)在1378年为了防止错判和限制死刑人数,明太祖规定:"重囚家属于二覆奏命下之日,投递鼓状。"②但是和宋朝一样,明朝也允许上访者因为轻微理由而挝登闻鼓。1392年一位龙江卫吏因为吏部尚书拒绝他因母亲去世而辞官回乡的请求而挝登闻鼓诉冤,太祖严厉地训斥了吏部尚书,"听吏终丧"。③

在那些越诉的案例当中,许多越诉上访者都运用挝登闻鼓制度来进行一些无意义的诉讼。明朝中后期,明神宗(公元1573~1620年在位)对此甚是愤怒,在公元1590年发布命令规定:"癸酉,擅击登闻鼓。令各王府宗室军民人等,非系重大事情,蓦越禁地击鼓称冤者,依律重惩。"但是明神宗却未严格执行这项法令,统治者似乎也忘了有这项命令。科臣王嘉谟暗示道:"今一上书辄行抚按,恐奸徒益肆轻渎滋扰。"④

除了登闻鼓,明太祖在1378年建立了通政使司,以便"出纳帝命、通达下情",它是比挝登闻鼓和邀车驾低一等级的上访方式。⑤ 在1385年,刑部左侍郎葛循建议:"凡民赴通政使司诉状者,本司代其奏闻即同奏,有不实者宜以迎车驾及击登

---

① 刘海年、杨一凡著:《中国珍稀法律典籍集成》,科学出版社1994年版,第256页、第300页。

② Charles O. Hucker, *The Censorial System of Ming China*, Stanford, Calif. : Stanford University Press, 1966, p. 100;(清)龙文彬:《明会要》,中华书局1956年版,第1294页。

③ (清)龙文彬:《明会要》,中华书局1956年版,第1294页。[据《明史·志第七十·刑法二》记载:洪武二十四年七月己巳,龙江卫吏以过罚书写,值母丧,乞守制。吏部尚书詹徽不听,吏击登闻鼓诉之。太祖召徽切责之曰:"吏虽罚役,天伦不可废,使其母死不居丧,人子之心终身有慊。夫与人为善,犹恐其不善,若有善而沮之,何以为劝?诗曰:'孝子不匮,永锡尔类。'乃独不然耶?"徽大惭,吏遂得终丧。龙江卫位于现今黑龙江龙江县,这段记载中出现的官员应当是龙江卫的官吏,并非是吏部的官员(a clerk in the Ministry of Personnel),虽然全国官员人事调动均归吏部管理。——译者注]

④ 刘重来等著:《明实录类纂:司法监察卷》,武汉出版社1994年版,第153~155页。

⑤ 参见(清)张廷玉:《明史》,中华书局1974年版,第2311~2312页。

闻鼓申诉不实律罪之。”但明太祖拒绝了这个过分的建议。相反,明太祖认为:“通政司诉状不实,止可同诸司诉状不实论,若所议,岂不太重?”即应当比照向同等部门(如刑部)状告不实而处罚。①

除了来自学者王夫之和其他承袭汉代以来宇宙论的批评家们的挑战,明代的皇帝和官员们深深地担忧与百姓冤屈相关的来自天的警告。② 1392年太祖督促司法官员前往全国各地录囚,试图找出引发旱灾的百姓冤屈。明代的一个地方官员颜俊彦说到平民死于不义很可能导致“六月之霜”。③

和前朝相似,明代的上访制度效率也不高。在明宪宗和明孝宗年间取缔了越诉之后,许多潜在的上访者毫无疑问撤回了他们的上访。在这一时期,中丞姜洪说司法官员也发现向皇帝上诉非常困难。通政使司理应接收并转呈百姓的冤屈和建议,然而实际中“通政司每日惟掇拾四方小事以应故事”,而忽视了其他更重大的案件。④明武宗(公元1506~1521年在位)统治年间的监狱据说充斥着凌辱虐待,⑤然而皇帝却不尊祖制,出游在外,对“该科三覆奏本送下拟票,临刑之时有鸣鼓诉冤状者”不予理会。⑥ 1538年明世宗朱厚熜在京城责打那些并不用心处理案件的司法官员,因为他们官官相护,不愿意得罪案件的初审官员。⑦

君臣百姓之间沟通渠道的阻塞遭到了晚明时期士大夫的尖锐批评,但是对此谁应当负主要责任,他们莫衷一是。著名的清官海瑞(公元1514~1587年)认为甚至那些好的地方官都太专注于官场上送往迎来的繁文缛节而忽视了对百姓冤屈的关心。在他看来,皇帝的不负责任才是最重要的原因。⑧ 而明末清初另一位著名学者顾炎武批评地方官的通弊——他们没有将百姓的冤屈报告给上级。⑨

---

① 参见(清)张廷玉:《明史》,中华书局1974年版,第22页。

② See John B. Henderson, *The Development and Decline of Chinese Cosmology*, New York: Columbia University Press, 1984, pp. 177–189.

③ (明)颜俊彦:《盟水斋存牍》,中国政法大学出版社2002年版,第267页。(英文原文为:“A Ming local official, Yan Junyan, stated his belief that the unjust death of a single commoner could cause frost to appear in July.”而据《盟水宅存牍》所载:“但草芥一命,上干天和,械系庭下,半鬼半人,口口称冤,声声叫屈,恐不能不正六月之霜也。”——译者注)

④ 参见(明)陈子龙等:《明经世文编》,中华书局1997年版,第1173页。

⑤ 参见(清)张廷玉:《明史》,中华书局1974年版,第2324页。

⑥ 参见(清)龙文彬:《明会要》,中华书局1956年版,第1295页。

⑦ 参见(明)傅凤翔:《皇明诏令》,台湾成文出版社1956年版,第1910~1911页。

⑧ 参见(明)海瑞:《海瑞集》,中华书局1981年版,第218页、第237页。

⑨ 参见(清)顾炎武:《日知录集释》,上海古籍出版社1985年版,第16~17页。

(五)清朝

尽管在征服明朝之后,清朝的建国者及其继任者都试图保持其满族的身份认同感,[①]但是他们还是"详译明律,参酌时宜"。[②] 清代也创设了一些新的机构,如宗人府、步军统领衙门和理藩院。托马斯·A. 梅茨格(Thomas A. Metzger)认为清朝非常善于变更律法以适应新的社会状况。[③] 清朝承袭和修正了从前朝所继承下来的上访制度。

与前朝相似,清朝仍要求上访逐级进行,并且案件不得涉及轻微民事案件,如户婚田土,此类案件最高审级就是县府一级。[④] 和前朝的做法相似,清朝依然规定越诉不合法。康熙(公元 1661 ~ 1722 年在位)和乾隆(公元 1735 ~ 1796 年在位)——这位"最为汉化和儒家化的皇帝"[⑤]——都曾发布命令禁止越诉。[⑥]

---

① See Mark C. Elliot, *The Manchu Way: The Eight Banners and Ethnic Identity in Late Imperial China*, Stanford, Calif.: Stanford University Press, 2001, p. 34; Jack Goldstone, "Neither Late Imperial nor Early Modern: Efflorescences and the Qing Formation in World History", In *The Qing Formation in World-Historical Time*, ed. Lynn A. Struve, 243 – 301, Cambridge, Mass.: Harvard University Asia Center, 2004, p. 258; Evelyn S. Rawski, *The Last Emperors: A Social History of Qing Imperial Institutions*, Berkeley and Los Angeles: University of California Press, 1998, p. 7; Edward J. M. Rhoads, *Manchus and Han: Ethnic Relations and Political Power in Late Qing and Early Republican China*, 1861 – 1928, Seattle: University of Washington Press, 2000.

② Mark C. Elliot, *The Manchu Way: The Eight Banners and Ethnic Identity in Late Imperial China*, Stanford, Calif.: Stanford University Press, 2001, p. 28; Thomas A. Metzger, *The Internal Organization of Ch' ing Bureaucracy: Legal Normative, and Communication Aspects*, Cambridge: Cambridge University Press, 1973, p. 33; 曾宪义编著:《中国法制史》,北京大学出版社 2002 年版,第 220 页。

③ See Thomas A. Metzger, *The Internal Organization of Ch' ing Bureaucracy: Legal Normative, and Communication Aspects*, Cambridge: Cambridge University Press, 1973, pp. 22 – 23.

④ See Kathryn Bernhardt and Philip C. C. Huang eds., *Civil Law in Qing and Republican China*, Stanford, Calif.: Stanford University Press, 1994, p. 1; (清)贺长龄、魏源:《清经世文编》,中华书局 1992 年版,第 2319 页;黄宗智(Philip C. C. Huang)在其著作《清代的法律、社会与文化:民法的表达与实践》[*Civil Justice in China: Representation and Practice in the Qing*(1996)](中国社会科学出版社于 1998 年以《民事审判与民间调解:清代的表达与实践》为书名推出中文版,后由上海书店出版社在 2001 年改以《清代的法律、社会与文化:民法的表达与实践》之名出版,并于 2007 年再版。——译者注)中认为轻微民事案件涉及土地、婚姻和家庭。在他对晚清新竹县的研究中发现所有涉及债权债务、户婚田土的民事案件都会送呈户房胥吏;而抢劫、盗窃、斗殴、赌博的案件都会交给刑房胥吏。参见 Philip C. C. Huang, *Civil Justice in China: Representation and Practice in the Qing*, Stanford, Calif.: Stanford University Press, 1996。

⑤ Pamela Kyle Crossley, *A Translucent Mirror: History and Identity in Qing Imperial Ideology*, Berkeley and Los Angeles: University of California Press, 2000, p. 3.

⑥ 参见《大清会典则例》,124. 42;刘海年、杨一凡著:《中国珍稀法律典籍集成》,科学出版社 1994 年版,1. 386。

和前朝相似,清朝面对的也是不断增长的越诉,尽管它们并不合法。[①] 在公元1736年,乾隆皇帝允许那些被步军统领衙门的番役欺诈和伤害的百姓向刑部和都察院上访。[②] 但是,乾隆帝很快又恢复了禁止越诉的规定。公元1742年,他规定:"如院司道府滥行准理,照例议处。"[③]

但是,在清朝存在着一类案件叫作"京控案件"。访民在穷尽省级及以下所有的司法救济仍无果的情况下,可向如都察院和步军统领衙门等中央司法机关控诉。[④]刑部和通政使司同样可以接受京控和越诉案件。和明代不同,大多数的京控案件都退回省级政府复审,而只有一小部分才禀明皇帝。[⑤] 这种做法会导致一个问题,特别是当被诉人是省级官员时:"若仍批交原审州县,则本官心存迴护,小民必更受冤抑。即从前办理本公而发交原问官复审,亦不足以服其心。"[⑥]在公元1819年,都察院都御史贾允升向嘉庆皇帝(公元1796~1820年在位)建议京控案件"不论案情大小不准驳斥,即不准发还"。但嘉庆皇帝拒绝了这一建议,因为他担忧如果这个建议被批准了,那么"则一切户婚田土钱债细事一经京控悉皆奏咨办理,亦与政体非宜"。[⑦]

乾隆时期,情实和情不实的案件以及刑事和轻微民事案件之间已经有了区别。[⑧] 公元1784年的法令规定:京控案件除非"如州县判断不公,曾赴该管上司暨督府、衙门控诉,仍不准理或批断失当"等穷尽了所有救济或者是极大冤屈才可能会被受理,并且上诉应当属实,"若审系刁民希图陷害、捏词妄控、报复私仇,即按律治罪"。[⑨] 那些上诉轻微案件(不管有效还是无效)的上访者都会"治以越诉

---

① 白德瑞(Bradly W. Reed)写到许多案件在当地已经得到解决,没有上访的必要。参见 Bradly W. Reed, *Talons and Teeth: County Clerks and Runners in the Qing Dynasty*, Stanford, Calif.: Stanford University Press, 2000。

② See Bradly W. Reed, *Talons and Teeth: County Clerks and Runners in the Qing Dynasty*, Stanford, Calif.: Stanford University Press, 2000, pp. 16, 86 – 88.

③ 《大清律例根源》,福文书局1871年版,89.22。

④ 笔者从乾隆朝至光绪朝年间中国数百个京控案件中随意挑选31个,发现其中有部分是越级上访,针对的对象是地方官以及和前者有所关联的地方豪绅。参见中国第一历史档案馆:刑部江苏司档案;Jonathan K. Ocko, "I' ll Take It All the Way to Beijing: Capital Appeals in the Qing", *Journal of Asian Studies*, 47(2): 291 – 315, 1988, p. 294。

⑤ 参见那思陆著:《清代中央司法审判制度》,台北,文史哲出版社1992年版,第412页。

⑥ 《大清律例根源》,福文书局1871年版,2.10。

⑦ 《清会典事例》,中华书局1991年版,1006.101。

⑧ 因为缺乏有关案件的起因和案件解决方案的详细信息,我们无法判断有关案件是否情实。我们可以肯定的是在特定问题上,上访者和国家的意见之间经常有分歧。但也有时候,他们可能会取得共识。

⑨ 赵晓华著:《晚清讼狱制度的社会考察》,中国人民大学出版社2001年版,第108页。

之罪”,并且案件将“原呈发还,听其在地方衙门告理”。在控制不断增长的京控案件上,这项法案再一次失效了。在公元1795年,[①]乾隆皇帝批准了一个建议:“……其先经历本省各衙门已据审结咨到部,复又来京翻控者,即交刑部,将现控呈词核对原案所控情事。”但是在嘉庆朝时期,面对日益严重的官员腐败和白莲教起义的肆意蔓延,嘉庆帝又修正了这一法律。嘉庆命令都察院和步军统领衙门“遇有各省呈控之案,俱不准驳斥。其案情较重者,自应即行具奏。即有应咨回本省审办之案,亦应于一月或两月视控案之多寡汇奏一次”。[②]

嘉庆皇帝的政策是短命的,这很明显是因为修改后的法律导致激增的越诉所带来的压力。[③] 在公元1800年,嘉庆皇帝抱怨每天都充斥着越诉案件,并且其中大部分都是没有意义的,[④]各种各样、严重程度不一的上访越过地方官直接向中央提出。因此,嘉庆皇帝恢复了乾隆的严格法律,禁止越诉,不管越诉是否情实,“先治以越诉之罪,再将本案审办”。公元1820年时,上访者更加胆大,如嘉庆皇帝所言:“小民来京控告者动称必须面见朕躬。”震怒的嘉庆皇帝命令刑部要对那些大胆的“来京控告口称必须面见皇上始行申诉者”比照对访民呈递匿名封章的处罚“加一等治罪”。[⑤] 与过去相似,这一更加严厉的法令在19世纪并没有控制住越诉和不实之诉的增加。

---

① 原文为“in 1796”,经译者查阅古籍资料发现实际上是“乾隆六十年(1795年)”。——译者注

② 《大清律例根源》,福文书局1871年版,89.48,37-39,46。

③ 在乾隆朝末期至嘉庆朝时期为何越诉激增呢?欧中坦(Jonathan K. Ocko)认为是人口激增和由此导致的政治和社会问题。梅利莎·麦柯丽(Melissa Macauley)认为讼师(litigation master)也是其中一个原因。参见Jonathan K. Ocko,“I'll Take It All the Way to Beijing:Capital Appeals in the Qing”, *Journal of Asian Studies*,47(2):291-315,1988,p. 295;Melissa Macauley, *Social Power and Legal Culture:Litigation Masters in Late Imperial China*,Stanford,Calif.:Stanford University Press,1998,p. 19。在此期间,人口稳步增长,这可能加剧了社会和政治问题,参见James Z. Lee, and Wang Feng, *One Quarter of Humanity:Malthusian Mythology and Chinese Realities*(《人类的四分之一:马尔萨斯的神话与中国的现实》,本书已由陈卫、姚远翻译,三联书店2003年版。——译者注),Cambridge,Mass.:Harvard University Press,1999. 而清朝对讼师的敌意(animus)也十分明显。但是这些解释还是太简单了。毕竟后周和明代初期也面临越诉增多的情况,当时人口的增长和讼师的上诉也存在,显然这两点并不是该问题的争议点。笔者给出两个更有助于解释这个问题的原因:第一,人们对于地方官拒绝其上访感到愈发沮丧;第二,很多越诉者有可能想要报复地方官员。参见《清会典事例》,中华书局1991年版,1001.43。

④ See Philip C. C. Huang, *Civil Justice in China:Representation and Practice in the Qing*,Stanford,Calif.:Stanford University Press,1996,pp. 6,218;马伯良(Brian E. Mcknight)认为在清朝时,百姓可能觉得将民事案件送审非常困难。但是,这个及其后的诸多事实暗示了清朝百姓和宋朝百姓相比,将民事案件送审的可能性至少是一样的。参见Brian E. Mcknight, *The Quality of Mercy:Amnesties and Traditional Chinese Justice*,Honolulu:University of Hawai'i Press,1981,p. 123。

⑤ 《大清律例根源》,福文书局1871年版,89.32-34,55。

后期的清朝皇帝基本上遵循了嘉庆皇帝在公元1801年时颁布的法令,禁止越诉。在公元1875年的案例中,江苏农民孙国安上访到了提督衙门,指控一位当地县吏员侵占当地村民为修建桃涧河而捐的钱。孙国安向中央官员谎称他们当地司法官员不允许他提出控告,因此他不能向相关省级机构呈递诉状。尽管刑部官员依照嘉庆皇帝禁止越诉的法令惩罚了孙国安,但是仍然传唤了所有相关当事人进行了仔细调查。①

与同时代的日本德川幕府时期规定向国家实际统治者幕府将军直诉为非法有所不同,②清朝的直诉有些合法,有些非法。合法的直诉方式与明代规定相似,访民可挝登闻鼓或诣阙上书。1644年皇帝在都察院设立登闻鼓,由满汉官员共同负责,后来登闻鼓被移到长安门外。③ 在清朝,有些直达上诉是可以向皇帝提出的,④但总体而言,这并不容易做到。只有那些涉及重大冤屈、大奸、国家事务以及那些穷尽所有方式无法救济的案件才有可能准许访民上诉。⑤ 清朝法典将所有"冲突仪仗"的行为规定为非法,违反者不仅会被杖责一百并发配边疆,而且其案件也会被拒绝受理。⑥ 1726年雍正皇帝规定:"凡非法诣阙上书者,若情实,则枷号一月,情不实,杖责一百并发配边疆充军。"公元1800年,⑦嘉庆皇帝规定:"法司已定案,仍图翻异,击登闻鼓或在长安门自刎撒泼者拿去法司。"⑧

或许是因为合法的直达上诉非常困难,许多上访者(正如在唐代和明代时一样)选择使用非法的方式试图引起统治者的关注。在公元1660年,⑨顺治皇帝感到非常震怒,因为他发现在京城内居然有如此众多的上访者"常有持刀抹颈,故为

---

① 中国第一历史档案馆:刑部江苏司,案例编号08718。

② See Stephen Vlastos, *Peasant Protests and Uprisings in Tokugawa Japan*, Berkeley and Los Angeles: University of California Press, 1986, pp. 52 – 56.

③ 参见《大清会典则例》,124.31,5.718。

④ See Thomas A. Metzger, *The Internal Organization of Ch'ing Bureaucracy: Legal, Normative, and Communication Aspects*, Cambridge: Cambridge University Press, 1973, p. 178; 史景迁(Jonathan Spence), *Emperor of China: Self-Portrait of K'ang-his*(《康熙:重构一位中国皇帝的内心世界》,史景迁已出中译本,广西师范大学出版社2011年版。——译者注), New York: Vintage Books, 1988, p. 43.

⑤ 参见《大清会典则例》,719;《钦定台规》,11.24 – 25。

⑥ See Cheng Tianquan, Jiang Yongling, and William C. Jones eds., *The Great Qing Code: A New Translation*, Oxford: Oxford University Press, 1994; 刘海年、杨一凡著:《中国珍稀法律典籍集成》,科学出版社1994年版,3.1.254。

⑦ 原文为"In 1810",经译者查阅古籍资料发现实际上是"嘉庆五年(1800年)"。——译者注

⑧ 《大清律例根源》,福文书局1871年版,89.1,37。

⑨ 原文为"In 1661",经译者查阅古籍资料发现实际上是"顺治十七年(1660年)"。——译者注

情急以图悻准”。[①] 而公元1742年[②]的法令规定,“擅入午门、长安等门内诉冤枉……凡跪午门、长安等门,及打长安门内石狮鸣冤者”,不管其上诉是否情实,都会被治罪。[③]

清代的奠基人如顺治与康熙,像忽必烈一样,接受了佛教和伊斯兰教来争取蒙古人、西藏人和中亚人的支持。他们也学习儒教经典,并把自身打扮成儒家式的君王来争取汉人学者的支持。[④] 在此之前,清朝的统治者早就熟悉了“天子”“父母官”和其他一些儒家学说的概念,如“民本”。公元1740年,乾隆提醒他的大臣:“盖以百姓皆朕之赤子也。君臣一体,朕之赤子独非诸大臣之赤子乎?”[⑤]在晚清时代,主持过公元1898年改革的光绪皇帝就告诫他的官员:“从来民为邦本。”[⑥]同样,清朝中期的一位总督大人陈宏谋认为好的官员应当致力于为百姓服务。[⑦] 许多清朝统治者依旧相信“天人感应”学说,例如,1759年在长时间的干旱之后,乾隆皇帝命令官吏“清理刑狱”,确保没有冤狱错判。[⑧]

在清朝,和前朝一样,许多冤屈未得昭雪。康熙时期(大清安宁太平、高度繁荣的盛世开端),一位对宋朝理学颇有研究的学者方苞在入狱之后发现监狱中的情况极易导致许多冤屈。富有或有权势背景的犯人能通过贿赂狱卒避免死刑和杖打,而贫穷的犯人则饱受刑讯折磨,往往抱恨而终。[⑨]欧立德(Mark C. Elliot)记录了在那个满族聚居的城市西安[⑩]中,由于已经制度化了的满族特权,许多汉人的冤屈得不到救济。[⑪] 在公元1768年中国妖术大恐慌时期,许多和尚和叫花子因

---

① 《大清会典则例》,5.718。

② 原文为“In 1741”,经译者查阅古籍资料发现实际上是“乾隆七年(1742年)”。——译者注

③ 参见刘海年、杨一凡著:《中国珍稀法律典籍集成》,科学出版社1994年版,第254页、第386~387页。

④ See Evelyn S. Rawski, *The Last Emperors: A Social History of Qing Imperial Institutions*(《最后的皇族:清代宫廷社会史》), Berkeley and Los Angeles: University of California Press, 1998, p.6.

⑤ 《钦定台规》,3.7。(《清会典事例》亦有相关内容。——译者注)

⑥ 《大清光绪新法令》,商务印书馆1908年版,30.11。

⑦ See William T. Rowe, *Saving the World: Chen Hongmou and Elite Consciousness in Eighteenth-Century China*, Stanford, Calif.: Stanford University Press, 2001, p.328.

⑧ See Evelyn S. Rawski, *The Last Emperors: A Social History of Qing Imperial Institutions*, Berkeley and Los Angeles: University of California Press, 1998, p.227.

⑨ 参见(清)方苞:《方苞集·狱中杂记》,New York: Vintage Books, 1979, 2.325-28。

⑩ 清代时陕西省首府西安曾是满族最多的地方,当时西安城东半部建有满城,驻防八旗军连同家属达到两万多人,在全国的大城市中满族人口仅次于北京。——译者注

⑪ See Mark C. Elliot, *The Manchu Way: The Eight Banners and Ethnic Identity in Late Imperial China*, Stanford, Calif.: Stanford University Press, 2001, p.198, 231.

被控"大逆"罪("十恶"之一)而遭到责打,甚至处以死刑。[①]

对于那些侥幸能够成功上访至中央司法机关或皇帝的极少数访民而言,其冤屈大多数得不到救济。其中原因之一便是这些被中央司法机关受理的案件大部分(尽管并非所有)都被退回当地政府处理。但是发回当地后又发生了什么呢?其中又有多少能够在冤屈发生的当地得到正义的裁判和救济呢?"海昌小蓬莱主"曾评论道:"阅坻抄边御史所奏,数十年来京控大案,发回原省从无翻案。"[②]

许多冤屈都是针对官官相护而导致的权力滥用,这就使由低级官员来纠偏是不太可能的。公元1883年的一份奏折指出:一些高级官员或总督要么对于下属官员在处理民间冤屈中的失策视若无睹,要么当下属官员成为上访对象时试图对他们加以袒护。一份文件指出:只有1%~2%的案件能在上级官员那里得到翻案。[③] 晚清日益猖獗的官员腐败无疑促进了百姓冤屈的增多。白彬菊(Beatrice S. Bartlett)形容军机处大臣和珅"凌驾于行政法之上",并且"挣脱了法律的束缚"。[④] 18世纪晚期一位正直的官员洪亮吉指出,由于腐败日甚、官官相护,"试思百姓告官之案,千百中有一二得直者乎"?[⑤]

五、"烫手山芋"

在描述中国社会的时候,马克斯·韦伯(Max Weber)曾断言:中国社会只有王朝兴替,而无政治体制的变化。[⑥] 而本文却演绎了中国延绵不断的政治的一个侧面,即上访制度历经两千多年所发生的重大变化。我们发现这种使社会底层百姓与顶层统治者之间沟通便宜的上访制度的理念构想发端于汉代,并且可以通过经典和史书追溯到传说中的古代圣君和夏商周时期。汉代以"天人感应"的理念加强了国家与平民之间的沟通。唐朝又对如"匦函"这样的在南北朝和隋朝时就出现的新的改革成果加以完全的制度化。唐朝细分了三种主要的上访形式——逐级上诉(访)、越级上诉(访)和直达(中央机关或皇帝)上诉(访),并且进一步

---

① See Philip A. Kuhn, *Soulstealers: The Chinese Sorcery Scare of* 1768, Cambridge, Mass.: Harvard University Press, 1990.

② "海昌小蓬莱主":《驳武林生〈告白〉》,载《申报》1876年5月24日。

③ 赵晓华著:《晚清讼狱制度的社会考察》,中国人民大学出版社2001年版,第39页。

④ See Beatrice S. Bartlett, *Monarchs and Ministers: The Grand Council in Mid-Ch'ing China*, 1723-1820, Berkeley and Los Angeles: University of California Press, 1990, pp. 6, 253-254.

⑤ 清史编纂委员会:《清史》,台湾"国防研究院"1960年版,第4472页。

⑥ See Max Weber, *The Religion of China: Confucianism and Taoism*, Trans. H. H. Gerth Glencoe, Ill.: Free Press, 1951, p. 27.

阐明了上访规定的形式以及对上访的限制。后世的朝代均沿袭唐制，但又有新的发展。例如，宋朝(特别是南宋时期)对于官员与访民均施以宽大政策。元朝将非法的越级上诉视为对地方掌权者的节制。明朝对于状告社会精英和官员的访民持怜悯的态度，而且明朝和其他朝代不同的是其规定上访案件不得发还给原审当地处理。但是，在所有朝代中，尽管存有看似良好的上访制度，也有来自皇帝的关切，但是因为政治腐败和官官相护的风气，百姓的冤屈仍然得不到昭雪。

在回顾了中国的上访制度之后，我们发现了一个制度性困境，那就是皇帝究竟应该对越级上访者采取什么政策。不管上访制度会导致多少不实而琐碎的访告，使得皇帝们不堪忍受，中国的皇帝深受儒家的“天命”“民本”以及“天人感应”思想的影响，仍倾向于保持上访制度并且允许访民上告至其自身。受到同样理念的激励，访民继续高喊冤屈，不管这些案件在别人看来是多么琐碎轻微、不值一提，甚至有时会带来不良后果。从这个意义上讲，上访制度确乎是“烫手山芋”，握在皇帝和百姓手中会烫伤，但因为其太有价值而不舍得丢弃。

本文对中国上访制度历史的研究显示出我们需要一种新的观念来描述时下流行的对于东亚国家权力滥用的抵制。这一观点有点近似于斯考特(James C. Scott)从南亚语境下发展起来的概念——“日常抗争”(everyday resistance)以及欧博文(Kevin J. O' Brien)在分析当代中国的基础上形成的“依法抗争”(rightful resistance)的概念。这些政治行为徘徊在对当下政治体制的被动接受和主动抗争之间，而所有的理论都是在寻求理解与解释这些政治行为。但是“日常抗争”采取的还是个体性、自发性、持续性和惯常性的方式，而“依法抗争”则以集体性、计划性、短暂性(episodic)和合法性为特征。① 中国访民对于地方政府的腐败和社会不正义的回应便采取这些方式，但也会采用他们称之为“天理抗争”(natural resistance)的方式。这种方式既能是个体的也可能是集体的，既能是自发的也可能是有计划的，既能是地方性的也可能扩散至全国，既是合法的又可能是非法的。“天理抗争”与“依法抗争”、“日常抗争”不同，它在中国的统治者和访民的眼中是“天赋的自然权利”，并非仅仅是一种“习惯的”或“法律的”权利。与那些基于风俗习惯和法律的其他抗争形式不同，中国流行的抗争方式是基于历史的，它反映在中国古代的上访制度中。毕竟，正义的问题只能在历史语境中给出答案。只有

---

① See Kevin J. O' Brien, "Rightful Resistance", *World Politics*, 49(1): 31 - 55, 1996; Kevin J. O' Brien, *Rightful Resistance in Rural China*, Cambridge: Cambridge University Press, 2006, pp. 1 - 5; James C. Scott, *Weapons of the Weak: Everyday Forms of Peasant Resistance*, New Haven, Conn.: Yale University Press, 1985, p. 29; James C. Scott, "Everyday Forms of Resistance", In *Everyday Forms of Peasant Resistance*, ed. Forrest D. Colburn, 3 - 33, Armonk, NY: M. E. Sharpe, 1989.

在历史走势(patterns of history)中——包括在自然和愈发具体的人类现象中的延续和改变,而不仅仅在于那些不加反思的"传统"与超自然的"立法"中——我们才能找到一条准则来昭雪冤屈。由此观之,国家在一定时期可能会忽视个体甚至是群体的冤屈,但是最终国家可能会丧失维持其统治的天命。

中国的统治者坚定地相信儒家的民本思想是国家的基础,并且意识到大众的冤屈可能是对他们统治的潜在威胁,他们将允许百姓上访视为其天赋的或自然的"义务"。因此,他们常常允许法律所禁止的越诉。同样地,通过阅读文字材料或者受到口头故事的思想灌输,百姓们意识到自己是统治者的孩子,他们很自然地依靠统治者来申冤。如果"家长"们不负责任,那又有谁来负责呢?而且,和统治者一样,上访者也认为如果他们的冤屈得不到昭雪便会天降灾害来惩罚统治者。在著名的元杂剧《窦娥冤》中,一名年轻女子窦娥因被诬告谋杀而被处以极刑,在她死之后,六月飘雪,这被认为是天怒的征兆。① 对于某些个体而言,他们所遭受的不公正待遇可能变得让其无法忍受,作为一种自然的回应,他们可能竭尽一切方式,不惜一切代价来寻求正义。那些在唐朝、明朝和清朝都城跳护城河和残害体肤的百姓宁愿赴死也不愿意含冤苟活。

上访制度反映出的抗争的自然形式并没随着清朝而结束,反而,在新的历史语境之下,其历经了新的变化。即便是今天,仍有数以千计的含冤百姓坚信"天理抗争"的力量,前往京城上访,而不管成功的概率有多低。和过去的统治者相似,尽管那些越级上访者令人烦厌,但是当前的中国政府依然推行自己的上访政策,因为这是一个为人民服务的政府。许多上访者在首都逗留数年,有的甚至采取了过激行为,如在天安门前扰乱公共秩序。所有的这些已成为中国政治的往事,但是中国当下的上访制度精确的演进方式、独有的特征以及相似的命运只有当回顾了自清末新政以来的上访制度史后才能得到充分的理解。这当然是另外一个研究主题了。

专业术语表

A

anchasi 按察司

B

bujun tongling yamen 步军统领衙门

---

① 参见(元)关汉卿:《窦娥冤》,新世界出版社2002年版。

C

chaoshi 朝士
chongtu yizhang 冲突仪仗

D

daliqing 大理卿
daliyuan 大理院
dasikou 大司寇
dajian 大奸
dalisi 大理寺
dapu 大仆
dengwengu 登闻鼓
dengwen guyuan 登闻鼓院
dengwen jianyuan 登闻检院
dengwenyuan 登闻院
duchayuan 都察院

F

fanyi 番役
feibang zhimu 诽谤之木
feishi 肺石
feishi han 肺石函

G

ganjian zhigu 敢谏之鼓
gongchefu 公车府
gongche shangshu 公车上书
guihan 匦函
guishiyuan 匦使院
guozi boshi 国子博士
gusi 鼓司

H

huhun tiantu 户婚田土

J

jiancha yushi 监察御史
jianli 奸吏
jiantu 奸徒
jingkong 京控
jingshan zhijing 进善之旌

K

kaihuanglü 开皇律
kechen 科臣

L

libu shangshu 吏部尚书
lifanyuan 理藩院
lijianshi 理检使
lijianyuan 理检院
liubu yamen 六部衙门

M

minben 民本

S

shangshusheng 尚书省
shangbiao 上表
shenxingyuan 审刑院
shiyushi 侍御使
sikong 司空
situ 司徒
songshi 讼师

T

tianli kangzheng 天理抗争
taibao zhubo 太保主簿
tianhe 天和
tianren ganying 天人感应
tidu yamen 提督衙门
tingwei 廷尉
tongzheng shisi 通政使司

X

xishi 细事
xun'an jiancha yushi 巡按监察御史

Y

yique 诣阙
yuesu 越诉
yübu langzhong 虞部郎中
yüshi dafu 御史大夫
yüshi zhongcheng 御史中丞

Z

zhiguishi 知匦使
zhisu 直诉
zhongshusheng 中书省
zhongcheng 中丞
zhongyan 忠言
zhubo 主簿
zhuji shangsu 逐级上诉
zhuanyunsi 转运司
zongrenfu 宗人府

中英词汇对照

A

a state erudite (guozi boshi) Zhou Weijian 国子博士周惟简

B

bodily mutilation 肉刑
Ban Gu 班固
beating the drum 挝登闻鼓
Bai Juyi 白居易
Brian E. McKnight 马伯良
Bradly W. Reed 白德瑞
Beatrice S. Bartlett 白彬菊

C

Confucian concept of minben(people as the foundation of the state) 民本
Chuo Chi 淖齿
Ch'ü T'ung-Tsu 瞿同祖
criticism 招谏
connecting to the occult 通玄
Chen Zi'ang 陈子昂
Court of Judicial Review(dalisi) 大理寺
Complaint Review Office(lijianyuan) 理检院
Ch'en Paul Heng-chao 陈衡昭

Chancellor Chia 御史大夫塔察儿
Chief Surveillance Office (duchayuan) 都察院
chief investigating censors(jiancha yushi) 监察御史
cangued 枷号
clerks(fanyi) 番役
capital appeals(jingkong) 京控案件
chongtu yizhang 冲突仪仗
Confucian canon 儒教经典
Chen Hongmou 陈宏谋
criminal docket 清理刑狱
collusion in sedition 谋反

D

Douglas R. Reynolds 任达
Dong Zhongshu 董仲舒
direct appeal 直达(中央机关或皇帝)上诉(访)
Duke of Zhou 周公
director of the Board of Punishments 刑部尚书
director of the office(lijianshi) 理检使
Department of State Affairs (shangshusheng) 尚书省
Da Ming Lü 《大明律》
Dou' e yuan(*The Grievances of Dou E*) 《窦娥冤》
Dajian 大奸
dengwen jianyuan 登闻检院

E

Eastern Han reign of Shundi 东汉顺帝
Empress Wu Zetian 武则天
extending mercy 延恩
evil clerks(jianli) 奸吏
Edward L. Farmer 范德
everyday resistance 日常抗争

F

Forbidden Cities 禁城
Five Dynasties 五代时期
founder' s decree 《大诰》
Frontier Superintendency (lifanyuan) 理藩院
feibang zhimu 诽谤之木

G

ganjian zhigu 敢谏之鼓
gradual appeal 逐级上诉(访)
Gentleman of the Interior of Forest (yubu langzhong) 虞部郎中
government compound 直入衙门
Gu Yanwu 顾炎武
Guangxü 光绪皇帝
Grand Council 军机处

H

heaven-human interaction (tianren ganying) 天人感应
heavenly punishments 天罚
hot potato 烫手山芋
heaven-sanctioned or "natural" resistance

(tianli kangzheng) 天理抗争
Han Wendi 汉文帝
Han Huandi 汉桓帝
Han Mingdi 汉明帝
Han Wudi 汉武帝
Han Guangwudi 汉光武帝
Hsiao Kung-Chuan 萧公权
head of Jiangdu Township 江都县尉
harsh official 酷吏
Hai Rui 海瑞
Haichang Xiaopenglaizhu 海昌小蓬莱主
Ho-shen 和珅
Hong Liangji 洪亮吉

I

Imperial Clan Court(zongrenfu) 宗人府

J

Jin Wudi 晋武帝
jumping appeals(yuesu) 越诉
Judicial Control Office (shenxingyuan) 审刑院
Jiantu 奸徒
Jiaqing 嘉庆皇帝
Jonathan K. Ocko 欧中坦
Jonathan Spence 史景迁
James C. Scott 斯考特
jingshan zhijing 进善之旌

K

Kaihuanglü 《开皇律》
Khubilai Khan 元世祖忽必烈汗
Kangxi 康熙皇帝
Kevin J. O' Brien 欧博文

L

lung stone(feishi) 肺石
loyal speech(zhongyan) 忠言
Liang Wudi 梁武帝
Liu Junwen 刘俊文
legal secretary 刑房胥吏

M

Mandate of Heaven (tianming) “天命”理论
minwei bangben 民惟邦本
Miyazaki Ichisada 宫崎市定
Ming Taizu 明太祖
Ming Xuanzong 明宣宗
Ming Xianzong 明宪宗
Ming Xiaozong 明孝宗
Ming Shenzong 明神宗
Ming Wuzong 明武宗
Manchu 满族
matrimony and land(huhun tiantu) 户婚田土
Melissa Macauley 梅利莎·麦柯丽
Meridian 午门
Mark C. Elliot 欧立德
Max Weber 马克斯·韦伯

N

Northern Wei 北魏
Northern Wei Shizu 北魏世祖

Nestorian Christianity 景教

O

Official Cart(gongchefu) 公车府

Office of Transmission (tongzheng shisi) 通政使司

Office of the Provincial Military Commander(tidu yamen) 提督衙门

P

petition canister 匦箭

public petition drum (dengwengu, lit. "climb and listen drum") 登闻鼓

petition box(guihan) 匦函

Public Petitioners Review Office (dengwen guyuan) 登闻鼓院

Patricia Buckley Ebrey 伊沛霞

Philip C. C. Huang 黄宗智

parents of the people 父母官

people as the base 民本

Philip A. Kuhn 孔飞力

Q

Qianlong 乾隆皇帝

R

Royal Groom(dapu) 大仆

Roger Des Forges 戴福士

Recorder of the Grand Guardian(taibao zhubo) 太保主簿

regional investigating censors (xunan jiancha yushi) 巡按监察御史

rightful resistance 依法抗争

S

Sima Qian 司马迁

Shiji 《史记》

Sikong Zhang Hao 司空张皓

Situ Bao Yu 司徒鲍昱

Sima Wei 司马玮

Sui Wendi 隋文帝

Shangshusheng 尚书省

stopping the royal cart 邀车驾

submitting to the court(shangbiao) 上表

Six Canons of the Tang 《唐六典》

Shen Kuo 沈括

Supervisor of the Imperial Court (daliqing) Yuan Renjing 大理卿袁仁敬

Song Taizu 宋太祖

Song Taizong 宋太宗

Song Renzong 宋仁宗

Song Huizong 宋徽宗

Southern Song 南宋

supreme court and a prefect 最高司法机构和一位高级官员许遵

Song Xiaozong 宋孝宗

Song Lizong 宋理宗

Song Zhenzong 宋真宗

surveillance commissioner (anchasi) 按察使

Section Minister (kechen) Wang Jiamo 科臣王嘉谟

Subordinate Censor (zhongcheng) Jiang

Hong 中丞姜洪
sealed complaints 匿名封章
Sun Guoan 孙国安
Shunzhi 顺治皇帝
son of heaven 天子
sorcery scare in 1768 公元1768年中国妖术大恐慌

T

Ti Ying 缇萦
through the official carts (gongche shangshu) 公车上书
theory of the interaction of heaven/nature and humans(tianren ganying) "天人感应"学说
the box beside the lung stone (feishi han) 肺石函
Ten Abominations 十恶
Tokugawa Japan 德川幕府时期的日本
three bureaus: the court, the Board of Punishments, and the Censorate 三司,即大理寺、刑部和御史台
T'ang Code 《唐律》
Tang Taizong 唐太宗
Tang Zhongzong 唐中宗
Tang Suzong 唐肃宗
Tang Wenzong 唐文宗
Tang Xuanzong 唐玄宗
the Board of Punishments 刑部
the Capital Gendarmerie(bujun tongling yamen) 步军统领衙门
Thomas A. Metzger 托马斯·A.梅茨格
tax secretary 户房胥吏

U

University at Buffalo 布法罗大学

W

Wang Fu 王符
Wei Guan 卫瓘
Wang Anshi's rationalism 王安石理性主义
Wang Fuzhi 王夫之
White Lotus Rebellion 白莲教起义

X

Xiang Kai 襄楷
Xinzhu County 新竹县

Y

Yique 诣阙
Yuan Taiding 元泰定帝
Yan Junyan 颜俊彦
Yongzheng 雍正皇帝

Z

Zhouli(*The Rites of the Zhou*) 《周礼》
Zhu Mingpan 朱铭盘
Zhou Taizu 后周太祖

传统中国法惩治强盗的研究

马若斐(Geoffrey MacCormack)* 著
周 欢 朱 琳 译
陈灵海 方 强 校

中国帝制时期惩治盗窃的法律史,为现代学者提供了许多有价值的课题。中国传统法律规定了两个类型的盗窃:"暴力的"和"非暴力的"。起初,法律将强盗定义为团伙实行的犯罪,并且极其关注这种犯罪。在清代,律例对盗窃的分类错综复杂,如不但精确地划分犯罪中的"暴力",而且严格区分每个成员在犯罪中所起的作用等。两个因素在法律发展过程中脱颖而出,首先,在明律中,"暴力"本身并不是判断一项新的盗窃是否成立的规则和标准,而是盗窃的一个量刑因素。其次,清律逐渐引入了一系列复杂的区分规则,即根据每一个成员在强盗行为中实际使用的暴力程度,分别对其量刑。某些犯罪者,如把风的人,虽然在犯罪过程中只起到次要作用,也以与主犯一样的规则处罚。

本文将分为三个部分:第一部分,也是最精短的部分,将概述盗窃从秦朝到唐朝的演变,即"暴力"影响刑罚的轻重,但不构成犯罪本质的期间;第二部分,将分析明

---

* 马若斐(Geoffrey MacCormack),1937 年生,英国阿伯丁大学教授。悉尼大学学士(1957 年),牛津大学硕士(1964 年)、博士(1966 年)。主要研究领域为罗马法、法哲学、法人类学、中国法律史。在中国法律史学领域,主要著有《中国传统刑法》《传统中国法的精神》等专著,以及《荀子的法律社会观》《传统中国的宗教与法律》等论文多篇。

清法律中以“暴力”区分强盗和抢夺的制度;第三部分,将考察清律规定的一项减刑规则,仅针对强盗团伙中未实际使用“暴力”的成员。

本文的资料,依性质可分为三种类型的法律渊源:一是古代王朝的刑法典,主要指唐代以前(秦、两汉、两晋及北魏),包括成文法典和法律汇编;二是律学家写的法典注释,特别是保存下来的明清两代律学家的注释;三是刑事案件的最高判决,主要是清代刑部的判决。

一、明清以前关于强盗的法律规定

关于盗窃罪的刑事责任,明清法律中有三条比较明确的规则:赃物价值、赃物性质、使用“暴力”的程度。单个案件中,有时也要结合使用这些规则,如对某些种类的盗窃,法律规定一个固定刑罚,但当赃物价值超过一定数量时,就会基于这个固定刑,相应地加重处罚。[①] 本部分重点探讨以“暴力”作为判断刑事责任独立标准的具体法律规则。

《唐律疏议》是我们开始研究盗窃罪的一个切入点,因为它是明清法典中相应条款的原型,非常富有启迪性。尽管《唐律疏议》中有最早的证据,能证明犯罪分子即使没有成功得赃,仅仅使用“暴力”就会构成强盗,[②]但在这部法典的实际适用中,决定罪行刑罚的依然只有两个规则:赃物价值和赃物性质,“暴力”还只是从属于“价值”的一个元素。

在漫长的法律演变过程中,虽然“暴力”与“赃值”的关系可追溯到秦律,其后“暴力”在定罪量刑中所起的作用也发生过一些变化。秦律似乎并没有将强盗作为一种单独的犯罪行为,而只区分了普通盗窃(即“凡盗”)和盗窃团伙(即“群盗”,群盗即以团伙行盗的人)。群盗罪本身被划分成“严重的”(五人以上)和“并不太严重的”(两人至四人)。在这两种情况中,又分别根据赃物价值进行处罚。若盗贼团伙人数达到五人以上,盗窃同等价值的物品会比人数少的情况处以更严重的刑罚。[③] 在使用“暴力”的情况下,犯罪是作为“窃盗”处理还是“群盗”处理,要根据罪犯的人数来确定。保存至今的秦代起诉书中,有五人携带武器实

---

① 关于唐代至清代盗窃法的简要介绍,参见马若斐著:《中国传统刑法》,爱丁堡大学出版社1990年版,第210~227页。

② 这个原则可能已经在唐代法律中适用,但是笔者并没有找到相关的资料证明。

③ 参见刘海年、杨一凡校注:《中国珍稀法律典籍集成》(甲编第1册),科学出版社1994年版,第538页;何四维(Hulsewé,AFP)著:《秦律辑佚》(Remnants of Ch'in Law),这是何四维教授基于云梦秦简的发现对秦律做的辑录、翻译和研究。

行盗窃被作为“群盗”起诉的记载。①

公元前186年的汉律中，有了窃盗和群盗的区别，“盗五人以上相与攻盗，为群盗”。② 这里似乎已经将群盗罪限定于五人或五人以上的团伙实行的犯罪。普通盗窃罪的处罚规定则已细化如下：

> 盗赃值过六百六十钱，黥为城旦舂。六百六十到二百廿钱，完为城旦舂。不赢二百廿到二百一十钱，耐为隶臣妾。不赢百一十到廿二钱，罚金四两。不赢廿二钱到一钱，罚金一两。③

在现存古籍文本中，我们没有发现处罚群盗罪的规定，想必也与被盗物品的价值有关。我们确实找到一部涉及“强盗”规定的特别法律，其中的条款将强盗罪规定为团伙实行的犯罪，而不是一类单独的盗窃罪名。该文本规定如下：

> 群盗及亡从群盗，殴折人肢，胅体，及令跛蹇，若缚守、将人而强盗之，及投书，懸人书，恐猲人以求钱财，盗杀伤人，盗发冢，略卖人若以略未卖，矫相以为吏，自以为吏以盗，皆磔。④

到了公元1世纪，人们对强盗罪的观念发生了改变，开始将此罪作为一个单独的罪行予以规定。公元107~113年间，官员陈忠⑤(他是一位法律专家)在上疏中强烈谴责强盗的罪行，并敦促出台镇压强盗的法令。⑥ 他认为：“夫穿窬不

---

① 参见刘海年、杨一凡校注：《中国珍稀法律典籍集成》(甲编第1册)，科学出版社1994年版，第651页；何四维：《秦律辑佚》，第190~192页；卡特里娜·麦克劳德(Katrina C. D. McLeod)、罗宾·耶茨(Robin D. S. Yates)合译：《封诊式》，《哈佛亚洲研究学报》1981年第111期，第142~145页。

② 《张家山汉墓竹简》(二四七号墓)，文物出版社2001年版，简62，第143页。

③ 同上书，简56，第141页。

④ 同上书，简65~66，第143页。笔者同时也参考了Ulrich Lau and Michael Ludke未发表的手稿。

⑤ 《后汉书·陈忠传》：“陈忠，字伯始，东汉陈宠子，沛国洨县(今安徽固镇)人。永初中辟司徒府，三迁廷尉正，以才能有声称。司徒刘恺举忠明习法律，宜备机密，于是擢拜尚书，使居三公曹。忠自以世典刑法，用心务在宽详。初，父宠在廷尉，上除汉法溢《甫刑》者，未施行，及宠免后遂寝。而苛法稍繁，人不堪之。忠略依宠意，奏上二十三条，为《决事比》，以省请谳之敝。”——译者注

⑥ 关于陈忠详见张磊夫的《后汉到三国时期的传记或者人名词典》，Brill出版社2007年版，第83~85页。

禁,则致疆盗;疆盗不断,则为攻盗;攻盗成群,必生大奸。"①陈忠的这些言论虽然不见得有很大的说服力,但却表明汉律可能在公元2世纪初就已对窃盗、强盗和群盗按严重性作出了排序。

到晋律时,强盗罪被单独列为一类罪行。公元268年,明法掾张斐在对《泰始律》做的注解中既定义了什么叫"暴力",又规定了视同"强盗"的事项。② 在阐述"威势力"这一概念时,他认为"若加威势下手取材为强盗"。③ 晋代法律似乎并不认为强盗仅限于实际使用物理上的"暴力"。《晋书·刑法志》中还记载了张斐在其他地方将"强"定义为:

> 若加威势下手取材为强盗,不自知亡为缚守,将中有恶言为恐吓,不以罪名呵为呵人,以罪名呵为受赇,劫召其财为持质。此六者,皆以威势得财而名殊者也。④

这意味着犯罪者即使没有实际使用"暴力",但如威吓受害者,使其不敢反抗,从而成功得财,也可构成"强盗"。在另一处,张斐也描述了与之相类但又不同的情况,即"盗伤缚守似强盗"。⑤

张斐对"暴力"的理解也出现在《唐律》中,这非常有趣,因为其包含的两个因素,后来发展成了两个独立的罪行。明清法律以"实行的暴力"作为构成"强盗"罪的基础,而在"公开、公然不同意"情况下拿走他人财物,则构成"抢夺"。⑥ 张斐所认为的"强盗",比明清法律规定的范围要窄一些,后者认定的"强盗",包括物

---

① (宋)范晔:《后汉书》,中华书局1973年版,第1558~1559页;张斐注、班杰明·华立克(Wallacker BE)译:《泰始律》,载《通报》第229期,第242页;Hulsewé, AFP, The Wide Scope of Tao "Theft" in Ch'in-Han Law, Early China, 1988年第166期,第168页。

② 关于"法律汇编"和"成文法典"之间的差别,参见MacCormack. G: The Transmission of Penal Law (lü) from the Han to the T'ang: A Contribution to the Study of the Early History of Codification in China (51), *Revue internationale des droits de l'antiquité*, 2004年第47期,第47~48页。

③ (唐)房玄龄:《晋书》,中华书局1974年版,第929页;张斐注、班杰明·华立克译:《泰始律》,第254页。

④ 同上书,第240页。

⑤ 同上书,第245页。

⑥ (明)高举:《大明律集解附例》(第4册),台北,成文出版社1969年版;(明)雷梦麟:《读律琐言》,中华书局1999年版;(明)王樵、王肯堂:《大明律附例笺释》,载杨一凡编:《中国律学文献》(第2辑·第4册),黑龙江人民出版社2005年版等对大明律的注解性著作。

主在盗窃过程中受伤或被拘禁的情况。①

张斐并没有阐述关于“强盗罪”刑罚的计算方法。从其他记载中,我们可以得出这样的结论,窃盗和强盗处罚的标准,主要是根据被盗财物的价值。根据晋末法律文件记载如下:

> 又主守偷五匹,常偷四十匹,并加大辟、议者咸以为重,宜进主守偷十匹、常偷五十匹死,四十匹降以补兵。既得少宽民命,亦足以有惩也。想各言所怀。②

我们因此几乎可以确定强盗罪的量刑规则,即犯罪者将在盗得更低价值财物的条件下被施以极刑。同时该法典也证实了这一点,据文献资料记载,公元336年的一项法令,制定了对占领土地者的专项处罚,为我们提供了成文法典对“非法侵占公共土地”等同“强盗罪”处罚的证据。当侵占的土地达到一定数量,侵占者将被处以死刑:“有司检壬辰诏书,占山护宅疆盗律论,赃一丈以上皆弃市。”③

《北魏律》也将“强盗”独立规定为一类罪行。这部法典非常重要,同时借鉴吸收了汉律和晋律的立法成果。它在窃盗、强盗和群盗之间作了三重区分,所谓“群盗疆盗,无首从皆同,和掠之罪,故应不异,明此自无正条,引类以结罪”。④ 所有的案件都以“窃盗案中被盗财物达到需要判定死刑的价值”作为基本标准,其刑罚则从死刑开始,依照律例指定的额度进行减刑,即“初盗律,赃四十匹致死”。⑤ 公元534年,北魏修订了这部法典,规定了更为严厉的处罚,即“民多慢政,峻其法,赃三匹皆死”,不过事实上这部法典并未得到实施。⑥

唐代立法者在对待盗窃问题上追随《晋律》的做法,而没有沿袭《北魏律》的规定。他们限制了群盗的范围,留下“窃盗”和“强盗”这两个主要形式,对“暴力”

---

① 参见(唐)李延寿:《南史》,中华书局1975年版,第935页;程树德著:《九朝律考》,中华书局1988年版,第271页。

② (梁)沈约:《宋书》,中华书局1974年版,第1318页、第1321页;程树德著:《九朝律考》,中华书局1988年版,第262~263页。

③ (唐)李延寿:《南史》,中华书局1975年版,第935页;程树德著:《九朝律考》,中华书局1988年版,第271页。

④ (北齐)魏收:《魏书》,中华书局1974年版,第2881页、第2882页,引用法典中有关对强盗和群盗中主犯、从犯处罚相同的内容参见程树德著:《九朝律考》,中华书局1988年版,第354页。

⑤ (北齐)魏收:《魏书》,中华书局1974年版,第2875页。

⑥ 同上书,第2888页;程树德著:《九朝律考》,中华书局1988年版,第371页。

的定义则较晋代张斐的版本有了更大的扩展。《唐律疏议》第281条规定:“诸强盗,谓以威若力而取其财,先强后盗、先盗后强等。”并指出:“假有以威胁人,不加凶力,或有直用凶力,不作威胁,而劫掠取财者,俱为强盗。”①这清楚地表明,只要受害人(原物所有者)受到了现实上的恐吓,即使“暴力”没有导致他受伤,该行为也构成“强盗”。②

《唐律疏议》第281条表明,唐朝对强盗“计赃论罪”,最低刑罚只适用于罪犯没有得财的情况;若已得财,则其刑罚取决于赃物的价值;在没有伤人的情况下,死刑适用于被盗财物达到一定价值的强盗。在每一种情况下,惩罚都会因为犯罪过程中携带了武器而进一步加重。③ 其遵循的基本处罚原则是,不单论赃物价值,而是结合“武器和赃物价值”来决定刑罚。④

据此,我们可以将明朝以前“盗窃罪”发展的主要特点总结如下:秦律以及汉律中,还没有“强盗罪”的单独规定,直到晋律,才将“强盗”作为一种单独的罪行加以规定。“暴力”是构成本罪的一个要件,但它在明清法律中的含义却有很大的不同。在唐和唐以前的法律中,“强盗罪”的本质仍然是非法夺取他人的财物。“暴力”因素只影响刑罚,这也说明在使用“暴力”的情况下,夺取他人的货物,刑罚和夺取财物价值之间的计算规则不同于没有使用“暴力”的情况,将更为严厉。而从唐律开始,对“强盗”的定罪标准有了转变,即主要根据使用的“暴力”,而不是赃物价值。直到明律,才完成了这种从“计赃论罪”到“暴力”的转变。

---

① Johnson, W: The T' ang Code Volume II, Specific Articles, Princeton University Press, 1997, p. 290.

② Ibid. 我们应当区别第300条规定的“公开地:公”和“隐秘地:窃”这两种方式的盗窃罪。确切地说,“公开地”并不意味着“暴力地”,尽管这条规定清楚阐明唐律中关于“强盗”的定义。然而一起盗窃可能在主人并不在场的情况下发生,因而被盗者既没受威胁也没受到暴力对待,但窃贼仍然公开地实行了盗窃。无论如何,请参引(明)张楷:《律条疏议》,载杨一凡编:《中国律学文献》(第1辑·第3册),黑龙江人民出版社2004年版,第274页;(明)雷梦麟,《读律琐言》,中华书局1999年版,第342页;(明)王樵,王肯堂:《大明律附例笺释》,载杨一凡编:《中国律学文献》(第2辑·第4册),黑龙江人民出版社2005年版,第478~479页;(明)高举:《明律集解附例》(第4册),台北,成文出版社1969年版,第1456页;关于清朝的观点,参见(明)沈之奇:《大清律辑注》(下册),法律出版社1998年版,第646页;菲拉斯特译:《大清律例》(第2册),台北,成文出版社1909年版,第155页。关于明清法典中“公开”的规定。

③ See Johnson, W: The T' ang Code Volume II, Specific Articles, Princeton University Press, 1997, p. 290.

④ 元朝也采用了相同的强盗法,包括携带武器和不携带武器的情况。参见(明)宋濂:《元史》,中华书局1976年版,第2656页;Ratchnevsky, P: Un code des Yuan Tome, quatrième Collège de France Institut des Hautes Études Chinoises, 1985, pp. 112-3。

二、明清法律中关于强盗的规定

(一)强盗的法律概念

本节中,我们将考察明清律例及律例注解。在这些法典中,不但厘定了"强盗"的涵义,也注意到通过运用药物盗窃财产的特殊情况。

明律惩治强盗所采用的方法,与唐律完全不同,抛弃了依照"赃物价值"定罪量刑的规则,而是强调以"暴力大小"来定罪量刑。其中《大明律》第289条规定:"凡强盗已行而不得财者,皆杖一百流三千里;但得财者,不分首从,皆斩。"[①]这部法典说明了强盗罪量刑的一个重要条件(即实施盗窃的行为进度),并假设这个条件成立,另外一个控制刑罚轻重的条件是是否成功取得财物。如果未成功取得财物,其他行为只是徒劳的尝试,就不必进行处罚。但是,如果罪犯成功地盗走一些财物,即使很少,惩罚实施过的所有行为就变得很重要。这里的每一种情况都需要进行一些讨论。

"已行"一语表明已经采取行动去完成原先的犯罪计划。何谓"已行"?律注将此解释为犯者的"恶意"已经实施,即"明火执仗功劫居民,或啸聚拥兵夺商贾,其凶计已行",[②]或"强盗已至主家,是谓已行",[③]或"强盗明火执仗至于主家,凶器已备凶性已呈,是谓已行。若为事主所拒,邻保所援,或防守严密或众寡不敌,但不能得主家财物,非不欲得也"。[④] 律注中描述的此类行为,清楚地显示了其中涵盖的"恶意"。因此,即使没有成功盗取财物,所有参与者都应被判处流刑。

明律的这些规定在《大清律例》中得以沿袭,注律者沈之奇认为,"凡先定有强谋,执有器械,带有火光,公然直至事主之家,攻打门墙者,是谓已行"。[⑤]《大明律集解附例》中也强调,强盗责任的本质在于使用的"暴力",而不是被盗财物的价值:"盖强盗之罪,本以强论,不以赃论。"[⑥]王樵与王肯堂特别指出:"虽其家之

---

① Jiang Yonglin: *The Great Ming Code/Da Ming lü*, University of Washington Press, 2005, p. 159.

② (明)高举:《大明律集解附例》(第4册),台北,成文出版社1969年版,第1344页。高举这里继承了张楷的《疏议》的观点,参见张楷:《律条疏议》,载杨一凡编:《中国律学文献》(第1辑·第3册),黑龙江人民出版社2004年版,第207页。

③ (明)雷梦麟:《读律琐言》,中华书局1999年版,第317页。

④ (明)王樵、王肯堂:《大明律附例笺释》,载杨一凡编:《中国律学文献》(第2辑·第4册),黑龙江人民出版社2005年版,第361页。

⑤ (清)沈之奇:《大清律辑注》(下册),法律出版社1998年版,第574页;Philastre, PLF: *Le code annamite*, Ch'en wen Publishing Company, 1909, p. 48.

⑥ (明)高举:《大明律集解附例》(第4册),台北,成文出版社1969年版,第1343页;(明)雷梦麟:《读律琐言》,中华书局1999年版,第317页。

无损,而强迹已行矣。此等凶人若赦之,人后仍限于盗,故不分首从,皆杖一百流三千里,实流不赦。"①

《大清律例》中的两条律文规定,引起人们对"暴力"含义的关注。一是第266条关于抢夺的术语"抢"和第286条有关盗窃分类的术语"公"之间的关系。第280条将盗窃分为两大类,即"公开实行"和"秘密实行",清楚地表明"公开盗窃"的范畴不仅包括强盗,也包括抢夺。② 因此,"公"是一个比"抢"含义更广的术语,包括的非法行为更广泛。无论是明律还是清律,都强调"公"涵盖了"强盗"和"抢夺",认为"公取者,欺事主之不敌,无所避忌,公然而取之"。③

二是"群伙武装盗窃"的问题。律文没有考虑"一个人强盗"的可能性。对当时的立法者来说,"土匪行劫"才是值得关注的社会问题。因此不难想象,虽然关于强盗罪的范畴必须保持开放,但此罪主要被视为"两人或两人以上协同合作"完成的罪行,而不是单独由一个人来完成的罪行(不像普通的盗窃)。④ 从历史的角度看,明清律例中对强盗的定义似乎直接沿袭了秦、汉律中的群盗罪。

张楷《律条疏议》中重点强调的"恶状已露",表明了当时律学家的一个重要观点,即"强盗罪"的构成涉及预谋。这意味着罪犯不只是规划好了一个盗窃行为,而是从一开始就有使用暴力或恐吓完成盗窃的意图。因此,在我们所查找到的案件中,强盗行劫者是否一开始就有使用暴力的意图,以及这种意图和刑部定罪量刑之间的关系,是我们应当进行思考讨论的内容。这里需要注意的是,虽然这种动机无疑表现了强盗的基本特征,但并不是构成这个罪行的必要条件。犯罪者秘密窃取时,由于某种原因诉诸暴力,刑部也会判决构成"强盗罪"。

在强盗罪中,是否成为主犯,取决于是否得财。这意味着一个盗窃团伙只要成功盗取财物,参与盗窃的人都将以主犯论,被判处斩刑。不需要该团伙的每一个成员都亲手盗得"一部分财产",只要一人得财,其他人也以得财论,判处斩刑。

---

① (明)王樵、王肯堂:《大明律附例笺释》,载杨一凡编:《中国律学文献》(第2辑·第4册),黑龙江人民出版社2005年版,第361页。

② 参见下文"抢夺"犯罪行为。

③ 关于明朝对"公"的观点,参见(明)张楷:《律条疏议》,载杨一凡编:《中国律学文献》(第1辑·第3册),黑龙江人民出版社2004年版,第274页;(明)雷梦麟,《读律琐言》,中华书局1999年版,第342页;(明)王樵、王肯堂:"大明律附例笺释",载杨一凡编:《中国律学文献》(第2辑·第4册),黑龙江人民出版社2005年版,第478~479页;(明)高举:《明律集解附例》(第4册),台北,成文出版社1969年版,第1456页;关于清朝的观点,参见(明)沈之奇:《大清律辑注》(下册),法律出版社1998年版,第646页;菲拉斯特译:《大清律例》(第2册),台北,成文出版社1909年版,第155页。

④ See Anthony, RJ: *Pirates, Bandits, and Brotherhoods: A Study of Crime and Law in Kwangtung Province*1796 - 1839, University of Hawaii Doctoral Disseration, p. 225.

同时，“得财”的概念与“分赃”有所区别，分赃是指盗窃结束后，将盗取的财物汇集，分给参与盗窃的人。当时的律学家高举认为，将“得财”与“分赃”同等对待是一个错误的观点：

> 得财谓得事主之财，非分赃入己之谓，盖强盗所犯之罪本以强论，不以赃论，故虽未分受，亦斩，观下条共谋者行而不分赃皆斩，可见近来皆以不分赃为不得财，误矣。①

因此，“参与分赃”并不是判处斩首的必要条件。

然而，在某些情况下，团伙中的某一成员得到的赃物多少，很可能与他犯的罪行（即在案件中所起的作用）相联系，因而，赃物多少也与处罚大小相联系。②在另一款有关“盗贼窝主”的规定中，这种情形也被提及。这条律文区分了有犯罪意图从而实行强盗和并不是一开始就有犯罪意图，只是临时参与到强盗中的情形。在前一种情况下，该犯罪者被认为是“匪首”，即使他没有亲自参与强盗的行动，只要他获得了赃物，就要被判处斩首；如果他没有得到任何赃物，才可以减轻刑罚，判处流三千里，杖一百。如果他不是匪首，只是一个参与者，因为他参与商讨如何实施强盗行为，无论是他参与了实施强盗的行为而没有取得任何财物，还是他没有实际参与而取得了赃物的情况，都要被判斩首。如果他既没有参与强盗行为，也没有参与分赃，才可以被轻判杖一百。雷梦麟在其《读律琐言》中也说明了群盗中匪首和从犯之间的量刑有差异，强调“造意之罪，重于共谋者，以其为首恶也”。③

《大清律例》沿袭了《大明律》关于强盗罪的部分规定（第 266 条），④但在第 278 条下的“律注”中，增加了两个关于强盗窝主的规则：

> （一）凡强盗窝主，造意，不行又不分赃者，杖一百，流三千里；（二）共谋者，不行又不分赃者，杖一百。⑤

① （明）高举：《大明律集解附例》（第 4 册），台北，成文出版社 1969 年版，第 1343 页；王樵和王肯堂也持有相同的观点，参见（明）王樵、王肯堂：《大明律附例笺释》，载杨一凡编：《中国律学文献》（第 2 辑 · 第 4 册），黑龙江人民出版社 2005 年版，第 362 页，第 461 ~ 462 页。

② 参见姜永林：《大明律》，第 167 页。

③ 雷梦麟：《读律琐言》，中华书局 1999 年版，第 338 页。

④ 参见钟威廉：《大清律例》，牛津大学出版部印刷所 1994 年版，第 246 ~ 247 页。

⑤ 同上。

这两条并列的注解,实际上可以推广适用于所有强盗窝主的案件。

沈之奇《大清律辑注》第266条认同明律的做法,提出强盗应根据“是否使用暴力或威胁”来判断严重程度的观点,根据犯罪过程中的实行行为判断:

强盗律全重在强上。凡先定有强谋,执有器械,带有火光,公然直至事主之家,攻打门墙者,是谓之已行。若为事主所拒,邻保所援,不能得财,虽事主之家无损,而强盗之谋已行,不分首从,皆杖一百,流三千里,但劫得事主家财物者,不论多寡,不分首从,皆斩。①

到了清末,这种做法受到了一些有影响力的学者驳斥。晚清律学家薛允升在他的《唐明律合编》中提出,唐律以“赃物价值”、“是否携带武器”以及“被盗者的受伤程度”三个标准来惩罚强盗,并且以“计赃论罪”为重点的规定,是更为公允的做法。② 相比而言,明律丝毫没有考虑“赃物价值”或者“被盗者实际遭受的损害程度”,仅以“使用的暴力”为刑罚的评断标准未免过重:

愚按:唐律既分别赃数多寡,又分别是否持械,再又分别伤人杀人,即不持械而赃至十匹者,亦拟绞罪,立法最为平允。盖公取窃取,其意总在得财,强盗虽重于窃盗,而计赃无几,事主亦未被伤,则受害甚轻,不分首从,概拟骈诛,未免过严。隋时盗一钱以上者皆死,曾有议其非者。明律但得财者皆斩,何以迄今仍遵行耶?窃盗临时拒捕杀伤人者皆斩,系照唐律共盗临时有杀伤人者以强盗论之文,谓伤人者绞,杀人者斩也。明律一概拟斩,亦觉过严,且与抢夺伤人一条,轻重互异。③

虽然薛允升评论的是明律,考虑到《大清律例》基本沿用了《大明律》的规定,所以也可认为这是他对清律的评价。

(二)药物和强盗

使用药物窃取财物的显着特点是,虽然盗窃是在一种无明显暴力的情况下进

---

① (清)沈之奇:《大清律辑注》(下册),法律出版社1998年版,第574页;菲拉斯特(Philastre)译:《大清律例》(第2册),第48页。

② 关于薛允升参见斯坦利·N.卡茨(Katz,SN)主编:《牛津世界法律史百科全書》(第3册),牛津大学出版社(Oxford University Press)2009年版,第187页。

③ (清)薛允升:《唐明律合编》(卷一九),1922许世昌退耕堂本,表20b。

行,但仍被视为“强盗”。这种惩处规则,可以追溯到《唐律疏议》,该《贼盗律》(第281条)把以药迷昏人盗取财物定义为强盗,即“若与人药酒及食,使狂乱取财,亦是”。与律文并行的《疏议》称,这是一种使受害人“疯狂”或“狂乱”的情况:“若饮人药酒,或食中加药,令其迷谬而取其财者,亦是强盗。”①宋代和元代的立法中,都沿用了唐代的这种规定:“诸以药迷昏人,取其财者,以强盗论。”②然而,在《元典章》中,记载一件发生于公元1307年的案子,显示实践中已经有一部分人不愿将“以药盗窃”作为“强盗”来处罚。现录此案于下:

【懵药摸钞断例】大德十一年六月,行台准御史台咨:据监察御史呈:照刷出都省右司刑房大德九年上半年文卷内一件,李广志药吴仲一。李广志明招:摘取蔓·萝蔁麻二子收留,已后修合,懵人摸钞使用。大德七年十二月十七日,起意买到荤面一分,将丸成蔓·萝蔁麻子药丸捻碎面内,令吴仲一吃用,昏迷不醒,牵同行至东湖畔空野处,将吴仲一绢袋用刀子割断,盗讫中统钞五定二十五两。刑部拟依窃盗,似有未尽,原其罪犯,合从强盗论罪。然系通例,宜令合干部分再行定拟,相应。具呈照详。得此。奉中书省·付:送刑部议得:李广志所犯用懵药令吴仲一食用,割取钞定情罪,既已照依切盗呈准刺放,又系大德十年十二月十八日钦遇圣旨分拣疏放罪囚已前事理,别难定夺。今后,似此贼徒,若于饮食内加药令人迷谬而取其财者,合从强盗法论罪,相应。都省准呈:施行。③

这条规则记载在分发给各省的“通例”中。

此案表明,当时的律学家们已经看到了用“强盗”律来处理“以药盗窃”的内在矛盾。这种盗窃行为没有形成外露的“暴力”,因为犯罪者只是秘密将药物放进食物或饮品中,受害人在不知晓的情况下,喝下药物,失去意识。与很多强盗案相比,这似乎更接近窃盗。然而,明清法律仍然参照了唐宋有关“强盗”的规定,将通过药物迷晕他人从而盗取财物的做法,归入“强盗”的范畴。由于存在这种

① 庄韦斯译:《唐律疏议》,第290~291页。关于中国的相关文章参见(唐)长孙无忌:《唐律疏议》,刘俊文点校,中华书局1983年版,第346~357页。

② (明)宋濂:《元史》,中华书局1976年版,第2658页;拉契涅夫斯基译:《元典章》,第120~121页。

③ 《元典章》(第3册)(卷五〇)1908年沈刻本,表1b-2a;拉契涅夫斯基译:《元典章》,第120~122页。

认知与处理不一的矛盾,律文的措辞只说此种行为比照"强盗"惩治,并不明确认定"以药盗窃"即"强盗",这一点确实值得深思。

明清律学家在解释"用药盗窃"和"强盗"的关系之时,也有很大的矛盾,诸种解释都显得有些不顺畅。雷梦麟指出:"若以药图人财者,取人之财,不虑或伤人之命,其术虽秘,其心实强矣,故与强盗律罪同。但得财者,皆斩。"①这个解释被后来的王樵、王肯堂②以及清代律学家沈之奇③引用。

沈之奇对《大清律例》的两条辑注,或许说明了时人对于"以药盗窃"和"强盗"关系的进一步理解,其中一条强调,如果使用药物盗窃造成受害人死亡,这种行为的准确罪名不是强盗,而是因杀人而得财:

> 若以砒霜等药,与人吃而得财,死者,依谋杀人而得财律;得财不死,依以药迷人律。若不死又不得财,依谋杀人而伤人不死律。盖砒霜等药,服之必死,与迷人之药不同也。④

另外一条似乎想要辨别"药物足以杀伤人"和"以药物迷昏人图财"这两种情况的不同:

> 以药迷人,如蒙汗、闷香之类,但以迷人图财,非毒药杀人之物。然亦足以杀伤人,故与强盗同科。⑤

因此,后面一种情况应以强盗科刑。

(三)抢夺的法律概念

除了规定"强盗"这种罪行,明清律例中还规定了通过少量暴力取得他人财产的罪行,即抢夺。《大明律》第291条规定了"白昼抢夺"罪:

---

① (明)雷梦麟:《读律琐言》,中华书局1999年版,第317页。

② 参见(明)王樵、王肯堂:"大明律附例笺释",载杨一凡编:《中国律学文献》(第2辑·第4册),黑龙江人民出版社2005年版,第363页。

③ 参见(清)沈之奇:《大清律例辑注》(下册),法律出版社1998年版,第574~575页;菲拉斯特译:《大清律例》(第2册),第49页。

④ (清)沈之奇:《大清律例辑注》(下册),法律出版社1998年版,第577页;菲拉斯特译:《大清律例》(第2册),第55~56页。

⑤ 同上书,第57页。

> 凡白昼抢夺人财物者，杖一百徒三年，计赃重者加窃盗罪二等，伤人者斩，为从各减一等，并于右小臂膊上刺抢夺二字。若因失火及行船遭风着浅而乘时抢夺人财物及拆毁船只者，罪亦如之。①

这部法典采用以强论罪和计赃论罪的双重标准。显然，明律认为"抢夺"罪的严重性处于"窃盗"和"强盗"之间，"抢夺"结合了这两种犯罪的特点。

既然对"抢夺"罪的定义已经包含了"暴力盗取他人财物"的意思，那么，区分"暴力取走他人财产"的"强盗罪"和"白昼抢夺罪"就成了一个难题。在相关律例的律注中，留下了当时人们的困惑。第一条值得注意的律注是：

> 白昼白日也，争取曰抢，攘取曰夺，计赃非计入己之赃，亦如窃盗骈赃论。本与人斗殴，本字最重，故斗二字平看，此言白昼抢夺财物迹近于强，故但犯者不论赃之多寡，即杖一百徒三年。②

抢夺罪不像强盗罪，此罪只有在得财时才判处徒刑。因此，对于此罪与强盗罪的第一个区别就是财物，即使盗取的财物很少，也应当判处刑罚。律注曰："若抢夺而未得财者，问不应事重抢夺财物就还事主者，依自首仍问不应事重。"即在没有盗取财物的情况下，仅仅只是形成了"抢夺"的一个意图，因为刑罚是用来惩罚做了不应该做的事情，所以只有当情形恶劣的时候，才处以杖八十(第400条)。

早期的注律者张楷及后来的高举，都对抢夺进行了解释："争取曰抢，攘取曰夺。"③王樵和王肯堂对此有更具体充分的解释，抢夺指"出其不意"④抢走受害人财物，即"攫而有之曰抢，用力而得之曰夺"。⑤

---

① 姜永林：《大明律》，第160页。

② 关于"抢夺"罪的观点参见晚明时期的律例注释，(明)高举：《大明律集解附例》(第4册)，台湾成文出版社1969年版，第1363～1364页；(明)王樵、王肯堂：《大明律附例笺释》，载杨一凡编：《中国律学文献》(第2辑·第4册)，黑龙江人民出版社2005年版，第386页。

③ (明)张楷：《律条疏议》，载杨一凡编：《中国律学文献》(第1辑·第3册)，黑龙江人民出版社2004年版，第218页；(明)高举：《大明律集解附例》(第4册)，台北，成文出版社1969年版，第1359页。作者此处标注的注律者为 zheng kai(郑楷)，应为张楷，《律条疏议》全名为《大明律条疏议》。——译者注

④ (明)高举：《大明律集解附例》(第4册)，台北，成文出版社1969年版，第1363页；这个相同的短语并不是用来描述"抢夺"(有一些细小的不同)，而是用来表达此罪与窃盗罪之间的区别。他表示，"'掏摸'亦系白昼而以窃盗论者，出其不意险钩之，故与窃盗无异故也。"

⑤ (明)王樵、王肯堂：《大明律附例笺释》，载杨一凡编：《中国律学文献》(第2辑·第4册)，黑龙江人民出版社2005年版，第387页。

注律者区分了“白昼抢夺”与《贼盗律》第2条规定的“白昼邀劫道路”,其认为:“夫例云:白昼邀劫道路与此白昼抢夺情迹相似,而实不同。人少而无凶器者抢夺也,人众而有凶器者强劫也。”①这条律文规定,凡白昼邀劫道路,携带武器,不论犯罪者人数多少,在任何情况下,都处以斩立决。换句话说,“邀劫道路”是特别严重的强盗罪。为了将“抢夺”从“强盗”以及“邀劫道路”中区分出来,注律者的判断标准是:“人少而无凶器者,抢夺也。人多而有凶器者,强劫也。”②这种区分方法,后来成为立法者和刑部划分抢夺和强盗罪行的标准。

“在白昼”这句话意味着“抢夺”罪必须发生在白天,那么,如何界定“昏夜抢夺”的行为呢?高举指出:“然抢夺惟言白昼,若犯在昏夜,则亦有潜行隐貌之意,止以窃盗论。”③显然,此时高举已经开始思考“夜无故入他人家”这个情节。王樵和王肯堂进行了更全面的分析,区分了“在途抢夺”和“在室抢夺”:

> 凡徒手而夺于中途,虽暮夜亦是抢夺,但无白昼二字耳。若昏夜抢夺,执有凶器,即是强盗。欺其不知不见而取之,即是窃盗,故不言。④

最重要的一点是,“携带武器在途突袭”被置于比“在室抢夺”更严重的地位。

为了对抢夺罪确定最低刑,这些律学家们设法提出了各种理由。张楷认为,抢夺是以作恶为乐的虎狼之行(常恶),⑤他更侧重于强调罪犯的恶意。雷梦麟则认为,“盖白昼公行,不畏人知,恶其近于强也”。⑥ 高举以及王樵、王肯堂也有类似的看法,他们更侧重于强调对犯罪本质的判断,即是否倾向使用暴力。如高举认为:“此言白昼抢夺财物迹近于强。”⑦王樵、王肯堂认为:“盖白昼公行,不畏人

---

① 关于例文的内容参见(明)高举:《大明律附例辑注》(第4册),台北,成文出版社1969年版,第1349页。

② (明)雷梦麟:《读律琐言》,中华书局1999年版,第320页;(明)高举:《大明律附例辑注》(第4册),台北,成文出版社1969年版,第1349页;(明)王樵、王肯堂:《大明律附例笺释》,载杨一凡编:《中国律学文献》(第2辑·第4册),黑龙江人民出版社2005年版,第387页;薛允升书中引用了《读律琐言》的内容,同时也参照了王樵、王肯堂的观点,(清)薛允升:《唐明律合编》(卷一九),表23a。

③ (明)高举:《大明律附例辑注》(第4册),台北,成文出版社1969年版,第1363页。

④ (明)王樵、王肯堂:《大明律附例笺释》,载杨一凡编:《中国律学文献》(第2辑·第4册),黑龙江人民出版社2005年版,第387页。

⑤ 参见(明)张楷:《律条疏议》,载杨一凡编:《中国律学文献》(第1辑·第3册),黑龙江人民出版社2004年版,第221页。

⑥ (明)雷梦麟:《读律琐言》,中华书局1999年版,第320页。

⑦ (明)高举:《明律集解附例》(第4册),台北,成文出版社1969年版,第1360页。

知,恶其近于强也。"[1]

《大清律例》第268条继承了明律对"抢夺"的规定,但于律注中增加了清代注律者的看法,从而更清楚地阐明了其规范渊源。[2] 其中,《大清律例辑注》采取了王樵、王肯堂的观点,认为"抢夺之罪,介乎强、窃之间。公行白昼,不畏人知,有类于强;人既不多,又无凶器,尚近乎窃"。[3] 这一观点明确了清律对明律模式的继承。

沈之奇对于法典的注释[4]继承了王樵、王肯堂[5]关于术语"抢"和"夺"的定义,"抢"表示出其不意而攫之,"夺"表示用力互争而得之。[6] 他进一步指出:

> "抢夺"之罪,介乎强、窃之间。公行白昼,不畏人知,有类于强;人既不多,又无凶器,尚近乎于窃,故凡白昼抢夺人财者,不计赃数,即杖一百、徒三年,轻于强而重于窃。(根据《大清律例》第二百六十九条规定笞刑五十)。

在《大清律例汇辑便览》中,注疏更为巧妙地阐述了"抢夺"和"强盗"的本质及其相互之间的差异。[7] 现将《大清律例汇辑便览·聚汇》所述录于下方:

> 抢夺与强盗相似,人少无凶器,或途中,或闹市,见人财物而强夺之者,抢夺也。人多有凶器,不分人家路上,人财在前,先打到而后取财者,强盗也。凡先抢后挞,或虑事主夺回而打之者,止依抢夺论。其三五成群,各执棍杖,于僻静处打夺人财,虽类抢夺,实强盗也云云。语极明晰。唐律注以威势力,是解释强盗之字义,先强后盗,先盗后强等,是发明强

① (明)王樵、王肯堂:《大明律附例笺释》,载杨一凡编:《中国律学文献》(第2辑·第4册),黑龙江人民出版社2005年版,第388页。

② 参见钟威廉:《大清律例》,第249~250页。

③ 薛允升著,黄静嘉校:《读例存疑》(第3册),中文研究资料中心研究资料丛书五卷本1970年版,第628页。

④ (清)沈之奇:《大清律辑注》(下册),法律出版社1998年版,第588~591页;菲拉斯特:《大清律例》(第2册),台北,成文出版社1909年版,第68~70页。

⑤ 参见(明)王樵、王肯堂:《大明律附例笺释》,载杨一凡编:《中国律学文献》(第2辑·第4册),黑龙江人民出版社2005年版,第388页。

⑥ 参见菲拉斯特译:《大清律例》(第2册),第68页。译者翻译的"抢夺"行为的法文版。

⑦ 这条注释构成了官方法典注释的一部分:《大清律例汇辑便览》(第8册),台北,成文出版社1975年版,第2988~2989页;菲拉斯特:《大清律例》(第2册),第56页;此内容依然可参照薛允升《唐明律合编》中的《会解》(卷一九),表24b;根据《会解》所载,此注解起源于明朝。

盗之情形,并无在途在室之分。①

这条律注让我们注意到抢夺罪中付诸暴力的临时性,尽管犯罪者可能早已经形成抢夺的动机。相反,"强盗"是人多且手持凶器进行的犯罪。是在路上劫取他人的货物,还是从他人的房子里盗取财物,这并不重要。某罪犯见到他人的财产而起意,袭击并掠倒他人,盗取财产,这种行为就是"强盗"。如果是在财物已经被劫取后,物主遭袭击受伤,就是"抢夺"而不是"强盗"。这意味着,即使一个团伙携带武器劫取财产,如果该团伙是在获取财物后再攻击物主,则仍然是"抢夺"。

《大清律例汇辑便览》对暴力发生时间所做的区别(是在盗窃过程中,还是在财物已经被盗取后才实行暴力)非常重要。此项规定给予刑部极大的自由裁量权,尽管此处的自由裁量权不如将抢夺转化为伤人处理那样大。②

《大清律例汇辑便览》还指出,即使团伙人数少,也没有携带致命武器,依然可能被定性为强盗。比如,三四人组成的一个盗窃团伙,携带棍棒,潜伏在一个偏僻的地方,等待行人经过并袭击他,抢走他人的财物,这更像是"抢夺罪",其实应定为"强盗罪"。最后,窃盗也可能转换成强盗。比如,没有携带武器的人,偷偷进入他人房屋,盗窃过程中照亮了房屋,利用屋里的任何物品作为武器,就将构成强盗。即偷偷进入,公开离开,并在犯盗窃的那一刻使用暴力的情况,亦同。

《大清律例汇辑便览》在清晰界定"抢夺"和"强盗"范畴时出现了几个难题:什么是"犯罪地类型""凶器性质""暴力使用形式"以及"暴力使用时刻"?也许正是考虑到这些问题,无论是西方学者菲拉斯特(PLF Philastre),还是其中国前辈薛允升,都对以"使用的暴力"区分"抢夺罪"和"强盗罪"的可行性表示怀疑。③对此问题,我们将在下一部分进行更充分的探讨。

(四)强盗和抢夺的区别

首先,我们初步考虑的问题是"抢夺"和"窃盗"的区别。对此,《大清律例》继承了明律的规定。根据明律规定,"在白昼为抢夺,在夜间为窃盗,在途截抢者,虽

---

① 这点与唐律形成了鲜明对比。《唐律》第281条关于"强"的定义(Johnson, W: *The T' ang Code Volume II, Specific Articles*, Princeton University Press 1997, p. 290)表明,无论"强"在犯罪前还是犯罪后使用,此行为都是强盗。唐律没有关于"强盗"和"抢夺"的区别。后者由明朝的立法者们吸收了比唐律更广泛的内容形成。

② 参见《刑部驳案汇钞》,第16~17页、第22~23页。

③ 参见菲拉斯特译:《大清律例》(第2册),第74页;(清)薛允升:《唐明律合编》(卷一九),表24b。

昏夜仍问抢夺，止去白昼二字。若抢夺不得财，及所夺之物即还事主，俱问不应”。[①] 该规则以时间和地点为重心。然而这条规则中，并没有提及强盗是否必须携带凶器的问题。因此，这个问题我们必须参考王樵、王肯堂的说法。[②] 他们提到：“凡徒手而夺于中途，虽幕夜亦是抢夺，但无白昼二字耳。若昏夜抢夺，执有凶器，即是强盗，欺其不知不见而取之，即是窃盗，故不言。”也因此，更不必说携带凶器夜袭别人家的情况，这种行为必然构成强盗。我们必须明确，如果实际上受害者并没有受伤，那么劫匪至少是使用携带的凶器并进行了恐吓，否则不能构成强盗罪。

更重要的问题是区分强盗和抢夺及它们的刑事责任差别。在《大清律例》抢夺罪的条款（第268条）注释中，有一条简单明了的规则，用以区别抢夺和强盗，这种做法也是从明朝王樵和王肯堂的注释中沿袭而来，该律注曰：“人少而无凶器者，抢夺也。人多而有凶器者，强劫也。”但这条规则的简单多少有些欺骗性，因为一开始就涉及“犯罪人数”和“是否携带凶器”两者关系的判断。在适用时，应当将这两个条件结合还是分离？对于这个问题，清代的律学家和司法官员似乎并没有达成共识。公元1699年，黄六鸿在其有关地方行政的手册中写道：“抢夺者，人少而无凶器谓之抢夺，人多而有凶器谓之强劫。”[③]这个定义似乎将法典律注中提到的两个元素结合起来看，即人多且携带武器构成强盗罪，而人少未携带武器为抢夺罪。

但是后来，司法官员都从不同的方面理解关于强盗和抢夺的构成要件。如清代律学家王友怀（公元1730～1796年）强调，判断此罪彼罪的标准既不是“人数的多少”，也不是“是否携带凶器”，而是“使用暴力的程度”。显然，多人携带凶器进行的盗窃是强盗，但少数几个人未携带任何武器实施盗窃，他们的行为表现为暴力，如行窃过程中他们用拳头粗暴地袭击被害人，也应是强盗行为。[④] 公元1821～1851年间，何更生也写了一本指导官员裁判案件的手册，提出判断两种罪行的重点不在参与人数的多少，而在是否携带凶器，他分离了上述规则中的两个元素，使

---

① 薛允升著：《读例存疑》（第3册），中文研究资料中心研究资料丛书五卷本1970年版，第629～630页（第268条第1例）；菲拉斯特：《大清律例》（第2册），第71页。

② 参见王樵、王肯堂：《大明律附例辑注》（卷四），第387页。

③ Huang Liu-hung led. and tr. Djang Chu, A Complete Book Concerning Happiness and Benevelence, Fu-hui ch’ üan-shu, A Manuel for Local Magistrates in Seventeeth Century China, China University of Arizona Press, 1984, p. 70.

④ See Anthony RJ, Scourges on the People: Perceptions of Robbery, Snatching, and Theft in the Mid-Qing Period, Late Imperial China, 1995, Vol. 16, 2, p. 108.

它们各自独立,并将重点仅仅放在是否携带凶器上。[①] 这似乎也是沈之奇的看法,在他著作中有一条律文小注中说:

> 该注以人少人多,有无凶器,分别抢夺、强劫,然亦不可拘泥。有人少而无凶器为强劫者,亦有人多而有凶器而为抢夺者。总以情形为凭,不在人多人少。[②]

这种不确定性,即如何衡量官方规则中的两个条件(参与人数和携带凶器)以及应如何处理这两个条件之间的关系,反映的不只是律学的意见,更有立法者对强盗和抢夺的态度以及刑部在相关司法判决中的态度。我们首先考虑的是相关律文在区别强盗和抢夺之间所做的分界。

1. 律文规定

在第二条律文的权威注释中,详细说明了构成强盗罪的两个条件:一是人数众多,二是携带凶器。[③]《大清律例》对这种特殊犯罪的规定,有些是从明朝继承下来的,从中可以看到两个重要的现象:其一,在清代早期的官方规则中,这两个元素被分离地适用,无论人数众多实行盗窃,还是携带凶器进行盗窃,都是构成强盗罪的充分条件;其二,到了19世纪,"强盗"和"抢夺"两个罪名之间的区别开始变得模糊,最后似乎已经完全不加区分,盗窃过程中的"暴力"作为区分罪行的新标准出现了,"暴力"的程度成了判别犯罪严重性的标准。

2. 官府对例文的分离适用

《大清律例》的三条相关例文中,两条从明律继承,例文引入了一种更严重的强盗,即处以斩刑外,还要枭示。这种加重型强盗既不根据"犯罪团伙人数多少",也不根据"携带凶器的性质"进行判断。这其中的两条例文,规定了团匪行劫的问题。虽然我们可以假设劫匪携带了各种类型的凶器,但立法的重点并没有放在携带凶器上,而是在犯罪者的人数上。第1条例文在明代时已经颁布,公元1646年颁布的清代法典已吸收了这个规定:

---

① 参见安乐博:《蹂躏百姓:对清中期掠夺、攫取和偷盗的理解》,载《帝制晚期中国》1995年第16卷第2期,第108页。

② (清)沈之奇:《大清律辑注》(下册),法律出版社1998年版,第590页;布莱斯(Boulais,G)译:《大清律例》,台北,成文出版社第494页。

③ See Huang Liu-hung led. and tr. Djang Chu, A Complete Book Concerning Happiness and Benevelence, Fu-hui ch' üan-shu, A Manuel for Local Magistrates in Seventeeth Century China, China University of Arizona Press, 1984, p. 70.

强盗杀人、放火烧人房屋、奸污人妻女，打劫牢狱仓库，及干系城池衙门，并积至百人以上，不分曾否得财，俱照得财律斩，随即奏请审决枭示。(凡六项有一于此，即引枭示，随犯摘引所犯之事。)若止伤人而未得财，首犯，斩监候；为从，发新疆给官兵为奴。如未得财又未伤人，首犯发新疆给官兵为奴；从犯杖一百，流三千里。①

这里要注意到法律的重点放在组成犯罪团伙的人数上，而不是根据由他们所携带的武器的性质。第2条例文要晚一些，是1813年为解决广东地区由劫匪团伙引起的具体问题而颁布的，其中规定：

粤东内河盗劫，除寻常行劫仅止一二次，伙众不及四十人，并无拜会及别项重情，仍照例具题外；如行劫伙众四十人以上，或不及四十人，而有拜会结盟，拒伤事主，夺犯伤差，假冒职官；或行劫三次以上，或脱逃二三年后就获各犯，应斩决者，均加枭示，恭请王命，先行正法。②

该例文颁布后，立即在全省发生此类罪行的地方适用。这条例文的重点，明显仍然放在参与抢劫的人数，而不是他们是否携带了武器。事实上，例文中已经假定，涉案的成员携带了一些凶器。

我们可以对比例文中的前两条以及同样是从明律继承而来的第3条例文，此条规定的是武装配备良好的土匪所犯的罪行：

凡响马强盗，执有弓矢军器，白日邀劫道路，赃证明白者，俱不分人数多寡，曾否伤人，依律处决，于行劫处枭首示众。(如伤人不得财，首犯，斩监候；为从，发新疆给官兵为奴。如未得财，又未伤人，首犯，发新疆给官兵为奴；为从，杖一百，流三千里。)其江洋行劫大盗，俱照此例立

---

① 薛允升著：《读例存疑》(第3册)，中文研究资料中心研究资料丛书五卷本1970年版，第589～590页(第266条第1例)；布莱斯译：《大清律例》，第483页；菲拉斯特：《大清律例》(第2册)，第51页。

② 薛允升著：《读例存疑》(第3册)，中文研究资料中心研究资料丛书五卷本1970年版，第619～620页(第266条第46例)；关于此条例文和它的背景，参见安乐博："The Problem of Banditry and Bandit Suppression in Kwangtung South China 1780 - 1840", in *Criminal Justice History*, Vol. 31, pp. 32 - 45。

斩枭示。①

在这里,处以斩枭的标准不是"强盗人数",却是携带某些凶器并乘马行劫的事实。

3."强盗"与"抢夺"之间的模糊区别

另外有两条例文规定"加重型强盗"这一特殊罪行,其规定颇为有趣,因为它使"抢夺"和"强盗"的区别变得更为模糊。其中第1条于1836年颁布,规定"粮船水手行劫杀人,不分人数多寡,曾否得财,俱拟斩立决枭示,恭请王命先行正法"。② 该例文随即规定了"抢夺罪",其中出现了与"强劫罪"(行劫)的区别之处。此例文规定:

> 粮船水手行劫杀人,不分人数多寡,曾否得财,俱拟斩立决枭示,恭请王命,先行正法。其抢夺案内下手杀人之犯,亦照行劫杀人例,正法枭示;为从帮殴,如刃伤及手足、他物至折伤以上者,俱拟绞立决;伤非金刃,又非折伤者,拟绞监候;未经帮殴成伤者,发新疆给官兵为奴。其寻常挟雠谋故杀者,均拟斩立决。若审无谋故重情,但经聚众互殴,即照广东等省械斗雠杀例,一体惩办。其藏有火枪抬枪者,虽未点放伤人,亦发新疆给官兵为奴。以上各犯,被获时有恃众持械拒捕伤人者,除原犯斩枭,罪无可加外;罪应斩决者,均加拟枭示,恭请王命先行正法;罪应绞决者,改为斩决;罪应绞候者,改为绞决;应发遣者,改为绞候。若拒捕杀人为首,无论罪名轻重,均拟斩立决枭示,恭请王命,先行正法;为从帮同拒捕之犯,即照拒捕伤人,一例科断。至粮船经过地方,游帮匪徒,有抢劫杀人,及被获时拒捕杀伤人者,均照粮船水手抢劫拒捕例办理。其执持凶器,未经滋事者,即照执持凶器未伤人杖一百例上加一等,杖六十,徒一年。仍责成该管粮道总运官,督率运弁,日夜稽查,于泊船时依地方保甲之法,逐船按册点验,其有并无腰牌者,立即会同地方营汛拏获,审明分别惩办。旗丁头舵,如遇有形迹可疑之人,容隐不报者,一并治罪;该

① 薛允升著:《读例存疑》(第3册),中文研究资料中心研究资料丛书五卷本1970年版,第590~591页(第266条第2例);布莱斯:《大清律例》,第483页第1066段;菲拉斯特:《大清律例》(第2册),第51~52页。

② 均拟执行表明此种案件的审判并不需要取得中央司法机关或者皇帝的同意。

帮弁意存玩纵,从严参处。①

虽然这条例文中出现了关于强盗和抢夺的区别,认为强盗不像抢夺,主犯(此处指亲手杀人者)和从犯(即其他犯罪者)的刑罚有区别。但事实上,仍然很难看到这两个罪行之间有什么差异。例文对抢夺的定义使我们清楚地看到,构成此罪的条件是携带凶器,如剑或者火药。由于例文的第一部分谈及强盗行为时,就已忽略了犯罪者人数这一条件,说明此规定和参与人数并不相关。

关于白昼抢夺中主犯的责任,有例文规定:

> 凡白昼抢夺杀人者,拟斩立决。为从帮殴,如刃伤及手足他物至折伤以上者,俱拟绞监候。伤非金刃又非折伤者,发云、贵、两广极边烟瘴充军。未经帮殴成伤者,发极边足四千里充军。其伤人未死,如刃伤及折伤以上者,首犯仍照本律拟斩监候。为从改发边远充军。伤非金刃,伤轻平复之首犯,改发极边烟瘴充军。(年在五十以上,刃伤及折伤,为从仍照原例发近边充军。伤非金刃,伤轻平复,为首,发边远充军。)拒捕未经成伤之首犯,发近边充军。为从各杖一百、徒三年。俱照本例刺字。②

可见,抢夺罪中的主犯应按照"强盗杀人"判刑。然而,例文似乎只涉及"白昼抢夺"过程中杀害他人的情形。如果这种参照是正确的,那么,实际上立法者极其宽松地等价使用"行劫"和"抢夺"的律文。对于强盗和抢夺之间的具体区别,立法者们当然是知道的,但看来他们是故意将抢夺中涉及人员死亡的情形按强盗案件类似处理,尽管两者并不完全相同。唯一的区别是,只在抢夺的情况下区分主犯和从犯,而在强盗案件中不加区别。

第2条例文同时规定加重型强盗和抢夺两个罪行,但这一颁布于公元1845年的条文只在山东省适用。③ 它由三个主要部分组成,第一部分规定:

---

① 薛允升著:《读例存疑》(第3册),中文研究资料中心研究资料丛书五卷本1970年版,第610~611页(第266条第34例)。

② 同上书,第632~634页(第268条第5例);布莱斯译:《大清律例》,第496页第1100段。

③ 参见薛允升著:《读例存疑》(第3册),中文研究资料中心研究资料丛书五卷本1970年版,第611~612页(第266条第35例)。

山东省拿获匪犯,审有执持器械,①结捻结幅情事,如系强劫得赃者,仍照强盗本律问拟;将案内法无可贷,②罪应斩决之首从各犯,加拟枭示;行劫未得财者,仍照定例科断。

第二部分看起来似乎是应对不同类型的强盗,至少不是那些“结捻结幅”的,其规定为:

若执持军器,聚众抢夺得赃,不论赃数多寡,数至四十人以上,为首,照强盗律拟斩立决,为从,拟绞监候,被胁同行者,发遣新疆给官兵为奴;四十人以下十人以上,为首拟斩立决,为从发新疆给官兵为奴。五人以上,首犯亦照前拟遣,为从各犯,俱实发云、贵、两广极边烟瘴充军;计赃逾贯,及另有拽刃等项名目者,各照本律例从其重者论。③

第三部分规定:

其执有军器,聚众抢夺,未经得财,如聚众在四十人以下,及十人以上,即比照强盗未得财例,首犯发新疆给官兵为奴,从犯杖一百,流三千里;五人以上,首犯拟杖一百,流三千里,从犯杖一百,徒三年。其案内造意之捻首幅首,身虽不行,但经伙犯抢夺,即按人数多寡,照为首例问拟。如抢劫未经结捻结幅,并聚众未及五人,尚未滋事者,仍各照本律问拟。若问拟遣军人犯,脱逃回籍复行入捻入幅抢夺,或向原拏兵役,寻衅报复,除实犯死罪外,余俱拟绞监候。倘数年后此风稍息,奏明仍照旧例办理。④

同样,我们看到如果伙盗五人以上,携带凶器进行抢夺,将被作为强盗处理,即使他们事实上犯了强盗罪,也将区分主犯和从犯进行处罚。强盗和抢夺两个罪

---

① 词语“器械”在《利氏汉法词典》中的定义为:(1)工具,器具;(2)军事器械。参见《利氏汉法词典》,商务出版社2001年版,第1664页;《汉语大辞典》将“凶器”定义为用来实施暴力,攻击一个人的器械。参见罗竹风主编:《汉语大词典》(第1册),汉语大词典出版社1997年小印刷版,第845页。

② 关于法律概念“法所难宥”,参见下文“情有可原”部分的相关说明。

③ 凡被免于死刑的人都将被发遣边疆给官兵为奴。

④ 与此相关的例文[参见薛允升:《读例存疑》(卷三),第589~590页。]规定了无人受伤并且强盗未得财的情况,薛允升已经批评了对强盗主从犯相区别原宥的古怪制度。

名,无法用“团伙人数”或者“是否携带凶器”来区别。因此,我们不得不假设,立法者如同其前人一样,根据某个特定案子确定下来的规则,将看起来是抢夺的案件,根据携带了凶器这一情形,断为强盗。

如果我们认为立法者将某些情况下的抢夺认定为强盗的分析是正确的,那我们仍然面临着一个问题:什么情况下,立法者会认为抢夺和强盗截然不同?答案可能存在抢夺案件的临时行强性质中。当一起诉诸武力的盗窃案发生了,案件中犯罪分子提前锁定了行窃目标,如他们的目标是抢劫一个富有的家庭,那么,这个案件应当被定义为强盗。不过,也是相同的一起诉诸武力的盗窃案,盗贼游走在寻觅目标的路途中,等待着盗取财物的时机,比较典型的例子是等在道路上,对于这种情况我们可以说,这是一宗“抢夺案”。

4. 放弃区分强盗和抢夺

这种立法趋势,确切地说是从19世纪后期开始的,已逐渐取代了区分“强盗”和“抢夺”的立法形式,虽然两者间的某些区别仍然保留在法典中,如根据“暴力”的程度先后排列的盗窃罪行。在其中的一些罪行中(相对不严重的类型),主犯和从犯的责任仍然要加以区分。我们将公元1852年的例文(参照公元1870年最后的版式)结合公元1722年①和公元1823年的例文,②可以很明显地看出这一趋势。新例文公开规定处理“抢夺”案件的内容,但它接着区分了几种不同的情况,其中只有两种情况是用同一语言描述的:

(一)抢夺之案,如结伙骑马持械,并聚至十人以上,倚强肆掠,凶暴众著者,无论白昼昏夜及在途在野江河湖港,均照强盗律,不分首从,拟斩。被胁同行者,发遣新疆给官兵为奴。

(二)聚众不足十人,而数在三人以上,但经持械威吓,及捆缚按捺,并伤事主者,为首及在场动手之犯,亦照强盗律,拟斩立决;为从在场均

① 这条例文的地位有些奇特。从薛允升的书中我们可以看到,第268条第15例是关于粮船水手的法律(或根据Boulais的说法,这是载运皇粮的人员),此例规定:凡十人以上的船只水手,执持器械,下手抢夺,主犯按照“强盗”律(第266条)处罚,斩立决;从犯减一等,充军。若团伙成员少于十人,未执器械,罪犯将按照“抢夺”律(第268条)处罚。从薛允升的《读例存疑》中,我们会认为这条例文在1853年新例文颁布后被废除,它也确实没有在法典中出现。但奇怪的是,它却分别在《清会典》、《清会典事例》以及《大清律例汇集便览》中出现了。Boulais翻译了部分律文,作为此律在清朝末年依然实行的证据。布莱斯译:《大清律例》,第496页第1099段。《清会典事例》卷七百八十七,中华书局1991年版,第631~632页,表9b-10a,《大清律例汇集便览》卷八,第3096页。

② 参见薛允升著:《读例存疑》(第3册),中文研究资料中心研究资料丛书五卷本1970年版,第640页(第268条第15例)。

未动手者,均发遣新疆给官兵为奴。[①]

(三)结伙仅止二人,但有持械威吓事主情事;及虽未持械而结伙以至十人以上者,首犯实发云、贵、两广极边烟瘴充军;从犯杖一百,流三千里。[②]

(四)结伙不及十人,俱系徒手抢夺者,首犯杖一百,流三千里;从犯杖一百、徒三年。

(五)数在三人以下者,仍照抢夺各本律例(第二百六十八条及第二百六十八条第五例)定拟。

该例文以使用"暴力"的程度,先后排列各种盗窃罪行,表现它们在严重性上的强弱。例文所载各种情形的罪行中,最有趣的是第一条和余下各条之间的区别。第一条清楚地表达了在何种情况下,强盗案中从犯和主犯的责任相同。余下的例文则规定了"暴力"不太严重的案件,同时规定了主犯和从犯的责任区分规则,"抢夺"一词仅在最后两条中使用(最不严重的案件)。法律似乎在观念转换上有了进展,开始放弃"区分强盗和抢夺"的观念,而根据"罪行所展现出来的暴力程度"归责。最后和这个问题相关的两个因素,是参与犯罪的人数以及事实上这些人是否携带凶器。至于强盗和抢夺之间精确的差别,当时的法律已不太重视。

5. 刑部的判决

如果我们考察刑部从18世纪中期到19世纪后期的判决,[③]就可以看到刑部在区别"抢夺"和"强盗"时的一些重要举措。然而,地方官在定罪时通常偏向宽松,应以强盗判罪定刑的案件,有时被当成"抢夺"处理。刑部则更注重法律的严格解释和适用,侧重于防范强盗,保护民众。

18世纪后半期的一些案件显示,在确定一项罪行应被视为"抢夺"还是"强盗"时,清代中央政府仍然以《大清律例》第266条的律注为基础:人多而有凶器为强盗,人少而无凶器为抢夺。该律文时而结合、时而分离地解释。而同一时期,也有一些提及盗贼动机时产生的有趣意见,比如,他们是否提前策划在实行盗窃

---

① 目前尚未清楚团伙是否必须包括马夫。

② 不像根据条文(二)对主犯的处罚,他们不被发遣为奴。

③ 参见以下案件:(1)(清)丁人可:《刑部驳案汇钞》,载杨一凡、徐立志主编:《历代判例判牍》(第6册),中国社会科学出版社2005年版,第3~278页;(2)(清)全士潮:《驳案新编》,载杨一凡、徐立志主编:《历代判例判牍》(第7册),中国社会科学出版社2005年版;(3)(清)祝庆祺:《刑案汇览》,台北,成文出版社1968年版。

过程中使用暴力,如果有这样的意图,案件就被视为强盗,否则,就被视为抢夺。

在1795年广西发生的一起案件中,在路边歇脚的9个过去就相识的人,偶然遇到一位商人和他的挑夫经过。其中一人(甲)临时起意,纠约众人抢夺分用,众皆允从,遂尾随至村外树林过夜。次日早晨,他们身带竹棍,伏于山坳草内,袭击了这名商人和他的两名挑夫。抢劫的过程中,一名挑夫试图抵抗,甲用刀刺伤他,乙又用竹棍刺伤了他,挑夫伤重而亡。广西巡抚认为,应将此犯罪认定为"抢夺",虽然该团伙由9人组成(满足了注释中"人多"的条件),但是他们只是在路上偶遇商人和挑夫,临时起意夺财,并没有预先要"劫财"和"杀人"的恶意。巡抚认为,团伙中的造意者并没有一开始就使用"暴力"的意图,因此他们仅仅实行了一个"抢夺"行为。

刑部当然不认同该巡抚对此案的判决意见,也不同意这种对"抢夺"和"强盗"的区分,(案件发回后)新任巡抚引用律注,认为这些人的行为满足"强盗罪"的构成要件:他们纠伙9人起意抢夺,又有刀棍凶器,临时拒敌杀命,正与人多且有凶器为强劫之律注相符。因此,此罪应以强盗定夺。刑部很快同意这一意见,不过又再次强调"九人团伙"最初动机确实是抢夺。①

1759年的几起案件的判决,同样显示了各省巡抚与刑部之间的意见分歧,前者倾向于定为"抢夺",后者则以"强盗"处理。在一起案件中,甲素知乙家积有存粮,向其借粮不允,甲遂纠集了17人去前往窃取。半夜,甲和几名同伙撬脱门栓,强行进入乙家。乙和其弟听闻声音,各持木棍出御。甲和同伙上前夺取乙的木棍,击伤乙倒地,乙父亦被打死。后邻佑群出救护,甲等各奔逃逸,未经得赃。巡抚认为,此事应以"抢夺"科断,因为甲和同伙都是灾地灾民,未携凶器。刑部不同意这个观点,认为甲纠伙17人深夜入室,捆殴室主,并殴伤事主之父身死,按其情形,实系强劫,应按强劫本律定拟。至于"未携凶器",刑部认为只是无关紧要的事实。②

在1759年的另一起案件中,可以看到构成"强盗罪"的必要暴力程度以及减刑条件,如"盗窃者由于贫困和饥饿,已走投无路"可构成"情有可原"。在这起案件中,甲试图从乙处借粮未果,遂纠约25人,夜晚去乙家偷粮。甲顺手拔取柴木

---

① 参见(清)全士潮:《驳案新编》(第7册),载杨一凡、徐立志主编:《历代判例判牍》,中国社会科学出版社2005年版,第132~133页。

② 参见(清)丁人可:《刑部驳案汇钞》,载杨一凡、徐立志主编:《历代判例判牍》(第6册),中国社会科学出版社2005年版,第16~17页,同年的另一起案子中,犯罪者未携凶器,进入他人家中进行盗窃,但临时行强,捆缚事主,刑部认为此罪也应以"强盗"定罪。[(清)丁人可:《刑部驳案汇钞》,第24~25页]

作棍,与部分同伙破门而入,将乙和他逃跑未成的长媳捆缚。因事主之长子不见,疑其逃出邀救,各犯畏惧被捕,不敢开仓搬粮,遂乘便取走衣饰等物而逃。巡抚认为,他们原本的计划是抢夺粮食,即使后来攫取了其他财产,是因为临时畏惧,应以"抢夺"科罪。捆绑事主和他长媳,也因事主出外御敌所致,并没有达到认定"强盗"的程度。刑部同样不同意这一观点,认为划分"抢夺"和"强盗"的重要因素是"白昼和黑夜"以及"在途与入室"。历来"抢夺"之案,必审系由白昼,及白昼,在途截抢,方照抢夺科罪。此案中,甲聚众数十人,黑夜壤门,明火入室,既捆缚事主,又截取家财,明显是"强盗"犯罪。在这里,值得我们注意的是,刑部仍然赞同适用"白昼在途"以及"黑夜入室"来区分"强盗"和"抢夺"的方法。①

在公元1781年的一起案件中,5人结伙,以殴打假官之名,跳上他人船只,行强盗之实。刑部在此强调:其一,5人之间曾商议劫财,是为有预谋;其二,"5人"符合律注之"多";其三,一人在船上刀伤事主,是为有凶器。因此,刑部增添了认定"强盗"的第三条律注,即"预谋强劫"的初衷。巡抚根据刑部的批复,认定此案为强盗,而非抢夺,但是强调根据案件调查,五人之间并无先前预谋强劫的商议。②

18世纪后期,又出现了一个重要规则,扭转了刑部曾经纠正巡抚相关案件应是"强盗"而非"抢夺"的判决,使后来发生的案件有机会以新观点审视。其中,有3人团伙,各持一根木棍,企图在路上"抢夺"某旅客及其弟的财物。某晚,该团伙进行伏击,造意者(甲)下令成员(乙)攻击事主之弟,乙用木棍击中该弟致伤。此时,事主亦打伤一名成员(丙),于是乙和甲用他们的棍棒击伤事主,事主伤后不久死亡。死亡发生于抢劫的过程之中,而不是事后盗贼试图逃避抓捕的期间。官府认为,3人团伙,殴打事主并夺取财物,致使一人受伤,一人死亡,与强盗无异。这似乎是一个合理结论,尤其是暴力已被实际用于盗窃的情形。然而刑部却以"抢夺"罪取代之,原因如下:

(一)强盗杀人、放火烧人房屋、奸污人妻女,打劫牢狱仓库,及干系

---

① 参见(清)丁人可:《刑部驳案汇钞》,载杨一凡、徐立志主编:《历代判例判牍》(第6册),中国社会科学出版社2005年版,第22~23页。同年的另一起案子中,刑部强调若盗贼手持刀刃,强行进入他人家中盗窃,并伤其人或其家人,此行为应是强盗,而不是抢夺。这不同于闹饥荒时有人为保全性命而偷粮的情况。[(清)丁人可:《刑部驳案汇钞》,载杨一凡、徐立志主编:《历代判例判牍》(第6册),中国社会科学出版社2005年版,第23~24页]

② 参见(清)全士潮:《驳案新编》,载杨一凡、徐立志主编:《历代判例判牍》(第7册),中国社会科学出版社2005年版,第163~167页。

城池衙门,并积至百人以上,不分曾否得财,俱照得财律斩,随即奏请审决枭示。[①]

(二)在道路上拦截旅客抢夺他们财产的情况下,尽管参与的人很多,如果他们没有携带"凶器",罪名是"抢夺"而不是"强盗"。并且,如果一个受害人死亡,罪犯应根据第二百六十八条第五例下的杀人罪判处枭首示众。

(三)在本案中,该团伙只由有三人组成(因此不能被视为"多"),曾有过使用暴力,但不是一开始就有使用暴力盗窃的计划,只是在旅客经过的道路上拦截,抢夺他们的货物。此外,棍棒不被视为"凶器"。因此,如果一个旅客在盗窃过程中被杀死,适用的法律是第二百六十八条第五例。[②]

我们注意到刑部所列理由中的几个重点,尤其是刑部引用的那条律注。他们认为,此案有两个条件都满足了律注的规定,但是"三人"不属于"多人"的范围,棍棒也不构成"凶器"。就后一个条件而言,刑部进行了严格解释,认为此处"凶器"是指禁兵器,如刀一类的东西。[③] 同时,刑部提出了更重要的一个因素,认为"恶意"才是定罪的重要因素。只有当犯罪者一开始就决心使用暴力,犯罪才可被认为是强盗。这里的"恶意",很可能是从他们携带武器的性质推导出来的。换句话说,刑部判决的两个理由中,尤其是"凶器"的存在,可以说是使用"恶意"断罪的证据。[④]

大约二十五年后(1822 年),我们看到刑部的观点又有了一个重大转变,即放弃了以"团伙人数"和"武器性质"来区分"强盗"和"抢夺"的标准。刑部又返回适用以前的规则(在早期的一些判决中,已初步显示了这种趋势),即用犯罪者的

---

① 薛允升:《读例存疑》(卷三),第 589 ~ 590 页。

② 同上书,第 632 ~ 634 页。

③ 关于到底什么是"凶器"的问题,参见刑部关于 1869 年一个案子的观察(下引注释 111),有趣的是颁布于 1869 年的一条处理回族人民强盗罪的例文,将其视为麻烦和危险的族群,从而忽视关于凶器(绳梯、鞭子、刀子以及棍棒)的规定。参见薛允升著:《读例存疑》(第 3 册),中文研究资料中心研究资料丛书五卷本 1970 年版,第 657 ~ 658 页(第 269 条第 11 例)。刑部在 1820 年的一个案子中(处理的也是回族人民犯罪问题)说明器械包括"棒子、绳梯、鞭子、刀子、棍棒、铁凿",即任何可以用来实施盗窃或抗拒逮捕的武器。参见(清)祝庆祺:《刑案汇览》,台北,成文出版社 1968 年版,第 1173 页。

④ 这个案子出现在刑部判决的两个案子之前,分别为 1796 年[(清)祝庆祺:《刑案汇览》,台北,成文出版社 1968 年版,第 1025 ~ 1027 页]以及 1798 年[(清)祝庆祺:《刑案汇览》,台北,成文出版社 1968 年版,第 1027 ~ 1028 页]的两个案子。

“恶意”(在盗窃实行过程中是否使用暴力)来判断罪行,此时建立了由它作为主要标准区别“强盗”和“抢夺”的规则。

在公元1822年的决议中,刑部审查了两个不同案件,巡抚根据刑部的观点,纠正了原先的判决,以强盗定罪。这两起案件都出现了使用暴力劫财的恶意,以及6人以上携带凶器的因素。在第一起案件中,该伙盗拦截赶路的主仆,在进行劫财时,用木棍威胁事主,后又用刀威胁,阻止他们呼救,并抢走银、现金、衣物以及其他分散的财物。第二起案件也涉及袭击过路商旅的情节,被害人想找机会逃脱,却被匪徒用刀割伤,又被绑起来鞭打。另一个试图阻止并抓捕盗贼的人,也被用绳子抽打,所有被害人均死亡。犯罪人剥去被害人的衣服,拿走他们的食物之后逃跑。

考察这两个案件的情况,刑部发现他们都有过实行劫财的事先计划,随后在劫财过程中实施了残暴的暴力。这和利用对方疏忽大意①而盗窃财物,并且在抵制抓捕的过程中杀人的情况完全不同,因此纠正了判决,将罪犯按照强盗律判处刑罚。

刑部进一步审查律文关于“强盗”和“抢夺”的规定,指出尽管这些案件的犯罪后果不同,但它们之间的实际区别很小。为了说明这一点,刑部举了两个基本犯罪“抢夺”在特定条件下变成了“强盗”的例文。第一条例文于公元1722年颁布,内容如下:

> 抢夺之案,如结伙骑马持械,并聚至十人以上,倚强肆掠凶暴众著者,无论白昼昏夜,及在途在野、江河湖港,均照强盗律,不分首从,拟斩。被胁同行者,发遣新疆,给官兵为奴。②

第二条例文于1763年颁布,规定了抢夺案的处理规则:

> 聚众不及十人,而数在三人以上,但经持械威吓及捆缚按捺并伤事主者,为首及在场动手之犯,亦照强盗律拟斩立决;为从在场并未动手者,均发遣新疆给官兵为奴。结伙仅止二人,但有持械威吓事主情事,及虽未持械而结伙已至十人以上者,首犯实发云、贵两广极边烟瘴充军;从

① 参见高举:《大明律集解附例》(卷四),第363页。

② 关于这条例文和它相联系的1852年例文(第268条第15例),参见薛允升:《读例存疑》(卷三),第640页。

犯杖一百、流三千里。结伙不及十人,俱系徒手抢夺者,首犯杖一百、流三千里;从犯杖一百、徒三年。数在三人以下者,仍照抢夺各本律例定拟。

刑部希望强调的一点是,即使一个多人团伙携带"凶器"实行了劫财行为,这种情况也不能不加区分地认定为"强盗",不分主从进行科罪。所引用的例文表明,区分主犯和从犯的责任,仍然非常必要。另外,正确区分犯罪的重要因素,是犯罪者的"初始意图"是想要使用暴力完成劫财,还是仅仅进行"抢夺"。这一点与第268条第一例相呼应。①

刑部随后讨论了盗窃发生的时间及地点问题,谈到了四种可能性:盗窃可能发生在昏夜或白昼,可能在途或入室。刑部认为,用这些差别来确定罪名时,不能太拘泥于字面。一方面若该团伙的初衷仅仅是"抢夺",并无意伤人,只是利用受害人疏忽大意,夺取他的财物,但在逃避事主抓捕的过程中杀害了他,那么这个犯罪仍然是"抢夺"。这个规则即使在下列前提条件下,也依然成立,如许多人携带凶器劫财,无论劫财发生在昏夜还是白昼,在途还是入室。另一方面,若是该团伙的初衷是使用武力进行劫财,在劫财时,他们首先拦截、袭击并威胁路上的商旅,然后夺取他们的财物,该行为应当被视为"强盗"。关于案件是发生在昏夜还是入室,以及家主是否被袭击或者劫财,都不是判断的必要条件。

刑部希望保留的主要规则是,只有预谋使用暴力盗窃时,行为才可能被视为强盗。这和罪犯起初只有抢夺的意图,后来因为逃避追捕才使用暴力并不相同。②

1867年,刑部重申了定罪量刑的一个重要情节,即暴力是发生在盗窃过程中,还是在抗拒抓捕(盗窃结束后)过程中。在一桩案件中,甲和另几人去盗窃道观,刚刚偷到了衣物,就惊醒了管理道观的道长,后者试图阻止他们。他们用武器威胁道长,但没有伤害他。该团伙随后偷走了衣物连同马匹。刑部否定了先前审查案子的督抚的意见,即认为暴力仅仅用于拒捕的因此构成"抢夺"的观点。刑部认为,事实上,此案中的暴力已在获取财物的过程中使用,因此应属"强盗"。刑部分析"抢夺劫"的一般规则是,若犯罪者先"得赃",后用威胁和恐吓的方式,这种情况应为"临时拒捕",即暴力的使用仅仅为了抗拒事主或其他人的抓捕。但是,若先用威吓,之后才搜取财物,这种情况应为临时行强,即使用暴力获得

---

① 参见薛允升:《读例存疑》(卷三),第589~590页。

② 参见(清)祝庆祺:《刑案汇览》,台北,成文出版社1968年版,第1024~1025页。

财物。①

最后,在19世纪后期,刑部彻底变更了法律规则,放弃寻求区别"强盗"和"抢夺"的通用标准(即人数、携带凶器、恶意),提出了一套新的判别标准,即处罚程度和实际使用的暴力成正比。虽然"强盗"和"抢夺"的区别要素仍保留在新规定中,但这些区别要素已不能再明确判别两罪以及认定一切使用暴力夺财的罪名。刑部在判决中一般借鉴适用公元1852年例文,因为在此前的修订过程中,公元1852年例文已对此类案件情形做过总结。②

到了公元1869年,尽管公元1855年后的例文已普遍趋于严格,各省衙门仍相当频繁地不合理适用"抢夺"律文,如一大批人配备非军器或者少量几个人配备军器进行劫财的情况。刑部对此甚为忧虑,他们认为,适用"抢夺律"应当是未携带凶器者,或者一两人携带凶器,伺机而动进行劫财的情形。但是10人以上携带器械,使用暴力犯下的盗窃行为,因为它是一个多人团伙,即使他们不拥有"凶器",只使用了一般器械如木棍一类的,这时的盗窃依然使用了暴力,应当是强盗罪。同时,应谨慎区别"强盗"和"抢夺"。凡10人或10人以上进行暴力抢劫(不管他们是否有武器,也不论武器的性质),都是强盗。但这种标准在一些情况下是不公平的,如3人组成的团伙手持木棍进行盗窃的案件。

刑部因此重新制定了一个通用规则,③适用于盗窃过程中使用暴力的不同情况。正如上文所述,这些规则以例文的形式颁布,改变了19世纪下半期惩治"强盗"和"抢夺"的法律。④

回顾刑部从18世纪到19世纪后期的判决,我们发现区分"强盗"和"抢夺"的标准并不总是一致的,而是经常发生变化的。在这段期间的前期,刑部往往依赖官方标准,关注"盗窃人数"以及"是否携带凶器"。但是,我们也发现其中提及

---

① 参见吴潮、何锡俨汇纂:《刑案汇览续编》,文海出版社有限公司2006年版,第1338~1339页。

② 这条例文的地位有些奇特。从薛允升的书中我们可以看到,第268条第15例是关于粮船水手的法律(或根据Boulais的说法,这是载运皇粮的人员),此例规定:凡十人以上的船只水手,执持器械,下手抢夺,主犯按照"强盗"律(第266条)处罚,斩立决;从犯减一等,充军。若团伙成员少于十人,未执器械,罪犯将按照"抢夺"律(第268条)处罚。从薛允升的《读例存疑》中,我们会认为这条例文在1853年新例文颁布后被废除,它也确实没有在法典中出现。但奇怪的是,它却分别在《清会典》《清会典事例》以及《大清律例汇集便览》中出现了。Boulais翻译了部分律文,作为此律在清朝末年依然实行的证据。参见布莱斯译:《大清律例》,第496页第1099段。《清会典事例》卷七八七,中华书局1991年版,第631~632页,表9b-10a,《大清律例汇集便览》卷八,第3096页。

③ 关于"通用原则"参见Bodde, D and Morris, C (1973) [1967]: *Law in Imperial China Exemplified by* 190 *Ch' ing Dynasty Cases*, University of Pennsylvania Press, at 152。

④ 参见(清)祝庆祺编:《刑案汇览》,台北,成文出版社1968年版,第4922~4925页;吴潮、何锡俨汇纂:《刑案汇览续编》,文海出版社有限公司2006年版,第1401~1419页。

了盗窃行为的"临时行强"和"预谋行强"等相关因素。从 19 世纪早期开始，主导了刑部后来判案的规则开始出现，这些规则认为，团伙若是一开始就有使用暴力盗窃的意图，就无论如何都不会仅仅以抢夺罪进行惩处。而这种意图的存在，又需要从该罪犯于犯罪过程中实际使用的暴力推断（即用暴力并不只是抗拒事主及其家人、邻里对他的追捕）。这似乎表明，刑部越来越重视暴力实际发生的时间和性质。这种关注导致刑部抛弃了旧有的关于"强盗"和"抢夺"的区别标准。结果，到了 19 世纪下半期，刑部虽然仍在法典当中保留了"强盗"和"抢夺"的律条，但当发生某人财产被暴力夺取的案件时，却往往根据"实际的暴力程度"来确定罪行。

三、清律中的"情有可原"概念

《大明律》（第 289 条）和《大清律例》（第 266 条）中的"强盗"有一个共同的特点，即主犯和从犯在处罚上没有区分。所有曾参与强盗的人，无论他在案件中所扮演角色、作用、实施"暴力"的轻重，只要他们取得了财物，都将被处以斩立决。明代是否存在一些缓解这种严格规定的办法，我们暂不得而知，但是 18 世纪初，清政府推出了一条适用于强盗罪的重要规则，也就是确定主犯、从犯区别处罚的规则。在 1715 年的一道诏敕中规定，在强盗案件中，参与者被归为两类："法律很难原谅的（法所难宥）"，以及"一些情况下可以原谅的（情有可原）"。在第一种情况下，罪犯仍然要被处以斩刑；但在第二种情况下，罪犯将被赦免死刑，判处充军刑罚。区分主犯和从犯，不仅根据是否率先策划劫财计划，并召集其他人实施，而且也要根据强盗过程中实际使用的"暴力"。

1715 年的诏敕还设定了一种新型的审判程序，由议政大臣会议、内阁大学士及三法司一同会审，审判每一起强盗案件。这一制度首次提出，主犯及曾在盗窃过程中杀人或伤人的犯罪者，都应按照严格的法律被判处斩刑。除了有特殊情况的一人或两人，按照先例①判处流刑的处罚。如果"例"在此处解释为"先例"是正确的，那么我们可以得出这样一个结论：在这一诏敕颁布之前，刑部在审判中已经有适用"情有可原"和"法所难宥"处理强盗案的做法。②

1727 年，根据早先颁布的诏敕，九卿会审出台了一个方案：在发生强盗案件

---

① "例"在此处的意思为先例，而非例文。因为此时并没有任何关于"情有可原"和"情难原宥"的规定。

② 参见薛允升：《读例存疑》（卷三），第 601 页（第 266 条第 20 例），可以看到 1739 年例文中一个此类案件的讨论。

的省或其他有关地区,进行严格的调查,以查明事实。在这些调查的基础上,观察这些案件中对于“情有可原”和“法所难宥”的区分规则。清政府准备出台一个明确的方案,列明相关案件的全部情形,明确“情有可原”的适用条件,并指出根据律令的一般规定,强盗案的主犯和从犯之间应当没有区别,所有犯罪者都将被处以斩立决。后来,内阁和刑部共同颁布了这一规则的完整版。在此基础上,他们确定什么情况下的犯罪者“法所难宥”,将被处以斩首,以及什么情况下的罪犯“情有可原”,将被处以流刑。① 从刑部公布的判决我们可以看到,刑部将此方案付诸实践,判决了省级案件中初步区分两类犯罪的第一个实例。

1727年,内阁完善了1715年诏敕设定的审判强盗案件的制度,并由刑部具体实施,作为皇恩浩荡(也就是“仁”)的结果,表明皇帝有爱民的慈心,所以不按律例审判,而是法外施“仁”。② 这意味着,将“情有可原”引入对强盗的处罚,纯粹是因为皇帝慈爱,并不是为了形成新的法律规则。法典中清晰载明了法律的一般规则,和帝国在某些特殊情况下的减刑规则有明确的区分。一方面,“法所难宥”这句话表明,从律文和例文的角度来看,所有从事强盗犯罪的人都不加区分地判处斩刑;③另一方面,“情有可原”的提出,又忽略了法律的严肃性,允许减刑在个案中使用,以彰显皇恩优渥。

(一)相关例文规定

尽管例文中引进“情有可原”作为一般规则的例外,但相反概念“法所难宥”,也一同被例文认可。例文引进“法所难宥”,对“情有可原”规则进行例外规定,主要由于当时地方督抚处理此类案件过于仁慈,清政府希望通过此举,限制地方督抚过度使用“情有可原”条款。但同时,绝大部分相关的例文都对“情有可原”的范围做了严格限制。

最早的例文要追溯到1739年,即“情有可原”的量刑体系形成之后不久。据该例文规定:

> 凡情有可原之伙盗内,如果年止十五岁以下,审明实系被人诱胁,随

---

① 这个过程通过刑部审判的多个案子展现出来。例如,《驳案新编》第131页(1755年的案子)以及《刑案汇览》第1013页(1761年的案子)。

② 参见《刑案汇览》第1013页、第1015页(1761年的案子)以及第1032页(1817年的案子)。

③ 相同的观点也体现在提交给内阁和上级衙门的报告中。

行上盗者,无论分赃与不分赃,俱问拟满流,不准收赎。①

薛允升在他的律注中指出,该例文的主旨,是纠正以往司法实践中出现的过于宽大的处罚。从公元1662年至公元1723年,这样的青少年犯罪者被判处流刑,但允许收赎,因此仍可安居故土。到公元1739年,清政府认为这种处罚过于宽松,因此规定不准收赎。但流刑仍比"情有可原"其他情况下的充军刑要轻。

第二条例文在公元1740年例文颁布不久之后颁布,规定了发生的各种恶性强盗案件,不能适用"情有可原"。这些案件包括:

强盗杀伤人,放火烧人房屋,奸污人妻女,打劫牢狱、仓库及干系城池衙门,并积至百人以上,及响马强盗、江洋大盗、老瓜贼。②

在其他强盗案件中,省府作了严格的调查,区分"法难原宥"和"情有可原",并提交有关名单给大学士会同刑部详议。③

公元1741年的例文中引入对"老瓜贼"的例文,即自己没有参加却指示他人抢劫的人。如果他们得赃,将根据第278条对其判刑如下:

老瓜贼内传授技艺,在家分赃者,照强盗窝主造意,身虽不行但分赃,律拟斩立决。其跟随学习之人,虽未同行,俱发遣新疆给官兵为奴。如无学习确证,仅止与贼往来熟识,照知情不首律,杖一百。④

但公元1814年的例文进行了修订,加大了处罚力度。规定接收指令,但没有做其他任何事情协助犯罪者,发遣到新归附地区为奴。此种情况下的犯罪者,不

① 薛允升著:《读例存疑》(第3册),中文研究资料中心研究资料丛书五卷本1970年版,第601页(第266条第20例);布莱斯译:《大清律例》,Boulais, Manuel du code chinois supra at 486 (para 1074);菲拉斯特译:《大清律例》,Philastre Code annamite supra at 2,55(decree II). 该内容在《清会典事例》(第9册),第600页(卷784,表6b)中规定为徒刑;但笔者认为这里似乎存在错误。

② Chen, FC:"Local Control of Convicted Thieves in Eighteenth-Century China", in Wakeman, Jr, F, 格兰特 Grant, C, *Conflict and Control in Late Imperial China*, University of California Press, 第126页第19字。(此处将老瓜贼翻译为组织强盗行为的人。——译者注)

③ 例文的内容参见薛允升著:《读例存疑》(第3册),中文研究资料中心研究资料丛书五卷本1970年版,第621页。该例文在1870年被废除。

④ 钟威廉:《大清律例》,牛津大学出版部印刷所1994年版,第263~264页。

再适用“情有可原”。①

公元1761年颁布的例文进一步扩大了“情有可原”不适用的范围，这些新的情况包括：

> 即未经伤人之伙犯，如曾经转纠党羽，持伙执械，涂脸入室，助势搜赃，架押事主，送路到案，诬扳良民，并行劫已至二次，及滨海沿江行劫过船搜赃者。②

在所有这些情况下，只要获得财物，犯罪者都将被判处斩立决，不得适用“情有可原”。只有当罪犯只是充当望风者，或者在屋外以及船外岸上接收赃物时，又或者他是被迫加入帮会，又或者只是在偶然的情况下参与了犯罪，但他并没有参与强暴和残忍的犯罪行为。这些情况下的犯罪分子，才可适用“情有可原”，免于死刑，发遣至偏远地方(大多数为黑龙江)给官兵为奴。③

例文中的一款条文似乎在区分两种不同情形的犯罪者，哪种在“情有可原”的范畴之内：一是负责望风或者接赃之人，他们没有入室以及登船；二是被迫加入伙盗的人。例文随后又增添了这两种情形下可援引“情有可原”的两个限制条件：一是犯罪者必须是此种犯罪的初犯；二是犯罪者没有参与任何的暴力行为。然而，该例文的另一款似乎认为这两个条件中，只有一个可适用“情有可原”，即被迫充当把风或接赃之人。④

1775年的一条重要例文将一些边缘行为也规定为强盗，即策划了抢劫具体对象的人或者谋划了具体实施办法的人。该例文指出，即使已经确定了抢劫的计划，某人只是给劫匪“引线”，也要依照相关例文，以“从犯”处罚他：

> 强盗引线除盗首先已立意欲劫某家，仅止听从引路者，仍照例以从盗论罪外；如首盗并无立意欲劫之家，其事主姓名、行劫道路，悉由引线

---

① 《清会典事例》卷七八四(第9册)，中华书局1991年版，第601页，表7a－b；关于此内容后来的例文参见薛允升著：《读例存疑》(第3册)，中文研究资料中心研究资料丛书五卷本1970年版，第620页(第266条第47例)；布莱斯译：《大清律例》，第487～488页(第1078段)。

② 此处以及下文有关行船的规定在1795年进行了增订，详见《刑案汇览》，第1048～1050页。

③ 参见薛允升著：《读例存疑》(第3册)，中文研究资料中心研究资料丛书五卷本1970年版，第621页。但此例文于1870年被废弃。

④ 这里的困难在于如何准确衡量“兵”以及“伙”或者说哪个才是组成犯罪的成分，刑部在此案中的讨论支持了第一种解释，使得例文有了进一步发展。

指出，又经分得赃物者，虽未同行，即与盗首一体拟罪，不得以情有可原声请。[①]

我们注意到，例文正文中，已明确了强盗罪中主犯和从犯的区别和联系。当然，根据第266条，虽然所有强盗罪的参与者都要被斩首，主犯和从犯仍然用来区分每个成员在犯罪过程中发挥的作用。现在的问题是，不仅在强盗中使用主犯和从犯这种称谓，而且也引入团伙成员在犯罪行为中所起的实质作用，一般从犯比主犯的惩罚要轻。

1775年的某些合适例文被薛允升[②]附于《大清律例》第279条“共谋为盗”条款之后，用来处理强盗中的“引线”行为及类似犯罪。[③] 它规定，如果犯罪者没有参与盗窃的实行，也没有得到任何财物，仅仅是给劫匪带路，将被判处充军。虽然此处未使用“情有可原”的措辞，但这项规定实际上仍以“情有可原”的规则惩治犯罪者。因此，这些罪名中从犯的处罚规则和“情有可原”下的处罚规则是一样的。虽然是以不同的名义，以强盗罪中主犯和从犯区别处罚的做法来实现，但这确是又一个可以说明“情有可原”被重新引入法律的例证。

公元1775年例文继续假定了一种不同的情形：

强盗案内有知而不首，或强逼为盗，临时逃避，行劫后分与赃物，以塞其口，与知强盗后，而分所盗之赃，数在一百两以下者，俱照共谋为盗，临时畏惧不行，事后分赃例减一等，杖一百，徒三年。如所分赃至一百两以上，按准窃盗为从律，递加一等定拟。一百二十两以上，仍照例发近边充军。

在这种情况下，犯罪者即使没有参与盗窃的实行，也要和主犯承担一样的责任，并且不允许适用“情有可原”。

① 薛允升著：《读例存疑》（第3册），中文研究资料中心研究资料丛书五卷本1970年版，第601页（第266条第21例）。我们需要注意的是差不多在同一时期（即1770年）颁布的一条例文，规定了旗人不适用此律，表明旗人凡犯强盗罪都将以“强盗律”（第266条）处罚，不允许因“情有可原”被赦免。参见薛允升著：《读例存疑》（第3册），中文研究资料中心研究资料丛书五卷本1970年版，第602～603页（第266条第23例）。

② 参见薛允升著：《读例存疑》（第3册），中文研究资料中心研究资料丛书五卷本1970年版，第601页。

③ 参见薛允升著：《读例存疑》（第4册），中文研究资料中心研究资料丛书五卷本1970年版，第764页（第279条第25例）。更早的版本由菲拉斯特译本翻译：《大清律例》（第2册），第145页。

接下来,我们看到1780年推出的短暂实行于广东省的惩治土匪问题的例文。[①] 它规定,凡10人以上的伙盗海上行劫,或计划在途抢劫,不论该团伙各个成员犯盗窃的次数,也无论他们是否入室搜赃,他们都不被允许适用"情有可原"。该例文列出的例外情形是:在一起普通盗窃案件中,当罪犯使用暴力抵御捉捕,并且杀伤人,或者某位成员是被胁迫参加犯罪,或者年幼,又或者该伙盗不足10人,这些情况下可以适用"情有可原"。我们可以看到,在这些"情有可原"中,"胁迫"和"年幼"是两种可以宽恕的独立情形。到1801年,由于广东地区土匪有明显减少,情况得到缓解,这条例文也在该年被废止。

1794年引入了一条例文,惩治那些为洋盗服务的人,它是公元1740年严厉例文的修改版,原文如下:

> 盗案内被胁在船为匪服役(如摇橹、写帐等项,均以服役论),或事后被诱上船,及被胁鸡奸,并未随行上盗者,自行投首,照律免罪。[②]

该例文,无论是原来的版本还是1801年颁布的第一个版本,都包含了一项条款:

> 其止在外瞭望接递财物,并未入室,过船搜赃,并被人诱胁随行上盗,或行劫止此一次,并无凶恶情状者,仍以情有可原免死,发遣新疆给官兵为奴。[③]

虽然例文没有明确指出,但这种做法实际上就是将这些情形下的犯罪者视为"情有可原"。

1801年例文添加的律注[④]进一步明确了望风和传递赃物者的处罚规则,如果他们两次参与了同样的犯罪,将根据1761年例文被判处斩枭,不允许任何理由的

---

① 参见《清会典事例》卷七八四(第9册),中华书局1991年版,第604页,表13a;安乐博:《广东省的海盗问题研究》(Problems of Banditry and Bandit Suppression in Kwangtung),第32~38页。

② 薛允升著:《读例存疑》(第3册),中文研究资料中心研究资料丛书五卷本1970年版,第621页。

③ 《清会典事例》卷七八四(第9册),中华书局1991年版,第604页,表13b-14a;薛允升著:《读例存疑》,中文研究资料中心研究资料丛书五卷本1970年版,第620页(第266条第48例),参见1870年此例文的最后版本,对于把风和传递财物的人的宽大处理再次变革。布莱斯译:《大清律例》,第488页(第1080段)。

④ 参见《清会典事例》卷七八四(第9册),中华书局1991年版,第605页,表15a。

宽大处罚。①

这条例文给予望风者和其他劫船案件宽大处理,使其并没有被吸收进 19 世纪 50 年代中期清政府通过的严厉处罚强盗政策之中。根据《清会典》记录的例文,关于望风或接赃之人的条款在 1855 年被废除了:

> 洋盗案内,接赃瞭望之犯,照首盗一律斩枭,不得以被胁及情有可原申请;如投回自首,照强盗自首例,分别定拟。此外实在情有可原,如十五岁以下,被人诱胁随行上盗,仍照本例问拟。②

从那时起,在洋盗案件中,这类罪犯均随主犯被判处斩枭。"情有可原"的适用不被允许。事实上,这种对于洋盗案件处罚规则的改革,似乎也是政府对于强盗犯罪规定更加严格趋势下的部分表现。在其他情况的盗窃案件中,望风者或者接收、传递赃物者将和案中的主犯一样,判处相同刑罚。③

值得注意的是,最终的法律禁止对望风者或者接收、传递赃物者适用"情有可原"。这些犯罪者即使是被迫加入洋盗,也不被允许宽大处理。这种做法或许是为了保证"情有可原"分类清晰。该例文措辞表明,当时可宽大处理的两种情形可能已被确定:其一,是被迫加入窃盗团体的人;其二,在犯罪中只是充当望风或接收、传递赃物的人。该例文的重点是,满足一个条件并不足以构成宽大处理,即使某人是被迫参与洋盗并以其他方式间接得财,也不能受到宽恕。

公元 1794 年例文在公元 1870 年进行了最后一次修订,规定了只有 15 岁以下并且是被迫参与洋盗的罪犯才能从死罪中豁免。他们仍然按照原例文中关于

---

① 参见安乐博:《海上风云:南中国海的海盗及其不法活动》(Like Froth Floating on the Sea. The World of Pirates and Seafarers in Late Imperial South China),东亚研究所美国加州大学伯克利分校,第 100 ~ 1001 页。

② 薛允升著:《读例存疑》,中文研究资料中心研究资料丛书五卷本 1970 年版,第 621 页(第 266 条第 49 例),关于此内容参见 1870 年的例文,再次确定对于望风和传递财物人的宽大处罚被废除。同时可参照布莱斯译:《大清律例》,第 488 页(第 1079 段)。

③ 参见薛允升著:《读例存疑》,中文研究资料中心研究资料丛书五卷本 1970 年版,第 619 页(第 266 条第 45 例)。

未成年人犯罪的规定,被判处刑罚。[1] 这条例文恰如其分地呈现了"情有可原"。[2]

公元1814年例文推出了盗窃府库罪的严厉处罚规则。[3] 如果一大群人聚集抢劫国库,并且成功得赃,主犯(造意者)及实际参与者都将被判处"斩枭"。那些只是担任望风或留在屋外接收赃物的人员,将在秋审核实后被处斩。只有当秋审过后,被核准执行死刑的犯人才会被斩首。

公元1845年的一条例文,处理的是山东省的一个案件,该例文指出:

> 山东省拿获匪犯,审有执持器械,结捻结幅情事,如系强劫得赃者,仍照强盗本律问拟:将案内法无可贷,罪应斩决之首从各犯,加拟枭示;行劫未得财者,仍照定例科断。[4]

这条例文也说明另外一些犯罪者将以"情有可原"处罚,如把风以及接赃者。

此例文既而规定,若执持军器,聚众抢夺得赃,不论赃数多寡,数至40人以上,为首,照强盗律拟斩立决,为从,拟绞监候,被胁同行者,发遣新疆给官兵为奴。[5] 虽然字面上没有明确说明,但换句话来说,该胁迫的情形即在"情有可原"范畴之内。这条例文的规定并不像相继出台的那些例文规定的那么严厉,这也许是1855年之前对强盗案件的态度。

最后,1870年颁布的一条例文,在1855年例文基础上设定,[6]使法律发生了一个重要变化。[7] 它通过强调强盗的规则出发,若赃物已分,那么不分首从,俱拟

---

① 参见薛允升著:《读例存疑》,中文研究资料中心研究资料丛书五卷本1970年版,第601页(第266条第20例)。

② 1803年颁布的两条例文已经提及了"情有可原""法所难宥"的具体情况。其中一条规定[薛允升著:《读例存疑》,中文研究资料中心研究资料丛书五卷本1970年版,第609页(第266条第31例)],如果盗贼们去抢劫一搜商船,且调查显示他们是"法所难宥"的,他们将全部被判处立即斩首并枭首示众的刑罚。另外一条规定[薛允升著:《读例存疑》,中文研究资料中心研究资料丛书五卷本1970年版,第609~610页(第266条32例)],当罪犯因"情有可原"被宽恕,判处发遣边境为奴的刑罚,若他们私自逃离服刑地,将被立即斩首。

③ 参见薛允升著:《读例存疑》,中文研究资料中心研究资料丛书五卷本1970年版,第603页(第266条第24例);布莱斯译:《大清律例》,第487页(第1076段)。

④ 薛允升著:《读例存疑》,中文研究资料中心研究资料丛书五卷本1970年版,第611~612页(第266条第35例)。

⑤ 文章并没有规定他们必须小于15岁。

⑥ 参见薛允升著:《读例存疑》,中文研究资料中心研究资料丛书五卷本1970年版,第621页(第266条第49例)。

⑦ 同上书,第619页(第266条第45例)。

斩刑。随即,它又补充,在犯案过程中充当望风者,或站在房外接收赃物的人,和那些实际偷盗财物的人一样"罪恶",因此,他们应和主犯一体判刑,即便他们没有分得赃物。这样的罪犯不被允许适用"情有可原",减刑至发遣为奴。这条例文体现了清政府镇压强盗犯罪的决心,也是之前1855年司法实践逆转的结果,其中只是把风或传递赃物的团伙成员,不允许以"情有可原"从宽处理。这种取消强盗案件中望风者的宽大处理的规定,是法律对强盗严厉处罚政策的一部分。

该例文似乎载明了强盗案中可减轻处罚的三个不同理由:被胁迫、年幼(15岁以下)、接赃或把风。之所以说"似乎",是因为"胁迫"和"年幼"的理由并不总是泾渭分明,应单独适用还是结合适用。[①] 因此,我们在总结适用这两种情形的案件时,可以将这两个因素一并列入。

1739年确定了免除"年幼且被迫参与"强盗者死刑的一般规则。在强盗案件的所有情形中,盗伙成员获得从宽处理要满足两个条件:一是他们是被强迫加入犯罪的,二是他们的年龄在15岁以下。公元1761年刑部的一项重要判决认为,"被迫"这个条件不应该从年幼推测,但必须独立阐述。[②] 公元1740年的一条例文明确表示,在更严重的强盗案中,包括洋盗,不允许任何理由的宽大处理。随后在公元1761年的一条例文中进一步规定,处罚一些不那么严重的强盗案件,可以因为"被强迫"而宽大处理,但却没有规定关于年幼的条件。我们找到了公元1780年短暂通行、只在广东省适用的例文,指出被强迫或年幼是10人以上的抢劫案件从宽处理的理由。1845年适用于山东省的一篇类似例文,则指明"被强迫"是40人以上的武装团伙抢劫案宽大处理的理由。

1740年例文中,洋盗既不能因为"年幼",也不能因为"被强迫"而被从宽处理。这种严格的规定后来陆续作了修改,第一次是在1780年广东省(这里经常发生10人以上的洋盗案件),然后于1794年更广泛地在全国各地展开。如果某些成员被迫协助洋盗,从事一些不重要的杂务,也就是说,没有参与洋盗罪本身,并在后来向官府投降,可以从宽处理。条件是,他们为15岁以下的青年,并且被胁迫加入洋盗。但除了满足这些条件外,似乎只有初犯可以依靠这个理由豁免。在一定程度上,允许对"被强迫者"宽大处理的规定,从1855年起被限制了。只负责把风或接收、传递赃物的人,不允许以"他们是被强迫加入"而逃避责任。例文规

---

① 其他宽大处理的理由只有在特殊情况下适用:1741年的一条例文介绍了这种情况(参见上文注释121),对于收到老瓜贼指示,但既没有按指示做事又没有分赃的人,以及1775年例文(参见上文注释125)中规定的只是指引了盗贼通往受害人家中的人。

② 参见《刑案汇览》,第1070~1071页。

定,这种被强迫望风或接收、传递赃物的人,也必须是15岁以下。

相比例文处理“被胁迫”和“年幼”需要从宽处理的情况,成人担任望风或接收、传递赃物的从宽处理就简单多了。1761年的例文中,在不太严重的加重型强盗案件中,这种边缘性犯罪行为,如涂抹面部、携带火把和武器、闯入他人房屋,允许适用“情有可原”减刑,更不用说在一般强盗案件中也适用了。他们只在最严重的加重型强盗案(如洋盗)中,才被排除适用。1801年、1794年的例文规定的宽大处理甚至涉及了洋盗案件。据推测,在1740年例文中,其他类型的盗窃案件也以相同顺序归类。1801年的法律中增加了充当把风和接收、传递赃物者被宽大处理必须是初犯这一条件。最后,19世纪中叶后的法律政策变得严格,废除了对于洋盗案件的从宽处理,所有洋盗罪犯都将被判处斩首枭示。这种政策的严厉性在1871年的例文中达到了极致,这条例文取消了强盗案件中望风和接受赃物者可因“情有可原”宽大处理的所有规定。

19世纪后期对适用“情有可原”的限制意味着,适用强盗的法律做法逐渐恢复到法典第266条的规定中去。这种规定成功地将盗窃的所有参与者不分首从,判处斩刑。“情有可原”的概念曾引入法律,用来说明主犯(真正诉诸暴力者)和那些从犯(把风和传递赃物者)责任之间的差异。薛允升指出,从19世纪中叶开始,法律放弃了划分强盗案中主犯和从犯之间的区别,将他们全以相同的刑罚惩处。[①] 在他看来,这种做法过于严厉,应该恢复根据个人对整个盗窃案件的贡献衡量责任的规则。

(二)刑部的判决

清代刑部的强盗案判决,早期的与后期的有明显差异。1761年例文颁布之前,刑部的判决中没有明确“法所难宥”和“情有可原”这两类概念。正是这种不明确,促使1761年例文的颁布,以便进行阐明。刑部作出了一系列重要判决,以明确“法所难宥”和“情有可原”在“加重型强盗”中的适用,如1740年及之后例文中的规定,对洋盗行为进行了特别说明。在其他几个重要判决中,刑部涉及如下问题:仅仅帮助盗贼团伙通线引路之人的责任;是否入室决定了团伙成员的责任程度;“年幼”和“胁迫”可以作为减刑的理由;如果事主在盗窃案中受伤,那么犯罪者将承担更大的责任。

1. 公元1761年之前的判决

公元1761年以前,这类案件通常由刑部凭感觉区分“法所难宥”和“情有可

---

① 参见薛允升著:《读例存疑》,中文研究资料中心研究资料丛书五卷本1970年版,第621~622页。

原”进行判决。如上文提到过的这起案件：

公元1745年，甲成立了一个盗贼团伙，共有9名成员，抢劫了过路的商人及他的两名挑夫。在抢劫的过程中，甲用刀刺伤了其中一名挑夫（他曾试图抵抗），同时另一名盗贼乙也用木棍刺伤了他。这名挑夫最终伤重而亡。地方巡抚接受刑部的意见，认定此犯罪为“强盗”而不是“抢夺”，并提出甲和乙属于“法所难宥”，因为甲既是主犯（在此之前他已经形成了盗窃的想法），又杀害了那名伙计，而乙在伤害伙计的犯罪中也实施了暴力。这个团伙的其他成员迫于压力而参与盗窃，仅此一次，并且没有伤害任何人，属于“情有可原”。地方巡抚在此列举的某些判决原因，被之后（特别是1761年之后）的例文采纳，这些因素属“情有可原”事宜，满足的犯罪者应被列入宽大处理范围。但是，我们仍有两点疑惑：如果甲没有刺伤这名伙计，那么是否能因甲为主犯（造意者），便认定其属于“法所难宥”？此外，适用“情有可原”有何确切的因素？尤其是地方巡抚所列举的这些情况，如迫于压力加入团伙、仅此一次、没有伤人，是否为必要条件？①

1755年，甲纠集5人组成团伙，意图偷盗一个富裕的僧庙。他们计划趁着僧人诵经时溜进寺庙。夜晚时分，这个团伙聚集在寺庙外，一个成员（乙）携带了绳子，其他人则没有携带凶器。甲知道寺庙中只有一些新来的僧人，便命令乙和团伙的另一名成员进入院子，而他和剩下的两名同伙（包括丙）则通过栅栏进入寺院。一名年轻的僧人听到了动静，大声喊叫，乙就用绳子将这名僧人绑了起来，丙则用灰堵住了他的嘴巴，以防他呼救。之后，乙继续观望，其他人则进入寺庙的房间，搜走了许多财物。

该省巡抚再次认同了刑部的看法，将此案中的犯罪归为“强盗”而不是“抢夺”，并提议甲为主犯，因为甲提出了盗窃的想法；乙曾将僧人绑起来，属于“法所难宥”；而另外3名同伙没有携带可能会伤害他人的凶器，没有犯过其他抢劫罪，并且没有协助捆绑僧人，因此属于“情有可原”。除了丙的处刑意见，刑部都表示认同。该案体现了这样的基本规则：在处理强盗案件中，团伙中参与了捆绑、殴打或者袭击事主的成员属于“法所难宥”。刑部还指出，该省巡抚对“捆绑”和“用灰堵住嘴”进行区分是不可取的。如果长时间用灰堵住一个人的嘴，可能会导致其死亡，这比起仅仅绑住他人更为“罪恶”，因此，丙的行为属于“法所难宥”，不能免于死刑。这个案件的重要性在于，不仅将用灰堵住受害者嘴巴的行为解释为“暴力”，同时规定甲因造意成为主犯，便属于“法所难宥”。但如果甲没有进入寺庙

① 参见（清）全士潮：《驳案新编》，载杨一凡、徐立志主编：《历代判例判牍》（第7册），中国社会科学出版社2005年版，第132～133页。

搜寻财物,他是否会受到相同的处罚,就不得而知了。①

1759年的三个案件,表现了刑部对于类似案件在处理上的变化。第一个案件中,甲与乙很熟,知道乙家存有粮食。但乙却拒绝了甲的借粮要求,甲遂产生从乙家偷粮的想法。甲纠集了许多人(超过20人),他们背着篮子和袋子,趁着夜色到乙家行窃。途中,丙捡起一根树枝,将其当成棍棒使用。团伙中的一些人试图强行入室时,正好被乙撞见。乙试图阻挡,丁将乙制服,把他按倒在地上,他命令另一名成员戊用腰带将乙绑在门柱上。其他人则点燃了火把。此时,丙命令一些人去望风,他和其他人进入房屋。丙看见乙的大儿媳妇试图逃跑,就将她绑了起来。进入房屋的团伙将衣服、首饰洗劫一空,但还没有进入粮仓,就畏惧而逃了。

刑部反对该省巡抚将此犯罪定为"抢夺",认为这个犯罪实际上构成"强盗"。巡抚认同刑部的观点,并提议只有丙是主犯(他率先诉诸暴力),基于"法所难宥",应被判处斩立决。团伙的其他成员则可以免于死刑,因为他们属于"情有可原"。刑部在支持这一提议的同时,进行了宽大处理,否则,无论是丁还是戊制服了乙并将他绑起来,都将被判处死刑。②

另外一个特殊的判决发生在公元1759年,甲招募的7人伙盗抢劫了乙,因为丙说乙很富裕。丙带领这个团伙前往乙的房子,其后团伙中的成员丁将乙的弟弟绑缚,并且威胁乙的儿子,以防他们呼救。对于此案,该省巡抚提议,只有丁应被判处斩立决,因为他使用暴力,将乙弟绑缚,属于"法所难宥"。但我们对此案仍有疑惑的地方,为什么甲作为盗窃的造意者不属于"法所难宥"。③

在第三起案件中,甲纠集他人去乙家偷粮。偷粮过程中,团伙成员丙用刀刺伤了乙,另一名成员丁用棒击打乙的腿部。戊则在搜寻财物中,遭遇乙妻及其母的抵抗,他拿起一个铁锅打伤了她们。该省巡抚提议,丙和戊应被判处斩立决,因为他们对事主及其妻子、母亲使用暴力。因此,他们属于"法所难宥"。其他的犯罪者则免于死刑,因为他们属于"情有可原"。这个案件中的怪异之处在于,甲是造意者,丁是伤害乙的暴力实行者,为什么他们应免于死刑?④

---

① 参见(清)全士潮:《驳案新编》,载杨一凡、徐立志主编:《历代判例判牍》(第7册),中国社会科学出版社2005年版,第130~131页。

② 参见(清)丁人可:《刑部驳案汇钞》,载杨一凡、徐立志主编:《历代判例判牍》(第6册),中国社会科学出版社2005年版,第22~23页。

③ 同上书,第24~25页。

④ 同上书,第23~24页。

2. 公元1761年例文和刑部的判决

法律中对“法所难宥”和“情有可原”划分得有些混乱，特别是何种程度的暴力属于前者？为此，刑部于公元1761年对相关律文进行了彻底审查。这是一次着眼于现行法规的审查。[①] 刑部特意列举了公元1740年律文中的两个例文。其一规定：

> 凡强盗诬扳良民，除首盗杀人及伤人伙盗并行劫三次者，俱例应正法。[②]

这意味着这类盗犯属于“法所难宥”。其二规定：

> 凡行劫两次之伙盗，又每案内转纠三人以上，及帮助捆殴按捺事主，逼索财物者，无奈伤人不伤人，并不得以情有可原，循例奏请。[③]

刑部认为，该省巡抚在适用条例时，存在这样的倾向：只有主犯或者团伙中伤害、捆绑事主以及行劫三次的人，才属于“法所难宥”；其他参与犯罪的人则属于“情有可原”，刑罚可减至流刑。刑部认为，这种观点过于笼统，因为事实和律文间经常并非一一对应。刑部主张，适用律例应根据案件的具体情节，并建议巡抚在处理盗窃案件时，应仔细调查每个成员在团伙中所处的地位。此外，还要确认团伙中是否有特殊的成员，如被胁迫者、15岁以下者、只是把风而没有入室者，[④] 以及案件中那些没有动手实施任何暴行之人。只有达到这些条件，强盗团伙中的成员才属于“情有可原”，可以得到宽大处理。[⑤] 但是，如果犯罪者招募了其他成

---

① 地方长官建议，主盗伤人后自首，应根据“情有可原”对其判处。刑部认为这样的划分不适当并作出指示，这样的犯罪者在会审后应被处以斩首。

② 刘海年、杨一凡校注：《中国珍稀法律典籍集成》（丙编第1册），科学出版社1994年版，第317页。

③ 同上书，第318页。

④ 作者对原文的措辞有所疑问。“被胁迫加入团伙及未成年人，或只是把风……”（《刑案汇览》第1013页）可以解释为两种犯罪：未成年人被胁迫以及把风，这一解释在之后的判决中获得了支持（1014页），在此类案件中刑部和其他上级认为，未满15岁者可明确其被胁迫，属于“情有可原”。

⑤ 在1740年律例的其他条例中，刑部显然考虑到15岁以下成员的责任能力问题［薛允升著：《读例存疑》，中文研究资料中心研究资料丛书五卷本1970年版，第601页（第266条第20例）］。

员,[①]明火持械进入房屋,暴力搜赃,即使事主没有受伤或被捆绑,犯罪者不能一律归为“情有可原”。同样,即使犯罪者被迫加入伙盗或仅在外把风,如果他行劫两次以上,就不能获得减刑(非死刑判决)。

该案的判决显示了刑部和大学士们的深入考量。由这些高级官员组成的立法组织,在修正清代相关法令的过程中扮演着重要的角色。他们从公元1740年例文中借鉴了诸多例文,来处理杀伤人以及各类加重型强盗案件,包括伙盗、洋盗及惯匪,如:

> 洋盗案内,接赃瞭望之犯,照首盗一例斩枭,不得以被胁及情有可原声请;如投回自首,照强盗自首例,分别定拟。此外实在情有可原,如十五岁以下,被人诱胁随行上盗。仍照本例问拟。
>
> 强盗重案,除定例所载杀人放火、奸人妻女、行劫牢狱仓库、干系城池衙门,并积至百人以上、及响马强盗、江洋大盗、老瓜贼,仍照定例送行外;其余盗劫之案,各该督抚严行究审,将法所难宥及情有可原者,一一分晰于疏内声明。大学士会同三法司详议,将法所难宥者正法。情有可原者发遣新疆给官兵为奴。
>
> 寻常盗劫,未经伤人之伙犯,如曾经转纠党羽,持火执械,涂脸入室,助势搜赃,架押事主送路,到案诬扳良民,并行劫已至二次,及滨海沿江行劫,过船搜赃者,一经得财,俱拟斩立决,不得以情有可原声请。其止在外瞭望,接递财物,并未入室过船搜赃,并被人诱胁随行上盗,或行劫止此一次,并无凶恶情状者,仍以情有可原免死,发遣新疆给官兵为奴。倘地方有司,有心姑息,曲为开脱,该督抚据实题参,交部严加议处。[②]

在例文规定的上述三种严重强盗罪中,不区分主犯和从犯,所有罪犯一律斩枭。在其他类型的强盗案中,巡抚可区分犯罪者属于“法所难宥”还是“情有可原”,处以不同刑罚。这也表明,3个例文中的案件并不区分“法所难宥”还是“情有可原”,否则,对主犯和从犯进行同等判处的规定,将使“情有可原”制度毫无意义。然而,即使在其他的强盗案中,“情有可原”也可能不适用,如以下的案件中,

---

① 党羽是恶势力集团里首领以外的人,参见《汉语词典》(第3册),第7659页。

② 薛允升著:《读例存疑》,中文研究资料中心研究资料丛书五卷本1970年版,第621页。1740年律例的原始稿,参见刘海年、杨一凡校注:《中国珍稀法律典籍集成》(丙编第1册),科学出版社1994版,第313页、第314页。

3人以上伙盗,行劫至少两次,或者协助捆绑、殴打,或者按住事主以勒索财物,即使该成员15岁以下,也只有经审明他是被迫加入这个团伙的,才可根据"情有可原"处罚。"是否被迫"的审查十分重要,因为年龄不是判断一个人能否法外减刑的单独标准。

在论及有关强盗的规定和例文时,刑部和大学士们强调,从刑罚的角度讲,严重强盗行为的主犯和从犯没有区别,这个规定适用于所有参与暴力行为的犯罪者。"法所难宥"和"情有可原"在适用上可以从宽,但仅限于普通的盗窃行为,也就是说,只有没有实施任何暴力行为的成员才能得到宽恕。因此,犯罪者曾参与强盗行为的次数,即使本人没有伤人,但是否曾帮助按住事主,这些因素都需要查明。经过深思熟虑,刑部和大学士们提议引入新的例文,[①]旨在明确说明"情有可原"范围的限制适用。[②]

3. 更严重的强盗案件

公元1761年后,刑部考虑的重点法律问题是:在最严重的强盗案中,如何区别适用"法所难宥"和"情有可原",如案件中有人被杀或者被强奸。刑部的决定使公元1761年新例文得以诞生,规定了相关暴力强盗案件不分主犯、从犯,所有成员都不能因"情有可原"而减轻刑罚。[③] 此后,这种处罚办法又经过反复审查。公元1795年的一个案件中,甲伙同他人行劫衙门仓库,但他没有实际参与暴力行为,甲与另一名成员乙只是在外接赃。公元1740年的律例条文对这类犯罪特别规定,在强盗案件中行劫监狱、仓库,侵入城池衙门,则无论是否参与分赃,一律判处斩刑。[④] 但司法部门又可以决定,对这类犯罪者是否适用"情有可原"。

在回顾了上述案件后,刑部的一些官员认为,该例文的内容中不含排除适用"情有可原"的因素。他们又例举了公元1752年的一起案件,甲在外把风,团伙中的其他成员抢劫了衙门仓库。刑部认为该例文允许区别适用"法所难宥"和"情有可原"。因此,甲可能因"情有可原"而被发配为奴。

这个案件的有趣之处在于,刑部的官员们对例文的解释也没有完全达成一致。刑部认为,条文严格要求只要参与了行劫,无论他们是否入室搜赃,都要被判

---

① 参见薛允升著:《读例存疑》,中文研究资料中心研究资料丛书五卷本1970年版,第621页。

② 参见(清)祝庆祺:《刑案汇览》,台北,成文出版社1968年版,第1013~1016页。

③ 参见薛允升著:《读例存疑》,中文研究资料中心研究资料丛书五卷本1970年版,第621页。

④ 同上。

处斩枭。然而,考虑到受制于其公元1752年所作的判决,刑部同意了其部门的建议。①

两年后(指公元1797年)的一个案件援用了同样的例文,犯罪者在强盗过程中对事主的妻子或女儿实施了强奸,刑部对此表现出更明确的立场。这起案件中,甲和其他人准备在乙女的房屋内实行盗窃。他们入室时被乙发现,成员丙产生了使用暴力的想法。另一名成员丁让甲把风,其他人则入屋搜查。甲接赃后,立即携赃上船,逃往藏身处。甲走之后,丙和其他人进入房屋,轮奸了乙。该省巡抚认为,甲听从命令把风,属于"情有可原",应被判处流刑。

刑部对相关的律文和例文进行了讨论,发现虽然巡抚的判决中没有明确的说明,但是判决却违反了律文规定。刑部列举的这些律文暗示,"法所难宥"和"情有可原"只有在没有涉及杀人、强奸、马贼、土匪的情况时才可以适用。刑部进一步强调,涉及上述情况,犯罪就会特别严重;法律在"法所难宥"和"情有可原"之间作出区别,但这些区别并不适用于这些特别严重的犯罪,只要强盗案中发生了杀人或强奸行为,就不需要区分主犯和从犯,罪犯们根本不可能被归于"情有可原"。

在该案的讨论中,刑部主张在涉及强奸的强盗案件中,律例不区分主犯、从犯,那些在一旁帮助或鼓动的犯罪者,即使本人没有实施强奸,也不属于"情有可原"。他们属于"在场的从犯",与另一类"不在场的从犯"不同,后者并不知道当时现场发生的暴力。因此,"不在场的从犯"不应基于此条例文(不区分主犯和从犯),而应基于第279条进行审判和处罚。② 这条律文是指当人们本打算实施普通盗窃,但事实上却诉诸了暴力,该团伙中没有实际参加强盗行为的犯罪者,仍然依照普通盗窃罪审判。

基于上述律例规定,刑部对这起案件的事实进行分析:如果甲遵循丁的命令,仅仅在外把风,则构成强盗罪,很可能被判处斩刑(在强盗后进行强奸的例文下)。然而,在丙和其他人实施强奸行为时,甲已经带着赃物回到船上,他不在现场,对于强奸毫不知情。假如甲在房子外接赃,并携赃而逃,而不是一直在望风,基于第279条,他仍可能以普通盗窃来处理。

在这里,刑部关注的重点在于"望风"和"接赃以及运赃"的区别。如果犯罪

① 参见(清)祝庆祺:《刑案汇览》,台北,成文出版社1968年版,第1017页;关于判牍案例在清代司法体系中的作用参引 Edwards RR, *Understanding China's Legal System*, 2003, Essays in Honor of Jerome A Cohen New York University Press, V. 180, pp. 202 – 203(对比第191~192页),虽然他将"收赃"曲解为"分赃"而不是"将赃物予以转运"。

② 参见钟威廉:《大清律例研究》,第265页。

者仅在外把风，在杀人或者强奸的例文下，他可能不是从犯，并基于“情有可原”被判发配为奴，其他犯罪者则应被判处斩首。然而，如果他参与“收赃与运赃”，就可能参照第279条，以普通盗窃来审判（无论是主犯还是从犯）。区别在于：犯罪者行为的暴力程度。把风的人离发生强奸的现场很近，被认为是“在场”，而接赃与携赃的人离强奸现场很远，因而只能视为强奸犯罪的证人。①

鉴于刑部公元1797年提出的方案，我们并不诧异，为什么公元1805年嘉庆皇帝会要求刑部对强盗案件中犯罪者的具体地位，如是“望风”还是“接赃和运赃”等进行阐明。在一起抢劫客船的案件中，参与搜查客船财物的犯罪者都被判处斩立决，而在船上把风或者运赃的人则属于“情有可原”。公元1761年颁布的例文②特别指出，凡发生于滨海沿江的劫船案，所有过船接赃的犯罪者，都要被判处斩立决，不得归入“情有可原”。该例文进一步指出，只有在某些特定情况下，犯罪者才可以请求减刑。这条例文这样规定：

> 其止在外隙望接递财物，并未入室，过船搜赃，並被人诱胁随行上盗，或行劫止此一次，并无凶恶情状者，仍以情有可原免死。③

嘉庆皇帝对上述例文中的措辞表示质疑，他要求修例部门对此进行更清楚的解释。④ 刑部奏称，根据公元1761年例文，“情有可原”的情况包括犯罪者在陆上行劫以及团伙中的成员在外望风或收递赃物，而发生于滨海沿江的劫船案，则不在上述范围之内。然而，根据历年刑部依律审理的“船上行劫”案件来看，无论是公元1761年以前还是以后，都显示实践中对这两类案件适用“法所难宥”和“情有可原”有所区分。同样，对于公海上发生的洋盗案，实践中也适用船上行劫的例文，对于因胁迫作案以及没有进入船内搜赃的人，可以适用减刑，所以与“入室”无关。⑤

公元1794年，刑部在司法实践的基础上又奏请颁布新例，在洋盗案件中，如果一名犯罪者参与了行劫，但仅在外“把风或递赃”，没有参与船上搜赃，则可免

---

① 参见（清）祝庆祺：《刑案汇览》，台北，成文出版社1968年版，第1029～1030页。

② 参见薛允升著：《读例存疑》，中文研究资料中心研究资料丛书五卷本1970年版，第621页。

③ 该条例最后确定“入室”包含“过船”的含义。在目前案件所引条例的版本中，这些词语被省略了，所以对于“情有可原”下没有提及船只使皇帝产生了困惑。在这个案件中，似乎因刑部的建议，“过船”这个词才被加入该条例中。

④ 关于修订条例的部门（章程委员会），参见布迪、莫里斯：《中国帝国的法律》，第128～129页。

⑤ 刑部提交的条例不明。

于死刑,改为发配黑龙江为奴。① 例文中明文规定,在洋盗案件中,犯罪者得以依情节减刑,抢劫滨海沿江船只的案件,可以区别适用"法所难宥"和"情有可原"。刑部提议,对1761年例文进行修改,增加了对"过船搜赃"的解释:团伙中仅在外把风或者递赃的成员,仍可依"情有可原"获得减刑。②

19世纪50年代,对于情节特别严重的强盗犯罪,清政府采取了更为严厉的处罚措施,特别是限制了"情有可原"的适用范围。从1857年的一个案件中,可以看到其严厉的程度。某县城失守时,一个二百余人的伙盗结捻抢劫,来到事主门外,部分成员入室,劫得银物,其他人员在外把风。该省巡抚认为,这种情况下需要区分"法所难宥"和"情有可原",此案发生于"未奉严办"通行以前,仍照旧例办理。然而,刑部不予认同,认为在1740年例文中规定,匪徒积至百人以上,无论得赃与否,应照例不分首从,俱立斩枭示。③ 刑部指出,这样的团伙所犯的强盗罪,与普通的强盗罪是不一样的,对于普通的强盗罪才可适用"情有可原",而此案的把风者和入室行劫者则都应被判斩首。④

正如我们所见,清政府根据1869年的"严办通告"采取了新的严厉措施,推动了1870年例文的颁布。这一例文中有许多关于"强盗"和"抢夺"的规定,也列举了一两种"情有可原"的情况,但没有论及"法所难宥"和"情有可原"的实际区别。⑤

4. 引线指路

1775年还发生了一起对处置引线指路者有指导性意义的案件。⑥ 刑部认为,该案的问题在于如何判断甲的责任。甲帮助犯罪者指出事主姓名、行劫道路,为其引线,但在行劫发生之前,他已经回到自己家中。该省巡抚认为,甲没有实际参与暴力犯罪,属于"情有可原",应被发配为奴。刑部不同意这种观点,认为甲不仅提供事主房屋信息,使之成为行劫场所,而且引线指路,又参与分赃,其地位与主犯(造意者)没什么区别。因此,甲属于"法所难宥",应被判处斩立决。

根据乾隆皇帝的指示,刑部针对为强盗引线者的问题,重新审视了律文的相

---

① 此条例参见薛允升著:《读例存疑》,中文研究资料中心研究资料丛书五卷本1970年版,第620页(第266条第48例)。

② 参见(清)祝庆祺:《刑案汇览》,台北,成文出版社1968年版,第1048~1050页。

③ 参见薛允升著:《读例存疑》,中文研究资料中心研究资料丛书五卷本1970年版,第621页。

④ 参见吴潮、何锡俨汇纂:《刑案汇览续编》,文海出版社有限公司2006年版,第1343~1345页。

⑤ 对于这个规定参见薛允升著:《读例存疑》,中文研究资料中心研究资料丛书五卷本1970年版,第619页(第266条第45例)。

⑥ 因此案制定的例文参见薛允升著:《读例存疑》,中文研究资料中心研究资料丛书五卷本1970年版,第601页(第266条第21例)。

关规定，列举了以下例文，使引线者能够获得减刑：

(i)凡窝线同行上盗得财者，仍照强律定拟。如不上盗，又未得财，但为贼探听事主消息，通线引路，照强盗窝主造意不行又不分赃，改发新疆给官兵为奴。①

根据《大清律例》第278条规定：

凡强盗窝主造意，身虽不行但分赃者斩；若不行又不分赃者杖一百，流三千里。②

可见，《大清律例》对没有参与盗窃行为并在事后没有分赃的窝藏者也建立了惩罚规则，③第278条规定：

(ii)窃盗窝主造意，身虽不行但分赃者，为首论。若不行又不分赃者为从论，减一等。以临时主意上盗者为首，其为从者，行而不分赃及分赃而不行，仍为从论。若不行又不分赃笞四十。

(iii)凡行劫行窃，若未入室且止此一次，依情有可原发配为奴。

刑部随后指出，迄今为止，这类案子是这样处理的：若牵线引路者，并非造意者，只是将事主的信息告诉盗窃者，并为其引线指路，以此作为筹码参与分赃，那么他属于从犯，应该根据他是否入室以及他参与行劫的次数，对他判处刑罚。在这种情况下，他为盗窃者引线指路，前往事主房屋，但非造意者，他可能为从犯。但是，如果他是团伙的首领，提议抢劫什么样的家庭，并提供事主的姓名，或者建议在路上抢劫什么样的商旅，并因此获得了部分赃物，事实上他和主犯并没有什么区别，不能作为从犯处罚。

刑部认为，需要出台新的例文，对引线者和造意者进行区别。如果已经确定了盗窃的想法，也已确定了欲侵犯的事主，则为犯罪者引路者，在旧的例文下可能

① 薛允升著：《读例存疑》，中文研究资料中心研究资料丛书五卷本1970年版，第764页（第278条第25例）；菲拉斯特：《大清律例》（第2册），第145～146页（法令Ⅳ）。

② 该条款在1870年进行了修订，增加了发配新疆给官兵为奴的刑罚。

③ 参见钟威廉：《大清律例研究》，第264页。

被认定为从犯。但如果他指定了进行抢劫的家庭或者进行攻击的旅客,并参与分赃,纵使他没有参与行劫,仍应被认定为主犯,不得以“情有可原”减刑,因为此时他已属于“法所难宥”,应判处斩立决。①

5. 入室

刑部关心的另外一个问题是例文中的一些词语如何解释,如公元1761年例文中的“入室搜赃”。② 在强盗案件中,犯罪者以此种方式犯案,属于“法所难宥”。但是对于盗窃团伙中,成员入室而没有搜赃,属于何种类型,则没有明确说明。在1803年发生的一个案子中,盗窃发生地的巡抚的意见,与刑部的看法产生分歧。伙盗案中的成员甲与其他成员进入事主的房屋,但是没有参与搜赃,巡抚认为他属于“情有可原”。刑部则不认同巡抚的看法,认为甲既已入室,即属助势,不属“情有可原”。

在回复刑部的公文中,巡抚坚持自己的观点,并援引了公元1737年的一个案例。该案中,团伙中的一名成员进入事主的房屋,并携带一盏灯笼照明,以便搜赃,该犯罪者后被认定为“情有可原”。然而,刑部对此不予理会,指出巡抚援引的案例发生在公元1761年之前,而当前的案件应适用当前的例文,按照当前的例文,“持火”就包括了携带灯笼入室的情形,巡抚援引一个与现今例文相抵触的旧例,是根本不合理的。刑部重申了他们的观点,认为关键问题在于犯罪者是否进入事主的房屋,只要是为了帮助搜赃而入室的成员,就应与搜赃者承担相同的责任。

为了阐明律文,刑部草拟了一个声明,内容如下:

(i)既经入室虽不搜赃,亦应斩立决。

(ii)仅止在外把风瞭望接递赃物,并未入室,得以情有可原办理。

(iii)查办理盗劫之案,总以入室不入室为断。③

在某些情况下,虽然团伙中的成员实际上没有入室,但仍属于“法所难宥”,

---

① 参见(清)全士潮:《驳案新编》,载杨一凡、徐立志主编:《历代判例判牍》(第7册),中国社会科学出版社2005年版,第151~154页。

② “室”包括荒废的小屋或者遥远的暂时居所,如警察监视的地方或者牛棚。在公元1815年的一个案子中,刑部认为,这样的小屋中可能存放有现金和服饰,因此仍然构成条例中所区分的“进入”或者“不进入”的“室”。参见(清)祝庆祺:《刑案汇览》,台北,成文出版社1968年版,第1037~1038页。

③ (清)祝庆祺:《刑案汇览》,台北,成文出版社1968年版,第1038~1039页。

因为他们实施了暴力行为。在公元1818年的一起案件中，团伙中的4名成员参与抢劫，但实际上只有两名成员进入了房屋，其他两名成员，一名破坏了房屋后面的墙壁，另一名用木棍破坏了房门，吓得附近居民仓皇躲避。巡抚提议，这两名没有进入房屋搜赃的成员，应当属于"情有可原"。刑部不同意这个观点，指出虽然那两名盗贼没有进入房屋，但他们仍然放纵了暴力行为的发生，帮助他们的同伙不受阻挡地进入房屋。根据律文，如果盗贼一直在屋外，要想根据"情有可原"获得宽大处理，就必须没有实施任何暴力行为。而这起案件中，两名犯罪者虽然不在屋内，却对屋内行使暴力行为者提供了帮助，根本不能获得宽大处理。①

6. 年幼和被胁迫

公元1806年清政府在年龄和胁迫之间的关系方面，提出了一个有趣的观点。按理说，一个年幼的犯罪者，如果在15岁以下，就被推定为"被胁迫"，但当他参加抢劫一次以上的情况下，这种推定就难以成立了。在该年的一起案件中，一名14岁的男孩被迫参与了一次强盗犯罪，该省巡抚发现，该男孩是第三次参与这样的团伙。于是他向刑部咨询，在这种情况下，这名男孩是否仍能依例文中规定的"未成年人受胁迫"而获得宽大处理呢？②

巡抚面对的问题是，如果依照例文"未成年人受胁迫"，适用"情有可原"来判案，似乎有点太宽松了。如果不这么做，人们又会对这个男孩的"年幼"和"遭胁迫"产生怜悯之情。他是否不属于"法所难宥"（可能处以斩刑），而作为寻常的犯罪者，依"情有可原"判处发配为奴呢？这个问题，实际上也是巡抚对刑部的建议。刑部在最初的回复中表示，该例文涉及未成年人被胁迫参与行劫，根据公元1761年的例文，如果他已经参与盗窃两次以上，应属于"法所难宥"。③ 因此，在审查该名年幼犯罪者所参与的三次强盗行为时，刑部拒绝采纳巡抚的意见，并指出，如果从轻处理，则未成年人将更为不忌律法，随意行事。刑部要求巡抚在调查事实时更加严谨。

在第二次提交的公文中，巡抚再次重申了该犯罪者的年幼，三次均属遭受胁迫，才参与犯罪，据此，他是否能免于死刑，判处发配呢？刑部又接纳了该意见，同意该年幼的犯罪者在参与的三次强盗行为中，两次确实属于受胁迫，第三次则仅仅在外接赃。他还不到15岁，这种情况值得怜悯，可以免于死刑，改判发配吉林

---

① 参见（清）祝庆祺：《刑案汇览》，台北，成文出版社1968年版，第1041～1042页。

② 参见薛允升著：《读例存疑》，中文研究资料中心研究资料丛书五卷本1970年版，第601页（第266条第20例）。

③ 同上，第621页。

为奴。其实,刑部并不完全同意巡抚有关该犯年幼、受胁迫的解释,但考虑到“年幼被胁迫”参与两次犯罪作为减刑的一个因素,也就排除了律文规定的参与两次以上强盗行为属于“法所难宥”的适用。①

7. 伤人

公元1761年的例文规定,团伙中的成员仅在外把风或递赃,只要他没有伤害任何人,就属于“情有可原”。那么,伤人的时间对条款的理解是否有影响?如果犯罪者把风后,试图逃跑或拒捕,并且伤害事主,那么他应该受到怎样的处罚?1821年的一起案件中出现了这些问题,团伙中的一名成员最初在外把风,后在屋主邻居的追赶下逃离现场。为了避免被抓,他用绳子鞭打,打伤了追赶他的人。在这种情况下,他是否仍属于“情有可原”?刑部认为他属于“情有可原”,因为“法所难宥”仅针对在盗窃中为了获取事主的财物而采用暴力的犯罪者。如果犯罪者已经距离盗窃现场有一段距离,为了拒捕而使用暴力,则他只是为了逃跑而非得财,不属于在盗窃过程中使用暴力。②

然而,如果盗窃者在逃跑时伤害了试图抓捕他的人,他用来伤人的器具类型,是否也可能对判决产生什么影响呢?公元1839年的一个案件中,甲是犯罪团伙中的一员,在外把风,其他人进入房屋搜劫。该团伙逃跑后,甲落在后面,遭到事主及其家人追赶。为了抗拒抓捕,甲用竹枪吓唬他们,射伤了屋主的弟弟和一名雇佣工人,不过受伤者后来都康复了。刑部重申了其在公元1821年一案中所提出的有关受伤时间的观点,并提出了另一个问题,即伤口是由什么类型的器具造成的,竹枪类似于刀,可能造成致命的伤害。以下是两条相关的例文:

> (i)1759年颁布的一款例文中规定,窃盗拒捕刃伤事主,及折伤以上依例问拟斩绞外,如殴所捕人至残废笃疾,罪在满徒以上者方依律拟以绞候。③
>
> (ii)凡白昼抢夺殺人者拟斩立决,为从帮殴如刃傷及手足他物至折傷以上者,俱拟绞监候。④

因为强盗类似于抢夺,刑部根据例文(ii)进行比附,在会审后对犯罪者处以

① 参见(清)祝庆祺:《刑案汇览》,台北,成文出版社1968年版,第1070~1071页。

② 同上书,第1036~1037页。

③ 薛允升著:《读例存疑》(第5册),中文研究资料中心研究资料丛书五卷本1970年版,第1129~1130页(第388条第8例)。

④ 同上书,第632~634页(第268条第5例);布莱斯译:《大清律例》,第496页(第1100段)。

斩首。问题的关键是强盗比抢夺更严重,因此根据条款(i)的规定,应判处斩首,而不是绞刑。刑部拒绝了巡抚的建议,因为按照巡抚的观点,犯罪者将基于"情有可原"被判处发配为奴,这样显得过于宽松了。①

结语

上述所有清代例文阐明了在哪些情况下,参与强盗的犯罪者可能获得宽大处理。如我们所见,对相关案犯的宽大处理,到了19世纪就越来越受到限制。在刑部早期的判决(公元1761年之前)中,表现了对案犯宽大处理的不确定性,这可能是因为那时的例文对"情有可原"还没有明确的定义。甚至在公元1761年后的例文中,关于"严重抢劫"的解释仍然存在着一些犹疑。这些例文都没有区分主犯和从犯的责任,但并不明确排除"法所难宥"和"情有可原"的适用。因此,我们可以看到,在此后的一系列判决中,如洋盗案,清政府作出很大尝试和改变,这些做法反映在18世纪末期的例文中。

对于何种情况下适用"情有可原"规则,刑部阐明了一项重要的原则:如果犯罪者没有实施任何暴力行为,可以依照"情有可原"以普通盗窃处理;尤其是那些没有预谋,仅在盗窃过程中临时使用暴力的犯罪者;强盗团伙何时开始使用暴力,将对最后的判决产生重大影响。如果犯罪者在案件发生时没有使用暴力(如把风),在什么标准下可以依照"情有可原"宽大处理,这个问题有待明确。也许正因为如此,刑部重新强调了例文中所言的"被强迫"和"成员年龄"之间的联系。事实上,如果把风者是被强迫加入犯罪团伙的,只要证明他在抢劫过程中没有参与暴力行为,他就可以获得宽大处理。

在上文三个案件的判决中,刑部在律文的解释中贡献了很多才智。他们界定了暴力不止包括杀人、伤人,身体上虐待事主或者他的家庭成员,同时涵盖了任何威胁或者恐吓的行为,典型的如出示武器但没有使用。他们阐明了这样一条原则,尽管团伙成员没有积极地参与搜赃,但是入室行劫已经足以认定他们参与了暴力行为。第三个经常为刑部所强调的重要条件是,盗窃过程中使用暴力,与盗窃之后为躲避追捕而使用暴力是有区别的,只有在实际盗窃行为中使用暴力,犯罪者才适用强盗犯罪的规定。

① 参见吴潮、何锡俨汇纂:《刑案汇览续编》,文海出版社2006年版,第1364~1368页。

法律,法律,什么法律?

——西方学者何以对中国法无话可说①

安守廉(William P. Alford)* 著

杨　焯　于　莹　译

陈灵海　方　强　校

1972年秋,正在准备中国学研究生功课的笔者,第一次碰到一个实质性的问题。当时还在世的芮沃寿(Pro. Arthur Frederick Wright,1913～1976)问笔者:"年轻人,你是个聪明人,为什么要执著地把时间浪费在中国法律史上呢?"

虽然有想法的人可能会对善良的芮沃寿教授个人看法的准确性有不同意见,但毫无疑问这个问题是他提出的。这个问题确实真切地揭示出,长期以来中华文明中的法律对于美国学术界来说已是不那么重要的学术领域。

本文将以这一问题为起点,探索为什么在将近一个

---

① 这篇文章根据1996年在美国康涅狄格州哈特福特市三一大学乔治·米德讲座发表的一篇演讲扩展而来。之前,笔者也给中国北京中国社会科学院法学研究所以及哈佛法学院的暑期研究系列课程的教员们做过演讲,后发表在Modern China 23,No.4(1997),pp.389－419。笔者要将此篇文章献给笔者的老师,中国台湾地区"中央"研究院的张伟仁教授,他的学问以及他所做的其他事情,都是中国传统和当代研究的最佳典范。最后,要感谢蒋经国国际学术交流基金会(Chiang Ching-kuo Foundation for International Scholarly Exchange)对此研究的慷慨支持;感谢李文玺(Michael Lestz)教授和高道蕴(Karen Turner)教授的非常有价值的评论;感谢Rebecca Green、John Ohnesorge和Tanya Selvaratnam卓越的研究支持;感谢Richard Gunde和Melissa Smith的不懈改稿及细致修订。

* 安守廉(William P. Alford),哈佛大学法学院Henry L. Stimson法学教授。

世纪的时间里,众多从事中国历史和社会研究的西方知名学者,纷纷从哲学和方法论的视角撰文,却忽视或错误估量了法律对中国人生活的影响?[①] 其后,本文还会分析,为什么近来这个问题又有所缓解?在结论部分,笔者会提出一些需要考量的地方,这是越来越多中国法律的学者们需要关注的。本文的性质是分析性、解说性的,但并非兼容并蓄、无所不包的;目的是引起大家的思考,而不是妄下断语。但笔者也希望,本文能对芮沃寿教授20年前提出的那个问题,至少给出一个初步的答案。

如果说20世纪90年代之前所有西方学者都忽视了中国法律研究,当然是言过其实的。几十年前,一些才华出众的学者,如德克·布迪(Derk Bodde)、瞿同祖(Ch'ü T'ung-tsu),艾德华(Randle Edwards)、陈张富美(Fu-mei Chang Chen)、钟威廉(William Jones,又译威廉·琼斯)、马伯良(Brian McKnight)、马里努斯·梅耶尔(Marinius Meijer),已经就中国从秦朝(公元前221~公元前206年)到清朝(1644~1911年)的各种法律史论题发表过灼见。其他人,包括柯恩(Jerome Cohen,又译孔杰荣)、李浩(Victor Li)、陆思礼(Stanley Lubman)、弗兰克·明策尔(Frank Münzel,又译门策)等,[②]亦对中国社会主义初级阶段的自然法特征有所

① 例如,"西方学者"或"法律"等术语的使用会立刻引起定义问题。"西方学者"的概念其实是一个伪命题,因为这些学者们不仅更多在海外接受教育以及从事研究,并且致力成为世界性的知识分子。这篇文章所提及的"西方学者",是指他们的事业主要在西方,当然也就包括了华裔学者。本文所谈论的法律以及法律史是广义的,涵盖:国家颁布的法规;制定或强制执行这些法规的国家机构;就人们日常活动订立的规章制度;这些法规意图或已体现出来的价值理念;法规对社会产生的影响。此外,正如我在正文中谈及的,对这些法规的任何研究都不可避免地引发我们对非正式和非官方规则的思考。

② See Derk Bodde and Clarence Morris, *Law in Imperial China* (Cambridge: Harvard University Press, 1967); Fu-mei Chang Chen, "On analogy in Ch'ing law," *Harvard Journal of Asiatic Studies* 30(1970): 212; Ch'ü T'ung-tsu, *Law and Society in Traditional China* (Paris and The Hague, Mouton, 1961); R. Randle Edwards, "The Canton system", in *Law and Politics in China's Foreign Trade*, ed., Victor Li (Seattle: University of Washington Press, 1977); idem, "Ch'ing Legal Jurisdiction over Foreigners", in *Essays on China's Tradition*, ed. Jerome Cohen, R. Randle Edwards, and Fu-mei Chang Chen (Princeton, N. J.: Princeton University Press, 1980); William C. Jones, Trans., *The Great Qing Code* (Oxford: Clarendon Press, 1994); Brian McKnight, *Village and Bureaucracy in Southern China* (Chicago: University of Chicago Press, 1972); idem, *The Quality of Mercy: Amnesties and Traditional Chinese Justice* (Honolulu: University of Hawaii Press, 1981); Marinius Meijer, *The Introduction of Modern Criminal Law in China* (Batavia: De Unie, 1950); Jerome Cohen, *The Criminal Process in the People's Republic of China*, 1949 - 1963: *An Introduction* (Cambridge: Harvard University Press, 1968); Victor Li, *Law without Lawyers: A Comparative View of Law in China and the United States* (Stanford, Calif: Stanford Alumni Association, 1978); Stanley Lubman, "Form and Function in Chinese Criminal Process", *Columbia Law Review* 69 (1969): 535; Frank Münzel, *Das Reecht der Volksrepublik China* [The Law of the People's Republic of China] (Darmstadt: Wissenschaftliche Buchgesellschaft, 1982). 遗憾的是,这些一流中国法律史学者(这里已简要讨论)和他们的日本同行,如Niida Noboru 和 Shiga Shüzo,尚未就西方对古代中国的主流描绘产生大的影响。

阐述。正如陆思礼在20世纪90年代初发表的一篇本领域的调查报告所示,他们所开辟的学术研究路径迎来了不少追随者,并在中国法律历史研究领域,直接或间接地结出了更多丰硕的果实。①

尽管成果可观,但对于第一流的西方中国史和中国社会研究学者来说,中国法律研究在研究方法上的影响却很微弱,前者已致力于向学术界②和更广泛的社会群体描绘出一幅中国文明的全景图。无论是中国古代还是现代的经典生活场景的描述和再现,还是对这些场景的更为深入地探索,法律生活都被置于这幅全景图的边缘位置。举例来说,我们总是被要求熟悉西方20世纪80年代中期之前关于中国的主要研究成果,却对其法律方面知之甚少。而事实上,中华帝国卷帙浩繁的法律卷宗,是中国最为引人注目的智慧结晶。有些研究甚至显示出对中国法律存在状态的无知。这些20世纪80年代中期以前的研究成果,如果涉及中华人民共和国和中华民国的研究,几乎都忽视了这些近代政府为实现自身目的而采取的立法活动及其产生的重大影响(有些立法哪怕并未全面成功,但确是实打实的)。取而代之的,是法律被当作题外话,有时连题外话也算不上。在这幅由中国知识分子、中国社会、中国政治和经济生活构成的全景图里,对于法律的观察往往是缺失的。

面对西方历史学家和社会科学家轻视中国法律这一批评,有人会辩解说,他们描绘的场景并不失实。因为中国从来就没什么法律。就算有,曾经的和现存的法律也影响有限。笔者承认,这种观点并非完全无据,尤其是当一个人对于法律的参考标准是英美法系、大陆法系的政府制定法框架时。颇具反讽意味的是,很多非法律领域的中国学者也是这样理解的。总之,直到20世纪80年代,单是美国康乃迪克州哈特福特郡(Hartford, Connecticut)的注册律师,也比整个中国大陆

---

① See Stanley Lubma, "Studying contemporary Chinese law: Limits, possibilities and strategy", *American Journal of Comparative Law* 39(1991):293.

② 举例而言,一些颇为领先的历史领域著作,如Immanuel Hsü(徐中约), *The Rise of Modern China*, 3d ed. (New York: Oxford University Press, 1990),或者政治科学领域的著作,如Kenneth Lieberthal, *Governing China: From Revolution through Reform* (New York: W. W. Norton, 1995),几乎没有谈及法律。关于Lieberthal一书的更多内容,参见Lucian Pye, *The Mandarin and the Cadres: China's Political Culture* (Ann Arbor Center for Chinese Studies, University of Michigan, 1988); Kenneth Lieberthal, *Governing China: From Revolution through Reform* (New York: W. W. Norton, 1995)。从更为世俗的角度来看,这一观点不受重视,源于事实上没有一家主流的中国研究英文期刊(如*China Quarterly*, *Journal of Contemporary China*, *Journal of Asian Studies*或者*Modern China*)给具有法学院背景的研究人员提供了有影响力的职位。

的注册律师多。[①]

然而,即使到了这个层次,上述理由仍然不够充分。在中华帝国的鼎盛时期,其法律体系是极为成熟完备的,完全有能力满足社会的需要,足以保证法律在中国文明的全景图中占有一席之地。而且,近来的法律史研究表明,“正式合法性”(formal legality)的观念已经渗透到中国人日常起居的方方面面,远远超过我们之前的想象。[②] 事实上,如果将“正式合法性”和“非正式合法性”(informal legality)视作一条连续轴的两端,而非截然对立的两方(中国研究领域的传统观点),法律在中国社会和中国思想中确已长期存在,这一点是清楚的。[③]

如果以上对中国文明中法律的丰富层次和重要角色的结论不谬,那么,如何解释整个学术界(抛开顽冥不化的老学究不提)对中国法律的疏忽?笔者想说的是,对法律重要性的理解人各有异,就从事中国历史和中国社会研究的西方学者(他们可以被分为至少四种类型)而言,法律对其哲学和方法论的导向作用也是因人而异的。这些学者们的研究方法各异,其共同点在于关注中国的未来。但是出于不同原因,他们采用的资料都不包括法律的内容,或者对 中国法律本身持贬抑态度。对独立工作的学者进行类型区分,无疑是很有风险的。但是笔者认为,即使这样的分类只涉及某些学者的部分成果,不包括颇具影响力的其他学者成果,也有助于我们理解西方学术界对中国法律的漠视。

如果泛泛而谈,人们或许认为,这些笔者称为“经典”或“宏大”的汉学家(主要在1930~1980年出现),已经在他们对中华帝国全方位的描绘中,展示出一幅完善且能引发共鸣的法律体系画卷。不难想见,上述学者都经过良好的学术训练,熟悉他们的研究对象,从不吝于指出中国在思想和制度上的成就。然而,如果搜索他们(如芮沃寿教授)的作品,我们就会发现,关于国家合法性的信息零零散散,既没有揭示出这一时期中国法律制度所代表的智慧高度(这原本是学者们撰文的目的),也没有具体描绘出中华帝国是如何利用法治达成其目标的。芮沃寿

---

① See William Alford, “Tasselled loafers for Barefoot Lawyers: Transformation and tension in the world of Chinese legal worker”, *China Quarterly* 141(1995):22.

② See Philip Kuhn, *Soulstealers: The Chinese Sorcery Scare of* 1786 (Cambridge: Harvard University Press, 1990), or Philip Huang, “Codified Law and Magisterial Adjudication in the Qing”, in *Civil Law in Qing and Republican China*, ed. Kathryn Bernhardt and Philip Huang (Stanford, Calif., Stanford University Press 1994), p. 142.

③ 当我们考量到各体系当中法律制定者的决策背景、决策的方式方法、达成决策时运用的价值观念以及案件可能会自由地(未必合法地)在两个体系间传递,正规与非正规法律体系之间的联系就十分紧密了。但即便是如孔杰荣和陆思礼这样的杰出学者也曾经将这两者描述成对立面,并在很大程度上夸大了中国法律体系与我们之间的区别。

关于隋朝(公元581~618年)的著作是其研究生涯中的巅峰之作,本意在于考察这个存续不久的朝代如何巩固其统治,并在地域上及时间上传播其文化,然而,其中关于法律仍是浅谈辄止。① 如果能更加深入地探究法律产生的影响,芮沃寿可能会意识到隋朝多样化的治理方式,除了直接依赖儒家的礼教、教育和语言传播,也包括了全方位运用法律来巩固君主统治。如就此深入探究,他对隋朝文化遗产的讨论可能会更加广泛,更能突显这个朝代的一项长期贡献——为中国、日本、朝鲜以及越南直接或者间接地建立法律模式,延续数世纪之久。② 同样,其他杰出汉学家,如白乐日(Etienne Balazs)、毕汉思(Hans Bielenste)、卜弼德(Peter Boodber)、高第(Henri Cordier)、戴何都(Robert des Rotours)、艾博华(Wolfram Eberhard)、谢和耐(Jacques Gernet)、马伯乐(Henri Maspero)、牟复礼(Frederick Mote)、倪德卫(David Nivision)、李克(Allyn Ricket)、魏特夫(Karl Wittfogel)以及余英时(Ying-shih Yu)等也应致力于此。他们中的许多人拥有的用于研究的原始资料中,关于法律的部分比芮沃寿拥有的更多,因而更易于作出上述判断。③

考虑到孟德斯鸠(Montesquieu)、伏尔泰(Voltaire)、黑格尔(Hegel)、韦伯(Weber)对于中国法律的显著运用,众多杰出汉学家对中国法律的忽视颇具讽刺意味。④ 笔者认为,这种忽视现象的主要原因在于这些经典汉学家自身就强烈认同儒家士大夫的世界观。也许这样的判断有些简单化,或者有失公平,但芮沃寿及其同行学者的专业(即使不是实际上的或有意识的)就是描述出中国这一世界所展现出来的优雅和才能。这是他们的研究目的。不仅如此,他们在研究过程中着重依赖的官方资源,如"实录"和由儒家精英编纂的"正史"等,其本意就是要世代相传的。⑤ 由此,不知不觉中或出于其他原因,这些学者认可并帮助塑造出中华帝国的某种形象,即法律是一种低劣(inferior)的社会工具,一旦诉诸法律,就意

---

① See Arthur Wright, *The Sui Dynasty*, New York, Knopf, 1978.

② See Bodde and Morris, *Law in Imperial China*, pp. 52-68. (中译本见[美]D.布迪、C.莫里斯著:《中华帝国的法律》,朱勇译,江苏人民出版社1993年版。)实际上,直到今天,中华帝国法律的遗迹在香港仍然能看到。See William Shaw, *Legal Norms in a Confucian State* (Berkeley: Institute of East Asian Studies, University of California, 1981); Ta Van Tai, *The Lê Code: Law in Traditional Vietnam of Comparative Sino-Vietnamese Legal Study with Historical-Judicial Analytical Annotations* (Athens, Ohio: Ohio University Press, 1988).

③ 为对芮沃寿教授公平起见,应该指出,所有法典条文的完整副本不复存在。然而,正如芮沃涛教授在其专著中提出的一样,其全本可能是由其他材料的片段组合而成。

④ See William Alford, "Of Arsenic and old Laws: Looking at Criminal Justice in Late Imperial China", *California Law Review* 72 (1984): 1180.

⑤ "实录"实际上是对王朝的日常官方记载。大多数官方朝代史包含刑法志,即对当朝法律的记载。

味着在对民众的道德引导和行为表率方面，君主与官僚们的表现差强人意。[①] 不出意料，这些学者将公开的政府法律（positive law）与法家思想等同起来。而法家又因此被这些学者等同于受法家影响的残暴和野蛮的秦朝。其结果是多数学者把20世纪以前的中国法律看成不过是专制统治的工具罢了。但是，他们几乎从来没有把儒家学说和儒家学说践习者犯下的罪恶等同起来。

对芮沃寿所说的"儒雅传统"的既定兴趣，成功地转移了大量一流汉学家的注意力，使他们不再关注法律在普通中国人生活中扮演的各种角色。这些学者热衷于和其他伟大文明古国研究的诸多同行交流，因而几乎没有时间研究中国社会历史，更不要说通过社会历史去探究法律问题了。[②] 雪上加霜的是，即使发现有必要这样做，根据他们的现有经验，中国的各项条件，会让寻找和发掘地方档案以及相关文件的工作变得很难，虽然档案对于了解地方法律制度是必不可缺的。与他们处于同一个时期的中国同行们，不论专业方向如何，能够提供的帮助都相当有限。事实上，即使是第二次世界大战前后最有才华的中国法律史学家，如杨鸿烈（Yang Hung-Lieh）、徐道临（Hsü Dao-Lin）等人，[③]亦很大程度上将其对法律遗产的描写局限于皇帝钦定的法典，其引用的材料多数来自官方，并没有尝试将研究置于更广阔的社会及比较语境中。

现在，后见之明使我们发现，芮沃寿及其同行所迷恋的儒家士大夫们，其实常常运用法律，尽管他们时常将法律贬低为无用之物，用以推卸责任。事实上，瞿同祖、墨子刻（Thomas Metzger）等很多学者已经指出，[④]至少从汉代开始，以儒家思想为正统的官僚阶层是如何把法律与儒家价值理念结合起来（如一个人在家中的身份地位，决定了其适用于哪种刑罚），并以此来传播思想和加强统治。具有批评意识的观察家或许会说，一方面运用法律，另一方面又在言辞上将其贬低为社会工具，企图掩盖这一事实，这样的行为绝非巧合。而且，如果我们可能赞同瞿同祖关于"法律儒家化"[⑤]的提法，那么对其伴生物的研究工作依然需要开展。这种伴生物就是儒家官吏们不断运用法律而促成"儒家法律化"的方式。

如果说古典汉学家们对中国帝制时代的描绘几乎忽略了法律，那么历史学家按照（费正清的）"西方冲击—中国回应"范式来描绘清末和民国时期（许多人还

---

① Alford, "Of arsenic and old law"一文讨论了传统儒家学者对于法律的态度。

② 参见伊斯兰世界、印度以及日本文明的经典描述。

③ 参见杨鸿烈著：《中国法律发达史》（第2卷），商务印书馆1930年版；徐道临：《中国法制史论集》，台湾正中书局1953年版。

④ 参见瞿同祖：《中国法律与中国社会》。

⑤ 同上。

认为,这一范式延续到了20世纪70年代),显然也不会做得更好。正如柯文(Paul Cohen)在他的专著《在中国发现历史》中所指出的,该领域的学者多隐晦地暗示,在19世纪末西方人大量来华之前,晚期中华帝国的发展是静止的,或者说是停滞的。从这样的视角出发,学者们纷纷以高明或者低劣的手法,或直接或含蓄地,将19世纪末至20世纪初的历史简化为西方如何在政治、经济、社会以及智识方面对中国形成冲击,随后中国又如何做出回应的。在他们看来,这些回应中的许多举措(有意或者不那么有意地),导致了中华帝国生活方式的根本变化。已故的费正清(John King Fairbank)无疑是该观点的杰出代表。但是,正如柯文观察到的那样,一批杰出的学者如费维恺(Albert Feuerwerker)、徐中约(Immanuel Hsü)、列文森(Joseph Levenson)、邓嗣禹(Teng Ssu-yü)、芮玛丽(Mary Wright)固然可以自成一类,其他学者的观点同样存在。①

受"冲击—回应"这一范式影响的中国历史学者在对中国法律做出客观评判时,至少在三个重要方面是失败的。首先,该领域学者的笔下,为了让关于中国的描写保持一致性,西方人到来前夕的中国法律总是过于简单,缺乏活力。他们也给我们这样的印象:晚清时期的法律与实际生活不太相关。② 的确,从公元653年的《唐律》到1740年的《大清律例》,30% ~40%的法律不曾改变过,③但如果我们的观察停留于此,就会忽略中华帝国的法律在过去一千年里通过多种方式调整进化的努力,包括"律"的修订,"例"(与"律"冲突时,"例"具有优先性)的增删,巨大的行政法规网络的完善以及分类方式的细化等。④ 事实上,仅仅因为《大清律例》保持了前朝1/3以上的律,就断定晚期帝国法律是静态的,这类似于仅因为公元1900年以来只有少量的修正案写进了美国宪法,就断定美国的法律体系与两个世纪之前相比变化不大一样。

与历史学家把中华帝国晚期的法律动态变化解读为"西方冲击—中国回应"相比,同样让人诟病的是他们对该动态变化的特征所作出的叙述,特别是关于中国法律适用于西方居民时引起争端的叙述。这些争端,正是鸦片战争和随后强加于中国的治外法权的导火索。受到现有定论(或来自对以上争端并无兴趣的西方

---

① See Paul Cohen, *Discovering History in China*: *American Historical Writing on the Recent Chinese Past*(New York: Columbia University Press, 1984).

② See John King Fairbank, *The Great Chinese Revolution*: 1800 - 1985(New York: Harper & Row, 1986).

③ 这个判断来自薛允升。参见薛允升:《读例存疑》,黄静嘉编校,重印于台北1970年版,第86页。

④ See Bodde and Morris, *Law in Imperial China*, pp. 52 - 75.

人,或来自因中国的古老体制无力应对外国威胁且薄待自己的民众,从而对旧制度评价颇低的近代中国学者)的影响,大多数这一类历史学家把那个时代的中国法律描述为严厉的,且对外国人居留中国的这一特殊情况(且不说是否对更为广泛意义上的公平正义而言)反应迟钝。① 事实上,法律历史学家艾德华(Randle Edwards)的著作中已经指出,中国政府在调整法律(其中的死罪种类远远少于同时期的英国)以接纳不受欢迎的西方人这一点上,其实比当时英国政府对于中国及其他非基督国家人口的接纳要灵活得多。②

持"冲击—回应"观点的历史学家在中国法制史方面成绩不佳的第三个原因,是他们通常认为:中华帝国晚期的官员们在西方法制面前手足无措,无力应对,也不能有效利用法律机制,抵御西方对中国主权的侵犯。③该观点忽略了一个事实:从19世纪30年代开始,尽管相对处于弱势地位,一批了解西方法律原则的中国官员,已尽力利用这些原则开展谈判。其证据之一是钦差大臣林则徐(公元1785~1850年)灵活地运用中国法、英国法、国际法和普世伦理原则(东方和西方的兼而有之)去说服维多利亚女王禁止其臣民贩卖鸦片到中国的南部,尽管他并未成功。④ 此外,还有身处世纪之交的中国谈判官员们在商标权争议中表现得足够机敏,以致成功在英美法系和大陆法系的外交官之间斡旋了20年之久,避免了履行镇压义和团运动之后西方强加给中国的条约。⑤ 另外,别忘了充满想象力和韧性的张福运(Chang Fu-yun,1890~1983),正是他主导的谈判让中国收回了海关主权。⑥

有观点认为,清末和中华民国早期的法律不能得到有效利用,是因为(对法律存在)概念理解上的困难。这也是不对的。这个错误观点使我们忽略了中国人曾经面对严重的势力失衡,也忽视了法律的运用在当时只会赋予西方更多优势。这种势力失衡削弱了国际法运用的效果——以林则徐的处境为例,当时英国人甚至

① See John Gray, *China: A History of the Laws, Manners, and Customs of the People*, 2 vols. (London: Macmillan, 1878).

② See Edwards, "The Canton system".

③ See Jerome Cohen and Hungda Chiu, *People's China and International Law*, 2 vols. (Princeton, N. J.: Princeton University Press, 1974).

④ See Hsin-pao Chang, *Commissioner Lin and the Opium War* (Cambridge: Harvard University Press, 1964).

⑤ See William Alford, *To Steal a Book is an Elegant Offense: Intellectual Property Law in Chinese Civilization* (Stanford, Calif.: Stanford University Press, 1995).

⑥ See Chang Fu-yun: *Reformer of the Chinese Customs Service* (Oral History Project, University of California, Berkeley, 1987).

没有出于礼节而作出回复——以致向对方发出信息的时候,在国际法下提出的抗辩要求被置之不理。看看当时的美国领事裁决体系,就不难理解为什么中国公民在与美国公民的诉讼纠纷中频频败诉。其中起决定性作用的是治外法权的本质,而不是中国人不能理解法律原则。毕竟,20世纪以前,任何足够胆大的中国人若想要在美国领事法院中告倒美国人,就必须深入地了解美国实体法和程序法,能运用他并不熟悉的辩论模式,在美国政府官员面前用英语陈述案情。加上他无法接触到美国的司法材料,或者获得法律援助,令上述一切更为难上加难。如果错判(因为专业司法培训缺乏,这一情形颇有可能出现),身为中国人的原告如果想要获得正义,只能向旧金山的第九巡回上诉法院上诉,这就更加希望渺茫了,因为1882年美国通过了《排华法案》,禁止中国人进入美国境内。[①] 如果不那么带有偏见,观察者们不难发现,那种因中国法律体系存在不足,便通过条约强加于中国的领事司法体系的看法,本身就弊病重重。

对中华人民共和国的描述与这些早期观察是一致的。这批学者中的一些在1989年以前,曾对中华人民共和国颇有好感,之后则毫无保留地持批判态度,还有一些对中国有着细致的观察和描绘。仔细观察他们,我们可以发现,直到最近,几乎没有社科学者在其关于社会主义中国的著作里,以正式或非正式的方式,对中国的法律进行持续深刻的思考。

尽管这些学者的研究方法和关注点存在许多差异,但把他们归为任何一种学派,都是不合适的,其学术研究以及其他致力描述"新中国"的研究中,都有一根贯穿到底的纽带——对法律的忽略。在最极端的情况下,约翰·格利(John Gurley)、梅兆赞(Jonathan Mirsky)、詹姆斯·裴克(James Peck)、佩弗(Richard Pfeffer)、李思勤(Carl Riskin)、马克·赛尔登(Mark Selden)、谭若思(Ross Terrill)等学者的作品中(20世纪60~70年代早期),认为中国在克制不良习性方面取得了很大的进步,以至于可以运用不那么严厉的,更多靠自制力维持的社会秩序工具,来塑造社会。而在西方,克制这些不良习性,往往需要诉诸正式的法律。[②] 在一个不太极端的层面上,费正清、米歇尔·奥克森伯格(Michel Oksenberg)等知名学者对中国的描述,借用奥克森伯格1973年著作中的一句话来说,提供了"人有能力解决自身问题的乐观主义声明",这将给美国发展带来诸多"灵感",因为"中

---

① See Alford, *To Steal a Book*, chap. 3.

② See John Gurley, *China's Economy and the Maoist Strategy* (New York: Monthly Review Press, 1976).

国致力于建立一个更正规、更公平的社会，或许也能鞭策我们”。[①] 的确，后来成为卡特总统首席中国顾问的米歇尔·奥克森伯格，似乎并不了解中国将其正式的法律制度用作国家统治的工具（列宁和毛泽东都明确提到过这一点），以至于建议“美国……为解决诸如种族歧视、官僚主义……犯罪率不断攀升等一系列令人沮丧的国内问题，需要创新性的解决办法”，倒不如学习中国“在……官僚习气、教育……监狱管理……以及国家军事关系上所作出的大胆尝试”。[②] 笔者想替奥克森伯格说句公道话，他倒不是唯一持有这种观点的人。美国法律系统的中流砥柱，包括已故的最高法院首席大法官沃伦·伯格（Warren Burger）在内的诸多核心领导人物，都曾对中国采取有效措施解决棘手问题（这些问题连美国法院都感到棘手）表示赞扬。[③]

令人觉得荒谬的是，即使是一些对中华人民共和国最严苛的评论家，也未能弄清中国的法律制度。可以肯定的是，西蒙·利思（Simon Leys）、毛思迪（Steven Mosher）、梅兆赞（Jonathan Mirsky）、吴宏达（Harry Wu）在他们批评政府侵犯人权的文章中，都记录了中国法律制度中存在的对民众的压迫或无法提供国家保护的各种表现。[④] 当利思、毛思迪等人决定如此表述观点之时，他们忽略了“文化大革命”之后大量涌现的信息是中国的法律体系不但没有压迫民众，而且在某些情况下，法律反而站在国家和政党的对立面，为公民提供保护。上述学者这样做的结果是否定了中国整体的法律制度。事实上，从20世纪80年代开始，中国法院已经审讯了无数与刑事、经济、婚姻、行政等相关的案件，其中一些判决结果支持参与诉讼的公民或企业，而非国家或政党。[⑤] 指出这一点，并不是为了说明广义的政治案件或现行对公民进行委托行政管理的劳改制度中，法律程序的滥用程度在降低，[⑥]相反，这说明要准确描述中国公民的生活现状，不能忽视中国现行法律制

---

① Michel Oksenberg, “On learning from China”, in *China's Developmental Experience*, ed. Michel Oksenberg, *Proceedings of the Academy of Political Science*, Vol., 31, No. 1 (New York: Academy of Political Science, 1973), p. 16.

② Ibid., pp. 1 – 2.

③ 《美国首席大法官在上海》，新华社（新中国的新闻社）1981年9月8日消息；英国广播公司进行了转载，参见 Summary of World Broadcasts, part 3: The Far East, Sept. 10. 1981, p. A1/1。

④ See Simon Leys, “review of Lazlo Ladany, The Communist Party of China and Marxism, 1921 – 1985”, *New York Review of Books*, Oct. 11, 1990; Steven Mosher, *China Misperceived: American Illusions and Chinese Reality* (New York: Basic Books, 1990).

⑤ See Pitman Potter, “The Administrative Litigation Law of the PRC: Judicial Review and Bureaucratic Reform”, in *Domestic Law Reform in Post-Mao China*, ed. Pitman Potter (Armonk, N. Y.: M. E. Sharpe, 1994).

⑥ See Hongda Harry Wu, *laogai: The Chinese Gulag* (Boulder, Colo.: Westview, 1992).

度所产生的积极影响。[①]

无视中国法律或者对其无动于衷,并不仅仅表现在对中华人民共和国法律的成就或滥用表达较强烈观点的时候。在描写现代中国时,许多有地位的社会学家,即使照理而言,法律与他们研究的特定领域很有关联,也将对其描述更广阔领域里的中国有所裨益,也几乎从不涉及法律方面的内容。譬如,白鲁恂(Lucian Pye,1921 ~2008)和李侃如(Kenneth Lieberthal)这样颇有见地、观点新颖的当代中国政治生活的观察者,也很少涉及法律。[②] 白鲁恂或许是美国最重要的倡导通过文化解读中国政治行为的学者,但他基本上没有谈及法律文化和法律态度产生的影响。其实,读者很容易联想到白鲁恂所说,"中国政治模式"中最为关键的是权威,而权威的差异往往源于国家法律运用方式的不同。再以李侃如为例,其影响力可与当代任何研究中国的政治学家相媲美,对他而言,法律几乎是不存在的,其最近出版长达500页的著作《治理中国》(*Governing China*)中,仅有一两页提及法律,就是明证。读者不难想到,如果作者能讨论新中国如何用压迫或者非压迫的方法改造法律,以迎合自身的需要,那么,其谈论的各种话题(从毛泽东时代的政治控制能力到当今融入世界经济潮流时保持稳定的努力)的丰富性,都会大大加强。

近些年,以上西方学者对中国法律相对忽视的情况已有所改善。一些著名的历史学家,如白凯(Kathryn Bernhardt)、黄宗智(Philip Huang)、柯伟林(William Kirby)、孔飞力(Philip Kuhn)、韩书瑞(Susan Naquin)、欧中坦(Jonathan Ocko)、史景迁(Jonathan Spence)和魏斐德(Frederic Wakeman)等,[③]已经把目光投向法律以及法律相关资料,并关注起这些法律资料折射出的晚清帝国和民国初期的社会、政治以及文化概况。尽管这些学者没有一个受过法史学的训练,但各自均

---

① 关于由针对当下政府的杰出批评者和共产党当局提供的大量法庭案例,参见 William Alford, "*Double-edged Swords Cut both Ways*: *Law and Legitimacy in the People's Republic of China*", Daedalus 122. (1993):45。

② See Lucian Pye, *The Mandarin and the Cadres*: *China's Political Culture* (Ann Arbor Center for Chinese Studies, University of Michigan, 1988); Kenneth Lieberthal, *Governing China*: *From Revolution through Reform* (New York: W. W. Norton, 1995).

③ See Bernhardt and Huang, *Civil Law in Qing and Republican China*; William Kirby, "Joint Ventures, Technology Transfers and Technological Organization in Nationalist China, 1928 – 49", *Republican China* 12 (April 1987):3. Kuhn, *Soulstealers*. Susan Naquin, *Shantung Rebellion*: *The Wang Lun Uprising of* 1774 (New Haven, Conn.: Yale University Press, 1981). Jonathan Ocko, "I'll Take It All the Way to Beijing: Capital Appeals in the Qing," *Journal of Asian Studies* 47 (1988):291. Jonathan Spence, *The Death of Women Wang* (New York: Knopf, 1978). Frederic Wakeman Jr., *Policing Shanghai*: 1927 – 1937 (Berkeley and Los Angeles, University of California Press, 1995).

以更为开放的探寻态度,对法律材料进行了深入丰富的挖掘。他们的研究显示,法律在中国普通和特权阶层的生活中,都起着极为显著(虽然未必受欢迎)的作用。

是什么促使这些历史学家去探究中国人生活中被前人在很大程度上忽视的这一方面呢?首先,或许也是最明显的原因,是这些学者已经打破了芮沃寿及其同时代被我称为"经典汉学家"的那批学者向往的儒家正统思想的限制,避免继续受到"冲击—回应"模式的影响,将外来势力视为现代中国历史发展的原动力。简言之,用柯文的话来说,他们采取了"以中国为中心的历史观",使他们与中国社会紧密相连,并通过与社会的联系,建立起与法律的联系。① 对这些历史学家来说,他们感兴趣的问题,如意识形态与社会现实之间的差距、中央对地方行使权力的方式、女性命运、中国历史上籍籍无名的外来人口等,法律都能提供颇有价值的观察点。

馆藏丰富的中国第一历史档案馆和各省市地方文献档案对外国学者的开放,意外地坚定了这些学者对中国人的生活由里而外、从上到下进行细致观察的决心。② 正如孔飞力在《叫魂》最开始提到的那样,开放"清朝大量历史文献……是现代历史研究学界中的头等大事。我们刚刚开始意识到这对于了解人们(当时)生活条件的重要性"。③ 这批新的可利用档案材料(包括由张伟仁发起,可获取和利用中国台湾地区现有清朝法律资料的台湾地区"中央"研究院法律历史项目)引起的兴奋,导致了中国大陆法律史学家,如张晋藩(Zhang Jinfan)、梁治平(Liang Zhiping)等,在"文化大革命"之后涌现出来,加入到张伟仁教授和其他著名法律史研究学者的行列,令学界为之雀跃。④ 通过一代卓有天分、主要致力于法律研究却在其他学科中获得博士学位的西方学者的努力——包括孔纳(Alison Conner)、费能文(James Feinerman)、迈克尔·穆瑟(Michael Moser)、皮特曼·波

---

① See Cohen, *Discovering History in China*, pp. 149 - 98.

② 关于第一档案馆的精彩介绍,参见 Nancy Park and Robert Anthony, "Archieval research in Qing legal history", *Late Imperial China* 14(1993):93。

③ Kuhn, *Soulstealers*, p. vii.

④ 参见张晋藩、张希坡、曾宪义:《中国法制史》,中国人民大学出版社 1981 年版;梁治平:《清代习惯法:社会与家》,中国政法大学出版社 1996 年版;以及张伟仁:"Law Enforcement and Pretrial Procedure in China under the Ch'ing"(哈佛法学院 1988 年 SJD 学位论文)。

特(Pitman Potter)、宋格文(Hugh Scogin)①和更加年轻的人,如雅克·德利勒(Jacques deLisle)、塔希瑞·李(Tahirih Lee)和裴文瑞(Randall Peerenboom)——中国法律史学者的研究得到了进一步的推进。最后,为了理解是什么引起这一代主要研究清朝和民国的历史学家转而关注法律,读者不能忽视一些社会历史学家[如汤普森(E. P. Thompson)、罗伯·达恩顿(Robert Darnton)、查尔斯·蒂利(Charles Tilley)和娜塔莉·戴维斯(Natalie Davis)]的实例,他们对法律资料和法律思想大量富有成果的挖掘,成就了令人印象深刻的欧洲现代史。②

对我们这些长期从事中国法律问题研究的人而言,那些致力于研究清代史的历史学家目前对法律的兴趣,固然令人鼓舞,但我们最好还是将其视为一个有希望的开始,而不是对我们研究方向的全然支持。事实上,除了高道蕴(Karen Turner)、芮乐伟·韩森(Valerie Hansen)、马伯良和罗宾·耶茨(Robin Yates)等历史学家,③多数关注清代或者晚清的西方学者(除了在前面讨论过的一小部分核心法律专家)对法律知之甚少,因此,我们还不能过于乐观。特别是考虑到中华民族的悠久历史长达数千年,马王堆汉墓已出土大量与法律有关的资料,④研究古代和中世纪中国的历史学家们的广泛兴趣已体现在社会和经济史上,现有研究中对法律的忽视是非常令人遗憾的。相对而言,以新中国为研究对象的社会学家对法律的忽视——某些致力研究中国女性地位的学者,如基·安·约翰逊(Kay

---

① See Alison Conner, "Lawyers and the Legal Profession During the Republican Period", in *Civil Law in Qing and Republican China*; James Feinerman, "Legal Institution, Administrative Device, or Foreign Import: The Roles of Contract in the People's Republic of China", in *Domestic Law Reform in Post-Mao China*, p. 225; Michael Moser, *Law and Social Change in a Chinese Community* (Dobbs Ferry, N. Y.: Oceana, 1982); Potter, *Domestic Law Reform in Post-Mao China*; *Hugh Scogin Jr.*, "Civil 'Law' in Traditional China: History and Theory", in *Civil Law in Qing and Republican China*, p. 13.

② 近年来此类著作的有趣事例,参见 E. P. Thompson, *Customs in Common: Studies in Traditional Popular Culture*(New York: New Press, 1991)。

③ See Karen Turner, "Sage kings and laws in the Chinese and Greek traditions", in *Heritage of China: Contemporary Perspectives on Chinese Civilization*, ed. Paul Ropp (Berkeley and Los Angeles, University of California Press, 1990). Valerie Hansen, *Negotiating Daily Life in Traditional China: How Ordinary People Used Contracts* 600 - 1400 (New Haven, Conn.: Yale University Press, 1995). Brian McKnight, *Law and Order in Sung China* (Cambridge: Cambridge University Press, 1992). Robin Yates, "Second Status in the Ch'in: Evidence from the Yun-meng Legal Documents", *Harvard Journal of Asiatic Studies* 47(1987): 197.

④ See Karen Turner, "War, punishment and the Law of Nature in early Chinese concepts of the state", *Harvard Journal of Asiatic Studies* 53(1993): 25.

Ann Johnson)、贺萧(Gail Hershatter)和韩起澜(Emily Honig),[①]以及部分关注财产权的学者,如谢千里(Gary Jefferson)、罗友枝(Thomas Rawski)和魏昂德(Andrew Walder)[②]除外——同样令人遗憾,因为法律体系时刻对现代生活的方方面面施加影响。的确如此,即使中国的法律既非其支持者希望我们相信的那样自我独立,也非其批评者认为的那样空洞无用,当我们展开广泛的中国研究,法律制度都必须明确地(无论其好坏)被纳入考察范围。

如上文所述,我们试图把法律和我们对中国的广泛理解有意义地结合起来,只是这一努力还处在初级阶段。笔者所关心的,不仅是曾被严重忽视的历史时期,还关注一些历史学家和社会学家的现有研究路径。因为他们推崇法律的复杂性、可塑性和微妙性,并将之理解为社会价值和社会机构的一种表达方式和塑造方式。由此,很有必要提醒这些学者不要走过度形式主义的道路——具体而言,体现为过度关注国家制定法;假定法规的用意等同于其文字表述;(或许最重要的是)对未能发挥出预期功能的法律嗤之以鼻,好像只有当法律实现其预定目标时,才值得我们注意。与此相反,法律与实践的分离往往特别有启发意义,好比在新中国,基于权利本位的立法不断增加,却与持续不良的人权记录并存,这足够可以用来评述该政权证明其合法性的政策路径,该政权对法制、经济与政治变迁关系的理解,甚至该政权的自我形象认同等问题。

黄宗智曾明确提醒我们,要避免不自觉地运用西方模式了解中国,当今美国、欧洲以及中国学术圈中关于法律本质的辩论,仍给了我们非常重要的启发(虽然有研究中国法律史和中国法律的学者希望辩论的议题更为集中些)。[③] 如果有个简单一致的主题,可以贯穿西方法律思想中的法律经济学、法律社会学、女性主义

---

① See Kay Ann Johnson, *Women, Family, and the Peasant Revolution in China* (Chicago: University of Chicago Press, 1983); Emily Honig and Gail Hershatter, *Personal Voices: Chinese Women in the 1980s*. (Stanford, Calif.: Stanford University Press, 1988).

② See Gary Jefferson and Thomas Rawski, "Enterprise Reform in Chinese industry", *Journal of Economic Perspectives* 8 (1994): 47; Andrew Walder, "Corporate Organization and Local Government Property Rights in China", in Vedat Milor, ed., *Changing Political Economies: Privatization-Post-Communist and Reforming Communist States* (Boulder, Colo.: Lynne Reinner, 1994).

③ See Philip Huang, "The paradigm Crisis in Chinese Studies: Paradoxes in Social and Economic History", *Modern China* 17 (1991): 199. 关于新中国法学学术成果的代表性例子,参见夏勇主编:《走向权利的时代:中国公民权利发展研究》,中国政法大学出版社1995年版。

法学甚至批评法学等主要现代学派,[①]那就是:法律原则不能仅仅被理解为孤立于其他社会现象的“书本上的法”。这一观点其实隐含了这样的思想:在我们自己的法律体系,以及我们倾向于认为已经较为发达的其他法律体系中,法律都是不断被质疑和不断变化的;更进一步来看,一条法律规则可能同时有多种解释,依据法律解释者和法律遵守者所处社会环境的不同,每一种解释都可能有效。尽管有人可能会认为,在世界级的社会历史学家中还提倡这种观点,是非常奇怪的。但举一例来说,魏斐德曾在《上海警察(1927~1937年)》一书中,对这个城市中发生的一幕幕场景进行了惟妙惟肖的勾勒,可是在阅读过程中,读者总是希望作者能用更加生动翔实的笔触,描写出书中的各个人物是如何和这个城市的法律以及法律机构打交道的。同样,读者也期待在艾马克(Mark Allee)关于晚清台湾地区争端这一重大意义的作品中,作者能够更为细致地叙述合法性是如何以多种手段被(正式和非正式地)当做工具使用的。[②] 换句话说,虽然受到各种限制,但专注于研究法律原则操控的我们,每当遇到心意相通的研究者时,即使他们远隔数千英里或几十年的时空,还是比纯粹的学术同行们更具有认可优势的。

如果当代法律学术界传授给我们法律易受多样解释方法的影响,它同样给我们以启示:如果我们能够摆脱它们的禁锢,将它们拆分成不同成分,并从全新的角度去思考,法律分类及法律术语将会更有启发意义。近年来,常有法学家不再将所有权看做一项单一的权利,而是一个权利的集合体。这有助于我们思考这样的事例:如果某人对某片土地拥有所有权,他可以在地里种麦子,但是无权占有麦田底下的矿产,也不能焚烧田里的麦秸,向大气中排放有害气体。通过小心地调整西方经典的法学分类方法,应用到中国的场景当中,[③]我们得以解读某些复杂现象,如晚清帝国晚期华南地区出现的土地占有制,[④]或今天所说的“乡镇企业”的

---

① See Richard Posner, *Economic Analysis of Law*, 4th ed. (Boston: Little, Brown, 1992); Marc Galanter, *Tournament of Lawyers: The Transformation of the Big Law Firm* (Chicago: University of Chicago Press, 1991). 女性主义法学这无疑是一个不成功的分类类别,它将众多千差万别的学者的研究混为一谈,而这些学者仅仅因为研究兴趣在于女性或是性别,或者两者兼而有之,就被联合为了一体。这一学派的早期代表性著作是 Frances Olsen, “The Family and the Market: A Study of Ideology and Legal Reform”, *Harvard Law Review* 96 (1983): 1497. Mark Kelman, *A Guide to Critical Legal Studies* (Cambridge: Harvard University Press, 1988)。

② See Wakeman, *Policing Shanghai*; Mark Allee, *Law and Local Society in Late Imperial China: Northern Taiwan in the Nineteenth Century* (Stanford, Calif.: Stanford University Press, 1994).

③ See Jefferson and Rawski, “Enterprise Reform in Chinese industry”; 以及 Walder, “Corporate Organization and Local State Property Rights”。

④ Melissa Macauley 曾对社会权力和法律文化这一话题做出过精彩论述: *Litigation Masters in Late Imperial China* (Stanford, Calif.: Stanford University Press, 1994)。

性质,它们与传统的公私合营并不是一回事。

当代法学家也在实体法方面给我们上了很有实际意义的一课。比如,实体法律保障所谓的“大力发展”,如果缺乏有效的程序和救济性机制,意义就不那么大。进言之,这些机制要发挥出实效,需要专家和其他拥有足够知识和经验的人,有效地运用这些机制,并对其运用进行评估。① 相对于其他社会,中国的法律程序和补救措施被更牢固地掌握在国家手里,②当我们考察古代中国向现代中国的转变之时,这些关键信息显然需要被牢记。

毫无疑问,我们可以从现代法学中学习更多的关键信息。但在结束本文之前,我们需要谨记还有最后一个问题横跨全文——换言之,尽管本文已经在很多方面得出了结论,关于法律最大也是(从某些方面来看)最富争议的某些问题——如法律、社会、经济、政治变化之间如何相互影响?或是如何协调集体和个人利益?——仍未得到解答。鉴于法律学界各种思想流派的不断涌现,其解决方案可能会比上一代学者刚提出这些问题时更难以解答。事实上,当我们深入钻研中国法律史和中国法律,并将所得与我们所知的中国历史和法律广阔画卷相融合时,我们从不同文明角度出发去处理这些问题的能力就会增强。举例而言,致力研究新中国如何努力建立法律体系的学者,可能会对这种渴求法治本身蕴含的价值刮目相看。与此同时,一些美国法律学者却会因为我们早已完成的这一目标中的某些困难而产生挫败感,进而全盘否定法治。总之,以上是我们学习中国法律史和中国法律的意义所在,也是芮沃寿教授20年前抛给笔者这位年轻毕业生的问题的回答。

---

① See William Alford,“Tasselled Loafers for Barefoot Lawyers:Transformation and Tension in the World of Chinese Legal Worker”,*China Quarterly* 141(1995):22.

② 关于救济的论述,参见 William Alford and Yuanyuan Shen,“The Limits of Law in Addressing China's Environmental Dilemma”,*Stanford Environmental Law Journal*,16:2(1997),以及 William Alford:“of Arsenic and Old Laws:Looking at Criminal Justice in Late Imperial China”,*California Law Review* 72(1984):1180。

权大于法？

——中国法治理论古今谈①

方　强　戴福士（Roger Des Forges）　著

杨　焯　译

陈灵海　方　强　校

近年来，世界各国学者（包括中国学者在内）越来越清楚地认识到，法律在中国寻求社会正义与全球秩序的过程中发挥着重要的作用。不过，连最推崇中国法律传统的学者都难以否认，中国历来都没有完全实现过“法治”（rule of law）——这一概念与“法制”（rule by law）相对。从没有哪个时代的执政者，曾对法治原则和司法实践完全屈从。本文拟通过对中国早期直至19世纪中叶的史料做出新的概念化解读来辨明，根据通常的“法治”定义，在中国历史上的各个朝代中，“法治”的理想与要求统治者对法律负有责任的现实交替并存。由此引发的20世纪50年代之后中国法律史范式在政治方面的转型，将另外撰文介绍。

① 本文原刊于《斯坦福国际法研究》，2008年第44卷第1期，第101～146页。作者：方强，马苏里南方州立大学社会科学系，现为明尼苏达大学历史学系副教授；戴福士（Roger Des Forges），纽约州立大学布法罗分校历史系教授。感谢纽约州立大学布法罗分校的巴尔迪法律与公共政策研究中心（Baldy Center on Law and Public Policy）对本文提供的研究支持。感谢《斯坦福国际法研究》对本文的建议。尤其感谢Lynn Mather和Laura Mangan在我们听取Rebecca French和David Engel等法学院同事灼见之时和之后组织的小型研讨会。

一、法治的定义

以多种方式定义"法治"一词的时候，中国与其他各国学者均认为这个概念需要与"人治"和"法制"相区分。在"人治"概念中，人的个性特点最为关键，[①]在"法制"中，政治往往占据主导地位。[②] 从积极意义上来说，中国和他国学者，无论过去还是现在，都倾向于认为"法治"的实现需要两方面因素：第一，统治者必须遵从法律，至少不得凌驾于法律之上；第二，法律必须被平等地，至少是公正地，施行于社会全体成员。[③] 其他的判断标准，可能包括超验的价值观、自然法、理性、公开度、稳定性、一致性、普适性、宪法性、权力分立、独立司法、职业律师、人权以及广泛的政治参与等。[④] 事实上，中国历代的政治体制中，这些特征也或多或少可以找到，但是不得不说，它们在重要性上远不如以上提到的两大核心因素，因此在不同形势下，它们总会呈现出不同的特点，并且根据时间的推移还会发生变化。历史上，几乎没有任何政体可以完整和持续地展现出法治的核心特点，更不用说全面体现其特征。[⑤]

---

① See Ronald A. Cass, The Rule of Law in America 1 – 2 (2001); Albert Hung – Yee Chen, An Introduction to the Legal System of the People's Republic of China 11 (4th ed. 2001); Dean Spader, Rule of law v. Rule of Man: The Search for the Golden Zigzag between Conflicting Fundamental Values, 12 J. Crim. Just. 379 – 94 (1984); 文正邦：《论法治文明》，载《现代法学》1998 年第 2 期；Liang Zhiping (梁治平), Explicating "Law": A comparative Perspective of Chinese and Western Legal Culture, 3 J. Chinese L., 55, 81 (1989).

② See Ralph Folsom, John H. Minan & Lee Ann Otto, *Law and Politics in the People's Republic of China*, 1992, p. 12; Robert Mangabeira Unger, *Law in Modern Society: Toward a Criticism of Social Theory*, 1976, pp. 86 – 87; Xin Ren, *Tradition of the Law and Law of the Tradition: Law, State, and Social Control in China*, 1997, p. 10; Yuan Yuan Shen, "Conceptions and Receptions of Legality: Understanding the Complexity of Law Reform in Modern China", in 14 *The Limits of the Rule in China* 20 – 44 (Karen Turner et al. eds., 2000) [以下简称 Limits].

③ See Philip B. Chen, *Law and Justice: The Legal System in China* 2400 *B. C. to* 1960 *A. D.*, 1973, pp. 41 – 43; A. V. Dicey, *Introduction to the Study of the Law of the Constitution* 183, 189, 207 (9th ed., 1956) (1920); Karen Turner, *Sage Kings and Laws in the Chinese and Greek Traditions, in Heritage of China: Contemporary Perspectives on Chinese Civilization*, paul S. Ropped., 1990, pp. 96, 108 – 111; 卓泽渊：《法治的国度：谈法治国家的基本特征》，载《检察日报》2000 年 3 月 6 日。

④ See Ellis Sandoz, *A Government of Laws: Political Theory, Religion, and the American Founding*, 1990, pp. 229 – 34; Max Weber, *Economy and Society* 311 – 338 (Guenther Roth & Claus Wittich eds., 1978) (1968).

⑤ See Xin Ren, *Tradition of the Law and Law of the Tradition: Law, State, and Social Control in China*, 1997, pp. 36 – 37.

二、中国法制历史的现有范式

根据中国和各国学者的通行观念,中国历史悠久却没有实现法治的原因多样。其一,中国最为主流的思想传统"儒家思想"推崇"人治"。[①] 法家是与"法治"最为相关的学派,他们的思想仅被用于"法制"。[②]法家思想的不足,在暴虐的秦国于公元前221年统一中国时暴露无遗。[③] 因其对平等的保障有限,法家思想随后在汉代(公元前206~公元220年)被儒家思想逐渐取代。[④] 在整个汉代,中国的皇帝对于阶级社会进行了任意妄为的统治。这一"封建社会"在接下来的2000年内有所扩大,甚至日趋成熟,但是整体没有大的变化。[⑤]唯一的变革体现在与佛教思想(由此产生了"新儒家主义")的接触,以及对蒙古人统治的政治反弹("苛政"由此发展而来)。这些变化仅仅加强了专制统治,带来更为森严的等级制度。[⑥] 只有随着中国最后一个朝代清朝(公元1644~1911年)的衰败,西方观念的渐入和移植,才给中国真正带来变革。最后,在20世纪中叶,中国人将传统的封建帝国转变为一个现代资本主义化的国家。该一转型的重大意义以及笔者对中华人民共和国法律体系相关的看法将另外撰文讨论。[⑦]

---

① 关于此观点的起源和阐述,参见 William Alford,"Law,What Law? Why Western Scholars of China Have Not Had More to Say about its Law",in *Limits*,pp. 46 -57。

② Zhengyuan Fu,*China's Legalists:The Earliest Totalitarians and Their Art of Ruling* (1996)(阐述为何中国的法律学家仅推崇法制);Yongpin Liu,*Origins of Chinese Law:Penal and Administrative Law in its Early Development* 182(1998);Stanley Lubman,*Bird in a Cage:Legal Reform in China after Mao* 24 -27(2000);Randal Peerenboom,*China's Long March toward Rule of Law* 33(2003);徐显明、谢晖:《法治之法与法治之制》,载《法学》1998年第10期。

③ See Yu -ning Li,The First Emperor of China(1975)(阐述法家思想对秦始皇的影响)。

④ See T'ung -tsu Chu,Law and Society in Traditional China(1979)(阐述历史上中国法的儒家思想进程);Philip B. Chen,*Law and Justice:The Legal System in China* 2400 *B. C. to* 1960 *A. D.* ,1973,p. 35.

⑤ See A. F. P. Hulsewe,"Ch'in and Han Law",in 1 *The Cambridge History of China:The Ch'in and Han Empires*,221 *B. C.* - 220 *A. D.* (Denis Twitchett & Michael loewe eds. ,1986,pp. 524 -529. [后称 Cambridge]; Yongpin Liu, *Origins of Chinese Law: Penal and Administrative Law in its Early Development* 182(1998),pp. 2 -3; Randal Peerenboom, *China's Long March toward Rule of Law* 33 (2003),pp. 36 -42;叶孝信编:《中国法制史》,复旦大学出版社2002年版,第3页。

⑥ See Geoffrey MacCormack, *The Spirit of Traditional Chinese Law* 10,36,63,97,109 - 110 (1996).

⑦ See Philip C. C. Huang,Code,Custom,and Legal Practice in China:The Qing and the Republican Compared 9(2001);曾宪义主编:《中国法制史》,中国人民大学出版社2000年版,第15页;姚建宗:《信任:法制的精神意蕴》,载《吉林大学社会科学学报》第2期;卓泽渊:《中国法治的过去和未来》,载《法学》1997年第8期。该模式以及本文作者提出的模式对1949年后中国政治体系带来的影响,将另撰文。

三、中国法制史中新法治理论的探讨

古文献最新的发掘成果以及近代史数据档案的开放，使我们获得新的材料，也要求我们用新的方法，来分析中国法治来源、性质、发展及具体事件。根据这一理论，法治源于中国早期政体（特别是西周）信奉的政治观念及其建立的国家机构，当时的统治者将合法性称为“天命”。春秋战国时期（公元前770～公元前221年），法治在中国三大政治思想流派——儒家、法家与道家——中获得了理论基础。秦代（公元前221～公元前207年）在公元前3世纪运用法家原则一统中国，但值得注意的是，他们很快就被推翻，由汉代取而代之。汉代吸收了三种流派思想，加上其他的观念，创立了较为中庸的政治与社会正义格局，延续了400年之久。汉代之后，有过一段较长的分崩离析时期，其间，佛家思想及其独特的法治观念（尚有待研究）开始渗透进来。

隋代（公元589～618年）运用佛家思想以及其他意识形态统一了中国。隋代与深受其影响的唐代（公元618～907年）构建起一套法治规则，扩散到了东亚的其他地区。唐代衰落的过程与周代颇为相似，但其法律制度仍对中国和东亚的大部分地区有规范的效果。接下来的数百年，各个地区政权相继崛起和衰落：五代十国、辽、西夏、晋和宋。接着，蒙古人领导的元朝（公元1279～1368年）重新统一中国，他们试图通过宽松有度的法治手段，对这块前所未有的巨大疆域（包括中国和东亚大部分地区以及一些少数民族部落）重新进行中央集权化统治。

明代的衰落和汉朝的衰落非常相似，清代则吸取了此前几个朝代特别是唐代的教训，复兴了古代尤其是周代的法律原则，以管治当时已趋膨胀的人口和越来越大的疆域。18世纪的鼎盛时期，清代接受来自许多亚洲国家的朝贡，也赢得了欧洲和美洲国家的尊重。到了19世纪，清代衰落了，从此和世界上的其他国家一起，进入对欧洲秩序俯首称臣的时代。清代末年和民国时期（公元1911～1949年），为了夺回主权，中国对其法律制度进行了改革。公元1928年国民党定都南京，夺回了关税权。但是，民国如同宋代一样（其部分制度亦模仿自该代）无力统一中国，甚至无法从外国人手中收回开放口岸。在20世纪30年代，面对美国的经济危机，苏联的社会主义革命，以及日本的军事扩张，南京国民政府转向欧洲法西斯主义以及秦代模式，孤注一掷地希求重获主权与控制。其结果是从严苛的“法治”转到了“人治”，接着转向“法制”，甚至是“无法而治”，最终导致其在1949

年被彻底推翻。[①]

(一)周代法律原则与实践的来源

周代发展出天理纲常的观念,对其取代商代(公元前1750~公元前1122年)的行为正名,同时也带来了问题。这种设定是一把"双刃剑",即使周王作为天子的地位合法化,也对其权力产生了限制。周代的君主制定了中国历史上最早成文法,流传至今。其中包括周武王(公元前1122~公元前1116年在位)告诫其弟需仿效商朝统治者施用刑罚的《康诰》,还包括周穆王(公元前1001~公元前947年在位)传达给一位大臣的旨意《吕刑》。后者反对苗民曾使用过的五刑,包括墨、劓、剕、宫和大辟。[②] 那里的中国人对于法律的认识显然还很模糊,主要将其视为一种来自过去的传承,或者从中原之外地区传入的某种技艺。不过,他们对法律的价值很有把握,以致将其公之于世,从此世代(当然不是所有世代)流传。周代逐渐衰弱后,其他属国,如郑国、晋国,先后颁布了本国的法律条文,并在公元前536年和公元前513年将其铸刻在铜鼎上。这些法令的颁布,主要是为了加强国家统治者在地方贵族面前的权威。其"广告天下"均引起了争议。当时有人主张,如果民众知道法律规则,就有可能采用诉讼手段规避。这个时期,也确实有人在诉讼案中推波助澜,只不过他们的角色还没有发展成为一种职业,就像古罗马时期那样。[③] 直到周代晚期(即春秋战国时期),法律的公开和辩护问题仍未完全确立下来。因此,他们遇到的问题,在今后类似的条件仍会出现。

---

① 该理论简介可见 Roger V. Des Forges, "Cultural Centrality and Political Change", in *Chinese History: Northern Henan in the Fall in the Ming* 317 - 320(2003)。本文中,该理论被尝试用来解释1949年之前中国各种法治形式不断的出现和重现。1949年之后将另撰文讨论。

② See James Legge, *The Chinese Classics, III, The Shoo King* 381 - 98, 588 - 611(1871); Yongpin Liu, *Origins of Chinese Law: Penal and Administrative Law in its Early Development* 182(1998), pp. 120 - 24; Geoffrey MacCormack, *The Spirit of Traditional Chinese Law*, pp. 2, 15, 73 - 74, 146; Herrlee Glessner Creel, 1 *The Origins of Statecraft in China: The Western Chou Empire* 450(1970); *The Cambridge History of China: From Origins of Civilization to 221B. C.* 323 Michael Loewe & Edward L. Shaugnessy eds., 1999 [此后称为 Origins].

③ See Herrlee Glessner Creel, "Legal Institutions and Procedures During the Chou Dynasty", in *Essays on China's Legal Tradition* 41(Jerome Alan Cohen et al. ed., 1980)[此后称为 Tradition]; Cho - yun Hsu, "The Spring and Autumn Period", in Origins, pp. 545 - 86("保守派认为如果让民众也知道法律,他们将不再遵守国家权威……"); Wejen Chang, "Foreword", in *Limits*, 页 vii - xii; Jack Dull, "Epilogue: The Deep Roots of Resistance to Law Codes and Lawyers in China", in *Limits*, pp. 325 - 29. 关于柏拉图认为的一位哲学家式的统治者(无论个人或群体)拥有无上的权威,参见 Plato, *The Republic* Desmond Lee trans., Penguin Books 2003。

（二）春秋战国的思想基础

回顾周代晚期三种主流思想的代表性文本，笔者发现有其中几个理念与法治相关。

1. 儒家思想。周代发展了法、刑和典，却并未将其强制推行或将其适用于周边属国。周代人有自己的“礼”，与他族的礼共同存在。① 春秋战国时期（公元前770～公元前481年），为了重塑周朝岌岌可危的权威，孔子（公元前551～公元前479年在世），一位鲁国的司寇兼教育家，将“礼”发展成更加普适的概念，使各社会阶层和各民族群体都易于接受。同时，孔子又将早年（传说或者历史中）的政治领袖尊为可供当时统治者仿效的圣人。就这样，孔子及其追随者，包括孟子和荀子，被称为“儒”，其所推崇的“自然法”为更宽容多元的国家政体提供了思想基础。高道蕴（Karen Turner）曾指出，像希腊的柏拉图那样，孔子重视“明君”而非法律规范。同样，孔子及其追随者认可法和刑的必要性，因其可以作为道德权威的补充。不过与柏拉图不同，孔子从未认为圣人等同于法律。②

2. 法家思想。战国时期（公元前481～公元前221年），秦国与其他六国争夺霸主地位，商鞅变法使其财富和地位大为增强。在周朝自定法律效力的启发下，商鞅认为明智的君主才是法律的制定者，他不应该害怕废除旧法，推行新法，与时俱进。他相信统治者应该统领所有法律，将之平等地施与他人；应该严惩哪怕最为轻微的犯罪，以此遏制犯罪，最后达到无须法律的目的；与此同时，法律应该清晰公开，君主应被法律而不是个人意愿或者私利引导。用商鞅的原话来说，“法者君臣之所共操也；信者君臣之所共立也；权者君之所独制也。人主失守则危，君臣释法任私必乱。故立法分明，不以私害法，则治”。③ 商鞅决心推行法律，不惜触犯秦国的统治者，以致获罪而死。但是他的著作自此流传下来，影响深远。秦国另外一位谋略家韩非（约公元前280～公元前233年）同样赞成法律应该超越个人包括统治者的意愿。在他看来，之前的圣王都“舍己能，而因法数，审赏罚”。④ 否则“释法术而心治，尧不能正一国”，除此之外，他的如下观点与亚里士多德相

---

① See Yongpin Liu, *Origins of Chinese Law: Penal and Administrative Law in its Early Development* 182(1998), pp. 1－2.

② See Xin Ren, *Tradition of the Law and Law of the Tradition: Law, State, and Social Control in China*, 1997, p. 20; R. Kent Guy, "Rule of Man and Rule of Law in China: Publishing Probincial Governors in the Qing", in *Limits*, pp. 88－92; Kidder Smith, Sima Tan and Invention of Daoism, "Legalism", et cetera, 62 J. Asian Stud. 1299, 138－39(1993).

③ 公孙鞅：《商君书》260（J. J. L. Duyvendak trans., Univ. of Chicago Press 1963）。

④ 陈奇猷：《韩非子新校注》，107（2000）; W. K. Liao, The Complete Works of Han fei Tzu: a Classic of Chinese Political Science 43, 45, 270(1959)。

似:“使中主守法术,拙匠守规矩尺寸,则万不失矣。”①法家相信法律的治理胜过个人,君臣皆应听服于法。不过与亚里士多德不同的是,法家不相信圣者可以凌驾于法律之上,以及某些人生来就应该为奴。②

3. 道家思想。战火肆虐,百姓流离失所之际,有些思想家对人类是否能够获得和平、重建秩序产生了怀疑。孔子和韩非的著作中都提出了富有启发意义的“道”。庄子和富有传奇色彩的老子,更致力于解释“道”法自然,希冀以此摆脱时代困境。新发掘出来的佚名文本《经法》,就阐述了法律的自然来源。根据该观点,“道生法。法者,引得失以绳,而明曲直者也”。③ 这一文本,连同更多持中庸之道的文本,如《管子》和《淮南子》,解释了如统治者以及官吏意欲管治更多人口,“道”可予以启发。道家思想中的“道”与儒家思想中的“礼”和法家思想中的“法”一样,具有普适性。不过道家强调自然高于圣人,民众高于国家,“道”如同“礼”和“法”一样对统治者有所约束,近似于希腊哲学家及罗马法学家推崇的自然法。当然,西方自然法根植于公民的义务和权利之上,而“道”在中国意味着统治者及其官吏享有更多责任和机会。④

(三)秦代的大一统

如果法治的概念与实践最早源于周代,其理论基础丰富于春秋战国,到了秦代,法家思想开始被用来对中国实行中央集权。得益于其在边境的防卫布局以及稳定延续的皇室血脉,秦积累了足够强盛的财富和势力,最终在公元前221年吞并他国,一统中国。其君主嬴政在三皇五帝观念启发下,采取了“始皇帝”的新名号,以证明自己比其他天子更具有权威。他也从道家理论、儒家理论和法家理论中汲取五行(土、木、火、金、水)和阴阳理念,发展出高度集中的郡县制度,甚至将之推行到疆界边缘,超出过去周代的统治范围。⑤ 20世纪70年代出土的睡虎地

---

① 陈奇猷:《韩非子新校注》,107(2000);W. K. Liao, The Complete Works of Han fei Tzu: a Classic of Chinese Political Science 43,45,270(1959),第542页。

② See Aristotle, *Politics* 58 – 59(Richard Robinson trans., Claredon Press 1995);Donald Munro, *The Concept of Man in Early China* 14 – 15(1969);R. Kent Guy, "Rule of Man and Rule of Law in China: Publishing Probincial Governors in the Qing", in *Limits*, pp. 94, 96 – 100, 103;Keren Turner, *Rule of Law Ideals in Early China*?, 6, J. Chinese L. 18(1992). 亚里士多德和孔子伦理学比较的近期研究,参见 Jiyuan Yu, *The Ethics of Confucius and Aristotle: Mirrors of Virtues*(2007)。

③ 《马王堆汉墓帛书》,1(1976)。

④ See Keren Turner, *Rule of Law Ideals in Early China*?, 6, J. Chinese L. 18(1992), pp. 9 – 10; Randal Peerenboom, *Law and Morality in Ancient China: The Silk Manuscript of China* 34 – 36(1993).

⑤ See Derk Bodde & Clarence Morris, Law in Imperial China, Exemplified by 190 Ch'ing Dynasty Cases(1967);李学勤:《东周与秦代文明》(K. C. Chang trans., 1985)(通过出土的工艺品考据了周到秦代的社会发展)。

秦简上，保留了当时如何调查和报告犯罪、如何甄别罪刑种类等复杂的规则，表明秦代已经建立了高度有效的政府系统。秦代还实施了一些具有长远效果的法律举措，如接受罪犯的供认以减轻罪罚等。秦代建立了秩序和和平，统一了度量衡（其影响深远，虽然未必真正强制实行），采用了户籍制度，承认家产和私产是社会经济体系的构成基础。显然，得益于以上成就，秦朝的行政体系在后世亦得以传承下去。不过，秦始皇沉迷于其无上的权威，并开始追求长生不死，听不进批评的意见，聚集了大量人力来修建庞大的公共建筑，把军队派往偏远的北方抵御外敌，特别是采取广泛连坐的严厉刑法。这些暴政导致了贵族和平民的反抗，导致该政权不久之后即被推翻。① 最新的研究成果越来越多地表明，秦遭受了始于汉代的舆论中伤。在很长的一段时间里我们欠秦朝一个基于原始文献的更为公正的评价。②不过，秦代的衰败极大程度地削弱了法家思想的感召力，为后世带来了其他可能性。与秦同一时期的罗马帝国，对于西方法治的理论和实践产生重大影响。而秦代建立了具有法制权威的国家，实行了短暂的中央集权制度，被中国后来的朝代承袭或摈弃。

（四）汉代的平民社会秩序

汉代的开国皇帝刘邦起初只是一介平民，他领导了一场反抗秦代严苛暴政的革命，得到了许多人的支持。早期的汉代谋臣力图通过简化法治，减少税收，来维护其政权的合法与稳定，这种治理模式与道家思想中的“无为”很接近。不过，20世纪80年代发掘出的法律文书提醒我们，刘邦曾经是秦代的执法官吏之一。作为汉代第一位皇帝（公元前206～公元前194年在位），刘邦承袭了秦代的多数法律，包括臭名昭著的禁止儒书政策。他征集鲁国的30名学生学习汉代礼仪，也在秦代的基础上，将法令的条目增加到359种（包括409种判处死刑的条款）。虽然不愿承认，汉代的司法多来源于秦代，其法律制度和实践亦经历了重大变革。直到公元1911年，汉代及其后的君王都在“天子”的基础上，保留了秦代的“皇帝”称呼，他们多数不再像秦代统治者那样追求绝对和永续的权利，而是将自身定位为天地之间的协调者。早期统治者汉文帝（公元前179～公元前156年在位）在

---

① See Xin Ren, *Tradition of the Law and Law of the Tradition: Law, State, and Social Control in China*, 1997, p. 19.

② See A. F. P. Hulsewe, Remnants of Ch'in Law (1985); Yuan Yuan Shen, "Conceptions and Receptions of Legality: Understanding the Complexity of Law Reform in Modern China", in *Limits*, Karen Turner, "War, Punishment, and the Law of Nature in Early Chinese Concepts of the Sate", 53 *Harv. J. Asiatic Stud.* 285, 285 - 324 (1993); Robin D. S. Yates & C. D. McLeod Katrina, "Forms of Ch'in Law: An Annotated Translation of the Feng - chen shih", 41 *Harv. J. Asiatic Stud.* 111, 111 - 63 (1981).

儒家和道家思想推崇的“仁”的启发下,废除了肉刑(包括墨、劓、刵),相应改为笞刑、苦役等刑罚。汉代摈弃了法家“轻罪重罚”的原则,采用了荀子“刑称罪则治”的观点。这一做法在后世变得普遍。汉代的法律制度当然尊重社会秩序,但也体现出法家思想的延续性和秦代制度的影响,体现出儒家观念与汉朝现实的结合。[①] 在汉武帝的治理之下,儒家经典如《诗经》、《尚书》等,均在案例诉辩中被引用。上诉的案例会一直送呈至统治者那里,其判决书会在定案后在被发回,另外,还会指定专门官员重审有疑问的案件——正是司法复核的程序。至少到公元前50年,所有刑罚的管理都旨在通过践行五行、阴阳以及三才天地人这些理念,以与宇宙运作相契合。甚至王莽,一位靠篡权上位并建立了短暂“新”朝(公元前8~公元23年)的皇帝,据说因三位嫡子、一位皇孙以及一名侄子犯法而逼他们自杀偿命,亦显示了对法治的尊重。[②]

在这样的背景之下,个别汉代的统治者会亲自处理特殊案件,希冀以此建立维护法治的根基(先祖的指示就是其中之一)。举例而言,汉高祖要求只有刘姓子弟才可以称王,只有建立军功的人可以称爵。刘邦死后,这条规则因为皇后吕雉给她的侄子授爵而被违反,但后世还是沿袭下来。如汉景帝(公元前156~公元前140年在位)就在尊重刘姓王这一点上,遵从了前朝的做法。大臣晁错由于提议削藩,后来被汉景帝处以极刑。当然,遵从先祖的规则,并不意味着全数照办。景帝的继位者,颇有权势的汉武帝就接受一位朝臣的建议,逐步采取措施削弱了刘姓王的势力。[③]爵位只能授予带兵立功的将领这一规则,在后世流传下来。300年后,汉灵帝(公元168~188年在位)打算给一位并无军功的宦官封爵,这位

---

① 事实上地位差异不可避免地存在。参见 Romeyn Taylor,“Chinese Hierarchy in Comparative Perspective”,48 *J. Asian Stud.* 490 -511(1989)。

② 参见陈奇猷:《韩非子新校注》,p. 1151; Herrlee Glessner Creel,“Legal Institutions and Procedures During the Chou Dynasty”,in *Essays on China' s Legal Tradition* 41(Jerome Alan Cohen et al. ed.,1980),p. 43,1005; Yongpin Liu, *Origins of Chinese Law: Penal and Administrative Law in its Early Development* 182(1998),第7章;2 Joseph Needham, Science and Civilization in China: History of Scientic Thought 528(1975)(1956); Hans Bienlenstein, Wang Mang, the restoration of the Han Dynasty, and Later Han, in 1 Cambridge 223,239; Guy,同注17,第107页。

③ 参见(宋)司马光:《资治通鉴》,747(1956)。这一注解主要来自司马光在北宋时期(11世纪)的编年史,其中记载了公元前5世纪到公元后10世纪两千多年里的法治案例。关于他与改革派王安石之间的官场斗争,司马光强调了历史上皇帝的重要性,但也认为皇权曾经被限制,也应该有所限制。部分中英文献中对司马光历史观的评述,参见 Peter K. Bol, *This Culture of Ours: Intellectual Transition in T' ang and Sung China* 233 -246(1992); On -Cho & Q. Edward Wang, Mirroring the Past: The Writing and Use of History in Imperial China 147 -151(2005)。

宦官主动拒绝,并指出这违反了始皇帝定下的规则。①

正如前面所指出的,礼已经在周代和儒家思想中占据了重要地位。对汉代的统治者来说,“礼”予以了他们另外一重限制。汉初,文帝最爱的妃子与皇后同席而坐,一位官员要求她离席,激怒了文帝和这位妃子。但这位官员坚持己见,指出统治者既然已经立后,就不应让宠妃得到和皇后同等待遇。根据文献记载,汉文帝不仅接受了如此劝谏,而且让他的宠妃赏赐了这名忠诚的臣子。②

汉代的统治者同样受到成文法的限制。因为一名平民的惊扰,汉文帝差点被惊马甩下马鞍。文帝一度想把他处以死刑,以儆效尤。但廷尉张释之提出抗议,认为法律只规定了罚款而已,死刑判决将违背法例。他指出:“法者,天子所与天下公共也。今法如此而更重之,是法不信于民也。”③尽管汉文帝对这种法律约束有所不满,仍然再次承认了错误并且收回了先前的决定。④

也许是汉代统治者多数尊崇法律,有些统治者甚至开始减轻刑罚。举例来说,文帝的儿子景帝就以仁政闻名。景帝正式颁布诏书减轻肉刑,从笞五百改为笞三百,进而把笞三百改为笞二百。和文帝一起,景帝的革新带来了“文景之治”。景帝亦在执行法律的过程中将百姓利益置于个人喜好以及家族利益之前。当他的胞弟梁王被控参与一桩谋杀案件,景帝要求司法调查。调查官(田叔)向景帝回报梁王确实有罪,根据法律应处以极刑。该官员还补充说:“今梁王不伏诛,是汉法不行也;伏法而太后食不甘味,卧不安席,此忧在陛下也。”⑤该调查官最后发现,宽恕梁王的一种办法是将其同伙处死,但是法制已经足够强大到景帝和母后都不能完全把握结果,这种困扰在“王即是法”的制度中是不存在的。后汉的创始人光武帝(公元25~57年在位)对其氏族和其他贵族均偏袒有加,但在两桩案件中将法律置于家族利益之前。其中一桩案件当中,他奖励了一名因养子犯法而将其处死的官员,在另一桩案件中,他驳回了一名官员因处罚行为失当的

---

① 参见(宋)司马光:《资治通鉴》,第1523页。

② 同上书,第451页。有历史学家认为,本例以及其他由司马光记载的各例很难被证实是否与事实有出入,特别是关于对话的记载,因其发生在数百年前。当然,有理由假设司马光的记载多少有些事实基础,且他本人有理由认为从皇帝到臣民均应相信统治者的权威不是至高无上的,且该观点是有充分历史依据的。关于司马光生平的更多研究将有助于证实或者否定其这一观点的存在。

③ (宋)司马光:《资治通鉴》,第532页。

④ 参见(宋)司马光:《资治通鉴》。此事的其他解释,参见 Karen G. Turner,“Introduction: The Problem of Paradigms”, in *Limits*, pp. 3, 10。

⑤ (宋)司马光:《资治通鉴》,第573页。

皇戚而遭到的弹劾,指出:“吏奉法律,不可枉也。”①

甚至以专断独裁闻名的汉武帝都谨记着秦代和汉初诸朝的先例,对自身的权威有所限制。史官司马迁为一名在北方边境重要战役中败给匈奴的官员(李陵)辩解,恼怒之中汉武帝要求其在死刑和宫刑中选择一项,司马迁选择了宫刑,以完成《史记》。通过拒绝记载武帝在位时的数项功勋,司马迁表达了对汉武帝残忍的怨恨。一方面,司马迁所受的刑罚体现了汉武帝的政治高压手段(在任何注重国家安全的社会中都存在);另一方面,司马迁的记载显示出即使是最为独裁的统治者,在史书的记载方面也影响有限。不仅如此,汉武帝有时还会运用个人权威来推行法治实施,这是为什么后世的史书撰写者(如司马光)会称许他为“行法无所假贷”。② 在一个相关案例中,汉武帝的侄儿酒后杀人,汉武帝将其判为死刑。据说他这样告知官员:“法令者,先帝所造也,用弟故而诬先帝执法,吾何面目入高庙乎?又下负万民。”③在另外一个案例中,虽然贵为皇帝,足可飞扬跋扈,但汉武帝仍被他的一位属臣当面讥讽批评。一次,这位属臣不请自来,这位已经穿上皇袍的皇帝,居然躲进了帘子后面,要他的侍卫答应这位访客的一切要求。④ 也许以上的传闻未必全部属实,但是放在一起来看,即使是当时最有权威的统治者,也开始对法治约束以及他们的下属有所忌惮。

无论事大事小,皇帝都要谨慎从事,其深层原因在于汉武帝时期董仲舒提出的“天人感应”学说:如果天子行使了其职责,则天降祥瑞,政通人和;如果天子违背天意,则他的臣民将受到雷、电、月蚀的警告,受到旱灾、水灾和地震的惩罚。⑤尽管这一理论到东汉时遭到严厉批评,但它直到如今都在中国的政治中占有一席之地。汉桓帝(公元147~167年在位)曾允许其宦官逮捕和折磨两名正直的官员,一位朝臣报告,连日发生霜雹,雷电交加,说明“臣作威作福,刑罚急刻之所感也”。⑥ 尽管东汉的统治者在约束其宠臣方面过于弱势,宦官的张扬跋扈导致了王朝的衰败,但东汉的监察官员一直反对宠臣当道,哪怕为此付出性命的代价。他们至少可以从“从史鱼死,即以尸谏”中获得一些慰藉。⑦ 上述不能以法律约束宦官的案件,成为后世政治中的反面典型,常能发挥其惩戒的功效。

---

① (宋)司马光:《资治通鉴》,第1263页、第1389页。
② 同上书,第746页。
③ 同上书,第746页。
④ 同上书,第617页。
⑤ (汉)董仲舒:《春秋繁露》,496(1979)。
⑥ (宋)司马光:《资治通鉴》,第1791页。
⑦ 同上书,第1642页。

(五)魏晋南北朝:分裂和动荡中法治的理想与现实

汉朝于公元220年衰败之后,中国进入另一个内部分裂阶段,可以与春秋战国时代相媲。如同前一个阶段,国家四分五裂,带来了诸多国内以及国家之间违反法例的行为,也促进了中国法治的理论和实践发展。魏、蜀汉和吴鼎立的三国(公元220~265年)时期就有很多忠实或违背法律的事例,成为后世或效仿或引以为戒的对象。在其治理阶段蜀汉丞相诸葛亮就如此秉公执法,以至于其去世之后,两位被他流放到南方边境的臣子都哀悼他。根据孟子的原则,统治者及其官吏都应该将历史上的典范作为效"法"的对象,唐代的一位统治者就要求百官效仿诸葛亮。[①]在晋朝(公元265~420年),《法经》一书被"发现"以及被用来解释法家思想起源,由此体现出晋朝需要法家思想,以此作为统一国家的手段。[②] 前秦时期(公元前350~公元82年),苻坚打败了其"叛兄"之后,他宽恕了其中一方的男丁,以保存王室血脉,另一方则全部被杀,因为他们的父亲威胁到了国家,且对其母亲不敬(不顾太后,谋危宗庙)。有人认为,正因为苻坚相信"天下之法,不可私也",[③]他得以一统北方中国。[④]

北魏时期(公元386~556年),胡灵太后处决了权臣元叉(一作元乂,公元484~525年)的属臣,却宽恕了元叉本人,因为他的妻子是太后的妹妹冯翊郡君。不料,冯翊郡君责备她的姐姐:"陛下奈何以一妹之故,不正元乂之罪?"[⑤]无论此事的处置结果如何,至少这一记录显示,皇权贵族亦认为公法应置于其家庭利益之上。东魏时期(公元534~550年),权相高欢为使他的姐夫太尉尉景不被处死,也不得不依靠司法官员来斡旋此事。[⑥] 北齐时期(公元550~577年),曾经有人担忧如此乱世,会有人对君王和父亲不忠,《北齐律》规定的"重罪十条"由此出台,包括"反逆,大逆,叛,降,恶逆,不道,不敬,不孝,不义,内乱。"[⑦]这十条重罪后来被广为接受,并被学者用来与英国普通法相比较(当然,这十条重罪行并未得到十足的惩治,更不要说严格执行。不过触犯以上刑罚的人不可被宽恕和赦

---

① 参见(宋)司马光:《资治通鉴》,第6028页;(宋)朱熹:《四书章句集注》,298(1998)。

② See Herrlee Glessner Creel, "Legal Institutions and Procedures During the Chou Dynasty", in *Essays on China's Legal Tradition* 41 (Jerome Alan Cohen et al. ed., 1980), p. 37; Yongpin Liu, *Origins of Chinese Law: Penal and Administrative Law in its Early Development* 182 (1998), pp. 183-184.

③ (宋)司马光:《资治通鉴》,第3212页。

④ 同上。

⑤ 同上书,第4697页。

⑥ 《资治通鉴》(第4911页)卷一五八《梁纪十四》:"初,太尉尉景与丞相欢同归尔朱荣,其妻,欢之姊也,自恃勋戚,贪纵不法,为有司所劾,系狱;欢三诣阙泣请,乃得免死。"

⑦ 曾宪义主编:《中国法制史》,中国人民大学出版社2000年版,第158~159页。

免)。在普通法中,类似的重罪十条得到保留,且在后来的法律条款中占有显著地位。① 正好是在这个内忧外患的时期,强调人生命易逝和宽恕意义的印度佛教传入中国,并逐渐兴起。佛教思想大致包括因果论、责任、宽容和尊重生命,其对中国法治在理念和形式上的影响一直持续到20世纪,而相关研究则刚刚展开。②

(六)隋代重获统一

在统一中国方面,隋代(公元581~618年)的角色和早期中国历史中的商代有些相似,都让中国重回亚洲的文化中心地位。隋代的开国皇帝文帝杨坚(公元589~604年在位)不仅统一天下,还坚持推行"法律面前平等"的政策。因太子秦王挥霍公帑,文帝拒绝其朝臣提出的宽恕请求,指出哪怕贵为太子,也不得触犯法例。他也拒绝了朝臣随后提出的,要为其"天子皇儿"单独制定一部法律的要求。文帝的性格相当暴躁,一度因为被忤逆而打算将其处以极刑,还好重臣苏威设法予以阻止。文帝情绪平复后,对苏威的干涉行为致以感谢。

另外还有一个例子,可以说明隋代统治者对法律的依赖。文帝曾下令鞭挞一名犯了小过失的侍从。有位谏议大夫胆子很大,公然责备文帝用刑过重。文帝一开始对其视而不见,该谏议大夫进一步质问,既然自己被授予监察之权,皇帝为何还忽视其意见:"臣言若是,陛下安得不听?"文帝不得不收回成命,宽恕了该侍从。

还有一次,文帝坚持将一位因投机小麦获罪的老友官复原职,但也承认这一做法为"不当徒罚",并为此心怀愧疚。③ 在这个案例中,统治者本人没有被法治所束缚,不过他也承认他应当如此。文帝在对待贪腐官员和轻微违法的平民的时候,总是毫不留情,其行为与法家思想一致,也符合一名国家统治者的身份。他的

---

① 《大清律例》34-36(William C. Jones et. al. trans., Clarendon Press 1994)[此后称为 Qing Code];Geoffrey MacCormack, *The Spirit of Traditional Chinese Law*, 44-45, 51, 55-57; Xin Ren, *Tradition of the Law and Law of the Tradition: Law, State, and Social Control in China*, 1997, p. 37;长孙无忌,2,唐律疏议,分则第17(Wallace Johnson trans., 1979);《唐律疏议》,总则,61-83(Wallace Johnson trans., 1979)[此后称为1 T'ang Code];Wallace Johnson, Introduction, in 1 T'ang Code,同上。

② See Geoffrey MacCormack, *The Spirit of Traditional Chinese Law*, p. 121; Frank Dikotter, *Crime, Punishment, and the Prison in Modern China* pp. 107-112, 253, 257-58, 289, 352-53 2002(探讨了20世纪早期中国监狱中的佛教、基督教、道教和其他教派训导)作者所在大学法学院的同事们亦正从事一项研究,探讨佛教与法律的关系。参见 The Law and Buddhism Project,载 http:///www. law. buffalo, edu/baldycenter/lawandbuddhism(最后访问日期:2008年1月27日)。

③ 参见(宋)司马光:《资治通鉴》,第5446页;Arthur F. Wright, The Sui Dynasty(581-617), in 3 The Cambridge History of China: Sui and T'ang China 589-906, 70(Denis Twitchett ed., 1979)此后称为3 Cambridge。

宽容还体现在鼓励民众就不公正的审判上诉。总之，用一名20世纪的学者的话来说，隋文帝的治国之术不仅符合法家思想，而且具有“现代法治精神”。①

为了将中国世代统一下去，隋代起草了一套完备复杂、与时俱进的法律制度。一开始较为简略，公元583年颁布的法令，内容只有后来的1/5到1/3。到了公元589年，新的扩充条款被颁布，达到1735条，对很多重罪的酷刑如鞭刑、枭首、裂刑等均予以减轻。公元591年又颁布了有更多从轻条款的新律，也就是《开皇律》，有500条，参考了之前五国的法律制度，提出针对平民犯罪的五种基本大类（笞、杖、徒、流、死），两种针对官吏的处罚（赎、官当）。

《开皇律》鼓励民众就不公正审判上诉的做法，可以溯源至《周礼》。《周礼》是汉代对周朝制度理想化的文本，因此，平民可上诉至君主的制度也可认为始建于汉代。②《开皇律》为中国的周边国家，如朝鲜、越南和日本，提供了效仿的范本。③ 连隋朝的第二代统治者，因骄奢淫逸、恣意妄为的统治而臭名昭著的（也许未必如此）隋炀帝，也在500条罪名中减轻了200条的刑罚。当然，如此革新在隋朝卷入与高句丽战争之时又走了回头路。公元607年，也就是新律令颁发的那一年，隋炀帝处决了3名前朝的官员，原因不过是他们对其治理方式提出了批评。两年后，他处决了仅说了几句微词的薛道衡，这一事件标志着隋朝进入黑暗时期，直至最终被推翻。④

（七）唐代：贞观之治

具有贵族血统的李渊推翻了隋代，建立了唐代（公元681～907年），如同汉代的平民创立者一样，他推行了一系列简化的法律制度，把死刑使用的罪名范围限制在杀人、劫盗、背军、叛逆上。像汉高祖一样，唐高祖（公元618～626年在位）刚刚建立起新的朝代，就宣布在前代《开皇律》基础上增设了53条。在他的儿子唐太宗李世民统治下，长孙无忌和房玄龄监管了律令修订，使其更加人性化，而且更加具有实质意义。他们废止了残存的酷刑（如断右趾），减少了处以死刑或者流

---

① 汤承业：《隋文帝政治事功之研究》（1968年），参见 Jonathan K. Ocko, I'll Take it all the Way to Beijing: Capital Appeals in the Qing, 47 J. Asian Stud. 291 – 315 (1998)。

② See Arthur F. Wright, The Sui Dynasty (581 – 617), in 3 The Cambridge History of China: Sui and T'ang China 589 – 906, 70 (Denis Twitchett ed., 1979), p. 12, 103 – 05.

③ Ibid., p. 48; William Shaw, Legal Norms in a Confucian State (1981) [诠释了朝鲜王朝（1398～1910）时期儒法的角色]; Ta Van Tan, The Le Code: Law in Traditional Vietnam: A Comparative Sino – Vietnamese Legal Study with Historical Juridical Analysis and Annotations (1987) [解释了与中国不同的朝鲜李氏王朝（1428～1788）的法律体制形成]。

④ See Arthur F. Wright, The Sui Dynasty (581 – 617), in 3 The Cambridge History of China: Sui and T'ang China 589 – 906, 70 (Denis Twitchett ed., 1979), p. 131.

放的罪名,同时也限制了司法折磨和肉刑,以及对轻罪减轻处罚(这里似乎是首次在法律文书中提到酷刑,特别强调对其合法性的限制。下文会再讨论)。为了确保执行时的正当性,死刑需要三次复议。在高宗(公元649~683年在位)的统治下,律令得到进一步的修订,甚至为了法律普及和教育目的,又为律文制定了疏文。①

唐太宗为了确保其皇位,处死了他的兄弟,如果让孔子来评论,必定不算是有德行的行为,但太宗却以孔子树立的模范统治者周王对其兄弟的迫害来为自己的行为开脱。② 无论如何,这些极为相似的行为在表面上看来是把公共利益置于个人(或者氏族)利益之上,唐太宗和周公在历史记载中一直都被当作开明守法的英主,被后人称颂有加。③ 从一开始,他已经意识到他本人和国家的权威来自天地之间的和谐。太宗也相信隋代如此迅速的灭亡,与隋炀帝没有遵从官吏的批评有关。由此,他对敢于进谏诤言的官员(如魏徵)言听计从,包括民部尚书裴矩。在一起案件中,为了惩治受贿,太宗私下派人故意行贿。有一个刑部令史接受了贿赂,太宗希望惩罚他,以儆效尤。裴矩对此表示反对,认为这种做法"恐非所谓'道之以德,齐之以礼'"。④ 太宗尽管遭到批评,却赞赏裴矩的做法,将其立为典范。⑤ 在另一起案例当中,他如此告知自己的监察官:"朕常恐因喜怒妄行赏罚,故欲公等极谏。"⑥太宗相信上天的力量,并据此约束自己。尽管他希望介入一桩贪赃犯被判死刑案件,由此替一名宠臣开脱,他也控制住了自己,没有如此行事。他这样对朝中解释道:"赏罚所以代天行法,今朕宽仁弘死,是自弄法以负天也。"⑦

甚至情操远没有如此高尚的唐朝其他统治者也认识到拥护和遵从法律的必要性。太宗雄心勃勃的皇后武则天(公元690~705年在位)封自己为王,通过一系列以诸多人命为代价的政治操纵,她得以奠定自己的朝代(公元690~710年,

① See Howard J. Wechsler, The Founding of the T'ang Dynasty: Kao-tsu (reign 618 - 26), in 3 Cambridge, pp. 178, 195; Howard J. Wechsler, T'ai-tsung (reign 626 - 49) the Consolidator, in 3 Cambridge, pp. 206 - 07, 274.

② See Howard Wechler, Mirror of the Son of Heaven: Wei Cheng at the Court T'ang T'ai Tsung 24 (Yale University Press, 1974).

③ See Denis Twichett, How to Be an Emperor: T'ang T'ai - tsung's Vision of His Role, in 9 Asia Major 1 - 3, 92 - 97 (3rd ed., 1996).

④ 参见(宋)司马光:《资治通鉴》,第6029页。

⑤ 同上。

⑥ 同上书,第6091页。

⑦ 同上书,第6182页。

以周朝命名，明显针对唐的统治，以巩固自己的权威）。即使是武则天也经常主持审判，复核重要案件，表现出尊重法律的样子。如果有勇敢的监察官员，如大理寺司刑丞徐有功，当庭指出武则天审理不公，她多数会采纳他们的意见。当然，其中不乏一些善于阿谀的官吏用两面三刀的手段为她行事。比如，周兴和来俊臣就用酷刑逼供的方式迫使许多官员认罪叛乱。后来，在周和来被铲除之后，武皇帝告诉她的侍从，如果她知道他们俩用的是酷刑，她就不会遵守他们的意见允许其执行。其原话为：

> 顷者周兴、来俊臣按狱，多连引朝臣，云其谋反；国有常法，朕安敢违！中间疑其不实，使近臣就狱引问，得其手状，皆自承服，朕不以为疑……①

考虑到武则天昭然若揭的政治意图，我们可以怀疑其话语的真诚。至少遭她铲除的官员视其统治为无法无天。但是即使独裁如武皇帝，我们也不得不认可，和违反法律相比，她更多承担了施行法律的责任。上个例子就显示出法治的约束力以及刑讯逼供带来的不幸后果。尽管酷刑在唐朝受到了严格限制，且在事实清晰，无须供认的情况下，被认为是无必要的，在20世纪之前，酷刑从来未被真正禁止过。②

另外一个案件中，武则天的个人责任更为清晰。在这起案件中，一位正直的大臣批评了她的两名宠臣，而法庭判决是有利于该名大臣的。然而武则天公然无视该判决，反而将进谏者贬黜到南疆地区。根据一位历史学家的观点："这一行为，与她惯常的个性如此不符，却由此决定了她的命运。"③因为害怕皇帝死后遭到宠臣的报复，高层官吏们试图以法律手段将其除去。未果，便诉诸武力。④ 一名像武则天那样无所忌惮的君王，或许可以无视法律而不受责罚，但她终将为此付出极端代价：其家族世代从政坛上被彻底抹去，而且从此名誉扫地。

唐玄宗（公元712～756年在位）有时也不得不求诸法律，关于他的历史记载同样充满矛盾。在位早期，唐玄宗因为宰相韩休（公元672～739年）的谏疏而消瘦。当有人问及他为什么不罢免这位批评者时，他的回答是："吾貌虽瘦，天下必

---

① （宋）司马光：《资治通鉴》，第6523页。

② See Geoffrey MacCormack, *The Spirit of Traditional Chinese Law*, p. 147; Richard W. L. Guisso, The Reigns of the Empress Wu, Chung – tsung and Jui – tsung (684 – 712), in 3 Cambridge, pp. 297 – 98.

③ Richard W. L. Guisso, The Reigns of the Empress Wu, Chung – tsung and Jui – tsung (684 – 712), in 3 Cambridge, pp. 320 – 21.

④ Ibid.

肥……吾用韩休,为社稷耳,非为身也。"[①]随后,贪得无厌的李林甫当上宰相,玄宗开始任性妄为,不再时刻遵守法律。其中一例是宽恕了很多人(事后)认为应该处以死刑的安禄山。无论如何,李世民和唐玄宗在很多案例中都推行了法律。当两名青年(张瑝、张琇)为了报复其父亲(张审素)的死刑而杀死监察御史(杨汪)的时候,许多官员因为他们的忠孝而偏向他俩。不过李林甫认为"国法不可纵报仇",玄宗表示同意。他以传奇性的禹(禹宽恕了舜处死其父亲的行为,接任了父亲的职位,继续治理水患)为参照,宣称:"复仇虽礼法所许,杀人亦格律具存。孝子之情,义不顾命,国家设法,焉得容此!"[②]他下令将两位年轻人交付河南府告示决杀。[③] 这一案例很明显地体现出死刑判决中的逻辑冲突——即以国家杀戮遏制个人杀戮——而这一冲突直到20世纪才得以被讨论。除了在上诉案例中实施法律,玄宗和李林甫还倡导了唐律的改革,为接下来600年的中国法奠定了基础。[④]

安禄山叛变(公元755~762年)之后的几代唐代统治者,都缺乏他们先辈的治国之术。即使如此,就连最庸碌的统治者也继续维护法治这一理想。御史台是维护法治的重要机构,吸收了不少年轻有为之士,来批评刚愎自用的统治者和腐败贪污的官员。[⑤] 在唐宪宗(公元805~820年在位)时期,朝廷曾经发生争议,一方认为御史台对统治者的批评,将会导致朝廷的不合;另一方则认为,无力劝谏的御史台"犹有名存职废"。[⑥] 尽管宪宗支持这种讨论,但他本人态度不明,以此在朝廷里保持一种较为自由的讨论气氛。这一时期,法律将超越个人感受这一观点广为流传,以至于通常不发声的女性,也公开对此表示支持。

唐武宗统治时期(公元840~846年),一名观察使(景让)将一名犯了小错的低级官员(左都押牙)杖打致死,结果在军队面前遭到自己母亲的斥责。根据司马光的记载,他的母亲责备道:"天子付汝以方面,国家刑法,岂得以为汝喜怒之

---

① (宋)司马光:《资治通鉴》,第6801页。

② 同上书,第735页。

③ 参见(宋)司马光:《资治通鉴》。

④ See Geoffrey MacCormack, *The Spirit of Traditional Chinese Law*, pp. 13, 49; Brain E. McKnight, T'ang Law and Later Law: The Roots of Continuity, 115 J. Am. Oriengtal Society 410–20 (1995).

⑤ See Charles O. Hucker, The Censorial System of Ming China 2, 35 (1966).

⑥ (宋)司马光:《资治通鉴》,第7686页。

资，妄杀无辜之人乎？"[①]不过司马光没有记载此案的结果。[②] 尽管唐代的统治者没有汉朝那么信奉天人感应，面临一场旱灾之时，武宗减少了对食品、音乐和性的需求，也下令官员确定没有罪犯受到无辜处罚，因为这种事件往往可以用来解释非常规的重大灾难。[③]

唐宣宗（公元846～859年在位）统治的时期相对而言是盛世。因为太宗李世民深受人们爱戴，宣宗亦被称为"小太宗"。在一个案例中，当一名京城的官员韦澳逮捕了国舅郑光的一名宠吏，在宣宗的干预下，韦澳没有对之施以死刑，但是坚持予以杖刑。在法治的名义下，宣宗既有所安慰又觉得愠怒，据史料记载，宣宗后来告诉韦澳，他因为叔父而屈法而感到"殊以为愧"。[④] 后来，当一名他宠爱的乐工罗程因为谋杀案被捕，其他朝廷官员都求情，让他继续取悦君王。但是玄宗斥责了他们，"汝曹所惜者罗程艺，朕所惜者高祖、太宗法"。[⑤] 为了惩罚罗程以及给其他人一个教训，他杖决了该名乐师。[⑥] 尽管这种处罚无论以什么标准衡量都是残忍的，是统治者遗憾自己在之前的案例中没有恪守法治精神，以致在这起案件中从严执法。

（八）五代十国、辽、西夏、宋和金：混乱与对法治关注的并行

唐衰败之后，中国经历了漫长的分裂期。这一阶段与周衰败之后的情况类似，但与汉末不同，这一阶段被称为五代十国（公元907～960年）。不断更替的政权，时而重新统一北方，却无力收复分崩离析的南方。这些轮流坐庄的统治者们，包括一些区域统治者们，建立了多个集权政权，他们中的多数对于建立法治体系毫无兴趣（至少从未成功）。在唐代，处决的案例需要依照程序提交统治者裁决，但是现在，用一位学者的话来说，"每个割据区域里都对死刑案件任意处决"。[⑦] 北方的辽国（公元907～1126年）采用唐律来治理臣民，同时也引入了新的酷刑（包括凌迟），这原本只在契丹族中使用。好在辽圣宗（耶律隆绪，公元982～1031年在位）在某些契丹部落中推行修订后的唐律，从而为自己赢得了"英主"的盛名。他知道自己喝醉后容易变得独断专横，就要求大臣们对其喝醉后发布的任何

---

① （宋）司马光：《资治通鉴》，第8027页。

② 景让杖杀左都押牙后，"军中愤怒，将为变。"其母"立景让于庭而责之"，并"命左右褫其衣坐之。将挞其背。"后来将佐们反过来为景让求情。"军中由是遂安。"景让擅杀一事最终不了了之。——译者注

③ 参见（宋）司马光：《资治通鉴》，第8028页。

④ 同上书，第8059页。

⑤ 同上书，第8064页。

⑥ 同上书，第8064页。

⑦ Ichisade Miyazaki, The administration of Justice During the Sung Dynasty, in *Tradition*, p. 67.

指令都暂缓执行,直到第二天重审,才可通过执行。[①] 辽国亦采取措施确保各部落之间的差异与和谐。举例来说,辽国禁止契丹人售卖奴隶给中原人,也禁止中原人售卖金属给边疆区域的人。[②] 此时在西部地区,西夏国(公元1138~1227年)悉数采用了幸存的唐古特文书中的法令。该法令强调官职之间的等级阶梯,由此构成了文官制度的基础。[③]

军事家赵匡胤作为宋代(公元960~1279年)开国皇帝,建立了中央集权的文官制度,其目的是对唐代之后的中国实施全国控制。宋太祖(公元960~976年在位)采用了《唐律疏议》,并在唐的基础上对刑罚有所减免。不过,凌迟罪除外,如上所述,该刑罚源于辽国,用于特殊案件。宋太祖还鼓励被判处死刑的人上诉到首都,并且赦免了一些罪犯,以至于有人评判他过于宽松。总体而言,宋太祖声誉颇佳,因为他的继位者从未因天灾处死过朝臣。[④] 不过,太祖自己本身过于仁厚,因此无法让下属也做到严厉执法。在一起案件中,他警告即将随将军郭进出征的下属严格守法,否则即使太祖希望赦免他们,郭进也有权将其处死。[⑤] 太祖的继位者太宗(公元976~997年在位)在实施法律的时候,同样会对下属有所忌惮。当太宗宠爱的太医陈利用被控谋杀和其他罪行,太宗希望判他轻罪获释,丞相赵普却坚持按照法律规定,杀人必须严惩。太宗随后问赵普,是否无法宽恕任何人,即使这是皇上的旨意?赵普回答道:"陛下不诛则乱天下法。法可惜,此一竖子,何足惜哉?"[⑥]太宗最后让步,让他的官员对陈依法进行了处置。[⑦] 在另一起案件当中,官员们否决了太宗将他不喜欢的一名罪犯从特赦名单中除去的

---

① See Paul Heng - Chao Ch'en, Chinese Legal Tradition under the Mongols: The Code of 1291 as Reconstructed 42(1979); Denis Twichett & Klaus - Peter Tietze, The Liao, in 6 The Cambridge History of China: Alien Regimes and Border States 907 - 1368 94 (Herbert Franke & Denis Twitchett eds., 1994). 此后称为 6 Cambridge。

② See Denis Twichett & Klaus - Peter Tietze, The Liao, in 6 The Cambridge History of China: Alien Regimes and Border States 907 - 1368 94 (Herbert Franke & Denis Twitchett eds., 1994), pp. 116, 127, 131, 137.

③ See Ruth Dunnell, The Hsi Hsia, in 6 Cambridge, pp. 199 - 200.

④ 参见(宋)李焘:《续资治通鉴长编》11417(1979 - 95); Ch'en, Paul Heng - Chao Ch'en, Chinese Legal Tradition under the Mongols: The Code of 1291 as Reconstructed 42(1979), p. 42, n. 1 [转引自 Brian E. McKnight, Sung Justice: Death by Slicing, J. Amer. Oriental Society 359 - 60(1973)]; Ichisade Miyazaki, The administration of Justice During the Sung Dynasty, in *Tradition*, pp. 56 - 57, 67。

⑤ 参见(清)毕沅:《续资治通鉴》1,10(1965)。毕沅(1730~1797)是盛清时期的一位官员、学者。他延续了司马光史记中对政治的关注。

⑥ (清)毕沅:《续资治通鉴》,第14.5页。

⑦ 同上。

做法。[①] 在另一起闻名的案件中,一位女性在为丈夫服丧期间被迫出嫁,她一怒之下杀死自己的新夫。该案本应迅速了结,因为弑夫是"十恶"之一,但是该案也极有争议性,因为涉及在孝顺父母和顺从丈夫之间有所选择。案件定论前,人们对此案的议论长达一年之久,直至统治者和他的官员达成一致意见。有这些事例在前,宋徽宗(公元1101~1125年在位)干涉案件审理而且独断专行的做法,被认为偏离了正道(每降御笔手诏,变乱旧章)。[②] 为了平衡该点,"本朝向来以皇上尊重大臣意见著名"。[③]

虽然与唐代的政体存在许多不同,因为将统治者置于过高的地位,宋代同样颇受争议。他们从来没有实现一统天下的政治目标,更不要说将影响力扩大到东亚区域。他们采用了不同的治理形式,造成了类似春秋战国时期的纷争局势。比如,出于内忧外患的担忧,宋代禁止个人翻印任何法律条款。[④] 与此同时,宋代越来越显示出修法的意图。当一位官员警告宋仁宗不要改变先辈传下来的法律,另外一位官员指出,到了仁宗时期(997~1022年),只有1/10的太宗法律予以了保留。与早期法学家的观点一样,这名官员问道:"能将复杂的法律简化到便于人们使用,又有什么不好呢?"[⑤]对财富权势以及伦理正义的要求导致了宋朝阶段性的革新,其中包括神宗时期(1068~1085年)的王安石变法。王安石推行的"新法"强调在法律方面教导有学识的人,并在民众当中推行法律。[⑥] 连王安石变法的主要反对者——著名历史学家司马光也认可:"政之大本,在于刑赏。"[⑦]

宋代关于法律秩序的实施方法既沿袭过去,反映当下,又预示将来,因而不无矛盾之处。另外,宋代个人赦免和天下大赦的次数,超过了中国历史上的任何其他时代。例如,公元1085年,神宗在位的最后一年,被呈送朝廷的264个重罪案中,只有10%的案例最后确定为死刑。与此同时,在要求定案之前获得供认这方

① See Brian E. McKnight, The Quality of Mercy: Amnesties and Traditional Chinese Justice 84(1981).

② See Brian E. McKnight, Law and Order in Sung China 60 (1992); Ichisade Miyazaki, The administration of Justice During the Sung Dynasty, in *Tradition*, p. 69.

③ Ibid., p. 69.

④ See Ichisade Miyazaki, The administration of Justice During the Sung Dynasty, in *Tradition*, pp. 58-59.《宋会要辑稿·刑法二》:(绍圣)二年正月二十一日……刑部言:"诸习学刑法人,合用敕令式等,许召官委保,纳纸墨工真,赴部陈状印给,诈冒者,论如盗印法。"从之。——译者注

⑤ (元)脱脱:《宋史》,1977年,第4962页。《宋史》卷《刑法志》:仁宗尝问辅臣曰:"或谓先朝诏令不可轻改,信然乎?"王曾曰:"此憸人惑上之言也,咸平之所删太宗诏令,十存一二,去其繁密,以便于民,何为不可?"——译者注

⑥ See Ichisade Miyazaki, The administration of Justice During the Sung Dynasty, in *Tradition*, pp. 58,70.

⑦ (宋)司马光:《资治通鉴》,第2503页。

面,宋代的要求也高于唐代。无论是要保护被告人不被冤枉,还是延伸个人赎罪的过程,口供的取得,必然导致更多拘禁折磨以及无辜之人的屈打成招。唯一被保留的仁慈手段,是被告在行刑之前仍可翻供,由此获得重新调查案件事实的机会。① 第二种救济的办法,在于多数人相信刑讯逼供代表了官员的无能。宋代法治的另一个矛盾之处,是审判的相对秘密性,由于这个原因,民众对审判缺乏信任,最终损害了法律的公正。同时,巡尉在审判过程中缺席,使得他们无法为逮捕过程作证以利定罪以及为自身获得薪酬方面的奖励。② 宋朝司法制度的另外两个特点与春秋战国时期相似:政府授权讼师为不善读写的人出席法庭审判;重视民商事纠纷,其允许冗长诉讼的宽容达到了令人惊讶的程度。③ 这些极大包容法律专业人士以及民事诉讼的法律实践,标志着一种回归。自此之后,这种包容直到20世纪早期才再次出现。

北宋之后,出现了很多可以证实法治实施的例证。1126年宋代将其地理上的心脏位置让给女真,自己偏安一隅,建立了临时政府,后被称为南宋(1126~1279年)。南宋的第一任皇帝宋高宗(公元1127~1162年在位)将抗击女真、收复北方领地的爱国名将岳飞投入死牢,从此臭名昭著。但是,即使高宗也有残存的法治(包括经济)观念。他警告官员们,应当严格执法打击假币铸造,使那些贪慕钱财的上层阶级有所克制。④ 尽管治理中的贪腐和无能,使许多南宋精英分子不得不各自为政,某些统治者仍试图将国家利益置于个人利益之上。例如,宋孝宗(公元1163~1189年在位)发现他的一位亲戚没有通过考核,就被任命为浙江东部的一名官员,他宣称:"岂可以戚里而废公法! 今后有似此,须执奏。"⑤他命令其朝廷以后遇有此事马上禀报。⑥ 这次事件有可能是宋史称其"且於用刑,未尝以私废法",对其赞誉有加的起因。⑦ 南宋时期,思想家朱熹(1130~1200年)亦

---

① "翻异别推"是为防止冤假错案而规定的复审制度,是指犯人如在录问或行刑时提出申诉,案件必须重新审理。——译者注

② 巡尉是宋代负责巡捕盗贼的基层官员。叶适《故宝谟阁待制知平江府赵公墓铭》中提到:"公始至,以策授巡尉,悉捕灭。"《元典章·户部八·盐课》中也提到:"责令巡尉、捕盗等官,每月一次,点名抚治。"——译者注

③ See Alison W. Conner, "True Confessions? Chinese Confessions Then and Now", in *Limits*, p. 135. George A. Hayden, Crime and Punishment in Medieval Chinese Drama: Three Judge Pao Plays (1978) (阐述包公如何断案); Ichisade Miyazaki, The administration of Justice During the Sung Dynasty, in *Tradition*, pp. 57, 59-60, 61-65-66, 69, 73 n. 21.

④ 参见(清)毕沅:《续资治通鉴》,第132.5页。

⑤ 同上书,第146.17页。参见《续资治通鉴》卷一四六《宋纪一四六》淳熙六年。——译者注

⑥ 同上书,第146.17页。

⑦ 参见(元)脱脱:《宋吏》,1977年,第4994页。

开始崭露头角，他认同北宋的理念，从中总结出对“礼”的尊崇。这个观念来自儒家和道家思想对佛家观念的回应，由此引致了社会中对法律功能的大量争辩，为法治理论化提供了新的基础。①

宋代在北方的缺席，并没有导致法律的真空。此时，女真族已经创立了新的国家，国号“金”（公元1115～1234年），在兼顾女真文化的基础上修订了《唐律》。该律法对轻罪采用重罚（如偷盗罪判死刑）手段，恢复了酷刑（如挖耳、斫鼻等），强调父辈权威（虽然允许儿子在父亲在世的情况下另立门户），允许弟嫂成婚（这被很多汉人视为乱伦）等。依照金代的律例，罚金开始越来越多地以现金缴纳，相对于唐朝以丝绸缴纳的做法，更具有商业性。金世宗（公元1161～1189年在位）督促修撰了一部相当复杂的法典，共有1190条，这就是公元1201年颁布的《泰和律义》。虽是一位女真族统治者，金世宗颇具法治观念。根据史料记载，一次他告诉侍臣：“朕于女真人未尝不体恤，然涉赃罪，虽朕子弟亦不能恕。”②部族林立之际，为了执法，他不惜惩戒家人及其官吏朝臣，可以说已经走上了依法治国之路。

（九）元代：另外一个中央集权制度

与秦代一样，元代（公元1279～1368年）也采用了高度独裁甚至残酷压迫的政体，成功地在长期分裂和战乱后统一了中国。近年来，由于新的史料和视角出现，元代和秦代都被重新评估。一些学者认为，元代建立了一个理性宽容的法律体系，在法律秩序方面有所创建——甚至建立一种新的法治制度——这是普世范围内前所未有的。③

对元代的批评之一，是它从未正式颁布任何一部完整的以文字形式记载下来的法典，这导致一个无法可依的社会从根本上存在“不可抗力”。的确，元代从未在统一法律上达成过一致，更不要说实施法治了。但是元代确有一套非官方律例，适时适地。最初的蒙古领导人成吉思汗（公元1206～1229年在位），根据一些口头的成例，即“札撒”，进行统治。随后，他选定的继任者窝阔台（元太宗，公元1229～1245年在位）将其制定成规。太宗和他随后的继任者后来逐渐吞并了金

① 参见姜永琳：《论中华帝国法律的宗教特征——以明初法律文化为例》，载《明清论丛》（朱诚如：《王天有编》）（2002年），就北宋时期佛教思想的侵袭下朱熹思想的肇始，参见Hoyt Cleveland Tilman, Confucian Discourse and Chu His's Ascendancy (1992) and Hoyt Cleveland Tilman, Utilitarian Confucianism: Ch'en Lian's Challenge to Chu His (1982)。

② （清）毕沅：《续资治通鉴》，第150.19页；（宋）司马光：《资治通鉴》，第3212页；（元）脱脱：《宋吏》，1977年，第1020页。

③ See Morris Rossabi, Khubilai Khan: His Life and Times 130 - 32 (1988).

国,并将国土范围扩到了南宋,在此期间,他们越来越依赖女真族的《泰和律义》。1271年元代正式建国;公元1279年元击败南宋。在此背景之下,忽必烈(元始祖,1260~1294年在位)命令官员编撰《至元新格》,于1291年整理完成。该律例从未正式颁布,也未能流传后世。学者们从《元典章》等中重新辑出了一些《至元新格》的条款,发现其中体现出对惩戒性法规的重视,并且"在整个元代都得到遵循"。① 随后于1307年、1332年和1346年颁布的法律,都暗暗融合了此前唐、宋法律的部分内容,也加入了元代新的法律内容。②

比法典更重要的是法律的内容。在刑罚方面,元代的法律规定比之前任何朝代都要严酷。其中第一次将凌迟等重刑与叛国罪联系起来,这种做法在其后的朝代中一直沿用。元代还采用了许多法外酷刑,如醢,用来对付一些特殊(尤其是政治)犯罪。不过在其他方面,元代的法治则比过去或后来时代都要宽容一些。据元史记载,(在最少的情况下每年)只有135名罪犯被处以死刑,仅为唐代(233名)、宋代(293名)和明代(282名)的一半。③

尽管元代君主是历史上最强势的统治者,但他们也保留了汉代以来死刑必经复核的传统。最早的记载可追溯到公元1260年,忽必烈告诫他的官员,任何涉及处决的案例,都必须在执行之前严格审查。公元1271年之后,他经常复核案件,减轻判决。公元1287年当190人被处死的时候,他如此斥责其官员:"罪犯不是羊,不可轻易处死!可将他们配隶,承担淘金工作。"④

由于信仰佛教,元代统治者也倾向于实施宽刑慎法的策略,以致许多汉族官员批评他们过于宽松。由于上述举措,1261~1306年的三十七年间,根据现有记载,平均每年仅有74名罪犯被司法审判判处死刑,他们或宽或严地循着依法治国的道路行进。举例来说,英宗(1324~1328年在位)警告他的贴身侍从需要小心行事,因为如果他们违反了法律,他也不会原谅他们。当他的一名朝廷官员违反法律时,英宗拒绝赦免他,他说:"法者,祖宗所制,非朕所得私。巴尔济苏虽事朕

① Paul Heng - Chao Ch'en, Chinese Legal Tradition under the Mongols: The Code of 1291 as Reconstructed 42(1979), pp. 3 - 18.

② Ibid., pp. 19 - 40.

③ 《元史》卷一四《世祖本纪十一》(第294页)载:至元二十三年(1286年),"断死刑百一十四人。"——译者注

④ 同上书,第46页。《元史》卷一四《世祖本纪十一》(第297页)载:(至元二十四年闰二月)庚寅,大驾幸上都,札鲁忽赤合剌合孙等言:"去岁审囚官所录囚数,南京、济南两路应死者已一百九十人,若总校诸路,为数必多,宜留札鲁忽赤数人分道行刑。"帝曰:"囚非群羊,岂可遽杀耶!宜悉配隶淘金。"——译者注

日久，今有罪，当论如法。”[1]元泰定帝（1324～1328年在位）鼓励官员们向他禀报法律事务，他解释道：“继自今，凡有所知，宜悉以闻，使朕明知法度，断不敢自纵。非独朕身，天下一切政务能守法以行，则众皆乂安，反是则天下罹于忧苦矣。”[2]

在国家权威之下，如何在不同社会阶层和民族中施行法律，同样是元代统治者需要解决的问题。元以前的大多数政权，都从四个理想的职业层面（士、农、艺、商）、两个基本的社会分层（统治者和被统治者）的角度考虑问题，同时还要在因为遗产、财富和势力而分化出来的各种等级之间进行调和。元代更多地从四种“民族类别”（蒙人、色目人、汉人和南人）、不同等级的职业群体（军事、艺术、儒士等）以及民族群体的角度来考量。在法典中，元朝从未正式系统地划分出社会等级，但是其中的法例会赋予他们不同的义务和特权，以及分派给他们不同的司法自治权利，相当于有效建立社会阶层。不仅如此，元代试图以法律实现局部的政治和社会平等。简略来说，蒙古人具有军事和民事权威，色目人可以聚集商业财富，汉人往往担任士官（包括交办法律事务），南人则有权追求财富，保有自身文化。财富的累积具有法律上的便利，因为在元代，被定罪的囚犯可以根据其被判的刑罚，按照标准以钱财来补偿受害者，甚至以钱替代刑罚。社会阶层和民族团体虽然从来不平等，在处理涉及自身的法律事务时，还是获得了一定程度的自治权。[3]

尽管统一中国和实施中央集权取得了成功，元代如同秦代一样实施了严苛的法治，为发动边疆战争对人民课以重税。元代只持续了一个世纪，随后被农民起义推翻。

（十）明代：又一次休养生息

明代（公元1368～1644年）取代了元代，恢复了汉代的休养生息政策。开国皇帝朱元璋（公元1328～1398年，庙号太祖）原是元代中土地区的农民，因为遭受饥馑，家庭成员纷纷去世。他参加了白莲花教的起义，在淮水领域李善长的支持下，吸收了刘基和其他江南学者关于儒家法治的理念，将自己塑造成为代表汉族平民的起义者。他打败了相对而言忽视民众需求的竞争对手，向越来越松散腐败的元代政府发起挑战。洪武之治（公元1368～1398年）期间，朱元璋也正是基于

---

① （清）毕沅：《续资治通鉴》，第200.11页、第201.18页。

② 同上书，第202.7页。

③ See Paul Heng Chao Ch' en, Chinese Legal Tradition under the Mongols: The Code of 1291 as Reconstructed 42(1979)，第3章；Frederich W. Mote, Chinese Society Under Mongol Rule, 1215 - 1368, in 6 Cambridge, pp. 616, 631, 634。

这样的个人经验,采用各种对应措施,塑造了明代的统治体系。①

如其汉民族的先辈那样,明太祖与他的智囊团由衷相信天象和地征,不会为了政治利益的目的对其进行过度解读。他们的思想中灌输了宋代的理学观念,又受到当时儒、道、佛各家思潮的复合影响,遂力图建立一套基于"天理人情"的法律体系。② 他们相信元代的衰败缘于不够重视律法,因而非常重视出台新的法律。公元1368年新法即颁布生效,随后,明太祖又将该法与之前的律例(包括唐律)对比,经过1372年、1376年以及1383年多次修订,终于在公元1389年正式颁布了《大明律》。

《大明律》依六部体系(吏、户、礼、兵、刑、工)划分章节,允许五刑(笞、杖、徒、流、死)以金属货币、纸币或劳役代替,这种做法很有成效。对于妇女被迫出嫁、被禁闭或流放以及被丈夫随意买卖的情况,对于涉及抵押、借债和被各种垄断商业行为威胁的商贩等,《大明律》都提供了保护和支持。公元1371~1395年,明太祖还敕令编修了《明太祖御制文集》,将变革和治理结合起来,为后世制定指导性章程。他与他的下属相信其使命在于接受天的授权,教导人们,善行将得到天的回报,恶行则将被惩罚。在天理通过法律实现的理论基础上,明太祖还监督制定了很多条规,以控制宫里的女眷和宦官,调整监察官和太子、学生和学者、将士和平民等各种关系。总之,他被认为是"中国历史上制定了最多法律的皇帝之一"。③许多法律在整个明代都得以实施,甚至传播到东亚,特别是朝鲜和日本等地区。④

---

① See John W. Dardess, Confucianism and Autocracy: Professional Elites in the Founding of the Ming Dynasty 2-3(1983); Ssu-yu Teng, Chu Yuan-chang, in Dictionary of Ming Biography, pp. 1368-1644 381-392 L. *Carrington Goodrich & Chaoying Fang eds.*, 1976; 吴晗著:《朱元璋传》1-115(1948)(叙述了朱元璋的生平与政治策略); Charles Hucker, The Ming Dynasty: Its Origins and Evolving Institutions Chs. 1-2(1978)(阐述了明朝的政治体系); Frederick W. Mote, The Rise of the Ming Dynasty, (1330-1367), in 7 The Cambridge History of China: The Ming Dynasty (1368-1644) 11-57(Frederick W Mote & Twitchett Denis eds., 1988)[此后称为7 Cambridge](阐述了朱元璋统治下明朝的建立)。

② See Edward Farmer, Zhu Yuanzhang and Early MIng Legislation: The Reordering of Chinese Society Following the Era of Mongol Rule 124-27(1995).

③ Ibid.

④ Ibid.; Ssu-yu Teng, Chu Yuan-chang, in Dictionary of Ming Biography, p. 385; Edward Farmer, Social Oder in Early China: Some Norms Codified in the Hung-wu Period, in Law and the State Law in Traditional East Asia: Six Studies on the Sources of East Asian Law 1-36(Brian E. Mcknight ed., 1987)(阐述了太祖统治时期新儒家主义规范的形成); Dan Fenno Henderson, Chinese Influences on Eighteenth-Century Tokugawa Codes, in *Tradition*, pp. 270-301; John D. Langlois, Ming Law, in 8 The Cambridge History of China: The Ming Dynasty(1368-1644), Part II 172-75, 181-82, 195-97, 201 (Denis Twichett & Frederick W. Mote eds., 1998)(此后称为8 Cambridge)(阐述明太祖敕定的大明律以及该律的实施)。

明太祖强调法制是为了创立一个道德的社会，他本人也参与了多起罪案的审判。公元1370年他禁止了白莲教，他身边的建言者称其为异教，可能成为今后的叛乱之源。公元1376年他审判了许多上缴空白税单的官员，称其欺瞒国家，蛀空国库。公元1380年他开始怀疑长期以来宰相胡惟庸为了保护其家人而渎职且勾结外国（蒙古和日本），下令将胡及其数百名支持者判处死刑，此案牵连甚广，达数万人之多。这起案件经常被当成是朱元璋疑心病的证据，他却认为这是"违反天理人伦"，自己不得不为之。① 从这个案例开始，他废除了宰相职位，成为专权独横的证据。但是这起案件，也可能是派别之争的后果。这个职位对皇权来说，其实也没起到太大的限制作用。即使废除这一职位，明太祖也没有试图单独治理国家，他仍然依赖大臣的辅佐，听取他们的意见。5年后的第四起大案中，朱元璋审判了户部侍郎郭桓，因其私吞国库上百万两白银。在这起案件中，明太祖引用了《道德经》，用以说明虽然天用盈补亏，但是人以亏充盈。14世纪80年代，朱元璋颁布了《大诰》，以简单和复杂的语言分别写就，为自己在上述案件中的判决辩解。

与宋代的统治者不同，明太祖相信法律和案例应该告知公众，广为流传。在其在位期间，所有犯罪的人如果能证明他们拥有《大诰》，就可以获得减轻刑罚。公元1393年明太祖审理的第五起大案针对他的早期好友大将蓝玉，后者被控杀死平民，强奸一位蒙古公主。在这起案件中，又有数以千计的无辜者被株连，也使这位明代创始者和他汉代的先祖一样，失去了多数早期支持者。不过明太祖再次向民众宣传该案，就判决情况张贴告示，颁发圣谕，布告天下臣民。②

就像秦始皇那样，明太祖既显示出对于法律的孜孜以求，又在反对贪腐和渎职方面自己违反法律。公元1382年他在常规之外成立了锦衣卫，通过体制外部门来执行法律，漠视了常规法律的规定。尽管他从汉代的经验中汲取了教训，限制了宦官的权力，但他聘用宦官为侍卫，也破坏了自己曾经制定的规则。这些锦衣卫私设监狱，用法外酷刑折磨囚犯，如烙铁、压手指、挤压头盖骨等。《大明律》原本规定凌迟罪只适用于叛国罪行，但明太祖曾非法地将其适用于较轻的犯罪，如虚假供认。有时，明太祖也承认自己违法，但他却坚持这样做。

有一次，明太祖被一位御史王朴的争辩弄得很头痛，命令将其斩首，随后又给

---

① See John D. Langlois, Ming Law, in 8 The Cambridge History of China: The Ming Dynasty (1368 - 1644), p. 175.

② Ibid., pp. 179 - 80; Ssu - yu Teng, Chu Yuan - chang, in Dictionary of Ming Biography, pp. 387, 389; Charles Hucker, The Ming Dynasty: Its Origins and Evolving Institutions Chs. 1 - 2(1978)，第4章。

他机会认错,但王朴断然拒绝,他说:“使臣无罪,安得戮之?有罪,又安用生之?”太祖更为愤怒,命令拖出去斩首,王朴对史官大叫:“志之,某年月日皇帝杀无罪御史朴也!”①

到了统治的后期,明太祖开始意识到这样恣意妄为、无视法律的后果。他将其解释为非常时期的特殊对应举措,要求继位者不要步其后尘。但是,锦衣卫的势力越来越大,对明代统治者而言,法外的惩罚手段提供了另一种可能。

当然,有的时候,明太祖也会把个人的感情置于天理之上,由此获得赞誉。举例而言,在一起案件当中,一位平民罪犯根据法例可能会被鞭杖和流放,但是一个儿子自愿取代父亲受罚。因其教子有方,太祖宽赦了父亲。这种做法可以被解释为“人治”大于“法治”,但明太祖则将其视为儒家的“仁政”典范,而非法家的“法治”典范。② 这种将“法治”和“违法而治”结合起来的治理风格,为后世确定了一种基调。

明太祖的长子(朱标)先于明太祖去世,他的长孙(朱允炆)继承了皇位。但是,明太祖的第四个儿子朱棣(明成祖,公元1402~1424年在位)针对其侄发动了军事政变,被迫害者亦成千上万。受人敬仰的学者方孝孺认为朱棣不具有合法性,必将臭名昭著。但是,两则轶事显示出明成祖在打击腐败、顾惜百姓方面与父亲相似:一起案件中,他要求处决一位偷盗粮食的官员,刑部禀报说,现有法例中并无如此严格的惩罚,明成祖回复:“此朕一时之怒,过矣。其依律。自今犯罪皆五复奏。”③他在明太祖时期的法制基础上加以改进,要求死刑判决需要五次上奏。另一起案件涉及处罚一名经常缺斤短两的商人,明成祖问相关部门,是否曾经悬榜宣布此项规定,回答是否定的,明成祖认为这样做是不人道的,因为商人对此规定并无其他选择,要求释放被告。对于平民,他表示出同样的关注,要求“热

① Charles Hucker, The Ming Dynasty: Its Origins and Evolving Institutions Chs. 1 - 2(1978), p. 35. 这种历史轶闻,连同其他官方和民间历史记录,都应该被谨慎地对待。当然,这一热衷执法的统治者形象还是较为接近史事的。《明史》卷一三九《王朴传》:王朴,同州人。洪武十八年进士。本名权,帝为改焉。除吏科给事中,以直谏忤旨罢。旋起御史,陈时事千余言。性耿直,数与帝辨是非,不肯屈。一日,遇事争之强。帝怒,命戮之。及市,召还,谕之曰:“汝其改乎?”朴对曰:“陛下不以臣为不肖,擢官御史,奈何摧辱至此?使臣无罪,安得戮之?有罪,又安用生之?臣今日愿速死耳。”帝大怒,趣命行刑。过史馆大呼曰:“学士刘三吾志之,某年月日,皇帝杀无罪御史朴也!”竟戮死。帝撰《大诰》,谓朴诽谤,犹列其名。——译者注

② See John D. Langlois, Ming Law, in 8 The Cambridge History of China: The Ming Dynasty(1368 - 1644), pp. 186, 189; Ssu - yu Teng, Chu Yuan - chang, in Dictionary of Ming Biography, pp. 386, 391.

③ (清)张廷玉:《明史》,2320(1974)。这一记载尤为引人注目,因为明史通常会将明朝的灭亡归结于其对正义的贬斥。John D. Langlois, Ming Law, in 8 The Cambridge History of China: The Ming Dynasty(1368 - 1644), p. 187.

审",以免罪犯受到不必要的酷热折磨。[①]

相比而言,明代接下来的时期中,统治者的个人威信和公众权威逐步削弱,加之御史和其他官员的权势增强,较为宽厚而有效的管理模式逐渐形成。仅在位一年的明仁宗(朱高炽,公元 1424 ~ 1425 年在位)告诉其大臣,如果他没有合理执法,他们应该对此反复谏言,"顷群臣颇怀忠爱,朕有过方自悔,而进言者已至,良惬朕心。"[②]他说:

> 刑者所以禁暴止邪,导民于善,非务诛杀也。吏或深文傅会,以致冤滥,朕深悯之。自今其悉依律拟罪。或朕过于嫉恶,法外用刑,法司执奏。五奏不允,同三公、大臣执奏,必允乃已。[③]

但是到了 16 世纪晚期,内阁首辅张居正发现明代朝政如此宽松,力图用法家思想、秦和元的模式予以整顿,仅部分生效。万历时期(公元 1572 ~ 1620 年),皇帝为了反对文官不容许他废长立幼,干脆拒绝上朝。最后官员们提出了治理国事的习惯法,万历被迫妥协。明代统治者虽然拥有理论上的绝对权威,但实践中却并非如此。[④] 明代晚期,皇权的衰落与党争的加剧,对法律权威构成了极大程度的损害。[⑤]

(十一)清代:另一次清明之治

近来美国学界有一种趋势,强调清代的满族特性。但众所周知的是,清代沿用了《大明律》。[⑥] 事实上,1740 年的《大清律例》中,有三成到四成法条,与公元

---

① See Brian E. McKnight, The Quality of Mercy: Amnesties and Traditional Chinese Justice 84 (1981), p. 101; John D. Langlois, Ming Law, in 8 The Cambridge History of China: The Ming Dynasty (1368 - 1644), p. 180(引自《明太祖实录》28,505 - 06,1983)。

② (清)张廷玉:《明史》,第 2320 页。

③ 同上注,第 2320 页。

④ See Ray Hung, 1587 A Year of No Significance: The Ming Dynasty in Decline 19(1982)(叙述了明神宗因为更换太子一事和文官冲突等事)。

⑤ See W. Dardess, Blood and History in China: The Dongling Faction and Its Repression, 2002, pp. 1620 - 1627(叙述了明朝末年朝廷中的派别斗争)。

⑥ See Pamela Crossley, A Translucent Mirror: History and Identity in Qing Imperial Ideology(1999)(叙述了满族各旗特点); Mark Elliott, The Manchu Way: The Eight Banners and Ethnic Identity in Late Imperial China(2001)(叙述了满族如何通过建立八旗制度保留了其民族特性); Evelyn Rawski, The Last Emperors: A Social History of Qing Imperial Institutions(1998)(叙述了满族如何保存其语言及民族性)。

653年的唐律并无二致。[①] 因此,要分析清代的法治观念,将《大清律例》与唐律、明律相比较,将《大清律例》与早期的少数民族政权(辽、金、元)制定的法律相比较,会更具有启发性。

整个清代,《大清律例》基本贯穿始终,如同唐律和明律。不过,唐律和明律尚可以操控,《大清律例》却因其庞大复杂,最终变得难以驾驭。根据统治者的授意,官员们不断对现有的法律条文进行评议修订,其草案最终作为新法进入律,成为例,其数量从公元1646年的4449条变为公元1870年的1892条。跟以往相同,例使律与时俱进,实际运用中,例比律更有权威性。[②] 与可控的唐律和明律相比,清律最终变得庞大复杂,难以适用。这一点与法家倡导的法律简洁性有所矛盾,却符合了"现代"政体的发展趋势。

总体而言,清代法律比唐代、明代更为严厉,更加奉行宗族制。谋反和谋叛犯罪,仍将被严厉处罚,主犯常被凌迟处死,从犯亦被连带惩处。17世纪的"庄廷鑨明史案"可以说是这种严惩的代表案例。18世纪,早在汉代就已废除(后又偶尔实施)的阉刑,又被重新用于反叛罪。19世纪,因为反叛频频发生,其他肉刑也开始恢复使用。清代的许多反叛犯的家属(无论长幼)都遭到牵连,数目远大于唐代和明代。[③] 相较于唐代,明代和清代对于家长制更为支持,因其减轻了对弑子罪以及纳第二个妻(不是妾,纳妾是合法的)的处罚。发现妻子通奸的男子,被允许杀死其妻子,无须承担法律后果。清律强调女性的贞洁,要求女性在强奸案中提供反抗的证明,禁止父母将守寡的女儿再嫁(前者比后者对女性无疑更为有害)。[④] 在违反哀悼礼仪的惩处方面,清代统治者没有唐代严格(通常将该事留给家族处理),他们强调长幼有序。如父母自杀,则子女对此负有责任,因为"自杀行为最为可能是不孝引起的"。对于不孝顺的行为,处罚非常严厉。

和唐代相比,清代的政策更强调供认,更依赖刑讯,比起当时的欧洲有过之而无不及。当时,人们普遍认定(虽然没有在文本上明确规定),在不涉及长者、幼童和残障人士的情况下,供认是结案的必备条件。同唐代和明代一样,供认并不

---

① See Zheng Qin, Pursuing Perfection: Formation of the Qing Code in 21 Modern China, pp. 310 – 44, 323 – 14, 320 – 22 Guangyuan Zhou trans., 1995.

② 清朝官员的1695年批注显然受到653年唐朝官员批准的启发。See Fu – mei Chang Chen, The Influence of Shen Chih – ch' i' s Chi – chu Commentary Upon Ch' ing Judicial Decisions, in *Tradition*, pp. 170 – 71; Zheng Qin, Pursuing Perfection: Formation of the Qing Code in 21 Modern China, p. 320。

③ See Joanna Waley – Cohen, Collective Responsibility in Qing Criminal Law, in *Limits*, pp. 119 – 21.

④ See Matthew Sommer, Sex, Law, and Society in Late Imperial China(2000)(关于中国清代有关强奸法律的演变)。

被当做犯罪证据，但是拒绝供认也不成为释罪的前提，这一点与唐代和当时的欧洲不同。清代对供认的强调，恐怕出于其他考虑：为了保护无辜；为了获得“真相”（假定对于被告而言）；为了恢复名誉；为了进一步维护国家的正当性。这些对于供认的强调，与没有供认就拒绝释放结合起来，或许正是导致清代酷烈刑讯加重的原因。

除此之外，《大清律例》也通过间接限制的办法抑制酷刑：酷刑仅在获得关于犯罪的独立证据后，方被允许实施；只有在司法程序中，才可以实施；必须使用规定的刑具，等等。该律同样详细规定了官员违反这些条款（包括导致死亡的刑讯逼供，虚假供认以及篡改供认等）将会受到的惩罚。如过去一样，最优秀和最受尊重的清代官员竭力避免酷刑，且不屑于此。有些人认为酷刑是最后手段；其他人认为这样有失公正；还有人认为酷刑不能带来积极的后果。一种持续有效的限制方法，是供认如果被亲属否认或者质疑，则需要重新调查。在清朝一个判例带动下，清朝的中国坚持：“如果罪犯在官府介入之前自愿投案或者招供，可以获得减刑甚至无须受刑，这是（在世界范围内）独一无二的做法。”①尽管这样做也有一些弊端，相对于英国因其不可靠，因而根本不采纳疑犯供认来说，对供认的强调或许对犯罪嫌疑人更为有益。②

中国学界的另一种倾向，是将清代看作一个时期，其“封建帝国主义”始于秦，在清代达到顶峰。越来越多的学者认为，清代的君主与前代君主一样，与官僚阶层分享立法、司法和行政权力。③ 将唐代、明代、清代的法律体制进行细致的比较，我们不难再次发现，统治者仍然“高于法律”。但是这一点尚需要以括号标出，因为还有一些存疑之处。事实上，马若斐（Geoferey MacCormack）认为，正如我们在早期朝代看到的那样，“帝王并非为所欲为，而是小心的衡量先例，希望能够依据前一个朝代或者自己的前代君主所定的规则，循道而行。”“多数情况下，考虑到附属条款的实施，他仅接受刑部的建议，而且他通常会依据现有已充分建立起的原则修改判决。”当地官员也依据法律严格执法。④

---

① Alison W. Conner,“True Confessions? Chinese Confessions Then and Now”, in *Limits*, p. 136.

② Ibid. , pp. 136 – 150.

③ 参见《清代全史》（王戎笙等编，1995）；Alexander Woodside, The Ch' ien – lung Reign, in 9 The Cambridge History of China, Part One: The Ch' ing Empire to 1800 *Willard Peterson ed.* , pp. 246 – 47 2002［此后称为 9 Cambridge］；Madeleine Zelin, The Yung – cheng Reign, in 9 Cambridge, p. 211。

④ See Thomas Stephens, Order and Discipline in China: The Shanghai Mixed Court 1911 – 27 (1992)；（清）张廷玉：《明史》, pp. 340 – 42; Thomas Metzger, The Internal Organization of Ch' ing Bureaucracy, Legal Normative, and Communication Aspects (1973)（阐述了清朝官场的运作及其伦理义务）。

马若斐同时指出,法律面前平等的原则并不适用于整个清代。我们甚至可以说,这种理想在早期中国从未实现,在后来也未必可能,无论是中国还是其他地方。更重要的也许是平等的原则被继续遵循。举例来说,司法官员调查皇亲国戚、高官和其他一些显贵人物前,必须获得君主的批示,地方官员在调查省级官员之前,则需要获得督抚的批示,诸如此类。但是,自从清代政治和社会等级通常被看作依据德行(相当于个人的成就和生活层次)的高低而界定的,如此,法律面前的不平等对待,可能就被看成平等的。清代等级通过限制贵族、官员、长者和男性得到了平衡。满族旗郡制度越来越官吏化;官员们可以因为行政处罚而被革职;自由民和奴仆之间的通婚,没有唐代处罚得那么厉害;婚姻被安排得不适当的话,可以有自己的选择;双方同意的离婚也被认可(这一点直到近期都与盎格鲁·撒克逊的法律不同)。

清代统治者个人也都意识到秉公执法的责任。公元1616年建立"后金"的女真领袖努尔哈赤(庙号太祖)就很推崇三国时期的诸葛亮,因其执法严明。努尔哈赤相信明代的衰落是因为缺乏"明晰的法律"。他和下属商议法律案件,警告贵族和女性要据"道"而行,否则会受到法律的处罚。[①] 努尔哈赤的儿子皇太极于1636年建立了清代,史称太宗。他要求满人平等对待汉人,而且如此警告其皇子:"朕且常守法,何况尔等?"[②]努尔哈赤和皇太极很了解周代和唐代的治国之术。皇太极的兄弟多尔衮于公元1643年作为摄政王获得权力,就明显地将自己与周公并立。他的侄儿福临,也是年轻的顺治帝(公元1644~1661年在位)就被告诫要向唐太宗学习。[③] 如同周公延用商代律令一样,多尔衮采纳了大多数明律。如同唐太宗试图依法治国一样,顺治帝也沿用了处置腐败官员的法令。[④]

清代的第四位统治者康熙(玄烨,公元1662~1722年在位)曾说:"古之君王上遵天理,下遵先祖,以为治国之道",暗指周朝创立者。[⑤]当他宣称"死刑犯不能

---

① 参见张晋藩主编:《清朝法制史》5.2a(1968)。关于一桩意义重大的特例,参见 Gertrude Li Roth, State Building Before 1644, in 9 Cambridge, pp. 36, 48。

② 张晋藩主编:《清朝法制史》,第27页。

③ 参见《大清圣祖皇帝实录》5.2a(1968);孙文良、李治亭:《清太宗全传》,1983年版,第266~267页、第408~412页;Zheng,(清)张廷玉:《明史》,第324页。福林同样表达了在治法方面效仿明朝先辈的兴趣。Jerry Dennerline, The Shun - chih Reign, in 9 Cambridge, p. 109. 关于早期清朝对于周—汤模式的兴趣,参见 Roger Des Forges, Toward Another Tang or Zhou? Views from the Central Plain in the Shunzhi Reign, in Time, Temporality, and Imperial Transition: East Asia From Ming to Qing, Lynn A. Struve ed., 2005, pp. 73 - 112。

④ See Jerry Dennerline, The Shun - chih Reign, in 9 Cambridge, p. 111.

⑤ 参见《大清圣祖仁皇帝实录》,第1647页。

死而复生”，正应和了唐太宗当年的观点。康熙自己建立起儒家仁道的形象，说他最不情愿做的是“于秋审审定死刑”。他也欢迎法家思想，认为统治者的“惩罚意图是为了避免今后的处罚”。[①] 复核死刑判决之时，康熙与他的大臣及官员紧密合作，通常会宽恕1/3的被告。有些贪官或者地方贤达势力太大，以致负责的官员不敢过问，他个人因此参与了审理。在一些政治案件如涉及朝廷争斗、明朝遗老、少数民族和边疆反叛案中，他不惜废除一些温和的条款，替以严刑，包括凌迟等。当他的继承人明显地表现异常，康熙责备他“有违国宪”，将他从继位者中除去。在其遗嘱中，他表达了自己（执法）的决心和意图（虽然未必付诸行动），“未尝违法待人，仆从之人有违法者，绝无宽宥”。[②]

也正因为如此，康熙在确定继承人一事上犹豫不决。在一场和两位兄弟的争斗之后，雍正（公元1723～1735年在位）得到了第三名兄弟的扶持，顺利继位。中年得位，这位新就职的统治者已经相当熟悉体制，并使其高效运行。以孔子的治理理念作为基础，结合法家重视“法”的传统，雍正宣称：“似朕，位居万人之上，希法律必行，朕比先自行，他人方可效法。”[③]以策反的罪名逮捕了权势浩大的年羹尧之后，雍正据说为之拭泪，因为他告知朝官们要重惩他：“朕之治国，以赏罚分明。如朕无视国法而使罪犯如年羹尧者得以宽宥，则何以布法以得民心？”[④]雍正对使用国家权威来提升政治社会平等颇为关注。他将八旗制度官吏化，以此约束贵族阶层，减少其被从轻发落的机会，以推行“正义公平”。他还提升官饷，禁止私授礼物来抑制官吏腐败，强制施行税法和租赁法，降低国家负担，铲除恶人使得

---

① 《清圣祖实录》卷一六一：（康熙三十二年十二月）辛未，上谕大学士伊桑阿等曰：“适都察院议处吏部误议知府卢腾龙等革职一事，将堂官降三级司官降四级俱调用，所议甚当。朕观人之识见精神有限，不能过其本来分量，乌得无错，但自知其错，即宜承认。若既知其错而不承认，饰图文饰，则其错弥甚，必致坏事。前朕十三四岁，辅政大臣理事时有误行一事，朕至今犹忆之，彼时遇颁恩赦，释放罪犯，曾赦一不应赦之罪人。该部以不应赦而赦、应否释放，请上□日。大学士李霨奏，欲将错就错。朕问：‘尔此言于此事尚可，如遇不应正法之人误行正法，则人死岂能复生，此言亦可乎？’李霨不能对。大学士图海奏：‘此事实臣等之错，有何辩处！’天下事惟人命至重，朕察之又察，然已行之事，其中能保无误耶！”——译者注

② 《大清圣祖仁皇帝实录》，第3125页；Jonathan D. Spence，Emperor of China：；Self-Portrait of K' ang-Hsi 29033，169（1974）；Jonathan D. Spence，The K' ang-hsi Reign，in 9 Cambridge，pp. 130，133，143，182。

③ Silas Hsiu-Liang Wu，Passage to Power：K' ang-his and the Heir Apparent，1661 – 1722（1979）；《雍正皇帝成大事的二大方略》31（Shi Sen trans. and ed. ，2000）。

④ 《大清圣祖仁皇帝实录》，第576页。怀疑论者当然会认为面对一个有能力且独立的官员，雍正是为了澄清其权力的加强。他感觉自己对法治负有执行的责任这一点尤其值得关注。

社会更加开放。[1] 雍正的独裁不可否认,但他亦认可大臣们批评皇上的权利和义务。在一桩知名的案件当中,平民曾静被一位省级官员严厉地批评,理由是他在明朝死忠分子吕留良的言论基础上将清贬为“夷”。雍正令人逮捕了曾静,要求他供认罪行。他也花了不少力气说服曾静,“满清”不再是“夷”,甚至和该名囚犯一起编撰了一部书(《大义觉迷录》),以说明该点。雍正还命人将吕留良的尸骨挖出来,其家人也因此受到牵连,但是他最终允许曾静返回家乡,理由是他已经因此事受到了教育。[2]

雍正对其继位者秘而不宣。他的儿子弘历取得皇位后,为清代悠久的乾隆之治(公元1735~1796年)奠定了基础。[3] 和他的父亲一样,乾隆比较严厉,不那么在意平等。为了复兴儒家孝道,他重新逮捕了曾静,并以“诽谤先帝”的罪名将其凌迟处死(公元1735年)。不过,乾隆统治的早期阶段,在治理朝政方面还算比较中庸。一方面,他不再看重御史们的批评,因为许多人认为正是党争与倾轧导致了明朝的衰亡;另一方面,他也不那么理会官员们的密报,因为其中有不少只是诋毁之辞。乾隆主要依赖的是各地官员们定期呈上的禀报,其中包括许多对官员腐败的告发。举例而言,公元1757年乾隆发现湖南巡抚蒋炳包庇了曾被前任巡抚陈宏谋控告的布政使杨灏,罪名是从饥荒救济款中贪污了三千两白银。[4] 蒋炳认为,杨灏与陈宏谋有隙,遂允许杨归还款项。他还根据公元1717年的法条,允许“借走”国库资财的官员在一年内归还这一条款,推迟了对杨的处罚。但乾隆恰好非常敬仰陈宏谋,遂认为蒋炳曲解了法条的本意,该法条只适用于一个国家部门到另一个国家部门的钱财转移。他下令处决了杨灏,并以忤逆罪将蒋炳提交刑部议处。刑部建议对其处死。但因为蒋炳所在的派系势力已微,乾隆又认为他还算有才能,且未在此案中牟利,因此将罪行减轻为流放到蒙古边疆,后来又让他复职。在类似的案例中,法律成了乾隆皇帝手中的以建设“符合伦理的政府”为目

---

① See Peihuang, Autocracy at Work: A Study of the Yung-Cheng Period, 1723 - 1735 (1974); Madeleine Zelin, The Yung - cheng Reign, in 9 Cambridge, pp. 218 - 21.

② See Jonathan D. Spence, Treason by the Book 128 - 29 (2001).

③ See Harold L. Kahn, Monarchy in the Emperor' s Eyes: Image and Reality in the Ch' ien-Lung Reign (1971) [从皇帝本身和旁观者角度出发探讨乾隆(1735~1796年)在位时的君王形象]。

④ 据钱实甫编《清代职官年表》(第1606页,第1839页),陈宏谋(1696~1771年)于乾隆二十年至二十一年(1755~1756年)年任湖南巡抚;蒋炳(生卒年不详)于乾隆二十一年至二十二年任湖南巡抚;杨灏(? ~1757年)于乾隆二十一年任湖南布政使,同年被革职。——译者注

的政治工具。①

清代与亚洲以外地区的密切交流，带来了中国法治观念普适性的缺乏以及如何与欧洲法治观念协调的问题。早期中国的对策是兼容并蓄，但是《大清律例》沿用了《大明律》，以“万邦来朝”的理念对外国人实施司法管制。② 这条原则在康熙与俄罗斯的条约中得到遵循，却在澳门一案中有所妥协。当时，一名葡萄牙人在澳门杀死一名中国人，却被允许补偿受害者家人，由此获得葡萄牙政府的轻判。清代早期，清政府也允许英国商人在南方的四个港口进行非正式贸易，无须像其他国家的人一样纳贡。几起纷争被平息的方式也有所不同，有的由清政府裁定，有的则归英国政府管辖。公元1759年，一位英国使节“前所未有且为所欲为地”上书清廷，试图请求其惩戒贪官，规范广州（当时是贸易的聚集地）的商业秩序。没想到这一行为起了反作用，乾隆皇帝对广州一年之中可以进行贸易的时间进行了限制。1784年，一名英国的礼仪炮手开了一炮，导致了两名基导官员的死亡，清政府要求英国交出这名炮手，以此获得司法裁决权。因为他身负两条人命，并且拒捕，乾隆将其判处了绞刑。③

英国对此的反应是：从此拒绝移交任何嫌犯，而由英国人自己审判和定罪。他们认为，中国的司法过于独裁和腐败（尽管他们没有给出如此评判的依据），凡是谋杀案，必定被判死刑（其实他们忽视了在中国政府经常会实施大赦，而且中国被判死刑的案件数远远少于英国），以及并不承认集体责任（1784年尤其是因为这点，清代不得不扣押人质，而且施行了商业禁令）。他们还声称，清政府虽然宣布鸦片贸易违法，可是按照习惯法，既然鸦片贸易已经存在了很久，就应该被视为合法。接下来的七桩争议当中，中国人被英国人伤害或者致死，都被不同的遁词（包括没有兑现的承诺，如犯罪者将在英国被审判）轻轻带过。在1821年的一起特殊案件中，一艘美国船上的一名意大利船员，由于导致一名中国妇女死亡而被登船的清代官员抓获，在岸上进行的审判中认罪，被处以绞刑。其后的两起案件中，英国船员杀死了中国当地人，却被英国人以在英国审判为借口包庇。关于在广州口岸设立英国领事来审理相关案件讨论从此展开。尽管类似的安排在澳门生效，清政府却以其有损清廷权威及干涉主权（确实如此，鸦片贸易同样如此）为

---

① See Alexander Woodside, The Ch'ien – lung Reign, in 9 The Cambridge History of China, Part One: The Ch'ing Empire to 1800 *Willard Peterson ed.*, p. 304. 关于陈宏谋，参见 William Rowe, Saving the World: Chen Hongmou and Elite Consciousness in Eighteenth-Century China (2001)。关于陈宏谋执法不那么正面的观点，参见 Philp A. Kuhn, Soulstealers: The Chinese Sorcery Scare of 1768 (1990)。

② See R. Randle Edwards, Ch'ing Legal Jurisdiction over Foreigners, in Tradition, pp. 222 – 241.

③ Ibid., pp. 222 – 241.

由拒绝。最终,1839 年 7 月一名喝醉了的英国船员杀死一名中国人,英国方面拒绝交出疑犯给清政府,加上其他的外交、领土和商业纷争,导致鸦片战争终于在次年爆发。①

如同之前的唐代一样,对于在中国领土上犯罪的外国人,清代通常尽量不加以威权,而是倾向于让其接受本国法的审理和裁决。另外,清代总是迅速而严厉地惩罚涉及外国人的中国公民,并对受害者予以全额赔偿。1781 ~ 1828 年间,在 6 起中国人杀死外国人的案件中,嫌犯往往在相关的外国人群体面前被审判和处决。1784 年,英国人由于惧怕中国过于严厉的正义会应用到一名英国公民身上,于次年要求将其适用于一名中国人。1828 年两广总督逮捕了 17 名福建人,控告他们因杀害和抢劫 13 名在越南搁浅的法国船员,犯了海盗罪,其首领被凌迟处死,同谋被斩首。这一做法在东印度公司看来,简直"应获最高奖赏"。② 开始全球扩张步伐的大英帝国热衷于惩罚外国人,而不是约束自己的臣民。与此相反,历史悠久的中国文明古国,却热衷于审判自己的臣民,宽待外国人。

1842 ~ 1843 年鸦片战争中失利之后,清政府被迫签署一系列"不平等条约",接受了欧洲和美国在 5 个开放港口的领事裁判权,主导该地的法律事务。沿袭了周代和唐代的做法,清政府认可了外来人口的不同习惯(异族),也被迫采用了弱国的策略,与宋代一样,在边境牺牲主权,以求控制中原。③ 正是清政府相对较弱和节节衰退的军事实力,而不是对法律的误解(或者说是忽视),导致了其在四场以上的战争中失利,被迫在接下来的六十多年里开放了上百个贸易口岸。④ 事实上,中国一直试图在这个时期建立法律体制。甚至在公元 1840 年之前,钦差大臣林则徐通过引用"中国法、英国法、国际法以及基本道德原则(东西结合)"的方式,试图说服英国女王禁止其臣民贩卖鸦片到中国南方,不过仍以失败告终。⑤ 1900 年,在八国联军击败义和团之后,中国的谈判者仍然在商标权谈判中显示出娴熟的技能,"成功离间了普通法和大陆民法的外交使臣达 20 年之久,由此避免

---

① See R. Randle Edwards, Ch'ing Legal Jurisdiction over Foreigners, in Tradition, pp. 242 - 251.

② Ibid. , pp. 251 - 60.

③ 非常有启发且有新意的解读清朝在这个时期与西方的主权冲突,参见 Lydia H. Liu, The Clash of Empires: The Invention of China in Modern World Making 第 2 ~ 4 章(2004)。

④ 有学者不认为中国在 19 世纪晚期军事势力相对较弱。参见 Benjamin A. Elman, On Their Own Terms: Science in China(1550 - 1900)第 8 ~ 11 章(2005)以及 S. C. M. Paine, The Sino-Japanese War of 1894 - 1895: Perceptions, Power, and Primacy(2003)解释了 19 世纪晚期中国的军事力量并不弱于西方与日本。

⑤ See William P. Alford, To Steal a Book is an Elegant Offence 34 - 45(1995).

执行西方列强用条约强加的租界要求”。[①] 事实上，西方列强运用法律来强调其军事优势，恰恰“弱化了国际法层面的争论”，而且向那些“试图这样做的其他人发出信号：任何类似的争论都是徒劳的”。[②]

西方要求治外法权的理由是中国法只有刑法而没有民法。这一点尽管到今天仍被许多学者接受，但事实却绝非如此。如同之前的律例一样，《大清律例》的许多法条中，确实都列出了惩罚，但是在许多涉及家庭关系、物品买卖（通常被认为属于“小事”）的法条中，却往往并非如此。[③] 一些包括婚姻缔结、财产继承的规定，也没有列出相关惩罚，并且无须强制执行。举例来说，法律假设父亲有义务在子嗣之间平等分割家产，给予儿子家族财产继承权。这一法律的意图，是防止土地兼并，保护中小农民业主利益。其他民事法律条款，如禁止私造度量设备，由于经常被违反最终失去法律效用。但是他们仍然是社会规则的一部分，偶尔仍可被引用。尽管没有清晰的民事法机构和民事法程序，《大清律例》和清朝的司法实践是清晰的。史料显示，“大约三分之一的地方诉讼档案中，都包括了此类案例”。[④] 更多情况下，知县们根据《大清律例》裁决案件，虽然未必写明所适用的法条，但其措辞却往往是清晰可行的。举例来说，债务人有偿还义务，也意味着债权人有讨债权利。清代的法律，如同历来的中国法一样，注重义务和惩罚，而非积极的权利。但这不等于其完全忽视权利。事实上，它同样认可个人的人身权和财产权。“许多清代诉讼人希望通过诉诸法律得到免遭违法行为侵害的法律保护。这与现代诉讼人希望法律能伸张他们正当权利的实际结果有异曲同工之处。”[⑤]

到了1901年，越来越多有影响力的中国人相信，如果不改革法律，不向西方看齐，中国将永远无法收回开放口岸的主权。1902年，慈禧太后任命刑部侍郎沈家本负责此事。沈家本参考明治时期的日本，建议改革分两步走：第一，修订《大

---

① William P. Alford, To Steal a Book is an Elegant Offence 34 – 45 (1995).

② Ibid, p. 51.

③ See Rosser H. Brockman, Commercial Contract Law in Late Nineteenth-Century Taiwan, in Tradition, 同上注 15, pp. 76 – 136; David Buxbaum, Some Aspects of Civil Procedure and Practice at the Trail Level in Tanshui and Hsinchu from 1789 to 1895, 30 J. Asian Stud. 255 – 79 (1971)。

④ Philip C. C. Huang, Code, Custom, and Legal Practice in China 23 (2000).

⑤ Ibid., p. 27.; Mark A. Aliee, Law and Society in Late Imperial China: Northern Taiwan in the Nineteenth Century (1994) (解释了中国民法与刑法的差异); Mark A. Allee, Code, Culture, and Custom: Foundations of Civil Case Verdicts in a Nineteenth-Century Country Court, in Civil Law in Qing and Republican China (Kathryn Bernhardt & Philp C. C. Huang eds., 1994) pp. 122 – 41. [此后称 Civil Law]; Philip C. C. Huang, Codified Law and Magisterial Adjudication in the Qing, in *Civil Law*, pp. 142 – 86; Jing Junjian, Legislation Related to the Civil Economy in the Qing Dynasty, in *Civil Law*, pp. 42 – 84.

清律例》(其最近一次修订还是1870年);第二,需要颁布两部新的法案,像西方一样,特别需要在民事和刑事方面有所区分。他研究了酷刑的来源,认为其违反人道,主张废除之。不少酷刑源于秦代,隋代前后有些已被废除,却又在明代复活,如枭首示众等。有的刑罚,如凌迟,从辽代开始,到元代变得常见,延至清代。包括刺字、烙铁、截肢和连坐在内的酷刑,均在1905年被废除。1903年,沈家本借用唐代的做法,主张废除误杀、自卫杀人等犯罪的死刑;1904年,枷锁、折磨、流放以及鞭尸被废止,最后一项由罚款取代。由此,法律惩罚被减为四项:绞、流、徒和罚金。

为了在更大程度上实现社会平等,公元1902年清政府允许旗人和他族人通婚,公元1907年法律允许两大族群平等,公元1905年用来处罚犯罪者家属的官奴制度被废除。私奴,包括由于贫困自卖或者出卖儿女的行为,也于1909年被禁止。公元1909年10月,沈家本将修订后的文本提交朝廷,作为"新旧之间的道路",且注明有必要"选自东西大同国家之良法典范"。[①] 在沈家本的推动下,中国试图运用一种具备普适性的法律系统,尽管它模仿了西方列强的法律,但目的是增强中国的国力和财富。修订后的《大清律例》去掉了原本387条法条中的12%,以及1327条例中的45%,由此接近法家理想中"简洁、系统、清晰和相对容易操作的一套法律规则"。[②] 正是因为这个原因,以及对于新的民事法典的继续保留,修改后的《大清律例》中43条法条和79条例作为中国的基本民事法,在清代的最后2年和民国的前20年都得到了运用。[③]

(十二)民国:政权分离以及中央集权的国家

公元1911年清政府被颠覆之后,是20多年的国内战争,与中国早期分裂时代类似。军阀混战之后,是近20年的中央集权时代。

公元1912年,建立了由总统领导、宪法管制、国会扶持的共和国。国会由民众选举产生,对民众负责。第一届共和国的总统孙中山,根据1912年的《临时约法》当选,致力于实现国民党的三民主义:民族、民权和民生。西方关于权利的理念,亦深植于公元1914年、1923年和1931年的三部宪法之中。孟德斯鸠的"三权

---

① Marinus J. Meijer, The Introduction of Modern Criminal Law in China 52(1976). Philip C. C. Huang, Codified Law and Magisterial Adjudication in the Qing, in *Civil Law*, pp. 27 – 30(解释了晚晴法治改革的背景).

② Marinus J. Meijer, Slavery at the end of the Ch' ing Dynasty, in Tradition, pp. 327 – 58.

③ 同上。事实上,满族和汉族之间的不平等一直存在。参见 Edward Rhoads, Manchu and Han: Ethnic Relations and Political Power in Late Qing and Early Republican China, 1861 – 1928(2000)(解释了满族势力在清末的兴起)。

分立”理念以总统、国会(立法部门)及法院(司法部门)分立的形式实现。早在春秋时,中国就已有代民告讼的法学专家,宋代时更为发达,但到清代却被当成“讼棍”予以禁止,或者只能作为代理上诉人出现。民国时期,他们作为律师重获地位,越来越多地在法学院接受专业训练,从民国初期的1426名,增加到1933年的7651名。北洋政府还成功地实施了清末起草的新的刑法典。该法典废除了十罪,减轻了反对政府首领被处的刑罚,允许对上述罪行处以较轻的刑罚。与西方、日本一样,剥夺自由刑成为了最常用的处罚手段。民国政府建立了标准的监狱,到了公元1918年,已有39间之多,可以收容超过14,000名囚犯。通过宗教(如儒教、佛教和基督教)和各种思想层面的道德教育来感化囚犯,成为这一时期监狱工作的重点。当时的监狱中,不仅举行法治讲座,还愿意听取囚犯对监舍条件的抱怨。监狱还提供一些非苦役性的工作。嫌犯和囚犯分别关押,男囚和女囚分别关押,对脚镣、枷锁的使用也都有限制,后者更于公元1927年被禁止。多数囚犯因为琐事获罪,关押时间也就变短,斩首判决则已绝迹。从各个方面来看,民国前期可以说一定程度地实现了平等自由的法治。①

但除此之外,民国前期被内忧外患所困,产生了“法治”与“法制”的不同形式。因为无力统一全国,也难以赢得外国的合作(如收回中国口岸的领事裁判权),孙中山屈服于外来压力,走了尧舜禅让的道路,被迫将大总统之位让与袁世凯,因为袁世凯的军队能确保维护国内秩序,并赢得外国的尊重。但是,袁世凯派人刺杀了挑战其权威的国民党总理宋教仁,以党派“自私”与“法”相违的借口,禁止政治党派的出现,宣称自由、平等和权利被“法律”约束,还在《约法》中增加了第14条,规定由总统总揽国家权力。此时,西方国家只关注他们在中国的特权,而不在乎其法治情况如何,为袁氏政府提供了借鉴,使之得以在无国会或者选举的情况下掌握权力,从而继续支付清代遗留借款的利息。

当然,袁世凯也运用其权力,进行了一些改革,包括建立所谓“东亚最有效率的”警察体系。在袁世凯的领导下,警察调查、法庭判词和监牢审判“与现代刑法

---

① See Philip C. C. Huang, Codified Law and Magisterial Adjudication in the Qing, in *Civil Law*, pp. 39 – 40, 43 – 47, 54 – 55; Jerome Cohen, Introduction, in Tradition, p. 6; Alison W. Conner, Lawyers and the Legal Profession During the Republican Period, in Civil Law, pp. 215 – 48(追溯了民国时期律师职业道德的发展进程)。Marinus J. Meijer, Slavery at the end of the Ch'ing Dynasty, in Tradition, pp. 64 – 119, 190 – 202(解释了晚清刑法典的改制).

典相符”。[①] 但是警察也获得一些立法和司法的权力,可以制定规则,判处违法者超过30天的关押,还能剥夺其上诉法庭的可能。这样一来,能否在法庭或者监狱中获得正当程序,“多取决于个人的社会地位和监狱制度本身”。[②] 一些监狱非常拥挤,于是用杖棍代替坐牢,这一举措颇得外国人的欢迎。袁世凯的一些独裁措施,甚至被外国人认为可以当成在条约港口治理的典范。尽管如此,袁世凯仍没能收回中国的主权,反而将盐税和关税的控制权失之于外国势力,将国内产业的控制失之于日本企业,将外蒙古失之于俄罗斯,也将外西藏失之于英国。为了在国内积累权威,在边疆收回主权,他取得了美国顾问古德诺(Frank Goodnow)的支持,孤注一掷地恢复了“皇帝”称号,年号“洪宪”。这一举措当时也戴上了改革的“高帽”,因而也算不上全线倒退,而且有英国、日本这两个保留君主的国家作为样板,因而也不算全无理性,但在当时的中国却极为不得人心。不久之后,袁世凯病逝,帝制告终。总之,袁世凯时期是在国内外势力合谋之下,实现了一种高度独裁形式的统治,最多只能说是“法制”而非“法治”。[③]

无论其是否比“帝制”更为自由或者专制,早期民国的法治形式很难冠以“新”之名。我们不如将其与春秋战国以及宋代相比较。早期民国,跟古代早期政体一样势力太弱,以至于不能抑制国内的反叛势力,或者收回前政权失去的疆土,更不要说将其势力向外扩张。同春秋时的郑国一样,民国定下严格法律,目的是稳定社会秩序。有些民国的民众将他们的时代与中国历史上的宋代相比较。赵琛(1899~1969年)曾在日本学习法律,公元1925年加入国民党,20世纪30年代成为一名司法官员。他发现传说中宋朝正直的地方官包拯身上具有公平执法的模范品性。他自己也被时人誉为“包公再世”。[④]赵琛认为,“贫穷、无知和偏执随着文明的发展与犯罪的恶性循环紧密关联,而教育和惩罚的任务是将这一关联斩断。”另一名学者李剑华则批评了明代小说《水浒传》是对犯罪者的美化,其广

---

① Ernest P. Young, Politics in the Aftermath of Revolution: the Era of Yuan Shih-K' ai, 1912 - 16, in 12 The Cambridge History of China: Republican China 1912 - 1949 226, 243 (John K. Fairbank ed., 1983) [此后称 12 Cambridge].

② Ibid.

③ Philip C. C. Huang, Codified Law and Magisterial Adjudication in the Qing, in *Civil Law*, p. 55; Ernest P. Young, Politics in the Aftermath of Revolution: the Era of Yuan Shih-K' ai, 1912 - 16, in 12 The Cambridge History of China: Republican China 1912 - 1949.

④ 赵琛,字韵逸,浙江人。青年时代留学日本明治大学。归国后曾参与1936年《中华民国宪法草案》的起草。后任首都高等法院推事兼院长、司法行政部政务次长、代理部长及台湾地区“最高”法院检察署检察长等职。他在刑法学方面造诣很深,影响很大。著有《刑法分则实用》《中国刑法总论》《新刑法原理》《刑法总则讲义》《刑法总则》《监狱学》等。——译者注

为传播助长了民国时期的盗匪之风。1935 年，江苏感化院的教员出于改善经济管理的目的，要求犯人们就王安石的北宋变法撰写论文。显然，当时的人们相信，在古人的示范作用下，更为合理的法治形式可能会被激发。

公元 1928 年，曾在日本受训的蒋介石得到西方的支持，坐镇首都南京，试图重新统一中国。他终于实施了清末在德国模式上改革的新民法。他任命王宠惠为司法院院长（公元 1928～1930 年在任），后者在美国和德国接受教育，被认为是那个时代最了不起的法学家之一，为实现法典中的权利而努力。新法典将地产视为“私产之本”，父亲和儿子不再在处理地产时受到约束。与 1911 年的民法版本相比，此时的新民法有更多条款受到《德国民法典》影响，显得更为进步，如“法律面前男女平等，长幼平等”；“女儿和儿子有同等继承权。夫妻之财产及所得，除特有财产外，合并为共同财产，属于夫妻共同共有”等。① 寡妇也可以得到其丈夫遗产，如同其儿女一样。该法废止了包办婚姻，在第 972 条规定：“婚约，应由男女当事人自行订定。”②妻子和丈夫一样有权申请离婚，使清代以来已经存在的离婚实践有了法律上的依据。有观点认为，《大清律例》对违反国家赋予权利的行为实施惩罚，乃是基本农业社会的需求。民国民法对“个人权利”的维护，则适应了资本主义经济的需要。③ 民国法律适应资本主义需要这一点，在民国的监狱中找到了依据，在监狱的处罚哲学里，到处明显充斥着社会对于穷人的歧视。沿海的监狱比内地的监狱好，城市的监狱比农村的监狱好。不过，资金不足、囚犯关押过多的情况，可以说哪里都有。酷刑、斩首以及公开行刑，特别是在所谓的激进分子案件当中仍然存在。付不起罚款的穷人充斥着监狱，他们饱受鸦片、法外刑罚以及高死亡率的折磨。与有钱人相比，他们更有可能出于医学目的在死后被解剖。④

当然，南京时期制定的法典还是反映出对社会平等的关注，这是早期的多个法律版本所缺乏的。在日本接受了教育的胡汉民当时是立法院的第一任院长，他曾就过多强调“个人本位”而不是“社会本位”提出了质疑。他认为中国长期以来家庭优于个人的价值观比西方更为“先进”，而后者近期以来也开始关注社会需要。⑤ 事实上，在他看来，外国人“霸道”，仅关注对个人有益的事务，而中国注重

---

① See Philip C. C. Huang, Codified Law and Magisterial Adjudication in the Qing, in *Civil Law*, pp. 57－61.

② Ibid., p. 62.

③ Ibid. Kathryn Bernhardt, Women and Property in China 960－1949（1999）（解释了民国时期女性逐渐拥有财产权和继承权）。

④ See Frederic W. Wakeman, Policing Shanghai（1927－1937）, pp. 249－59（1995）.

⑤ See Philip C. C. Huang, Codified Law and Magisterial Adjudication in the Qing, in *Civil Law*, p. 63.

"王道",强调人性。[①] 胡汉民提倡采取措施帮助因农作物歉收而遭受损失的农户,因为天灾是不可控制的。不过当他把这一点写入法典,在推崇平等拥有土地,限制租赁方面他就不那么成功了。事实上,20 世纪 30 年代以平等名义写就的数条法规,最后使有钱有势的人得以受益。胡汉民和他人一样,重视法典而不是法律传统,考虑德国民法典对于民国法典的重要影响,这一点不令人惊奇。认为中国的习惯法中坏的比好得多,胡汉民声称:"如果我们扩大习惯法的范围,那么法治精神在民众之间将会更难发展起来,所有的政治和社会进步都会由此拖慢进程。"[②]当然,有少数几款习惯法更注重社会平等,如关于土地售卖的条件以及对利息的限制等,这些均在法典中有所体现。[③] 依据其他国家的刑事管理经验,有些知识分子同样表达了对平等和人道主义的关注。李剑华就赞同西伯利亚的俄罗斯劳改营,认为其比欧洲在殖民地的奴隶制更好。他同意一名日本法学家废除死刑的观点,因为,他写道,"处死罪犯的社会其实减少了其应对犯罪的责任。他把儒家思想和马克思主义结合起来,认为人需要有职业以具备道德感,是资产阶级对奢侈品的追求导致了穷人犯罪。"

除了考量南京政府的资本主义和社会主义特点,我们还可以评估其重新将中国集权化的努力。西方列强为世界和冲撞的意识形态争斗的时候,有些中国人被西方另一种形态的法治形式吸引:法西斯主义。公元 1931 年蒋介石批准了中华复兴社的成立,日本很快将其称为"蓝衣社"。这个社团将蒋介石视为国民党的"唯一最高领导",其成员"必须绝对支持他,仅接受他的命令,将他的意志作为自己的意志"。[④] 公元 1933 年蒋介石告诉其党内干部,"法西斯主义最关键的一点,是完全信任一位圣人般有能力的领导……我相信,除非每个人都完全信任某一个人,我们不可能重建国家,也不可能完成革命"。[⑤] 在公元 1935 年的一场演讲当中,他又补充道:"现在中国处于危机形势之中,法西斯主义对于中国来说是一副良药,只有精神能救中国。"[⑥]蒋介石的意识形态,既融合了儒家对圣人的尊重和家国主义中对领导的尊重,也吸收了中国和西方的法治观念。"蓝衣社"的公告之一如此声明:为了创立新文化,列宁、斯大林、墨索里尼和希特勒都对旧文化发

---

① See Philip C. C. Huang, Codified Law and Magisterial Adjudication in the Qing, in *Civil Law*, p. 63.

② Ibid., pp. 63 - 64.

③ Ibid., p. 68.

④ Lloyd Eastman, The Abortive Revolution: China Under Nationalist Rule, 1927 - 1937 42(1974).

⑤ Ibid., p. 43.

⑥ Ibid., p. 40.

动了残酷的攻击,重现了始皇帝焚书坑儒的场面,这自然是不可能成功的!"①"蓝衣社"将真理与和平贬为骗局,宣传在这个崇拜力量的社会中要以暴制暴。他们像《商君书》里所说的那样宣传道:"刑重而必得,则民不敢试,故国无刑民。"②该社的成员在公元1935年达到1万名,包括10个支部(其中一个在洛阳,一个在中原)以及40个分支(其中一个在华盛顿特区)。支持"新生活运动(该运动强调以道德装备思想)"之后,"蓝衣社"于公元1938年被解散,但是其精神在国民党的先锋队中保存了下来,其角色被戴笠领导的特务处接任。戴笠的情报处从公元1932年的145间机构扩张到第二次世界大战结束时的4万~5万间。③ 当时,蒋介石已经和美国签署了秘密协议,为戴笠的情报人员提供训练和合作,并建立最臭名昭著的训练营来关押政治犯,最有名的就是"白公馆"。④ 因为条件成熟,有现成的模式可循,加上多种西方援助,中国原本寻求统一和集中化的努力渐渐地向秦代的法治模式靠拢,这是两千年来从未有过的。

结论

总之,如上所言,到周代,中国人接受的是超验的思想理念——由天与自然主导——以寻求法治。到了春秋战国时期,中国人逐渐发展出不同的思想理念——包括儒家、法家和道家思想——降低统治者的权威,帮助增加社会平等。从秦汉开始,中国统治者被期待延用祖先们传下来的礼教治国,法律、国家机构和官僚体系是实现"道"的各种途径,其目的是达到天、地、人三者的融合。

在上文中,我们进一步提出,要完全理解和衡量中国的法治现象,需要认真考量出现在中国历史上的社会政治秩序模式,从早期中国直到20世纪中叶,这些模式或一度出现或者反复出现。这些模式包括实现清明之治的周代、唐代和清代,多国并存的时期(秦、元和中华民国),以及奉行休养生息制度的汉代与明代。以上这些朝代经历了各种法治统治模式,甚至是无法而治的模式,他们也展现了各种法治形式。法治形式的最高点,只在公认为模范的统治下取得过,包括周公、汉文帝和汉景帝、唐太宗以及清代康熙时期。其最低点出现在最为动荡的时期,以及过于中央集权化的时期。关于法治在不同时期呈现出的面貌及其具体形态,以

① Lloyd Eastman, The Abortive Revolution: China Under Nationalist Rule, 1927 - 1937, 42(1974), pp. 45 - 46.

② Jonathan Fenby, Chiang Kai-Shek: China's Generalissimo and the Nation He Lost 231(2004).

③ See Frederic Wakeman Jr, Spymaster: Daili and the Chinese Secret Service 44 - 45(2003).

④ Michael Schaller, The U. S. Crusade in China, 1938 - 1945, 第11章(1979)(分析了美国与国民党的合作领域)。

及他们在何种政治局势和条件下出现以及重现,还需要更为详尽的研究分析,还有许多工作尚待完成。但通过本文,至少我们可以知道各种法治范式之间的重要联系,可以获悉现有需要以及未来发展方向。这些对于中国在现有的全球格局中实施法治而不是人治都是极为必要的。在本文中,我们已试图厘清了过去3000年中的反复变化。当然,就中国1949年以来在法治方面的实施情况、性质以及前景,还需要更多分析和研究。

以太祖之名

——《明太祖实录》对朱元璋法哲学与中国文化认同的构建

姜永琳* 著

袁 也 阚 剑 译

杨 焯 统译

高 珣 方 强 校

明朝(1368～1644年)开国皇帝朱元璋(1328～1398年)领导了中华帝国史上一次规模宏大的法制建设。在

---

* 姜永琳,美国明史学会会长,布林茅尔学院(Bryn Mawr College)东亚学系教授。原文为 Yonglin Jiang, In the Name of "Taizu": The Construction of Zhu Yuanzhang's Legal Philosophy and Chinese Cultural Identity in the "Veritable Records of Taizu" in Toung Pao, 01/2010, 96, pp. 408－470。这篇论文是基于"《明太祖实录》对朱元璋法哲学与明代中国文化认同的再构建"一文,大量修改和扩充而成。前文载朱鸿林编:《明太祖的治国理念及其实践》,香港中文大学出版社2010年版,第283～312页。感谢 Sarah Schneewind 女士,是她的灵感与鼓励促使笔者写作这篇论文。论文之前的版本曾经在2004年10月于明尼阿波利斯(Minneapolis)召开的亚洲事务中西部年度会议上以及2006年香港中文大学召开的"朱元璋及其统治时期"国际会议上分别宣读过。感谢 Romeyn Taylor、Edward Farmer、Ann Waltner、Sarah Schneewind、Peter Bol、朱鸿林(Hung-lam Chu)、陈学霖(Hok-lam Chan)、John Langlosis、Jr.、Willard Peterson、David Robinson、杨一凡、Peter Ditmansen、Lauire Dennis,以及徐碧卿诸君给出的精辟评论。特别要向陈学霖致以谢意,他曾经将他的几篇文章赠与笔者。笔者最想感谢的是吾妻吴艳红(Wu Yanhong),她的批判性视角以及建设性意见帮助笔者不断去修改这篇论文。Pierre-Etienne Will 以及两位匿名评论者给出的意见完善了文章结构,并提高了可读性。

其统治的洪武年间(1368~1398年),这位明王朝的创立者通过开展立法工程、口述法律规则以及亲自起草法律等方式建立了多元化的法律制度。他给后世留下的丰厚法律遗产具有非常深远的意义。其法典不仅在明代被奉为“祖制”(ancestral instit-utions),也为后来的清王朝(1644~1911年)承袭。换言之,朱元璋主持的明初法律改革活动塑造了之后的帝国法律,其影响逾五百年之久。

虽然朱元璋在创建明代法律秩序中的重要性毋庸置疑,但后世对他的具体法律遗产却有着不同的评价。[①] 朱元璋提倡的法律原则是什么?他的立法目的和立法手段是什么?他采用了何种法律政策?他是如何去处理司法案件的?对于这些问题,不同时期的历史学家提供了形形色色的答案。[②] 本文论述了朱元璋的法哲学是如何在明初官方正史《明太祖实录》[③](以下简称《实录》)以及后世一些相关史料中得以构建的。文章将论述《实录》中反映出的朱元璋法哲学的3个主题,探讨官方文献对于后世对朱元璋的历史评价的深远影响,并指出《实录》是如何歪曲朱元璋的真实思想的。最后两部分致力于回答两个重要问题:(1)是谁导

---

① 关于朱元璋历史遗产的评论与功用的新近研究,参见*Long Live the Emperor*! *Uses of the Ming Founder across Six Centuries of East Asian History*,ed.,Sarah Schneewind,Minneapolis:Society for Ming Studies,2008。

② 对于朱元璋历史遗产的评论,参见Anita Andrew,“Zhu Yuanzhang and the Great Warning (Yuzhi dagao):Autocracy and Reform in the Early Ming”(Ph. D. diss.,University of Minnesota,1991);杨一凡著:《〈明大诰〉研究》,江苏人民出版社1988年版;《洪武法律典籍考证》,法律出版社1992年版;Edward Farmer,*Zhu Yuanzhang and Early Ming Legislation*:*The Reordering of Chinese Society Following the Era of Mongol RuleLeiden*(Brill,1995);John Langlois,Jr.,“Ming Law”,in *Cambridge History of China*,Vol. 8,*The Ming Dynasty*,1368 – 1644,Part II,ed. Frederick Mote and Denis Twichett Cambridge:Cambridge Univ. Press,1998,172 – 220;姜永琳,*The great Ming Code*,Seattle:Univ. of Washington Press,2005,*The Mandate of Heaven and the Great Ming Code*,Seattle:Univ. of Washington Press,forthcoming;邓嗣禹:《明大诰与明初之政治社会》,载《燕京学报》1936年第20期,第455~483页。

③ 对于《明太祖实录》的大致研究,可参见吴晗:《记明实录》,载吴晗著:《读书札记》,生活·读书·新知书店1956年版,第157~234页;Wolfgang Franke,The Veritable Records of the Ming Dynasty,in *Historians of China and Japan*,ed. W. G. Beasley and E. G. Pulleyblank(New York:Oxford Univ. Press,1961),第69~70页;间野潜龙:《明实录的研究》,载《明代文化史研究》,东京同棚舍1979年版,第8~18页;陈学霖:《明实录与明初史事研究》,载林徐典编:《汉学研究之回顾与前瞻》(卷二),中华书局1995年版,第114~124页;谢贵安:《明实录研究》,湖北人民出版社2003年版,第122~131页。陈学霖对解缙在修改《明太祖实录》中的作用作了详细研究,参见“Xie Jin(1369 – 1415) as Imperial Propagandist:His Role in the Revision of the Ming Taizu Shilu”,T'oung-pao,91(2005):第58~124页。目前研究中,引用最多的《明太祖实录》是黄彰健等编的《大明太祖高皇帝实录》,台湾“中央”研究院历史语言研究所校印,1962年。虽然终明一世,官方编纂了各种《实录》(谢贵安著:《明实录研究》,湖北人民出版社2003年版,第88~89页),但“实录”在本文中特指《明太祖实录》。

致了朱元璋真实思想的歪曲？(2)原因为何？通过对朱元璋言行评论的考察，我们将会看到，朱元璋的法哲学在其统治时期的正史中被建构出来，而该历史建构工作则反映了官方为重新界定中华文化认同而做出的努力。

一、形象

《实录》是记述朱元璋历史最为重要的文献资料之一。它成书于1402年——即朱允炆的建文朝时期(1399～1402年在位)，[①]继而在明成祖朱棣(1403～1424年在位)的永乐朝时期曾修改两次，最终于1418年定稿。《实录》基于“起居注”“日历”等文献，记述了朱元璋开国创制的种种政治功绩，包括建立法律秩序的言论及实践。

(一)法律观

就朱元璋的法哲学而言，《实录》中阐述了三个重要主题。首先，它介绍了朱元璋法律观的框架体系。书中描述了一种互动的宇宙秩序。在该秩序之中，超人力的统治与人类世界都在积极响应对方。为治理人世间的芸芸众生，天帝降“天命”(Mandate of Heaven)创造明君。作为天人之中介，君主被赋予了创造人类社会和谐和繁荣、改造臣民心灵的宇宙使命。法律则被认为是君主弘扬天命、完成君主双重使命的关键手段之一。[②]

根据这个根源，朱元璋认为法律的性质在于体现天命观的两个根本要素：“天理”与“人情”。在制定明朝基本法典“律”“令”时，[③]朱元璋要求法典编纂者们要以宇宙原则与人情为基础来制定臣民遵循的准则(参见《实录》，卷二八上，第423页)。立法的目的是建立官方预设的宇宙秩序法典化，并同时将国家价值观渗透进社会准则之中。

执法方面，朱元璋也同样要求其官员们将“天理”与“人情”作为标准。1367年，当《大明律》首版仍然在编纂阶段时，朱元璋就这样指示他的官员：“尔等执法，上应天象，少有偏曲，则纲纪法度废坏，而民不得其安况”。(《实录》卷二六，第389～390页)。

---

① 关于朱允炆，参见*Dictionary of Ming Biography*，L. Carrington Goodrich and Chaoying Fang编，哥伦比亚大学出版社1976年版(以下写作*DMB*)，第397～404页。

② 参见姜永琳：“*The Great Ming Code*：A Cosmological Instrument for Transforming All Under Heaven”，Ph. D. diss.，The University of Minnesota，1997，特别是第122～166页的内容。

③ 关于大明律编纂，参见姜永琳：*The Great Ming Code*，第11～14页，第77～78页。关于1397年《大明律》的英文版本，参见姜永琳：*The Great Ming Code*；关于《大明令》的英文版，参见Edward Farmer，*Zhu Yuanzhang and Early Ming Legislation*，第150～194页。

《实录》中引用了大量实例来证明朱元璋努力要将司法与天象连接在一起。例如,1368年,应天府发生了一次火灾。朱元璋将这次灾难与帝国的旱涝联系在一起,并关注司法"中"的流失,他认为这可能就是导致宇宙阴阳力量失衡的原因之一。因此,朱元璋让官员协助他修身自律,认为这样就能够免遭"天谴"(《实录》卷三四,第600~601页)。此外,在对天象变异的回应中,他减少了死刑的适用,并颁布大赦,以此来感化"天心"(《实录》卷五九,第1164~1165页)。1381年冬天,朱元璋仿效古代"顺时、修律令"的习俗,派遣监察御史到各地纠正司法冤案,并告诫他们说,天气逐渐转冷,阴气更盛,这正是完善法律的时期。他希望这样做可以使"律应人心,法当天理"(《实录》卷一三九,第2196页)。

如果法律包含了"天理"与"人情",那么违法就意味着对宇宙秩序的破坏。在指导制定明代最初的两部法典——《大明律》与《大明令》时,朱元璋这样指示其官员:

> 读书所以穷理,守法所以持身。故吏之称循良者,不在于威严,在于奉法循理也。卿等既读书,于《律》亦不可不通,大抵人之犯法者,违理故也。君子守礼,故不犯法;小人轻法,故陷重刑。今卿等各有官守,宜知所谨(《实录》卷二八上,423页)。

"小人轻法,故陷重刑"暗示着犯罪的实质即违反宇宙秩序。朱元璋督促官员学习法典中的原理,从而将法律文件变成道德教化读本。这样不仅可以预防犯罪,还能将道德高尚的君子与卑贱小人区别开来。

(二)仁慈

根据《实录》,朱元璋法哲学中另一个主题与其法律政策中蕴含的仁慈有关。的确,仁慈在这之后成为了君主在立法与司法中遵循的价值标准。从中可以得知,君主反复强调法律是弘扬天命的工具,法律本身目的是救人,而非杀戮。特别是在新被征服的地区,恰当的统治方式是制定一部体现仁政的法典(《实录》卷六,第64页;卷七,第81~82页;卷二四,第347页)。《实录》记载了大量体现朱元璋宽大仁慈的案例,但这样的处理方式常常导致"屈法"。例如,浙江杭州有民获罪,按律应杖刑,并谪戍。其子为磨勘司吏,要求代父受罚。朱元璋高度赞扬此子:"此美事也。姑屈法以申父子之恩,俾为世劝。"遂下令释放其父(《实录》卷一〇二,第1717页)。这一类型的案例说明在特定犯罪中,人们内心认罪时可适用"屈法申情"。当"人情"被用来宽宥罪犯时,它主要是为了促进基于孝悌慈爱价值观的和谐家庭关系。[①] 总之,当朱元璋在处理案例中体现宽大仁慈时,他常常赦免被告,释放罪犯[②]。

《实录》赞颂了基于法律秩序上的君主仁政。由于天道好生恶死(《实录》卷九七,第1658页),善治国者以生道树德,不以刑杀立威(《实录》卷二〇六,第3073页)。此外,在宇宙阴阳力量的等级秩序中,上天更为青睐阳,作为对阳的响应,德必须要胜过刑杀,而阴表现为刑。1370年,因太阳黑子频繁出现,朱元璋要求廷臣上言讨论帝国政策的得失。起居注万镒说:"日者,阳之精也。阳中有黑子,是阴之奸乎阳也。在人事上,德为阳,刑为阴,异象表示刑胜乎德,小人胜乎君子。"重新回到平衡秩序的途径则是谨慎用刑,尤其是执行刑罚。例如,当臣民有罪当死时,应该要"三覆五奏",从而避免匆忙执行或许会影响天象的死刑。《实录》称,朱元璋都愉快地接纳了这些或类似的建议(《实录》卷五九,第1164至1165页)。

(三)法律渊源

《实录》记述的朱元璋法哲学第三个主题是法律的历史渊源。该书中反复陈述了开国皇帝朱元璋推翻了元朝,并将唐代法律传统作为他遵循的范本,试图消除蒙古的影响。的确,明朝倾尽全力去建立理想中的统治区域时遇到了中国历史上前所未有的难题——外来的蒙古统治对中国的影响。为了使明政权合法化,《实录》反复谴责蒙古人玷污了华夏文明。[③] 在法律制度上,蒙古人也给华夏王朝带来了残酷教训。《实录》认为,元朝崩溃是因为其法律执行机制上存在基本缺陷。"元时条格繁冗,吏得夤缘出入为奸,所以其害不胜"(《实录》卷二七,第419~420页),所以法律不能在统治区域内贯彻实施(《实录》卷一四,第176页;卷一四,第182页;卷二六,第389~390页)。此外,《实录》还谴责了受蒙古影响而犯罪的明人。因为元代规则毁坏中国文化,习俗野蛮,使国人行为乖张,损坏天道,所以朱元璋经常指出法律松懈和道德败坏是蒙古人统治的结果。朱元璋尤其关注那些受蒙古惯例影响的社会风俗,如奴役、贫富间缺乏扶持、蒙古婚俗、葬礼

① 《实录》中所载大多数罪犯被赦免的案例都与家庭关系有关。参见《实录》卷九六,第1652页;卷一四九,第2347页;卷一五八,第2445~2446页;卷一七五,第2662页;卷二一五,第3173页;卷二〇一,第3013页。

② 皇帝赦免被告或者释放罪犯的其他案例,参见《实录》卷四七,第933~934页;卷六八,第1279页;卷九八,第1673页;卷一五六,第2430页;卷二〇三,第3047页。

③ 其他例子,参见《实录》卷〇四,第182页;卷二六,第401~404页;卷四六,第924~925页;卷五三,第1045~1046页;卷六六,第1245~1246页;卷七三,第1351~1354页;卷八〇,第1449页;卷八二,第1471页;卷一七七,第2687页。

土算命、佛道男女混居等,并试图纠正此类风俗。(《实录》卷七三,第1351~1354页;卷一六九,第2575~2576页;卷一七二,第2624页)。为消除蒙古遗留的影响,新的汉人政权继承了唐代(618~907年)的中华法律传统(《实录》卷八六,第1534~1535页)。[①]

二、影响

《实录》为明代的历史著作提供了叙述和评价朱元璋法哲学的范式,这种范式最先是由《皇明宝训》传播的。《皇明宝训》在朝廷编纂《实录》的同时辑录而成。它主要记载了皇帝诏令与训言,反映了开国皇帝的世界观与政治社会思想。[②] 一方面,由于《皇明宝训》的内容在《实录》中均有记载,而两者用语又几乎完全相同,有理由推断《皇明宝训》是从《实录》中辑录出来的。[③] 根据官方规定,《实录》是秘不示人的。原作品藏于禁中(1536年后,禁中作为皇史档案馆而广为人知),复制品保存在内阁。另一方面,《皇明宝训》是由官方发布于众的。[④] 因此,朱元璋的各种理念(包括法律思想)通过皇帝训言的形式流传开来。后来,《实录》本身也开始传出宫外。至少在明世祖嘉靖(1522~1566年)年间,一些内阁大臣已经拥有《实录》抄本。1591年后,它在民众,尤其是文人之中流传得更广泛。因此,后来书写朱元璋历史特别是其法哲学时,《实录》就有了更大影响力。[⑤]

基于《实录》撰写的明代史可以参见朱国祯(1557~1632年)的《皇明史概》[⑥]

---

① 关于朱元璋法哲学三个主题的更多研究,参见姜永琳:"'The Great Ming Code': A Cosmological Instrument for Transforming All Under Heaven", Ph. D. diss., The University of Minnesota, 1997。

② 参见傅吾康: *An Introduction to the Sources of Ming History*, Kuala Lumpur: Univ of Malaya Press, 1968, p. 199;黄彰健编:《皇明宝训》,台湾"中央"研究院历史研究所1967年版。《皇明宝训》的另一个版本参见张德信与毛佩琦编:《洪武御制全书》,合肥黄山书社1995年版,第412~605页。

③ 参见谢贵安著:《明实录研究》,湖北人民出版社2003年版,第434~450页。

④ 参见吴晗著:《记明实录》,第179~186页;Franke, *Sources*, 199;傅吾康: Historical Writing during the Ming, in *The Cambridge History of China*, Vol. 7: *The Ming Dynasty*: 1368-1644, *Part I*, ed. Frederick Mote and Denis Twitchett, Cambridge: Cambridge Univ. Press, 1988, 726-782;谢贵安著:《明实录研究》,湖北人民出版社2003年版,第400~410页。

⑤ 参见吴晗著:《记明实录》,第231~234页;傅吾康:"*Historical Writing*", 752-753;谢贵安著:《明实录研究》,湖北人民出版社2003年版,第44~45页。谢贵安认为,《明实录》的外传"抑制了野史的蔓延,使有关明史的史学生态渐趋平衡"(《明实录研究》,第44~46页)。有关明太祖的"奇迹",陈学霖指出,明后期有一大批史学著作抄袭了《明太祖实录》的描写,见"明太祖龙飞官史塑像之分析",载其著:《明代人物与史料》,香港中文大学出版社2001年版,第63~64页。

⑥ 参见傅吾康: *Sources*, 46; *Eminent Chinese of the Ch'ing Period* (1644-1912), ed. Arthur W. Hummel (Washington, D. C.: Government Printing Office, 1943)(以下写为ECCP), 187-188.

与何栋如(1598年的进士)的《皇祖四大法》(1614~1615年成书)。[①] 这两部作品不加批判地接受了《实录》记述,并将开国皇帝描述成一位乐善好施的圣君。为了编纂一部真实的"王朝史",朱国祯将《实录》作为《皇明史概》的蓝本,包括涉及朱元璋法哲学的部分。例如,在探讨《明大诰》时,该书逐字逐句抄录了《实录》对《明大诰》第一编的记载,包括君主在不揭示法律内容的前提下试图教化人心的细节描写。随后朱国祯略去了《实录》对《明大诰》其他三编的记载。[②] 然而,为强调皇帝恩泽,他也逐字逐句地抄录了《实录》中皇帝与詹徽之间的谈话(詹卒于1393年;*DMB*,35-36)。这次谈话发生在《明大诰》第三编问世的非常时期。[③]

同样地,探究朱元璋的法哲学时,何栋如也在《皇明四大法》中系统地抄录了《实录》。作为曾遭受朝廷腐败势力迫害的官员,何栋如认为,只有恢复开国皇帝的政策才能使国家长治久安。这部著作将朱元璋的治国成就与方略分为四部分,即心法、治法、祀法和兵法。它全盘接受了《实录》中朱元璋法哲学的三个主题,包括法律观、犯罪刑罚学、法律历史观和基本法律政策等内容。其写作方法也和《实录》极为相似。例如,在"治理方略"部分——即记述皇帝为建立法制所做的努力,《皇族四大法》抄录了《明大诰》第一编和第三编,并且跟《实录》一样强调太祖清除蒙古文化影响的目的,其用语也与《实录》完全相同。[④]

虽然《实录》在明朝时被奉为记录朱元璋事迹的权威资料,但是自16世纪初以降,一些学者开始批评《明太祖实录》中评价历史人物和事件等方面的政治倾向性。王鳌(1450~1524;*DMB*,1343~1347)批评了它取材的局限性,郑晓(1499~1566;*DMB*,200~204)批评了它记载细微事件的烦冗琐碎,郎瑛(1487~1566;*DMB*,791~793)与沈德符(1578~1642;*DMB*,1190~1191)指责其编纂者

---

① 参见傅吾康:Historical Writing,58;*DMB*,521-522.

② 关于1385至1388年间问世的《明大诰》,参见Anita Andrew,*Zhu Yuanzhang and the Great Warning*;杨一凡著:《明大诰研究》,江苏人民出版社1988年版;姜永琳:*The Great Ming Code*,第71~75条;邓嗣禹:《明大诰与明初之政治社会》;沈家本(Shen Jiaben):《明大诰峻令》,载沈家本著:《历代刑法考》(第4卷),邓经元与骈宇骞编,中华书局1985年版,第1897~1947页。本文中引用的《明大诰》为杨编《明大诰研究》,江苏人民出版社1988年版,第197~543页(以下简写为DG)。

③ 参见(明)朱国祯撰:《皇明史概》,江苏广陵古籍刻印社1992年版,《大训记》第9卷,第700页、第703页。

④ 参见(明)何栋如辑《皇祖四大法》(明刻本)卷七,第7页、第27页、第36~37页;《太祖实录》卷一七六,第2665~2666页;卷一七九,第2715页。事实上两者有所区别。《皇明四大法》纠正了《实录》中的一些文献错误,这或许是因为他看到了后者的一个更好的版本,或是他致力于对《明大诰》文本的深入研究。

以个人喜好篡改史实,[①]钱谦益(1582~1664;*ECCP*,148~150)则研究了官方正史中的大量"失误"记载。[②] 然而,这些批评指出的主要问题在于《实录》歪曲了永乐帝朱棣的相关史实以增强其夺取皇位的合法性,但并没有质疑《实录》所构建的太祖法哲学。

钱谦益的工作可以充分说明这一点。他在《明太祖实录辩证》中指出朱元璋的出生地有"王者气"(kingly atmosphere),从而证明开国皇帝的神圣起源。[③] 此外,通观全文,作者首先依据朱元璋自己的著述来纠正史臣写《实录》时犯下的错误。尤其是朱元璋法哲学方面,钱谦益讨论了许多朱元璋在司法判决中具有重要作用的案例,并且从未质疑过开国皇帝的决定和政策。让我们看看该书讨论的几个洪武朝案例。

首先是胡惟庸(卒于1380年;*DMB*,638~641)案。在这起特别知名的案件中,中书省丞相胡惟庸于1380年被控结党谋反。结果,皇帝处决了数十万人,并废除了由丞相管理的中央行政机构——中书省。钱谦益在评价此案例时,只涉及胡惟庸住宅的方位。他没有质疑刑事控告的可信度和刑罚的残酷性;相反,他还添加了胡惟庸反叛的其他证据,以此来说明胡惟庸"反状已明",故而"天厌其恶,神夺其鉴"。[④]

其次是李善长(1314~1390;*DMB*, 850~854)案。作为明代开国功臣的李善长因受胡惟庸案牵连,于1390年被迫自杀。钱谦益以一整节的篇幅研究了该案,如李善长的谋反行为何时败露,他是否被囚禁,以及与胡惟庸合谋时是否曾与蒙古人通信。但这些讨论从未对该案中的犯罪指控和处置提出异议。对钱谦益来说,洪武皇帝已经正确地处理了案件的根本问题。的确,钱谦益用来证明《实录》失误最权威的史料来源是成书于1388年、皇帝用来记录"奸臣"供状的《昭示奸党录》。[⑤] 在钱谦益看来,这些招供都证实了李善长的确参与了谋反。[⑥] 这大概可以解释,为何当时最博学的历史学家之一的钱谦益甚至没有提及洪武二十七年(1394年)由杰出学者解缙(1369~1415;*DMB*)撰写、官员王国用上奏,指出惩治

---

① 参见吴晗:《记明实录》,第157~159页。

② 参见(明)钱谦益:《明太祖实录辩证》,载钱谦益著:《牧斋初学集》卷一〇一至一〇五,上海古籍出版社1985年版,第2098~2152页。

③ 同上书,卷一〇一,第2098页。

④ 同上书,卷一〇三,第2126~2128页。

⑤ 文献已佚。钱谦益的《辩证》中保留了其中一部分。

⑥ 参见钱谦益:《明太祖实录辩证》卷一〇四,第2129~2142页。

李善长的荒诞无稽的奏状。[①]

蓝玉(卒于1393年;*DMB*,788~791)案是朱元璋统治时期的又一桩重要法律事件。皇帝敕命处决了梁国公蓝玉与两万同党。《实录》称蓝玉勾结包括吏部尚书詹徽在内的下属谋反。[②] 钱谦益在书中仍未质疑指控的可信度或者刑罚的残酷,甚至都没有批评《实录》中的记述,而是反驳了郑晓在《异姓诸侯传》中提出的詹徽在蓝玉案中被错误牵连的观点。钱谦益认为,詹徽是在处决蓝玉之后才被捕的。他指出郑晓记载的错误,确认了皇帝判决的正确性,而所依据的核心史料又是太祖于1393年钦定的《逆臣录》。[③]

通过钱谦益对于案件的分析可以看出,虽然他批评了《实录》中的一些错误,但丝毫未质疑皇帝的法律政策。相反,他为很多案例提供了更多证据来证实朱元璋的裁决是正确的。考证的主要来源则常常是皇帝自己的著述或判词。换句话说,《实录》所构建的朱元璋的法哲学并未受到撼动。

在明末的另两部历史著作中可以看到对朱元璋法律遗产的不同叙述,一部是何乔远(1558~1632年)的《名山藏》(1640年成书),[④]另一部是黄景昉(1596~1662年)的《国史唯疑》(1643~1644年成书)。[⑤]《名山藏》是标准的纪传体史书,它由包括“典谟”与“刑法”在内的35个“记”组成。[⑥] 这本书阐述了朱元璋的法外之刑,并且选择《明大诰》——皇帝的判例法作为皇帝法律成就中的最主要组成部分。《刑法记》的序言中提到朱元璋奉行的重要法律原则之一就是“严”。为了惩治“贪吏奸民”,皇帝常常使用“非常之诛”,包括“挑筋、剁指、刖足、断手、刑膑、钩肠、去势”。他着重介绍了朱元璋使用的三种法外极刑。第一种是将贪官“枭首剥皮”。朱元璋在府、州、县、卫所的右廨左庙都设置了“皮场庙”。收受六十两银子以上贿赂的贪官将被枭首剥皮。他们的皮会罩在官府里的椅子上面以

① 参见张廷玉等撰:《明史》卷一二七,中华书局1974年版,第3773页;*DMB*,554-57,854。

② 参见(清)《实录》卷二二五,第3296~3297页;*DMB*,35-36.

③ 参见(明)钱谦益:《辩证》,载《牧斋初学集》卷一〇五,上海古籍出版社,第2150页。朱元璋的《逆臣录》由王天有与张何清点校,北京大学出版社1991年版。

④ *DMB*,507-509.

⑤ 参见(清)张廷玉等撰:《明史》卷二五一,中华书局1974年版,第6503~6504页。

⑥ 此处应为37“记”。——译者注

警示后任官员。[①] 第二种酷刑意在让下属坚守职责。他修建了一座名叫清淮楼的多层建筑,让戍卫们从楼上监视民众。如果发现有人不恪尽职守,而是沉湎于玩乐器、蹴鞠或者赌博之中,戍卫们就会将把他押进楼里,不给予食物,只提供饮水。有人猜想,这样会使犯人在漫长的饥饿中痛苦地死去。[②] 第三种酷刑被称为"铲头会",即将游手好闲与欠税的僧人抓起来埋在一起,只将其头颅露出地面,随之一起砍掉。[③] 这些令人发指的故事显然反映了朱元璋法律遗产中最为残酷的一面。

《名山藏》最显著的特征是将残酷的《明大诰》作为朱元璋法律成就的标志。的确,《名山藏》的《刑法记》主体中记载了七部法律文献(排除六页介绍性部分),其中五部都与《明大诰》有关,即四个部分以及《律诰》几乎占去了本章的28页篇幅。相比之下,对于另外两部法律——《大明令》和《大明律》的讨论极为简洁,仅

① 对此,沈德符在《万历野获编》(1619)的记载略微不同。根据沈德符的说法,当太祖建立明朝时,他发出了对于赃官剥皮实草的命令:这些草人被安置在官府里,以提醒继任官吏们。沈德符听说一些草人仍旧被保存在州或者储藏所。他还声称,娶妻的太监也会受到同样的惩罚。参见(明)沈德符著:《万历野获编》,中华书局1959年版,卷〇八,第457页。清代史学家赵翼(1727~1814年;*ECCP*,75-76)记载,在洪武年间,收受60两银两贿赂以上的贪官会被剥皮实草;死刑在当地土地庙的前方广场执行,因此此地被称作"皮场庙";草人被放置在官吏办公时用的座位上。参见(清)赵翼著:《廿二史札记》卷三三,中国书店1987年版,第480~481页。然而,现代学者王世华认为,朱元璋从来没有实施过这种刑罚。他猜测,赵翼不加甄别地抄录了前代的记载(王世华:《朱元璋惩贪"剥皮实草"质疑》,载《历史研究》1997年第2期)。但是王世华没有讨论过何乔远与沈德符作品中的叙述。陈学霖反驳了王世华的观点,并且有说服力地指出,剥皮实草与皮场庙在明初年间的确存在过(陈学霖:《朱元璋惩贪"剥皮实草"酷刑重研:兼与王世华教授商榷》,载《中国文化研究所学报》2002年第11期)。

② 沈德符在《万历野获编》中,记录了朱元璋在1389年制定的一项类似的禁令:"学唱的割了舌头,下棋打双陆的断手,蹴圆者卸脚"。沈也引用了皇帝法令来支持断足禁赌刑罚制度的恢复。参见(明)沈德符著:《万历野获编》补遗卷三,中华书局1959年版,第880~881页。事实上,朱元璋的法令是用来惩罚疏于从事军事训练,反而沉迷于享受与私利活动的军人的。参见"洪武永乐榜文",载杨一凡、田涛主编:《中国珍稀法律典籍续编》(第3册),黑龙江人民出版社2002年版,第525~556页。

③ 参见(明)何乔远:《名山藏》,载《续修四库全书》卷四八,上海古籍出版社1996年版,第418页。吕毖的《明朝小史》中也记载了此刑罚(傅吾康:*Sources*,103):朱元璋痛恨那些去当和尚的"奸顽之民",将他们几十个一起埋在地下,只将头露出地面。刽子手每一砍都会砍下好几个头颅,这是"铲头会"的名称由来。参见杨一凡著:《洪武法律典籍考证》,法律出版社1992年版,第164页。但是吕毖的书在清朝才刊行,何乔远没有使用此书。笔者迄今为止没有在明代其他作品中找到关于此刑罚的记述。

仅用了半页(5 行 101 字)说明前者的目的,[①]只是用半行(10 字)提及后者的颁行。[②] 这一点与《实录》的写法大相径庭。如前所述,《实录》仅仅稍微涉及《明大诰》。相反,它对《大明律》的制定过程进行了详尽的描述,并赞颂这部王朝的"常经"完美体现了宇宙秩序。换言之,集中体现朱元璋领导的法制建设成就的是《大明律》而非其他法律。但《名山藏》却将《明大诰》作为明代立法的最重要法律文献。

黄景昉在《国史唯疑》中讨论了明代《国史》中记载的事件。[③] 为了探索洪武朝的政治得失,黄景昉也揭示了朱元璋的重刑措施。例如,关于流放宋濂(1310 ~ 1381;*DMB*,1225 ~ 1231)事件,他指出这是因为皇帝担忧宋的名气太盛,"方今四夷尽闻卿名,卿善自爱",而不是因为宋濂有罪。至于胡惟庸一案,他认为控告这位前丞相"通倭"是"迂谩甚"。[④] 黄景昉还特别引用了《实录》遗漏的史料论证明初"文网繁密",还引用了叶伯巨(卒于 1376 年或 1377 年;*DMB*,1572 ~ 1576)、解缙、练子宁(卒于 1402 年;*DMB*,911 ~ 912)等人批评太祖重刑政策的上奏,指出儒士们频频遭到文字狱迫害,感叹"不知彼时文儒何从搓笔"。[⑤] 他还引用了太祖惩治僧道的"严法"。[⑥]

与《实录》不同的是,虽然《名山藏》与《国史唯疑》的作者披露了朱元璋的重刑政策,但绝无批判皇帝的意图。相反,何乔远情绪激昂地为太祖以重刑铲除奸恶进行辩护。他指出,皇帝使用"非常之诛"或者"法外之刑"只是用来"革元人姑息之政,洗故俗污染之罪"。他认为宇宙的全部力量——天、地、其他精神力量、民众都意识到朱元璋并没有打算实施"绝对权力",而只是"仁爱"。何乔远也认为

---

① 何乔远误以为 1368 年只有《大明令》颁布。事实上《大明令》与《大明律》同时颁行。

② 在《刑法记》正文最后三页,何乔远对《律诰》进行了讨论,并强调了《大明律》的基本原则和教育功能。在这一章的引言部分,作者也以七行的简短篇幅提到了《律》和《令》。此外,他稍微提到了《皇明祖训》(共 3 行),《问刑条例》(共 4 行),《会典》(只 1 行)。有关这些法律文献的讨论,参见 Farmer,*Zhu Yuanzhang and Early Ming Legislation*,John Langlois,Jr. ,The Code and ad hoc Legislation in Ming Law,*Asia Major* 3rd ser. ,6. 2,1993,pp. 85 – 112;姜培琳:*The Great Ming Code*。

③ 《国史》是明代史的官方史书。由于此书佚失,笔者只能根据《实录》去推测它里面对朱元璋的叙述。

④ (明)黄景昉著:《国史唯疑》卷一,上海古籍出版社 2002 年版,第 5 ~ 6、8 页。

⑤ 事实上,如陈学霖指出的那样,许多文字狱案都是被后人杜撰的。见陈学霖:《明实录与明初史实研究;明太祖文字狱考释》,载陈学霖:《明代人物与传记》,香港中文大学出版社 1997 年版,第 1 ~ 33 页。但是黄景昉将这些案子当做了史实。黄景昉:《国史唯疑》卷一,第 11 页、第 12 页、第 15 页、第 18 页。黄记录的是太祖 1391 年和 1394 年的诏令。

⑥ 参见葛寅亮:《金陵梵刹志》(第 1 辑 · 第 3 册),台湾明文书局,中国佛寺史志会刊 1980 年,第 234 ~ 235 页、第 253 ~ 254 页。

重刑政策只是权宜之计,“非为训于后王”,因此,“天地神灵知高皇帝无淫威之意,海内臣民谅其有德爱之实”,所以“天命永眷,人心不移”。① 此外,何乔远还特别指出,朱元璋领导下的以唐律为基础的明代法律与元代腐败法律不同,并详细说明《大明律》的教化功用。② 最后,他仿照《实录》,在《典谟记》的前四章中叙述了太祖出生的神异、基于天命的法律秩序,以及汉人与蒙古人的文化区别。③ 总而言之,何乔远不仅为朱元璋的重刑政策辩护,也在《名山藏》中重复了《实录》中有关法律宇宙论和汉、蒙民族间的文化差异等主题。

同样,黄景昉在对洪武朝史实的简短讨论中频繁为开国皇帝的法律政策作辩护。例如,他一方面记录了叶居升、解缙等人批评朝廷重刑的奏疏,另一方面认为这是朱元璋继承“刑乱国用重典”的古老传统所致。④ 在载录太祖严惩僧道的诏令时,他再次坚称这是,“见圣祖深明佛乘大旨,俗秃辈不得借”。⑤ 黄景昉对洪武朝政治的大体评价是,“太祖虽用法严,而能知人,能官人,所以为尧舜之治也欤!”。⑥ 总之,黄景昉同何乔远一样公开表示支持朱元璋以严刑清除蒙古统治后的奸顽之徒,并且论证了使用严刑的正当性。这些对开国皇帝法律遗产的总结并没有改变《实录》中太祖法哲学的基本特征。

三、掩饰

虽然《实录》记载的朱元璋关于法律的言行可能是史实,但上文所概况的三个主题在书中均有所歪曲。首先,在法律宇宙观上,当《实录》颂扬朱元璋以宇宙秩序为基础的法律制度时忽略了朝廷官员基于法律宇宙观对皇帝法律政策的批判。的确,针对法律应如何表达上天意志的问题,朱元璋和他的臣下多有分析。尽管皇帝坚持实施重刑政策,但官员们经常在天灾人祸之时,利用“天命之兆”来劝诫皇帝更多地采用仁慈的法律政策。朱元璋曾就天象一事询问过大臣刘基(1311~1375;*DMB*,932~98)。刘基是一个重要的谋士,他回答到:“霜雪之后,必有阳春。今国威已立,宜少济以宽大。”⑦此外,1376年出现了星变,平遥训导叶伯巨利用朱元璋因该天象诏求谏言的机会,上书批评朝廷的重刑政策。他请求朱

---

① (明)何乔远:《名山藏》卷四八,第419页。
② 同上书,卷四八,第418、426页。
③ 参见(明)何乔远:《名山藏》卷一,第439页至卷四第506页。
④ 参见(明)黄景昉:《国史》卷一,上海古籍出版社2002年版,第11页。
⑤ 同上书,卷一,第18页。
⑥ 同上书,卷一,第12页。
⑦ (清)张廷玉等撰:《明史》卷一二八,中华书局1974年版,第3781页。

元璋以"大公至正"之心用刑,切忌"深刻""用刑太繁",因为他相信,任刑则失民心,平恕治狱,方可"消天灾而安社稷"。但叶伯巨违背皇帝意愿的上书使他自己遭受了重刑处罚。① 然而,对朱元璋法律政策最知名的质疑朝中学者解缙。1388年,解缙考中进士不久后,即上万言书给皇帝,批评包括重刑在内的朝廷政策。他的批评十分尖锐直接:"国初至今,将二十载,无几时不变之法,无一日无过之人。"②很显然,统治阶层内有许多人士都不赞同朱元璋的重刑政策,解缙的批评在《明大诰》颁布之后就出现了。有大量文献记载皇帝的确做了官吏反对的事。《实录》不仅没有录入这些批评,反而记载了皇帝与官吏之间的一些讨论,在这些讨论中皇帝坚持反对官吏请求使用重典的主张。③《实录》要传递的信息就是朱元璋是天命的唯一正确代表。

同时,《实录》一方面歌颂朱元璋将天理人情法典化,另一方面也赞美他抱有"屈法申情"的慈父心肠。在朱元璋的法律宇宙观中,"天理"与"人情"之间形成了一种张力。如果洪武皇帝指导之下建立的明律完美地体现了"天理"与"人情",那又何须皇帝"屈法申情"呢?这个悖论或许显示,"天理"与"人情"并不总是和谐一致的。换言之,法律中规定的理有可能会和非法行为中体现的情相冲突,司法人员只能选择其一。这似乎是在挑战明律是天理人情的完美体现的这一说法。《实录》并无意去解决这对矛盾,因为它的主要目标是树立朱元璋作为圣君的仁慈形象。

就朱元璋总体的法律政策而言,《实录》赞美其仁慈,从而选择不去揭示他在法律案件中频繁适用酷刑。尽管朱元璋以用刑残忍出名,现代史家常常将他称为明代"专制制度"的代表人物。④ 导致10万人被牵连致死的洪武朝的四大案件——胡惟庸案(1380年)、空印案(the pre - stamped documents;1382年)、郭桓案(1385年)、蓝玉案(1393年),⑤以及钦定法律《明大诰》四编更是详细记载了朱

① 参见(清)张廷玉等撰:《明史》卷一三九,中华书局1974年版,第3990~3996页。

② 同上书,卷一四七,第4115页。

③ 参见黄彰健等编:《大明太祖实录》卷一五三,台湾"中央"研究院历史语言所校印1962年版,第2398页;卷一七九,第2718页。

④ See F. W. Mote, The Growth of Chinese Despotism: A Critique of Wittfogel's Theory of Oriental Despotism as Applied to China, *Oriens Extremus* 8, 1961, 1 - 41.

⑤ 参见孟森著:《明清史讲义》(第1卷),中华书局1981年版,第55~57页、第60~70页。对于胡惟庸案和蓝玉案的一些讨论,参见傅衣凌:《关于明初胡蓝之狱的分析》,载《厦门大学学报》1963年3月;Thomas Pierce Massey, Chu Yuan - chang and the Hu - Lan cases of the Early Ming Dynasty, Ph. D. diss., Univ. of Michigan, 1983. 当然,明初有许多这样的案例并不是纯粹意义上的"法律的";它们常常是无聊的大量"政治性的"弦外之音,被用来做政治迫害之用。笔者很感激Pierre - Etienne Will与一位匿名评论者关于这些案例的深刻洞见。

元璋使用的种种酷刑。当然,《实录》的起草者并没有完全回避朱元璋适用残酷法律政策的事实。但《实录》对所记载事件的处理方式确实值得思索。首先,《实录》对上述大案基本采取缄默态度。它完全没有提及空印案和郭桓案,也没有提到胡惟庸案和蓝玉案的细节。其次,《实录》在简略记载胡案、蓝案时,重点放在以天命观维护朱元璋的判决上。例如,在胡案中,它用皇帝诏书说明只要以至公之心用法,上天便会将正义与和平施与人间。因此,问题的关键不在于刑罚是否严苛,而在与它是否与犯罪相当。只要法律活动合乎"天理"和"人情",君主便不必顾忌采用何种手段。①

最后,《实录》尽管记载了有悖于朱元璋仁慈君王形象的《明大诰》的全部四次立法活动,但只对其中的法律做了简洁描述,而隐去了法律本身内容。② 这和它对明代"常经"《大明律》的记载大相径庭。③ 因此读者无法从中感受到《明大诰》的残酷性。显而易见的是,《实录》的编纂者并不愿揭露那些残酷刑罚,因为那样可能会导致人们对皇帝声称的仁慈政策产生怀疑。此外,《实录》没有记载《明大诰》的内容,却不厌其烦地以相当的篇幅说明朱元璋制定法律的意图,即消除蒙古的影响,净化汉人社会。字里行间凸显的是一幅感人的图像:一位仁慈的父亲对不肖子孙进行谆谆教导。此外,在记录法律执行状况的同时,《实录》极力以朱元璋的宽刑之言行抵消《明大诰》中的严刑峻法的影响。例如,《明大诰》第三编颁布于1387年1月1日。仅仅过了半个月,即同年1月16日,都察院左御史詹徽就上书给皇帝,一边称赞皇帝的"钦恤刑狱",一边劝他以"严刑"治狱。皇帝厉声回答,"刑不可纵弛,也不可以过严",实现良好统治的关键在于"得中"(happy medium)。④ 由于这段对话出现在《明大诰》第三编后仅三页,明显削弱了后者的影响。⑤

为了论证皇帝使用严刑的正当性,《实录》强调了朝廷法外用刑只是权宜之

---

① 参见《实录》卷一二九,第2054~2055页。

② 同上书,卷一七六,第2665~2666页;卷一七七,第2682页;卷一八七,第2808~2809页。

③ 《实录》较详细记录了《大明律》的三次主要修订,以及该法律文献的具体章目和显著特征。参见《实录》卷二八上,第422~423页;卷八六,第1534~1535页;卷一九七,第2955~2956页。

④ 参见《实录》卷一七九,第2718页。

⑤ 实际上,假如朱元璋果真教导詹徽不要依赖严刑,我们依然可以怀疑他的认真程度。因为正是他帮助朱元璋在谈后约三年半追查前丞相李善长的。詹徽因此也被提拔兼任吏部尚书,控制左御史(*DMB*,35)。在朱元璋清除元老功臣的过程中,他与皇帝的紧密联系显示这两个人或许共同构建了法律秩序。特别有趣的是,《实录》中略去了詹徽在李善长案件中扮演的关键角色(《实录》卷二〇二,第3023~3024页、第3026~3027页。却将詹徽被指称的与蓝玉的勾结公之于众(《实录》卷二二五,第3296~3297页)。显然《实录》的基本守法是把臣下放置在皇帝的对立面,宣传皇帝的正确形象。

计。洪武末年，朱元璋向文武群臣宣告了其真实意图：

> 朕自起兵，亲理天下，四十余年。庶务人情，善恶真伪，无不涉及其中。奸顽刁诈之徒，情犯深重灼然无疑者，特令法外加刑，意在使人知所警惧，不敢轻易犯法。然此特权时严置顿挫奸顽，非守成之君所用常法。以后列君统理天下，止守律与大诰，并不许用黥刺剕劓阉割之刑。盖嗣君宫生内长，人情善恶未能周知，恐一时所施不当，误伤善良。臣下敢有奏用此刑者，文武群臣及时劾奏，处以重刑。①

诏令展示了朱元璋法律实施的几个重要主题。首先，重典政策只是开国时期惩罚奸顽的权宜之计，朱元璋之后的几任统治者逐步消除了该类政策。其次，只有作为圣明君主的朱元璋在经历了种种人情世故后才具备分辨善恶是非，从而恰当适用重刑的智慧和能力。最后，皇帝的布告本身是一项严格禁止后世之君与官吏适用重刑的法律宣告——这展示了皇帝仁慈心怀，虽然皇帝在位期间用重刑为臣民造福，但也积极为后世设计宽法的蓝图。

关于朱元璋法哲学中的第三个主题——明律的历史渊源，《实录》中强调了皇帝主张区别汉族和蒙古族法律传统，但是它忽略了元律对明代法律秩序的影响。《大明律》对婚姻法律制度的规定可以充分说明这点。在中国历史上，婚姻习俗长期以来被看作判断文化纯净度的试金石。明初，新的汉政权谴责蒙古败坏了中华文明，并修改了一系列规则来规范婚姻制度。② 虽然明初统治者声称他们基于汉人的价值观念净化婚姻习俗，但事实上他们大量借用了元律的规定。众所周知，体例经典的653年唐律在帝制时代后半期是中原政权法律制度的典范。虽然明律在很大程度上继承了其先驱者唐律，但也制定了大量新规则以适应新的社会需要。③ 至于婚姻关系方面，与唐律相比，明律新增了九个规范。下面的表格中

---

① 《实录》卷二三九，第3477～3478页。皇帝的昭告是《皇明祖训》中的修改版。翻译根据Framer的*Zhu Yuanzhang and Early Ming Legislation*，第118页改动。

② 参见《实录》卷七三，第1353页；卷一六九，第2575～2576页；卷一七二，第2624页。也可以参见杨一凡著：《明大诰研究》，江苏人民出版社1988年版，第214～215页。

③ See Farmer, *Zhu Yuanzhang and Early Ming Legislation*, 78－79.

比较总结了《大明律》与元律的不同之处,以显示元律对于明代法律创新的影响:①

明律中的新规则	元代法律规则
第 108 条:典雇妻妾	典雇妻室;典雇妻妾女
第 109 条:40 岁以上无子者方可娶妾	嫁娶;②次妻③
第 110 条:逐婿嫁女	逐婿纳他人为婿④
第 114 条:娶己之姑舅两姨姊妹	中表婚⑤
第 115 条:收父祖妾及伯叔母,兄亡收嫂、弟亡收弟妇	收嫂、收继婶母;⑥收继;收庶母、弟妇、嫂,姑表兄弟嫂叔相收⑦
第 118 条:强占良家妻女	略良民;⑧略人妻女⑨
第 119 条:娶乐人为妻妾	乐人婚姻,⑩乐人婚;⑪职官娶娼为妻⑫
第 120 条:僧道娶妻	僧道娶妻⑬
第 122 条:蒙古色目人婚姻(禁蒙古人和色目人自相嫁娶)	诸色人同类自相婚姻者,各从本俗法,递相婚姻者,以男为主。蒙古人不在此限⑭

① 对于元代立法的简要评论,参见 Paul Ratchnevsy, Jurisdiction, Penal Code, and Cultural Confrontation under Mongol - Yuan Law, *Asia Major* 3rd ser. 6. 1, 1995, 161 - 179。对于元代立法的大体研究,参见陈衡昭(Paul Heng - chao Ch' en), *Chinese Legal Tradition under the Mongols: The Code of 1291 as Reconstructed*, Princeton: Princeton: Princeton Univ. Press, 1979。对于元代婚姻法的研究,参见 Bettine Birge, *Women, Property, and Confucian Reaction in Sung and Yuan China* (960 - 1368), Cambridge: Cambridge Univ. Press, 2002, 200 - 282。

② 参见《通制条格》卷四,第 163 页。

③ 参见《元典章》"户部篇"卷四,第 713 页。

④ 参见《元史》卷一〇三,第 2643 页。

⑤ 参见陈鹏著:《中国婚姻史稿》,中华书局 1990 年版,第 409 ~ 410 页。

⑥ 参见《通制条格》卷三,第 149 ~ 152 页。

⑦ 参见《元史》卷一〇三,第 2643 ~ 2644 页。

⑧ 同上书,第 2640 页。

⑨ 参见《元史》卷一七五,第 4076 页;卷一八二,第 4204 页;卷一九二,第 4367 页。

⑩ 参见《通制条格》卷三,第 155 ~ 156 页。

⑪ 参见《元典章》"户部篇"卷四,第 719 ~ 720 页。

⑫ 参见《元史》卷一〇三,第 2643 页。

⑬ 参见《元典章》"礼部篇"卷六,第 1224 页、第 1230 ~ 1231 页;《元史》,第 2643 页。

⑭ 参见《通制条格》卷三,第 143 页。

上表对比表明,与唐律相比,元代律法中包含了所有《大明律》中"新"的婚姻法律规定,主要差别之处在于蒙古人的婚姻规定。出于一些原因,明代禁止蒙古人以及色目人内部通婚;相较之下,为了保持蒙古身份,元代律法保护蒙古人不受适用于其他民族的法律的约束。另一个不同之处在"收继婚"的规定上,元代比明代制定了更精细的规则,去惩罚汉人实行收继婚(事实上,收继婚在蒙古统治期间经历了几个变化)。[①] 表格的九个规定中,前八组与明代和元代的法律体系相似,只有最后一组因为历史、种族原因而有所差别。[②] 简言之,明代汉民族政权广泛借用元代的婚姻制度来推行他们宣称的复古与教化活动。事实上,明朝对元律的借鉴远远不止《大明律》。例如,《大明令》中招婿和指腹割衫巾的规定就源于元代律法。[③] 因此,"野蛮的"元代蒙古人的法律遗产在明代反而成为汉人改造野蛮人的重要因素。但是,《实录》从未把明代法律秩序与元代法律遗产联系在一起。

(一)合力的作用:《实录》建文朝版本的解读

如上所述,《实录》精心构建了朱元璋的法哲学。为了迎合这种建构的需要,编纂者有意选择、忽略,或改变了关于朱元璋法律思想与实践中的记载,这对明朝的历史书写有着深远的影响。由此引发出两个重要问题:第一,谁对这样的建构负责?是建文朝原始版本的编纂者,还是永乐帝统治下负责修订的编辑们?第二,为什么该建构发生在明初?是仅仅出于政治意图,还是涉及文化考量?本章将考察第一个问题,第二个问题留待之后讨论。

在理解现存《实录》中被歪曲的史实时,以往的传统解释把重点放在1403年和1418年两次修订《实录》的影响之上。也许是由于第一个版本在明代中期遗失,很少有学者会去关注建文朝初修《实录》时的叙述方式以及是否捏造了太祖故事[④]。研究内容仅仅涉及永乐朝两次修订《实录》,编撰者是如何为"讳太祖失德"和为朱棣夺权建立合法性和篡改史实的。[⑤]

但是永乐朝的两次修订不足以解释《实录》中对朱元璋法哲学的建构。一方面,研究显示,这些修订要解决的主要问题是朱棣(而不是朱元璋)的政治合法

---

① See Bettine Birge, *Women, Property, and Confucian Reaction in Sung and Yuan China* (1960 - 1368), Cambridge: Cambridge Univ. Press, 2002, pp. 201 - 208.

② 甚至,在定义寡妇与亡夫兄弟婚姻的犯罪时,关键单词"收"也是从元律中借鉴过来的。

③ See Farmer, Zhu Yuanzhang and Early Ming Legislation, pp. 160, 163.

④ 参见吴晗《记明实录》,第156~161页、第186~196页。

⑤ 参见黄彰健:《读明刊毓庆勋懿集所载明太祖与武定侯郭英敕书》,载黄彰健著:《明清史研究丛稿》,台湾"商务印书馆"1977年版,第142~155页。

性,包括谁是朱棣的母亲,朱棣为何及如何发动靖难之役等。① 因而,就此认为两次修订就改变了对朱元璋的法哲学的描述很不合理。此外,甚至朱棣统治下的两次修订后的版本出台之后,事关朱元璋的许多史实也被忠实记载在永乐朝的《实录》中。例如,黄彰健发现,涉及朱元璋颁发给武定侯郭英(1335~1403;*DMB*,780~784)的8个敕书中,6个在《实录》中都有记录。只有两个被篡改了,用以说明朱元璋曾经有让朱棣作为他继承者的想法。② 这似乎证实了如果历史事件不直接涉及朱棣政权的合法性,它们在《实录》的定稿中很有可能没被蓄意篡改。

另一方面,永乐朝在修订《实录》时对太祖言行的歪曲不意味着建文朝时的初次修订一定记录了真实的历史。陈学霖对解缙在修订第二稿中所扮演的角色的研究就是对此最好的诠释。根据陈学霖的研究,解缙撰写的八个有违史实的故事(1418年的定稿中依然存在)有六个来源于洪武朝和建文朝诞生时期,其中一些是在太祖和宋濂的文献中发现的。尽管陈学霖强调解缙对《实录》第二稿的贡献,但是他并没有排除建文朝初稿中已经记录了这六个故事的可能性。③ 事实上,关键点在于"解缙在这些事件的官方记录传输上起了关键作用"。④ 也就是说,解缙并没有自己创作故事,大多数时候他的任务是去综合观念,改编事件,并润色文字。虽然《实录》的两个永乐稿本歪曲了关于朱元璋的事实,但是说这些歪曲发生于修订之时则是武断的结论。朱棣对帝位的"篡夺"或许导致了事关其政权合法性文本的修订,但没必要对他父亲的法律遗产也进行篡改。⑤

笔者认为,除了在朱棣影响下制定的两个修订版本,建文年间编纂的《实录》

---

① 参见谢贵安著:《明实录研究》,湖北人民出版社2003年版,第25~27页、第124~131页、第465~468页;吴晗:《记明实录》,第189页;陈学霖:《解缙》,第64~75页。

② 参见黄彰健:《读明刊毓庆勋懿集》。

③ 参见陈学霖:《解缙》,第87页、第92页、第98页、第103页、第106页、第118页。谢贵安也指出,在1403年只用了四个月就完成了《太祖实录》;新稿本明显是建立在建文朝的初稿基础之上的。参见谢贵安著:《明实录研究》,湖北人民出版社2003年版,第126页。

④ 陈学霖:《解缙》,第98页的着重强调处。

⑤ 事实上,史家对《实录》的批评很少涉及其文本是否讳饰了太祖有关法律的言行。在这个问题上,明末清初的学者查继佐(1601~1676)提供了自相矛盾的记载。一方面,查继佐说,《实录》与其他历史文献中(例如,收集的关于王朝创立者的文本,庚午年的皇帝敕令,《奸党录》等)对于几个主要案件的记录在初稿里面已经存在:是总裁王景彰(卒于1408年,《明史》卷一五二,第4188页)没有使史录与事实相一致;另一方面,查称三修总裁杨士奇(1365-1444;*DMB*,1535-1538)实际上参与了这三个稿本的全部编纂:他应该对建文朝这些分歧负责。总之,查继佐指出,初稿已经扭曲了涉及那些显赫高官的案件,如汪广洋、廖宗忠、朱亮祖、李善长。另外,查继佐又推测,在王景彰监督下修成的建文朝初稿忠实地记录了上述那些法律事件:是解缙和杨士奇在第二稿和第三稿中扭曲了事实。参见(清)查继佐撰:《罪惟录·志》卷五(成书于1670),浙江古籍出版社1986年版,第513~514页、第529页、第516页。

首版也属于对朱元璋法哲学建构的关键部分。毋庸置疑,永乐朝对于朱允炆相关史料的毁灭导致难以确定《实录》初稿的内容。但根据现有史料,我们仍能窥得一二。《皇明本纪》是能追溯到明初的最有价值的现存史料。① 根据王崇武和陈学霖的研究,《皇明本纪》成书不仅先于现存于世的《实录》(1418 年),同时也先于解缙的《天潢玉牒》(1403 年),这是对文本再稿的准备工作。② 因此,这本书被称为"建文朝编纂《实录》初稿的底稿"。③ 虽然现存的《皇明本纪》在提及朱元璋时,仅仅记录了从其出生(1328 年)到洪武五年(1372 年)之间的事件,但是它为研究朱元璋法哲学时不得不谈的《实录》提供了一个有价值的窗口。事实上,与其他明初文献相比,《皇明本纪》也与《实录》一样,是最终于永乐年间完成、于建文朝编纂初稿的文献,也有意识地参与了明代开国皇帝法哲学的构建。《皇明本纪》的两个版本显示了统一性,并实现了资源共享。

让我们首先来考察《皇明本纪》与现存《实录》之间的关系。比较两个文本可以发现,《实录》中的一些段落改变了《皇明本纪》中对朱元璋的记述,包括他允许士兵抓妇女,以及他曾经依附于元末反叛领袖郭子兴(卒于 1355 年;*DMB*,777 ~ 780)。④ 然而,两个文本的其他一些记载都歪曲了事实:如朱元璋曾是僧侣,他与刘基结盟,打败了主要对手陈友谅(1320/21 ~ 1363;*DMB*,185 ~ 188)。⑤ 但是不像其他多数明代文献,两个文本在其他篇章中都揭示了朱元璋与元末反叛者的真实关系。⑥ 总体上,我们难以得出如下结论:《实录》为讳饰开国皇帝的"问题",塑造他的高尚美德,而去改动《皇明本纪》中能发掘的材料。反之,大多数情形下描述事件、制度、文献、个人时,两者有着相似的论证视角。唯一重要的不同点是《实录》记载得更详细,行文更为优雅。

为当前研究需要,我们特别关注《皇明本纪》与现存《实录》在上述界定的朱

---

① 《皇明本纪》也被称为《皇朝明本纪》。其现代版可在《明本纪校注》中看到,即王崇武编:商务印书馆 1948 年版;以及邓士龙编:《国朝典故》(第 2 卷),许大龄和王天有校,北京大学出版社 1993 年版,第 15 ~ 48 页。本文中,《皇明本纪》被简写为"基本年鉴"(*Basic Annals*)。

② 参见王崇武:《皇明本纪》序言部分,载《明本纪校注》,第 1 ~ 10 页。解缙被看成第二稿的主要编纂者。对于解缙在重塑《实录》中所扮演的角色的研究,参见陈学霖:"Xie Jin (1369 - 1415) as Imperial Propagandist: His Role in the Revision of the Ming Taizu Shilu"。

③ 陈学霖:Xie Jin (1369 - 1415) as Imperial Propagandist: His Role in the Revision of the Ming Taizu Shilu,第 69 页,参见王崇武序言,第 7 页、第 9 页;《明本纪校注》卷八,第 54 页。

④ 参见王崇武序言,第 3 ~ 6 页;《明本纪校注》,第 10 ~ 11 页、第 16 页、第 31 页、第 38 页。

⑤ 参见《明本纪校注》,第 1 ~ 5 页、第 71 ~ 75 页。然而杨讷相信,《实录》的描述是可靠的,因此他对刘基是谋士的这种观点的真实性表示了质疑。参见氏义"刘基事迹七考",载《蒙元的历史与文化》,萧启庆编,台湾学生书局 2001 年版,第 17 ~ 68 页、第 40 ~ 42 页。

⑥ 参见《明本纪校注》,第 29 页。

元璋法哲学三个主题上有着怎样的相似性。一方面,《皇明本纪》描述的法律秩序与《实录》中的法律秩序有同一性。后来的《年鉴》忽略了对明代法律政策的评价,该法律政策也建立在宇宙运动的论点之上。《皇明本纪》中对于法律秩序的基本假设,正是对元大都被占领之后,皇帝大赦的最好证明:天生人,并选出其统治者,天子服务于天,安抚并造福人类。正是天与人使朱元璋当上了皇帝。但是,甚至在王朝建立后,国内都没有完全平静。“刑乱重典”的局面并没有缓解。结果,“阴阳失序,旱涝失时,灾难频发”,皇帝只希望蒙元灭亡能够带来一个新纪元,“以乐生民”。[①] 换言之,文本清晰呈现出一个将天、帝王、民众和法律相联系在一起的宇宙秩序。

另一方面,法律秩序围绕着天命的观念不断演变。《皇明本纪》重复宣称是天保佑了朱元璋并将天命赐予他。[②] 为了强调朱元璋是上天挑选出来的统治者,文本“夸大了太祖的帝王命数与他崛起期间的卓越成就”。[③] 包括朱元璋的母亲因吞食了一枚道士给予的神秘药丸而怀孕,并使他身体散发出不可思议的神光;他参加起义队伍后有着命定的神性,有一条“神龙”(或蛇)报告吉兆的事迹。[④]《皇明本纪》中有7节(超过55页,或者13%的内容)记载新皇帝将建立新制度归功于天、地、祖先和其他神明,以及他做出的贡献。[⑤] 皇帝声称,他留意到上面的“天心”和下面的“民欲”,并努力去建构和谐繁荣的统治。[⑥] 关键点在于,上述文本在被抄录进现存的《实录》时只发生了很微小的变化。[⑦] 两部文书中对皇帝角色的认识和宇宙法律秩序的描述实际上是相同的。

关于明代的法律渊源,《皇明本纪》强调,蒙古人“野蛮”的风俗与建立在古老制度上的汉人法律相比存在显而易见的差别。该差别建立在天定的世界秩序之上:中华属于汉人。虽然天帝曾经选择了来自大漠的“真人”入中国为天下主,但

---

① 王崇武编:《明本纪校注》,商务印书馆1948年版,第111~112页。

② 同上书,第92~93页、第100~101页、第103页、第106~108页、第111~113页、第115页、第120页、第130页。

③ 陈学霖:Xie Jin (1369 - 1415) as Imperial Propagandist: His Role in the Revision of the Ming Taizu Shilu,第69页。

④ 参见王崇武编:《明本纪校注》,商务印书馆1948年版,第1~7页、第32~33页。

⑤ 同上书,第107~108页、第114页、第117页、第119页、第121页、第123页、第127页。

⑥ 同上书,第113页。

⑦ 《实录》中关于法律和法律秩序的文本变化出现在大赦的公告里面,《实录》在此将“刑乱重典”替换成了“狱讼繁兴”,忽略了“阴阳失序,雨季与旱季没有适时来临,灾难频发。”(《明本纪校注》,第112页)。这个变化或许是为了减轻皇帝的责任。但是他们并没有改变《皇明本纪》表达的基本观点。

在经历了一百余年之后,"元运"已结。[①] 蒙古人不仅占领了汉人的领土,也用其"胡俗"玷污了中华。于是,朱元璋在收复了古老的中华领土之后,命"诸儒稽古改制度,易服色,损益咸自圣心,靡不各当其宜。百余年之胡俗,为之丕变,而典章文物,焕然可还矣"。[②]

换言之,《皇明本纪》像《实录》一样,对外来文化的评价是严苛的,指责它毁坏了中华文明,并声称朱元璋在建立新的王朝法律体系时努力将蒙古文化连同其他事物从中华驱赶出去,而对于朱元璋大量借鉴元朝的蒙古法律以及其他制度的事实保持缄默。

关于朱元璋的总体法律政策方面,《皇明本纪》与《实录》采取了同样的立场。例如,关于朱元璋在明代建立前的法律实践,两书都强调了朱元璋是如何严肃军纪、严厉执法的。[③] 关于1368~1372年发生的事件,《皇明本纪》用了3节篇幅全部记载了法律事务。第一部分是上文提到的帝国大赦公告。该文件本身就是朱元璋对其囚犯恩泽的例证。第二部分是关于杨宪(卒于1370年)的处决。杨宪是一个被牵扯进派系斗争的丞相。与《实录》中简略地记述杨"因罪"而被处决相比较,《皇明本纪》似乎想要通过将问题特殊化而为皇帝辩护:当时形成了"奸党"。[④] 明律中,结奸党是最严重的犯罪之一。[⑤] 这就是为什么在胡惟庸案和蓝玉案中会有数十万人被处决。事实上,或许1380年前还未制定该罪刑。这一年,胡惟庸以及那些据说是其党羽的人因犯有"奸党"罪而被控告并处以刑罚:换言之,像《皇明本纪》作者记载的那样,对杨宪的控诉导致了该罪名的产生,但是此案的影响力的确被看成是将皇帝的法律实践加以正当化的理由。最后,第三部分提到了一个被释放的囚犯,他的父亲写信教导他要心怀忠孝。这是仁君利用仁政,教化人心的迹象。[⑥] 这三部分内容都被写进了《实录》中。

除去那些特别记载法律的篇幅,《皇明本纪》也提及了一些其他法律争议。我们来看看那些《实录》和《皇明本纪》采用不同方法进行表述的史实。例如,在《皇明本纪》中,1368年的"招贤公告"表达了皇帝对人们拒绝做官一事的担忧。因为"刑辟烦重而士怀畏欤"?而在《实录》中,皇帝的言辞则变为:"朝廷之疏于

---

① 参见王崇武编:《明本纪校注》,商务印书馆1948年版,第106~108页、第115页。

② 同上书,第113页。也可参见《明本纪》,第130~131页。对于特别的文化变革,参见《明本纪》,商务印书馆1948年版,第131~132页。

③ 参见王崇武编:《明本纪校注》,商务印书馆1948年版,第43~45页、第53页。

④ 同上书,第122页。

⑤ 参见姜培琳,*The Great Ming Code*,第58页。

⑥ 参见王崇武编:《明本纪校注》,商务印书馆1948年版,第126页。

礼待欤"?[1] 再举另外一个例子,在"科举取士"的公告中,《皇明本纪》不仅列举了具体的取士规则,也以惩罚相威胁:"敢有游食奔竞之徒,坐以重罪"。而在《实录》之中,表述则变得不同:明律会使不守法的人"自然易行"。[2]

因此,在上述两个例证中,《实录》都略去了《皇明本纪》中帝国重刑政策和惩罚的相关条文。这些变化明显是在有意避免传达重刑规则。但是,笔者认为,我们不该将这些例子作为《实录》的首版和第三版对朱元璋法律政策持相反立场的严谨证据。正如王崇武指出的那样,因为首版是在匆忙中编纂出来的,其中包含了许多不合适的用语,如使用元代的统治年号记日[3]。也可能是由于编纂者疏忽复查,我们也可以发现在一些记述之中,《皇明本纪》在描述法律时并没有特别强调刑罚,《实录》也明确记载了是如何惩罚违法之人的。例如,记叙1372年的王朝净化风俗之公告时,《皇明本纪》简要总结了那些需要革新的习俗。但是《实录》却提及一项额外规则,事实上,那些阉割、雇佣别人的人应当被处以宫刑,没为官奴。[4] 截至1372年,明代朝廷已经将《大明律》的早期稿本公之于世,而其中并没有包括阉割惩罚。因此,《实录》至少在该案中揭示了朱元璋采用法外之刑惩罚特定犯罪,而这正是《实录》编纂者明确反对的内容。然而,据说此类严刑展示了朱元璋消除腐化但并不与其仁政冲突的社会风俗的措施。事实上,如本文末尾的附录1中提到,现存《实录》中至少有50个法律规范和司法案例都与酷刑有关,但《皇明本纪》同一时期的记载中未发现此类法律规范和司法案例。同样,在其中一些案子中适用过如凌迟、刺面、割鼻等严酷的法外之刑。然而,这些事情并不被视作与通常的行政正义有关,它们中几乎有半数都牵扯到镇压反叛者。法外之刑是用来牵制公、侯以及其家属的,《实录》编纂者的确不会认为其与仁慈的统治者形象相冲突,因此,为了显示开国皇帝的圣明,编纂者也不会因为不将它们公开而感到羞愧。这就是为什么我们不能基于上述的法律规范和司法案例就断定《实录》促进建构了朱元璋的严苛形象。同样地,仅仅基于上述两个案例,我们也很难得出这样的结论:《皇明本纪》强调了开国皇帝的严酷法律政策(招贤以及科举取士)。

《皇明本纪》和现存《实录》之间的相似之处也表明了《皇明本纪》与其他两部明初文献间的惊人差异,这两部文献分别是刘辰(1335~1419年)的《国初事迹》

① 王崇武编:《明本纪校注》,商务印书馆1948年版,第112页。
② 同上书,第122页。
③ 同上书,第7页。
④ 同上书,第131~133页。

(成书于1416年)与俞本(1331年生)的《记事录》。①

刘辰为明初三代君主勤勉效力。明代建立伊始,刘辰出仕,成为未来皇帝的一名文官,后又效力于朱元璋的侄儿和养子李文忠(1339~1384,;*DMB*,881~887)。建文年间,刘辰成为监察御史,后出知镇江府。永乐初期,因他知国政事而被任命为《实录》第二版的修订者之一。② 他的《国初事迹》并没有遵循编年体体例,也没有日期,记录了朱元璋在登上权力宝座期间以及洪武朝期间的许多史事。

俞本曾在朱元璋的军队里服役了几乎半个世纪——从1351年到1397年。他最先成为了朱元璋的私人警卫,后来接连在几位著名的将领麾下效力,如冯胜(1330~1395;*DMB*,453~55)、邓愈(1337~1377;*DMB*,1277~1280)。由于他曾参与过朱元璋治下的几次重要军事和政治事件,他的著作对我们理解明初历史有重要价值。③

《皇明本纪》与《国初事迹》和《记事录》有着显著区别。我们首先比较下关于朱元璋法哲学三个主题的描述。这两本书与《皇明本纪》的不同在于两者均未提及汉人与蒙古人的区别。虽然两书都记载了朱元璋对元朝发起的军事行动,但是都没有提到文明的汉人与野蛮的蒙古人之间的不同。恰恰相反,《记事录》谴责了元代行政官员商镐,不仅谴责他背叛了元朝统治者,还谴责他率领河南投降了朱元璋。④ 显然,《记事录》将政治忠诚度置于种族区别之上。总体来说,虽然这两本书对朱元璋的法律制度和司法实践记载甚为翔实,但对其法律渊源都持缄默态度。

刘辰和俞本的作品的确反映出了与《皇明本纪》相似的动态法律秩序。例如,根据《国初事迹》的记载,朱元璋认为,"在京法司及在外巡按御史、按察司冤枉人以致天旱"。《记事录》记载,当宫殿发生火灾时,皇帝宣布大赦,释放监囚。⑤

---

① 《国初事迹》的现在版本可参见(明)邓世龙撰:《国朝典故》卷四,北京大学出版社1993年版,第67~114页。《记事录》的现在版本可以在陈学霖的《史林漫谈》中找到(中国友谊出版社2001年版),第406~460页。

② 参见(清)张廷玉等撰:《明史》,中华书局1974年版,卷一五〇,第4166页;胡俨(Hu Yan):《刘辰墓志铭》,载焦竑:《国朝献征录》(台湾学生书局,1965年重印本),卷二六,第1077~1078页。*DMB*(第883页),同"刘辰墓志铭"(第1078页),里面称刘辰死于1412年。但是刘辰的《国初事迹》(第67页)里面说,这本书是呈给永乐帝的,当时大约是1416年,刘辰任刑部侍郎。

③ 俞本的生平及其作品价值,参见(美)陈学霖:《俞本〈记事录〉与元末史料》,载陈学霖著:《史林漫识》,第204~228页。

④ 参见《记事录》,第435页。

⑤ 参见《国初事迹》卷四,第98页;《记事录》,第451页。

这两本书也坚称朱元璋接受上天授予的天命而建立了新王朝。[①] 为支持天命观,它们都记录了关于朱元璋命运的两个夸张事件。[②] 然而,与《皇明本纪》相比,这两书有几点不同。第一,两本书都记载,朱元璋接受天命是一个渐进的过程。事实上,这位未来的皇帝起初并非绝对主政者。与《皇明本纪》之中的记载不同,朱元璋的母亲并不是因为吞食了一枚神药而怀孕,他参加起义也不是因为命定的占卜。在与其主要对手陈友谅的交手过程中,朱元璋经常"颇惧"。[③] 后来,朱元璋在陈友谅发起的恐怖袭击中幸存下来并打败了陈友谅及其他对手之后开始自信"乃知天命有所归也"。[④] 第二,这两本书都没有特别关注皇帝努力与不同神明交流的事情:除了一份单独引自 1368 年皇帝的登基布告,[⑤]它们都没有提到天子是如何建立制度并唤醒上天福佑的。第三,两本书的记载都没有涉及任何有关法律秩序基础的理论建构。一些关键的概念,如"天理"(Heavenly principle)、"天心"(Heavenly heart)、"人情"(human sentiment)、"人欲"(the people's desires)都没有出现。总而言之,虽然刘辰和俞本的书传递了一些关于宇宙观的共识,但是将天子人格化了,不仅很少关注那些天子与神明交流的制度建构,也没有为法律秩序提供哲学正当性的论证。

这两本书与《皇明本纪》最为显著的差异在于涉及朱元璋时不得不写的内容。为了不给读者留下重刑政策的印象,《皇明本纪》只记载了三个用"严刑"惩罚罪犯的场景(两个司法案例和一个法律规范),分别是针对驻扎濠城、未察军情的守兵,中书左臣杨宪、按察使凌说等以奸党事觉,拒绝做官的游食奔竞之徒。[⑥] 如本文索引 2 所示,《皇明本纪》中讨论的 8 个主题涉及了洪武朝前 5 年的事迹,强调朱元璋顺应天命的作为——平定领土,建立制度,征服野蛮人,关心民众,公正司法。与现存《实录》一样,《皇明本纪》的编纂者清晰地描绘出了一名圣君的形象。相较之下,刘辰和俞本的书中却有着大量关于朱元璋如何频繁适用重刑的

---

① 参见《国初事迹》卷四,第 68 页、第 72 页、第 87 页、第 90 页、第 106 页;《记事录》,第 430 ~ 431 页。

② 《国初事迹》记载了两个这样的事迹。一个记载了名将常遇春(1330 - 1369;*DMB*,115 - 120)来降。他夜梦神人,醒来后即见到朱元璋骑众至,而与其徒乞归附;另一个记载道,当朱元璋军队包围婺州时,城中人见五色云罩(《国初事迹》卷四,第 68 页、第 87 页)。至于《记事录》,它里面记载道,尽管朱元璋在参加起义军前在寺庙里做过和尚,一只金龙曾经在旗帜杆子下盘旋(《记事录》,第 460 页)。

③ 《国初事迹》卷四,第 77 页;《记事录》,第 417 页。

④ 《国初事迹》卷四,第 78 页、第 83 页。

⑤ 参见《记事录》,第 431 页。

⑥ 参见王崇武编:《明本纪校注》,商务印书馆 1948 年版,第 53 页、第 122 页。

记载。在《国初事迹》的 138 个案子之中,66 个案子(几乎是 48% 的内容)都记载了严刑和司法案件。其中有 40 个案子涉及死刑,包括凌迟、割乳、削骨、溺死、杖毙、斩首以及绞杀。有些案子则记载了其他酷刑,如文身、抽筋、劓鼻。书中也揭示了朱元璋的专横刑罚。例如,朱元璋下令将一位买求了十两白银的官员分尸示众,但依律本应行杖刑一百,朱元璋在听从杨宪的建议后,改变了想法,最终遵从了《大明律》的规定,但杨宪后来因“奸党”一事而被处死。另外一个案例中,朱元璋听说一名官员写了首诗,诗里提到了一位因丈夫出征而“夜哭”的寡妇。朱元璋认为该官员事实上是在借诗“伤时”,于是将他带到湖广投于水中。大多数时候朱元璋杀人仅仅是出于愤怒,只有马皇后(1332～1382;*DMB*,1023～1026)能让他怒火平息,使他不要频繁杀人。① 简言之,《国初事迹》一书中记载的朱元璋司法不仅严酷,也很反复无常。

《记事录》对朱元璋形象的描绘很坦率。记载的 60 个案例中有 39 个(占到了 65% 的内容)都涉及朱元璋的严刑峻法。这些记载不仅揭露了朱元璋的严刑,还有他使用酷刑的频率及其减轻程度,包括各种死刑的执行方式,例如凌迟(8 个案子)、剥皮(3 个案子)、②肢解、斩首、绞杀、切碎、溺死、饿死、抽筋、刺身、膑膝、刖足、鞭笞,并将犯人妻女赠与士兵。1380 年,当丞相胡惟庸被人控告谋反时,皇帝下令将他埋在十尺深的土地里。第二天,将胡惟庸的尸体拖出后肢解,其肌肉和骨头被狗吞食。胡惟庸的财富被没收,妻妾被送给士兵,男性亲属被斩首。但其惨死并未使此案终结,有数十万民吏、军吏都被牵连进该案,皇帝对“胡党”成员的迫害持续了 15 年。不仅如此,当皇帝认为上元和江宁的人们拥护胡惟庸时也下令将他们全部处死,无论男女老幼。在另外一个案子中,朱元璋减轻了对被处死首犯官吏的妻妾的死刑,将她们充作宫女。之后,他发现其中一位宫女与宫外的人交谈,就下令将 5000 多位奴婢、太监剥皮实草。③ 这部文献重述了几乎所有洪武朝牵涉人数众多的主要案例。④ 而根据俞本的说法,朱元璋从 1360 年起因被

① 参见《国初事迹》卷四,第 80 页、第 81 页、第 91 页、第 105 页。

② 关于剥皮,见上述第 32 页。

③ 参见《记事录》,第 451 页、第 459 页。洪武朝晚期,在非常之时,排除帝国的皇子、宦官和女官后,只有不到八百个民吏、军吏在国都的中央政府或者应天府工作。参见张德新著:《明朝典制》,吉林文史出版社 1996 年版,第 122～231 页。很多被处决官吏的妻女要么被处死(如李善长)或者被强迫赠予士兵(例如胡惟庸),要么被迫沿街乞讨(例如蓝玉)(《记事录》,第 451 页、第 457 页、第 458 页),但仍有超过五千个女性活了下来被送进宫里,这个数字或许会让人想到都城还有多少官吏没被处死。

④ 参见《记事录》,第 446 页、第 451 页、第 453 页、第 457 页、第 458 页。除了牵扯惟庸案子里的“十万”人,牵扯进杨宪案子里的 500 多人;在郭欢案中,有“无数”人死去,大约有 10 万人被刺面,抽筋,膑足;而李善长家属中,超过 70 个人被斩首;而在蓝玉案中,“无数”军吏被杀。

道家“天师”(Heavenly teacher)张正常(1335～1378;*DMB*,44～45)[①]误导而处死了众多官吏。显而易见,朱元璋缺乏清晰辨别是非的智慧与洞见,并没有履行他作为“天子”的职责。

因此,刘辰和俞本都揭露了朱元璋如何大量使用酷刑。根据他们的记载,这常出于朱元璋的个人兴趣甚至贪欲,但是他们并非有意批判或侮辱开国皇帝。刘辰的《国初事迹》在大约1416年时进呈给皇帝,因此朱棣一定看过此书。[②] 的确,作者的评论[③]暗示着这是一部严肃的作品,它意在赞颂朱元璋建立明朝的丰功伟绩。与此相似,虽然俞本偶尔也质疑了朱元璋的决策,[④]但是他撰写《记事录》的目的是论证“我太祖高皇帝”“统一帝国”的过程。[⑤] 俞本的一些评论也证明他的确是崇敬开国皇帝的。例如,他谴责了前朝的官员商镐,因为其加入了胡惟庸的“奸党”。他既然从皇帝那里接受了高职,却又加入了胡惟庸一党,故而理应受到酷刑。商镐和儿子被处死,妻女则被送给士兵。[⑥] 显然,刘辰和俞本揭露朱元璋的酷刑并不意味着他们打算抨击明朝政策。相反,与颁布《明大诰》的意图相近,他们利用皇帝诉诸的酷刑来说明皇帝建立和管理王朝的方法原理。

从一个特别的视角来看,《皇明本纪》、刘辰和俞本的作品在记载朱元璋的法律政策上都存在惊人的差异。前者是关于开国皇帝的最初历史记载,它与现存《实录》之间存在相似性。虽然这些明初文献全部意在颂扬朱元璋,但它们属于两个不同类型。与刘辰和俞本的作品相比,《皇明本纪》编纂于建文朝(基于《实录》初稿),而现存《实录》编纂于洪武朝,它们表达的关于朱元璋法哲学的信息是一样的。换言之,虽然这些材料对朱棣的指导规范并无决定作用,但是在两位皇帝指导下编纂的三个版本的《实录》却保持了关键的一致性。在关于史书应该如何对朱元璋法律价值观、思想和实践进行概念化和建构的问题上,朱棣和朱允炆

---

① 参见《记事录》,第418页、第442页。

② 王崇武认为,虽然这是《实录》编纂的一个来源,但《国初事迹》中的故事没有完全被包含进去(“序言”,第7页)。然而,笔者认为,由于几乎没有一个故事被写进关于太祖的官史中去,将它视为《实录》的一个来源是不恰当的。

③ 参见《国初事迹》卷四,第68页、第71页、第72页、第83页、第106页。

④ 文中称,皇帝将基于“诽谤录”做出法律决策。参见《记事录》,第445页、第450页、第454页、第458页。

⑤ 参见《记事录》,第407页、第460页。

⑥ 同上书,第434页、第435页。这些评论与文献的正文部分是分离的。

有着近似的指导规则。[①]

（二）"洪武法律危机"的回应：建构中国文化认同

为什么建文朝和永乐朝的官员要建构（重新建构）开国皇帝的法哲学呢？传统解释将重点放在编纂《实录》的政治动机之中。例如，傅吾康对该影响做了一个大致估算。他认为，作为一个"政治任务"，"《实录》的编纂与其说是学术研究，倒不如说是政治事业"。[②] 谢贵安认为，编纂《实录》的主要目的更多在于加强中央集权、提供"政治借鉴"，换言之，其中对朱元璋和朱棣的"讳饰"目的在于巩固其政权的合法性。[③] 传统研究取得了一些成果，其研究重点在于起草者的政治动机。这使我们无法对史料有着更为深入的理解。提供"政治鉴戒"是中国帝制时代撰写历史的关键部分，这是正确的；《实录》的确有严肃的"政治考量"，它本身与明初三位皇帝统治的形象和合法性紧密相关。然而，笔者相信，《实录》对开国皇帝法律遗产的构建揭示了更深层次的文化内涵。[④]

笔者认为，《实录》的建构代表了建文与永乐的官僚对"洪武法律危机"的回应。官方正史中的朱元璋法哲学包含了对中国文化价值的重新界定，而"中国特质"反过来又塑造了开国皇帝的法律遗产。

"洪武法律危机"一词是指在洪武朝的普遍严峻形势下，该时期的法律秩序被严重质疑。这种危机不仅体现在那些主要大案中（如胡蓝两案），也体现在大量日常生活中发生的"常规"案例中。正如朱元璋和臣下们观察到的那样：

> 前诛血未干。尸未移。本人已造杀身之计在身矣。[⑤]
> 偶见数年以来，诛杀亦可谓不少矣，而犯者相踵。[⑥]

---

① 针对朱棣时期，第一版《实录》在仅仅9个月的短期时间内就完成了的事实，谢贵安推测，这是一个基于朱允炆时期的《实录》的修订版。参见谢贵安著：《明实录研究》，湖北人民出版社2003年版，第126页。

② 参见傅吾康：History Writing，pp. 743，747－748。

③ 参见谢贵安著：《明实录研究》，湖北人民出版社2003年版，第18页、第389页、第463～468页。

④ 笔者所理解的"文化"意指后天获得的能够反映人类认同和指导人类社会生活的一系列价值、规范、信仰、符号和时间。有关"文化"的研究文献十分凤舞。参见William Sewell，Jr.，"The Concept(s) of Culture"，参见氏著：*Logics of History*：*Social Theory and Social Transformation*，Chicago：Univ. of Chicago Press，pp. 152－174；*The New Cultural History*，ed. Lynn Hunt，Berkeley：Univ. of California Press，1989；*Theory of Culture*，ed. Richard Munch and Neil Smelser，Berkeley：Univ. of California Press，1992。

⑤ 杨一凡著：《明大诰研究》，江苏人民出版社1988年版，第197页。

⑥ （清）张廷玉等撰：《明史》卷一三九，中华书局1974年版，第3992页；陈子龙编：《明经世文编》（第1册）卷八，中华书局1962年重印六卷本，第54页。

国初至今,将二十载,无几时不变之法,无一日无过之人。[①]

方今……法度严而民不从。[②]

如果这些评价属实,那么洪武皇帝的百姓既不相信法律,也不尊重法律。不管政府多么严厉地惩罚犯人,意在震慑公众,但王朝子民(官僚和评论者)仍然在违背法律秩序。

虽然朱元璋和很多臣下在王朝法律秩序的危机上都有同感,但是他们推估的原因不同。对皇帝而言,这种危机源于蒙古人。一方面,元代法律体系的松弛和宽仁导致了混乱,这种混乱弥漫到元明之交时期。“宋、元朝中叶,专事姑息,赏罚无章,以致亡灭。主上痛惩其弊,故制不宥之刑,权神变之法,使人知惧而莫测其端也。”[③]另一方面,蒙古规则已经给中华文化带来“污染”,“掠夺了有道德的中国人真正的文化身份”。[④] 降及胡元,以夷风制治先王之教,华夏之风扫荡无余,民俗愈加偏离古老的圣贤之道,这是人们败坏新王朝法律秩序的最重要原因。[⑤] 因此,开国皇帝发起了广泛的社会改革工程,尽管他广泛地借鉴了元朝法律制度,[⑥]但改革重心在于消除外来“污染”,重建中华文化的价值实践。[⑦] 如同《大赦》、刘辰的《国初事迹》和俞本《记事录》中生动展现的那样,为了改变那些刚愎自用的子民、拯救世道,皇帝不得不建立并严格执行一套严密的法律制度。

然而,很多士大夫对洪武法律危机原因的分析大相径庭。对他们来说,法律秩序堕落的非常之因蕴含在王朝法官的“大公至正”中。[⑧] 士大夫们公开批评朱

---

① (清)张廷玉等撰:《明史》卷一四七,第4115页;《明经世文编》(第1卷),11.73。

② 同上书,卷一三九,第3999页。

③ John Dardess, *Confucianism and Autocracy: Professional Elites in the Founding of the Ming Dynasty*, Berkeley: Univ. of California Press, 1983, p. 187. 也可以参见《明史》,卷九三,第2279页;卷一三九,第3991页;杨一凡著:《明初重典考》,湖南人民出版社1984年版,第3、115页。

④ Farmer, *Zhu Yuanzhang and Early Ming Legislation*, 35.

⑤ 例如,参见《明大诰研究》,第197页、第205页、第214~215页、第239页、第257页、第263页、第264~266页、第267~269页、第293~295页、第341~342页、第388~390页;《御制武臣》,第226~227页。刘三吾:《大诰后序》,参见《明大诰研究》,第253~254页;《大诰三编后序》,参见杨一凡著:《明大诰研究》,江苏人民出版社1988年版,第420~421页。

⑥ 例证参见 Romeyn Taylor, “Yuan Origins of the Wei - so System”, in *Chinese Government in Ming Times: Seven Studies*, ed. Charles O. Hucker, New York: Columbia Univ. Press, 1969, pp. 23 - 40; Edward Dreyer, *Early Ming China: A Political History*, 1355 - 1435, Stanford: Stanford Univ. Press, 1982, pp. 69 - 100.

⑦ See Farmer, *Zhu Yuanzhang and Early Ming Legislation*; Dardess, *Confucianism and Autocracy*, 131 - 153.

⑧ 参见(清)张廷玉等撰:《明史》卷一三九,中华书局1974年版,第3991页。

元璋的重刑政策以及他多疑、妒忌和吝啬的性格。朱元璋毫不宽容，不加辨别地杀了大量官僚和平民，其专横权力不仅使全国上下弥漫着恐惧感，还导致了宇宙秩序的不和谐，表现为连年不断的旱涝灾害和大量死亡的凶兆。[①] 尽管有些士大夫对外来习俗传至当今王朝表示痛恨，但他们将蒙古在明朝领土范围内的普遍影响归因于王朝政策总体未能做到“敦仁意尚廉耻”，尤其是“以平狱缓刑为急”。[②] 显而易见，这些评论是在谴责朱元璋本身就带来了法律危机，而非其他原因。更重要的是，他们不仅谴责王朝法律政策本身，也认为统治者已偏离了圣人之道，因此导致了普遍的文化困境。[③]

然而，如此强烈的抗议和批评并没有改变朱元璋的法律观念。但是在他殡天后，即1398年之后，建文帝朱允炆和其司法官采取了与先前迥异的立法之路。他们通过此种举措进行一项历史任务：重新评估、重新界定朱元璋的法律遗产。

事实上，朱允炆甚至在登基前就已经表达出了他对法律的不同理解。当时他奏请朱元璋在立法中贯彻儒家的宽大原则。“明刑所以弼教，凡与五伦相涉者，宜皆屈法以伸情。”在得到太祖同意后，他“遍考礼经，参之历朝刑法，改定洪武《律》畸重者七十三条，天下莫不称德焉”。[④] 朱允炆借用儒家经典，如《周礼》和《尚书》去改变那些不公正的司法裁判，这一点令朱元璋非常感慨：“司法官须读圣人之书。”[⑤]

---

① 参见(清)张廷玉等撰：《明史》卷一三八，中华书局1974年版，第3971页；卷一三九，第3987页、第3990~3995页、第3996~3997页、第3998~3999页；卷一四一，第4022页；卷一四七，第4115~4119页。

② (清)张廷玉等撰：《明史》卷一三九，中华书局1974年版。关于对批评更为详尽的叙述，参见Peter Ditmanson，《洪武年间的道德谏证》，载《明太祖的治国理念及其实践》，第63~93页。参见Dardess，*Confucianism and Autocracy*，259-264. 注意《明经世文编》中记载的官员回忆录是件有意思的事情。他们很少提及洪武朝的蒙古对华夏文化的污染。（例证可参见第1册，卷四第34~35页；卷七，第48~51页；卷八，第52~57页；卷一一，第73~81页）。只有解缙简要地建议，要禁止用蒙古提琴和羌笛演奏“蛮乐”。（第1册，卷一一，第79页）。

③ 虽然当时有一些官吏和谋士足够勇敢去公开批评皇帝，但更多的人选择了不致仕，以此来躲避潜在的祸事。例如，著名诗人高启(Gao QI; 1336-1374; *DMB*, pp. 696-699)在发现皇帝性格残暴后，拒绝了户部右侍郎的职位任命，并且辞官。参见F. W. Mote, *The Poet Kao Ch' I*, 1336-1374, Princeton: Princeton Univ. Press, 1962, 145-180。从朱元璋立下的特别罪名“寰中士夫不为君用”中(《明大诰研究》，第385~387、第390~391页)，我们或许可以合理推断，相当多的人要么是被法官的专制震慑，要么是被唤起了清醒的认识。

④ (清)张廷玉等撰：《明史》卷四，中华书局1974年版，第59页；卷九三，第2283页。

⑤ (清)查继佐撰：《罪惟录》卷二，浙江古籍出版社1986年版，第55~56页。（此处为意译。——译者注）

朱允炆在登基后,出于"事以欲仁义化民"的期愿,[①]发起了广泛的制度改革。[②] 的确,如同陈学霖论证的那样,朱允炆"温和的性格和受到的儒家教育使得年轻的皇帝为其祖父对于民众的行政压制而担忧,他被仁政的理想化模式吸引"。[③] 特别需注意的是,朱允炆继续质疑他祖父的法律政策,包括被视为明朝律文经典的《大明律》,他认为明王朝的这部基本法律是治理乱世的产物,而非能够适用百代的标准,并告诫臣下,虽然他向开国皇帝提出的建议已经起了作用,《大明律》中规定的许多其他犯罪仍旧值得同情和怜悯。朱允炆通过这样的宣称清晰地表达了对开国皇帝制定、通行于整个明代的《大明律》有效性的质疑。由此可见法律观念上他与朱元璋的分歧之深。但是,受限于"祖训",新皇帝不能做任何法律上的改动。[④] 他能做的唯一事情就是警告其臣下要用"礼"教导民众,而非用法律惩罚民众。[⑤]

朱允炆让几位谋士辅佐他进行新的立法。他信任的士大夫是那些已经公开地批评过开国皇帝法律政策的人,如练子宁和解缙。但是,对构建建文朝政治和哲学蓝图最为重要的人物或许是著名儒学家方孝孺(1357~1402;*DMB*,426-433)。[⑥] 他是那个时代最为杰出的思想家之一,长期以来都怀有根据儒学理念建立政治制度的抱负,并致力于改革朱元璋建立的法律秩序。这或许源于方孝孺早年的个人经历,他的父亲是牵扯进"空印案"之后被处决的方克勤,他的老师是因受到皇帝的专断惩罚而死在流放之地[⑦]的洪武帝忠谋之臣宋濂。因此,方孝孺自己就是洪武朝残酷司法的直接受害者,但是他的视野却超越了个人恩怨。相反,

---

① 参见《明史》,第2320页。

② 例如,建文朝改革了六府,变都察院为御史府,并重建了在洪武年间末期被废除的司法复核制度。参见《明史》卷七二,第1738页;卷七三,第1772页、第1782页;王天佑著:《明代国家机构研究》,北京大学出版社1992年版,第153页。也许最为有意义的改革是削藩,众所周知,这导致了靖难战争和建文统治覆灭。参见Shih-Shan Henry Tsai, *Perpetual Happiness: The Ming Emperor Yongle*, Settle: Univ. of Washington Press, 2001, pp. 57-64。

③ 陈学霖:"The Chien-wen, Yung-lo, Hung-his, and Hsuan-te Reigans", in *The Cambridge History of China*, Vol. 7; *The Ming Dynasty*, 1368-1644, Part I, ed. F. W. Mote and Denis Twitchett, New York: Cambridge Univ. Press, 1988, p. 186.

④ 参见姜永琳:The Great Ming Code, 59;(清)张廷玉等撰:《明史》卷四,中华书局1974年版,第59页;卷九三,第2279页。

⑤ 参见(清)张廷玉等撰:《明史》卷四,中华书局1974年版,第59页;卷九三,第2285~2286页。

⑥ See Peter Ditmanson, "Death in Fidelity: Mid and Late-Ming Reconstructions of Fang Xiaoru," *Ming Studies*45-46(2001):115-18; *DMB*, 430-431; Tsai, *Perpetual Happiness*, pp. 59-60.

⑦ See *DMB*, p. 426, 1228-1229.

他着重强调要发起一场国家层面的儒学运动来解决严重的社会问题。① 洪武朝前半期,因其作为儒学思想家的声望和文笔优势,方孝孺曾经两度被朱元璋召见,但是出于某些原因,或许是因为方孝孺隐藏了他的真实计划,或许是因为他的计划蓝图跟皇帝的格格不入,方孝孺并未被皇帝委以重任。② 他不得不等待未来君主去实现其政治抱负。

朱允炆和方孝孺在法律认知上有两点不同之处。刑罚政策方面,方孝孺强烈反对开国皇帝的严刑峻法。③ 他撰写了叶伯巨和郑士利传记,这两个人都是其同乡,曾公开批评过皇帝的屠杀。虽然方孝孺没有明确提及朱元璋,但他对其行为的痛恨显然是见诸笔端的。方孝孺引用了叶伯巨对刑罚泛滥的评论。并写道:

> "用刑太烦也,令四方平矣,民庶思治矣。而不务以宽厚御之,视诛杀人如灭蝼蚁,使民不获安息。"④

因此,根据方孝孺的记载,叶伯巨称皇帝将人们的生命视为蝼蚁一般低贱。如此强烈的言论不仅谴责了皇帝的刑罚政策,也冲击到了朱元璋声称自己作为天子、保人福佑的合法性基础。值得注意的是,这段话并没有出现在叶伯巨原来的回忆录中,⑤似乎方孝孺只是简单借引叶伯巨的名字来谴责朱元璋。

在同一部传记中,当提及郑士利对"空印案"牵涉的人被处以重刑表示抗议时,方孝孺将郑士利描述为一个烈士:他不屈于朱元璋的专横权力,牺牲自己,拯救别人。虽然郑士利的论点建立在正义基础上,皇帝"犹"处以终身劳役,"竟"处决了那些牵涉其中的人。事实上,方孝孺所作传记是对叶伯巨抗议皇帝一事的最早记载,由此对皇帝不加分别的杀戮表示了抗议。这一点事实上显示了方孝孺的勇气,并从深层次上重新强调开国皇帝在立法方面犯下了错误。

---

① See Dardness, *Confucianism and Autocracy*, pp. 264 – 289.

② 参见(清)张廷玉等撰:《明史》卷四,中华书局 1974 年版,第 59 页;卷九三,第 4017 页;*DMB*, p. 428.

③ See John Dardess observes that"there is no doubt in Fang's mind that T'ai – tsu[Taizu]'s penal slaughters were insane."Daress, *Confucianism and Autocracy*, p. 270.

④ 方孝孺:《叶伯巨郑士利传》,载黄宗羲编:《明文海》,上海古籍出版社 1994 年版,卷三八七,第 482 ~ 483 页。

⑤ 参见《御选明臣奏议》,文渊阁《四库全书》电子版,香港中文大学出版社,(第一册)卷一上至卷一三上;《明文海》(第 1 册),卷四七,第 364 ~ 370 页;《明经世文编》(第 1 册),卷八,第 52 ~ 57 页;谷应泰著:《明史纪事本末》卷一四,上海古籍出版社 1994 年版,第 58 ~ 59 页;《明史》卷一三九,第 3990 ~ 3995 页。

此外,方孝孺在政治的哲学建构方面也不同于朱元璋。方孝孺支持儒家古老的"德主刑辅"规则。[①] 他认为天子应拥有更崇高的美德,要"覆兆民",而不是被民众扶持。皇帝要立政教,作礼乐,使善恶各得其所。[②] 为了实现这些目标,统治者应"以德养之",而不是"以刑养之"。[③] 与孔子的理念相呼应,方孝孺坚持认为暴力可屈人身而不能赢人心。因此,政府不应用法律(赏罚)去控制民众,避免他们做坏事;相反,政府应当用道德教导他们,用仁义礼乐去鼓励他们行善。人们受道德教化后将不愿制造混乱,但如果民众不敢制造混乱的原因是因受刑罚震慑,而非出于"知耻",政府就不能指望他们"常畏",他们肯定会在一段时期后违反法律的权威。[④]

方孝孺用了两个比喻论证"德主刑辅":药物和盐。药或许能够治愈疾病,但不能使人无疾病,那些不排除疾病根源,只单纯依赖药物的人一定会死。和药物一样,法律只能够治理无序,但不能防止无序的产生。因此,不排除无序的根源,单纯依赖制定法律是一定会无效的。同样地,盐或许能够使人强壮,但它不能替代谷物。人们不食盐仍旧能够活下去,唯一的缺点是不够强壮;但是如果人们不食谷粟,只依赖盐,则会缓慢死去。同样的道理,律(盐醢)是不能够替代道(谷粟)的。弃谷粟而食盐醢,"此乱之所由生也"。[⑤]

方孝孺也强调了蒙古给中华文明带来的文化污染。元代的"语言,服装,食物,器皿,以及中国人的文字很少符合礼节原则",腐朽风俗延续至今:妇女和其法定亲属睡在同一屋中;下级亲属和学生对其尊长师辈提起诉讼;尽管刑罚不断,人们仍然很贪婪。事实上,在方孝孺看来,该问题并非源于蒙古族。它始于秦(公元前221~公元前209年),当时的专制统治者抛弃了古老的圣训,只使用残酷法典进行统治,从而导致秦朝迅速灭亡。方孝孺甚至认为汉代(公元前202~公元220年)和唐代(公元618~907年)的人们没有将其风俗建立在礼和义的基础上,而这两个朝代在朱元璋看来却是帝制的黄金时代。方孝孺指出,明代法典广泛流

---

① 儒家更强调用德而不是律去统治世界:"道之以政,齐之以刑,民免而无耻;道之以德,齐之以礼,有耻且格。"杨伯峻编:《论语译注》卷二,中华书局1980年版,第12页;陈荣捷译,*A source Book in Chinese Philosophy*,Princeton:Princeton Univ. Press,1963,p. 22. 从孔子以来,无数的中国士大夫都投身到这个论题之中。例如,汉代哲学家、丞相董仲舒(公元前179~104年),认为政府应该"任德不任刑"。参见董仲舒:《春秋繁露义证》卷一一,苏舆编,中华书局,1992年,第327~328页、第336页,卷一二,第342页、第345页。

② 参见(明)方孝孺:《君职》,载《明文海》(第2册)卷八五,第15~16页。

③ (明)方孝孺:《御史府记》,载《皇明经世文编》(第1册)卷九,第67页。

④ 参见(明)方孝孺:《司马孚》和《深虑论四》,载《明文海》(第2册)卷八五,第15页、第20页。

⑤ (明)方孝孺:《深虑论二》以及《深虑论四》,载《明文海》(第2册)卷八五,第12页、第14页。

传,惩罚了大量犯罪,但是却发生了更多犯罪,人们也变得更加无耻。显而易见,惩罚不足以教化、改变民众,因此不能够管理民众。朝廷应该“任德不任刑”,这点与汉代儒学思想家董仲舒的思想相一致。方孝孺得出结论:“用今之法而欲致古之治,犹食鸟喙而望其引,年附独木而济大川也”。① 换言之,卓越的思想家方孝孺“迅速地成为建文帝师,鼓励他建立一个儒教国家,”②并质疑朱元璋的法律政策基础。

因此在建文朝时期,皇帝与臣下都意识到了洪武的严重法律危机。该危机不仅涉及重刑政策的适用,也涉及对儒家法律思想和统治规则的严重背离。在某种程度上,这由对元朝统治的强烈反抗而造成,却导致明朝开国皇帝承继了之前三个王朝的暴政。换言之,洪武法律危机揭示了一个严峻的窘境,这种危机不仅体现在法律政策上,也体现在中国文化方面。新政府的领导者将其作为使命指引着帝国进入新阶段。新的年号“建文”(意味“建立文化”)预示着对之前“洪武”(意为“伟大的军事”)纪元的背离。1398 年,在朱元璋殡天后的两个月,新政府就开始进行一系列改革,包括革冗、施行宽政、赦免、减免税赋。③ 根据方孝孺的记载,建文元年,大多数被判处死刑的人都活了下来,而被刑部和御史台判处有罪的人的数量减少了 2/3。人们将侵犯法律视为非常严重之事。④

建文元年,在此种政治、文化、法律背景下组建了明朝法律部门。同年,在方孝孺等士大夫的影响下,《实录》开始编纂。⑤ 笔者认为,新皇帝意在利用此机会重新界定中国法律规则和文化价值,这与开国皇帝有着极大不同。当然,对于编

---

① (明)方孝孺:《正俗》,载《明文海》(第 2 册)卷八五,第 16 ~ 19 页。

② Shih - Shan Henry Tsai, *Perpetual Happiness: The Ming Emperor Yongle*, Settle: Univ. of Washington Press, 2001, p. 59.

③ 参见(清)张廷玉等撰:《明史》卷四,中华书局 1974 年版,第 59 ~ 60 页。

④ 参见(明)方孝孺:《御史府记》,《明经世文编》(第 1 册)卷九,第 66 页。虽然方孝孺的评估带有政府日程的味道,但是它并没有显示新法庭的方向。

⑤ 除了方孝孺,《实录》的主要编纂者还有董伦(1323 ~ 1402 年),王景(卒于 1408 年),高逊志,廖升(卒于 1402 年),王绅(1360 ~ 1400 年)。(谢贵安著:《明实录研究》,湖北人民出版社 2003 年版,第 191 ~ 192 页)。他们都是深受建文帝信任的大臣。董伦推荐了解缙(洪武皇帝的公开批评者)作为翰林院学士。王景在被朱棣问及建文帝的葬礼时,英勇地回答到被驱逐的皇帝是天子。高逊志是董伦的亲近同僚,他拒绝为永乐帝服务,并且在朱棣军队进入南京后消失了。而廖升是方孝孺和王景的好友,在朱棣军队跨越扬子江时自杀。王绅是王祎(1323 ~ 1374 年;*DMB*, 1444 - 1447 将他的名字错误地写成王祎)的次子,曾经一度对朱元璋对仁政的错误抛弃表示了抗议。王绅也是宋濂的学生,方孝孺的好友。他特别敬慕方孝孺,说“世界见证这样的人物(例如方孝孺)的崛起。他践行孔孟之道,遵循古老圣人之训。”(Dardess, *Confucianism and Autocracy*, 287)。这个圈子里的人有着近似的价值观与理想。[参见(清)张廷玉等撰:《明史》卷四,中华书局 1974 年版,第 4048 页、第 4049 页;卷一五二,第 4188 页]。

纂者来说,在各方面去责难朱元璋是不合理且不切实际的。他们不仅根据儒家价值,还用了朱元璋的名义精心重塑了中国法律文化。方孝孺的个人著作为此提供了出色的例证。在他关于御史府易名的文章——“从都察院易名为御史府”中,方孝孺这样解释易名原因:

> “专任以刑狱,则自近代始曩者,法吏持刑深刻,犯者滋众,先皇帝甚厌苦之,欲有所更革而未暇。今皇上以德养人,生喜悦,讼者衰止。复古官名,其意不然,善为搓笔以修善政,实行先帝之遗志,至今居是府者。”①

方孝孺认为这段话是在“以德养之,则安于为善;以刑养之,则弃于为恶”的原则形成后出现的。显而易见,方孝孺批评洪武帝单纯依赖刑罚而导致社会失序。但是,方孝孺很隐晦地说,事实上洪武帝自已也想改变这种状况。建文帝为法律改革的不懈努力使开国皇帝的法律工程发生了转变,该策略同样用于《实录》对朱元璋法哲学的建构。《实录》成为以洪武帝名义宣布官方界定的中华文化价值和实践的平台。

朱棣推翻了朱允炆的统治,下令重修建文朝《实录》。但是永乐朝的两版《实录》都将重点放在朱棣的立法而非朱元璋的立法之上。法律实践方面,靖难之役后,对建文帝忠臣们的残酷迫害涉及那些不屈于朱棣压力、拒绝服务新皇帝的人,那时应是朱棣政治立法的重要时期。② 这并不必然意味着新皇帝不赞同受害者的世界观和政治观。例如,关于平常的司法活动,朱棣诏法司,要求问囚时一律要依大明律议,勿妄引榜文条例为深文。③ 事实上,像陈学霖已指出的那样,朱棣“关注他作为儒家统治者的形象,立法须与此一致”。④ 亨利·蔡也认为新皇帝“需要促进儒家的仁政理想”。朱棣的统治哲学涉及三项原则:“遵守天意,寻找贤能官吏,福佑民众。”⑤简言之,朱棣虽然推翻了侄子朱允炆的统治,但认为他继续重新界定了中华文化价值和专门的法律思想是合情合理的。

---

① (明)方孝孺:《御史府记》,载《明经世文编》(第1册)卷九,第67页。

② 参见(清)张廷玉等撰:《明史》卷四,中华书局1974年版,卷一四一至卷一四二,第4013~4045页。

③ 同上书,卷九三,第2286页。

④ 陈学霖:“The Chien - wen, Yung - lo, Hung - his, and Hsuan - te Reigns”, p. 218.

⑤ Shih - Shan Henry Tsai, *Perpetual Happiness*: *The Ming Emperor Yongle*, Settle: Univ. of Washington Press, 2001, p. 81.

永乐一朝,重修《实录》所委任的编纂者也体现了对这项工程的承继。① 参与建文朝编纂工作的26个人(考虑到在动荡期间死去或者无音讯的人)中的16个幸存者里,有8个参与了第一次重修工作(于1403年实施)。第二次重修工作(完成于1418年)的14个编纂者中,有7位参与了第一次重修。当时,朝中具有影响力的大臣杨士奇(1365~1444;*DMB*,1535~1538)和杨荣(1371~1440;*DMB*,1519~1522)全程参与编纂。当然,编纂者们的全程参与并不能保证内容的延续性,即使在同一位皇帝统治时期,也认为有必要重修《实录》。然而,对笔者来说,编纂成员队伍的延续的确在一定程度上保证了朱元璋法哲学基本思想和文化结构的一致性。

解缙和刘辰的例子却提供了反面教材。解缙是《实录》第二次重修版本的主要编纂者,而他也对朱元璋法律政策提出过尖锐批评。同时,刘辰(前述的《国初事迹》的作者,其书里揭示了朱元璋的残酷的法律措施)也是编纂者之一。然而,《实录》既不包含解缙抗议式的回忆录,也不包含刘辰作品中揭示的朱元璋酷刑。相反,《实录》中所有涉及朱元璋的言行都驳斥了解缙和刘辰在其作品中传递的信息。显然,这两位作者在编纂时隐藏了自己的个人评价。

的确,刘辰编纂《实录》的同时也在撰写《国初事迹》,这本书为解读朱元璋提供了一个完全不同的视角。但是,刘辰无论如何不能将个人观点写入对开国皇帝的官方记载中。解缙和刘辰此举显示出他们以惊人的方式对朱元璋法律遗产进行了持续建构。

实际上,《实录》中体现的文化重建也体现在明初的其他文化工程中。为了塑造正统意识形态,朱棣的臣下们创作了其他几部重要作品,如《圣学心法》(1409年成书)、《五经四书大全》(1417年成书)、《性理大全》(1417年成书)。这些作品的编者:胡广(1370~1418;*DMB*,627~629)、杨荣、金幼孜(1368~1431年)也是《实录》的编纂者。② 亨利·蔡认为,朱棣期望这些作品"成为明朝廷的基本和持续性的意识形态指导。他也期望根据这些格言,其继任者将不偏离德治,国家将不会被外来风俗影响,社会将回到圣王的黄金时代"。③ 陈学霖也指出,朱棣对最后一本书具有强烈兴趣,"因为他相信《性理大全》总结了所有的真理,而

---

① 对于那些参与了《太祖实录》三版编纂的人,参见谢贵安著:《明实录研究》,湖北人民出版社2003年版,第191~193页、第197~202页、第205~206页。

② 参见(清)张廷玉等撰:《明史》卷四,中华书局1974年版,卷一四七,第4126页。

③ Shih - Shan Henry Tsai, *Perpetual Happiness: The Ming Emperor Yongle*, Settle: Univ. of Washington Press, 2001, p. 142.

向民众传播这些真理便是他义不容辞的责任,如同远古圣君过去所为"。[①] 笔者相信,就像这些文化工程一样,《实录》体现了官方重建中华文化真理的努力,这种真理表现为精心构建的"圣训"(法律思想)。《实录》利用开国皇帝的名义重建新的文化标准,从而指引人们对中华价值(包括法律文化)与实践的评判和认同。

《实录》重塑朱元璋法哲学与该工程的性质相一致。《实录》首版清楚表达出官方要将开国皇帝的遗产进行标准化界定并传之后世的意图。1403年《实录》(第2版)的《进实录表》中将《实录》比作记录尧舜文武理想之治的儒家经典,如《尚书》中的"典""谟"。并声称,圣人受天命为子孙万代创立基业之后,史家"纂书示百王之大法"。特别是在建立明朝的过程中,太祖不仅驱逐"蛮虏",收复"华夏"疆土,还使"中国先王之典悉复其旧",并"守帝王心法之言,明圣贤道学之统。罢黜百氏,六经重塑"。换言之,开国皇帝朱元璋恢复并重新界定了中华文明的核心元素。《实录》则是"永示万年之大训"的经典。[②] 永乐十六年(1418年)《实录》(第三稿,现存稿)中的《进实录表》采用了相同的表述颂扬朱元璋扫荡"胡虏"、恢复"华风",并解释《实录》撰写的目的是要"表经世之大训""作诒谋之永图"。[③] 最后,1418年御制《实录》的《〈太祖高皇帝实录〉序》也声称建立明朝之后,开国皇帝"制礼作乐,立法创制,纤悉备具,靡有所遗,诚卓冠于古今者也",《实录》的编纂是为了"垂宪万世","使子孙臣庶仰而承之,尊而守之,可以维持天下"。[④] 这些揭示了《实录》并非对朱元璋生活史和政治作为的纯粹记录,其真正意图是为后世统治者创作一部关于中华价值和文化身份的教科书。对朱元璋法哲学的建构体现了这一文化使命。

总而言之,这种建构的关键问题是编纂者们领会的理想法律是什么,而非朱元璋是如何看待法律、他创立了何种法律又是如何适用法律的。编纂者选取了朱元璋治国理念和实践中有益于标准价值的信息,摒弃了那些不利信息,甚至为了符合其创作目的而捏造故事。选择信息的标准不是朱元璋的实际言行,而是编纂者们领悟的中华文化真谛。

上文提及的对朱元璋法哲学三个主题的建构佐证了正史承载的文化使命。第一,关于法律宇宙观,《实录》意在建立"天子"的标准形象:天子努力倾听并准

---

① 陈学霖:The Chien - wen, Yung - lo, Huang - hsi, and Hsuan - te Reigns, pp. 218 - 221.

② 参见黄彰健等编:《太祖实录》(第1册),台北"中央"研究院历史语言研究所校印1962年版,"附李景隆解缙等进实录表",第1~2页、第6页。

③ 同上书,"进实录表",第2~3页、第5~6页。

④ 同上书,"太祖高皇帝实录序",第1~2页。

确理解天命,从而恰如其分地运用法律养育"天下"。通过排除一些勇敢官员们同样基于宇宙观的告诫,编纂者向读者展现了明太祖天子身份的共识。虽然《实录》中的太祖个人形象很重要,但其更主要的目标是为后代创造一位标准圣君。

第二,关于一般刑罚政策,朱元璋似乎并未因采取酷刑而惭愧,因为他相信这符合中国思想传统和社会需要。朱元璋将酷法《明大诰》颁行天下并作为学校教科书,对学习和持有《明大诰》者进行奖励或减轻刑罚。他甚至还将《明大诰》的节选本附在明朝"常经"《大明律》后,希望永世流传。对于胡蓝之狱,皇帝将两案收录进官方文献《昭示奸党录》和《逆臣录》中昭示天下。尽管朱元璋或许没有为酷刑而自豪(将其视为权宜之计),但的确认为这是在特定历史时期以儒家"刑乱国用重典"原则为基础而采取的正确之举。但《实录》编纂者并不认同此观点。钱谦益令人信服地指出,是建文、永乐两朝的史家(而不是太祖本人)千方百计地对洪武朝立法和司法的严酷进行讳饰。① 官方史学家歪曲事实的主要原因并非顾忌朱元璋的个人形象(事实上,太祖本人都对此毫不在意),而是因为他们不认同重刑政策符合中华文化的标准价值。但编纂者们对朱元璋史实的歪曲违背了太祖的意志,这样做无疑意味着对其真正遗产的鞭笞和否定。

第三,关于明代法律渊源,《实录》编纂者们附和朱元璋"华夷之辨"的说辞,隐瞒其大量借用元代法律的真相。如此之举同样是因为编纂者们坚持"华夷之辨"是中华文化的精髓,他们需要利用开国皇帝发扬光大这一传统。

四、结论

朱元璋法哲学在明朝的史学著作中得到了精心的构建。官方朝代史《实录》将王朝的缔结者描绘成一位模范儒家圣君。作为天子,他承受并贯彻了天命来管理"天下"。皇帝基于儒家宇宙观建立法制,倡导儒家的宽刑政策和教化功用,强调儒学的"华夷之辨"原则。因此,众人称赞太祖在理念和实践上为明朝法制奠定了理想基础。《实录》在宣扬上述主题的同时,又极力讳饰太祖不利于标准天子形象的严刑峻法,包括其臣下批评他违反宇宙秩序、推行严刑政策,以及将蒙古法律融汇进明律。因而,可以说《实录》构建太祖法哲学的目的是塑造一位中国王朝缔造者的模范形象。

《实录》是整个明代关于太祖法哲学的史学权威文献。通过《皇明实训》和

① 参见(明)钱谦益:《辩证》。

《实录》,朝廷使史家们接受了官方对太祖法律理念和实践的界定。事实上,王朝末年的一些学者试图通过指出朱元璋为达到理想秩序而采用酷刑来重修官方历史,但如果他们意图编写更真实的历史版本,这些工作实际上也捍卫了朱元璋使用酷刑是为了实现更理想的社会秩序。学者们通过新主题丰富了朱元璋法哲学的观点,这也和《实录》的论述路径相同:过分捍卫作为模范价值和实践模型的朱元璋法哲学。其中变化似乎仅仅是对已有历史框架的补充而非质疑。

笔者认为,朱元璋法哲学的建构不仅源于朱棣主持的两次修订,而是建文和永乐两代皇帝的合力成果——尽管两者在很多其他基本问题(如统治权)上存在巨大差异。建文时期第一个《实录》缩减版——《皇明本纪》中已有朱元璋法哲学建构的关键点。如既存《实录》一样,原版本将开国皇帝描述为理想天子,指出他立法的宇宙之义,略去那些基于宇宙观对皇帝法律政策的批评。这也表明朱元璋是一位以仁政促进道德教化的仁君,同时指出"野蛮"习俗与基于古老圣训的中华法律的显著区别。虽然《实录》编纂者撰写的一些作品里揭露了皇帝的残暴,但刘辰的《国初事迹》、俞本的《记事录》和《皇明本纪》之间存在明显差别。《皇明本纪》与《实录》是一致的,刘辰和俞本的作品的确显示了《实录》不同版本的特定编纂者(包括《皇明本纪》)选择用不同方式描述朱元璋。编纂者们选择用同一种方式建构朱元璋,表明其共同努力而精心地描绘开国皇帝的特定形象。

本文指出,朱元璋法哲学的统一构建不仅意味增强其政治合法性,历史更多展示的是对中华文化身份的官方精心建构。洪武后的统治精英们——特别是建文皇帝和像方孝孺那样有影响的大臣——面临着处理"洪武法律危机"的历史任务,他们将其视作中华文化的困境,而不仅仅是法律秩序的衰落;将其更多地归罪于朱元璋偏离圣人之道,而非蒙古的"污染"。统治精英们寻觅和重塑统治圣道时选用《实录》去囊括中华价值与实践的官方视角,朱元璋法哲学佐证了该官方版本。评判和选择材料的标准不是朱元璋的个人喜好,而是官方的儒家世界观。亨利·蔡在评价《实录》时正确指出,"我们的挑战是将明代官方文献理解为一部戏剧,而非历史"。[①] 目前的研究则对明代官方文献是一座"文化的戏院"予以了肯定。

附录1

以下为现存《实录》中洪武前五年《皇明本纪》中没有记载的法规和案例。

---

① Shih - Shan Henry Tsai, *Perpetual Happiness*: *The Ming Emperor Yongle*, Settle: Univ. of Washington Press, 2001, p. 140。

日期	法规或案例	处罚	页码
1368 年 5 月 17 日	叛乱	镇压	559
1368 年 5 月 31 日至 6 月 6 日	叛乱	头目被斩首	561～562
1368 年 6 月 14 日	叛乱	30 余人被斩首	563
1368 年 9 月 5 日	叛乱	61 人被斩首	593
1368 年 11 月 22 日	谋反不实	抵罪杖一百	635
1369 年 1 月 11 日	不许击登闻鼓	死刑	709
1369 年 3 月 6 日	茶法	罪应刑	800
1369 年 9 月 4 日	泄露军机	斩首	858
1369 年 9 月 20 日	祭祀规	罪应刑	868
1369 年 12 月 29 日	叛乱	刑罚	933～934
1370 年 1 月 30 日	地方官员犯罪	依律断罪	950
1370 年 3 月	叛乱	5 人被斩首	988～989
1370 年 6 月 1 日	宫中之仪	死刑	1017
1370 年 6 月 3 日	泄露军机	处死	1019
1370 年 7 月 21 日	叛乱	首领被处死	1055～1056
1370 年 8 月 25 日	限制奢侈	罪应刑	1077
1370 年 9 月 30 日	叛乱	处决	1091
1370 年 11 月 14 日	盐法	罪应刑	1119
1370 年 12 月 21 日	叛乱	处决	1147
1370 年 12 月 28 日	叛乱	镇压	1153
1371 年 1 月 4 日	叛乱	镇压	1161
1371 年正月	叛乱	镇压	1183
1371 年 2 月	叛乱	首领被斩首	1193
1371 年 3 月 4 日	土地附加物禁令	罪应刑	1198
1371 年 3 月	叛乱	首领被斩首	1202

续表

日期	法规或案例	处罚	页码
1371年6月1日	国道法规	罪应刑	1220
1371年6月26日	官员禁令	罪应刑	1229
1371年9月10日	关于军机文书的规则	“奸臣”的违法应刑	1263
1371年10月7日	叛乱	军队镇压	1268
1371年8月	海盗袭击	首领被斩首	1268～1269
1371年11月6日	禁止从宫中盗财	死刑	1279
1371年9月	反叛	首领被斩首	1280
1371年12月2日	祭祀令	罪应刑	1284
1371年12月18日	禁止盗物	罪应刑	1288
1371年12月21日	禁止盗墓	罪应刑	1288
1372年1月19日	禁止拥有芦苇湿地	罪应刑	1308
1372年1月20日	羽林军规则	罪应刑	1308
1372年1月22日	禁止出海	罪应刑	1309～1310
1372年2月9日	禁止诽谤官员	罪应刑	1316
1372年3月6日	叛乱	三个首领被斩首	1325
1372年3月19日	反叛	军对镇压	1329
1372年4月7日	礼仪规则	违反应“以违敕论”	1335～1336
1372年4月24日	叛乱	镇压	1338
1372年4月27日	冒犯皇帝继承的法律	缢，重刑拷打	1338～1339
1372年5月14日	叛乱	镇压	1341
1372年7月1日	宦官法	凌迟，斩首，拷打	1355
1372年7月30日	爵家之法	死刑，流放，刺面，劓，拷打，没收财产，妻子重分配，克俸禄	1379～1381
1372年9月28日	叛乱	370人被斩首	1395
1372年12月26日	官吏考核规	罪应刑	1409
1373年1月5日	虐待	拷打	1411

附录 2

《皇明本纪》中的洪武年间前 5 年记载。

主　　题	节　　数
清领土的军事行动	16
政府制度	13
外交关系	10
与天交流	6
豁免赋税	4
法律(处决杨宪,释放一囚,大赦)	3
净化社会风俗	2
文化(编纂《元史》)	1

明代中国(1368～1644年)的条例与婚约解除

——对《皇明条法事类纂》卷一三的深度解读

多米尼克·德尔波特(Dominiek Delporte)* 著
杨安舒 杨 焯 译
陈灵海 方 强 校

蒙古人统治元朝(1279～1368年)之后,明朝的开国皇帝——太祖朱元璋,①试图将这一新的帝国建立在坚实的基础上。他从一开始就非常重视立法,将其视为维护帝国稳定的手段。出于这一考虑,他下令,由他亲自监督颁布与修订的《大明律》,在明朝此后的时期内不得变更。不过,社会与经济的发展要求明朝的法律随之变化,也要求采用一种新的方式来因应这些变化。本文考察了若干由女性本人及其娘家主动解除婚姻和婚约的所谓"条例"

---

* 多米尼克·德尔波特(Dominiek Delporte),是根特大学中国语言与文化系的助理研究员(邮箱:Dominiek. Delporte@ rug. ac. be)。感谢根特大学的巴德胜(Bart Dessein)教授以及《法律与历史评论》(*Law and History Review*)的4位匿名审稿者提供了宝贵评论与建议。同时,感谢蒋经国基金会的资助,使作者得以为本文的写作访问了相关图书馆。论文中所涉及的译文由作者本人提供。

① "太祖"是皇帝朱元璋的庙号,朱元璋于1368年到1398年期间在位,这段时间被称为"洪武"时期。See John D. Langlois, Jr., "The Hung - wu Reign, 1368 - 1398," in *The Cambridge History of China*, Vol. 7, *The Ming Dynasty*, 1368 - 1644, *Part I*, ed. Frederick W. Mote and Denis Twitchett (Cambridge: Cambridge University Press, 1988), 107 - 81.

(precedents,或例)在明代中期的发生和适用。[①] 通过分析个案,我们试图发现是什么具体问题阻碍了这些条例的持续适用和实施。

一、律和例

1397年《大明律》在明太祖统治下经历了最后一次修订,其最终版本由460条律,即"成文法"组成,这些具有永久效力的法规分为七篇(名例、吏律、户律、礼律、兵律、刑律以及工律),[②]针对违法行为规定了具体的处罚措施。

明太祖之后,明代的其他皇帝均未对这部法典及其法条进行修改,尽管社会和经济的变化,有时要求对特定律例扩大适用范围或进行"更新"。问题往往通过颁布具有法律效力的特殊的诏令和法规的方式解决,亦由此成为之后类似案件的先例。除非经皇帝撤销或更改,这些"例"(li)将一直有效。这些例大多源于官员的请示奏折。如果官员们感到现有法典中的规定很难适用,需要一些新的或者补充条款对他们熟悉或者关心的问题进行规范,他们就会向皇帝呈递奏折,提出具体的法规更改建议,并为他们的主张提出理由。随后,皇帝可能通过认可一则条例的方式,确认这一立法上的变革。有时,这些"例"会被编纂成集。随着时间的推移,明代对编纂"例"的需求越来越大。有时,这些"例"和律同时编排,以"附加法"(sub-statutes)形式在法典中形成对成文法(statutes)的补充。[③]

明朝的开国皇帝颁布了许多特定法令,有些几乎是武断的。这导致条例开始相互矛盾,甚至需要参照它们的官员都不知道其存在。明太祖的继任者——建文帝[④]曾试图大幅减少条例的数目。但是,在他的短暂统治之后,其继任者们继续颁布大量条例,导致其有时与法典冲突,有时相互冲突。直到15世纪后半叶,成

① 本文作者交替使用"precedent"和"li",后者自应译为"例",前者一般应译为"先例"或"判例"。但是,中国学者通常认为,明清的"例"已经抽除了时间、地点、当事人等具体因素,只保留了抽象的规范因素,属于成文法而非判例或先例。因此本文中一般译为"条例"。——译者注

② 关于明律的结构,参见 John D. Langlois, Jr., "The Code and Ad Hoc Legislation in Ming Law", *Asia Major*, 3d ser., 6.2(1993), p. 174。

③ 笔者将没有把附在法典上的"条例"翻译为"(先例) precedent",将与法典法规编纂在一起的"条例"翻译为"(附例) sub-statutes"。

④ 明惠帝朱允炆,1399～1403年在位。(建文帝在位时间当为1398年6月30日至1402年7月13日。——译者注)

化帝[①]采取坚定的措施,解决了明代立法不一致的问题。1465年,成化帝废除了之前皇帝们颁布的所有条例,仅保留《大明律》作为立法基础。因为法典本身不足以解决变化的社会经济环境中存在的法律纠纷,所以成化帝自己也颁布了一些新的条例,并在部分高层官吏的敦促之下,恢复了部分被废除的旧例。随后数年,这些官员不断上书皇帝,主张选编一些允许官员们适用的条例。[②]

弘治统治时期,[③]确切地说是1500年,第一部由官方汇编完成的明朝条例《问刑条例》颁布。弘治帝推崇儒学,关注政府及司法部门的职能。出于该考虑,他对行政机构和法典进行审查,并在重要的中央司法机构中任命了新的官员。作为弘治帝司法改革最重要的成就之一,《问刑条例》包含了大量经过仔细审阅并得到官方认可的条例。

二、《皇明条法事类纂》

《皇明条法事类纂》的字面意思是"大明的各项法规汇编",由弘治帝下诏汇编。[④] 传统观点认为,这部作品是由监察御史[⑤]戴金(1484~1538年)[⑥]于1531年

---

① 明宪宗统治期间的成化时期是指1465~1488年。有关成化一朝,参见 Frederick W. Mote, "The Ch'eng-hua and Hung-chih Reigns, 1465 - 1505", in *The Cambridge History of China*, Vol. 7, *The Ming Dynasty*, 1368 - 1644, *Part I*, ed. Frederick W. Mote and Denis Twitchett (Cambridge: Cambridge University Press), 344 - 50。

② See Langlois, "The Code and Ad Hoc Legislation," 85 - 95. In John D. Langlois, Jr., "Ming Law," in *The Cambridge History of China*, Vol. 8, *The Ming Dynasty*, 1368 - 1644, Part II, ed. Denis Twitchett and Frederick W. Mote (Cambridge: Cambridge University Press), pp. 95 - 100. 我们发现了两位官员丘浚、何乔新支持"例"的编纂这一主张。[明宪宗朱见深(原名朱见濬)在位时间为1464年2月28日至1487年9月9日。——译者注]

③ 明孝宗统治期间的弘治时期是指1488~1505年。有关弘治一朝,参见 Mote, "The Ch'eng-hua and Hung-chih Reigns," 351 - 57。

④ 参见蒋达涛、杨一凡、杨育棠、宋国范、刘笃才、李贵连、宋北平点校:《皇明条法事类纂》,载刘海年、杨一凡主编:《中国珍稀法律典籍集成》(乙编第4卷),科学出版社1994年版。

⑤ 监察御史是京城监察机构的成员,负责收集民众对官员的举报、复审刑事案件以及对官员的不法行为进行弹劾和制裁。监察御史不仅会审查京城政府机构的文书,也会以地区监察官的身份被派往地方政府。参见 Charles O. Hucker, *A Dictionary of Official Titles in Imperial China* (Stanford: Stanford University Press, 1985), 145 - 46.

⑥ 戴金(1484~1548),湖北汉阳人,字纯甫,号龙山。正德进士。嘉靖初,任广西道监察御史,后官至兵部尚书。奉敕编纂《皇明条法事类纂》五十卷。著有《三难轩质正》。——译者注

至1533年间编纂完成。[①] 但实际上,戴金可能并非真正的作者。[②]《皇明条法事类纂》中不仅有以“例”的形式存在的规定,还有促使这些规定颁布的题本、奏本以及请求皇家制裁的文书。这些文书和“例”按照《大明律》的结构,而非时间顺序汇编(其中一类为通则,六类是与六部[③]有关的法规,最后一类关于五刑[④])。除其中两份文书外,[⑤]其他文书都是1464～1494年,即成化与弘治时期,由都察院、[⑥]六部以及其他政府部门接收与递转的。[⑦] 成化时期之前提交的奏折和颁布的法令,很多已经遗失。而明孝宗统治之后颁布的大量法令,现存的仅有条文本身,推动这些法令颁布的文书,也已无迹可寻。

传统上,“条法”是指具有法律效力的皇帝敕令和法规。经起草和编纂后,这些“条法”通常附有具体案例,在官员依据条法审判案件时,这些案例成为可供参考的先例。这些法规及案例的汇编被称为“事类”。[⑧] 在《皇明条法事类纂》中,推动每个“条例”颁布的奏折均附在各法规之后。《皇明条法事类纂》收录的请求皇帝批准的奏折,分别由不同级别或机构的官员撰写。《皇明条法事类纂》通常也记载关于提交、移转和接收各个奏折的程序过程。大多数情况下,他们会标明这些奏折所推动产生的条例名称。只保存有奏折,而相应条例名称遗失的情形仅为

---

① See Wolfgang Franke, *An Introduction to the Sources of Ming History* (Kuala Lumpur: University of Malaya Press, 1968), 187.

② 如果根据《皇明条法事类纂》序中的说法(这部分是后来添加的),该书是戴金在其任职监察御史期间写的,那就很难理解为什么他省略了部分条例,即《皇明条法事类纂》所包含的条例颁布之后,他在被任命为监察御史之前的这段时期中所颁布的条例。参见黄彰建编:《明代律例汇编》(“明代的法律和附例完整汇编”),台湾“中央”研究院历史研究所1979年版,第4～5页。

③ 中央六部是指户部、礼部、兵部、刑部、吏部、工部。

④ 明代官方承认的“五种基本刑罚”(五刑,wu hsing)是指用轻竹棍打击犯人(笞),用重竹棍打击犯人(杖)、最高5年的劳役惩罚(徒)、流放(流),以及死刑(死)五种刑罚。Frank Münzel, *Strafrechtimalten China, nach den Strafrechtskapiteln in den Ming-annalen* (Wiesbaden: Otto Harrassowitz, 1968), 38-39.《皇明条法事类纂》中,只有将五刑单列为一类这个地方与明律不同,明律中五刑并没有单独列为一部分。

⑤ 两份不是在1464～1494年递交的文书中,其中一份来自明英宗正统时期(1436～1450年),另一份来自明世宗嘉靖时期(1522～1567年)。参见刘海年、杨一凡主编:《中国珍稀法律典籍集成》(乙编第4卷),科学出版社1994年版,第2页。

⑥ 都察院是负责监督所有政府官员、审阅司法档案并进行调查的中央政府机构。在《皇明条法事类纂》的题本、奏本中,有29份是由都察院提交的。参见刘海年、杨一凡主编:《中国珍稀法律典籍集成》(乙编第4卷),科学出版社1994年版,第2页。

⑦ 关于有关文书提交的年份,参见刘海年、杨一凡主编:《中国珍稀法律典籍集成》(乙编第4卷),科学出版社1994年版,第2页。

⑧ 参见刘海年、杨一凡主编:《中国珍稀法律典籍集成》(乙编第4卷),科学出版社1994年版,第2～4页。

少数。

《皇明条法事类纂》中包含的条例数量,远远大于《问刑条例》及后来的条例汇编,后者多附于各版本的法典之后,①且数量有限。② 很多《皇明条法事类纂》中的条例,未曾附于16世纪出现的各种版本的《大明律》中。相比其他条例而言,被选中与《大明律》印在一起作为"附加法"的"例",无疑更为官员所了解。前者往往会被遗忘或忽视,甚至官员们也不知道它们的存在。即便知道,相比适用"附加法"来说,官员或许认为应用这些未被选中(的例)的压力要小得多。③ 但这并不意味着这些条例效力低微——除非经官方撤销,它们持续有效。然而在官员心中,其地位和认可度大大低于附在法典上的"例"。

三、帝制中国的婚姻

本节中,我们只探讨复杂婚姻习惯中一种理想的"标准模式"。实际上,由于区域或社会阶层的不同,婚姻习惯有所差异。这些差异造成了官员在具体的个案背景下适用审判法规的困难。④ 此处讨论的婚姻模式,适用于大部分上层家族和相对富裕的普通家庭。在较低层次的社会阶层中,婚姻习俗通常偏离这种一般模式,地区差异也更为明显。

帝制中国的订婚、结婚和离婚,不只是个人间的情感关系,更关乎家族的利益和家庭之间的联盟。夫妻结婚之前,必须征得双方家长的共同许可。如果长辈亲属(多数情况下是父母和/或祖父母)与对方长辈定下婚约,个人无权拒绝。订婚和结婚的一般程序,由所谓的"六礼"组成:⑤第一,媒人在双方家庭之间正式缔结婚约;第二,仪式性地询问女方的姓名和生辰八字;第三,通过占卜来预测婚姻的吉凶;第四,新郎的父亲会送上聘礼;⑥第五,确定婚期;第六,新郎将新娘迎娶回

---

① 已知各个版本的明律列表,它们中很多都附有例,可以在Franke, *An Introduction to the Sources of Ming History*, pp. 184~187中找到。

② 黄彰健的《明代律例汇编》收录了《问刑条例》和后来的条例汇编中的大部分条例。

③ 黄彰健的《明代律例汇编》中收录的后来的条例汇编中,没能找到这里讨论的任何条例。

④ 关于中华帝国婚姻的一般介绍,参见T'ung-tsu Ch'u, *Law and Society in Traditional China* (Paris: Mouton, 1961), 91-127。(参见瞿同祖著:《中国法律与中国社会》,中华书局2007年版。——译者注)

⑤ See Oskar Weggel, *Chinesische Rechtsgeschichte* (Leiden: E. J. Brill, 1980), 185-86.

⑥ 黄宗智(Philip C. C. Huang)主张这些聘礼不仅是出于经济上的考虑,也具有象征性意义。Philip C. C. Huang, *Civil Justice in China* (Stanford: Stanford University Press, 1996), 56-57.(黄宗智在1996年出版的这本书英文全名为 *Civil Justice in China: Representation and Practice in the Qing*,本文作者在引用时似遗漏后半段标题。——译者注)

家。媒人的作用是缔结婚约,促使双方达成合意。媒人性别不限,通常是一方的熟人,如邻居或亲戚。媒人还需起草婚约。婚约中包含聘礼、男女双方的身份和年龄以及主婚人的身份,通常情况下主婚人是父母或祖父母。之后,双方家庭都会收到婚约的副本。①

女方需要给男方一份嫁妆,通常由现金、土地、服饰或珠宝组成。直到宋代(960~1271年或1279年),②嫁妆的价值往往小于男方提供的聘礼。宋代早期,嫁妆的规模和价值开始提升。在很多情况下,尤其是在上层家族中,嫁妆的价值和聘礼等同,甚至更高。普通的农民家庭中,嫁妆的价值可能小于女方收到的聘礼,但有些家庭的嫁妆价值也有可能很高。③ 宋代以来嫁妆价值的提升,可能是新兴阶层意图建立关系网以便仕途发展的结果。这些家庭的家长试图将其女儿或孙女嫁到根基更深、更具影响力的家庭。显然,后者则希望其儿媳的父母可以提供大量嫁妆。④ 同样在明代,很多情况下,嫁妆和女方收到的聘礼大致等价。

男方交给女方的聘礼,也是婚姻中的重要因素。婚姻或婚约解除时,男方在特定条件下可以主张对方返还聘礼。因此,女方决定离婚或解除婚约时,男方可以诉诸司法。

蒙古人统治下的元朝时期(1271年或1279~1368年),婚姻及离婚的法律规范发生了重大变化,继而影响了该时期汉人结婚与离婚的方式。蒙古人的收继婚习俗,使年长的亲戚可以通过继承的方式,得到已过世的年轻亲戚的妻子。夫家永远对女性享有权利,而且其丈夫死后,该权利可以被移转给其他亲戚。这样,妻子的财产——夫家通常在结婚时会给她家畜——就一直属于夫家。1271年,忽必烈下诏,规定收继婚也适用于帝国内的汉人,并废除汉族法律中丈夫死后寡妇可回到娘家并保持忠贞的规定,这样,再婚权从妇女及其娘家手中被剥夺,并转移给夫家。这也意味着,当丈夫去世或者与妻子离婚时,妇女不再有带走嫁妆

① 参见童光政:《民事法律》,载张晋藩、怀效锋主编:《中国法制通史》(第7卷),法律出版社1998年版,第284页。(该书为1999年版。——译者注)

② 至元八年(1271年),忽必烈发布《建国号诏》,将国号“大蒙古国”改为“大元”,正式建立元朝,定都大都。该年为南宋度宗咸淳七年。至元十六年(1279年),元军攻灭南宋。——译者注

③ 相关例子,参见 Patricia B. Ebrey,“Shifts in Marriage Finance from the Sixth to the Thirteenth Century,”in *Marriage and Inequality in Chinese Society*, ed. Rubie S. Waston and Patricia B. Ebrey (Berkeley:University of California Press,1991),111。

④ 关于利用婚姻构建关系网,参见 Patricia B. Ebrey,“Shifts in Marriage Finance from the Sixth to the Thirteenth Century,”in *Marriage and Inequality in Chinese Society*, ed. Rubie S. Waston and Patricia B. Ebrey(Berkeley:University of California Press,1991),116。

(回娘家或给新夫)的权利。根据元代法令规定,婚姻解除后,嫁妆仍然属于男方。[①] 到了13世纪70年代后期,这些适用于汉人的规定,开始变得不那么严格,但仍然有很多汉族家庭遵循这些规定。1294年,忽必烈去世后,热衷于儒学的继任者铁木耳开始试图限制收继婚的适用。但是,几十年甚至几个世纪以来,许多中国家庭依旧认为,夫家而非娘家享有对妇女本人、其劳力及嫁妆的权利。[②]

同样在明清两代,在妇女对其嫁妆的管理,尤其是离婚或者丈夫去世时带走嫁妆的可能性方面,一直有较严格的限制。丈夫以及夫家始终意识到要"牢牢地控制住女性"。

四、帝制中国婚姻和婚约的解除

帝制中国的大部分离婚案件中,通常由男方主动提出离婚。传统上,男方有七种理由(即所谓"七出":无子、淫佚、不侍父母、口多言、盗窃、妬忌、恶疾)与妻子离婚。[③] 不过,如果妻子对夫家表现出了极大的尊重,曾为公婆服孝三年,[④]或者离婚后她将无家可归,或者这对夫妻先贫贱后富贵,那么丈夫不得与妻子离婚(即"三不去")。[⑤]

明朝以前,大部分情况下,如果男方不同意,女方想解除婚姻是不可能的。除非丈夫暴打妻子,令她失去四肢、牙齿、手指或脚趾,妻子才可以提出离婚。[⑥] 夫妻任何一方对另一方的亲属有严重暴力行为,或者任何一方与另一方的近亲有性关系时,两个家庭之间的"信任关系"随即终止。在这种情况下,婚姻的解除是强制性的。这种强制性离婚称为"义绝",即"关系决裂",因为一方的行为已经打破

---

① See Ann B. Waltner, "Infanticide and Dowry in Ming and Early Qing China," in *Chinese Views of Childhood*, ed. Anne B. Kinney (Honolulu: University of Hawai'I Press, 1995), 204 - 6, and Patricia B. Ebrey, *The Inner Quarters: Marriage and the Lives of Chinese Women in the Sung Period* (Berkeley: University of California Press, 1993), 99 - 103. 关于帝国法令,参见 Bettine Birge, "Levirate Marriage and the Revival of Widow Chastity in Yüan China," *Asia Major*, 3d ser., 7.2 (1995): 107 - 46.

② 关于蒙古人的收继婚习俗,参见 Bettine Birge, "Levirate Marriage and the Revival of Widow Chastity in Yüan China," *Asia Major*, 3d ser., 7.2 (1995), 123 - 28 and 143 - 45。

③ 参见金眉:《唐朝的婚姻家庭法律》,载陈鹏生主编:《中国法制通史》(第4卷),法律出版社1998年版,第558~562页。

④ 理论上,为过世父母服孝的时间为3年(实际上是27个月);在这段时间内,死者的儿女不得嫁娶。参见 Derk Bodde and Clarence Morris, *Law in Imperial China* (Cambridge: Harvard University Press, 1967), 35 - 36.

⑤ Tse-sin Wang, *Le Divorce en Chine* (Paris: Les Editions Domat-Montchrestien, 1932), 26 - 29.

⑥ See Philip C. C. Huang, *Civil Justice in China* (Stanford: Stanford University Press, 1966), 29.

了两个家庭之间的信义。妇女只能以上述原因为法律依据提出离婚。[1] 然而,在一些个案中,妇女主动提出离婚却得到了司法部门的认可。伊佩霞(Patricia Ebrey)就给出了一些例子:在一个经皇帝特许的案件中,经由妻子的祖父请愿,妻子得以与患有精神病的丈夫离婚;在另一个案子中,因为丈夫无法抚养妻子,妻子亦得到准许离开丈夫。[2] 然而,多数情况下,因为缺乏法律依据,主审官不会接受这种请求。

在蒙古人统治下的元朝,由女方主动提出解除婚姻,是几乎不可能实现的,因为无论发生什么,夫家对妻子都享有权利。即使离婚了,妻子也不能将她的嫁妆带到新的婚姻中。

到了明代,妇女及其家庭发现,很多时候只有解除婚姻或婚约,才是唯一合理的解决方案,因此,她们的请求得到了越来越多的法律方面的考量。下文涉及的案例中,离婚或者解除婚约的选择并不是必须的,而且如我们所见,地方政府官员并不情愿认可,但女方均声称其有解除婚姻的权利。

男方及其家庭主动提出离婚的案例中,与妻子离婚可能性和自由度都极高,甚至导致了他们对这项权利的滥用。这一点可以在《大明律》中关于"买卖"离婚的规定中看到。在这样的案例中,有人会支付给丈夫一笔钱,让他与妻子离婚,以便让"买主"与其妻子结婚。[3]

五、《大明令》、《大明律》和条例中的离婚与婚约解除

除非涉及犯罪行为,民事纠纷通常是在非官方的司法系统内解决的。[4] 然而,有些纠纷中,非官方的解决方法无法让涉事双方感到满意。于是,双方或其中

① See Ann B. Waltner, "Breaking the Law: Family Violence, Gender and Hierarchy in the Code of the Ming Dynasty", *Ming Studies* 36(1996):34－35.

② See Patricia B. Ebrey, "Shifts in Marriage Finance from the Sixth to the Thirteenth Century," in *Marriage and Inequality in Chinese Society*, ed. Rubie S. Waston and Patricia B. Ebrey(Berkeley: University of California Press, 1991), 259.

③ 这种犯罪的惩罚措施是杖打丈夫、妻子以及付钱让他们离婚的人一百下。婚姻中的聘礼会被没收,妻子则被要求回到娘家。参见 Matthew H. Sommer, *Sex, Law, and Society in Imperial China* (Stanford: Stanford University Press, 2000), 58。苏成捷将这种"买离婚"放在"非法性关系"部分而不是放在结婚与离婚章节。(经查阅,该书应为 *Sex, Law, and Society in Late Imperial China*,作者在引用时似遗漏"Late"一词。——译者注)

④ 在非官方纠纷解决中,通常由家族或社区内的领袖居中调解家庭事务和地方纠纷;而在很多契约类事务中(如借贷、土地买卖,也包括婚姻),第三方担任中间人或保证人的身份。参见 Philip C. C. Huang, *Civil Justice in China*(Stanford: Stanford University Press, 1996), 58－61。

一方就希望能让政府官员来处理他们的案件。① 这类案件中,最明显的就是结婚和离婚案件②——并非由犯罪行为(如暴力)引起,但有关离婚或解除婚约的案件。这些案件由被男方遗弃或近乎被遗弃的女性提起。解决这类案件的法律并不总是完善的,经常需要皇帝颁布的条例来补充。《皇明条法事类纂》卷一三就包含这样的条例,并附有相应的文书和奏折,它们由户部③在民事纠纷领域适用。这些条例中包括女方成功提出请求,并得以离婚或解除婚约的案例(参见第27段和第28段)。④

(一)《大明令》和《大明律》中的法律规定

明代第一部法律是《大明令》。⑤ 除了"令",明代早期也制定了第一部"律"。《大明令》的"户令"中,有一段关于离婚和婚约解除的详细规定。在关于"包办婚姻"的条文中,我们发现了以下规定:

"凡嫁娶皆由祖父母父母主婚。⑥ 祖父母父母俱无[者],⑦从余亲

---

① 关于根据族规家法来处理微小的婚姻纠纷以及由官方机构处理严重婚姻纠纷,参见卞利:"明代徽州的民事纠纷与民事诉讼",载《历史研究》2000年第1期。

② 《大明律》的460条法规中有24条与婚姻有关。而其中与离婚有关的还有11条关于性犯罪的法规。参见Langlois,"Ming Law",174.

③ 户部是中央六部之一,主管税收和人口事务,如人口登记、婚姻和继承。Hucker,*A Dictionary of Official Tittles*,258,and Robert Des Rotours,*Traité des fonctionnaires et traité de l' armée* (Leiden:E. J. Bill,1948),71-74.

④ 参见刘海年、杨一凡主编:《中国珍稀法律典籍集成》,科学出版社1994年版,第567~573页。卷一三第27段解释了法律渊源,时间为1468年,但这段同样含有部分1452年相关问题的奏折以及1368年的《大明令》中的内容。为了清楚表达,我们按时间顺序整理了这些法律规定和条例。第28段是1483年的一份奏折和随后颁布的条例。

⑤ 《大明令》是明代第一位皇帝于1368年颁布的。它部分成为了后来版本的《大明律》的基础资料。《大明律》于1397年最后一次修订。参见Edward L. Farmer,*Zhu Yuanzhang and Early Ming Legislation:The Reordering of Chinese Society Following the Era of Mongol Role* (Leiden:E. J. Brill,1995),69-73,159。

⑥ 主持婚礼的长辈是要负责任的,如果他主持的婚礼违反了法律的规定,如让一个还没有正式离婚的妇女再嫁,或者让新人在长辈丧期内结婚,他会受到惩罚。这在《皇明条法事类纂》卷一三的第31段有说明。参见刘海年、杨一凡主编:《中国珍稀法律典籍集成》,科学出版社1994年版,第572页。这段提到了大理寺丞杨某的奏折,大理寺是负责复核以及提请皇帝复审案件的中央机构(Hucker,*A Dictionary of Official Tittles*,468)。刑部尚书何某向皇帝递交了这份奏折,皇帝准奏了:"今后遇有(许)[讦]告服内成婚者,务要拘提媒证详审明白。果系亲病已危,从尊长之言招婿、纳妇者,即与分豁,止坐主婚,免其离异。"关于主婚人的责任,同样参见William C. Jones,*The Great Qing Code* (Oxford:Clarendon Press,1944),135,123.

⑦ 参照《中国珍稀法律典籍集成》点校说明,引文中,凡漏字补上,以[ ]标出。错字以( )标明,改正后的字写在错字后面,以[ ]标出。——译者注

主婚。若夫亡携女适人者,其女从母主婚。若已定婚未及成亲,而男[女]或有身故者[不追财礼。其定婚夫作盗,及犯徒流[①]移乡者,女家愿弃者,听还聘财。其定婚女犯奸经断,[②]夫家愿弃者,追还聘财。五年无故不娶,及夫逃亡过三年而不还者,并听经官告给执照,别行改嫁,[③]亦不追](还)财礼。"[④]

这段文字清楚地表明了地方官员接受终止婚姻或婚约请求的情形,丈夫或未婚夫的长期逃逸显然包括在内。如果女方决定终止婚约,她必须先向官府求助。只有官府同意,且下令宣布先前的婚约无效时,妇女才可以改嫁他人。

如果妇女没有经过丈夫同意,亦没有正当理由,就主动离开她的丈夫,并且找了新的结婚对象,会受到杖一百的惩罚。如果在丈夫遗弃她的3年内,妻子没有告知官府,就擅自离开,会受到杖八十的惩罚。如果与此同时她主动再嫁,就会受到杖一百的惩罚。[⑤]

如果一位妇女希望撤销与男子的婚约,且得到了官方允许,她的娘家可以保留聘礼。如果没有得到官方允许,她就和其他人结婚,这段婚姻会被定性为"通奸",而且她必须将聘礼返还给男方。在接受聘礼后,即使当时没有签署正式的婚约,对妇女的权利已经从娘家转移到了男方。

1373年明太祖下令官员修订法典。《大明律》得到了修订,不少原来的"令"被收录到新版《大明律》中。也有一些"令"没有被收录,失去了它们在法律体系中的原有地位。[⑥] 后来的数次修订中,前面提到最初的"令"中,只有一小部分保留在了最终版的《大明律》中。最终版《大明律》有关"出妻"部分的规定中有如下

---

① 在中文中,这里可以指"徒",也可以指"流"。"徒"通常是"劳役"的意思,是指罪犯被带到另一个省,通常在铁矿或盐矿服役。"劳役"的一般期限为一到三年;但也有加重情形,最长期限可以达到四年或五年。"流"是指"流放",被认为是最严重的刑法之一,因为罪犯必须被隔离到离他的家庭和社区两千到三千里(一千到一千五百千米)的地方。参见 Bodde and Morris, *Law in Imperial China*, 77-87。

② 对于犯了通奸罪的女人的惩罚是杖打八十下,而且会被丈夫卖与他人为妻。参见 Sommer, *Sex, Law, and Society in Imperial China*, 325。

③ Wang, *Le Divorce en Chine*, 65.

④ 刘海年、杨一凡主编:《中国珍稀法律典籍集成》,科学出版社1994年版,第568~569页。这部分的翻译,参见 Farmer, *Zhu Yuanzhang and Early Ming Legislation*, 159.

⑤ 参见童光政撰写,《民事法律》,第287~288页。在这些情况下,她的丈夫甚至可以决定把她嫁出去或卖掉。参见 Jones, *The Great Qing Code*, 134. 杖打八十下或一百下是十分严重的,因为罪犯会受到的最多杖打数目就是一百下。参见 Bodde and Morris, *Law in Imperial China*, 77.

⑥ See Langlois, "*Ming Law*", 173.

内容:

"其因夫逃亡,三年之内,不告官司而逃去者,杖八十;擅改嫁者,杖一百。"①

这条规定表明,在丈夫遗弃且3年未归时,妇女可以自由离去;如果她向官府报告了丈夫逃逸和想离去的意愿,就不会受到惩罚。但该法没有进一步保障她的再嫁权。与《大明令》的规定相比,这条规定过于模糊和空洞。这点在随后提到的奏折和条例中可以发现。

在关于婚姻的法律中,我们也发现了有关妇女如果非法离开丈夫,其娘家必须返还男方聘礼的规定。②

(二)1452年条例

恢复旧"令"规定的首个条例于1452年颁布,这也是皇帝对于王骥③奏折的回复。1452年,王骥呈递了一份奏折,希望皇帝能为一个案件翻案。该案涉及一位军官的儿子吕瑛,他曾与一位姓葛的侍卫官之女④订婚。其后,吕瑛被派往北方的一个驻军部队,在那儿他娶了另一个女人,还有一个妾。与此同时,成年后的葛氏嫁给了一位名叫刘昱的人,并为他生了三个小孩。吕瑛因此控诉葛氏,要求她离开刘昱,并成为吕的妾。下级官府支持了吕瑛的主张,认为葛氏再嫁为非法,必须离开刘昱嫁给吕瑛。王骥则相信她有权再嫁,并将反对意见呈交给朝廷。我们不太清楚,为何一位兵部尚书会对这起民事案件如此关心?不过,因为案件牵扯到两位军官的家庭,也许王骥与他们的个人关系是他干涉该案的原因?在向皇帝呈交的奏折中,我们看到诉状如下:

"窃照近年以来,有等无籍之徒,于议婚之后,或畏粮差而乘时躲闪,

① 怀效锋点校:《大明律》,法律出版社1998年版,第65页。

② 同上书,第59页。

③ 王骥(1378~1460年)在上奏时时任兵部尚书与总督,负责处理多省军事事务。参见L. Carrington Goodrich and Chaoying Fang, *Dictionary of Ming Biography* (New York: Columbia University Press, 1976), 1350-51. 关于他在此案中的奏章,同样参见Langlois, "*Ming Law*", 196-97. 奏章中王骥请求判决的关于吕和葛的具体案件,可以同样参见(清)薛允升撰:《唐明律合编》,怀效锋、李鸣点校,法律出版社1999年版,第325页。

④ 《唐明律合编》中为指挥葛覃妹,疑误。——译者注

> 或出[外]买卖[①]而恣情游荡,中间五七年不回者有之;或执役异乡,[②]或调官[③]他所,八九年音闻不通者有之。甚至贪色忘(议)[义],将前定之女抛弃,别娶妻妾,而生育成家。其前定女父兄或怜其女年长大,[④]配合过期,或家穷不能养(膳)[赡](止)[至]于不得(色)[已]将女别嫁,又被与词告争。所司止据常例,[⑤]断付前定之人,或(校)[从其]嫁卖,或抑勒为妾,抛子弃父,割恩断义,有乖伦理,情实可(务)[矜]等因。"[⑥]

多数情况下,因为对方不同意,以及官府不接受其请求,被丈夫或未婚夫抛弃的女性无法离婚或终止婚约。在这种情况下,如果该妇女不能照办,就有受到前文所说的"通奸罪"惩处的风险。

绝大多数情况下,男方家庭对地方官的施压,是后者不愿接受妇女解除婚姻请求的主要原因。我们之前已经看到,通过缔结婚约或婚姻,对于妇女的权利和法律控制从娘家转移到了夫家。如果女方可以提起离婚,这意味着男方对于妇女"人身、劳力和财产"的控制权面临威胁。这种控制权也表现在丈夫抛弃妻子时,夫家有可能将她嫁给其他人为妻为妾,或者像王骥在奏折中提到的那样,丈夫可能在抛弃她并娶了另一个人为妻后,再娶她为妾。

讨论的焦点并不只有离婚或婚约解除本身,还有女性新缔结的婚约和婚姻是

---

① 这是指在帝国各地甚至帝国以外做生意的商人。在明代,有相当一部分游商从事贸易活动,包括海上贸易。明代中国的大部分贸易都是不同地区之间的远距离贸易,而不是地区内的贸易。大部分远距离贸易都沿着江河,尤其是沿着长江和大运河开展。参见 Martin Heijdra, "The Socio-Economic Development of Rural China during the Ming," in *The Cambridge History of China*, vol. 8, *The Ming Dynasty*, 1368 - 1644, *Part II*, ed. Denis Twitchett and Frederick W. Mote (Cambridge: Cambridge University Press, 1998), 498 - 99.

② 徭役包括强制性的国家工程建设,例如交通工程或建筑工程,除了政府官员,社会各个阶层都有这个义务。这种劳动服务通常在地区政府的监管下进行。这种服务有时能以物资或金钱代付。

③ 在明代,官员在每个地方只能连续任职三届,每届三年。在最多九年的任期后,他们会被调往其他地方。大多数情况下,一位官员只会在同一个地方任职一届或两届,在结束任期前的任何时候他都有可能被调往其他地方。这是为了防止官员与地方豪强走得太近,因为亲近的关系很可能引发腐败和任人唯亲。

④ 父母为年幼的孩子定下婚姻的做法并不少见。有时,祖父母或父母为其十分年幼抑或还未出生的小孩订立了一份婚约;这种婚约没有法律效力。同样,年轻女孩被交给她们未来的丈夫,在男方家中接受教育的做法也存在;这样,女孩的家庭就不用在她的教育上花钱,同时未来新郎的家庭也省下了聘礼的钱。参见童光政撰写,"民事法律",第281页。

⑤ "常例"指规定妇女未经男方及其家庭的同意,也未告知官府,就终止婚姻关系或撤销婚约的行为要被判刑的法律。参见前文。

⑥ 刘海年、杨一凡主编:《中国珍稀法律典籍集成》,科学出版社1994年版,第568页。

否有法律效力的问题。因为她从未通过书面合同或官方证明,正式解除过先前的婚约,严格来说,其新的婚姻关系是具有通奸性质的,这意味着她会受到惩罚。如果夫家控诉妇女非法再嫁——在法律上等同于通奸——而官府接受了他们的控诉,夫家就能拿回给其娘家的聘礼。如果官府接受了妇女的请求,聘礼就无法返还。这应该是夫家向官府提起法律诉讼,试图将新缔结的婚姻认定为"非法"的重要原因。

王骥请求皇帝,禁止抛弃未婚妻3年以上的男子再将该女性娶为妻或妾并阻止后者再婚的行为。皇帝发布了一条法令,批准了他的奏折。

(三)1468年条例

1465年,成化帝(1465~1488年在位)废除了明初以来颁布的所有条例。这项措施的目的,是让明代立法更有连续性。这是因为某些从未被撤销的条例已经变得无用或相互矛盾。这同时也意味着1452年的条例失去了效力,规范婚姻解除的立法,只剩下了《大明律》中有关"休妻"的规定。

1468年,请求扩大和澄清婚姻解除立法规范的一份新奏折,促使成化帝颁布了一条新的"例",其标题为"申明定婚五年无故不娶,及夫逃亡过3年不还者,并听告官改嫁例"。[①]

这份奏章是河南省汝宁府[②]知府张奎起草的。该奏折由礼部递交给了皇帝,奏折题为:"申明旧例,以正婚姻。"内容如下:

> "臣窃见各处军民之家,[③]男女定婚之后,有因艰难趁食别郡者,有因军役[④]远在边方者,有因买卖在外年久不回者,有因任官(官)随任就

---

① 刘海年、杨一凡主编:《中国珍稀法律典籍集成》,科学出版社1994年版,第567页。

② "府"是行政区划的地方单元,由"知府"领导。府由几个"县"组成。有时,府县之间会设中间层级"州"。

③ "军户"与"民户"和"匠户"相对应,他们是特殊的阶层。军户世代相传,每代都要提供士兵,居住在所谓的"军屯"。这些家庭中3/10的男人要从事军事任务,剩下的人则要从事劳作,以为部队提供粮食。这种制度在前几个朝代也存在,但是由明代第一个皇帝确定下来的。军屯遍布全国各地,集中在南京、北京周边的都市区域以及辽宁、云南和贵州各省。参见Jacques Gernet, *Le monde Chinois* (Paris: Armand Colin, 1972), 358 - 60, and Charles O. Hucker, *The Censorial System of Ming China* (Stanford: Stanford University Press, 1966), 34.

④ 士兵们会被定期送往京城进行培训,以及被送往边境防卫要塞从事军事行动。参见Philip C. C. Hucker, *The Censorial System of Ming China* (*Stanford*: *Stanford University Press*, 1966), 34。

彼入籍者,[1]有男女未婚,两家不合,情愿罢亲者。”[2]

有些情形中,男子离开了很久,不大可能回来,双方都愿意终止他们的(婚姻或婚约)关系。当然,如果其中一方不同意,就不可能终止。

“有因夫妻不和而立约弃者。[3] 彼男家远出未回,及女长大,[4]欲别行改嫁,又恐原定者回还争告;欲终年守制,则婚礼逼期,有乖风化,所以事出无奈,方嫁他人。及婚姻之后,已生男女,彼原定之人并[未]罢亲、出弃,(者)或有(不)[小]忿,或从[外]逃回,却赴府告争。所在官司,多有部分罢亲、出弃等项情由,悉皆断归前夫。”[5]

这份奏折的起草者认为,对以上女性的控诉和刑罚是不恰当和不合理的。那些官员不仅不会接受妇女离婚或终止关系的请求;如果她未经官方认可,就离开她的丈夫,并建立了新的关系或婚姻,官员们甚至会接受男方对女方的指控,对她进行惩罚。

“其间有不愿离异而逼迫性命者,有母子分离而遭成病疾者,[6]有典卖田产[7]而用财回财者,有不合词讼而累年(调)[词]讼者。似此民情,

---

① 这里要提到的一条重要法律规定,官员不能在其出生省份或任何距其家乡500里(大约250千米)以内的邻省任职。参见 T' ung-tsu Ch' ü, *Local Government in China under the Ch' ing* (Cambridge:Harvard University Press,1962),21。

② 刘海年、杨一凡主编:《中国珍稀法律典籍集成》,科学出版社1994年版,第567页。

③ 如果一对男女合意分开,会起草一份书面协议,双方都会收到协议复件,以防止未来可能引起的争议以及保证任何一方不会受到惩罚。参见 Wang, *Le Divorce en Chine*, 70.

④ 女子14岁可嫁,男子16岁可娶。参见童光政撰写,“民事法律”,第281页。

⑤ 刘海年、杨一凡主编:《中国珍稀法律典籍集成》,科学出版社1994年版,第567页。

⑥ 所有儿子都要对赡养他们年迈或生病的父母做出同等贡献。如果父母过于年老或病得太厉害,以至于不能养活自己,他们的儿子或孙子们必须承担赡养他们的义务。首先,他们要负责耕种父母的田地,所谓的“养老地”。如果子孙拒绝,他们会受到惩罚。这项义务解释了为什么一个生活在其他地方的儿子会回到父母那儿,和他们一起生活几年,为他们耕种,并照顾他们。参见 Philip C. C. Huang, *Civil Justice in China*(Stanford:Stanford University Press,1966),31。

⑦ 需要现金的农民经常将其土地以“佃”的方式抵押。在这种制度下,他们从另一个人手中拿到其土地市场价值3/4的金额。为了拿回他们的土地权,他们要在一定期限内还钱,而在此期间抵押权人可以使用土地。参见 Philip C. C. Huang, *Civil Justice in China*(Stanford:Stanford University Press,1966),第36～39页。

实伤风化,痛切人心。”①

接着,奏折的起草者提到了前文所述的十五年前由王骥递上的奏折。他承认王骥的奏折以及随后的“例”产生了预期的影响,但是也清楚地指出,这种影响只是暂时的,而这项条例的撤销——连同其他相关条例的撤销——已经引发了更多滥用法律的现象和不法行为。

> “似此婚姻,曾经二三年不送礼物者,许女家实赴官陈告,悉从改嫁。纵有前夫回还,并不许告争,已经通行天下。② 近年来各处官司因见事例已久,往往不遵,③深为未便。如蒙乞敕该部④计议,仍(伤)[复]申明天下,遇有此等婚姻,男(嫁)[家]在外,(安)[女]及长成,(化)久年不行婚娶。⑤ 或官有文(业)[书],私有文约者,照依旧例,不许断归前夫,悉从后夫完(足)[娶]。如此,则婚姻得时,风俗淳(原)[厚],(调)[词]讼简而人心古矣。”⑥

这份奏折提到了两种类型的婚约:私人、非正式的协议,以及正式、有法律效力的合约。这种合约在被认定为具有法律效力,以及被当作诉讼中证明一方的权利之前必须满足必要条件。⑦

这份奏折在1452年条例(和其他条例一起)被撤销3年后被递交,这表明该条例的撤销显然给了那些妻子(或未婚妻)期望终止婚姻(或婚约)的男方家庭以更大的行动空间。除《大明律》中的笼统规定之外,这些女性失去了任何可以支持她们主张的法律。男方则会再次感到,他们进行起诉是正当的。除此之外,因为条例的撤销,以及没有清楚的规则作为审判基础,官员们往往屈于压力,或是完全不费心思去区分妇女离开其丈夫(或未婚夫)的动机。很多情况下,特别是如果男方的势力大于女方,地方官员受到的压力极大。这种情况很常见,因为如我

---

① 刘海年、杨一凡主编:《中国珍稀法律典籍集成》,科学出版社1994年版,第567页。

② 这里是指王骥的奏折得到皇帝批准以后的那段时间,当时他的奏折带来的条例还有效。

③ 该条例1465年被撤销,也就不再是官员们必须遵守的法律。

④ “该部”:很有可能是指主管包括地方官员在内的官员的刑部、户部、及吏部。

⑤ 参照原文,中间似漏“或曾经罢亲、出(罪)[弃]”。——译者注

⑥ 刘海年、杨一凡主编:《中国珍稀法律典籍集成》,科学出版社1994年版,第567~568页。

⑦ 关于这些合约,参见 Philip C. C. Huang, Huang, *Civil Justice in China* (Stanford: Stanford University Press, 1966), 92-93. 婚姻合约和协议必须包含下列信息:双方的身份和年龄,主婚人和媒人的身份以及签名。参见童光政撰写:《民事法律》,第284页。

们所知,婚姻是女方家庭建立关系网的理想途径。许多家庭试图将他们的女儿嫁给背景更深厚、更有影响力的家庭,这种影响力也包括对地方官员的影响力。如果两个家庭住在不同的地区,特别是他们有些权势和影响力,情况会更有利于男方家庭,对于企图离开的妇女,其控诉是在由其所在地区(女方在法律上仍然是夫家的财产)的地方官府提起的。相比其他地区的家族,地方官员向强大的地方家族屈服的压力会更大。

关于婚姻、订婚和离婚立法的执行,中央政府的控制或压力往往不值一提。这些户婚细事,并不是京城一般复审程序关注的内容,很难上诉至京城,通常也不是中央机构关心的问题。如果这些奏折没有递交上去,中央机构可能什么都不会做,因为他们根本没有意识到问题的存在。鉴于中央机构的漠不关心,地方官员在这类事务的判决上拥有相对自由。中央机构显然很难监管结婚和离婚方面的法规以及条例的执行,尽管事实上,明代社会民事案件的数量更多了。

新奏折基本上是在请求恢复1452年条例,该请求得到了批准,随后,一道圣旨颁布了一条新的"例"。

(四)1483年条例

1468年的条例颁布后,男方家庭施加给地方官员的压力并未消失,甚至没有减弱。这点可以从1483年递交的一份新奏折中看出来。为了回复这份奏折,成化帝在我们先前讨论过的条例颁布15年后,又颁布了一条新的类似条例:"聘定与人,其夫逃故,并买卖在外年久不回,许令照例改嫁"。① 该条例的颁布,源自1483年一名叫刘鼎的主簿②向皇帝递交的新奏折:

"臣窃见民间男女婚姻,人之大伦。(着)[看]得各处有等室女,(因)[自]幼凭媒,先(存)[曾]聘定与人。(向说)或因原定之人逃故,或因为非躲避,在(逃)[外]买卖,有十年二十余年,就彼[处]娶妻生子,不肯还乡,致使女家抚养长成,况年时已逼,不敢与人婚配。女之父母容[或]照例将女改嫁,缘原定之人父母及房亲人等不遵(军)[律]例,③妄生奸计,串同原定[之人]故意刁蹬,捏作见在,(诬)[诈]止不容。官司

① 刘海年、杨一凡主编:《中国珍稀法律典籍集成》,科学出版社1994年版,第569页。

② 主簿是行政区划地方机构尤其是县的职员,辅佐县丞(*vice magistrate*)及知县(*district magistrate*)的工作。参见Hucker,*A Dictionary of Official Titles*,182.刘鼎是现在的江苏省溧阳县的主簿。

③ "律"是指《大明律》中的规定,"例"是指1468年条例。

又且不知,因而指陷,耽延年久,不能(臣)[成]配。[①] 出于无奈,中间有志者,终不敢改嫁(其)[失]节,无志者败伦伤化,情有可怜。如蒙乞敕礼部再行申明,行移各处布[②]、按[③]二司并南北直隶[④]府州,今后民间若有室女自幼聘定与人,原定之人逃故,并为非躲避,买卖在外,年久不回者,照依律例,(发)从女之父母并里老[⑤]呈告到官,给予明文执照,另行改嫁。庶得女不失节,人无嗟怨,以励风俗等因。”[⑥]

这份奏折反复提到贞节问题。一方面,在被遗弃以及丈夫无法供养的妇女中,通过再嫁,或者依靠卖淫、通奸来养活自己的例子并不少见。[⑦] 只要妇女没有正式离婚,以上任何行为都属于非法婚外性行为,是应受到控告的犯罪,该女性也会被认为是不贞洁的。另一方面,如果妇女的未婚夫在婚礼完成前去世,而她与他的父母住在一起,赡养他们,没有再嫁,就会被认为是十分贞洁的。[⑧]

元朝严格适用收继婚的情况下,所有寡妇或离婚妇女都可能被其夫家强嫁给别人。14世纪初期开始的立法中,贞节变成了重要的理想。守节成了规避收继婚的合法形式,如果妇女选择守贞,那么婆家亲戚就不能强迫她再嫁(然而她主动提出再嫁的行为仍然受到严格禁止)。[⑨] 在明代,寡妇守贞的行为得到发展,变得非常流行,为了守贞而自杀的妇女,会成为当地的女英雄。

这种贞节崇拜,可能引起人们对1468年条例的抵抗。虽然该例允许一位“遭到遗弃”的妇女自愿再嫁,却不意味着其再嫁行为,对于一个狂热推崇贞节的社会而言,在道德上是可接受的。这种行为仍然被认定为“通奸”和“不贞”。丧失贞

---

① 因为该妇女没有正式离婚,无权再嫁。

② 承宣布政使司或布政司是负责指导府州县日常事务,特别是地方单位财政事务的省级机构。参见Hucker,*A Dictionary of Official Titles*,127.

③ 按察司负责监察各省的司法和监督活动。同上注,第103页。

④ 南直隶是明代旧都(1421年前)南京附近的区域,大概是现在的江苏省和安徽省地区。北直隶是明代新都(1421年后)北京附近的区域,大概是现在的河北省地区。这两个都城附近的区域由中央政府直属,没有中间各级省级机构。同上注,第160页。

⑤ 里老是由地方官员指定的。在各个官方认可的里中,他们负责地方司法事务。他们在非官方司法实践中具有重要作用,发挥调解功能。同上注,第306页。

⑥ 刘海年、杨一凡主编:《中国珍稀法律典籍集成》,科学出版社1994年版,第569~570页。

⑦ See Sommer,*Sex,Law,and Society in Imperial China*,317-18.

⑧ 同上书,第170页。关于贞节,同样参见Katherine Carlitz,“Shrines,Governing-Class Identity,and the Cult of Widow Fidelity in Mid-Ming Chiang-nan”,in *The Journal of Asian Studies* 59.3(1997):612-40.

⑨ 关于1300年以来元代寡妇的贞节问题,参见Birge,"*Levirate Marriage*",128-43。

节的威胁,颇能打消女方主动提起离婚和终止婚约的念头。不单因为她要面临“非法性行为”的惩罚,还因为她的家庭很大程度上可能失去社会的认可。如果妇女的再嫁被认为是“非法”的,他们也会被判处归还聘礼,而对一个相对贫困的家庭来说,这些聘礼很可能已经花掉了一半多。

刘鼎的奏折同样指出,即使官员们愿意接受妇女终止婚姻或婚约的请求,即使得益于1468年条例,法律在相关问题上已经更加清晰,一个实际的问题仍然存在,即很多时候几乎无法判断哪方说了真话,因为几乎没有女性可以证明她的未婚夫或丈夫离开的期限。男方的亲戚们很乐于“捏作见在”,以证明男子在妇女宣称未归的时间里回来过,而妇女则只能宣称那段时间从来没有见过他。这种针锋相对的情况下,有些官员显然不敢做出决定。这样,他们就无法下令允许妇女再嫁。刘鼎的奏折中提到了这些问题,但他不能消除这种处境下官员们的疑惑。刘鼎的奏折以及皇帝随后颁布的例中,重要的是妇女嫁给其他人,而不是嫁给抛弃她的未婚夫或丈夫的权利得到了认可,特别是由官员下发“官方证明”这一职责得到了明确。在这之后,女性可以再嫁,不用面临失去贞节和被起诉的威胁。

六、离婚法律方面的进一步发展

在后来的明代编例中,①我们没有发现足以推翻1468年和1483年条例的其他条例。因此可以推测,直到明代结束,这两条例都是有效的。而16世纪早期被编纂到《皇明条法事类纂》后,适用它们可能变得更容易了。但是,这些条例本身,以及任何对其效力的重申,在附在法典后的例中均没有找到,我们可以据此推测,对它们的执行有时还是存在问题的。这是因为与没有被编入法典中的例相比,“被编纂的附例”更常为人所知,也更容易被遵守执行。也因为夫家对于妻子“永久控制权”这一概念始终存在。即使到了清代(1644～1911年),这一概念仍然没有完全消失。不过,对于这一方面的事务,清代有更确定的成文法规定:《大清律例》第116条附例规定,参照明代的“令”和条例规定,如果男子自与女子订立婚约之日起5年内仍然未与其完婚,那么该女子可以终止婚约。同时,如果丈夫离开妻子3年未归,妻子可以申请婚姻无效。②

---

① 参见黄彰建编:《明代律例汇编》,台湾“中央研究院历史语言研究所(发行)1994年版,”第499～512页。

② See Huang, *Civil Justice in China*, 93.

七、结论

作为法典的必要补充,条例显然形成于司法实践。它们来源于官员们的奏折和请示,如前文所涉及的案例,有的来自兵部尚书,也有的来自地方官员。因为僵硬的明律规定与现实存在差距,加上明律本身的缺点,某些官员发现,他们或者他们的下属面临特定的问题,无法令人满意地予以解决。他们尝试不停地上奏,让皇帝意识到这些问题存在,且需要详细的法律来避免及解决这些问题。由此,长期不变的《大明律》使明代皇帝们颁布了大量的“例”。这些“例”不仅适用于促使其颁布的特定情形,也成为后来解决类似问题时可供参考的条例。

因为最初的立法(最终版本的《大明律》中的规定)在解决婚约终止方面的问题不够充分,官员们向皇帝上奏,请求通过颁布新的规定即“例”来补充立法。上文中对三份这样的例进行了研究:1453年例(1465年与所有其他例一起被撤销)、1468年例和1483年例。

有几个因素阻碍了这些婚姻解除方面规定的例的适用。例如,1500年之前不存在编例,因此官员们并不总是知道有什么样的例(所谓“琐碎的家庭婚姻事务”方面的例更是如此),甚至违背例的规定。1465年所有例的废除使这之后颁布的新的例更为清楚统一,但向地方政府传达这些例有时仍成问题。此外,涉及婚约终止的例的适用,其控制更为严格。

对于想要终止婚约的妇女,其夫家会给地方官员施加很多压力。因为很多时候,他们比该妇女的娘家更有影响力(特别是在地方上),同时也因为他们经常“捏作见在”,使“官司又且不知”,官员们就会经常判决支持该妇女的夫家,即使这意味着他们会违背现行例。

男方对于婚约和婚姻解除以及妇女主动再嫁的反对,主要源于“对妇女人身、劳力和财产的永久权利”概念,这是元朝时期以收继婚的形式强行适用于汉族人的。收继婚的严格适用消失后,“永久权利”的概念保留了下来。如果妇女离开婆家,或者放弃婚约,任何她主动建立的新关系都会被认定为“通奸”。这给了男方要回聘礼的权利,又鼓励他们控诉该妇女,使妇女经常别无选择,只能避免再婚。这是唯一能够避免她遭到起诉,甚至被夫家强制嫁出去的方法。虽然通过颁发官方许可,保证了妇女与其夫家脱离“永久”关系的权利,但夫家会给官员施压,让他们不去适用该例。

奏折的起草者们试图解决这个问题,他们指出,如果妇女的未婚夫或丈夫遗弃了她,官员们有义务接受她终止婚姻关系(以及夫家对她的权利)这一请求。他们指出颁布许可的必要性,这可以允许妇女嫁给其他人,而其夫家则无法到司法机构起诉她。然而,在一个追求贞节的社会,允许妇女再嫁往往被认为是“不贞”的,规定该内容的例遭到了很多人反对。

本文中探讨的例仅限于婚姻和婚约解除这种类型。但我们可以推测,许多其他例,特别是民事方面的例,也有类似的“执行难”问题。中央政府对于这些事务的管控不大严格,这就使涉事的个人或家庭出于保护自身利益的目的,向地方官员施加压力。

清代的宽宥与法律推理理论

步德茂(Thomas Buoye)* 著

宋保振 译

高 珣 方 强 校

18世纪中国审判制度的主要特点就是对死刑精细、复杂判决,这也表明对人生命的慎恤。地方官员的从宽量刑在中国法律上有着深厚的历史渊源。① 在清朝早期,这种实践得到进一步发展,并在官箴书中公开讨论。例如,黄六鸿所撰《福惠全书》就劝勉地方官员必须牢记"从宽量刑"。② 在此,我们通过四个案例来讨论清代的宽宥制度是如何运行的。

尽管预存宽纵之见通常在对罪行的陈述中巧妙达致,但赦恤亦仅限定在《大清律》的框架下获得。与地方官在非正式的恳请宽宥中的修辞手段不同,正式的请求赦恤乃是在法律限度内按照特定标准的严格裁判。因为赦恤在何种条件下可以获得俱载于法,这种倾向不能与法律条文相冲撞。与韦伯的卡迪审判概念迥然相反,18

---

* 步德茂(Thomas Buoye),男,美国塔尔萨大学历史系教授。原文为 Thomas Michael Buoye, "Filial Felons: Leniency and Legal Reasoning in Qing China," in *Writing and law in late imperial China: crime, conflict, and judgment* ed. by Robert E. Hegel and Katherine Carlitz, ISBN 0295986913, pp. 109 – 124。

① 举例而言,可以被追溯到战国时期(475 ~ 221B. C. E.)的《吕刑》,在适用身体罚时候就主张体谅和宽恤。

② 黄六鸿撰:《福惠全书》,南京汲古书院1973年版,第288页。

世纪中国死刑处罚案件的审判是详细而缜密的。无疑,正式赦恤的标准反映了难能可贵的价值,诸如为保护父母致人死者便值得考虑。正是这样,对这些案例的司法论证的省思可以使我们得以窥见法律、意识形态、修辞之间复杂的关联。

一、死刑复核

要充分了解这些刑科题本,就必须知晓审、判分离的二元结构以及地方官员"遇事从轻,欲博宽厚之名"的普遍倾向。几乎所有的死刑案件都需要经过两个独立审理过程,每一个案件都最终由皇帝圣裁,皇帝对一切命案具有批准权。在初审阶段,每个案件先在州县审判,然后自动转到上一级审判机构,自府至省、中央,最后上达于皇帝。审理阶段确定罪行并依《大清律》量刑断科。第一轮案件审判报告必须清楚明白地交代犯罪的构成要件、必要的呈堂证供、人犯口供、干连人证言,来判定其究竟所犯何罪,并处以适当的刑罚。帝国整个范围的命案审转所形成的文牍负荷要求必须准确简明。如某部官箴书称,草拟申报通常应"令上级一目了然为宜,毋需再细研其中的证言和招供"。[①] 在18世纪,由于人口的急剧增长给县老爷们带来着更多的裁判任务,因此,为了防止他们枉法裁判,国家进一步加强了对死刑的管制。严重的犯罪,如杀亲被判处"立决",即这种案件人犯"一经核批决不待时"。[②] 但大多数命案都是监候以待秋审大谳。[③] 大量命案被核判以监候,以使死刑能够修改或辩驳,为司法机构制造了巨大负担。但是,这一种程序也为地方官拟定案件案卷时,关注和影响被控人犯的最终命运提供了机会,亦是他们如此行为的动力。

二、秋审

在中国法制史上,清代秋审代表了司法管理的整齐划一和国家对死刑审判直接控制的顶峰。秋审并不是一个上诉程序,亦非对案情的重新调查或新证据的引入。罪行在初审时便已不可逆转地被确定了。在秋审中,最高司法官员和皇帝仔细研究这些死刑的判决,然后勾决一些,缓决一些,同时也考虑原宥声叙及减刑。有四种主要处理方式:情实(死刑核实批准)、缓决(暂时搁置)、留养(留存养亲)、可矜(情有可原)。将准备处决人犯名单呈上后,皇帝亲自在每个名字后面勾以

---

① 黄六鸿撰:《福惠全书》,南京汲古书院1973年版,第292页。

② 瞿同祖:《中国法律与中国社会》,中华书局2007年版,第45页。

③ 英文也给秋审下了个准确的定义即"秋天的巡回审判"。参见那思陆著:《清代中央司法审判制度》,北京大学出版社2004年版。

红色记号钦裁死刑。被判缓决的罪犯将在第二年秋审再行审理。[1] 对那些被留养的囚犯将被开恩放回家乡照顾父母,那些符合可矜条件的将照免死减等例再减一等发遣流放。值得注意的是,尽管在秋审大典中认定者的自由裁量权已经到了不可限制的地步,但是这些高级官员们仍然遵从案卷中所记载的最原始案情。并且,审判的级别越高,就越加尊重和关注之前裁判的记录。

死刑案的这两个相连的阶段也为基层裁判者实施宽宥提供着正式和非正式两种途径。在18世纪中期,成千上万的案件在秋审中待裁,而其中的绝大多数都按照监候处理。这些案件在秋审时被广泛讨论和反复权衡。其主观判断的基础乃在于很大程度上由初审的州县官呈报的对被告和被害人的描述。这种呈报是所有命案案卷中最具体的构成要件。如此一来,不管是客观的案件事实陈述,还是主观的人格侧写,都是多数命案在两阶段复审过程中的关键。在通常的案例中,被指控的人犯被描述成一个好人在极端的情景下不经意地致人于死。笔者看来,这些叙案都是为了使大多数命案人犯得以被判死缓的宽宥。很少的案件会直接得到法定的宽宥,在案件的描述中,凡是符合法定宽宥的案件必须严格发生在法典所规定的范围之内,还必须严格遵循着案件发生记录。

根据清律规定,最后审判的结果要求一个详尽报告,其中必须包括当时相关环境的描述、个人动机的说明、身体所受伤害及武器的使用。并且,一个完整的受害者与犯罪者关系的描述非常重要,其直接决定惩罚的严重性。杀人罪在中国法律可以被理解为故意杀人、残暴行为,或者理解为过失杀人,但是也可以理解为"发生在家族中的过失杀人行为,也就是说侵犯者和受害者存在着血缘关系"。[2] 尽管这种亲属血缘关系在现在看来是那么的不合理,但是法典却公然维护这种等级制度。正如以下的这两起死刑案例表明,当时中国案件的审判是详细而缜密的。不论是正式地陈述宽宥证据以符合律令,还是巧妙地寻求缓决的最终判决的影响,中国地方官均完全在《大清律例》的框架内进行操作。

《大清律例》第323条父母被殴律文,确定了何种条件得援例减等。[3] 根据律例第323条,如有父母或祖父母被人殴打,子孙实时救护时,其处罚可以根据他们对攻击者所造成人身伤害的轻重予以减等。若殴之至死,杀人者需要根据《大清律例》第302条斗殴例科刑。雍正年间,一个新的减等条例被加进来:当子女对身

---

① 在法律上,任何罪犯如果被缓决连续超过10年,将被减刑至流放。很多罪犯缓决甚至超过10年之限。此无限期审判的搁置需要进一步调查,但是在某种程度上说明清朝法律体系超负荷运转的程度和对一些疑案难以审结。

② Geoffrey MaeCormack,"*Cause Status and Fault*",174.

③ 参见 William C. Jones.《大清律例》英译版。

处危险中的父母提供的救护反应是实时的，方得宽宥。[1] 申请宽宥的要求须于疏内声明，宽宥必须经皇帝钦准方得赋予。此条例还规定，其中或有子之人与人口角，而令其子孙将人打死的，或者是父母对别人寻衅斗殴，其子踵至助势，共殴毙命，仍照律科罪，不得概议减等。该例文在乾隆五年(1740年)改为"父母面临立即而明显的危险"，当下即刻的救护才可以申请宽宥；在乾隆四十三年(1778年)，又进一步修改，并且更加侧重强调，若父母鼓动或煽动孩子进行暴力，则不得予以宽宥。[2]

尽管地方官为百姓寻求宽宥贯穿了整个审判过程，但正式恩赦条件只能在法律条文的规定内进行。以下，笔者将用四个案例来说明什么样的杀人者可以符合正式的宽宥资格。四个涉案人都是为了解救受攻击的父母而犯下致人于死的罪行。分析这四个案例将使我们发现，县令如何一方面尊重律法、合理地引用条文，另一方面却不违背自己的儒家的意识形态。同样重要的是，此分析也透露了"从宽量刑"的限制。有趣的是，对那些冲撞到"孝顺"这个核心价值的忤逆罪刑时，同样的一套鼓吹"宽大为怀"意识形态，却反过来进行许多严格而不宽容的限制。比较以下的案例可以得知，尽管在恩赦情况普及的时候，为保护父母而杀人，其实也不一定获得恩赦减刑。

三、案例

乾隆三十五年(1770年)，广东省潮阳县的郭氏宗族内部，因收租问题引起争议。[3] 冲突的一方先将已收得的租粮交给乡长陈基保管，等待宗族会议召开时，再来解决争端。冲突的另一方人物郭仲奕，跟他的儿子郭昌懿两人发现后，要求乡长陈基归还他们该分得的那一份租粮。陈基拒绝，郭氏父子便将陈基扭上一艘船，开走这艘属于他们同宗仇家的船，而这船，正是被用来运粮到陈基家保管的那一艘。在船上，陈基与郭昌懿大声争吵。此时陈基正在田边劳作的儿子陈阿盎，看到父亲与郭昌懿的争吵，唯恐父亲被殴，立即回家拿了把"防夜挑刀"，跟往下游，沿岸向船里叫骂，一直到船靠了岸。此时却发生了一段为时短暂却致命的冲突！昌懿拿桨打阿盎，阿盎用刀回击，戳伤昌懿大腿，昌懿不久因腿伤流血过多而死亡。

另一个类似的案例，发生在乾隆五年(1740年)广东省的博罗县。黄亚二的

---

① 参见马建石、杨育棠主编：《大清律例通考校注》，中国政法大学出版社1992年版，第863页。

② 同上。

③ 所有因土地财产纠纷而导致杀人的案件记录均来自刑部案卷。参见刑科题本2381卷，乾隆三十六年(1770年)阴历四月二十三日。

父亲黄斌与钟有祥两人,合租了地主谢奕俊的一块田地。[①] 黄斌在尚未分田前,就径自选择一半田地犁了,钟有祥于是约了谢地主,一起前往黄家理论。地主因年老,脚程较慢,钟有祥便独自先到了黄斌家。钟、黄两人随后吵了起来,冲突中钟有祥用竹竿打伤了黄斌的手,造成流血。黄斌还击,两人扭打在一起。此时黄斌的儿子黄亚二种完田回来,看到两人扭打在一起,父亲的手还流着血。黄亚二唯恐父亲受伤上前想扯开两人,但钟有祥仍然挥拳打黄斌。黄亚二情急之下,出拳打了钟有祥胸部及肋骨侧边,才使两人分开。13天后,钟有祥死。

以上简要提到的这两个案例,时间上相隔将近30年,而且彼此毫无瓜葛。但是,两个案子的题本报告却都展现了清代刑案报告中可见的文字与风格上的一致。一方面,这个"一致"的现象,反映了在沉重的公务中,案件的证据报告必须简单明晰,以减轻官员的负担;另一方面,也反映了以下这点:对犯罪行为的描述呈现,展现了判刑时官僚态度与意识形态考量的一致。这些案子在几个关键处,有极大的类似:都是年轻人(陈阿盎与黄亚二两人,碰巧都是17岁)杀了正在攻击他们父亲的人;两个案例中的父亲,都不是导致后来致命冲突理亏的一方。陈基看起来只是在善尽其村长的职责,他在郭氏宗族的租粮纠纷中,并无可见的利益纠葛,直到被郭氏父子强迫上船,才扯了进来。第二个案例中,尽管钟有祥质疑黄斌未经分田就径自犁田,但谢姓地主后来作证说,黄斌未侵犯到属于钟的那一半土地,因而黄斌的未分而犁似乎并不具可责性。同样地,两个例子中,都是死者先行挑起争端。两案最后类似的地方是,黄亚二与陈阿盎都犯了同样的"斗殴杀人罪",在两人的口供也都异口同声地哀求说,杀人不是他们的本意,他们在乎的是各自父亲的安危。尽管有许多重要的相似处,但两个案子的下场,却非常不同。黄亚二被减刑,援引"救父情切"之例,由死刑改判为偕妻流放三千里;但在陈阿盎的案例里,却自始至终不见恩赦的建议,并在秋审后被处决。进一步比较结果迥异的这两个案子,可以发现,审判官员考量了犯行当下的情境,并以此作为量刑的重要依据。

清律中规定,"救父情切,殴人致死"的恩赦有其条件,即必须是父母面临迫切的危险时,儿子临危的立即救护动作。我们可以用这个标准,来检视这些案件不同的细节。尽管陈基被攻击并被绑架上船,但是上船后,郭氏父子便不再为难他。陈阿盎行为令人怀疑的地方,在于他回家拿了一件武器,尽管这件武器被委婉地称为"防夜挑刀",但明显具有杀伤力。尽管县令描写这段过程时,没有加上任何评论,但经验老到的复审官员,都能读出其中几个关键——他的父亲并不在

① 参见刑科题本0194卷,乾隆五年(1741)阴历十一月八日。

立即而明显的危险之中,阿盎并没当下立即上前阻止,回家里拿出来的是一件毋庸置疑的危险武器!无须再进一步推敲,复审官员们立即可以知道,陈阿盎的案子,不符合"救父情切"恩赦的两个条件:父母面临立即而明显的危险、当下即刻的救护反应。尽管事实正如陈阿盎所宣称,他是"恐父被殴",但其父并无立即危险,而且对方没有武装,不像阿盎拿着致命武器。

因为黄亚二案发生在乾隆初年,而且案件报告包含了恩赦的请求,使我们得以洞见不同于一般案子的法律论证。乾隆朝早期,刑科题本通常包含了面面俱到的询问记录以及当中存在的疑点。县令们依循公元前3世记、附有注解的律书《封诊式》所建议的询问模式,让被告在一开始先叙说一套关于案件的供词,即使当中看来可疑。[①] 接下来,县令们就针对被告供词的疑点详细询问,有力地质疑被告口供里不一致的地方,并拿出与供词矛盾的具体证物,提醒被告是否真能针对这些不一致的地方,提出进一步的解释。因为如此,这些乾隆前期的刑科题本显示了县令们的问案技术。这些技术虽然提供了生动而完整的供词,但它们的篇幅也因此大增。乾隆十年(1745年)以前,题本里通常记载对原告,甚至有时是重要证人的详细且不断重复的证词。乾隆三十年(1765年)以后,却很少这么写,题本明显地经过剪裁与精简化。黄亚二幸运之处在于,他有两次审问,并且县令相当关注犯罪行为的构成要件是否成立。

第一次讯问里,黄亚二被问到诸如年龄、婚姻、居所等一些标准问题,以及罪行的陈述。黄亚二供称当时是"怕父亲年老,被他打伤,一时情切"。这样的供词,看来是师爷胥吏的手笔。不然广东乡间的一个没受过良好教育的17岁农人青年,如何能够说出这些清律上的文字用语?又如在另一处,黄亚二供称:"小的因救护父亲情切,一时失手把他打伤"。接下来的第二次讯问里,县令注意到了忤作的验单报告,造成钟有祥致命的,是两处拳伤。县令质疑黄亚二说:"这明是你父亲恨他扭殴,令你把他打伤身死了的!"接着并讯问黄亚二:"还敢混供救父失手的话么?"此时黄亚二再次回答道,他是种完芋头回家时,看到父亲的手正在流血。并强调因为担心年老的父亲,一开始便上前试图拉开两人。钟有祥不肯放手,他才打了钟有祥。一个17岁的广东芋农,竟然再度像引用了清律上的用语一般,重复述说着他的动机,是自发性地担心危险中的父亲。不管这些用词是否真的是黄亚二说的,它们都让县令有了替他寻求恩赦的依据。从县以上的各级复审中,恩赦与否都被拿出来讨论,最后由三法司定夺。钟有祥13天后才死(意味着

① See Katrina C. D. Meleod and Robin D. S. Yates, *Forms of Ch' in Law*, Harvard Journal of Asiatic Studies, pp. 130 – 132.

他所受的伤并不像其他案件来的重),以及黄亚二未带凶器的这两点,无疑地都是让他获得恩赦的原因。但更重要的是,黄亚二的反应是立即的,而当时他的父亲正流着血,并被钟有祥扭住,显然有迫切的危险。这些条件是救父情切的死罪恩赦所不可或缺的。在陈阿盎的案子中,虽然最后秋审中,曾被认为可被恩赦,但就是因为没有这些法令上规定的条件,因此即使县令倾向替他寻求恩赦,也爱莫能助。

有趣的是,陈阿盎的供词也关键地提及可被恩赦的替代条件。陈阿盎清楚地陈述“父亲并没有主使殴打的事”(再一次我们看到了一个没受过教育的小农,在供词里精准地使用法律用语),并拼命地强调是自卫地回击郭昌懿的攻击,而致郭于死完全是意料之外(“当日小的实因被郭昌懿掷伤用刀回抵。失手致伤并不是有心要致死他的”)。县令在案件报告中收录这些供词,或许是为了能帮阿盎在秋审中获得宽宥。因为他不符合死罪正式恩赦的条件,或许这些另外的案件情况描述,能合理地让他在秋审中获得一线生机。

四、从宽量刑的限制

正如笔者所讨论的,中国县太爷们喜欢替他们的百姓寻求宽宥,但矛盾的是,同一套用来从宽量刑的价值观,也能够用来合理化过于严苛的处罚。比较另外两件案例,将能说明这一点。乾隆十四年(1749 年)的广东省曲江县,刘思贤回家时,看到母亲黄氏正被叔叔刘汉祖“殴打”。[①] 起因是黄氏捉到刘汉祖偷摘一棵树上的梨子,而种在公共鱼塘岸边的那棵梨树是思贤死去的父亲所植,所结的梨子也都是由思贤摘了卖。刘汉祖将黄氏推倒在地,并动手打她。当刘思贤上前劝阻时,刘汉祖“骂其帮护”,并用木枪威胁。刘思贤拿木扁抵挡,伤及刘汉祖右肋与腋下。刘思贤走避,刘汉祖反而持枪追赶。就快追到时,刘思贤情急之下回身格挡,却意外打到刘汉祖额头,刘汉祖倒地,倒地时伤到背脊。黄氏劝阻不及,随后连忙跟儿子一起搀扶叔叔回家,但最终刘汉祖仍治疗无效而死亡。

第二个例子发生在广东的陆风县,时间是乾隆四十三年(1778 年)。薛氏家族与曾氏家族因使用灌溉用水,而卷入了一场冲突。[②] 薛振辉看见曾能端将薛的田埂挖开,引水灌入曾能端自己的稻田,上前争吵。冲突中曾能端用锄头打伤薛振辉的头,薛的弟弟薛亚德,用竹尖戳伤曾能端大腿。曾能端回家后,向大哥曾能春告状。午后,曾能春带着铁嘴尖杆,前往薛家理论。根据目击者描述,曾能春一直在薛家门口叫嚣,直到薛的母亲王氏出来跟他理论。曾能春用铁嘴尖杆伤了王

① 参见刑科题本 0714 卷,乾隆十五年(1750 年)阴历九月初四。

② 参见刑科题本 3174 卷,乾隆四十四年(1779 年)(1776 年)阴历二月二十三日。

氏的头,王氏转身逃跑,被曾能春追上,又打伤王氏左耳根。王氏跌倒在地喊救命,正当曾能春举杆,准备再度打下时,被及时赶到的薛振辉挡住。薛振辉抢下曾能春的武器,并戳伤曾能春肚子。曾能春严重受伤,并且未隔多久即不治死亡。

如同之前介绍的几个案子一样,这两个案例的发生经过,也有许多相似之处。最重要的相似地方在于,儿子阻止别人对母亲的无理攻击。两个案件的承审县令都清楚陈述了攻击者在之前的争端中,道理上站不住脚。前一个案件中,县太爷注意到虽然梨子树种在公共鱼塘岸边,但却是黄氏丈夫所种,因此所有权归黄氏。至于在薛、曾两家的灌溉用水纷争中,题本记载,县令后来命令两家照旧引水灌溉,不许私自破坏田埂,以防止争执再起("令照旧引水灌溉,勿许毁坏田埂,以杜衅端")。这段题本中的文字,强烈暗示了曾家理亏。两个女人与她们的家人,都未曾让对方的攻击行为有足够的借口。同样重要的是两位母亲在被殴打之前的行为。尽管曾能春叫嚣着,黄氏仍尝试与他说理,代表黄氏当时冷静而且头脑清晰,更是勇敢的。两个女人都不诉诸武力,并且没有防卫地出现在当场。两个案例中,两个儿子都是反击别人对母亲的无理攻击。

两本案件报告中,也都有对被害者的负面评语。薛振辉一案中,县令似乎偏袒薛家。纷扰之初,是曾能春先动手。同样地,曾能春跑到人家家门口,并在那儿叫骂。当王氏出来跟他说理,他也动手伤人。案件的其他记录事实,也都是对曾能春不利的表述。举例来说,题本中记载,曾能春以能够致命的一击打伤王氏头部后,王氏逃跑,曾能春竟然继续追打,并伤了她的耳根。根据中国传统的法医学,这两处都是可致人于死的部位。更严重的是,命案凶器铁嘴尖杆,是曾能春自己带到犯罪现场的。在这样的简要描述下,有以下的结论并不奇怪。即曾能春是个残酷而暴力的人。相反地,报告显示,县太爷偏袒薛振辉。从一开始引水争议中,薛遭受暴力,到他听到母亲呼救,急忙赶到现场后,才动手用暴力解危。当他看见母亲倒在地上,第三次被曾能春殴打时,一时情急,奋力"徒手"挡住了能春手上的杆子。冲突过程中,不料铁尖头戳伤曾能春的肚子。当曾能春倒地,薛振辉随即罢手,并趋向母亲。题本中对两造的描述对比,不必多着墨,当然都看在复审官员的眼里。暴徒曾能春残酷地殴打老妇,而孝子薛振辉救母于命危之际。薛振辉在夺下能春武器过程中并非蓄意,而是意外地伤了曾能春。当曾能春倒地,薛振辉随即停止打斗,趋向受伤的母亲。至此结论非常明显,薛振辉因为救母心切,使用暴力是自卫行为,并且知道节制。在供词中,薛振辉再三陈述:"当日小的,实因曾能春殴伤母亲,情急夺挑,失手致伤,并不是有心要致死他的。"如同黄亚二案一样,在这段供词中,我们看到那些符合恩赦标准的条件齐备了。

薛振辉所犯的斗殴杀人罪,通常判决结果都是"绞监候秋后处决"。但因为他的“救亲情切”,最后在秋审中被减刑了。薛振辉救母的行为,使县令在一开始的复审程序中,便依法要求减刑。在提及薛振辉斗殴杀人,理应“绞监候秋后处决”的同时,县令也依“救亲危急,殴人致死”的旧例,要求恩赦。为了达到目的,县令在题本中强调薛振辉是在母亲被连续两次致命攻击,并在地上呼救后,才出手救母。并强调,当时正是曾能春再度行凶的当下,而王氏当时有迫切的危险。县令的结论是,薛振辉的案子符合恩赦的条件。而这些论证在往后的每个复审过程中,都一字不漏地被抄录。

薛振辉的案例反映了儒家仁慈价值对死罪判决的影响。但当罪行触犯了儒家的核心价值时,处罚却是令人难以置信的严厉与不宽恕。让我们回到刘思贤的案子。尽管犯下死罪,县令还是将他描写得令人同情。在动机的交代上,题本报告里记载,刘思贤之所以阻挡叔叔刘汉祖,是因为“恐母受伤”。相对地,正如农村社会中令人熟悉的故事一般,案件报告并不令人意外地描述,刘汉祖是个欺侮守寡嫂子的坏蛋。当刘思贤介入抢救他母亲之时,刘汉祖责骂并以木枪威胁他。刘思贤用木扁抵挡自卫。值得注意的是,刘汉祖拿的枪是一件武器,而思贤拿的木扁却是一件日常使用的工具。虽然刘思贤冲突中伤到了叔叔的胸部,但他也选择不再攻击而趁机脱逃。事实上,只要刘汉祖不再追打下去,冲突或许就此打住。当他迫近刘思贤时,刘思贤情急回身一挡,扭住刘汉祖手上的木枪。致命的一击就发生在此刻,木枪“不期”打中刘汉祖前额,并使他跌倒,跌倒过程中,又伤及背脊。要是死的不是他叔叔,刘思贤可能就可以因“不期”这个用语,进而得到宽宥。案件报告中,这个一再被强调的无意图,也与前后供词一致。

正如我们所看到的,各级的承审官员都会清楚而一致地呈现各造的画押具结。正因为这些具结并不是口供的一字不漏照抄,因此可被用来影响复审官员对各造的评判。基于此,我们才可以看到黄亚二与陈阿盎这些小农的具结供词里,竟然能够夹带着清律条文。在刘思贤一案中,黄氏作证她儿子是为了救她而动手,并强调“当日小妇人并没有喝令助殴”。这句证词的关键在于,清律中规定,如果是父母教唆儿子打人致死,儿子就不能得到恩赦。所以强调儿子是自发的行为这点非常重要。类似的,刘思贤个人口供里写道,“小的失手打伤,并不是有意致死他的”。案件报告中的种种供词,虽然不会令人太意外,但笔者要强调的是,这些文句都是出自县令及师爷胥吏们的剪裁。他们决定了什么样的陈述该被写入报告题本中。

虽然县令在题本报告的行文中,比较同情刘思贤,但刘杀的是亲人长辈,因而注定难逃一死。对刘思贤案来说,关键不在他如何杀人,而是在他杀的是谁。他被归类为是“侄殴其亲伯叔致死者”,而被判严重程度仅次于凌迟处死的“斩立决”。因为这样的罪名,使刘思贤丧失在秋审中获得宽宥的资格,接着被秋后处决。要是死的不是他亲叔叔,刘思贤可能仅只被依“斗殴致死”问罪,被判“绞监候”,并在最后的秋审中获得恩赦。如果县令在案件报告所写的好话能够得到秋审官员的采纳,思贤或许可以保住小命。

在刘案中,县令并没有替刘思贤申请正式恩赦。这可能是因为刘思贤与死者的关系特殊,依例要加重其刑。但若是比较上述的几个例子后,我们可以从案件题本中,发现县令不打算替刘思贤申请恩赦。例如,县令可能觉得“在危急”的这个标准,刘案并没达到。而薛案中的母亲黄氏,被铁嘴尖杆打了两次,并正要被打第三次。刘思贤的母亲虽然被打倒在地,但继续打她的刘汉祖却是赤手空拳。另外的关键不同处,在于死者的伤口数目。虽然两个凶手都供说意外伤人,但刘思贤打人造成的五处伤口中,有三处分别是前额、背与脊,这些都是传统法医手册中,所记载的致命处。相对地,薛振辉只不小心打伤死者一处。光从这些差异,而不考虑死者是否是长辈亲人,县令就不会汲汲于替刘思贤申请恩赦。尽管如此,县令在题本中对刘思贤动机、心理,与有限地使用武力等形象侧写,都令人同情。而这可能为他在秋审中带来一线生机。

根据被告与死者的相对地位关系,而导致的这样天差地别的最终结果,看来似乎印证了传统中国律法中,被认为的不公平,也清楚展现了,西方观察家常批评的,儒家意识形态主宰了律法。但进一步检视这些案例,我们可以发现,虽然儒家意识形态强烈地影响律令条文框架,但在18世纪中国的死罪判决中,官员们仍持续地在这个法律框架的合理限制内,替他们的百姓寻求宽宥。然而以当代的法律标准来看,这些兼顾理性与良知的判决,因执法者的不公而有瑕疵。

不论当代评论家对传统的大清律例持什么样的观点,精细、复杂而重复的死刑的判决过程显示了清朝对公平正义的坚持,对真相锲而不舍的追求及对死者与被告生命价值的关怀。无论古今,所有的法令条文,都体现了社会统治精英的占主导地位的意识形态。但意识形态价值在清代中国也受到法令条文清楚而明白的限制规定,在这个程度上,或许可以说,中国是个例外。尽管一定程度上认为社会精英意识形态与儒家思想相背离,但社会意识形态巩固了法律。当犯罪违反了儒家思想的核心时,被告将受到很严重的惩罚。家族地位关系,是司法案件中决定处罚大小的关键。如同以上所做的比较,同样的罪可能因被害者与被告间的关系而有不同的判决结果。以前的评论者认为,大部分的死罪案例中,承审官员的意识形态高过其缜密的法律推论,无视“法律之前人人平等”的原则,从而证实了传统中国法制的残暴不公。然而,我们不能用少数极端的案例来以偏概全。这篇文章使我们看到,传统律令发挥了效用,而中国县太爷们也确实遵守了这些律令。

中国的人治和法治

——清代政府对地方官员的惩处

盖博坚(R. Kent Guy)* 著
余　璐　宋　麟　译
杨　焯　统译
陈灵海　方　强　校

作为当代西方政治话语的重要组成部分,法治这一观念至少已经在一定程度上具体化。尤其对美国学者来说,他们已经开始认为,关于法律体系的各种设想与现有法律框架必然共生。如此语境下,中华帝国晚期的法律就变得特别有趣了,因为它证明了西方人预想的法律与合法性、实体与程序之间的联系,不但在逻辑上不是必要的,而且在文化上也不是特有的。虽然拥有大量法律汇编、历史悠久且记载完备的法律解释传统,以及生动的调查和纠劾的历史,对中华帝国而言,他们用以保障权利、维护特权的法律体系,与西方法律传统的核心实有天壤之别。

在中国,法律是国家用来维护必要道德秩序的工具,

* 盖博坚(R. Kent Guy),美国西雅图大学历史系教授。原文为 R. Kent Guy, "Rule of Man and the Rule of Law in China: Punishing Provincial Governors during the Qing", in Karen G. Turner, James V. Feinerman, and R. Kent Guy, edits., The Limits of the Rule of Law in China, Washington U. P. 2000, pp. 88 – 111。

其本身不具有道德性。[①] 中国的法律最先是由执政者创制的,并被他们当作维持公共秩序、保障国家安全的工具,其历史可追溯至公元前6世纪。中国法律本身并不存在特别的道德合法性,因此远远谈不上反映某种"自然法"。无论如何,对这种法律工具的需求,意味着人性之善无法在此占据上风,这多少有点令人悲哀。只有当法律被政府用以实现道德的政治目的,法律本身以及人们援引法律的行为才是合法的。事实上,如下文所述,较之西方法律,中国法律已经成形,并且更明显地服务于道德和政治目的。因此,解读根据此类法律下提起的诉讼,必须将这种(特殊的)语境考虑在内。

中国和西方学者的论著,包括最近由钟威廉(William C. Jones)翻译的《大清律例》,使清代法律原则和法律程序更易为人了解。[②] 正如安守廉(William Alford)在本卷以及其他期刊发表的文章中提出的那样,这些论著加在一起,使我们得以知晓清代律例的文义,从而进一步研究清代如何运用法律维护秩序,惩罚违法者。[③] 最近,有关清代民事诉讼、流放制度的实践与意义,以及本土法律史料重要性的研究,已经向这个方向迈出了重要的一步。[④] 本文拟探讨清代政府高级官员如何运用法律,表达个人及政治上的不同意见,以及如何运用法律来彼此纠劾。本文亦具体指出,不同级别的官员以不同方法运用法律,这些不同的适用原则在政治上对清代产生了积极的影响。

以下展开的分析主要关注清代官僚制度的一个层面:管理中国18个省区的

---

① 该构想受到约翰·O. 黑利(John O. Haley)著作*Authority without Power: Law and the Japanese Paradox*(Oxford: Oxford University Press, 1991), pp. 19 – 28的深刻影响。笔者非常感谢黑利教授和罗纳德·穆雷(Ronald Moore)以及1992年中国法国际学术研讨会的与会者,这个计划得到华盛顿大学艺术和科学学院的资金支持,他们为我实现这些构想提供了援助。

② See William C. Jones, *The Great Qing Code*(Oxford: Oxford University Press, 1994). 也可参见Derk Bodde and Clarence Morris, *Law in Imperial China Exemplified by* 190 *cases Translated from the Hsing – an Hui – lan, with Social, Historical and Juridical Commentaries* (Cambridge: Harvard University Press, 1967). Thomas Metzger, *The Internal Organization of the Ch' ing Bureaucracy: Legal, Normative and Communicative Aspects.* 此处无法评论所有中国学者的相关研究;笔者意欲简单地评论以下几部法典,即晚近复制的光绪版本的《清会典》(中华书局1991年版,即《大清会典》)和光绪版本的《清会典事例》(中华书局1991年版,即《大清会典事例》)。

③ See William Alford, *To Steal a book is an Elegant Offense* (Stanford, calif. : Stanford University Press, 1995), p. 7.

④ See Philip C. Huang, Kathryn Bernhardt, Mark A. Allee, eds, Civil Law in Qing and Republican China(Stanford, calif. : Stanford University Press, 1994); Mark A. Allee, Law and Local Society in Late Imperial China: Northern Taiwan in the Nineteenth Century (Stanford, calif. : Stanford University Press, 1994); Waley Cohen, Exile in Mid – Qing China: banishment to Xinjiang, 1758 – 1820 (New Haven, Conn. : Yale University Press, 1991).

官员们。不可否认的是,这些省级官员并不属于典型的中国民众,甚至在官员中也不算典型。1700年至1900年,约有800名官员担任省级职务,他们服务于君主,并为君主所知,因此,与其他层次的,包括他们辖下的官员相比,他们更易于受到政治命运的捉弄。另外,正因为他们是政治秩序的最鲜明的代表,而这种秩序的合法性源于对普世价值的维护,清代政府对省级官员过错的处理方式,必须要起到警诫的效果,并让所有人知晓。因此,(对现代学者而言)重构一套清代接近完整的记录成为可能,该记录包括起诉的罪名、调查的过程和处以的惩罚(如该官员最终是否被解职或降级)。①

此外,对中国官员的惩罚存在很多不确定的因素。事实上,清王朝的生存取决于其在表面上是否能够维持常规、有示范效应的文官制度。与此同时,对于朝廷来说,最重要的事莫过于维护其政治上的"主子"地位,惩处官员当然是"主子"的权力。在这方面,人事管理法规、"人治"下的国家法律都提供了珍贵样例,可以由此得知人们对法治的态度。省级官员的生活方式、缺点、癖好都与常人不同,这是因为他们所处的职位为他们提供的向善或向恶的机会具有特殊性。但是对他们的惩罚原则却不能与众不同。126个官员被免职的那些案例(占清朝统治的最后两个世纪中所任命的8%的官员)为研究清代行政法律在实践中如何运行,特别是法律的惯用话语如何与清代政治世界中的帝国专制主义并存,提供了非常有用的基础。本文拟从两个方面探讨对官员的弹劾:第一,阐明弹劾官员的正式程序,论证弹劾的正式程序源于其实际需求;第二,通过审视两起官员罢免案中程序与结构的相似之处(一起发生在18世纪,另一起发生在19世纪),以西方人的视角探究清代法律秩序中最具争议性的问题之一——绝对君权。

一、纠劾与处罚:18世纪行政处罚的演变

在清代,平等适用法律从来不是所有臣民的权利,甚至也不是官员的权利。不过,这并不意味着他们无法求助于法律,以期寻求救济。在充满激烈竞争的清

---

① 为该惩戒记录收集原始数据始于一个有计算机协助的研究项目,该项目是研究《清代职官年表》(中华书局1980年版)中引用任用与免去地方官员职务的部分,这是笔者现在正参加的有关清代中国地方政府研究这一更大项目中的一部分。此卷中对行政处分的所有注释,是研究清代所有人事变动必要的索引,可以在《实录》中查阅到。笔者非常感谢华盛顿大学从事国际研究的亨利·M.杰克逊(Henry M. Jackson)学院持续地拨款支持,还要感谢安德鲁·艾森伯格(Andrew Eisenberg),李益(Li Yi),帕特里克·瓦尔什(Patrick Walsh)和戴映丛(Dai Yingcong)在枯燥的记录、编码和查询数据的工作中给予我的协助。笔者也要感谢国家人文学科资助会在1987年授予我的夏季津贴,这使笔者对这些成果作预备研究成为可能。

代官僚体系中，所有官员(毫无疑问，至少非正式地)互相监督，但是，只有一小部分官员拥有指控其他官员的法定权力和政治关系。运用法律就是运用权力，以及运用清代秩序中颇有争议的部分。成为官员权力依据的法律文件，在形式、措辞和程序的不同，既反映了政治差别，又协调了政治差别。

《大清律例》中有一条一般性的规范，源于明太祖朱元璋统治期间的规定：

> "凡在京在外大小官员，有犯公私罪名[……]若所属官被本管上司非礼陵虐，亦听开具(陵虐)实迹，实封径自奏陈(其被参后，将原参上司列款首告者，不准行，仍治罪)。"①

这一规定的目的，在于保护皇帝(仅有皇帝本人)对官员进行行政处分的专属特权。但是，更有趣的问题是，随着时间的推移，"诉状"这一术语在实践和法律中是如何定义的？根据19世纪末公布的《大清会典》(清代行政实践的法律汇编)，纠劾官员可以通过以下三种途径进行：特旨、参奏和陈请。② 只有皇帝才能以特旨的方式解除官员的职务，这种方式是专制的，无须调查和证据。而要使另外两种纠劾官员的方法生效，则要求对该官员展开调查。参奏可由任何有参奏权的人提起，秘密参奏的一大优点在于，纠劾者将该案件通报给朝廷时，不会被参奏官员以及公众注意到。陈请可由任何等级的官员提起，但是只有皇帝同意展开该调查后，他们方可通过该途径纠劾官员。因为秘密参奏是一种较优越的参奏手法，所以有权使用该方式的官员，一般都会优先使用秘密参奏。因此，在实践中，纠劾一般分为三类：皇帝使用特旨，督抚采取秘密参奏，普通参奏则由较低等级的官员发起。不可避免的是，不同的控诉方式在一定程度上会出现重叠的情况：皇帝提起的纠劾，建立在收到官员提供的信息的基础上；官员的纠劾，则会因皇帝的态度而受到激励或限制。对各种控诉方式进行任何定量评价，必然得出模棱两可的结论。然而，根据纠劾者来给案例分类，至少目前看来，仍然是有用的，因为它可以体现出中国社会中的不同官员如何运用手中的权力。因此，本文的以下部分，将会逐一说明不同控诉方式包含的不同政治含义和政治目的。

(一)皇帝纠劾

皇帝纠劾官员以及解除官员职务的权力，来源于"君权神授"观念。这种权

---

① 《大清律例》，第40页；马建石、杨育棠主编：《大清律例通考校注》，中国政法大学出版社1992年版，第212~214页。

② 《大清会典》，第93页。

力在语意和实际运作中,相当于特别委任("特简")某个官员担任总督的权力。[①]诏令是皇帝纠劾的载体,非常灵活,或言简意赅,或辞藻华丽,或充满法律意味,或富有道德意味,由皇帝根据其想要达到的政治目的而定。皇帝可以宣告某个总督"被某一事件所牵连",因而撤去他的职务,也可以就此发布冗长的诏令。例如,嘉庆年间(1796~1821年)发布的一则诏令,就详细列举了至少25名官员拖欠朝廷税款的情况。[②] 纠劾的时间也由皇帝掌握,他经常在紧急状态下纠劾官员。他可以基于所掌握的任何信息,在任何时间评判总督。有时,这些信息包括属于总督个人参奏的内容,官员呈送皇帝的秘密参奏的证词,或者甚至是构成控告基础的供词。[③]

在罢免地方官员方面,皇帝拥有极为广泛的权力,这样的权力无疑不会仅用于开除腐败无能的官员。以下讨论将会表明,在向官员们传达朝廷政策方面,皇帝的纠劾是一种强有力的方式。在清代47件皇帝纠劾官员的案件中,有22件与军务有关联,其余25件的情况如下:10件与吏部事务相关,4件与财政腐败相关,2件与典礼有关,1件与审判职能有关,1件与工程事故有关,7件与其他事务有关。在19世纪,皇帝多因紧急军务而罢免官员,目的是分担或分散政治及军事灾难中的责任。相较之下,18世纪虽然皇帝的所有纠劾行为也是优先的,但它们多数集中于文官事务,更多源于皇帝对官员的信任危机,而非战争危机。

(二)通过秘密参奏的控诉

在所有官员中,地方官最常被他们的直接上级总督指控。总督的首要责任,在于军事方面。他们使用秘密参奏的纠劾方式是为了满足军事需求,由此可以预料,总督的纠劾大多与军事防御和后勤事务相关。但是,18世纪初叶的前30年,秘密参奏成为一种广为接受的官僚之间的交流方式,这种方式也被总督、巡抚广泛运用于对官员的评判之中。事实上,官员之间的相互秘密纠劾是高级官员的一项重要权力。这种权力既可用于提起一项在正常情况下朝廷不会监察的轻微指

---

① 笔者在"清代的皇帝权力和地方官员的任命"一文中已经分析了这些特权的作用,该文收录在 *Imperial rulership and Cultural Change in Traditional China*, ed. Frederic Brandauer and Huang Chun-chieh(Seattle:University of Washington Press,1994)一书中。

② 这种简单明了的撤职方式始于雍正皇帝革去江苏巡抚吴存礼的职务,参见《大清历朝实录雍正朝实录》第5卷。嘉庆皇帝撤除山西巡抚同兴的职务,见《大清历朝实录嘉庆朝实录》第166卷(下述引用诸如实录这一类文献,都是以皇帝的年号命名的)。这两个案例反映了雍正皇帝和嘉庆皇帝的行政风格。

③ 例如,参看乾隆皇帝革去卢焯职务的案例(参见《大清历朝实录乾隆朝实录》第540卷)和雍正皇帝革去云南巡抚常赉的职务(《大清历朝实录雍正朝实录》第58卷)。(经译者查阅《大清历朝实录》,雍正皇帝革去常赉巡抚职务一事记载于《大清历朝实录雍正朝实录》第70卷,而非第58卷。——译者注)

控，也可用于促进自身派系的利益。

秘密参奏的特殊之处，也在于其起源。与其他的官员交流方式相比，秘密参奏更为保险，也不太繁琐，因而在18世纪初叶即雍正皇帝时期得到了较大发展。相对于普通参奏而言，秘密参奏的用语较为随意，内容则更为机密，这有助于促进信息的快速交流。只有一小部分官员——大多是巡抚、总督，还有一些高级御史和学政——允许使用秘密参奏，因此朝廷不会因为这些参奏数量过多，而被弄得应接不暇。随着18世纪秘密参奏的发展，其在传递纠劾信息（以及详细的支持秘密参奏的信息）方面，已被证明是一种行之有效的方式，由此，秘密参奏成为那些有权使用的官员发起纠劾时的首要选择。①

从朝廷的角度看，秘密参奏好坏参半，通过秘密参奏中的许多机密信息来自参奏者的捕风捉影。尽管有些是为了服务于国家利益，但也有些是出于参奏者的私心。1750年因为其属下利用职位牟取不当得益，山东巡抚准泰使用秘密参奏纠劾这位官员。② 对此，乾隆皇帝的反应是，发给准泰一封秘密公函，斥责其滥用秘密参奏的特权。在随后公布的诏令中，乾隆皇帝宣布，如果秘密传送本质上具有公共事务的信息（如惩戒官员），则秘密参奏的形式是不恰当的。此外，乾隆皇帝还命令巡抚和总督，任何秘密参奏的奏折之后，必须附有普通参奏的奏折。两周后发布的第二份诏令中，乾隆皇帝对此做出了详细说明：大部分官员在使用秘密参奏纠劾时，并不能清楚说明他们的信息来源，这导致皇帝无法知晓这些控诉是否来自高级官员个人的调查，还是来自下级的报告，抑或只是道听途说。他认为，这会使秘密参奏启动的纪律处分程序建立在道听途说的传闻的基础之上。③

当然，皇帝对传闻证据的警惕，基于其希望保持诉讼程序的完整性。在这些诏令中，朝廷的主张并非源于对被纠劾者应有权利的关注，虽然这样的关注在现代西方可能已经存在。朝廷真正的着眼点在于，纠劾过于依赖传闻，会削弱中央

---

① 对秘密参奏进行传统式研究的是 Silas H. L. Wu, *Imperial rulership and Cultural Change in Traditional China: The Origins of the Palace Memorial System* (Cambridge: Harvard University Press, 1970); Beatrice S. Bartlett, *Monarchs and Ministers: The Grand Council in Mid - Ch'ing China, 1723 - 1820* (Berkeley: University of California Press, 1991).

② 乾隆十三年至乾隆十六年（1748～1751），准泰任山东巡抚，参见钱实甫编：《清代职官年表》，中华书局1980年版，第1599～1602页。——译者注

③ 参见《吏部处分则例》（北京，1887年）4.38a－b和9.9a；《大清历朝实录乾隆朝实录》364.2b和15a－16b。（参见《大清历朝实录乾隆朝实录》第364卷："谕军机大臣等，据准泰参奏滋阳县知县方琢、任性乖张。举动失宜一摺。朕已批令该部察议。但此等事件向例俱系具本题参。即或先行摺奏，亦应声明另疏具题。并非应密之件。乃仅以摺奏了事，既与体制未协，而于办理地方事务，亦失慎重之意。准泰近来一味畏首畏尾，全不实心任事，大不如前，著传旨申饬"。——译者注）

政府的权力和合法性,将其置于危险之中。根据传闻开除某个官员,会滋生派系利益,甚至导致官员之间互相勾结。第二份诏令要求,除非纠劾有正当的原因,否则朝廷无法确定,举报下属有滥用权力行为的官员,到底是最近知晓,还是早已知晓,但之前选择了不作为?前一种情形下,举报的官员可能要承担对下属监管不力的责任;后一种情形下,官员可能存在阻碍朝廷获取信息的共谋企图。①

在实践中,这些诏令收效甚微,至少就督抚收到的参奏而言,秘密参奏无一例外地毫无效果。颇为讽刺的是,在准泰被皇帝斥责的数月之后,他自己也成了其上司提起的一次秘密参奏的受害者。② 朝廷诏令无实效性的原因,与纠劾所需信息的种类和秘密参奏的情形有关。在34件纠劾案件中,除与军务有关的16件之

---

① 参见《大清历朝实录乾隆朝实录》365.5b-6b 和 28a-30a。(《大清历朝实录乾隆朝实录》第365卷,"又谕:国家政事,宜从实而不事虚文。向来题奏事件,有拘于旧套,习而不察者。如参劾属员本内,必称正在缮疏间。据两司道府揭报前来,与臣访闻无异云云。盖由失察属员,例有处分,惟声明揭报,可邀免议。是以遂成印板通套,而不知即虚诞诈伪之较著者。夫属员劣款,有得自督抚访闻者,有出自两司或该道府州揭报者。有督抚访闻有秽声,交司道府州查访实迹者,情形原自不同。参疏中据实上闻,何所不可。若谓一面缮疏,一面揭报,适相府合。或千百中偶有一二,安得事事如此。则何不明言其访闻所自,而必相率而为伪耶。且由此益可见该府及直隶州之称职与不称职。盖一府一州,属员虽多,而切近相临。耳目难掩,且赃私累累。必非婪取于旬日之间。设令久与共事,毫无觉察。或属员多容贪吏,而一一待督抚访闻,交令查察。不待问而知该府州之阘茸无能矣。更或平日有心徇庇,督抚交查,尚为之弥缝掩覆。及至势难挽回,始不得已具揭申报。在督抚亦必窥见底里,即当随本附参,不可颟顸了事,令其脱然事外。如使督抚密令查察,即行具实详查,或于访闻之外,另得其实在劣迹,是不得谓之徇庇。若仍追咎其前此失察之过,则为牧守者不亦难乎。夫察吏之道,必明是非。劾功过,以为举错之衡,方足以服人心而肃功令。嗣后督抚参劾属员侵蚀钱粮,及因事纳贿者。其发觉缘由,或何人详揭,或自己访闻,或系密交何人查办。据实声明,不得沿袭故套。……一并谕令知之"。——译者注)

② 参见《大清历朝实录乾隆朝实录》397.17b-18a。(准泰被纠劾事件可参见《大清历朝实录乾隆朝实录》第397卷,"谕:据云南总督硕色摺奏,滇省传播伪撰孙嘉淦奏本逆犯。因交各省缉拏。兹据山东按察使和其衷摺奏,本年四月间,访闻省中传钞伪造孙嘉淦本稿一纸,肆行诬谤。随加根究来历,得自江南水利废员。当即禀明该抚准泰,请一面奏闻。一面咨明江南督抚,严加查缉。乃准泰以无庸深求,亦不必具奏,将原禀勾抹发还,改为拾自途中,拟杖完结。近奉旨缉拏滇省传播伪造孙嘉淦奏本逆犯,准泰并不将钞寄原底发看,且谕令不必牵涉前案等语。是此案四月间在山东发觉,即应根究。且无论废员,即现任之员,苟犯不道诽谤之罪,亦应严拏治罪而已。准泰身任巡抚,平日一味取巧因循,已不能称职。及见此诬谤悖逆之词,竟至忍心隐匿,实出朕意料之外。及至蔓延滇省,奉旨查拏逆犯。尚谕该按察使,不必牵涉前案。明系因从前逆犯房鋐一案,曾经梅珏成参奏。今此案与房鋐之诬谤,如出一辙,恐由伊根究得实,又招庸愚无识者之訾议。则是惟知自顾己私,遂置君臣之义于不问。且此等梦呓诪张之词。即朕宽大。不令深究。独不思为风俗人心之大害乎。封疆大吏。居心若此。国法实不可容。已著侍郎兆惠、驰驿前往,将准泰革职拏问,所有摺内情节,逐一彻底确查。山东巡抚员缺,著鄂容安调补,速行赴任。鄂容安未到之前,著兆惠暂行署理。鄂容安接印后,兆惠即将准泰押解来京"。——译者注)

外,秘密参奏最重要的起因,是人事案件(9起)和财政腐败(5起)。[①] 这些调查中,利益、动机与违反法律的事实本身一样,都是案件的关键因素。利益方面的证据大部分是间接的,对事实的分类则在很大程度上由判断和论证相结合而做出。

中国的历史学家将大部分精力投入了对雍正后期秘密参奏制度起源的研究,这是理所当然的,因为秘密参奏制度是清代最重大的革新之一,由此产生了最生动的文书。但是,他们很少关注秘密参奏制度对18世纪政治生活的影响。秘密参奏制度的存在,可能会导致高级官员这一职业更加危险。对于巡抚中的某一群体而言,这种影响的程度是可控的。中国的各个省归属于由一个更大的地理单元,由总督掌管。有6个省的总督和巡抚居住在同一座城市,而在其他省份,巡抚与总督办公处的距离大概为长达数天的路程。较之某位与总督不在一个省的巡抚,和总督在一个省的巡抚,被纠劾和撤职的可能性倍增。例如,在湖广总督的管辖区内,与湖广总督同在一个省城的湖北巡抚,被参劾的可能性大约是湖南巡抚的两倍(4起案件:2起案件)。在西南管辖区中被免职的云南巡抚(8起案件)和贵州巡抚(4起案件),以及沿海的福建巡抚(4起案件)和浙江巡抚(无案件)的比例,也可以证明这种可比较差异的存在。

本文所涉及案件的数量比较小,不足以体现其他因素,而其他因素——包括经验不足的人被任命为巡抚,他们身处总督警觉的眼神之下,以及一省之内不同地区有不同的基本政策与资源基础,也会产生一些作用。[②] 然而,这种持续贯穿于晚期中华帝国的模式表明,亲近即使不带来蔑视,也会给低级官员带来危险。要评判秘密参奏的意义,就必须将这种影响考虑在内。某种程度上,秘密参奏为皇帝提供了观察以及评判官员行为的机会,而且相比于传统的方式,这种传达政治意旨的方式,可能更为迅速有效,也更能巧妙地反映微言大义。这些超越法律的传达方式,对于提高政治制度的灵活性和可行性也有作用。然而,这种方式也与乾隆皇帝对官员们持有质疑、暴躁的态度有莫大的关系。在18世纪30~80年代之间,巡抚和总督提起的参奏达到了不成比例的程度。在1732~1782年这50年间,超过一半(34起案件中有19起案件)的纠劾由巡抚和总督提起。然而,这些案件中的一部分,特别是在乾隆皇帝统治的末期,较多涉及军务;而在乾隆早期,大部分参奏案件仅涉及人事和行政管理方面。实际上,乾隆皇帝在其统治的

---

① 一起案件与典礼事务有关,一起案件与审判事务有关,两起案件与纠劾有关,这些不同于传统的6种惩罚方式。

② 关于地方官员经验水平上的差异,参见Guy,"Imperial Powers and the Appointment of Provincial Governors in the Qing",in *Imperial rulership and Cultural Change in Traditional China*。

大部分时间内,面对着大量关于督抚的传闻,无疑影响了他对官员的态度,导致了他对官员能力与日俱增的怀疑。乾隆末期,随着巡抚以及高级官员越来越频密地被更换,皇帝的怀疑与官员的抵触之间很可能产生了共振的效果。①

(三)通过普通参奏的纠劾

清代中期,皇帝或总督使用行政处罚程序的案件大幅增加,一定程度上偏离了该制度的初衷。参奏制度的本意,是为那些掌握了其同僚不道德或不法行为证据的官员,提供将证据提交给朝廷的途径。然而,如果对官员惩罚是合法的,那么其目的也应该合法。在中国传统政治观念中,负责针对这些报告进行调查与评估的机构是都察院。其中的部分原因在于,都察院御史的信息,主要来源于下级官僚机构与士绅阶级。由都察院提起的纠劾,依据的证据与皇帝和督抚提起的纠劾有所不同。另外,相比皇帝发布的诏令和秘密参奏,都察院提起的纠劾依据的信息,会更为谨慎地被使用,也会被更为严密的调查核实。不过,通过适当方式提交的普通参奏也同样重要,而且御史常常通过与较为重要的原始党联合起来而成为重要的政治参与者。

不过,我们还须注意纠劾高级官员的现象。由下级官员提起的对总督的参奏,体现了对权威的冲击。参奏形式和用以谴责的证据,均不同于由皇帝和督抚提起的纠劾。普通参奏(题本)是供巡抚和总督之外的官员使用的参奏工具,与秘密参奏有很大不同。在明代和清代早期,作为官僚阶层交流的基本工具,题本在18世纪已经变成正式文本,在体例上格外关注格式和引用法规上的细节。对题本的规定,主要集中于如何在奏章中引用法律,以及对不按照题本格式要求书写的官员进行处罚。② 当然,大部分对形式规定的违反,都被定为"公罪",即一种官员可以弥补的官僚错误。然而,只有经过正式起草的普通参奏才能提交。朝廷设置了一个特殊机构,即通政使司,负责在将题本交由内阁处理之前,检查其起草是否得当。③ 因此题本是相当条文主义的,而且通常比较冗长。马起华研究乾隆皇帝统治期间的行政处罚,其中有一份复制自刑部档案的普通参奏文本,该文本共计489个章节,其中的224节,或者说该文本46%的内容,都是在记载纠劾者的

---

① See Philip A. Kuhn, *Soulstealers: The Chinese Sorcery Scare of* 1768 (Cambridge: Harvard University Press, 1990). Nancy Park, "*Corruption and Its Recompense: Bribes, Bureaucracy, and the Law in Late Imperial China*" (Ph. D diss., Harvard University, 1993).

② 起草法令的规定在清代官方术语"本章"之下使用。参见《吏部处分则例》第9卷,载《大清会典事例》,第461~495页。引用行政处罚的律令,参见《大清会典事例》,第97~100页。

③ 参见李鹏年等著:《清代中央国家机关概述》,紫禁城出版社1989年版,第81~83页;Charles O. Hucker, *A Dictionary of Official Titles in Imperial China* (Stanford, Calif.: Stanford University Press, 1985), p. 553.

头衔及所在地，被纠劾者以及其他相关官员的信息。[①]

对普通参奏的关注突出了都察院纠劾的一大特点，也是与皇帝纠劾以及秘密参奏的不同之处：都察院纠劾为低级官僚集团和文人圈成员发出政治抗议提供了可能。事实上，这种源自都察院纠劾针对统治者的政治抗议，在清代仍然存在。明代晚期，都察院纠劾就在王朝衰亡中扮演了重要角色主因。[②] 这或许是帝国末期政治氛围日渐复杂的表现之一。另外，清代统治者怀疑，御史可能在这过程中扮演积极的政治角色，因而早在清代初期，就对御史的发言权加以了限制。康熙年间，与御史相比，6 部成员更为频繁地对巡抚的玩忽职守进行纠劾。但是到了 18 世纪，这一责任理所当然地由御史承担了起来，虽然只是暂时的。1746 年，由于一名御史的纠劾，一名巡抚被撤职，但随后又被复职。[③] 18 世纪 50 年代，满族御史的纠劾，导致了三名巡抚被撤职。在这起案件中，参加纠劾的御史是富勒浑，乾隆皇帝的密友大学士傅恒之子。[④] 这起案例中的满族官员，为其汉族同僚提供了范例。

18 世纪末都察院御史恢复了其原来的地位，国子监的学生也加入了纠劾官员的行列。18 世纪的后 50 年，对宠臣和珅及其在地方上扈从的政治反对，无疑导致了山东巡抚国泰[⑤]和先任浙江巡抚后任山西巡抚的福崧[⑥]被纠劾。[⑦] 与纠劾郑

---

① 参见马起华著：《清高宗朝之纠劾案》，台湾华冈出版社 1974 年版，第 38 页。

② 有很多学者都探索研究晚明的都察院纠劾的历史，参见 Charles O. Hucker, "The Tung – lin Movement of the Late Ming Period", in *Chinese Thought and Institutions*, ed. J. K. Fairbank, (Chicago: University of Chicago Press, 1957), pp. 132 – 62; William S. Atwell, "From Education to Politics: The Fu She", in *The Unfolding of Neo – Confucianism*, ed. Wm. T. de Bary (New York: Columbia University Press, 1975), pp. 333 – 65; Frederic Wakeman, *The Great Enterprise* (Berkeley: University of California Press, 1985), 1: 87 – 156。

③ 即发生于乾隆时期的广西巡抚托庸被免职案，参见《大清历朝实录乾隆朝实录》264. 19a – b。(《大清历朝实录乾隆朝实录》第 264 卷。——译者注)

④ 富勒浑系傅恒的侄子，非傅恒的儿子。——译者注

⑤ 国泰(？ ~1782)，即富察国泰，乾隆四十二至四十七年任山东巡抚。——译者注

⑥ 福崧(1747 ~ 1793 年)，即乌雅福崧，乾隆四十七至五十一年任浙江巡抚，乾隆五十一至五十五年间历任山西巡抚、安徽巡抚、江苏巡抚兼署两江总督，乾隆五十五至五十七年又任浙江巡抚。——译者注

⑦ 参见《乾隆朝惩办贪污档案选编》(第 3 卷)，中华书局 1994 年版，第 2395 ~ 2497 页(国泰)；第 4 卷，第 3291 ~ 3387 页(福崧)。(关于国泰和福崧与和珅的关系，经译者查阅《清史稿》，可得出《清史稿》编纂者的观点，福崧获罪致死，其原因与忤逆和珅有关；而国泰被御史钱沣纠劾，其原因则在于国泰本人的贪腐行为。随后乾隆皇帝要求和珅与刘墉彻查此案，和珅袒护国泰，似可理解国泰与和珅之间的关系。"福崧为巡抚，治事明决，御属吏有法度，民颂其治行。其得罪死，颇谓其忤和珅，为所陷。"见《清史稿》第 36 册，中华书局 1977 年版，第 11068 页。"四十七年，御史钱沣劾国泰及易简贪纵营私，征赂诸州县，诸州县仓库皆亏缺。上命尚书和珅、左都御史刘墉按治，并令沣与俱。和珅古袒国泰；墉持正，以国泰虐其乡，右沣。"见《清史稿》第 36 册，中华书局 1977 年版，第 11078 页。——译者注)

祖琛①一案相似,对这些案件的调查是谨慎而反复地进行的。最终,经过曲折的定罪过程,两位巡抚都被认为有罪。事实上,在浙江巡抚任内的调查完成之前,福崧已被任命为山西巡抚。倪德卫(David S. Nivison)认为,清代中央政府对这些调查的态度,是一种"奇特而敏感的有罪推定式的"。② 正如倪德卫所言,这种态度的产生,可能部分是因为朝廷顾忌日渐年老的乾隆皇帝和年轻大学士和珅的关系。御史纠劾在19世纪的前60余年开始减少,但是在19世纪末期再一次上升,特别是在中法战争和甲午战争时期。

在一定程度上,纠劾形式的规则——也就是正当的证据呈送方式和法律援引方式——变成了对纠劾的实质性限制。对普通参奏准备工作的规定,为被纠劾官员提供了程序保护。当然,真正得到保护的未必是个人权利,而是朝廷的神圣性。更多的下级官员被朝廷关注,这一现象往往与公众(或至少是精英集团)的认知有关,即官员应为严重的渎职负责,如明显的审理失误、严重到上下皆知的侵吞公款以及玩忽职守等。③ 朝廷不能冒着风险无视这些指控,也不能冒险轻率地随意处置。帝制时期的中国政治,已经发展出有关普通参奏部分的程序,这也反映出以上参奏对朝廷权威可能造成的潜在危害。因此,在清代,如果某个官员的纠劾者官员级别较低,那么该名官员会受到更正式的保护。这一点不无讽刺。

墨子刻(Thomas A. Metzger)对清代行政法进行了细致的研究,其成果《清代官僚政治的内部组织》已指出,清代法律和行政实践的原则基本上是儒家式的。虽然官员们感觉自己处于和谐与无序之间,在理想的道德秩序和需要法令维持的秩序之间左右摇摆,但这恰好反映了儒学现实主义的一面。纠劾者所适用法律的差异,正好为这一点提供了实践的写照。官员的等级越高,越能接近皇帝,这与儒家理想中的等级社会相对应。但是,如前所述,这一差异亦提供了不同运作机制,以处理不同类别的纠劾,使它们同样有用武之地。皇帝有权在任何时间、任何地点,谴责任何有罪的官员,这种特殊权力允许朝廷对其认定的紧急情况作出迅速且清晰的反应。秘密参奏虽然在道德和效率上有不足之处,但却使朝廷获取各层

---

① 郑祖琛(1784~1851年),道光二十六至三十年任广西巡抚,下属袁甲三弹劾其"慈柔酿乱",又弹劾江西巡抚陈阡"贿赂交通",两人均被罢免。——译者注

② David S. Nivison, "Ho - shen and His Accusers: Ideology and Political Behavior in the Eighteenth Century", in *Confucianism in Action*, ed. David S. Nivison and Arthur F. Wright (Stanford, Calif.: Stanford University Press, 1959), pp. 209 - 43.

③ 笔者确认的37例因纠劾而被革职的低级官员的案例中,4例与战争有关,7例与财政事务有关,10例与人事有关,9例与审判有关,3例与河道管理有关,3例与仪式有关,与其他事务有关的案例有1例。

次官员行为的信息和看法,这是史无前例的。普通参奏则为那些无法接近更高权力的官员提供了机会,表达其对错误审判的看法。依据谴责地方官员的法令,对地方官员成功纠劾的记录得以(在本文中)被重构。他们所处政治世界的图景,也由此被勾画出来。

二、皇帝纠劾

皇帝纠劾权力的一大特点是绝对性,即对于文书形式的正规性、证据性质,以及根据诏令可能会得出的结果,都没有任何限制。皇帝的言辞具有决断性,在帝国政治秩序中,官员处于绝对的弱势。更准确地说,绝对权力必然导致腐败,因其本身过于绝对,没有任何制约,因此追问其动机是没有意义的。在类似中国的君主制度国家中,当皇帝被赋予绝对权力时,皇帝行使其权力的方式对于政治生活甚至权力本身的特征都至关重要。18 世纪和 19 世纪发生的两个案例,说明了诏令在解除巡抚职务方面的一般特点,及其在不同时期的不同用法。以下两个案例发生时的政治环境和随之发生的事件,突出表明了皇帝的用意和纠劾结果的重要性。

(一)蒋炳案

纠劾官员时,乾隆皇帝特别喜欢将自己置于一个侦探的角色,以搜寻出官员的不法行为。他乐此不疲地扮演着这个角色,以使政府正常运行。① 这个案件发生于 1757 年秋,复核将要宣布执行死刑的案件时,乾隆皇帝宣布,他发现湖南巡抚蒋炳②运用政治影响力,阻挠了对该省前任布政使杨灏③的正当处罚。对杨灏的指控是蒋炳的前任陈宏谋提起的。据陈宏谋指控,杨灏在购买公粮的时候,偷偷将每 100 两银子中的 1 ~ 2 两据为己有。他用这个方法,使个人财产至少增加了 3000 两。④ 杨灏获罪,并被撤除职务,在狱中等待秋审。一般来说,被判决在秋后处决的犯人,会由皇帝会同刑部和都察院的官员进行秋审。复核后,案件将会

---

① 参见孔飞力著:《叫魂:1768 年中国妖术大恐慌》,上海三联书店 1999 年版,第 219 ~ 232 页。该书详细描述了一个与此类有关的案例。

② 蒋炳(1698 ~ 1764 年),江苏武进人,字晓沧,一字晴厓,乾隆十七至二十年任河南巡抚,21 年署理河南巡抚,22 年复任河南巡抚,转湖南巡抚,罢为员外郎,23 年后任甘肃布政使、仓场侍郎等职。——译者注

③ 杨灏(1694 ~ 1757 年),直隶曲阳人,乾隆二十一年任湖南布政使,后罢为候选知州。——译者注

④ 陈宏谋的奏折复制于《宫中档乾隆朝奏折》,台湾"故宫博物院",1982 年。

分为四个种类:(1)缓决;(2)可矜;(3)留养承祀;(4)情实。[①] 乾隆皇帝已经批准了对杨灏的判决。因此,之后当乾隆皇帝复核那些等待执行死刑的案件,并发现对杨灏的执行延后时,十分震惊。他怀疑是时任湖南巡抚的蒋炳从中插手,导致最后判决的改变(事后证明他的判断准确无误),他随之对蒋炳以及该案中可能涉及的同谋者进行调查。[②]

不管乾隆皇帝以何种罪名纠劾了蒋炳,杨灏一案即使没有被乾隆皇帝从刑部档案中"再次发现",也不可能被遗忘。因为杨灏的案件关乎政治,甚至关乎道德,所以时隔多年,依然被皇帝和官员们记得。虽然理论上,存在通过惩戒程序直接判处死刑的可能,但是在乾隆皇帝统治时期,这种事情并不是经常发生。至少,该案件非常重要,以至于即使杨灏官职并不算太高,任职时间也很短,其传记仍载于《清史稿》第340卷的开篇,[③]该卷通篇记载了被乾隆皇帝统治判处死刑所有省官的传记。此外,该案件的刑罚与罪行存在不一致的情形。杨灏被指控贪污银两的数量在3000~4000两之间,并不算是巨款,特别是与乾隆时期发生的其他贪污案件中涉及的金额数量相比。

杨灏被纠劾之所以案情严重,是因为这一事实:他所分配到的20,000两白银,应当用于购买粮食,以救援江南的饥荒,那里于1755年遭受了洪灾。在《清史稿》的编纂者看来,这是重要的事实,因此在《清史稿》的官员传记中,史官在杨灏购买粮食与江南发生饥荒这二者之间建立了联系。之所以对杨灏的纠劾被赋予额外的重要性,是因为这些指控是由陈宏谋发起的。陈宏谋是乾隆一朝最受信任

---

① 《大清会典》第490~492页。参见[美]德克·布迪、莫里斯著:《中华帝国的法律》,朱勇译,江苏人民出版社2010年版,第138~139页。

② 《大清历朝实录乾隆朝实录》,546. 11a-14a.(参见《大清历朝实录乾隆朝实录》第546卷,"又谕:秋审官犯册内,拟斩之原任湖南布政使杨灏一案,定拟缓决,甚属纰谬,阅之不胜骇然。杨灏身为藩司,乃侵肥克扣,至三千余两。此其贪黩败检。本应立行正法,以彰国宪,监候已系朕格外之恩。朕以为该抚审拟招册及三法司九卿科道等廷谳时,自当入于情实。乃册内妄以该犯限内完赃,归入缓决。试思藩司大员,狼籍至此,犹得以限内完赃,概从末减。则凡督抚大吏,皆可视婪赃亏帑为寻常事,侵渔克扣,肆无忌惮。幸而不经发觉,竟可安然无恙,即或一旦败露,亦不过于限内完赃,仍得保其首领,其何以饬官方而肃法纪耶?廷臣等于此等案件,并不权事理之轻重,竟尔恣意欺罔,朦混照覆,将视朕为何如主。朕临御二十二年,所办案件内外臣工所共见共闻,尚敢如此窃弄威柄,施党庇伎俩。朝臣亦可谓有权。今日检阅之下,不胜手战愤栗。原拟之蒋炳著交部严加治罪。三法司著交部从重严加议处。其与审之九卿科道等、俱著交部议处。嗣后凡有新案官犯,无论情实缓决,概行粘签声明,毋得遗漏朦混。在京票拟之大学士等依样葫芦,并不夹签声明,是何意见,著明白回奏。"——译者注)

③ 经查阅《清史稿》,杨灏的传记在《清史稿》第339卷,参见《清史稿》第36册,中华书局1977年版,第11071页。笔者引用的《清史稿》疑为"关外本"。——译者注

的省级官员之一，一生至少20次担任重要职位，是一个非常可靠的麻烦解决者。[1]作出对杨灏的纠劾之后，乾隆皇帝非常满意，他评论说：一个能提出这类纠劾的省官，一定能特别尽心地服务于湖南（应该是江南）的百姓，还推举陈宏谋为当时官员中的“最贤者”。可以说，皇帝对杨灏案的态度，在蒋炳成为湖南巡抚之前就已经很清楚了。[2]

蒋炳的犯错，可能在于1756年春夏之交处理该案件时，没有充分考虑到皇帝的上述态度。当时，蒋炳显然以为陈宏谋纠劾杨灏的原因，是与杨灏之间的私怨。而且，1717年的法律允许官员向国库“借钱”，只要他在一年内悉数归还即可。蒋炳据此规定并按照法定程序，使杨灏恢复了官职。[3] 蒋炳接受了杨灏向官库归还全部借款，并将归还情况向刑部报告，以普通参奏的形式，请求朝廷减轻对杨灏的刑罚，即从“情实”改为“缓决”。从程序上看，蒋炳的理由是站不住脚的，因为法令允许官员归还“借款”的规定，适用于官员将公款从一个官方目的转移到另一个官方目的的情况，但并不包括挪用公款。然而在实践中，蒋炳的行为仅使多数人意料的结果提前到来：被判处监禁等待秋审的犯人中，只有一小部分最终予以行刑。[4]

从政治上看，蒋炳犯了一个不可饶恕的罪行。对皇帝来说，蒋炳篡夺了朝廷决定死刑案件的特权，以此巧妙地操纵了官制，用个人判决代替了皇帝判决。此外，他这么做，对旁观者来说，造成了这样的印象：清代的官员狼狈为奸，只顾互相包庇。简言之，即使纠劾是出于陈宏谋对杨灏的怨恨（乾隆皇帝断言这一点不成立），也必须维护行政处罚的神圣性。朝廷很快就对杨灏案作出死刑判决，并立即执行。蒋炳案则交由刑部复核。为明确立场，乾隆皇帝对蒋炳以及批准对杨灏减轻刑罚的官员，按照罪责的严重程度予以了区分。乾隆皇帝要求刑部对蒋炳一案“严加议处”，其他涉案的主要官员，则只要“议处”即可。刑部遵循了先例，但也

---

① 关于陈宏谋的儒家信仰，参见 Education and Empire in Southwest China：Chen Hongmou in Yunnan，1733 – 1738，in *Education and Society in Late Imperial China*，ed. Benjamin A. Elman and Alexander Woodside（Berkeley：University of California Press，1994），pp. 417 – 57.

② 中国的旱涝分布地图表明，这样的饥荒是存在的。参见《中国近五百年旱涝分布图集》，地图出版社1981年版，第148页。

③ 参见《大清律例》第125条，第142页。《读例存疑重刊本》，台湾成文出版社1970年版，第336页。也可参见［德］墨子刻：《清代官僚政治的内部组织》，第263页。

④ 参见［美］卫周安：《清代中叶的流放》，第63页；［美］德克·布迪、莫里斯：《中华帝国的法律》，朱勇译，江苏人民出版社2010年版，第142页。

可能迫于乾隆皇帝的压力,最终对蒋炳做出了处决。[1]

蒋炳因政治错误而遭到纠劾,令人特别震惊——他并不是一个政坛新手。虽然蒋炳的祖籍江南,但是他政治生涯的大部分时间,是在京师度过的,并在帝主专制的官场节节高升。他于1726年通过了举人考试,成为了内阁的侍读,并在军机处当值。军机处是雍正皇帝的最亲近的顾问组成的机构,被赋予了为雍正皇帝检查秘密参奏奏折的特权。[2] 很可能是在这段时间里,蒋炳吸引了后来辅政大臣鄂尔泰的注意,1732年他要求蒋炳陪他到蒙古参与作战。在回京的途中,蒋炳被任命为广东的监察御史,在那里,他凭借多次针对皇帝的治理建议征询作出回应,得到了年轻的乾隆皇帝的赏识。1739年他返回京师,先后被任命为顺天府尹、兵部侍郎、河南巡抚的副手,并于1752年担任河南巡抚。简言之,蒋炳深谙京师以及地方官僚制度之道,如果他真的意欲操纵制度,拯救杨灏的性命,他应该知道采取什么更正确的方法。

蒋炳的政治经验,既可使他招来杀身之祸,也可能最终挽救他的生命。审视蒋炳的经历,乾隆皇帝纠劾蒋炳的目的,与乾隆中后期诸多政治声明的主题相一致——从他的言辞中可以看出,乾隆对愚昧官员干涉政务非常反感。如蒋炳一样,与政务紧密相关而且经验丰富的官员对政治体制的无形操控,恰恰为皇帝发出如此政治声明提供了机会,其中一半源于皇帝的妄自揣测,另一半是有理有据的判断。1755年,曾支持蒋炳的鄂尔泰死后,因其生前结党而被追责,此事也对蒋炳造成了不利影响。此次追责后不久,鄂尔泰之孙、广西巡抚鄂昌[3]被赐死,其侄子[4]也在巡抚任上被撤职。[5] 然而,乾隆皇帝认为杨灏一案中蒋炳虽有过错,但是他并没有贪污,罪不至死,蒋炳因此逃过一劫。而对蒋炳的处决也被无限期地

---

① 参见《大清历朝实录乾隆朝实录》546.14a.(见《大清历朝实录乾隆朝实录》第546卷,“已将该抚交部严加议处。九卿科道,并未驳正,亦已交部议处矣”。——译者注)

② 参见《国朝耆献类征》中有关蒋炳在广东时的传记。关于军机章京的特殊待遇,参见[美]白彬菊:《皇帝和宰相:清代中期的军机处,1723~1820年》,第220~222页。

③ 西林觉罗·鄂昌(? ~1755),乾隆十一至十三年署理广西巡抚,后历任四川巡抚、甘肃巡抚、署理陕甘总督,乾隆十六年又任江西巡抚,十八年发往军台效力。《满名臣传》称其于乾隆十九年复任甘肃巡抚,恐误。——译者注

④ 此处所说鄂尔泰之侄,当指鄂容安(? ~1755年),乾隆十七年任江西巡抚,十八年署理两江总督,十八年或十九年被罢免。——译者注

⑤ 鄂昌一案(《大清历朝实录乾隆朝实录》485.4b,见《大清历朝实录乾隆朝实录》第485卷,参见《清史稿》第36册,中华书局1977年版,第11059~11061页。——译者注),在[美]恒慕义(Arthur Hummel)主编的《清代名人传略》(台湾文学馆1964年再版,第601~603页)也有讨论。参见L. Carrington Goodrich, *The Literary Inquisition of Ch'ien-lung* (Baltimore, Md.: American Council of Learned Societies, 1935), pp. 95-96.

延后了,并且他被允许将功抵过,前往蒙古军营服役。[①] 数年后,他回到京师并被户部任用,这似乎是一个莫大的讽刺。随后,他官复原职,进入内阁,后又被任命为甘肃布政使。他于1764年寿终正寝。[②] 蒋炳被罢免之后的经历表明,乾隆皇帝自身并非不信任蒋炳,至少并未阻止后来对蒋炳的任命。1757年对蒋炳的惩罚,出于皇帝自身个性的原因,更出于朝廷需借此发出"政治信号"的原因。

(二)邹鸣鹤[③]案

1852年邹鸣鹤在广西被罢免,情况与蒋炳有很大不同,但是在需要发出"政治信号"这点上,却存在惊人的相似。邹鸣鹤才名远扬,任职于广西。具有讽刺意味的是,邹鸣鹤在广西被罢免之时,又因保护河南省会免受毁坏而被嘉奖。1821年邹鸣鹤考取了进士,随后在河南就任了其政治生涯第一个和第二个地方官职务。[④] 当他母亲去世需要他回家居丧时,河南巡抚以及邹鸣鹤所任职的罗山的绅民,都请求朝廷允许邹鸣鹤居丧完毕后回河南任职。朝廷同意了这些请求,邹鸣鹤居丧完毕后,返回河南,一边做着各种辅佐性工作,一边等待正式的任命。邹鸣鹤最后被授予地方高级长官的职务,先后在3个地方(卫辉、陈州、开封——译者注)署理知府,并于1842年正授河南省城开封知府。在署理开封知府期内,他因保全开封城免受黄河洪灾侵袭,而获得嘉奖。洪水是如此凶险,以至于钦差大臣建议将河南省会从开封迁往洛阳,[⑤]邹鸣鹤坚决反对将省城迁往洛阳,并驻守受洪水之困的开封7天之久,直到洪水退去。随后,他又指挥了城市的重建工作。鉴于这些努力,朝廷擢升邹鸣鹤为道员(开归陈许兵备道),先后在河南、江西任职。[⑥] 1851年咸丰皇帝登基后,下诏要求高级官员举贤以任能,户部侍郎和两江总督都推荐了邹鸣鹤。因上述官员的推荐,邹鸣鹤被任命为顺天府尹,随后被任命为广西巡抚。[⑦]

---

① 在蒙古的驿站服务看起来已经是一种特殊的惩罚了,用于惩罚那些侵吞公款的官员(即戍军台——译者注)。参见[美]卫周安:《清代中叶的流放》,第60~61页。

② 参见《国朝耆献类征》78.23a。

③ 邹鸣鹤(1793~1853年),字钟泉,号松友,江苏无锡人,咸丰元年至二年任广西巡抚。——译者注

④ "道光二年进士,云南即用知县。亲老告近,改发河南,署新郑,补罗山,有惠政。"参见《清史稿》第39册,中华书局1977年版,第11815页。——译者注

⑤ "论功,晋秩道员……丁生母忧,服阕,署彰卫怀道,寻授江西督粮道。"参见《清史稿》第39册,中华书局1977年版,第11815页。——译者注

⑥ "巡抚程祖洛疏陈鸣鹤政绩,罗山绅民吁请保留河南,特旨允俟服阕以南、汝、陈、光四府州所属酌补选缺,异数也。"参见《清史稿》第39册,中华书局1977年版,第11815页。——译者注

⑦ 参见《清史稿》,台湾地区"国防研究院"1961年版,第4677页。

1852年太平军离开广西并向北行军之后,邹鸣鹤被免去广西巡抚之职。这个案例反映了国家的策略。广西短暂任期内,邹鸣鹤将大部分精力用于广西省会桂林的城防工作。邹鸣鹤与提督、总督一起并肩作战,实现了目的,但胜利是徒劳的。在被围困桂林33天之后,太平军指挥者认为进攻桂林得不偿失,于是放弃进攻,转向湖南行军。邹鸣鹤及其同事据守桂林,没有追击叛乱军队。当太平军对中央政府的威胁日益紧迫时,就有必要寻找"替罪羊"。朝廷谴责邹鸣鹤没有继续追击叛军,没有围困太平军桂林期间的驻扎地,即未对桂林郊区的象鼻山进行有效防御。为了"杀鸡儆猴",咸丰皇帝将邹鸣鹤撤职。[①] 从朝廷的角度来看,邹鸣鹤没有尽到承担军事责任,防止帝国被叛乱所困,因此辜负了朝廷的信任。

随后发生的一系列事件,说明了邹鸣鹤在广西的失败并不是缺乏对帝国的原则的遵守。在被撤去广西巡抚的职务之后,邹鸣鹤回到了其家乡江苏,并马上听从两江总督的指令,协助处理该地区的防务工作。邹鸣鹤从病床上起来,接受两江总督陆建瀛[②]的指示时,据说曾对那些试图阻止他前去任职的朋友说,"此吾补过报国之日也"。邹鸣鹤协助抵御叛军的进攻,防卫南京,被授予相当于第六位次的职务。南京城陷落(成为叛军的首都)后,邹鸣鹤自杀,但显然不是在他面对太平军并怒斥他们之前。在绝命书中,邹鸣鹤叙述了他三次保卫省会的事迹——在开封抵御黄河泛滥,在桂林和南京抵御太平军——以此作为他尽忠于统治者的证据。

邹鸣鹤在广西被免职的背后可能有政治目的,但从他在南京的英雄事迹来看,一些人开始觉得他在桂林因战败而被撤职是不公平的。1868年,曾国藩等在维护国家秩序中建立功业的大臣纷纷疏陈,要求追认并恢复邹鸣鹤的职务,纪念其卓越的政治功绩。这可能是对朝廷对官员定罪及其政治权力的评论,曾国藩的

---

① 参见《大清历朝实录咸丰朝实录》,60.9b-10b.("又谕:赛尚阿奏贼匪窜逸,督饬诸军追剿一摺:广西省城解围后,贼匪窜扰兴安、全州、经刘长清、余万清等,分带各路兵勇追击。现在该大臣已由阳朔进省。著即分饬带兵大员,迅速接应,与楚省文武,合力攻剿,毋令肆扰,致滋蔓延。向荣患病不能出省,诸军无所统率。湖南绥靖镇总兵和春,著赏加提督衔,带兵进剿。该大臣如须移营前进,即察看情形办理。广西巡抚邹鸣鹤身任封疆,于贼匪攻扑省城之初,城外象鼻山、将军桥等处险隘均无准备,致为贼踞,所办团练,亦无实效。叠次飞章入告,桂林一城之外,全未计及。朕即觉其张皇失措,一筹莫展。若非赛尚阿、豫调向荣,赴省守御,几误事机。此次贼匪北窜,又欲将猛将精兵,留以自卫,株守省城,实属怯懦无能,大负委任,邹鸣鹤,著即革职以示惩儆。"参见《大清历朝实录咸丰朝实录》第60卷。——译者注)也可参见 Chien Yu Wen, *The Taiping Revolutionary Movement*, New Haven, Conn.: Yale University Press, 1973, pp. 86-88。

② 陆建瀛(1792~1853年),字立夫,一字仲白,湖北沔阳人,历任直隶按察使、直隶布政使、云南巡抚、署理云南总督、江苏巡抚等职,道光二十七年署理两江总督,二十九年任两江总督,咸丰3年被免。——译者注

建议引发了争议。一位御史对曾国藩的建议提出了反对意见,声称其有新的证据证明,邹鸣鹤面对太平军时有怯懦的表现,而一位翰林院编修则支持邹鸣鹤。江苏巡抚马新贻①调查全案,基于马新贻的报告,清政府追认了邹鸣鹤的职务,并允许河南名宦祠供奉祭拜这位杰出的官员。②

乍看起来,蒋炳案的历史背景是18世纪的和平、繁荣以及一个被看作具有内生性和自我保护性的官僚制度,这与19世纪因军事危机而发生的诸如免去邹鸣鹤巡抚职务等事件似乎非常不同。然而从政治的角度来看,这两起案件存在很多相似之处。对清代官僚系统的运作方式以及他们肩负的特定任务,蒋、邹这两位巡抚都富有经验。蒋炳非常了解朝廷在用人上的政策和关切,以及政策会如何转向以适应需要。邹鸣鹤深知作为朝廷任命官员守护省会的特殊使命,因为省会既是政治组织的中心,也是财富的中心。同样,蒋炳和邹鸣鹤都知道清代政治生活的原则与规则,而且很可能认为其自身的行为是循规蹈矩的。这并不意味着他们没有过错。蒋炳包庇了其下属杨灏,忤逆了朝廷的判决,该行为具有争议。但是甚至在这个例子中,蒋炳的所为遵循了他所掌握的清代政治制度的规范程序。没有证据表明,蒋炳参与了任何牟取私利的行为,而且可以确定的是,依此案的情形,如果这样的证据存在,那么该证据就一定会被发现。邹鸣鹤或许本可以将更多的精力放在打败太平军,而不是防卫桂林上,尽管不管怎么说,他采取的行动不可能是不合法的。两位巡抚都忤逆了帝国当权者不可侵犯的道德权威,这种权威允许皇帝改变政治生活准则,以更好地顺应天命。蒋炳的行为抵触了乾隆皇帝对官员施以新的行为规范的愿望,特别是当这些官员代表国家处理关乎百姓生计的紧急事务时。邹鸣鹤则在咸丰皇帝的权力面临空前危机之时,满足了其对替罪羊的需要。

因而,从某种程度上说,皇帝免去官员职务的特权在纠劾的所有案件中都得到了运用,其目的是确立官僚系统的新规范。皇帝对官员免职权力的运用,与中国的法律背景高度一致,而且在某些方面,与中国地缘政治环境相适应。至少在那些希望领导者能进行相对有活力的统治的国家,大部分皇帝承担着在其统治的

---

① 马新贻(1821~1870年),字谷山,号燕门,山东菏泽人,同治二年任安徽按察使、安徽布政使,后历任浙江巡抚、闽浙总督、两江总督等。

② "同治初,江南既平,曾国藩疏陈鸣鹤生平政绩及殉节状,请加恩优恤。御史朱震言鸣鹤匿民居遇害,非临阵捐躯者比,请罢之。编修朱福基等复以鸣鹤被难闻见各殊,呈请下两江总督马新贻确查。新贻覆奏绅耆咸称鸣鹤协同防守,誓以身殉,骂贼被戕,无避民居之事。诏依巡抚例议恤,予骑都尉兼云骑尉世职,谥壮节。后祀河南名宦祠。"参见《清史稿》第39册,中华书局1977年版,第11816页。即马新贻为两江总督,非江苏巡抚。——译者注

地域树立典范的责任。然而,中国地域广袤,政治语境复杂,中国社会中具有闲暇和一定教育水平从而能理解政治的人数有限,这意味着皇帝的政策声明涉众面很小,在很大程度上,仅限于官员自身,以及与官员有日常接触的社会精英们。

因此,皇帝的纠劾或者免职决定,在某种意义上代表了批判政治圈子中的某个人,一旦对其发布诏令,就可以使中央政策受到有力且有效的关注。但是,确切地说,由于皇帝纠劾具有专制性,所以必须谨慎使用。他们甚少纠劾其官员,或者仅在政治压力之下,才会如此。另外,这种纠劾被表述成一个关涉数百年来君臣关系的法律术语,在一定程度上也受到了这种关系的限定。审判蒋炳案时,乾隆皇帝引用了他已经违反的律令,其施加的惩罚,如调动职位,多为临时性而非永久性的。处境更为被动的咸丰皇帝则更为专横,他所施加的惩罚,在其驾崩之后的很长一段时间内,仍然为政界所争论。这两种行为势必会被冠以随意、专制等评价,但是它们根源于庞大且复杂的帝国制度,不过是专制主义行为中的一种。对中国精英而言,法律保护的缺失或许是可以接受的。因为这种缺失所服务的目的是精英中一个非常普遍的共识。

三、结论:无力的政策

清代中国政策的无力与复杂,当然也存在于任何社会。中国官员和其他国家的官员一样无能与腐败——也许在个人关系尤为重要的中国社会中更为严重。中国的统治者既宽容,又残忍;既理性,又独裁。他们通过律例这种特别便利的方式,表达出其想法。但是本文关注的是行政处罚政策,并认为弹劾的行为从本质上说是政策性的。对皇帝及其周围的人而言,在政治压力下使用行政处分制度,突然且专断地免除官员的职务,以强调皇帝的权威,是合理利用法律程序的表现。与之类似,总督也可以通过行政处分制度,探寻并划出与朝廷政策的边界,或者用以建立自己的派系。最后,在朝廷中,低级官员弹劾与其政见不一的官员使之遭到免职亦是可能的,尽管并不容易。

本文所讨论的诉讼程序政治特点的形成,有以下几个理由:首先是被纠劾的官员的性质。地方官员是行政执行者,他们的经历和作为构成了君主制中华帝国政治舞台的内容。对他们的行为处置的每一步,都与美国或任何现代国家对高级官员的弹劾一样具有政治性。但是即使被纠劾者官位显赫,鉴于律、例的特殊性质,较之其他国家的官员而言,中国官员们似乎更易于受到行政处罚。在清代中国,律、例并非特别神圣的政治措施,仅仅是被中国皇帝用以构建贤能政府的诸多方式之一。

其次,一定程度上,任何法律秩序都会受到政治的影响。法律是解决矛盾的一种方法。当法律所解决的矛盾涉及政治,法律程序应用本身也具有了政治性。令人惊奇的是,君主制中华帝国惩处官员的案例,都在存在毋庸置疑的绝对君主权力的情况下,应用法律程序和法律语言而发生。此处讨论的三种纠劾方式,可以被看作一根连续轴的三种方式,其两端分别是奠定中国所有政治行为基础的绝对权力,以及法律与生俱来的程序性保护。以上讨论中,被认为最"依法"的程序,可能是由御史提起的纠劾,因其既是纠劾的工具,也是典型西方法律秩序下的追责调查程序。另外一个极端则是督抚的纠劾,相当于表达一种专制的意愿,以反对让皇帝称心满意的官员。然而,甚至在这些案例中,皇帝撤除官员职务的权力是由律例赋予的,皇帝以诏令的方式将其行为合法化。官员的秘密参奏处于这个连续轴的中间环节。一方面,他们明目张胆地利用甚至增强皇帝的权力,以对付庞大且派系林立的官僚机构;另一方面,正如乾隆皇帝对传闻的讨论所表明的一样,官僚系统的秘密纠劾被认为是法律制度的一部分,从而有所限制。

有些人可能会得出结论,称清代中国不存在与西方法律措施对应的法律保护,但法律的概念和法律术语是清代社会和政治生活的重要组成部分。不能因为该法律建立在不同的设想之上,就认定清代中国不存在法律。相反,中国不同寻常的法律执行机构,加之清朝法律指控语言中所详细描绘的期待范围,应该既可以作为中国的规则制定在不同文化土壤中发展的证据,也可以被看作不同时期和不同地域的人类社会以各种方式规制他们生活及政治的一种写照。

清代法的"长臂"

——清代杀人罪规范在民国法院中的影响

胡宗绮(Jennifer M. Neighbors)* 著
朱 琳 译
陈灵海 方 强 校

一、引言

1929年某日，四川省巴县的年迈寡妇吴刘氏①(Wu Liu Shi)出庭受审，被控杀害了她的儿子吴春廷(Wu Chunting)。② 案情如下：吴春廷长期不务正业，吴寡妇想对这个不孝之子施加惩戒，但却无能为力。为此，吴春廷与他的母亲关系很僵，后来，他扬言要焚毁其母的房屋。吴寡妇对此深感忧虑，加之长期以来被儿子目无尊长的行为激怒，就叫了几个村民一起杀死了吴春廷。不久，人们在当地一条小溪旁发现了吴春廷的尸体，他是被人勒死的。吴寡妇涉嫌杀害其儿子，被依法逮捕。

然而到了量刑的时候，法院援引的一些补充性的法条，却对最后的判决产生了重要影响。按照案情，吴寡妇

---

* 普吉特湾大学助理教授(University of Puget Sound)。原文为Jennifer M. Neighbors, "The Long Arm of Qing Law? Qing Dynasty Homicide Rulings in Republican Courts", in *Modern China*, Vol. 35, No. 1 (Jan., 2009), pp. 3 – 37。

① 本文中，法庭文件中已婚妇女的称谓构成为：首先是丈夫的姓，然后是娘家的姓，最后加上术语"氏"，氏的意思是"姓氏"或者"姓"。

② 参见郭卫主编:《最高法院判例汇编》，上海法学编译社1929～1937年版，第13集第9页。

本应被判处11年4个月的有期徒刑，但是，由于其子的恶劣行为，法官援引了法律中的减刑条款，她的刑罚得以减半。法院又判定，清代的时候，父母杀害不孝子孙的行为是不承担法律责任的，根据“不知法令”条款的规定，①由于吴寡妇认为自己的行为是合法的，她的刑罚再次减半。最后，吴寡妇被判处2年10个月的有期徒刑，并获得缓刑。法院认为应该释放她，很大程度上是因为依照《大清律例》她可以保持自由之身。

20世纪初，中国开始全方位的法律改革，这一方面是因为来自国家内部的现代化驱动，另一方面是为了终结自鸦片战争之后就强加给中国的治外法权。吴寡妇案发生在民国时期制定第一部刑事法规的17年后，此时，父母杀害不孝子孙的行为已被认定为犯罪，地方法院虽然判处吴寡妇有罪，却给予她缓刑。这怎么可能呢？在民国的刑事法庭上，法官是如何再现清代式的判决的？民国司法体系在表面上突破了清代法律原则的同时，又是通过何种渠道重现清代的基本原则的？

对于这些问题，既往民法学领域、交叉犯罪和公众舆论领域等都已有过一些研究。② 就刑法学领域来说，我们知道，民国新刑法的结构、体系和内容已与清代的刑律有所不同。清代的最后几年中，由修订法律馆编纂的两部刑法典引起了人们的广泛争议。1910年《大清现行刑律》颁布不久，就被1912年北洋政府的《暂行新刑律》取代。《暂行新刑律》与清代的旧律有显著差异，例如，基于受害者和犯罪者之间的关系而形成的犯罪差异，很大程度已经被取消；死刑方式唯一；废除了某些严重犯罪的连坐制。更重要的是，《暂行新刑律》参照了欧洲和日本的法律模式，这些国家的近代刑法典以一般性条款为主，旨在涵盖所有可能的犯罪。另外，清代的最后一部法典《大清现行刑律》的律文和例文超过了1750条，而1912年的《暂行新刑律》则较为精简，律文少于400条，而且没有例文。1912年的刑法大体上缺乏那种能使清朝法律如此详细的情景特征。而且每个民国新刑法的条例比大清刑律的个人化条款涵盖范围更广阔的行为。在运用新刑律和这些

---

① 1928年《中华民国刑法》第28条规定：不得因不知法令而免除刑事责任。但因其情节，得减本刑1/2。

② 前者如[美]白凯（Kathryn Bernhardt）：《妇女与法律：民国时期的离婚》（“Women and the law：divorce in the Republican period”），载[美]白凯、黄宗智（Philip C. C. Huang）：《清代与民国时期的民法》（*Civil Law in Qing and Republican China*），斯坦福大学出版社1994年版；[美]白凯：《中国的妇女和权力，960～1949》（*Women and Property in China*，960－1949），斯坦福大学1999年版；[美]黄宗智：《法典、习俗与司法实践：清代与民国的比较》（*Code*，*Custom*，*and Legal Practice in China*：*The Qing and the Republic Compared*），斯坦福大学出版社2001年版。后者如[美]林郁沁（Eugenia Lean）：《施剑翘复仇案：民国时期公众同情的兴起与影响》（*Public Passions*：*The Trial of Shi Jianqiao and the Rise of Popular Sympathy in Republican China*），加利福尼亚大学出版社2007年版。

新条例时,法官可以简要分析其面对的案件,提炼出犯罪的一般性质。清代刑事审判中作为定罪最重要依据的具体案情细节,现在已退居其次,成了量刑时的参考因素。

民国时期的法官们,获得了在量刑阶段自由裁定的权力。《暂行新刑律》引入了一系列重要的新条款,使法官在审判时获得了更大的自由空间。这些新条款中最重要的是"酌情减刑"条款。[①] 该条款规定,只要有值得宽恕的情节,刑罚就可酌减。诸如此类的规定,在民国时期的审判中常常被运用。因此,尽管民国时期的法律和道德观念与清代已经有所不同,但法官们仍可巧妙地运用新法律,并想方设法运用他们的自由裁量权,在不违背法律的同时,使其判决与清代时期的同类判决相去不远。他们在吴寡妇案中判决杀害不孝子有罪却又予以缓刑,就是一个例证。可以这么说,民国时期新的法律规范体系一方面迅速突破了清代法律的旧体系,另一方面却成为被用来改造那些正在被抛弃的旧传统的重要手段。

二、清代的罪与刑

清代中国法律的基本原则之一是,犯罪中的"罪"往往意味着"刑",在概念和语法上,中文术语"罪"和"刑"是紧密关联的。[②] "罪"既可以指称"罪刑",也可以指称"刑罪"。[③] 例如,宋代(960~1279年)的刑法典被称为《刑统》,这里的"刑"指称的就是所有应处罚的行为,也就是宋代法律中的罪。清代时,用来监督法律和条例实施的部门被称为"刑部"。中文中,有关刑法的问题被称作"刑事"。[④] "死罪"一词既可指称可能判处死刑的犯罪,也可指称死刑本身。

罪与刑的统一和清代"情境式"的法律模式有关。正如布迪、莫里斯、约翰逊等学者指出的那样,清代的法典是这样构成的:律文+列明更具体细致的犯罪情节的例文+对犯罪者处以的刑罚。[⑤] 以斗殴罪为例,《大清律例》中有23条律文

---

① 《暂行新刑律》第54条规定:审案犯人之心术及犯罪之事实,其情轻者,得减本刑一等或二等。

② 参见[美]德克·布迪(Derk Bodde)、克拉伦斯·莫里斯(Clarence Morris):《中华帝国的法律》(*Law in Imperial China*),宾夕法尼亚大学出版社1967年版,第11~12页。

③ [日]诸桥辙次(Tetsuji Morohashi):《大汉和辞典》(*Great Chinese - Japanese dictionary*),蓝灯文化事业股份有限公司1992年版,28293.20,1886.24(前面表示字的序号,后面表示词的序号)。

④ [日]诸桥辙次:《大汉和辞典》,蓝灯文化事业股份有限公司1992年版,1886.32。

⑤ 参见[美]德克·布迪、克拉伦斯·莫里斯:《中华帝国的法律》,宾夕法尼亚大学出版社1967年版;[美]庄为斯(Wallace Johnson):《唐律》(*The T' ang Code*),普利斯顿大学出版社1979年版,卷一名例律。

和117款例文,律文的范围从“妻妾殴故夫父母”到“殴制使及本管长官”。[①] 例文是对律文的进一步解释,详述了律文以外的其他情形应当如何审断。例如,在“谋杀人”之下的10个例文,就是为了解决强奸致死案、苗人有图财害命案和僧人逞凶谋故惨杀12岁以下幼孩案而作出的规定。

清代法律的这些特点,也延伸到了当时的社会关系和家庭关系中:受害者和犯罪者在性别、长幼和阶级地位的不同,则罪名与刑罚也不同。除了平等主体之间的犯罪外,法律单独规定了“妻妾殴夫”和“夫殴妻妾”、“尊长谋杀卑幼”和“卑幼谋杀尊长”、“奴婢殴家长”和“家长殴奴婢”等犯罪的处断方法。概言之,身份低者对身份高者犯罪,处罚总是比身份高者对身份低者的更重。[②]

在特定的律文或例文中,我们可以发现对某种罪行更为具体的描述。在平等主体之间的谋杀人罪中,包含了许多具体的个别条款,各条款之后规定了相应的刑罚。凡谋杀人,首先提出犯罪意图的,斩监候;以实际行动帮助杀人的,绞监候;参与了谋划,但没有以实际行动帮助杀人的,杖一百、流三千里;如果受害者伤而不死,首先提出犯罪意图的,绞监候;在受害者伤而不死的情况下,没有以实际行动帮助伤人的,杖一百,徒三年;如果谋划杀人,即使受害人没有受伤,犯罪者也要处以杖一百。[③]

由于清代的法律条文对每一罪行都规定了明确的刑罚,因此,一旦罪行确定,刑罚也就确定了。这意味着,一旦罪行确认,法官就不能根据案件的实际情况来自由增减刑罚,法官几乎没有自由裁量的余地。[④] 在一些需要增减刑罚的情况下,如上下级之间的斗殴案件,只能根据法律规定来定罪量刑。尽管步德茂

---

① 本文中所有的清代法律都引自《读例存疑》[(清)薛允升著,黄静嘉编译,台湾成文出版社1970年版],除非另有注明。引用条文中前面是律文编号,后面是例文编号。

② 关于五服之间侵害人身的犯罪另请参阅条款(第317~322条)。

③ 《读例存疑》卷三二《刑律·人命之一》第280.00条“谋杀人”(第775页):(一)凡谋(注:或谋诸心,或谋诸人)杀人,造意者斩(注:监候);从而加功者,绞(注:监候);不加功者,杖一百,流三千里;杀讫乃坐。(注:若未曾杀讫,而邂逅身死,止依同谋共殴人科断。)(二)若伤而不死,造意者,绞(注:监候);从而加功者,杖一百,流三千里;不加功者,杖一百,徒三年。(三)若谋而已行,未曾伤人者(注:造意者为首者),杖一百,徒三年;为从者(注:同谋同行),各杖一百;但同谋者(注:虽不同行),皆坐。(四)其造意者(注:通承已杀、已伤、已行三项),身虽不行,仍为首论;从者不行,减行(注:而不加功)者一等。(五)若因而得财者,同强盗不分首从论,皆斩(注:行而不分赃,及不行又不分赃,皆依谋杀论)。——译者注

④ 参见[日]滋贺秀三(Shuzo Shiga):《清代的刑诉——其行政性以及其先例》(“Criminal procedure in the Ch’ing dynasty—with emphasis on its administrative character and some allusions to its historical antecedents”),载《东洋文库欧文纪要》1975年第33辑。

(Thomas Michael Buoye)对乾隆年间杀人案件的研究显示,[1]在清代司法程序的某些环节,法官也拥有一些裁量权。如法官向上级提交案件时,由其描述的“事实”和细节,决定了具体的罪行,强调不同的细节就意味着不同的罪行,并因此导致不同的刑罚。但正如下文所论,在这种法律结构下,民国法律的新变化仍然难以明显提升司法的能动性。

尽管清代的律例众多,但是许多时候,律文(与例文)仍然难以与当下的案情完全对应。在这种情况下,法官只能通过比附来定罪量刑。[2] 清代法律中对于比附或比照是这样规定的:

> 断罪无正条:凡律令该载不尽事理,若断罪无正条者,援引他律,比附应加应减,定拟罪名。[3]

在这种情况下,法官将依据最接近案件事实的条文,对当下判案件定罪量刑。如果案件可比照某律,法官可在法律规定内增减刑罚,但不得超过一等。[4]

当然,在某些特定的情况下,犯罪者在审判时能够获得减刑或者宽大处理。最常见的情形是,犯死罪的单丁能够获得减刑。[5] 对老人有孝养义务的犯罪者,如果能够表明他的祖父母、父母因年迈或疾病应当得到赡养,而他是家里唯一的成丁,就可以止杖一百,余罪收赎。当然,在另一些特殊情形下,即使单丁也不能影响量刑,如杀人罪中的犯罪者和受害者均为单丁,诬告他人预谋或者故意杀人致使被诬者久居牢狱并身受刑讯等。

宣判后,犯罪者的刑罚仍可能获得减轻,但必须遵循一定的标准。这些情况

---

① 参见[美]步德茂(Thomas Buoye):《顿起杀机:十八世纪清朝杀人报告中的官僚习气和仁爱之心》(“Suddenly murderous intent arose: bureaucratization and benevolence in eighteenth - century Qing homicide reports”),载《帝制晚期中国》1995年版,第16卷第2期。

② 参见[美]德克·布迪、[美]克拉伦斯·莫里斯:《中华帝国的法律》,宾夕法尼亚大学出版社1967年版,第175~177页。

③ [美]钟威廉(William C. Jones)译:《大清律例》(*Great Qing Code*),牛津大学出版部印刷所1994年版,第74页。

④ 参见[美]德克·布迪、[美]克拉伦斯·莫里斯:《中华帝国的法律》,宾夕法尼亚大学出版社1967年版,第176页。参见《大清律例》第44.01条。

⑤ 其他的情况包括,对于犯流或者以下罪行的妇女、70岁以上、15岁以下或者残疾的人准许减刑(第20.00条,第22.00条)。妇女犯死罪不能获得减刑,但是那些老幼或者残疾人被判死刑时有资格请求减刑(第420.00条)。参见[美]德克·布迪、[美]克拉伦斯·莫里斯:《中华帝国的法律》,宾夕法尼亚大学出版社1967年版,第42~43页。

发生在秋审和朝审中,[①]前者主要复查各省上报的被处以死刑监候的囚犯,后者则是复查京师地区的被处以死刑监候的囚犯。[②] 当犯罪者被判处绞监候或斩监候时,案件即进入复查阶段,将通过层层复查,直至刑部。刑部对案件进行初步分类,准备进行会审。会审中,由九卿(即六部、都察院、通政司和大理寺)重新审查和判决。[③]

会审有具体的规定。[④] 经过会审,一些特定类型的杀人犯罪者的刑罚,将被从死刑减为流刑,如戏杀、误杀,但是又要排除这样的情况:预谋或故意用火器杀人,或连杀两人,或致死亡人数在四人以上者。会审的减刑标准,在特定的律文中有详细规定。其他类型的犯罪,也可以从死刑减为流刑,主要取决于国家的赦免,因此与前述的法定减刑不同。

这种对犯罪者刑罚的增减,需要经过非常正式和规范的程序。相关规则都是经过深思熟虑的,被规定于官方颁布的成文法之中。这为清代法制增添了一种独特性,使犯罪和刑罚在法律条文中结合得更为紧密。这种紧密的结合,正是清代法律的核心原则之一。

三、1912 年中华民国《暂行新刑律》

《暂行新刑律》的颁布,在刑罚体系和法官适用刑法的方式都带来了巨大的变化。意味着中国从此废除了根据特定情节来判案的法律,引进了不一样的刑罚分类体系,并允许由法官对刑罚增减进行裁量。相对于清代而言,罪与刑实现了分离,法官获得了更大的自由裁量权。

在参与《暂行新刑律》编订的官员中,最有影响力的当数沈家本,他与伍廷芳

---

① 一年一次的秋审和朝审是对判处死刑监候的案犯,由中央司法官员审查,最后奏请皇帝裁决的制度。对于秋审历史的详细介绍,参见[美]马伯良(Brian F. McKnight):《慈悲的质量——恩赦及传统中国司法》(*The Quality of Mercy: Amnesties and Traditional Chinese Justice*),夏威夷大学出版社 1981 年版,第 98 ~ 111 页。

② 参见[美]德克·布迪、克拉伦斯·莫里斯:《中华帝国的法律》,宾夕法尼亚大学出版社 1967 年版,第 134 页。

③ 参见[美]贺凯(Charles O. Hucker),《中国古代官名辞典》(*Dictionary of Official Titles in Imperial China*),南天书局有限公司 1985 年版,第 1296 页。会审基于个人的上诉而不是自动审查。参见欧中坦(Jonathan K. Ocko):《千方百计上京城:清代的京控》(I'll take it all the way to Beijing: capital appeals in the Qing),载《亚洲研究》1988 年版。

④ 参见德克·布迪、克拉伦斯·莫里斯:《中华帝国的法律》,宾夕法尼亚大学出版社 1967 年版,第 136 页;[美]马里纳斯·梅耶尔(Marinus Meijer):《中国现代刑法导论》(*The Introduction of Modern Criminal Law in China*),香港龙门书店出版社 1967 年版,第 28 页。

都是修订委员会的成员。[1] 沈家本对比附制度进行了严厉的批判,继而在1907年编订的《大清刑律草案》总则部分,明确表达了对比附制度的看法:

> 司法之审判官得以已意,于律无正条之行为,比附类似之条文致人于罚,是非司法官,直立法官矣。[2]

如果因为法律中没有明确对应的条款,就允许法官根据自己的偏私来决定罪行的轻重,将导致判决不能统一,这是一种弊端。[3]

对于沈家本和其他晚清的改革者来说,比附制度是清代法律中最不容忽视的缺点之一。清代早期的律学家认为,比附制度使法官能够坚持一罪一刑的精神。沈家本则与之相反,认为比附制度赋予了法官过大的权力:当法官面临的情形不适用律例中的任何规定时,他竟可以根据自己的想法,比附任一法律,导致不同的刑罚。[4] 为了取代比附的做法,《暂行新刑律》(第10条)作出以下规定:"法律无正条者,不问何种行为,不为罪。"[5]这种规定符合欧洲大陆的现代刑法理念,即法无明文规定不处罚(nulla poena sine lege,拉丁法谚)的原则。[6] 欧洲的法学家认为,罪刑法定原则推翻了过去的专制统治,是一场伟大的胜利。[7] 沈家本也赞成这个观点。

《暂行新刑律》第10条不仅废除了比附制度,同时也摧毁了由其支撑的刑法体系。新刑法简洁而精练,如其对杀人罪的规定,就集中体现了这种变化。《大清

---

① 沈家本(1840~1913年),进士,曾任刑部右侍郎,后任法部右侍郎。伍廷芳(1842~1922年)是一个受英国法律熏陶的律师,曾在香港立法局担任议员,后加入李鸿章的幕府出任法律顾问,并担任中国驻外公使。对于二人的详细介绍,参见Joseph Cheng:《转型时期的中国法》(*Chinese Law in Transition*),布朗大学出版社1976年版,第75~85页;[美]马里纳斯·梅耶尔:《中国现代刑法导论》,香港龙门书店出版社1967年版,第17~18页;与黄源盛:《沈家本法律思想与晚清刑律变迁》,台湾政治大学1990年博士论文,第262页。

② 《大清新刑律》1911年版,第10条。

③ 参见[美]马里纳斯·梅耶尔:《中国现代刑法导论》,香港龙门书店出版社1967年版,第196页。

④ 同上书,第69页。

⑤ 所有《暂行新刑律》的内容,转引自杨鸿烈著:《中国法律发达史》中的"暂行新刑律",商务印书馆1988年版。除非另有注明,引用按照条款的序号。

⑥ 他们同样打算利用此法防止法律的追溯适用,参见[美]塞缪尔·琼·巴罗斯(Samuel June Barrows):《法国、德国、比利时和日本的刑法》(*Penal Codes of France, Germany, Belgium and Japan. Washington*)政府印刷办公室1901年版,第17、84页。

⑦ 参见[美]塞缪尔·琼·巴罗斯:《法国、德国、比利时和日本的刑法》,政府印刷办公室1901年版,第8页;杰罗姆·霍尔(Jerome Hall):《罪刑法定原则》(Nulla poena sine lege),载《耶鲁法律杂志》1937年第47卷第2期。

律例》中,有20条律文和152例款文对杀人罪进行了规定。而如今,杀人罪被简要地分为两大类——故意杀人和过失杀人。法院不再根据具体的犯罪情节,而是以犯罪的类型为依据,来确定罪种和刑罚。《大清律例》以概念和情境为导向,《暂行新刑律》则纯粹以概念为导向。为了在刑法中找到适用的条款,民国的法官们不得不通过犯罪者的犯罪情节和犯罪意图,来提炼出其总体思路,由于法条中对罪行的定义更广,这种方法具有普遍适用性。

除了条文更为精简,《暂行新刑律》第10条体现出的理念,也使民国法律与清代法律之间产生根本性的区别——罪与刑的分离。在《暂行新刑律》中,犯罪的种类更加广泛,为了体现公正,每一种犯罪都应有相应的刑罚。只有这样,法院才可以避免如下情况:在同一类型的犯罪中,更严重的犯罪行为(如在偷盗的情况下,偷走一个人的全部积蓄)和相对轻的犯罪行为(只偷走了一块面包)获得相同的刑罚。自此,罪行确定后,刑罚不再自动确定。法院不再以具体的犯罪情节来定罪,而将其作为次要选择,以作出恰当的判决。①

20世纪初,中国对刑罚的方式进行了审查和修订,随着《暂行新刑律》的颁布,为了适应新的“两步量刑法”,②在特定条文中规定刑罚的做法被取代了。在《暂行新刑律》中,每一个相对普遍的罪行都有其相应的刑罚范围,如下所示:

1. 死刑;
2. 无期徒刑;
3. 有期徒刑,分为以下5等:
A. 第一等(10~15年)
B. 第二等(5~10年)
C. 第三等(3~5年)
D. 第四等(1~3年)
E. 第五等(2个月到1年);
4. 拘役(1日到2个月);
5. 罚金(1元以上)。③

① 例如,来自最高法院检察署1917年的案例:“至于杀人的原因,(原因)只能被用来量刑;它和定罪之间没有任何关系”《大理院刑事判例全文汇编》,即将出版,第2744页。

② 译者理解“两步量刑法”意为,先根据具体的犯罪事实归纳出所犯罪行的种类,再根据具体的犯罪情节在法定刑内量刑。——译者注

③ 改编自《中华民国暂行新刑律》(*Provisional Criminal Code of the Republic of China*),治外法权委员会1923年版,第12页。

《暂行新刑律》中仍有意识地保留了中国刑法的传统,将刑罚分为五类,[①]此外,这种刑罚的分类方式也借鉴了外国的法律模式。不仅在第3类到第5类的刑罚中规定了最高刑和最低刑,对每一条文中的罪行也规定了最高刑和最低刑。因此,盗窃罪的刑罚范围是三等至五等有期徒刑,即有期徒刑2个月至5年(第367条),故意杀人罪的刑罚范围是死刑、无期徒刑或一等有期徒刑,即10年以上有期徒刑、无期徒刑或死刑(第311条)。对于地方法院而言,过去他们不用决定具体的刑罚,如今,刑罚的新变化可能会令他们感到困惑。

沈家本曾对比附制度感到困扰,因为这使法官可以在法律规定之外独立定罪。尽管正如沈家本所愿,比附制度在新的《暂行新刑律》中被废除,但这并不意味着法官的整体力量被削弱。事实上,情况恰恰相反。此时,每种罪行有了更明确的定义,其刑罚幅度较广,法官仍有很大的自由裁量权,仍可独立定罪量刑。

法律中自由裁量权的引入,使刑罚不再确定,对法官而言,这使断案变得更加复杂,并令其拥有更大的权力。与清代旧律中作为单丁的减刑相比,[②]《暂行新刑律》中的减刑有很大区别,其第54条规定:

> 审按犯人之心术及犯罪之事实,其情轻者,得减本刑一等或二等。[③]

依此条款,法官可以根据其对犯罪情节的主观分析,在法定刑之内对犯罪者减刑一等或二等。就故意杀人罪而言,犯罪者的刑罚可能被减至有期徒刑10年。实际上,依据这条规定,一项犯罪可能面临刑罚的幅度放宽了许多,就故意杀人罪而言,刑罚可以在有期徒刑3年至死刑之间。

沈家本认为,一罪一刑原则的消失,与这些条款密不可分:

> 为裁抑犯罪,制定分则以下各条,然同一犯罪情节互异,若株守一致,则法律之范围过狭,反致有伤苛责。[④]

---

① 据《大清新刑律》,"五刑之制始于《舜典》,舜是传说中的统治者,约公元前2200年。自隋开皇定新律,始定笞、杖、徒、流、死五种,历唐至今未改"。1911年版,第37条。

② 对于妇女和唯一成丁的法定减刑始于《暂行新刑律》,对于老、幼、体弱者减刑的条款则依旧保持(第11、50条)。

③ [美]T. T. Yuen, Tachuen S. K. Loh 译:《中华民国暂行新刑律》(*Provisional Criminal Code of the Republic of China*),治外法权委员会1915年版,第14页。

④ 《大清新刑律》,1911年版,第54条。

因此，法律中重新引入了这样的做法，即依据犯罪情节判处不同刑罚。以沈家本为代表的法律改革者认为，定罪之后再考虑犯罪情节的做法，应该更为可取。这也与改革者仔细研究过的现代日本和欧洲的法律模式相符。

第54条的规定赋予了法官减刑的权力，但是实践中如何运用这项权力，却不甚明了。《大清律例》中，减刑有一定标准，相反，在《暂行新刑律》中，却出现了酌情减刑的规定，使减刑不再有明确的标准。虽然在法律规定中，仅有几种特定情形能适用自动减刑，但什么情形下值得减，以及什么情形下不值得减，却没有具体的标准。什么情形下值得减刑，取决于法院的主观意见。正如在下文将看到的，对于民国法律实践的讨论，以及如学部的张之洞等早期反对者的争论，这种改变使法官较以前拥有更多的选择自由。[①]

《暂行新刑律》中的减刑条款（第61条）促使酌情减刑进一步发展：“有二种以上应减者，得累减之。”根据这一条款，法官可以行使自由裁量权减刑一等或二等，然后援引其他规定，再进一步减刑。法官可以运用3个条款来进行额外的减刑，分别是“不知法令”（第13条）、“犯罪自首”（第51条）和“正当防卫”（第15条）。

“不知法令”条款的规定，有助于中国构建起符合新式法哲学的法典。随着《暂行新刑律》的颁布，在纸面上，新法不断取代旧法，如清代男女无夫妻关系而自愿发生性行为的被视为犯罪，应杖八十，而民国法律中则无此规定。[②] 清代祖父母、父母杀害不孝子、孙，无须承担法律责任，而民国《暂行新刑律》对这种行为以杀人罪论处。如果没有“不知法令”条款，对新法律不太了解的人们，就可能为自己的“不知法令”买单而被送入监狱。

当然，犯罪者因其故意或过失而被处罚，这一点并不因为“不知法令”条款而改变。“不知法令”条进一步规定（第13条）：“不知法令不得谓非故意，但因其情节得减一等或二等。”因此，如果旧法已被新法取代，却有人因为不知道这一改变，实施了某种行为被认为是犯罪，那么他可以获得减刑一等或二等。这一条款为“吴寡妇案”之类案件提供了解决之道。如果某种行为在清代旧律中不属于犯罪，而在民国新法中却属于犯罪，那么行为人可以根据该条款主张减刑，法官也有权据此作出减刑决定。

---

① 参见[美]Joseph. Cheng：《中国的法律转型》（*Chinese Law in Transition*），布朗大学出版社1976年版，第218～219页；[美]马里纳斯·梅耶尔：《中国现代刑法导论》，香港龙门书店出版社1967年版，第196页。

② 参见[美]苏成捷（Matthew H. Sommer）：《中华帝国晚期的性、法律和社会》（*Sex, Law, and Society in Late Imperial China*），斯坦福大学出版社2000年版，第273、325页。参见《大清律例》第366.00条。

自首是获得减刑的另一种途径。《大清律例》中规定了犯罪自首(第25.00条):凡犯罪未发而自首者,免其罪(第25.00条〈一〉)。其知人欲告及逃叛而自首者减罪二等(第25.00条〈二〉)。然而,《大清律例》中还规定,杀人犯罪并不在自首减刑之列(第25.00条〈三〉)。《暂行新刑律》中的犯罪自首条则规定:"犯罪未发觉而自首于官受审判者,得减本刑一等"(第51条)。它们的不同在于:其一,《暂行新刑律》规定,犯罪者只有在罪行被司法机关发现之前自首才能减刑,如果已经案发再自首则不能减刑;其二,《暂行新刑律》第51条没有限制使用范围,自首可适用于所有的犯罪者;其三,在《大清律例》中,一些犯罪自首者可以免除刑罚,而《暂行新刑律》中只允许减刑一等。

考虑到犯罪自首者可以减刑(第51条),[①]那么依据《暂行新刑律》,杀人罪的刑罚可能再次减轻。在自首的情况下,如刑罚已被减为有期徒刑第三等时,就可能再次减至第四等。如果法官在其中又选择了最低的刑罚,那么犯罪者可能仅仅被判处有期徒刑1年。

《暂行新刑律》中规定了正当防卫,和犯罪自首一样,又在很大程度上突破了传统的法律规定。《大清律例》中没有,实际上也不需要单独规定正当防卫,因为所有正当防卫的情况,都已列明于各个具体法条之中。例如,"凡夜无故入人家内者,主家登时杀死者,勿论"。或者,男子拒奸杀人,凶犯年在15岁以下,杀系登时者,勿论。[②]

这里之所以有必要讨论《暂行新刑律》中的正当防卫条款,主要是因为它是中国法律中第一次视正当防卫为法律的一般原则,被告可以根据正当防卫条款,请求法院撤销判决或驳回起诉。《暂行新刑律》中的正当防卫条款规定(第15条):"对现在不正之侵害而出于防卫自己或他人权利行为,不为罪;但逾防卫行为过当者,得减本刑一等至三等。"那么,如果被告因自卫而杀人,在其行为合理的情况下,就将免受处罚。但是,如果能够避免死亡的结果,那么犯罪者的刑罚将从死刑减为有期徒刑的第一等至第四等,最少可以减至有期徒刑3年。

旧的刑法终止了,取而代之的是一个基于自由裁量权的精简的新法,法官们首次面对罪刑分离的现状。为了弥补不足,基于每个案件的犯罪情节,[③]针对每项罪行确定一定范围的刑罚是有必要的。然而,正如我们下面将看到的,以变革

① 原文中标注为第61条。——译者注

② 参见[美]苏成捷:《中华帝国晚期的性、法律和社会》,斯坦福大学出版社2000年版,第330~331页。参见《大清律例》第285.33条。

③ 参见[美]马里纳斯·梅耶尔在《中国现代刑法导论》第74页中指出,这些因素曾被认为是"犯罪构成要件"。

的名义而引起的这些变化,同时为法官们提供了必要的途径,使他们能在民国法律之下重现清代的司法精神。马里纳斯·梅耶尔在他的主要作品《中国现代刑法导论》中谈到,《暂行新刑律》使中国的法律变得更加客观化和系统化,“道德性法律”不再属于法院的权限范围。① 如下文所见,在许多方面,事实恰恰与此背道而驰。

四、中华民国刑法(1928 年、1935 年)

从沈家本提到的第一个刑律草案起,到最终被 1928 年颁布的《中华民国刑法》(以下简称 1928 年刑法)取代,《暂行新刑律》遭到许多批判。1914 年法律编查会成立,由董康任会长,章宗祥、汪有龄任副会长,日本法律专家冈田朝太郎教授(Dr. Okada Asatarô)也参与其中。② 1915 年,他们共同草拟了《修正刑法草案》。1918 年,政府重设修订法律馆,由董康和王宠惠任总裁。③ 与此前的法律编查会一样,修订法律馆的使命也是矫正新法中的问题。同年,他们制定了《刑法第二次修正案》,1919 年,又制定了《改定刑法第二次修正案》。虽然这些草案从未被颁布,但却彰显了新法的主要争点所在,并为 1928 年刑法确定的基本蓝图。1928 年 9 月 1 日,《中华民国刑法》生效,它是自《暂行新刑律》颁布以来的第一部新刑法典,直到 1935 年 6 月 1 日修订。④ 修订后的版本则一直沿用到 1949 年。⑤

通常认为,《暂行新刑律》的主要问题在于第 10 条,该条款废除了比附制度,被认为具有里程碑意义。此外,《暂行新刑律》废除了“情境式”的法律体系,实现了犯罪与刑罚的分离。在 1907 年《大清刑律草案》的反馈意见中,多数人与江苏巡抚的观点一致,认为新法与旧律差别很大,导致法官难以妥善处理两者之间的

---

① 参见[美]马里纳斯·梅耶尔:《中国现代刑法导论》,香港龙门书店出版社 1967 年版,第 71 页。

② 董康(1867 ~ 1947),于 1914 年到 1922 年担任大理院院长;章宗祥,(1879 ~ 1962)毕业于东京帝国大学,于 1912 年担任大理院院长;王有龄,(1879 ~ 1947)毕业于日本法政大学,晚清时于京师法律学堂教席,1912 年任法律编查会副会长(黄源盛,2000:42 ~ 56)。冈田朝太郎(1868 ~ 1936),东京帝国大学刑法学教授,并曾在欧洲学习法律。参见[美]马里纳斯·梅耶尔:《中国现代刑法导论》,香港龙门书店出版社 1967 年版,第 64 页;台湾“国史馆”编:《中华民国史法律志》,第 486 页。

③ 王宠惠(1881 ~ 1958),在耶鲁大学获法学博士学位,并且在大理院(1920 年)和司法院(1928 年)都担任过院长。参见黄源盛:《民初法律变迁与裁判,1912 ~ 1928》,台湾政治大学法学丛书 2000 年版,第 40 页。台湾“国史馆”编:《中华民国史法律志》,第 487 页。

④ 所有 1928 年刑法的内容都引自《中华民国刑法》(1928),除非另有注明。所有 1935 年刑法的内容都引自《中华民国刑法》(1960),除非另有注明。1935 年刑法与本文所引用的版本没有什么重大的差异,在此主要讨论 1928 年刑法。

⑤ 参见朱勇主编:《中国法制史》,法律出版社 1999 年版,第 537 ~ 539 页。

关系,可能导致审判结果的严重不公。[①] 评论者认为,由于第10条的突然适用,很可能导致犯罪者利用这一漏洞,使得审判结果产生差异。[②] 在立法者看来,旧的体制已经足够优秀,旧法的多样性使所有犯罪都能得到惩罚。在新的体制下,如果法官们仍习惯于旧的体制,但却找不到适用当前案件的条款,就可能导致案件被退回重审。

"情境式"条款的废止及犯罪类型的精简,也引发了许多法官的异议。如在1915年湖南省高等法院的一起有关财产和生命犯罪的案件中,法官们就表达了他们的困惑:"然按诸《刑律》,既无明文规定,未便援各罪科刑……律无明文,未敢臆断。"[③]作为回应,大理院在其答复中提出了这样的建议:

> 惟社会之事实无穷,律文之规定有限,官厅审理各种事件,往往因特异之事实为法律条文所束缚,因发生疑义而不能释然者,既未敢任意比附,又不能妄为臆断,办理殊形困难。

对于湖南省高等法院法官面临的问题,大理院并未提出有效的解决方法,只能对此表示慰问,并建议他们勤于运用法律。尽管批评众多,第10条的内容仍然保存了下来,并实际上成为1928年刑法第1条的一部分。

之后,人们对第10条的质疑逐渐变少,一方面是因为它使民国法律突破了清代法律的束缚,另一方面也是因为新的法院体系的建立。在新的法院体系建立后,短期内专业法官仍很匮乏,法官们的教育经历也千差万别。有些人在国内外的高等院校接受了3年的专业法律培训,而另一些人只凭考试和工作经历,就获取了法官资格。[④] 如此低的准入门槛,难怪一些法官时常对法律问题感到困惑,实在是不足为奇。办案水平当然不仅是经验的问题,也与法官的教育经历相关。民国时期,法院分布的地域十分有限。直至1926年,中国只有66个"现代"的地

---

① 参见[美]马里纳斯·梅耶尔著:《中国现代刑法导论》,香港龙门书店出版社1967年版,第95页。

② 参见北京市档案馆利用处、编目处合编:《修正刑律条议》,载《北京审判制度研究档案资料选编》,1999年版,第10条。

③ 郭卫编:《大理院解释例全文》,上海法学编译社1931年版,统字340号。

④ 参见Chang, Yao-Tseng:《中国目前的司法状况及其未来》(The present conditions of the judiciary in China and its future),载《中国社会及政治学报》1926年第10卷第1期;徐小群:《中国的专业人士和民国政府:专业协会在上海的崛起,1912~1937》(*Chinese Professionals and the Republican State: The Rise of Professional Associations in Shanghai*, 1912~1937),剑桥大学出版社2001年版,第118页。

区法院及其23个分支机构，相比之下，1800个地区的法官却仍在使用清代的审判方式审理案件。[①] 1929年江苏省金山县县长向司法院请示，如果一个人教唆杀人，而没有实际参与实施，其行为是否构成犯罪。根据法律，如果没有明确的法条规定其为犯罪，那么它就不是犯罪，因此此案"似应不予论罪"。[②] 尽管司法院找到了一条适用的法规，但金山县县长遭遇的，确实是一个普遍性的问题。法官们可能已经在适用新法，但在日常工作中，他们仍然沉浸于清代式的司法程序中，他们习惯了一条法规对应一个犯罪的法律体系，这使他们很难适应新的体系，即通过归纳推理出犯罪行为的一般类型后，再寻找适合的法规。

通过犯罪情节来适用法条的困扰，远远不是问题的全部。《暂行新刑律》的刑罚条款也受到了许多批评，主要体现在两个方面：

其一，批评意见认为，新刑律为一种犯罪规定一定范围的刑罚，而不像旧法那样，一种犯罪规定一种刑罚。甚至早在《暂行新刑律》颁布前，江苏巡抚就抱怨过："如果司法官员缺乏能力，加上不够精通法律，那么他就会更多地根据自己的主观倾向而非法律规定来断案，这无疑会导致刑罚的不公。"[③]《暂行新刑律》生效后，评论者进一步指出："甲省所办之案，与乙省显分轻重。"这些批评既涉及司法经验的欠缺，也涉及新法律体系的不健全：过于宽泛的量刑范围，必然导致不同区域、不同法官之间的判罚不一致。

其二，批评意见认为，民国法律对于刑罚适用的规定过于宽松。《刑法第二次修正案》的编纂者指出，实践中有必要加重刑罚，修正之后的新规定可能增加一等甚至几等，这很可能造成刑罚的剧增，从而导致判决结果的不公：

> 二等有期徒刑加一等则高度加半低度加倍……一等有期徒刑加一等变为无期徒刑相差更远，若只欲加重数年使不至于无期则无法处之。[④]

---

① 参见《中国治外法权的报告》：(*Report of the Commission on Extraterritoriality in China*)，政府印刷办公室1926年版，第55页；徐小群：《民国时期司法独立的命运，1912～1937》(The fate of judicial independence in Republican China，1912－1937)，载《中国季刊》(*The China Quarterly*)1997年第149期，第18页。

② 郭卫编：《司法院解释例全文》，上海法学编译社1946年版，统字186号。

③ [美]马里纳斯·梅耶尔：《中国现代刑法导论》，香港龙门书店出版社1967年版，第95页。

④ 在《大清律例》中，加刑和减刑遵照不同的模式，当加刑时，按刑罚递增，如从绞刑到斩刑。而减刑时，如果涉及死刑或者流刑的减刑则意味着刑种的改变，如从死刑到流刑或者从流刑到徒刑。参见[美]德克·布迪、克拉伦斯·莫里斯：《中华帝国的法律》，宾夕法尼亚大学出版社1967年版，第101～102页。《大清律例》第36.00条。

很快,1928年刑法的编纂者发现这种情况的不合理之处,因此取消了刑等,取而代之的是,对每种犯罪都划定了一个特定的刑罚范围(第49条)。如对于故意杀人,处10年以上有期徒刑至死刑,而不是原来的有期徒刑第一等到死刑(第282条)。

立法者认为,这不仅能解决审判不公的问题,同时也使混乱的刑罚体系变得清晰:

> 目分则即单行法各条,徒刑明定年月,则一目了然,无俟检查登记表即知刑期之短长,较为便利。

法条中的每种罪名,仍有一定的刑罚范围,法官无须检查刑法典中列明的登记表,上述引文至少部分显示了立法者返回清律"一条一罪一刑"的企图。对于法官而言,真正的负担是刑罚的判定,特别是罪与刑的分离。

尽管有种种抱怨,在履行新的量刑职责时,法院似乎并没有遇到什么阻碍。事实上,在法官的眼中,量刑不仅仅是一种责任,更是一种权力。早在1912年,大理院就在判决中明确表明:"法官有权在法定刑内自由裁量。"[①]在1915年湖南省高等法院的案件中,判决也得到了维持。该案中,一个丧偶的孕妇被她丈夫的兄弟杀害,以防她生下继承人。[②] 她死后,腹中的孩子也随她丧命。考虑到案件的严重性,基层法院重判了杀人的罪犯。大理院支持了这一判决,并建议判处最严厉的刑罚——死刑。同样,1919年察哈尔的一个案件中,一个男人试图强奸一个年轻的女孩,女孩逃跑后,将事情告诉她的父亲。[③] 愤怒的父亲找到那个男人对质,后者承认了罪行,并杀害了女孩的父亲。基层法院建议以杀人定罪,并将试图强奸作为加重量刑的因素。

法律中的比附和刑罚制度进行了修改,尽管遭到了猛烈的抨击,但与此同时,酌情减刑的做法却受到20世纪初的法律修订者和1928年刑法编纂者的支持,因为这可以更好地展现每个案件的独特性。《刑法第二次修正案》解释说:

> 如奸所杀死奸夫与图财害命,依法律条文其为杀人罪……凡行为虽

---

① 黄源盛著:《民初法律变迁与裁判,1912~1928》,台湾政治大学法学丛书2000年版,第340页。

② 参见郭卫编:《大理院解释例全文》,上海法学编译社1931年版,统字340号。

③ 同上书,统字1082号。

属犯罪而情节确有可原者，裁判上则有酌减之例。

酌情减刑的规定，使得杀死盗窃犯的杀人比单纯杀人罪的刑罚更高，如下文所论，杀死盗窃犯即使不属于正当防卫，也算得上情有可原的情形。[①]

《修正刑法草案》中还建议，通过引进酌情加刑的规定，进一步扩大酌情量刑的适用范围。《刑法第二次修正案》的拟定者则从不同的角度进行了考虑，他们没有选择引入一个一般性的条款来允许增加刑罚。他们认为，这样的规定过于模糊，恰好体现了《暂行新刑律》中的一个主要缺陷：不明确。虽然立法者并不想完全回到清代的法律模式，但是他们仍然希望纠正司法裁判中缺乏具体条款指引的问题。他们认为，除非提供适当的评估刑罚等级的标准，否则，法律体系终将陷入混乱。这促成了1928年刑法第76条的产生，该条款仿照了瑞士和德国的立法规定：

量刑时，应当对所有案件情节进行考量，以作为在法定刑之内量刑的标准，其情节包括如下事项：

1. 犯罪之原因；
2. 犯罪之目的；
3. 犯罪时所受之激刺；
4. 犯人之心术；
5. 犯人与被害人平日之关系；
6. 犯人之品性；
7. 犯人智识之程度；
8. 犯罪之结果；
9. 犯罪后之态度。[②]

与清律相比，民国新刑法中的这些“标准”仍然是高度原则性的，因此在实践中，仍然缺乏指导性意义。民国新刑法的明确性，与清律无法相提并论。如果法官在上述9项中没有发现符合的事项，就只能适用一条普遍适用的减刑条款（第77条）：“犯罪之情状可悯恕者得酌减本刑。”但究竟什么情况是值得悯恕的，又只

① 关于19世纪30年代时司法和公众同情力量的分析，详见[美]林郁沁：《施剑翘复仇案：民国时期公众同情的兴起与影响》，斯坦福大学出版社2007年版。

② 改编自《中华民国刑法》（*Criminal Code of the Republic of China*），S. L. Burdet，梁龙（Lone Liang）译，上海临时法院印行1928年版，第20页。

能留待法官们自由裁量了。

第 76 条的注释中列举了具体的例子,可能适用于每个条款,这使我们对其预期用途有了更深一步的了解。例如,根据犯罪嫌疑人与被害人平时之关系(第 5 项),不论当事人之间是否有家族关系或主仆关系,或者有年龄差距,均不影响法律的适用。在清律中,犯罪人应受的刑罚,往往取决于其和被害人之间的关系。这些制度在清末法律改革中,很大程度上被废除了。此外,条款中所列的"激刺"这一因素(第 3 项),将强化对于男性和长辈道德秩序的立法保护。

在《暂行新刑律》中,"酌情减刑"条款不是唯一允许减刑的条款,也不是唯一在后继刑法中经历了修改的条款。1928 年刑法中的犯罪自首规定(第 38 条),就是从《暂行新刑律》的有关规定改编而来的。新的法律条款遵循了这样的原则:

> 对于未发觉之罪,自首于官受裁判者得减所首罪之刑三分之一。

这可能只是为了适应法律中的这一变化:有期徒刑刑等的废除。1935 年刑法(第 62 条)则发生了更实质性的变化:犯罪自首允许减刑,但是没有规定减刑的具体期限,最重要的是没有限制减刑,甚至可能导致刑罚的免除。法官拥有是否减刑、减多少刑的最终决定权。

1928 年刑法中"不知法令"条款,遵循着与此相同的模式:首先,刑罚的减等,变为固定期限的减刑(一半),这与 1918 年刑法草案的建议相符。其次,1935 年刑法(第 16 条)中,取消了固定减刑的规定,并以"按情节得减轻其刑"取而代之。如对于自首案件怎样适用减刑,就没有具体说明。1935 年刑法也增加了一条规定:"如自信其行为为法律所许可而有正当理由者,得免除其刑。"①如果被告人能充分证明其不知法律,那么他将免于刑罚。如在吴寡妇案这样的案件中,她杀死了自己的不孝子,按照清律,其行为不会受到处罚,而在民国的法律体系下,吴寡妇可以援引"不知法令"条款,被处较轻的刑罚。

有关正当防卫条款的情况,则要复杂一些。在《暂行新刑律》中,防卫过当的情况只允许减刑;而 1928 年刑法中,不仅允许减刑,还允许免刑。② 这种变化似乎

---

① L. J. Fuller, H. A. Fisher 译:《中华民国刑法》双语版[*Criminal Code of the Republic of China*, (*bilingual edition*)],中美法律系列丛书 1960 年版,第 6 页。

② 这样的举动实际上超越了清代法律的范围,并且包含了防卫过当的处罚。参见《大清律例》第 277.00,323.00 条和第 388.00 条。《修正刑法草案》曾建议修改正当防卫条款以限制减刑——如果防卫过当,那么对原刑罚减刑一等或二等,不再是原来的三等。但是,自此以后,条款中关于正当防卫的范围扩大了。

与 1928 年刑法中的另一种变化相随：在杀人罪的章节中，1928 年刑法遵循着《刑法第二次修正案》的建议，对于正当防卫的概念做了补充说明——一个涵盖杀人与出于义愤的条款。《暂行新刑律》和之后法律中的正当防卫条款，保护受害者免受生理上的危害，出于义愤则允许防卫者免受道德的指责。该条规定：

当场激于义愤而杀人者，处一年以上七年以下有期徒刑。①

《刑法第二次修正案》的解释特别指出，所谓“出于义愤”的情况，包括“亲属受莫大之污辱，或妻子与人奸通等”。② 在清代法律中，侮辱他人的亲属、通奸等违反道德的行为被规定为犯罪，在某些情况下，杀害了犯下这些罪行的人，甚至不构成犯罪。即使引进了“出于义愤”条款，由于杀人行为违背了道德准则，仍然被称作犯罪。但是通过尽量减刑的举措，使民国法律与清律在正当防卫的规定上趋于接近。

五、民国的法律实践

目前为止，上文所述的内容，很大程度上局限于法律内容和法律思想的变化。法律改革者的注释使我们对法律的精神有更深刻的理解，通过法院的种种法律实践，我们可以了解到更多民国法律的变化和延续。在 20 世纪 10 年代至 40 年代间，当地的高院和最高法院在千变万化的法律中，巧妙地处理着刑事的罪行和判决。在许多情况下，法院作出的判决与清时期的相符。③ 虽然法院在表面上参照新的、现代的民国法律，但产生的判决却往往贯彻着清代的司法理念。

举例而言，1936 年四川合州的一个佃农夏金廷因杀害一名小偷而受审。④ 某天下午，一名叫罗实江的贫困男子试图偷走夏金廷的水桶。夏当场抓住他并大声呼救。随后夏金廷和他的房东杨少白一起扣留了罗，把他绑起来，并将他打死。

① 改编自 L. Burdet，梁龙译：《中华民国刑法》，上海临时法院印行 1928 年版，第 78 页。

② 无论是文章的语句还是解释，都与 1871 年《德意志帝国刑法典》第 213 条的措辞几近一致（《德国刑法典》，1946 年版，第 213 条）。类似的条款还包括 1810 年《法国刑法典》（第 321 条、第 326 条），1889 年《意大利刑法典》第 51 条，以及 1867 年《比利时刑法典》第 411 条。参见［美］塞缪尔·琼·巴罗斯：《法国、德国、比利时和日本的刑法》，政府印刷办公室 1901 年版，第 26 页、第 27 页、第 128 页。

③ 关于清代和民国民法在实践中的讨论，参见［美］黄宗智著：《法典、习俗与司法实践：清代与民国的比较》，斯坦福大学出版社 2001 年版。

④ 四川高等法院案例档案，藏于重庆市档案馆，第 46454 号。

在杀害罗的隔天早上,为了掩盖杀人事实,夏和他房东的雇工宋禾一起将罗的尸体掩埋在附近的山上。不巧的是,当地一名叫陈新宇的牧牛者发现了路上的血迹并将此事报告给他的上司,接着他的上司将此事报告给当局。罗的尸体被挖出后,验尸官的报告显示其因重伤致死。被害者的额头、头顶和后脑勺有擦伤和伤口,同时他的背部、肩膀、手腕和脚部也有伤。

对于怎样判处夏金廷,地方法院内部产生了分歧。法院指出,夏金廷将罗实江绑起来并殴打致死,这一行为应予以严惩。然而,同时法院发现夏的犯案动机是罗实江偷了他的水桶。夏金廷被判处故意伤害致死罪,该罪的法定刑为无期徒刑或7年以上有期徒刑(第277条)。然而,法院援引了"情有可原"条款,将他的刑罚减至有期徒刑5年。四川省高院接受了夏金廷的上诉。引自夏金廷的审讯[问题:当你殴打(罗)时,你是否想杀死他?回答:我确实没想要杀死他],四川省高院认定这是一起因盗窃财物而引起故意伤害的案件,并对夏进一步减刑,至有期徒刑3年6个月。

如果这个犯罪行为发生在清代,则有一个条款非常适用此案。《大清律例》第277.01条规定:"若贼犯偷窃……白日入人家内院内偷窃……邻佑人直前追捕,登时仓促殴毙者,仗一百,徒三年。"[①]在夏的案件中,减刑符合清代的司法正义原则,事实上,杖一百折合成了有期徒刑6个月。

六、通奸和道德犯罪

民国时期的法律中,涉及通奸(特别是妻子一方的通奸)的杀人罪,与清代流行的道德标准仍很相近。这样的行为在过去被视为违反道德的犯罪,触犯了以男性为中心的社会秩序。1912年以前,如果丈夫撞见妻子和奸夫通奸,当场杀死两人或者仅杀死奸夫都是合法的。[②] 如果丈夫只杀死了通奸的妻子,其刑罚仅为杖

---

① [美]马里纳斯·梅耶尔:《正当防卫》(Self - defense),载伊维德(W. L. Idema)、许理和(E. Zürcher)编:《秦汉时期中国思想与法律:何思维(Anthony Hulsewé)教授八秩寿辰几年论文集》,博睿学术出版社1990年版,第243页。

② 参见[美]马里纳斯·梅耶尔:《中华帝国晚期的谋杀与通奸:法律与道德的研究》(*Murder and Adultery in Late Imperial China:A Study of Law and Morality*),博睿学术出版社1991年版,第39~47页;杨秀珠:《清代中国的女性犯罪:法律和大众文化中的女性通奸犯罪,1644~1912》(Female Criminality in Qing China:Adulteresses Murderesses in Legal and Popular Culture,1644-1912),加利福尼亚大学洛杉矶分校1997年博士学位论文,第211~212页。参见《大清律例》第285.00条。

八十。[①] 而在《暂行新刑律》中，这种行为是违法的，但这并不意味着犯罪者必须承担相应的处罚。正如下面一系列案件所示，民国法律中实际上存在许多允许酌情减刑的法规，并以此来再现清代的判决。[②]

1913 年在甘肃省，一位丈夫撞见其妻子和奸夫行奸后，当场杀死了他们。[③]大理院裁定，如果丈夫当场撞见奸夫奸妇，则适用正当防卫条款（第 15 条），因为正是通奸行为使他产生犯意。但是，如果通奸行为在其发现时已经结束，法院则倾向于以杀人罪论处（第 311 条）。不过法院还是认为："但均得斟酌情形，依第 54 条（酌情减刑）或第 13 条第 2 项（所犯重于犯人所知或相等者，从其所知）减轻。"第一种意见认为，对于丈夫而言，通奸是一种侵害，值得他用致命的武力来防卫，1907 年法部就公开支持这一法律解释，只不过当时《暂行新刑律》还在起草阶段。[④] 第二种意见认为，丈夫可能并没有意识到他的行为违反了新律。无论采纳何种意见，丈夫的刑罚将微乎其微。事实上，如果根据正当防卫条款进行判决（第 15 条），丈夫的行为甚至不构成犯罪。

1916 年浙江省浦江县发生了一个案件，奸夫逼迫本夫之母，致其服毒自尽，这样做很可能是为了便于与其情妇通奸。[⑤] 本夫对母亲的死亡悲痛欲绝，他用奸夫的刀将奸夫、奸妇杀害，但是杀人行为发生在通奸行为结束之后。杀人之后，丈夫前往自首，法院认为此案不适用正当防卫条款，因为杀人行为并不是在发现通奸行为后立即发生的。这种看法，其实仍然是在坚持清代的法律标准。在清代，丈夫想要被判无罪，就必须要在奸夫和妻子在奸所行奸之时，即时实施杀人行为。假如杀人行为发生在其他场所，或者不是在发现通奸行为后立即发生，丈夫就将被判刑。法律中这样规定，是为了防止人们由于以往的通奸行为而产生宿怨，或者通奸之后仍然基于义愤而杀人。1916 年清代的法律显然已经不再适用，因此法院以杀人罪（第 311 条）对这位丈夫进行了判决。然后，法院根据"犯罪自首"（第 51 条）条款和"酌情减刑"（第 54 条）条款对其减轻了刑罚。

---

① 参见[美]马里纳斯·梅耶尔：《中华帝国晚期的谋杀与通奸：法律与道德的研究》（*Murder and Adultery in Late Imperial China: A Study of Law and Morality*），博睿学术出版社 1991 年版，第 50 页。参见《大清律例》第 285.01 条。

② 这 5 个贯穿民国时期的案件将在下面详述。笔者还没发现任何案件涉及这样的主题，即违法的丈夫没有诉诸法律而获得减刑或免除处罚。

③ 参见郭卫编：《大理院解释例全文》，上海法学编译社 1931 年版，统字 49 号。

④ 参见[美]马里纳斯·梅耶尔：《中国现代刑法导论》，香港龙门书店出版社 1967 年版，第 87 页。

⑤ 参见郭卫编：《大理院解释例全文》，上海法学编译社 1931 年版，统字 529 号。

1919年广西省昌平县也发生了一起通奸案,后来讼至大理院。[1] 某晚,乙托付他的朋友甲帮自己看房子,自己外出办事。乙很长时间没有回来,甲便回到自己家中。他惊奇地发现他的家门未闭,月光照亮了屋内的情景,他的妻子丙和乙裸躺在床上,睡着时用胳膊互相挽着,床边放着乙带来的一把刀。法庭记录显示:

> 甲愤极,立即入室,抽刀砍乙身体左侧。丙惊醒,两人均急起各以一手夺刀未得。丙急向外奔。甲续砍乙中背脊一下,转身追及丙于卧室外墙下。

最后,甲杀死乙、丙两人,并把他们的头割下,然后向有关机关投案自首。法院对该案提出了两种意见,其中一种参照了上述1916年浙江省浦江县的案件,对甲予以减刑。第一种意见认为,乙和丙已经"合并睡着",显然已经完成了通奸行为。此外,案件中甲用的刀是乙带到案发现场的。对于甲杀害乙的行为,应适用正当防卫条款,因为他"实无他法可排除行奸不正当之侵害"。他的行为是合法的,不能算作犯罪。至于甲杀死自己妻子的行为,应依杀人罪(第311条)论处,但依正当防卫(第51条)可以获得减刑。同时,在案发前,甲并不知道附近有把刀,他使用这把刀完全属于极端情况。此外,由于通奸行为发生在甲的妻子和他的好朋友之间,甲是情有可原的。因此,依据众多的减刑情节,甲可以再次减刑(第54条)。

第二种意见认为,甲的行为是过当的,参照前文引用的案例,法院指出,这对情人是在通奸后而不是通奸时被杀的——毕竟那时他们睡着了。此外,当甲开始攻击乙时,丙从卧室跑到了屋外,所以甲并没有在奸所,而是在室外杀死了自己的妻子。因此,法院认为甲因为防卫过当而应入罪。这实际上借鉴了第一种看法,认定甲为正当防卫,并将此实际运用于该案中。然而,此案中的杀人行为超过了防卫的适当界限,犯罪者最多只能在杀人罪的基础上,减刑三等。根据这一解释,丈夫不能被无罪释放,但是他最低可被判处有期徒刑1年。

最终,大理院认为昌平县法院的第一种意见更为合理,应当根据杀人罪(第311条)对甲进行判决。然而,对于犯罪者可以依哪几个方面来减刑,则有待进一步审查。第一,因为甲向法院自首(第51条);第二,由于酌情减刑(第54条)的规定。此外,大理院提出一项被昌平县法院忽略的条款:如果甲的犯罪是因为他不知法令,那么,对其可以适用"不知法令"条款(第13条)。综上所述,这些减刑

---

① 参见郭卫编:《大理院解释例全文》,上海法学编译社1931年版,统字1124号。

情节使该犯罪嫌疑人的刑罚大大减轻,几乎接近免于处罚。[1] 为了与民国法律保持一致,即杀害奸夫、奸妇的行为是违法的,大理院建议将甲定为杀人罪,尽管如此,大理院的建议仍使其获得了实质上的无罪判决。我们发现,《暂行新刑律》中的许多减刑条款实际上强化了清代时期的社会规范。此案即是一例,法院认定丈夫的行为是出于正当防卫,即便不是为了自己,也至少是为了其父系的声誉。

直到 1931 年,法院仍在实践中援引"不知法令"条款,对杀死通奸者的行为予以减刑。在 1931 年陕西省的一个案件中,一位丈夫在发现他的妻子和奸夫同床吸烟时,将两人一并杀死。[2] 陕西省高等法院认为,清律中规定杀死奸夫奸妇的行为不是犯罪,丈夫误以为这种规定如今依然有效,因此他可能不知法令,从而可以依据"不知法令"(第 28 条)获得减刑。司法院的意见与此相左,他们认为虽然这样的杀人行为在清代不是犯罪,但这需要符合具体的条件,即杀人行为发生在奸所和奸时。本案中,这对情人正躺在床上抽烟(说明他们已经完成了通奸行为),因此丈夫不适用"不知法令"条款。但是,他可以依据"情有所原"(第 77 条)获得减刑。虽然文中没有列明实际的刑罚,但是我们可以基本肯定,该丈夫被处的刑罚非常轻微。上述的两个案子中,由于这样的行为在过去不是犯罪,因此无论是基层还是高级别的司法机关,都试图轻判丈夫。

民国的改革者们在法律解释中特别指出,1928 年刑法针对通奸犯罪新增了"激于义愤"条款。在 1930 年浙江省发生的一起通奸杀人案中,当地法院就是运用这一条款解决案件的。该案中,陈章炉趁着杜荣银夜晚拜访岳父之际,与杜的妻子杜任氏通奸。[3] 第二天,杜荣银回到家时,发现他们还在床上,就用拳殴击陈章炉,将其赶出家门。不到 3 周后,陈由于重伤死亡。东阳县法院认为,这显然是一个激于义愤(第 297 条)而引起的伤害案,最高刑为有期徒刑 3 年。次年,杜荣银上诉至最高法院,法院撤销了原判决,并提出了新的判决和论证:杜荣银保护自己夫权的行为并不构成犯罪,因为 1928 年刑法第 36 条可以适用于这一情况。该条规定:"对于现在不法之侵害,而出于防卫自己或他人权利之行为不罚。"最高法院认为,虽然正当防卫和激于义愤类似,但在这种情况下,适用正当防卫更为妥当。在法院看来,杜荣银是在保护自己的夫权,他的行为属于第 36 条的适用范围,因此他可以免受处罚。对于杀死奸夫的行为,最高法院找到了一个比激于义

① 大理院表明,如果丈夫甲在奸所杀死奸夫,这种行为属于正当防卫,如之前详述的甘肃省案件,甲将免于刑罚。

② 参见郭卫编:《司法院解释例全文》,上海法学编译社 1946 年版,统字 626 号。

③ 参见郭卫编:《最高法院判例汇编》,上海法学编译社 1929~1937 年版,第 10 集第 10 页。

愤更有效的条款予以支持。

如上述案例所述,假如法官不认同法律的变化——例如,法无明文规定允许丈夫杀死奸夫奸妇——并且试图在审案时尽量遵循清代旧律,犯罪者则可能依清律判处(无罪),即使没有判处无罪也可能十分接近。根据清律规定,一些外部因素也会纳入定罪的考量范围,如道德、德性或者缺乏受害人,在民国法律下,由于法官拥有自由裁量权,则使这些因素再现其重要性。

七、正当防卫杀人

下文所述的三个案件,表明了民国法院对于个人自卫和村落自卫的认同趋势。① 在动乱日增的时期,盗匪行为增加以及当地光棍威胁的问题,始终困扰着村民们。地方民兵和自卫组织,是解决这些问题的必要应对机制,但其规模日增也会导致无辜人员的受伤。② 对于这些问题,民国法院不可能视而不见,但在一些案件中,他们运用法律中的"酌情减刑"条款来回避杀人罪的规定,同样展现出了对这些犯罪者的怜悯。

正当防卫杀人就是这样的条款。在1919年天津发生的一个案件为:一晚,某人试图翻越庭院的围墙,更夫刘伟认为他是个强盗,要求对方表明身份而未果,就开枪打死了那个人。③ 不幸的是,那个人并不是强盗,而是刘伟守卫的公司的员工。最高法院对此案进行了判决,刘伟被控故意伤害致死罪(第313条),判处有期徒刑的第一等或第二等(有期徒刑5~15年)。然而,刘伟认为自己实施的是正当防卫行为,可以依据正当防卫条款减刑三等(第15条)。④ 从现在留存的材料看,并未列明刘伟的减刑期限,但可以推测,他最低可以减至有期徒刑两个月。

在1941年的张家才案中,法院利用了另一种方式来对其减刑。⑤ 张家才负责管理北京城外国公村的民兵组织,某日凌晨2点左右,他与另一名民兵一起巡逻,在当地居民李文武的庭院中发现了一个人。张家才要求那个人表明身份,没有得到回应,就连开了2枪将那人打死,不料死者竟是李文武之妻李晁氏。北京法院

---

① 民国时期惩治盗匪的方法,参见徐小群:《未经正当程序的法制:20世纪初中国对盗匪的惩治》("The rule of law without due process: punishing robbers and bandits in early twentieth - century China"),载《现代中国》2007年第33卷4月第2期。

② 光棍的简史,参见[美]苏成捷:《中华帝国晚期的性、法律和社会》,斯坦福大学2000年版,第96~101页。

③ 载《司法公报》1920年1月13日。

④ 参见第13条规定:"所犯重于犯人所知或相等者,从其所知。"

⑤ 北京地方法院案例档案,藏于北京市档案馆,J65.4.313-315。

训斥张家才未能采取更好方式来验明院中人是否友善、是否有敌意，随后判定张家才的开枪行为构成犯故意杀人罪，法定刑为死刑、无期徒刑或10年以上有期徒刑。法院援引正当防卫条款，将张家才的刑罚减至有期徒刑5年。张家才虽然认同正当防卫，但仍嫌定罪太重，上诉至河北省高等法院，高等法院进一步减刑至有期徒刑3年，理由是张家才的动机很单纯——认为自己是正当防卫，为了保护村庄而打击土匪，为此值得宽恕。在这起案件中，法院再次运用了笼统的酌情科刑条款，以实现减刑。①

虽然张家才最初被判定为故意杀人罪，但他通过其他条款实现了减刑。而在“马锦福案”中，犯罪情节基本相同，由于法院使用了不同的条款，案犯的刑罚比张家才更轻。马锦福是浙江省乐清县的一名警察，1928年12月15日他根据群众举报，前往调查一艘停靠在五环洞桥的疑似载有强盗的船。根据文献记录，“被告上前喝问，告以警察来此查船，该难民闻声出船，并有多数喊打之声。时值黑夜，被告情急开枪，致枪弹中伤船内难民王怀德咽喉部位，旋即身死”。后来人们才知道，这艘船上载的不是强盗，而是来自山东的难民。②

当地法院判定，马锦福犯过失致人死一罪(第291条)，处有期徒刑8个月，判决确定前羁押日数，2日折抵徒刑1日。我们再次发现，法庭因为同情犯罪者而对其轻判，因为案件中所谓的正当防卫行为发生在动乱频仍的年代。

八、杀害家庭成员和仇杀

从民国刑法中涉及杀害家庭成员犯罪的条款中，我们看到，民国法律实际上回到了清代式的审判。《大清律例》中有14条律文和超过60条例文，规定家庭内部间的杀人和攻击行为。此外，刑法中还有更多犯罪条款，涉及维护那种由男性、长者统治的社会秩序。我们对此毫不感到奇怪，民国法院并不愿意单纯适用法条，而对这些方面撒手不管。

例如，1935年湖北省发生了一起家庭成员受到侵害的案件，此案突出体现了清代式审判的再现。该案中，20岁的农民饶秀龙和他的祖父饶荣春一起前往嘉

① 在张某开枪攻击手无寸铁并且没有威胁的受害者案中，正当防卫条款(第23条)实际上扩大了。在张家才案中，他的村庄似乎因为盗匪而陷入水深火热：国东村的村民请求法院返还用于杀人的枪支以便再次使用。有关正当防卫杀人的其他案件，参见四川高等法院案例档案，藏于重庆市档案馆，第2601页。

② 《最高法院检察署非常上诉理由书(十九年三月十八日)》，载《司法公报》1930年4月12日。

鱼县芝麻洲开荒。[①] 根据文献记载,在1934年7月下旬,"该地保长岑心齐因饶荣春欠有电杆费二角未缴,带同保丁但茂仁、胡子卿二名前往催收"。根据胡子清的供词,当饶荣春说自己无力支付后,岑心齐说:"(那么)今天要你同我们到大队部去玩下。"饶荣春挣扎着不愿被拖走,一阵混乱中,他被打昏了。看到这一幕后,饶的孙子秀龙拿起刀,刺杀了岑心齐,刺伤了但茂仁。根据河北高院和最高法院的解释,秀龙的祖父遭受蛮横欺压,秀龙攻击伤害他祖父的凶手,不构成故意杀人和伤害罪,但激于义愤而杀伤人,他将被判处有期徒刑3年(第273条)。这一判决与清律对类似情节的处理同样非常接近,根据《大清律例》,若祖父为人所杀,子孙擅自杀害行凶者,其即时杀死者,勿论。此案中,祖父遭到毒打,但不是被杀害,依《大清律例》,孙子可能被判处死刑,但最终获得减刑(第323.01条)。1934年时,杀死一个地方权威人物,并伤害另一个人的行为,不可能免予处罚,但同时法院在某种程度上认可孙子的做法。由此可见,清代的旧社会规范仍然很大程度上得到民国的新法院体系的认可。[②]

最后,让我们回到吴寡妇案。正如我们所提到的,清律中,丈夫登时杀死奸夫、奸妇的行为不被认为是犯罪,同样,杀死不孝子的行为也被认定为无须惩罚的犯罪(第319.00条)。《暂行新刑律》颁布后,这样的行为属于杀人罪,但正如"吴寡妇案"所示,民国法院仍倾向于用清代的司法精神来解决类似案件,在对待杀死奸夫奸妇案件时也是一样。[③]

正如本文第一部分所述,吴寡妇委托他人杀死自己的不孝子,犯了杀人罪(第282条),但法院运用"酌情减刑"(第77条)和"不知法令"(第28条)条款对其减刑,并将剩余刑期判为缓刑,与法律原本的规定已相去甚远。[④]

在1932年和1933年的案件评述中,最高法院取消了基于"不知法令"的减刑,但基于"情有可原"的减刑则仍然存在。在吴寡妇案中最引人注目的是,至迟

---

① 《饶秀龙杀人上诉案(二十四年度最高法院判决,上字第八三号)》,载《司法公报》1937年4月18日。

② 林郁沁在《施剑翘复仇案:民国时期公众同情的兴起与影响》中,曾探讨过广为人知的施剑翘案,在1935年和1936年,她试图刺杀杀害了她父亲的凶手——前军阀孙传芳。正当防卫和酌情减刑条款发挥了作用,最终施被定罪但是被政府赦免。林郁沁指出,许多因素,如这场刺杀的轰动性、审判以及公众的同情,影响了这个案件的结果。

③ 笔者所收集的民国最高法院的案例超过300起,只有1起案件指控上级杀害下级。相反,我们可以在同一个文档中发现(约30起案件是下级杀害上级)。由于欺压导致的"下级"对上级的杀害并不令人意外,因此他们很少激起社会的愤慨并且不能引起当局的注意。

④ 根据1928年刑法第90条规定,对于被判处有期徒刑2年以上者不能判处缓刑。最高法院在审查这个案件时,对于吴刘氏案件的判决称为"率"和"违法"。

到1929年，在杀害子孙被认为是犯罪的20年后，某些法院在审判中仍然基于“不知法令”来减刑。这反映了传统的社会秩序，即犯罪者因长幼差异而导致刑罚不同，直至《暂行新刑律》颁布后，尽管在纸面文字中已几近湮没，但在定罪和量刑中却仍然保留着，使这种社会秩序在法律实践中得以复活。

九、结语

民国时期充斥着动荡和不安。在借鉴了外国的思想和法律模式后，传统的中国法律模式遭到了多大程度的遗弃？这些外国模式在多大程度上挽救了中国，或者最终在多大程度上失败了？民国的法院体系不能在此困境下幸免，改革者们和法官们在采用外国法律时，面临着困难的抉择，有时适应、有时则抵制外国模式。

白凯通过对物权法的研究指出，民法领域中的相互矛盾对法律产生了影响——乍一看，民国民法中规定的性别平等，似乎能提高妇女的地位，但其他的新规定，则使得这种平等被降低，甚至被消灭。[①] 黄宗智研究过类似复杂的相互作用问题，如法律条文的表达与法律实践之间，土地所有权、债权、继承的习俗以及养老之间，婚姻和离婚之间。[②] 本文的实例主要源自刑法领域。在20世纪最初的几十年中，中国的刑法几乎完全被改写。改革者借鉴近代日本和欧洲的法律模式，编制了新的刑法，这些新法在表面上突破了传统的清律，特别是得益于“一罪一刑”原则的消灭，以及支撑此原则的大量法条的废除。现在的法律只包括原则性的法条，以往在定罪中起决定作用的是具体而微的犯罪情节，现在成了量刑轻重的考量因素。

为了应对这种变化，法律赋予中国法官前所未有的审判自由。从“犯罪自首”到“酌情减刑”条款，刑法中的众多条文都旨在帮助法官们履行自己的新职责。法官们经历了晚清社会规范到民国法律的转变，愈加熟练地运用新获得的自由裁量权，以此来重申传统的规范和标准，从而调和法律理想与现实社会的关系。沈家本认为，清律允许法官们立法而不是简单的审判。正如上文所述，他帮助制定的民国刑法亦是如此。一些人认为，在新的“客观”刑法下，一些违反道德的行为将不再是犯罪，[③]民国法律的实践表明，道德的法律强制将得到最低限度的保护。

---

① 参见［美］白凯：《中国的妇女和权力：960～1949年》，斯坦福大学出版社1999年版。

② 参见［美］黄宗智：《法典、习俗与司法实践：清代与民国的比较》，斯坦福大学出版社2001年版。

③ 参见［美］马里纳斯·梅耶尔：《中国现代刑法导论》，香港龙门书店1967年版，第71页。

徐小群和林郁沁的研究表明,[①]在南京国民政府时期,法院体系不是孤立存在的,司法活动受到了政治和文化发展的影响——特别是国民政府增加党权和党治的尝试。之前的20年里,与其同样强大的力量发挥了作用。因此,从晚清到民国时期,中国的传统与现代化之间产生了广泛的争议。从袁世凯改革的反应来看,他似乎过于极端,直至"五四运动"时期儒家传统遭到否定,最终在争议下由国民政府引导回归保守,我们不该忽视这些争议带来的潜在影响。司法机关正是借助这样的力量,在法律改革中确立司法精神,但是通过判决又打消了一些同样的改革冲动。

① 参见徐小群:《中国的专业人士和民国政府:专业协会在上海的崛起,1912~1937年》,剑桥大学出版社2001年版;[美]林郁沁:《施剑翘复仇案:民国时期公众同情的兴起与影响》,加利福尼亚大学出版社2007年版。

发掘治外法权

——作为上海会审公廨之原型的理事同知

卡塞尔(Par Cassel)* 著
翟晓强 译
于 明 方 强 校

西方历史学界在研究中国时普遍认为,早期的通商

* 本文最初于2001年春季学期在哈佛大学提出,是作为研究生研讨会的报告提交给笔者的导师孔飞力(Philip A. Kuhn)教授的。比较中西方治外法权概念的这一想法,最初由笔者和泉中山(Izumi Nakayama)于2001年年初的一次讨论中提出。在整篇文章的写作中,承蒙孔飞力和欧立德(Mark C. Elliott)惠赐极其宝贵的建议,并帮助笔者找到重要的资料。岸本美绪(Kishimotomio)、张隆志(Chang Lung-chih)、埃文·道利(Evan Dawley)、迈卡·穆斯科利尼(Micah Muscolini)、埃玛·腾(Emma Teng)和乔·维森托夫斯基(Joe Wicentowski)均曾阅读过拙稿,并惠示多则宝贵意见。此外,埃伦·麦吉尔(Ellen McGill)也做了上述贡献,而且其还曾慨允笔者阅读她论文的部分章节。丹尼尔·V.博特斯曼(Daniel V. Botsman)教授使笔者对日本法律制度有了更深入了解,同时更是慷慨提供了笔者即将付梓的新书章节。2001年10月14日,本文的修订版在威廉姆斯学院(Williamstown MA)举办的关于亚洲研究的新英伦协会(New England Association)的年会上提出。在本文的整个修改期间笔者担任哈佛大学韦瑟国际事务交流处(Weatherhead Center for International Affairs at Harvard University)的助理研究员,感谢该部门对笔者的各种支持和帮助。《中华帝制晚期》(*Late Imperial China*)的匿名评审也对本文提出了数则宝贵的意见和建议。于此,笔者谨向所有在本文写作中,帮助过笔者的人们敬致谢忱,这其中也包括笔者的妻子梁(Liang),她曾给予笔者超越其所知的帮助。至于文责,当然由笔者自负。卡塞尔(Par Cassel),美国密执安大学历史系教授。原本为 Par Cassel,"Extraterritoriality: The 'Judicial Sub-Prefect' as a Prototype for the Mixed Court in Shanghai", in *Late Imperial China*, Vol. 24, No. 2, December 2003, pp. 156-180.

口岸体系,尤其是治外法权,不能简单地认为是由西方列强强加给中国的,而更应被视为双方为了达成新的妥协(modus vivendi)而共同努力的产物。费正清(John K. Fairbank)在一篇关于"不平等条约"与中国传统朝贡体系的文章中指出:"条约体系在其早期阶段(19世纪40~80年代)不仅仅是一个为把中国带入西方世界的手段,它同样被视作清朝为适应西方而在中国的世界秩序中给他们一个位置的手段。"①

与上述观点类似,约瑟夫·弗莱彻(Joseph Fletcher)认为,晚清政府与西方签订条约以扩展特权的模式,早已于1836年为浩罕汗国(khanate of Kokand)所承认。清帝国通过授予浩罕商人治外法权,实质上默许了"一个在穆斯林商人之间由来已久的习惯",而此习惯不仅早在16世纪的地中海东部,引起了奥斯曼帝国的治外法权条款,②而且也为西欧列强树立了要求治外法权的早期样式。日本历史学家桑原隲藏(Kuwabara Jitsuo)将上述通商口岸体系,与阿拉伯商人在宋代港埠城镇泉州所享有的相对自治等量齐观。③ 其他学者则将下列事实与通商口岸体系加以考虑:外国商人在中世纪中国享有的那种相对自治;清帝国与俄国分别在尼布楚(Nerchinsk)(1689年)和恰克图(Kiakhta)(1727年)所签订的规定两大帝国之间的边境贸易及彼此相互引渡罪犯的"平等"条约。④ 近来,历史学家们纷纷重视行会的存在,并强调其在1843年后的上海外国人社区的形成之中所扮演的角色。⑤

实际上,清朝固有的法律体系提供了关于治外法权更为直接的先例,并且它们无论是在时间上,还是在空间上,都更接近于通商口岸。众所周知,在满清统治下,旗人尤其是满人享有一定的法律特权,而且这其中的多数特权,终清一世均相仍不废。满人与蒙古族、苗族、瑶族等其他族群不同,后者生活在帝国边缘地区,

① John K. Fairbank, "The Early Treaty System in the Chinese World Order", in *The Chinese World Order: Traditional China's Foreign Relations*, Cambridge MA: Harvard University Press, 1968, p. 258.

② See Joseph Fletcher, "The Heyday of the Ch'ing Order in Mongolia, Sinkiang and Tibet", in *Cambridge History of China: Late Ch'ing*, 1800 - 1911, *Part I*, ed. Denis C. Twitchett and John K. Fairbank, Cambridge: Cambridge University Press, 1978, Vol. 10, p. 377ff.

③ See Cf. Kuwabara Jitsuz, "On P'uShou - kêng", *Memoirs of the Research Department of the Toyo Bunko*, No. 2, 1928, pp. 33 - 34.

④ See Immanuel C. Y. Hsü, *China's Entrance into the Family of Nations: The Diplomatic Phase*, 1858 - 1880 (Cambridge, MA: Harvard University Press, 1960), 139.

⑤ 更多例子参见 Linda Cooke Johnson, *Shanghai: From Market Town to Treaty Port*, 1074 - 1858, Stanford: Stanford University Press, 1995, pp. 202 - 206。

而前者则生活在“中国本部”[①]的中心地带。满人的民族认同及其与汉民的良好关系,对清王朝的生存至关重要,以至于清朝在其最初的几十年里,把涉及满汉纠纷裁决具体的“例”增加到《大清律例》之中。

对清帝国统治者而言,上述体系的存在意味着,适应外国治外法权的需要并设立机构以处理由此产生的问题之时,他们是有经验可以利用的。“传统”和通商口岸体制之间的连续性并不比其与上海会审公廨(Mixed Court in Shanghai)之间的连续性更为突出。从条约的中文本与其他法律渊源的比较中,我们可以看到那些条约对长期存在于满、汉之间的法律概念和机构的直接借用和改造。上海是中国现代化源头这一观念曾经非常盛行,以至于大部分相关学术人员曾经忽略了这样一个事实,即上海如中国其他城市一样,存在于满洲的政治秩序之内。在上海的不远处,如江宁、京口、杭州和乍浦,就有不少于四支驻防旗军并且直至清亡,这些驻军也一直被保留着。事实上,那些正尝试在地方执行“不平等条约”的清朝官员们,并不需要跨出江苏省就能够找到处理近代这批“外籍居民”[②]的模式。

以往学术也曾经观察到,通商口岸体系与清朝固有的管理民族冲突机构之间的联系。[③] 70 年前,法律学者让·埃斯卡拉(Jean Escarra)就曾比较过蒙古的联合法庭和上海会审公廨。[④] 费正清也曾在“共治”的分析框架内,比较过满人和外国人特权地位的相似之处,但他并未去完善这一观点。[⑤] 最近,欧立德在其关于旗

---

① 中国本部(China Proper),也译作中国本土或者中原等,对于采用何种译法学界仍未有定论,目前学界一般译为“中国本部”,译者亦采用此译法。需要说明的是,无论采用何种译法其所表达的区域是相同的,一般认为其与中国最近的汉族人所建立的明朝的疆域内的汉族聚居区,即两京十三省(亦称关内十八省、内地十八省等),大体一致。此区域并不包括由满洲统治之清朝所在的东北,以及蒙古、西藏、新疆等地域。[参见钱穆著:《中国历代政治得失》,生活·读书·新知三联书店 2005 年版,第 118 ~ 119 页;[美]费正清、刘广京主编:《剑桥中国晚清史》(上),中国社会科学院历史研究所编译室译,中国社会科学出版社 2007 年版,第 7 页。——译者注]

② 该术语是欧立德为描绘满洲旗人在中国本部的经历所首次创造的。参见 Elliott, *The Manchu Way: The Eight Banners and Ethnic Identity in Late Imperial China*, Stanford: Stanford University Press, 2001, 268ff。

③ See R. Randle Edwards, “Ch'ing Legal Jurisdiction over Foreigners,” in *Essays on China's Legal Tradition*, edited by Jerome Alan Cohen, R. Randle Edwards, and Fu – mei Chang Chen Princeton: Princeton University Press, 1980, pp. 222 – 269, and Mark Elvin, “The Mixed Court of the International Settlement at Shanghai (Until 1911),” *Papers on China*, 1963, p. 148.

④ See Jean Escarra, *La Chine et le droit international*, Paris: A. Pedone, 1931, p. 5f.

⑤ See John K. Fairbank, “Synarchy under the Treaties”, in *Chinese Thought and Institutions*, ed. John K. Fairbank, Chicago, IL: University of Chicago Press, 1957, pp. 220 – 221.

人制度的开创性研究之中对“理事同知”①进行探讨,促使一位评论家将这与治外法权相提并论。②

然而,迄今尚无一部专著系统探讨过这些线索。本文提出了一种诠释列强在华治外法权实施的新方式。但在此应当强调的是,笔者并不主要关注那些鸦片战争之后,西方人试图移植到中国的西式治外法权制度模式,尽管这些模式确实非常重要。同时,笔者也没兴趣去比较“西方”法律和清朝法律,以及两者如何在通商口岸体系中的互动,尽管该问题的研究仍显不足。③ 相反的是,本文将着重从上海会审公廨中,以“清朝的立场”去探寻治外法权制度的体制系谱。借此建立会审公廨与满—汉机构的一种连接,同时提出此背景下诠释治外法权及其影响的一种方式。

一、清代中国的“百姓平等”和“法律多元”

在帝国臣民治理上,我们可以从清朝法律体系中分辨出两种鲜明的法律趋势。一是清政府努力废除所有存在于臣民间的法律畛域,以期构建一种被孔飞力(Philip A. Kuhn)称为“百姓平等”的社会。④ 满清从征服中国本部伊始,就开始废止明代的“身份制度”,在此明制下,部分平民被迫在世袭职业群体中为政府工作。⑤ 这种平等化的趋势,于雍正时期(1723~1735年)达到高潮,那时一系列“解放法令”废除了“贱民”这一阶层,同时宣布此后将视之与“良民”无异。孔飞力将此解释为,一方面是为了显示满洲征服者的恩泽,另一方面是为清除新兴自由劳

---

① 在本文中,笔者把“civil commissioner”(理事同知)译为“judicial sub - prefect”是为了证明该同知和曾经在上海会审公廨中裁决案件的同知之间存在制度上的连续性。任桂淳(Im Kaye Soon)和欧立德更倾向于将理事同知译为“civil commissioner”[参见 Im Kaye Soon(1981),80;Elliott,p. 226],这一术语具有很长的历史,最早可以追溯到 Herbert A. Giles, *A Chinese - English Dictionary*, London Shanghai:B. Quaritch, Kelly & Walsh, limited, 1892。

② See R. Kent Guy, “Who Were the Manchus?” *Journal of Asian Studies* 61. 1, 2002, pp. 151 - 164.

③ See Thomas B. Stephens, *Order and Discipline in China*:*The Shanghai Mixed Court*, 1911 - 27 (Seattle:University of Washington Press, 1992). 据笔者所知,此文是鲜有地试图探讨这一问题的文章之一,但作者较少利用中文资源限制了其对此问题的分析。

④ See Philip A. Kuhn, *Soulstealers*: *The Chinese Sorcery Scare of* 1768, Cambridge: Harvard University Press, 1990), 34 - 36. See also Kuhn, “Chinese Views on Social Classification”, in *Class and Social Stratification in Post - Revolution China*, ed. James L. Watson, Cambridge: Cambridge University Press, 1984, pp. 16 - 28.

⑤ See Edward L. Farmer, *Zhu Yuanzhang and Early Ming Legislation*: *The Reordering of Chinese Society Following the Era of Mongol Rule*, New York: E. J. Brill, 1995, pp. 33, 72.

动市场发展道路上的所有障碍而作的努力。①

二是"法律多元"这一状态在清朝统治之下也非常盛行。② 法律多元之概念曾被定义为在既定"社会范围"内存在多种"法律秩序"。多数社会都符合此间对法律多元社会的一般叙述,因而也存在诸多关于法律多元的不同叙述性理论。③在关于殖民时代和后殖民时代的设定中,法律学者约翰·格里夫斯(John Griffiths)已经确定了他所谓的"弱势"法律多元,其特点是最高统治者把"不同的人群适用不同的法律"作为立法者务实的退让,但此等退让均是旨在为统一的法律体系铺平道路。④

"弱势"法律多元这一概念,很好地吻合了满洲统治下中国的法律秩序,并且在《大清律例》之中也存在大量条款,专门对诸如苗族、瑶族、穆斯林、蒙古族等不同的民族或宗教群体加以规定。例如,在规定"化外人"的法令中,《大清会典事例》多次提到为苗族适用的特殊的"例"(苗例)。⑤ 蒙古族是唯一拥有与中央政府相独立律典的民族,该律即《蒙古律例》。《蒙古律例》最初是满人和曾征服过中国本部的蒙古人之间相互妥协的产物。但是它后来却浸渐成为清政府控制蒙古诸部落的工具,此间情况就同英国在非洲的殖民体系一样。⑥ 然而,由于这一体系的难以管理,加之清朝皇帝努力去统一其帝国的法律,都意味着汉族的法律规范开始要强加于蒙古人之上。因此,1817 年就再无新的蒙古法律增添入《蒙古律例》之中。⑦

清律之下,满人自身却并不在统一的法律范畴之内。皇室宗亲受拥有独立法律规范的宗人府管辖。旗人虽然在原则上与汉人一体适用法律,⑧可是他们在"犯罪免发遣"之条下得以免除了某些罚责形式。旗人罪犯不同于与用常规"杖"

---

① 参见 Kuhn(1984)and(1990)。

② 多罗西娅·霍伊舍尔特(Dorothea Heuschert)是首次把法律多元概念应用于清朝法律的作家之一,参见 Dorothea Heuschert,"LegalPluralism in the Qing Empire: Manchu Legislation for the Mongols",International History Review 20,No. 2,1998,pp. 310 ~ 324。

③ See John Griffiths,"What is Legal Pluralism?" *Journal of Legal Pluralism and Unofficial Law*, No. 24(1986),pp. 1 - 8.

④ Ibid. ,5 - 8.

⑤ 《清会典事例》,1899 年版的重印本中华书局 1991 年版,第 739 页。也见曾代伟主编:《中国法制史》,法律出版社 2001 年版,第 241 页。

⑥ See Dorothea Heuschert,"Legal Pluralism in the Qing Empire: Manchu Legislation for the Mongols",International History Review 20,No. 2,1998,321 - 324.

⑦ Ibid. ,310 - 324.

⑧ See Ch' üT' ung - tsu, *Law and Society in Traditional China*, rev. ed. , Paris: Mouton, 1965, p. 204f(瞿同祖著:《中国法律与中国社会》)。

鞭打,他们虽也被照数鞭责,但却用“笞”。[①] 但凡遇有旗人应发遣之判决,均由一定时间的枷号刑折换,(当然)这里的枷号时间取决于犯罪的严重程度。[②]

同时,旗人尤其是满洲旗人,也受制于那些旨在保持他们和平民阶层相隔离的限制。清政府并不鼓励满旗人娶汉人为妻,不过他们纳汉旗或民人女子为妾的事情却比较常见,这些为妾女子随后便以旗人身份加入满旗家庭,他们的子女也因之被认为是满人。在另一方面,满旗女子不得嫁于民人,而且这种通婚几乎也从未出现过。[③]

在京旗人未经驻防区长官的特许,不得私自出境四十里,对于各省驻防旗人而言这一限制则是二十里。[④] 抵制这些对自由流动限制的行为非常频繁,而这也是旗人和民人经常发生摩擦的来源之一。[⑤] 尽管如此,有清一代,始终没有废止对旗人的这一限制,无论旗军驻扎于何地,在“满城”(Manchu cities)里的分隔居住都是其典型特征。[⑥]

但是,上述那些特权和限制并不完全适用于汉军旗人。汉旗尽管原则上也受对满旗关于通婚的限制,但是由于汉旗人和民人间的通婚非常之普遍,以至于乾隆皇帝最终不得不承认上述限制的失败。[⑦] 也有一些迹象表明,汉旗人受制于比

---

① 《大清律例》原文为“凡旗人犯罪,笞杖各照数鞭责”,钟威廉对此的翻译为“All Bannermen who commit offence that subject them to strokes of light or heavy bamboo [instead] be whipped according to the number of strokes [of the heavy or light bamboo]”,故按律文,旗人犯笞杖罪,各应照笞杖数代之以鞭刑,而非作者此处所说的旗人犯罪以笞代杖。参见《大清律例》卷四,《名例律》上,“犯罪免发遣”;William C. Jones, *The Great Qing Code*, New York: Oxford University Press, 1994, p. 42。——译者注

② See William C. Jones, *The Great Qing Code*, New York: Oxford University Press, 1994, p. 42. 凡涉及《大清律》时,除特别说明外,本文将一律使用钟威廉翻译的《大清律》版本。

③ 参见 Elliott, 254 - 255。

④ See Edward J. M. Rhoads, *Manchus & Han: Ethnic Relations and Political Power in Late Qing and Early Republican China*, 1861 - 1928, Seattle: University of Washington Press, 2000, p. 36f. (Rhoads) 参见[韩]任桂淳(Im KayeSoon):《清朝八旗驻防兴衰史》,生活·读书·新知三联书店1993年版,第119页。

⑤ 英和于1825年呈给皇帝的奏章,参见贺长龄主编:《皇朝经世文编》,台北文海出版社1972年版,卷三五。

⑥ See Edward J. M. Rhoads, *Manchus & Han: Ethnic Relations and Political Power in Late Qing and Early Republican China*, 1861 - 1928, Seattle: University of Washington Press, 2000, 37.

⑦ See Elliott, *The Manchu Way: The Eight Banners and Ethnic Identity in Late Imperial China*, Stanford: Stanford University Press, 2001, 339.

满旗人更严厉的惩罚。[①] 从乾隆朝(1736～1795 年)起,伴随汉旗人的减少及政府对汉旗人离开旗人体系的鼓励,汉人在旗人体系中的比例不断降低,而同时满旗人及其子孙则仍然牢牢居于旗人体系之中。旗人的后代子孙登记入旗籍,因之要受制于与旗人一样的法律和管辖,这让满旗成为一个封闭的群体,无论我们将其定义为一个民族群体或者仅仅是一个"职业阶层"。[②] 一般来说,及至晚清时"旗人"和"满洲"这两个词几乎就是同义的了。[③]

满汉分隔居住的实践成为早期通商口岸的前兆,而鸦片战争之后的租界,也正是在通商口岸建立的。但是,上述施加于在中国本部居住的满人的诸多特权与限制,并不适用于他们居住在关外(Manchuria)的同胞们。在那里,清王朝为了不给八旗军官在民人管理上太多的话语权,建立了统一的国家行政权力机关。[④] 但讽刺的是,这却最终为"关外满人"的"汉化"铺平了道路,而对于在中国本部省份的满人而言,这一汉化过程则慢得多。因此,在 20 世纪初,一位观察家曾经如是评论道:

> 存在一个非常奇怪的现象,即吉林的满、汉差异要比那些遍及中国本部的驻防城镇的小很多。上述现象产生的原因是,驻防在后者的满人占据着其所驻防城镇的一个特殊区域,是故便一直与汉人保持着隔离,而反观最初只有满人构成的城镇吉林,却并无如此之区域。这产生的结果是……在满洲发祥地的满、汉融合,要比那些已经植根于中国本部中

① See Im Kaye Soon,"The Rise and Decline of the Eight Banner Garrisons in the Ch'ing Period (1644 - 1911): A Study of the Kuang - Chou, Hang - Chou, and Ching - Chou Garrisons", Ph. D. dissertation, University of Illinois at Urbana - Champaign, 1981, pp. 146～147;任桂淳:《清朝八旗驻防兴衰史(1644～1911):广州、杭州、荆州的研究》;任桂淳:《清朝八旗驻防兴衰史》。

② Edward J. M. Rhoads, *Manchus & Han: Ethnic Relations and Political Power in Late Qing and Early Republican China*, 1861 - 1928, Seattle: University of Washington Press, 2000, p. 290. 满洲旗人在多大程度上可被视为民族团体还仍然值得讨论,而欧立德、路康乐和柯娇燕(Pamela Crossley)在此问题上均给出了不同的解释。

③ See Elliott, *The Manchu Way: The Eight Banners and Ethnic Identity in Late Imperial China*, Stanford: Stanford University Press, 2001, 333 - 342. Edward J. M. Rhoads, *Manchus & Han: Ethnic Relations and Political Power in Late Qing and Early Republican China*, 1861 - 1928, Seattle: University of Washington Press, 2000, p. 18ff.

④ 参见张晋藩主编:《中国法制通史》(第 8 卷),法律出版社 1999 年版,第 647 页。

心地带的满人做得更深。①

二、清朝统治下分别管辖权的起源

清统治下的法律多元最显著的层面表现为,不同的民族和社会群体往往受不同的管辖。虽然这为生活在清代中国的众多族群所遵守,而以下两个事实却促使这一原则变得尤为显著:一是清政权是一个"征服王朝",②二是旗人和汉民统治并占据着中国本部的相同区域。

自清创立开始,诸帝便一直采取旗、民分治的政策。③ 其来源共有以下两端:

一是满人在入主中原前就业已存在的法律制度。入关之前的清政权经过最初对满、汉统管和杂居的实验,最终于17世纪20年代,选择了满人和汉人在管辖和居住上的分离。上述变革,不仅仅是17世纪初汉人定居者抵制清初霸权的反映,同时也有证据表明,汉族官员的压力也在其中发挥了作用,因为那些官员希望借此保护汉人的完整性。④

二是明律,其相应是沿袭蒙元王朝处理"交涉案件"审判的体系。⑤ 蒙古人曾积极实践司法的"属人原则",简言之,意味着对犯罪的司法管辖并不是由犯罪地来决定,而是根据犯罪者决定。不仅不同的族群适用不同的法律与管辖,而且属人原则也同样适用于许多行业群体,如僧侣、医户、演员、乐人等。蒙古人为了调息上述不同群体之间的纠纷,推广了"约会"制度,即凡涉及不同管辖时,则由他们各自的主管上司会同决断案件的是非曲直。⑥ 在汉语中,上述制度被不规则地

---

① The Maritime Customs of china, Decennial Reports on the Trade, Industries, Etc. of the Ports Open to Foreign Commerce, and on Conditions and Development of the Treaty Port Provinces, Third Issue, Vol. 1: Northern and Yangzte Ports, Shanghai: Statistical Dept. of the Inspectorate General of Customs, 1913, 21.

② 征服王朝(Dynasties of Conquest),是德裔美籍汉学家魏特夫(Karl August Wittfogel)先生对辽、西夏、金、元、清这些由汉族以外的民族建立起来统治华夏地区的朝代的称呼。详细论述参见王承礼主编:《辽金契丹女真史译文集》,吉林文史出版社1990年版,第8~9页、第34~35页;[美]费正清主编:《中国的思想与制度》,李倩梅译,世界知识出版社2008年版,第208~212页。——译者注

③ 参见华立:《从旗人编查保甲看清王朝"旗民分治"政策的变化》,载《民族研究》1988年第5期,第97~106页。

④ See Gertraude Roth [Li], "The Manchu – Chinese Relationship, 1618 – 1636," in *From Ming to Ch' ing: Conquest, Region, and Continuity in Seventeenth – Century China*, ed. Jonathan D. Spence and John E. Wills, New Haven: Yale University Press, 1979, pp. 2 – 38.

⑤ 这点曾为让·埃斯卡拉、拉契涅夫斯基(Paul Ratchnevsky)指出。参见 Escarra, 5 and Paul Ratchnevsky and Lien Sung, *Un code des Yuan*, Paris: E. Leroux, 1937。

⑥ See Paul Heng-Chao Ch' en, *Chinese Legal Tradition under the Mongols: The Code of* 1291 *as Reconstructed* Princeton, NJ: Princeton University Press, 1979, pp. 80 – 88.

表述为"约会",这或许是因为其是直接翻译自业已遗失的蒙古文原件。① 约会制度是元代非常重要的制度,《元典章》中就存有大量涉及约会和"公廨"的章节,此处所言公廨,是指负责约会的机构。②

当清朝统治者据其需要对明律予以采纳和适应时,唯有上述约会条文被照搬到清律之中。该条是谓"军民约会词讼",其规定:凡军人有犯命案,则由军管衙门约会民人机构检验审理。若系与民相干的其他刑事案件,如盗、奸、诈伪等案,则须军、民各主管官员"一体约问"。凡与民不相干者,从本管军职衙门自行追问。③ 该法令同时规定双方彼此不得干预他方之事务,但凡首领官吏越权者,将依此律条受到责惩。该条奠定了《大清律例》随后对满、汉交涉案件所做的全部安排的法律基础,同时也为"理事同知"提供了制度框架。

三、理事同知的创立

在清朝统治下,上述有关交涉案件的一般性规定似乎并未能很好地发挥效用,故此在顺治帝后期(1644~1661年),"理事同知"这一特殊职官便在江宁府应运而生,其目的便是代替管军衙门审断"旗、民交涉案件"。④ 显然,理事同知起初不过是解决地方问题的一个临时性(ad hoc)设置,而且该职官刚设立时也并没有推广至其他地区。实际上,也曾有过推广理事同知的请求,只是在1685年遭到了吏部的反驳,不过这也是迄今为止可见清代官书中对理事同知设置的最早记载。⑤

1681年,三藩之乱戡定,八旗兵随后被部署于中国的南部和中部地区,而同时我们也可以看到,与旗、民冲突相关的记录也在随之愈增。例如,1682年杭州的店主罢市,抗议当地政府未能成功干涉剽悍的犯罪旗人。《清实录》也记载,在1686年广州发生的民人和管军机构之间的讼狱,双方均设法维护他们各自群体。⑥

---

① 据笔者所知,在汉语中并没有称这种制度为"约会"的先例。关于蒙古法典的用语,参见Paul Heng-Chao Ch'en, *Chinese Legal Tradition under the Mongols: The Code of 1291 as Reconstructed* Princeton, NJ: Princeton University Press, 1979, p. 32。

② 《大元圣政国朝典章》(1312~1320年版的重印本),中国广播电视出版社1998年版,第1939~1946页和第2163页。

③ See William C. Jones, *The Great Qing Codo*, New York: Oxford University Press, 1994, p. 326.

④ 《江宁府志》(1880年),转引自丁宜庄:《清代理事同知考略》,载张强主编:《庆祝王钟翰先生八十寿辰学术论文集》,辽宁大学出版社1993年版,第264页。

⑤ 同上。

⑥ 同上。

驻粤八旗志里存有特别丰富的有关康熙时期(1661～1722年)旗、民冲突的记载。在这一方志中的传记部分,官员们常常夸耀其调解旗、民纠纷的能力。此中的大部分记载可以追溯至理事同知推广到广州以前,不过这也同时给人留下了清初在广州的统治特别动荡的印象。有时,甚至汉军旗人操着北方口音都足以被认为是在挑起事端。①

康熙年间,理事同知渐次被推广到八旗驻防的所有地区,并同时取代"主管官",成为审理与民人发生法律纠纷的旗人的专职机构。② 大量八旗志存有推广理事同知的记录,并且在《会典事例》中涉及吏部的章节,也介绍了理事同知在清帝国推广的时间和地点。③ 而在较小的行政区划内,推广的则是与理事同知职责相似的"理事通判"一职。④

薛允升(1820～1901年)编著的法律指南《读例存疑》,对于研究有关理事同知的法律和制度的发展而言,是非常有用的工具。如上所述,与理事同知相关的程序,大都集中于"军民约会词讼"的相关章节中。因此,从薛允升对该条文的注释之中,我们可以得出下述结论:理事同知一职是在雍正统治时期形成的,而该条文的最后一次修正则可以追溯到1735年。⑤

根据附"例"规定,只要旗人疑犯毫无保留地供认其所犯罪行,地方官就可以径行判处他们较轻的刑罚。倘使该旗人矢口狡赖其所犯之罪,甚至无辜牵连他人,则须将其移交理事同知审理。薛允升认为当将此解释为一个旨在使旗人免受地方官刑讯的措施。倘遇有旗、民交涉谋杀或自尽案件,须由地方官和理事同知会同审理(会审)。但是,理事同知单独对旗人裁决的权力有限,他既无任何地域管辖权,也无权审理原、被两造俱系旗人之案。但是,凡属应判"徒流以上"的严重刑事案件,则只能直接移送刑部(送部)处理。而且判决一经作出,也只能由旗人主管机构去执行。⑥

有如"同知"和"通判"两术语所表明的,理事同知和理事通判也正是逐渐由

---

① 参见《驻粤八旗志》,辽宁大学出版社1992年版,第465页。

② See William C. Jones, *The Great Qing Codo*, New York: Oxford University Press, 1994, p. 326; 丁宜庄:《清代理事同知考略》,第265页。

③ 参见《杭州八旗驻防营志略 绥远旗志 京口八旗志 福州驻防志(附琴江志)》,辽宁大学出版社1994年版,第601页。

④ 参见《清会典事例》卷一,第323～362页。

⑤ 参见(清)薛允升:《读例存疑点注》,胡星桥、邓又天、王庆西主编,中国人民公安大学出版社1994年版,第705～706页。

⑥ 同上。See also Elliott, *The Manchu Way: The Eight Banners and Ethnic Identity in Late Imperial China*, Stanford: Stanford University Press, 2001, p. 199.

民政机构发展而来的。[①] 在清朝的行政体系中,存在大量具有专门职能的同知或通判,如水务、海防、司法[②]及族群事务管理,如瑶族(理瑶同知、绥瑶同知)、苗族(理苗同知)和一般意义上的"化外人"(抚夷同知、理藩同知)。[③] 地方志的记载表明,当涉及不同族群时,海防同知常承担着司法职能。在广东省香山县关于海防同知的说明中,我们可以看出其具有管理"澳夷"的职能。[④] 而同知的其他职能是受两江总督[⑤]策楞所影响的,策楞曾于 1743 年年末,就此问题向乾隆皇帝呈给过奏请。在此奏章中,策楞建议同知应有处理民、蕃词讼的职能,同时为证明奏请的合理性,他还将此与理瑶同知的职能做了直接比较。[⑥] 在雍正时期,当旗军驻防乍浦时,当地的海防同知遂变为理事同知。[⑦]

至少从宋代起,就存在了众多被称为"同知"的职官,[⑧]而清朝在征服中国本部以后,从明代的政治/统治体系中因袭了该官制。[⑨] 但是,清朝似乎首次使同知承担如此广泛的职能。理事同知起初也具有非常广泛的职能。据驻粤八旗志记载,理事同知专管硝磺、铅弹和米石。[⑩] 然而,这一职官却渐次转变为专司旗民交涉纠纷的机构。例如,在福州驻防志中,我们可以发现,在 1741 ~ 1742 年,一个使理事同知只具有司法职能的请求被核准了。[⑪]

在汉语中,"理事"这一术语清楚地表明,理事同知具有广泛的职能,这或许

---

① 参见丁宜庄:《清代理事同知考略》,第 264 页。

② See William T. Rowe, *Hankow: Commerce and Society in a Chinese City*, 1796 – 1889, Stanford: Stanford University Press, 1984, p. 31ff.

③ See Cf. William F. Mayers, *The Chinese Government: A Manual of Chinese Titles, categorically arrangedand explained, with an appendix*, reprint of 3rd edition, revised by G. M. H. Playfair Taibei: Ch'eng – Wen Pub. Co., 1966, p. 38 and Zhang Weiren (Wejen Chang), Qingdaifazhiyanjiu, Taibei: Zhongyangyanjiuyuan, 1983, Vol. 1, p. 170.

④ 参见《清会典事例》卷一,第 337b 页。

⑤ 此处应为"两广总督",参见《清史录》(乾隆)卷二〇四。——译者注

⑥ See Fu Lo – shu, *A Documentary Chronicle of Sino – Western relations*, 1644 – 1820, Tucson: University of Arizona Press 1966, p. 176. Qing shilu, (Qianlong), juan 204, 18a – b; Edwards, "Ch'ing Legal Jurisdiction over Foreigners", 227.

⑦ 参见邹璟主编:《乍浦备志》,载《中国地方志集成》(六),江苏古籍出版社、上海书店和巴蜀书社 1992 年版,卷五,第 3 页(重印本在 143 页)。

⑧ See Charles O. Hucker, *A Dictionary of Official Titles in Imperial China* (Stanford: Stanford University Press, 1985), p. 553f.

⑨ See Charles O. Hucker, "Governmental Organization of the Ming Dynasty", *Harvard Journal of Asiatic Studies* 21 1958, pp. 45, 58f.

⑩ 参见《驻粤八旗志》,第 51 页。

⑪ 参见《杭州八旗驻防营志略 绥远旗志 京口八旗志 福州驻防志(附琴江志)》,第 602 页。

也因之导致了中西方学术界对于该职官给予相对较少的关注。正如清朝其他的官衔和称谓一样,与其在满语中的对照经常是相呼应的。[①] 在此情况下,当我们研究该职官的满语称谓:"weile beidere tungjy or weile beidere uhei saraci"[②](此意大抵与惩罚犯罪副官相当)时,该职官的性质就变得更为清晰了。[③]

四、民族冲突

在各式各样的同知职官之中,理事同知拥有其独特的地位。与其他具有相似任务的同知不同,他不只是负责管理一个民族或社会群体,还负责一项精细的任务,即审断满洲统治集团和大量汉民间的纠纷。这一事实从未被当代外国观察家所忽视过。[④]

理事同知作为民政机构的一部分建立的事实,清楚地反映了政府对于分离旗人的主管官对旗人审判的关注,同时这样做也安抚了民众对满人优越待遇的愤懑。尽管该职官最初均向满人和汉人开放,但很快就转变为专属于满人的满缺。这一过程是渐次发展的:1695 年,圣旨将杭州府理事同知定为满缺;1719 年,圣旨将荆州府理事同知亦定为满缺。理事同知之所以被定为满缺,其因有二:一是清初旗人尚不能普遍精通汉语;二是满人更能维持旗人间的秩序。然而,随着时间的推移,定居在中国本部的旗人,渐渐丧失他们母语,但是语言因素几乎从不是该职官为满缺的最重要原因。[⑤]

丁宜庄,唯一一部关于理事同知完整专题著作的作者,她认为在清中叶时,该职官实际上变成了维护满人既得利益的代理者。地方官似乎不愿介入旗民交涉纠纷,这导致旗人驻防地经常变为旗人罪犯的避风港。[⑥] 而理事同知的衙署经常设置在旗人驻防地内的事实,也定然加深了人们认为理事同知只不过是旗人管理机构的应声虫的印象。[⑦]

---

① 参见陈捷先(Chen Chieh – hsien):《满文档案资料》(台北联经出版公司1988年),第5页。

② 此处满语的意思为"理事同知",其含义为,掌听所属旗民狱讼案件之官。——译者注

③ See Elliott, *The Manchu Way: The Eight Banners and Ethnic Identity in Late Imperial China*, Stanford: Stanford University Press, 2001, 461, n. 82。也参见胡增益编:《新满汉大辞典》,新疆人民出版社1994年版。

④ See William F. Mayers, *The Chinese Government: A Manual of Chinese Titles, categorically arrangedand explained, with an appendix*, reprint of 3rd edition, revised by G. M. H. Playfair Taibei: Ch'eng – Wen Pub. Co., 1966, p. 38.

⑤ 参见丁宜庄:《清代理事同知考略》,第266页。

⑥ 同上。

⑦ 参见青州驻防图和福州驻防图。

从清朝官员张集馨(1800～1878年)的回忆录中,我们可以发现一个发生于1838年的太原(Taiyuan)理事同知舞弊案件,这也是此类案件中最具兴味的案件之一。据张集馨记载,在太原的一个理事同知①不敢相信对被指控袭击守栅更役的旗人不利的证据。相反的是,他为使驻兵满意,选择杖责该差役。张集馨指出这必将使旗人愈益恣行无忌,并且其在最后评论到,倘若旗人"纵肆如此,祸不远矣"。②

但是,我们不应夸大理事同知常屈从于当地驻防军压力的这一事实。1898年,我们有一个关于荆州旗人罪犯的报告,其记载:当一位理事同知调查该旗人的盗窃和谋杀的情况时,这位旗人对该理事同知进行了反抗。当该同知拒绝在他们的威胁面前妥协,并声称将把此事呈报给上级时,该犯罪嫌疑人在同知衙门内锁住该同知,并对其进行了毒打。

诚然如此,理事同知仍广泛地被认为是满人利益的代理者,且迨至20世纪初期,为促进满、汉平等,废除该职官的呼声日愈高涨。1907年7月31日,时任两江总督的满洲旗人端方奏请皇帝废除理事同知一职,以促使满汉一体适用相同管辖。③ 为回应上述奏请及其他方面对改革的呼声,慈禧太后于1907年年末颁布解散各省驻防八旗和化除满、汉之间所有畛域的两个法令,但是其中并没有明确提及理事同知。④ 不过该政策最终却事与愿违,清政府最终也未能解散各地驻防旗军。⑤ 翌年,慈禧太后去世,时为幼年皇帝宣统的摄政王载沣,接手了上述未竟之改革。尽管在清末时满人和汉人在名义上平等,但是讫至清王朝覆灭时,旗人仍然保持为一个独立"职业阶层",或者说是一个民族群体。

如上所述,清朝调整旗、民纠纷的制度,是承袭元制或者可能更早朝代法制的产物。⑥ 不过,元制是将族群和职业阶层一体包括在内的,而清制则不然,其虽对

---

① 《道咸宦海见闻录》中此处用语为"理事通判"。——译者注

② 张集馨著:《道咸宦海见闻录》,中华书局1981年版,第37页(该版本的书籍这部分内容所对应的页码应为第38页。——译者注)。也参见丁宜庄(第267页)和欧立德(第227页)。

③ See Edward J. M. Rhoads, *Manchus & Han: Ethnic Relations and Political Power in Late Qing and Early Republican China*, 1861 - 1928, Seattle: University of Washington Press, 2000, 110ff;《清末筹备立宪档案史料》(第2卷),(台湾文海出版社1982年),第915页。

④ See Edward J. M. Rhoads, *Manchus & Han: Ethnic Relations and Political Power in Late Qing and Early Republican China*, 1861 - 1928, Seattle: University of Washington Press, 2000, 117f.

⑤ Ibid., 121 - 125.

⑥ 更多关于唐前中国法律中不平等的有趣记述,参见Denis C. Twitchett, "The Composition of the T'ang Ruling Class: New Evidence from Tunhuang", in *Perspectives on the T'ang*, ed. Arthur F. Wright and Denis C. Twitchett, New Haven: Yale University Press, 1973, pp. 47 - 85。

职业阶层创立了“百姓平等”,但却对族群保留了“法律多元”。当然,我们也可以说旗人不是族群,而是“职业阶层”,[①]但是前述两者的发展却又似乎表明,清代基本的趋势是区别对待各个族群,而化除各职业群体和社会群体间的畛域。如前所述,虽然旗人的民族身份,于有清一代始终受协商的影响,但在清朝法律体系中,满州人、蒙古人和汉旗人之间的差异还是存在的,而且还有证据表明,民族藩篱在乾隆时期已经成熟,而这与我们当前的调查相一致。[②]

五、“现代”治外法权的传入

伴随着18世纪时中、欧间贸易的激增,在当时唯一开放贸易的港埠广州,侨居的外商也在俱增。那时,清当局一般并不反对外人以其本国之法,处置同类间纠纷,但是倘若牵涉中国人时——尤其是当中国人是外国犯罪的受害者时——清朝则会坚持外国人必须受中国法律辖制。从中国的角度来说,他们这样做有充分理由的,因为清律明确规定,凡“化外人”在华犯罪者,均须依清律审断。[③] 尽管在唐宋时期,外商拥有某种形式的自治权,但该法令也被给予某种不同的解释,然自明以降的趋势,却是将外国人纳入中国法律体系之中。[④] 在广州贸易体系的早期,外国人别无选择,唯有将犯罪嫌疑人交于地方政府,并且时常也会发生外国人因侵害中国人的犯罪,被判处刑罚并在中国执行的情形。[⑤]

然而,18世纪后期,反对中国法律体系的声音于外国人中不断增长。19世纪30年代,英国试图主张过其在中国领土上的法律自治权。1839年,因鸦片走私问题,广州的外国人和当地政府的紧张关系不断加剧,而与此同时发生的一起命案,使这一问题更加复杂。同年夏,一群醉酒的英国水手杀害了一名中国村民,但英方却拒绝向当地政府交出此案犯。[⑥]

虽然该命案随后成为中、英两国1840～1842年战争的借口,但是在两国于1842年8月签订的《南京条约》中,既无任何关于鸦片贸易,也无治外法权的相关

---

① Edward J. M. Rhoads, *Manchus & Han*: *Ethnic Relations and Political Power in Late Qing and Early Republican China*, 1861 - 1928, Seattle: University of Washington Press, 2000, 290.

② See Pamela Kyle Crossley, *A Translucent Mirror*: *History and Identity in Qing Imperial Ideology*, Berkeley: University of California Press, 1999, p. 270.

③ 参见《读例存疑点注》,pp. 89 - 91; Jones, pp. 67 - 68。

④ 这是笔者对《蒲寿庚考》中相关内容的翻译,参见第46页。另参见 Edwards, pp. 221 - 25。

⑤ See Georges Soulié de Morant, *Exterritorialité et intérêtsétrangers en Chine*, Paris: Paul Geuthner, 1925, p. 10.

⑥ See Arthur Waley, *The Opium War Through Chinese Eyes*, Stanford: Stanford University Press, 1968.

内容。前者是推迟到"亚罗号战争"之后,而后者则是在英帝国和清帝国代表于1843年7月广州签订的《贸易总则》中才被首次载入,并且该《贸易总则》[①]随后被纳入同年10月8日所签订的《虎门条约》之中。

该规则规定"英国臣民"(英商)和"中国人"(华民)的交涉词讼应当通过"英国领事"(管事官)和"中国当局"(华官)的协商解决,并且他们应该努力"友好"解决此事。倘若上述解决方式无法达成,管事官和华官则要"公同查明其事,并秉公定断"。该条款还进一步指出,"英人罪犯"如何科罪依英国法而定,而"华民罪犯"则"应治以中国之法"。[②]

尽管《虎门条约》的文本用英语读起来非常流畅,其中文本却非常晦涩而模糊。其使用的术语也是极其别扭的,该文本充分证明了《虎门条约》是清政府和英国之间妥协的产物。事实上,英国只依赖于一个人对中文本进行检查,并且双方在承认之前,都没对条约文本进行系统的比较。[③] 显然,那时清朝与西方的关系尚未制度化,而且条约中外版本间的矛盾还将会反复出现。其他西方国家紧随《虎门条约》的脚步,与清朝签订了大量条约,虽然这些国家无一直接参与1840～1842年的战争,但是他们却均渴望能得到英国所获得的新特权。19世纪40年代后期,美国、法国、瑞典和挪威,均按照英国模式与清政府签订了条约。

第二次鸦片战争引发了1858～1860年新一轮的"不平等条约",这些条约用中文阅读更加流畅,同时还含有关于治外法权和审理华洋交涉案件的更具体条款。同《虎门条约》一样,所有的新条约都预想了一个清朝臣民和缔约国国民均被涉及的新的联合程序,而这个程序极有可能是采用了清朝的法律程序,因此它是具有重要意义的。西方列强与日本在19世纪50年代至60年代签订的条约,并无相应交涉词讼章节,而中日1871年《天津条约》[④]则有交涉案件的相关章节,

---

① 该条约中文本称为《五口通商章程》或《五口通商章程:海关总则》,参见王铁崖主编:《中外旧约章汇编》卷一(生活·读书·新知三联书店1982年版),第40～51页。——译者注

② 引号中的所有的英文术语和表达均是从条约的最初版本中引用的。参见 *reaties, conventions, etc., between China and foreign states*, Inspectorate General of Customs, 1917, Vol. 1, p. 388。

③ See John K. Fairbank, *Trade and Diplomacy on the China Coast: The Opening of the Treaty Ports, 1842 - 1854*, Cambridge: Harvard University Press, 1953, Vol. 1, 119 - 127.

④ 作者在脚注所描述的该条约第13条内容,此条约较与1871年9月13日签订的中日《修好条规》的内容一致,但该条约是于1871年在天津签订的,不知是否是作者因此将其称为《天津条约》。参见王铁崖主编:《中外旧约章汇编》,第317～320页。——译者注

并且授予定居中国的日本臣民以及居住在日本的清朝臣民治外法权。[①] 该条约中,具有特别意义的是,清帝国指称其驻日本领事时,选择用"理事官"一词,而非较为传统的"领事官"这一术语。[②] 该条约直到被臭名昭著的1895年《马关条约》取代前,一直是有效的。

同样值得注意的是,从17世纪以后一直与清帝国维持"平等条约"的沙俄,此刻也废止了那些平等条约,转而支持如英国模式一样的"不平等条约"。因此,清帝国与俄国原先关于两国臣民间的安排将为新的设计所替换,亦即原先授予双方臣民的互惠治外法权,将为仅授予俄国人的单方治外法权所取代。[③] 据此可以说,俄国在与清朝的关系上,由原先的大陆强国转变为海洋强国,因而其也就用单方的治外法权取代了互惠的治外法权。顺便指出,1858年清朝与罗曼诺夫帝国(即沙俄——译者注)之间的《天津条约》,是最后一个有满文版的条约。

1858年至1860年的条约提供了一个所谓"通商口岸体系"的框架,其基本要素包括:对外开放贸易的临海港埠、居留在通商口岸的西方人的治外法权和华洋贸易的固定关税。所有条约都存有"最惠国"一款,这意味着授予一个列强特权时,其他列强也会自动享有,同时为保护他们的"权益",有必要让所有缔约方更新其他的条约。华洋交涉法律案件的处理并没有永久性结构,而且似乎关于治外法权和管辖权的条款,最初也旨在通过利用领事法庭和清朝当地法庭而适用的一个临时性原则。在中国新开放的大多数贸易口岸亦是如此。例如,19世纪汉口的外侨仍然很少,而且治外法权也从未发展为一个固定的结构。[④] 然而,在同时代的上海,却又是另一番场景。

六、上海会审公廨

由于诸多原因,通商口岸体系在繁华的上海地区获得了最成熟的形式,在那

---

① 举例来说,可以对比1858年7月日美《哈里斯条约》(Harris Treaty)第6条和中日1871年9月《天津条约》第13条。这些条约的全文本,参见 *Treaties and Conventions between the Empire of Japan and Other Powers*, rev. ed. (Tokyo: Printed at the "Kokubunsha" Printing Office by order of the Foreign Office, 1884),也参见 Chow Jen Hwa, *China and Japan: The History of Chinese Diplomatic Missions in Japan*, 1877 - 1911. Singapore: Chopmen Enterprises, 1975, p. 142.

② See Chow Jen Hwa, *China and Japan: The History of Chinese Diplomatic Missions in Japan*, 1877 - 1911. Singapore: Chopmen Enterprises, 1975, p. 41.

③ 该条约最初的满文、汉文、俄文和法文版本,参见 *Sbornik dogovorov Rossii s Kitaem*, 1689 - 1881 *gg*, micro edition, Sanktpeterburg: Tipografia imperatorskoi akademii nauk, 1889。(此系俄式英语的表达,转换为俄语后为"Сборhник договоров России с Китаем, 1689 - 1881 гг"。——译者注)

④ Rowe, 45ff.

里,英、美、法三国曾于18世纪40年代中期建立了他们的居留点。紧随鸦片战争而来的条约,只赋予了外国人定居在新开放口岸的权利,并未言及独立的外国租界。因此,值得注意的是,在上海的第一个租界——英租界,是上海道台宫幕九①倡议建立的。他这么做是希望能够通过减少外侨和当地华人的接触,以避免两者的冲突。②

鉴于英租界是在民间行为的基础上租给外国人的,因而英国当局在租界内设立任何管理机构,均需获得清政府的正式同意。因此,在1845年,宫幕九和英国代表乔治·巴富尔上尉(Captain George Balfour)议定了一个名为《上海租地章程》(Land Regulations)的协议,为洋泾浜北部的英租界确立了制度基础。③ 洋泾浜是穿过外国租界的一条小河,但没过多久,此河之名就与在那的租界变为同义的了。④ 据巴福尔回忆,上海道台在该章程的起草之中扮演了不小的角色,并且这些规范首先也是在上海的中国城⑤宣布,然后再送往英国领事馆的。⑥ 此外,该章程还建立了负责处理"华洋交涉事件"的"海防同知",其是从上海附近的苏州拣选,隶属于上海道台。⑦

然而,动荡的19世纪50年代,将使最初旨在为一国独占的租地转变为对各国均开放之区域,而这一转变过程将产生所有的相关法律问题。1854年,小刀会占领了上海县城后,清政府在此地的管理机构崩溃,大量华人到租界避难。而这一切都需要新的安排,故此在1854年,英、法、美三国租界通过公布新的土地章程,并建立租界的市政机构工部局,以期能保护其租界的完整。按照条约规定,上

---

① 据《上海租地章程》记载时任上海道台为"宫幕久",而作者在附录给出"KongMujiu"的汉语对应为"宫幕九",此处疑为"宫幕久"之讹误。参见前揭王铁崖主编:《中外旧约章汇编》,第65~70页。——译者注

② See Leung Yuen - sang, *The Shanghai Taotai: Linkage Man in a Changing Society*, 1843 - 1890, Honolulu: University of Hawaii Press, 1990, pp. 46 - 49.

③ 同上。参见 George W. Keeton, *The Development of Extraterritoriality in China*, reprint of the 1928 edition, New York: Howard Fertig, 1969, Vol. 1, p. 345. 该土地章程的中文版,参见王铁崖主编:《中外旧约章汇编》卷一,生活·读书·新知三联书店1982年版,第65~70页。

④ 在上海话中"洋泾浜"经常意味着"不纯正英语"或"不纯正上海话"。参见闵家骥主编:《简明吴方言词典》,上海辞书出版社1986年版。

⑤ Chinese city 是当时的外国人对上海县城的叫法,以区别于洋租界。——译者注

⑥ See Leung Yuen - sang, *The Shanghai Taotai: Linkage Man in a Changing Society*, 1843 - 1890, Honolulu: University of Hawaii Press, 1990, p. 48.

⑦ 参见俞樾主编:《重修上海县志》,上海1871年版,2:4b~5a。也参见《民国上海县志》,上海1936年版,卷一四;《中外旧约章汇编》卷一,第51~57页。该书第51~57页为1844年7月中美《五口通商章程:海关税则》,但条约中并未涉及"上海租地章程"及"海防同知"相关事宜。《上海土地章程》的中译本为第65~70页。——译者注

海的中国居民仍受清朝法律管辖,可是在缺少任何有效运转的当地管理机关时,他们实际上是受外国领事管理。但是法国却并不满足于此,其希望把租界转变为真正意义上的殖民地,所以便于1856年撤回原来的协议,建立法国样式的工部局,而英租界与美租界则最终融合成为公共租界。①

18世纪60年代早期,上海的事态恢复正常时,此地的外商却希望把公共租界变为拥有独立法律和管辖权的正规殖民地。然而,这却遭到了清廷和英、美两国领事团的共同反对,因为前者不愿意让渡自己管理本国国民的权力,而后者则不希望破坏既有条约。为防止租界的法律秩序崩溃,同时也为当地政府能够进入工部局提供途径,英国驻上海领事巴夏礼(Sir Harry Parkes)爵士,提议建立“混合法庭”。② 该机构将负责审理华人为被告和涉及无约国侨民的案件,但外国人(有约国之侨民/在华享有治外法权国家的国民)为被告的案件却是受到领事法庭的裁判,此间领事则扮演着法官的角色。③

1864年,新的混合法庭建立,汉语中初名其为“洋泾浜理事公廨”。④ 它并没有任何成文规则,权力也仅限于审断轻微刑事案件及民事诉讼。⑤ 但当地政府对此却并不满意,由是上海道台于1867年递交了一份提案,以倡议确立一套固定的规则。⑥ 这份提案在外侨中引发了激烈的讨论,并最终于1869年,由英、美驻华公使与清朝新成立的外交部总理衙门,议定了颁布一整套暂行规则的协议。⑦ 但是,法国却因该协议的第5条而拒绝签署,该第5条规定:“中国人犯逃避外国租界者,即由该委员会选差径提,不用县票,亦不必再用洋局巡捕。”⑧而这恰与法国希图掌握法租界全部管辖权的野心相左,因而,法国便将形成属于自己样式的混

---

① Soulié de Morant, 1925, p. 173ff.

② Keeton, p. 348.

③ See Tahirih Victoria Lee, "Law and Local Autonomy at the International Mixed Court of Shanghai" (Ph. D. dissertation, Yale University, 1990), pp. 111 - 116 and 266 - 269.

④ 姚文枏、吴馨纂:《上海县续志》卷一,1918年刊本,台湾成文出版社1970年版,第152页。

⑤ See Anatol M. Kotenev, *Shanghai: Its mixed court and council*, reprint of the 1925 edition, Buffalo: Wm. S. Hein & Co., 1987, p. 53.

⑥ See Georges Sulié de Morant, *Les droits conventionnels des étrangers en Chine*, Paris: L. Tenin, 1916, 90(《外国人在华的条约权利》)。

⑦ See Jules Davids, ed. *American Diplomatic and Public Papers, the United States and China: Series 2, theUnited States, China, and Imperial Rivalries*, 1861 - 1893. Wilmington, DE: Scholary Resources, 1979, Vol. 18, pp. 181 - 269.

⑧ 此条在《中外旧约章汇编》与民国《上海县续志》《华洋诉讼例案汇编》书中的记载存在一处差异,即是否有无括号内所列之“人”字,前者无“人”字。——译者注

合法院(会审公廨)系统。[1]

《上海洋泾浜设官会审章程》这10条规定是由英领事麦华陀(W. H. Medhurst)爵士于1869年4月24日公布的。在汉语中,新的混合法庭被称为"会审公廨",而原定有效期仅为1年的章程,却沿用至1927年。该章程规定,上海县设同知一员,与外国陪审官,依中国法律,会审(派洋官会审)华民为被告的经济、民事和刑事等交涉之案。若案情只系中国人,即听该同知自行讯断,各国领事官毋庸干预。然其仅有权自行讯断其中的轻微刑事案件,而对华人所犯"军流徒罪以上"的重大刑事案件,则须移送至更高一级的机构处理。[2]

在定义会审公廨同知和理事同知之时,我们可以发现两者在程序和术语上,均存在诸多惊人的相似之处,这在上述章程的中文本中表现得尤为明显。会审公廨同知与理事同知拥有相同的级别和管辖权,在会审中,涉及不同国家的交涉案件,是根据他们自己的法律进行裁判,任何一方均不应干预他方事务。同样值得提及的是,该章程的起草者为会审公廨使用了"公廨"这一不同寻常的术语,而此术语在元朝时是指称管理约会之机构的。会审公廨同知更像是理事同知而非知县,因为他既没有行政职能,也不负责维护其责任辖区内的法律与秩序。伊懋可(Mark Elvin)认为,那些关于会审公廨同知权力的限制,"从中国的角度来看是反常的",[3]但从理事同知的高度专业化特点观之,却又是极为正常的。

显然,会审公廨同知是从海防同知演变而来的,而海防同知一职则是为适应1845年的《上海租地章程》所设立的,并且其经常为早期公共租界中的外国人称为"海防"。[4] 有如上述提及的乍浦和香山案例,将海防同知安排负责主管族际关系和交涉案件,并不是异常的。在上海,该职位最早的担任者是书生沈炳垣和著名的"红顶巨富"吴煦。[5]

会审公廨同知在《大清会典事例》中并未被提及,同时他的官称也是繁复多样的。一些关于会审公廨的文献中,将其称为"华洋同知"或"会审同知"。[6] 最具启发的是,记载会审公廨早期历史的1918年《上海县志》,列举了自同治起会审公

① Kotenev,67f. Keeton,400.

② Anatol M. Kotenev,pp. 70 – 71.《上海洋泾浜设官会审章程》的中文版,参见《上海县续志》卷二第5~6页和《中外旧约章汇编》第269~270页。

③ Elvin,1963,p. 149.

④ Kotenev,p. 55f.

⑤ 首任同知名单,参见《重修上海县志》卷一,第24页。也参见梁元生第58页和第149页。

⑥ 姚之鹤主编:《华洋诉讼例案汇编》,商务印书馆1915年版,第560页。译者查阅此书第560页及以后数页,均未发现存有"会审同知"一语,而"华洋同知"出现在第561页,而非第560页。——译者注

廨同知的历任者,从中我们可以发现,会审公廨同知是被称为“华洋理事同知”。[①]然而,这一称谓是否为该官职的官称,目前尚无定论,但如前所述,我们已能确定,会审公廨的首次官方称呼,业已用到“理事”这一术语。我们也可以与光绪朝(1875~1908年)颁布的《驻粤八旗志》中称理事同知为“旗民理事同知”的事实相比较。[②] 在早期文献中,笔者并没有发现能够证明在“理事同知”前缀有“旗民”字样的证据,所以迨至晚清需要加以区别,这也表明上述两同知之间存在概念上的联系。

七、同床异梦

从以上论述的证据可以清晰地看到,清政府试图适应西方要求治外法权和参与法律事务的需要时,恰恰是用其头脑中非常清晰的先例,满足了上述需要。这点在上海表现得尤为明显,如上海会审公廨既是清朝的机构,同时也是从外国移植而来的。但是,这并不意味着中西方法律体系的结合不存在矛盾冲突。相反,在会审公廨中,外国陪审官和中国“谳员”的矛盾是经常出现的。[③] 同时这样一个事实,即会审公廨与经常不能彼此合作的众多领事法庭的共存,也使此问题更加错综复杂。[④] 此外,许多留华外人也均存有极大的野心,他们企图利用通商口岸体系对清朝法律体系加以改变。在会审公廨中,存在众多阻止中方以刑讯获取证据的努力,同时也有众多力量促使中国的监狱制度与人文关怀更相协调,[⑤]而清政府在这方面也的确曾做了一些重大让步。

外国对清帝国主权最显著的入侵之一,是他们力图扩展他们在华治外法权的范围和会审公廨的管辖权。清政府和外国当局围绕着会审公廨的主要争论是:为了保护外国侨团的利益,是否应当允许外国陪审官观审纯粹华人间的案件。尽管外国方面多次力图通过谈判以达成对上述争论的一致意见,不过他们的努力经常在大体上并没有取得成功。[⑥] 另一个冲突的来源是,外国法官坚持只有在会审公廨确定华人嫌犯的罪行时,才能将此人引渡给清政府。[⑦] 事实上,在19世纪的大

① 《上海县续志》卷二四;1970年版卷二,808f。

② 驻粤八旗志,第51页。

③ See Motono Eiichi, "H. A. Giles versus Huang Chengyi: Sino - British Conflict over the Mixed Court, 1884 - 1885," *East Asian History*, No. 12, 1996, pp. 135 - 157.

④ Lee, p. 113.

⑤ Keeton, p. 349.

⑥ Elvin, p. 141f.

⑦ Kotenev, p. 239.

部分时期，清政府是有能力抵制外国上述入侵的，而且他们这样做也可以从清朝法律制度的角度找到充分依据，因为清朝法律制度认可属人原则，但不承认"外国利益"这一模糊概念。

这种平衡，讫至19世纪最后10年，也没有完全向列强倾斜。那时，因日本在与清朝的战争中取得的胜利，激起了列强对攫取在华特权和租借地新的争夺。著名的"苏报"案则表明，会审公廨中的外国陪审官能够从清朝方面夺回多大的权力。1903年，中国两名民族主义者章炳麟和邹容，在《苏报》上发表大量文章，对光绪皇帝大加挞责，并号召推翻清朝统治。按照条约规定，此案应由清政府管辖，而且依照清律，此二人可能会被判处"反逆罪"，而此罪依清律可处以凌迟刑。然而，这两名激进者是被拘留在由外国控制的公共租界巡捕房，因此他们能够借助此案的公开，得以避免被引渡到清政府。该案有着重要的外交影响，甚至在英国下议院也引起了辩论。最终，公共租界当局在政治上已无引渡二人去清朝受死的可能，于是会审公廨就判处了他们非常轻的监禁刑并驱逐出租界。此案件具有重要的意义，它确立了外国对于政治案件的管辖权，而这种案件可能与外侨利益有极少甚至毫无联系。①

1911年的辛亥革命是对中国案件的属地管辖权最后一击，因为它最终推翻了清王朝的统治，并导致清朝在上海的地方政府崩溃。此后，会审公廨宣称其完全独立于当地政府，而在上海的华民实际上被纳入外国管辖的范围。② 中国新政权不能够收回清政府的管辖权，则使上海变成犯罪者的天堂，那些犯罪者使用治外法权当作他们的保护伞。随后的30年，成为上海帮会横行的时代，并永恒于大量中西方作家和艺术家的笔下。

与会审公廨相关的多数文学作品，可以追溯至民国初期，而且该法庭的混合特征也并没有被当代观察家们付之阙如。许多外国人经常将会审公廨的缺陷归责于一个事实，即会审公廨是清朝法院体系的一部分，它因而更"中国化"而非"西方化"。郭泰纳夫(Anatol M. Kotenev)，是时为在上海的英国当局工作的俄国侨民，也是在会审公廨方面著名的权威人士，他于1925年写下了如下论述：

> 大体上，1869年(会审公廨)章程具有极强的内在依据，它们曾是用

---

① "苏报案"的主要事实，参见 Mary Backus Rankin, *Early Chinese Revolutionaries: Radical Intellectuals in Shanghai and Chekiang*, 1902 – 1911, Cambridge: Harvard University Press, 1971, pp. 88 – 95。参见 Kotenev, 109ff and 239, and Keeton, 365f。

② Keeton, p. 378f.

汉语起草并用英语核准的。它们揭示了东方外交的典型特征,这些特征很大程度上是为适应特定时刻而改造,以满足外国人的要求。①

对上海的许多中国居民而言,他们担心通商口岸的不平等,并愈益认为会审公廨是对中国国家主权的侵犯。上海的《申报》从1872年创刊伊始,便使用有关会审公廨的固定专栏,显示对上述问题的关注。1872年9月,该报曾刊文讨论是否允许外国陪审员裁决华洋交涉案件。② 然而,当时缺少支持废除会审公廨的强大公共舆论。许久以后,关于"不平等条约"的争论,在20世纪头10年获得了巨大发展,中国评论家认为各缔约列强没有对在会审公廨中引入外国陪审员给予同等互惠,即没有给中国当局在外国人为被告的华洋交涉案件的裁判中以发言权。中国法学家姚之鹤曾认为上述情形其实是与原有条约规定相抵牾的,因为原有条约是订明双方在交涉案件中互有发言权的。但有趣的是,他并不把这种互惠的缺乏归咎于各缔约列强或者条约本身,反而认为是中国政府没有按照条约以保护华人利益。对姚之鹤而言,上述问题罪魁祸首并非是会审公廨本身,而是他希图废除的领事法庭。③

八、结语

本文提出了在清朝的制度背景下,如何去理解治外法权和上海会审公廨的一种新方式。相较于此前被广泛持有的观点,即"中国人的无知"决定了他们对治外法权最初的接受,④本文认为,当清朝官员在与西方进行条约交涉,并设立机构以解决跟随条约而来的问题之际,他们事实上是熟悉治外法权这一概念的。因此,非常清楚的是,一旦清政府不得不授予列强治外法权之时,他们就以自己熟悉的方式进行操作。正如我们所看到的,在与西方签订的条约和其他法律文件的中文本中,存在清朝法律思想的清晰痕迹,其中最重要的是清朝对互惠以及交涉案件会同磋商的偏好。诚然,清政府了解授予治外法权的问题,但是他们并不能预测其后续的发展。概言之,清政府和列强之间的不平等,并非肇因于诸如此类的条约,而在于两者之间不平等的权力关系。

---

① Kotenev, p. 72.

② 参见《会审观案论》,载《申报》1872年9月11日(同治十一年八月初九),第1~2页。重印本参见吴相湘(Wu Xuangxiang)主编:《申报》,台北学生书局1965年版,Vol. 2,第905页。

③ 参见《华洋诉讼例案汇编》卷一,第85~86页。

④ 例见郭卫东:《近代中国利权丧失的另一种因由:领事裁判权在华确立过程研究》,载《近代史研究》1997年第2期。

上海会审公廨是上述进程的一个极具指导性的案例。正如前述指出的,会审公廨是清廷、地方官、外国使节和商人彼此间互相对话的产物,他们在这一特殊机构的创造过程中,都做了显著的贡献。在建立之初,会审公廨只是清朝行政系统内部的法庭,尔后一系列的危机却使其慢慢愈显"西方"化。以往这方面的学术研究,并未能充分理解清朝在会审公廨中的角色,他们大多数是从外国政策和"传统"中国统治的角度去尝试解释会审公廨的设立,而这样做恰恰损害了其他的分析框架。其他的学术研究,或是与如行会这样的地方机构作对比,或是与清朝的边境政策作比较,进而试图解释治外法权和会审公廨的设立,但是他们那些方法均未能详细阐释:为什么在上海的治外法权制度定要用已有的方式管理着?如本文所述,旗人体系是前述上海故事中丢失的一章。清政府针对其他族群的政策,在多大程度上影响了帝国其他地区不平等条约的协商目前还有待观察,不过从1871年到1895年的中日关系中却可以窥其一斑,清帝国甚至在留日华侨中成功的输出了他的"满洲"模式。

从比较的视角观之,下述事实确实非常有趣:日本明治天皇在19世纪70年代把推动废除其自身的一系列"不平等条约"与废除武士特权同时开展。许多具有革新意识的日本人,在条约和更现代的法律体系的需要之间,建立了早期的联系,他们经常把修约问题视作法律改革的杠杆。① 而且条约修订的观念也是动员公共舆论的理想方法,同时许多反对派政治家还巧妙利用此问题以引导政治不满。在条约修订领域内的表现,可以成就,亦可打倒明治时代的政治家,并且明治的寡头统治在解决这一问题方面所谓的失败也成了那时政治文学的永恒话题。

除此之外,在通商口岸体系推广之时,清代中国的政治制度显然不能被挑战到。"士绅"对清政府的忠诚,迄至19世纪末叶,仍然保持着较大的完整,即便在太平天国叛乱这样的动乱时期,帝国的科举考试依然如常举行,这表明为清王朝

① 参阅[日]津田真道(Tsuda Mamichi)关于废除酷刑的文章:《拷问论一》(G-omonron no ichi),载《明六杂志》(Meirokuzasshi)No.7,1873[译者查阅《明六杂志》相关的有限介绍,查明:《明六杂志》1874年(明治7年)4月2日创刊、1875年(明治8年)11月14日停刊,全43号。1873年该刊物尚未创刊。另,津田真道在此刊物发表的文章唯有第7号,即明治7年5月(1874年5月17日)一期的内容,较与此部分论述内容相符。因此,作者此处所用的1873疑为1874之误。——译者注]重刊于山室信一(Yamahiro Shinichi)、中野目徹(Nakano Metooru)主编:《明六杂志》,Tokyo:Iwanami shoten,1999,Vol.1,259-262。更多关于现代日本早期的刑罚争论,参见丹尼尔·V.波特斯曼(Daniel V. Botsman)即将付梓之著书:《现代日本塑造之中的刑罚和权力》(*Punishment and Power in the Making of Modern Japan*),Princeton:Princeton University Press。

服务——尽管它的缺陷——仍然不失为一个极具吸引力的职业之路。[①] 尽管许多中国政治活动家很快意识到治外法权的弊端,并呼吁对条约进行修订,[②]但这方面的公共舆论却发展得很缓慢,甚至直到1895年《马关条约》签订后,也没有得到发展的势头。在此背景下,特别值得一提的是,甲午中日战争以后“不平等条约”被争论的同时,改革满汉间的多元法律体系的呼声也变得愈发强烈。一旦条约变革成为争论的话题,日本就自不消说成了模仿对象,甚至反抗的语言似乎也是借自日本。[③]

经常有人指出,清政府应对通商口岸体系带来的挑战反应迟缓,同时晚清对外政策经常被作为失败的故事加以讲述。在这方面存在大量的事实,如上海最终变为在清朝地方政府管辖范围之外的外国飞地。大多关于中国的治外法权以及上海会审公廨的学术研究曾经探讨过通商口岸体系的最后10年,此刻这个体系已沦为一个被外国控制的工具,同时那些条约也为民国政府和公共舆论公开挑战。因此,太多关注被放置于外国的目的与成果之上,很少有人注意到清朝固有的机构和概念在这其中的作用。

然而,我们知道上述故事怎么结束的,也危及我们目前对那段历史的认知。清代中国为调息民族冲突而存在的体系,为清政府在19世纪的大部分时间里,拒绝引入更“现代”的法律机构和概念提供了可能。那时治外法权和会审公廨对中国的法律体系的影响是非常有限的,因为存在使它可以融入中国法律秩序中的诸多方法。满洲统治精英享有“治外特权”的这一事实,或许也成为改革的阻力。这也就为我们理解“满洲的绥靖政策”增加了一个新的具体的方面,而这点已首先为费正清广泛讨论过。[④] 实际上,这个不平等条约的悲剧,不是清帝国对于重新引进治外法权的准备不适当,而是帝国的决策制定者们太熟悉条约的接受对于他们王朝的未来意味着什么。

---

① See Kwang - Ching Liu, "*The Ch' ingRestoration*," in*Cambridge History of China*: *Late Ch' ing*, 1800 - 1911, *Part I*, ed. Denis C. Twitchett and John K. Fairbank, Cambridge: Cambridge University Press, 1978, Vol. 10, p. 478.

② See Paul A. Cohen, *Between Tradition and Modernity*: *Wang T' ao and Reform in Late Ch' ing China*, Cambridge: Council on East Asian Studies, 1987, p. 231.

③ See Noriko Kamachi, *Reform in China*: *Huang Tsun - hsien and the Japanese Model*, Cambridge: Council on East Asian Studies, 1981, p. 78.

④ See John K. Fairbank, " The Manchu appeasement policy of 1843", *Journal of the American Oriental Society*, 59, No. 4. 1939, pp. 469 - 484.

中英文对照表

A

Aoyi 澳夷

C

Cereng 策楞

Cixi 慈禧

D

daotai 道台

daqinghuidianshili 《大清会典事例》

difangguan 地方官

Duanfang 端方

Dulicunyi 读例存疑

F

fanzuimianfaqian 犯罪免发遣

fuyitongzhi 抚夷同知

G

geguolingshiwuyongganyu 各国领事毋庸干预

gongtongchamingqishi 公同查明其事

gongxie 公廨

guanshiguan 管事官

H

haifangtongzhi 海防同知

huaguan 华官

huamin 华民

huawairen 化外人

huayangjiaosheshijian 华洋交涉事件

huayanglishitongzhi 华洋理事同知

huayangtongzhi 华洋同知

Huidianshili 会典事例

huishen 会审

huishengongxie 会审公廨

huishentongzhi 会审同知

huitongshenli 会同审理

HumenTiaoyue 虎门条约

J

Jiangningtiaoyue 《江宁条约》

Jiangning 江宁

jianmin 贱民

Jingkou 京口

jingzhou 荆州

junliutuzuiyishang 军流徒罪以上

junminyuehuicisong 军民约会词讼

K

KongMujiu 宫慕九

L

Liangjiang 两江

liangmin 良民

Libu 吏部

I

lifantongzhi 理番同知

limiaotongzhi 理苗同知

lingchi 凌迟

lingshiguan 领事官
lishitongpan 理事通判
lishitongzhi 理事同知
lishiguan 理事官
liyaotongzhi 理瑶同知

M

mancheng 满城
manqué 满缺
Menggulvli 《蒙古律例》
Miaoli 苗例
minren 民人
minzulifa 民族立法

P

paiyangguanhuishen 派洋官会审

Q

qimin jiaoshe shijian 旗民交涉事件
qimin lishi tongzhi 旗民理事同知
qiminfenzhi 旗民分治
Qingshilu 《清实录》
Qingzhou 青州
qiren 旗人
Quanzhou 泉州

S

sanfan zhiluan 三藩之乱
shanghai zudi zhangcheng 《上海租地章程》
Shen Bingyuan 沈炳垣
shenbao 申报
sizi chujing 私自出境
songbu 送部
Subao 苏报
suiyao tongzhi 绥瑶同知

T

tuliu yishang 徒流以上

W

Wu Xu 吴煦
wuzui qianlian ren 无罪牵连人

X

Xiangshan 香山
xiaodaohui 小刀会
Xingbu 刑部
Xue Yunsheng 薛允升

Y

yamen 衙门
Yangjingbang 洋泾浜
Yangjingbang lishi gongxie 洋泾浜理事公廨
Yangjingbang sheguan huishen zhangcheng 洋泾浜设官会审章程
Yaozhihe 姚之鹤
yingshang 英商
yiti yuewen 一体约问
Yuan dianzhang 元典章
yuehui 约会

Z

Zaifeng 载沣
Zhangbinglin 章炳麟

Zhangjixin　张集馨
Zhapu　乍浦
Zongli yamen　总理衙门
Zongrenfu　宗人府
Zourong　邹容

中英词汇对照

A

Anatol M. Kotenev　郭泰纳夫
Arrow War　亚罗号战争
assistant judicial prefects/Lishi tongpan　理事通判

B

Board of Personnel　吏部
Board of Punishments　刑部
Britain　英国
British Empire　英帝国

C

Canton　广州
Captain George Balfour　乔治·巴富尔上尉
Civil commissioner　理事同知
Consular Courts　领事法庭

D

Ding Yizhuang　丁宜庄
Doubtful Points in the Qing Code　《读例存疑》

E

Empress Dowager　太后

F

France　法国
Fuzhou　福州

G

General Regulations of Trade　《贸易总则》
Governor – general of Liangjiang　两江总督
Guangdong　广东

I

Institutions of the Yuan dynasty　《元典章》

J

John Griffiths·　约翰·格里夫斯
JohnK. Fairbank　费正清
Joseph. Fletcher　约瑟夫·弗莱彻
Judicial Sub – prefect　理事同知

K

Kangxi　康熙
Khanate of Kokand　浩罕汗国
Kiakhta　恰克图
Kirin　吉林

Kuwabara Jitsuo　桑原隲藏

L

Land Regulations　《上海租地章程》

M

Maritime sub - prefect　海防同知
Mark C. Elliott　欧立德
Mark Elvin　伊懋可
Meiji　明治
Miaoli　苗例
Miao　苗族
Ming dynasty　明代
Mongols　蒙古族

N

Nerchinsk　尼布楚
Norway　挪威

O

Opium Wars　鸦片战争
Ottoman Empire　奥斯曼帝国

P

Philip A. Kuhn　孔飞力
prince - regent　摄政王
Provisional Rules for the Mixed Court　上海洋泾浜设官会审章程

Q

Qianlong　乾隆
QingCode　《大清律例》

R

Republican revolution　辛亥革命
Romanov Empires　罗曼诺夫帝国
Russia　俄国

S

Second Opium War　第二次鸦片战争
Shanghai circuit intendant　上海道台
Shanghai County　上海县
Shunzhi　顺治
Sir Harry Parkes　巴夏礼爵士
Song dynasty　宋代
Subao　苏报
Supplement to the Collected Statues of the Great Qing Dynasty　《大清会典事例》
Supplementary Treaty of the Bogue　《虎门条约》

T

Taiyuan　太原
The Mongol Code　《蒙古律例》
Three Feudatories Rebellion　三藩之乱
Tongzhi　同治
Treaty of Shimonoseki　《马关条约》
Treaty of Tianjin　《天津条约》

U

United Kingdom of Sweden　瑞士
United States　美国

V

Veritable Records of the Qing Dynasty 《清实录》

X

Xuantong 宣统

XueYunsheng 薛允升

Y

Yangjingbang lishi gongxie 洋泾浜理事公廨

Yongzheng 雍正

Yuan dynasty 元代

晚期中华帝国的堕胎

——例行节育还是危机处置?①

苏成捷(Matthew H. Sommer) 著

黄 桦 译

高 珣 方 强 校

一、引言

对于堕胎在晚期中华帝国中的常规实践问题,已有

---

① 苏成捷(Matthew H. Sommer),Stanford University。原文为 Matthew H. Sommer,"Abortion in Late Imperial China:Routine Birth Control or Crisis Intervention?" *Late Imperial China*,Volume 31,Number 2,December 2010,pp. 97 - 165。诚挚感谢对本文的初稿提出批评意见的诸位同仁,尤其是 Che - chia Chang(张哲嘉)、Hill Gates(葛希芝)、Christopher Isett(艾仁民)、Lillian Li(李明珠)、Thomas Mullaney(墨磊宁)、Arthur Wolf(武雅士)和 Yi - Li Wu(吴一立)诸位;也十分感谢笔者的研究生 Wesley Chaney、Annelise Heinz、Ying Hu(胡缨)和 Yvon Wang;Barbara Welke 和其他威斯康星大学赫斯特法制史研究所(Hurst Legal History Institute at the University of Wisconsin)的工作人员;同样感谢笔者的表姐 Joan Kreider MD 向笔者分享了她在妇科方面的专业知识;此外还要感谢两位匿名评审人员的建议。同时,以下诸位帮助笔者取得了文献:胡缨、艾仁民、Karasawa Yasuhiko(唐泽靖彦)、Janet Theiss(戴真兰)、Xue Zhaohui(薛昭慧)、Karen Young 及中国第一历史档案馆和四川省档案馆的工作人员;以下诸位则帮助笔者口头翻译了晦涩的文献内容:张哲嘉、Mei - yu Hsieh(谢美裕)、Dongfang Shao(邵东方)和吴一立。本项研究由美中学术交流委员会(CSCPRC)、美国哲学学会(American Philosophical Society)、斯坦福大学文理学院院长和联合包裹服务公司(UPS Endowment)以及日本文部省等机构提供资助。[在本文的翻译过程中,由于下文所引用的部分文献在中国大陆尚未出版刊行,因此译者曾向作者寻求过帮助。作者向译者提供了该文的一个中译本,但译者此前未知已有中译本出版,且截至作者回复之时,译者已完成文章的翻译,仅余少量部分因文献问题而待校。据此,译者仅在待校部分参酌了作者提供的中译本["堕胎在明清时期的中国——日常避孕抑或应急性措施?",张宇译,载黄宗智主编《中国乡村研究》(第 9 辑),福建教育出版社 2012 年版],补足完善了本文的翻译。在此谨向作者所予帮助致谢。下文参酌张宇译处不另注出。陈灵海老师、杨焯老师在本文翻译过程中亦多有帮助,此致。谨识。——译者注]

两派著名史家进行过讨论。这些讨论依据的论据类别不一,针对的目标也有所不同。

第一派学者是人口史家,其中尤以李中清(James Z. Lee)、李伯重(Li Bozhong)和王丰(Wang Feng)为代表。① 人口史学家认为,长期以来,中国的人口管理体制都以有意识的控制为特征,堕胎则是其中的重要一环。既然中国民众已实行"合理的"家庭计划长达数个世纪,那么也就无须像西方那样,再行经历一个远离自然生育率的现代人口过渡期。实际上,根据李中清和王丰的观点,对中国民众来说,将其自身存在已久的节育实践向20世纪70年代以来的新人口控制政策过渡是一个简单而顺利的过程。②

第二派学者则是性别史家,白馥兰(Francesca Bray)和费侠莉(Charlotte Furth)是其代表人物。③ 性别史家的关注点在于一夫多妻社会中上层家庭的生育策略,且在性别史家的关注领域内,他们的观点也远比人口史家的观点显得更为细致精微,所涉及的范围也更小。确切地说,白氏认为,上层女性之所以能够使用堕胎药(委婉地表述为"通经药")来终止早期的妊娠(委婉地表述为"月经障碍"),原因就在于规律的经期被认为是女性健康和生育能力的基础。这种生育控制的技术使上层阶级的妻室能够避免无休止的生育,并将妻母角色的生物性职责移转给其家庭中的妾室和女仆。

尽管存在诸多分歧,但两派史家都认为,在晚期的中华帝国中至少已有一些

---

① 代表作为李中清和王丰著:*One Quarter of Humanity: Malthusian Mythology and Chinese Realities*(《人类的四分之一:马尔萨斯的神话与中国的现实》,陈卫、姚远译,生活·读书·新知三联书店2000年版)和李伯重著:《堕胎,避孕与绝育——宋元明清时期江浙地区的节育方法及其运用与传播》。李伯重认为,至清代为止,由于普遍且有效的堕胎及其他节育措施的使用,自然的生育在江南地区已经消失,而江南地区则是大势所趋的代表(讨论见下文)。李中清早期的著述[与Cameron Campbell(康文林)合著]*Fate and Fortune in Rural China*(《中国农村的命运与财富》)中并未提及堕胎或避孕本身,而是强调婚姻内抑制,杀婴,和疏于照看是"家庭计划的普通措施"(第99页)。《人类的四分之一》中补充的关于堕胎和避孕的部分在很大程度上以李伯重的文章为基础,而这些学者间的相互引证表明他们拥有共同的议题。(作者引用文献多未注明全称,为便检索,译者于一书首次出现时列出全称,后则仍从作者注。下同。——译者注)

② 参见李中清和王丰:《人类的四分之一》,生活·读书·新知三联书店2000年版,第10~11页、第174~175页(9~10、133~135)。(由于本书已有中译本,故引文部分均参酌中译本翻译。为便检索,于中文页数后括号内列出原书页数。若该书无中译本或无法获得中译本,则直接列出原书页数。下同。——译者注)

③ 参见Bray,"A Deathly Disorder"和*Technology and Gender: Fabrics of Power in Late Imperial China*(《技术与性别:晚期帝制中国的权力经纬》,江湄、邓京力译,江苏人民出版社2006年版);Furth,"Blood, Body, and Gender"和*A Flourishing Yin: Gender in China's Medical History, 960~1665*(《繁盛之阴:中国医学史中的性(960~1665)》,甄橙主译,吴朝霞主校,江苏人民出版社2006年版)。

人将堕胎用于例行节育。这一观点是以传统的堕胎方法(就人口史家而言,避孕亦然)安全有效,且对那些想要使用这些方法的人来说便于利用为前提的。实际上,李伯重曾明确地提出过这一看法。[①] 如果此说成立,那么将对包括人口学史、性别史、性史、法律史、药物史在内的诸多中国史子学科产生重大影响。此外,正如李中清和王丰认为的那样,中国在过去的历史中是否实行节育及如何实行节育,对我们理解今天的中国人口政策应该有所启发。基于这些原因,晚期中华帝国中的堕胎实践就更值得近一步的考察。

两派史家的讨论相当具有吸引力,而这种吸引力也增强了讨论的说服力。人口史学家认为,晚期中华帝国的人们早在欧洲人之前就进入了一种相当现代的行为模式。他们的观点在这一主题上是多元的——中国与现代初期的西方并驾齐驱(甚至胜过现代初期的西方)。这一观点对罗威廉(William T. Rowe)、彭慕兰(Kenneth Pomeranz)及其他一些学者的研究有所启发。而性别史家则认为,至少有一部分生活在晚期中华帝国的女性在其生育史中已享有一定程度的代理乃至自主权利,尽管这种权利以剥削其他女性作为代价。("并不是所有的妇女都是其子宫的牺牲品,妇女能够且确实为控制其生育采取了实际行动。")[②]他们的观点则在这一主题上有所不同——上层女性在儒家父系社会的严整结构中的自我赋权(empowerment)[③]和自我实现(self - realization)。这一观点对高彦颐(Dorothy Ko)、曼素恩(Susan Mann)和其他一些学者的研究而言颇具启发意义。我们中有许多人也都倾向于相信这两种观点。但笔者认为,这两种观点都是错误的,至少就堕胎而言如此。

为避免误解,请允许笔者加以说明,对于前人的许多观点,笔者均持同意态度。笔者并不否认许多所谓的堕胎方法已经广为人知,目前为止最为重要的当属堕胎药。举例而言,正如许多人注意到的那样,作为最负盛名的传统药物百科全书,李时珍于16世纪完成的《本草纲目》就记载了许多据说可用于堕胎的草本植物、动物或矿物质。[④] 而关于人们是否会尝试堕胎这个问题,笔者也无异议,且至

---

① 参见李伯重:《堕胎,避孕与绝育》。

② 白:《技术与性别》,第218页(276)。

③ 作者此处原文为"empowerment",联系后文"自我实现"(self - realization)的用词,作者所说赋权应指向女性自身,为便理解,译如文。——译者注

④ 参见李时珍:《本草纲目新校注本》(《本草纲目》的新校注版本,下引作BCGM),上册,第264~266页,及文本中诸条。关于此文本的概述,参见Nappi, *The Monkey and the inkpot*;有关堕胎在中国的传统意涵的概述,参见Maxwell(马士敦),"On Criminal Abortion in China";Rigdon,"Abortion Law andi Practice in China";李伯重:《堕胎,避孕与绝育》;以及田艳霞和焦培民:《中国古代堕胎考略》;有关堕胎在中国的道德评价问题,参见Nie Jingbao, *Behind the Silence: Chinese Voices on Abortion*。

少在一些情况下,这些方法中的一部分会如预想的一样奏效。

笔者与前人观点相左之处在于这些方法的安全性、功效和可用性——以及由此产生的一个疑问,即女性求诸此道的真实情况是什么样的。笔者认为,传统的堕胎药物(这是堕胎采用的主要手段)危险而不可靠,并且这些药物的获得和使用除了需要专业的知识外,还常常耗费不菲。在这种情况下,堕胎就不会像前人理解的那样,构成家庭计划中一个行之有效的手段,抑或是女性自我赋权的一种工具。恰恰相反,堕胎只是危机时刻的紧急处置。通常情况下,帝国时代晚期的文献若不是将堕胎置于医疗危机的语境下,就是将其置于社会危机的语境下。在前一种情况下,怀孕会危及女性的生命健康,而在后一种情形下,怀孕则可能暴露女性的婚外性行为。

两种危机语境下的堕胎在明代小说《金瓶梅词话》中都能够找到。在第一次出现堕胎的章节中(第 33 回),西门庆的妻子吴月娘已身怀六甲超过 5 个月。吴氏从楼梯上摔下,并扭伤了自己,之后腹部开始剧烈疼痛,命在旦夕。于是她找来了一个婆子。这个婆子给了她两服不知成分的"大黑丸子药",让她随艾酒服下,用作下胎。药见效了——吴氏产下了一个成形的男胎——并逐渐痊愈。考虑到小说的因果报应逻辑,这一情节显然是为了将西门庆屡教不改的淫乱与其无法延续香火的无能联系起来——西门氏的淫乱正是他不育的罪魁祸首。这既是由于西门氏对其自身健康的伤害,也是因为其罪孽得到了惩罚。①

而在第二次出现堕胎的章节中(第 85 回),西门庆的妾室,声名狼藉的潘金莲因为与陈经济的风流韵事而怀孕,后者恰恰是西门庆的女婿(小说至此,西门已因过量服用春药而死)。金莲急于打掉腹中的胎儿以隐瞒她的乱伦通奸,于是陈氏便设法从擅治妇科的胡太医那里弄到了一份堕胎药。胡太医凭直觉就猜到了陈氏的心思,但一开始,他却假装腼腆,夸耀自己在提高生育能力和促进健康分娩方面的医术。在陈氏表明其意图后,这位太医还故作惊恐:"人家十个九个只要安胎的药。你如何倒要堕胎。没有! 没有!"②直到陈氏拿出一笔可观的药资,胡太医

① 参见 McMahon(马克梦),*Causality and Containment in Seventeenth - Century Chinese Fiction*,第 102 页;关于小说中药物的概述,请参阅 Cullen, Patients and Healers in Late Imperial China: Evidence from the Jinpingmei。

② 《金瓶梅词话》,第 85 回。笔者听从了吴一立的建议,将安胎译作"secure(而不是'pacify') the fetus",因为此类举措的意图在于防止流产(仅为个人交流)。(《金瓶梅词话》据文学古籍刊行社 1957 年版《金瓶梅词话》译出。下文若无特别需要,均只列明所据版本,不再作说明。——译者注)

才揭下伪装,给了他一份堕胎药,并保证见效。① 金莲服下药后,将孩子(还是男孩)生在了净桶中。这次堕胎是一次带有讽刺意味的反转:纵观整部小说,金莲都渴望为西门庆怀上子嗣;但当她最终怀孕时,怀上的却是陈经济的孩子,而她也必须打掉这个胎儿。

吴月娘堕胎的情节是医疗危机语境的典型。在此种语境下,孕妇的身体健康受到威胁(一个女性因为精疲力竭,或其体力已被多次妊娠所严重消耗而害怕再次妊娠足月也是此类情况的一种变化)。白氏和费氏引用的医学文献对此类医疗性的堕胎均有所记载。而相比之下,潘金莲堕胎的情节则是社会危机语境的典型。在这一语境下,女性试图终止妊娠的目的在于避免通奸暴露。这种情况既能够在清代法律文献中找到,也见诸于中国非安全性堕胎的医疗报告。

《金瓶梅》虽然是一部小说作品,但其中的医疗危机和社会危机两种语境对于绝大多数(若非全部)的堕胎事例都具有借鉴意义。这些发生于晚期中华帝国的事例大多都被记录在案。但另一个问题也由此而生:在这两种语境中,病患都必须向医疗从业者购买堕胎药。也就是说,小说将堕胎描述为一个特定领域内的专业知识,而非普通女性的知识。②

除此之外,人类学家通过对上了年纪的农村女性进行采访,也已经记录了堕胎的第三种语境,采访的内容则与现代节育技术出现以前的生活有关:一些女性受困于贫穷和物质生活的艰难,会尝试终止妊娠以避免抚养更多的孩子(李中清和王丰可能称此为"早停")。由于担心丈夫反对和法律禁止,她们可能会暗中行事。而她们的行为也因为害怕继续生育带来的健康后果而与文献中所见的医疗危机记录有了些许相似之处。

本文的余下部分共分为三节。第一节中,笔者对人口史家和性别史家的观点

---

① 潘金莲所用的堕胎药包含了斑蝥、甘遂、芫花、水银、牛膝和麝香等药物(《金瓶梅词话》第85回)。这些药物中有几种具有极高的毒性,且现已被中国(PRC)大陆、台湾地区(Taiwan)和香港特区(Hong Kong)严格管控;这服药一旦服用,无论剂量如何,都可能致命。并且作者可能意在通过列举其成分的方式传递一种可怖而黑色幽默的信息。金莲虽未因堕胎遭受疾病的影响;但她的因果报应也随后而至,且是通过被武松杀死的方式到来的。关于中国台湾地区和中国大陆的管制药物清单,参见 Causes, Epidemiology, and Clinical Evaluation of Suspected Herbal Poisoning,表格1和表格2;关于香港的管制药物清单,可参见中医药条例(香港法例第549章)目录1,香港政府,"Bilingual Laws Information System",资料来源 http://www.legislation.gov.hk/eng/index.htm。官方试图限制有毒性的堕胎药草(比如甘遂和芫花)至少可追溯至元朝——参见《元典章》卷五十七,三十九,上部至四十,下部。(《元典章》据中华书局2011年版《沈刻元典章》译出。——译者注)

② 一些西方史家认为(存在争议),避孕用/堕胎用药草在每个家庭妇女的花园里都能够找到,并且其使用方法是母亲教给女儿的知识中的一部分[例如 Riddle(李斗), *Eve's Herb: A History of Contraception and Abortion in the West*]。在中国当然并非如此。

作了评述。笔者所做的这些评述均基于对两派史家实质性论据的薄弱之处的着重关注。笔者以为,两派史家的论据实际上削弱了他们自身观点的说服力,而笔者同样也对人类学家的相关发现有所评论。第二节中,笔者则提出了一些新论据,这些论据来自清代法律文献。在堕胎的安全性、可靠性、可用性及女性在何种情况下真正尝试了堕胎的问题上,笔者所举论据展现了一个十分不同的视角。此外,清代法律案例还表明,即使一个女性积极寻求堕胎也未必能够如愿以偿。而在最后一节中,笔者对一些医疗报告进行了考察,后者与非安全性堕胎的存续问题十分相关。报告所涉及的非安全性堕胎均以传统方法实施,发生于现代,且非常接近我们今天。这些医疗报告补足了法律案例的缺陷,两种论据都强有力地驳斥了部分人对于中国传统堕胎方法的自满。

二、前人观点

(一)人口史家:例行节育以限制家庭规模?

根据李中清和王丰的观点,现代以前的中国生育制度以自我意识为特征,通过“晚生、早停以及生育间隔长”等有意识的节育来严控生育。[①] 两位学者认为这一制度的核心是“婚内抑制”(即低性交频率)所导致的低已婚生育率。但同时,两位学者也指出了“一系列传统的生殖技术”的作用,其中包括“用各种中草药避孕,以及一系列流产技术”,[②]还有杀婴和借有意的疏忽来处理掉多余的孩子。事实上,两位学者都对节育的普及深信不疑,并以此证明他们估算出的生育率。但如果考虑到中国女性普遍早婚的情况,那么这一生育率就将远低于大多数学者已经提出的生育率了。

李中清和王丰的这些观点主要建立在收集自人口记录的量化数据之上,但他们对数据的解读却引起了争议。正如武雅士、艾仁民和其他学者论证的那样,李中清和王丰的解读由于如下的原因而略显薄弱:他们混淆了总体生育率和总体已

---

① 参见李中清和王丰:《人类的四分之一》,生活·读书·新知三联书店 2000 年版,第 127 页(88)。

② 同上书,第 131 页(91);参看第 156 页(106):“中国夫妇掌握了传统的避孕和流产技术”;第 204 页(139):“中国家庭户通过不同的婚姻结合形式使其孩子成亲。它们也要求已婚夫妇或者通过抑制性交或者通过避孕限制其生育。避孕,至今仍是一项国家级的政策。这种集体策略迫使中国父母溺杀或流产一部分孩子,并根据集体经济和社会约束来养育其他的孩子”。

婚生育率之间的不同;[①]他们将清帝国的贵族囊括进研究对象之中,但后者由满人(而非汉人)构成,且这些满人构成了一个十分特殊的城市上层阶级;他们使用的数据中包括了流放东北的旗人的不完整数据,而后者具有很强的动因避免被清政府计入。此外还有其他一些原因。[②] 武雅士和恩格伦(Engelen)还指出,根据最佳证据显示,现代以前的中国生育率实际上与世界范围内的自然生育率相合:

> 这一发现并不能够证明中国的人们抗拒有意识的节育,但却大大增加了李中清和王丰应负的证明责任。他们若不从早期和近来的普遍婚姻出发,扩展他们的论点,使之涵盖大多数的历史社会,那么就必须作出解释,缘何中国的节育有必要去达到一个其他许多社会在无意识的情况下就可达到的生育水平。[③]

武氏和恩氏利用了来自中国台湾地区的户口册来检验李中清和王丰观点的核心面向:

> 关于中国的生育情况,普遍承认的观点是大多数夫妇并未努力控制他们的生育,因为他们会想尽可能多地要儿子。这就说明,一个女性过去所生的孩子越多,将来的负担也就越重,因为这个女性的生育史已经说明了她的生育力。但李中清和王丰则认为,由于大多数夫妇想要的儿子十分有限,因此他们会通过间隔生育来达到这个目的,而非越过这个界限。他们的观点表明,过去的行为与未来的选择必然是相悖的。年轻时生育过快的夫妇后续会慢下来,而年轻时生育过慢的夫妇则会后续加

---

① 他们的目的是使中国的生育率比欧洲显得要低一些——参见 Brenner 和 Isett, *England' s Divergence from China' s Yangzi Delta*, 第 619 页; 以及 Isett, *State, Peasant, and Merchant in Qing Manchuria*, 1644 - 1862, 第 189 ~ 190 页、第 368 ~ 369 页。正如武氏和恩氏阐释的一样,"中国的已婚生育率可能远低于欧洲,但其总体生育率却更高",因为几乎所有的中国女性都会结婚而许多欧洲女性不会,并且中国女性的平均婚龄低于欧洲女性(Wolf and Engelen, *Fertility and Fertility Control in Pre - Revolutionary China*, 第 348 页)。李中清和王丰虽然"报告了中国的总体生育率,但却从未将这一生育率与不列颠或欧洲的总体生育率相比。尽管他们反复比较了中国和欧洲的已婚生育率,却从未涉险比较两者的总体生育率"(Wolf and Engelen, *Fertility and Fertility Control*, 第 349 页)。

② See Arthur P. Wolf, *Is There Evidence of Birth Control*; Isett, *State, Peasant, and Merchant*, 第 190 页; Wolf and Engelen, *Fertility and Fertility Control*。

③ Wolf and Engelen, *Fertility and Fertility Control*, 第 366 页。

快脚步。[①]

台湾的人口数据验证了这一观点:一般的模式是夫妇会尽可能多地要孩子,而非适可而止。如果存在何种限制,显然也都来自客观的条件。据此,武氏和恩氏推断,节育即便得到完全施行也不会有重大的人口学上的影响。

但在本文中,笔者的关注点在于实质性的论据。因为如果缺乏坚实的实质性论据作为支撑,那么就应对所有 1949 年以前的中国数据资料持怀疑态度。就如武氏所言一样,“隐含其中的节育已成规模的观点,犹如房间里的大象,应有许多论据能够证明其成立”。[②] 但李中清和王丰并未提出太多实质性的论据。两位学者的研究方法更像是断言他们的数据证实了节育的施行,而后对节育可能采取的形式进行猜测。举例而言,在“婚内抑制”的问题上,两位学者引用了一份晦涩难懂的文献。这份文献出于男性身体健康和延年益寿的考虑而提倡限制性行为。但两位学者既未举出任何实例去对这类文献提倡节欲以限制家庭规模的观点作出证明,也未提出任何论据,能够证明这一文献反映或影响了人们的实际行动。[③]

那么,关于两位学者认为中国人使用“一系列流产技术”的观点,情况又如何呢?在堕胎的具体实践问题上,李中清和王丰引用了《本草纲目》中所见的堕胎药清单以及李伯重的一篇文章。这篇文章与长江三角洲地区(Yangzi Delta)[④]的节育有关(笔者将于下文进行讨论)。[⑤] 基于堕胎在中国社会普遍存在的设想,两位学者还援引了社会学家费孝通(Fei Xiaotong)的观点:

---

① Wolf and Engelen, *Fertility and Fertility Control*, 第 362 ~ 363 页。

② Arthur P. Wolf, *Is There Evidence of Birth Control in Late Imperial China*?, 第 151 ~ 152 页。

③ 参见李中清、王丰:《人类的四分之一》,生活·读书·新知三联书店 2000 年版,第 130 ~ 131 页(90 ~ 91)。两位学者还引用了一项泰国的研究作为论据,“亚洲地区的夫妻仍然沿袭一种传统的性交模式,性交频率要远远低于其他地区”,第 189 ~ 190 页。在针对这本书的评论中,伊氏指出,“大量的西方文献并不提倡克制性生活,甚至可能恰恰相反,这些文献都与自慰对健康的不利影响有关”;与之相似的是,大量此类“‘认为有必要限制性生活以增进身体健康的文献’很难证明”婚姻内抑制的实际施行情况,但李王两位学者仍旧引用了这些文献。

④ 作者此处将下文所引李伯重文章的研究地域归纳为长江三角洲地区,但该文中措辞应为“江浙地区”。考虑到李伯重的区域史研究对地域界定的要求,这一术语恐不能断然视同为长江三角洲地区。——译者注

⑤ 两位学者还引用了一篇 Hsiung Ping - chen(熊秉真)的“即将出版”的文章,(截至本文写作时)这篇文章似乎从未发表过。此外还有一篇有关宋朝堕胎和杀婴的因果报应传说的文章。这篇文章似乎仅在驳斥他们的观点时有些许意义,即杀婴在中国“并不被认为是不道德的”(李中清、王丰著:《人类的四分之一》,生活·读书·新知三联书店 2000 年版,第 68 页)。(经查阅,作者在本注中所引熊氏与李伯重文章实际上出现在中译本第 146 页第 35 注中。——译者注)

> 根据中国著名人类学家费孝通的研究,至20世纪初,流产不仅在一些地方广为流传和使用,并且,一个不知道如何用流产来终止生育的妇女,会被同村的人嘲笑为“傻婆娘”。[①]

考虑到费氏崇高的声誉,这一陈述似乎算是一个有力的论据。但如果对费氏在这一课题下所说的话进行检验,那么出现的景象就大相径庭了。且不论其论据价值,“傻婆娘”的轶事并非来自“乡下”,而是来自广西中心的大瑶山——并且论及的人群不属于汉族,而是瑶族的一个分支。费氏已将其自身观察语境的特殊性阐释得极为清晰。这就说明,像李中清和王丰的观点一样,认为费氏是在谈一般意义上的中国至多算是一种误读。[②]

那么,关于中国的堕胎问题费氏又说了些什么呢?费氏只在两部著作中提及堕胎已为中国的人们所使用,但笔者在其研究中却找不到任何有关技术、技术的有效性或技术的实际发生率的实质性论据。在其著作《乡土中国》中,费氏顺带提到了堕胎,却没有给出任何详细的信息。[③] 在名为《生育制度》的理论研究中,费氏还引用了世界上许多地区的相关出版研究[譬如马林诺夫斯基(Malinowski)关于特罗布里恩群岛(Trobriand Islands)的研究]以及他自己的实地考察中所见的趣闻轶事(其中包括瑶族人),并把堕胎、杀婴和疏忽视作限制家庭规模的同义词。对于中国的堕胎问题,费氏的讨论集中在杀婴和借有意的疏忽来处理掉多余的孩子两方面。谨再次说明,费氏从未提供任何有关堕胎施行的详细信息。[④]

而在《生育制度》中,费氏也对避孕偏方作出过模糊的评述:“归有光母亲所吃的螺蛳,江村妇女所吃的鱼鸟蛋一类的东西,我相信是极普通的。”[⑤]除了由“鱼鸟蛋”而想到的蝌蚪外,费氏便再未提供任何引述或进一步的信息,而蝌蚪则曾被上海妓女通过口服的方式用于预防或终止妊娠。但在1958年时,经过严格的测试,蝌蚪却“被正式宣布没有避孕价值”;在一次研究中,超过40%的受测女性在4

---

① 李中清、王丰著:《人类的四分之一》,生活·读书·新知三联书店2000年版,第131页(92)。

② 李中清和王丰引用了《生育制度》这本书。在这本书中,费氏明确地把这句话限于花蓝瑶的语境下:费孝通著:《乡土中国——生育制度》,北京大学出版社1998年版,第108页;参见第248~249页。这一轶事首次见于费氏的调查报告中,这份报告的内容是在今天的金秀瑶自治县进行的实地考察;参见费孝通著:《六上瑶山》,中央民族大学出版社2006年版,第58页。

③ 参见费孝通著:《乡土中国》,北京大学出版社1998年版,第33~34页。

④ 参见费孝通著:《生育制度》,商务印书馆1999年版,第10~11页。

⑤ 同上书,第11页。

个月内就怀孕了。[1] 至于16世纪的学者归有光，费氏则必然引用其文章。这篇文章与归氏的母亲有关。归氏的母亲16岁（实际上是15岁[2]）时就嫁给了归氏的父亲，并育有7个孩子。这位母亲向婢女抱怨了她为多子所苦的事，于是其中一个婢女便给了她两个“螺”，让她随水一同服下，并声称能够减少怀孕的次数。根据归氏的说法，他的母亲在服用了螺后成了哑子，并在不久后死去，年仅26岁（25岁）。[3] 这件轶事显然不足以证明偏方的避孕效果，遑论“婚内抑制”。倘若归氏之母果真使用了可靠的节育措施，那么她本应活得更久。[4]

总而言之，费氏研究中的简单参照不能为李中清和王丰的观点提供支持，即有效的避孕和节育是普遍存在的。那么其他人类学家的实地考察又如何呢？其中一部分考察与这一研究确有相关。

例如，年长的四川女性曾向人类学家葛希芝坦言，她们年轻时所知道的避孕和节育方法没有作用。[5] 对此，江伊莉（Elizabeth Johnson）提供了更多详细的信息。江氏曾在1970年代早期采访了香港新界的农村女性（其时堕胎在香港是非法的）。根据江氏的说法，“她们中没有人提到节欲是节育的一种方法。因为这被认为是不正常的”。[6] 至于避孕，江氏则如是提到：

> 在现代控制手段引进以前，显然没有任何有效的避孕方法。我的受访者向我表明，女性要么事先没有避孕的办法，要么根本没有听说过有任何办法可以避孕。一位年长的女性声称她曾在妊娠12个月后成功避孕，而方法则是每晚睡前喝一杯掺了盐的未烧过的水。[7]

---

① 参见 Hershatter（贺萧），*Dangerous Pleasures: prostitution and modernity in twentieth - century Shanghai*（《危险的愉悦：20世纪上海的娼妓问题与现代性》），第173页、第462页及其中所引文献。妓女的避孕效果之所以显著，可能是由于不育，这些不育由性行为传播的疾病所导致。

② 一个人在出生时即被计为一“岁”，并在每个阴历新年再计一“岁”；以“岁”计龄就是在相同的年龄上加上平均时间。归氏给出了其母的生卒时间，因此我们可以准确地计算出她的年龄。

③ （明）归有光著：《先妣事略》，第218页。

④ 尽管如此，李伯重仍旧引用了这一轶事，作为偏方避孕效果的论据，理由则是归氏的母亲在服用了螺后未再生育。但李伯重忽略了一个事实，即归氏的母亲那时已是一个不久于人世的病人。参见李伯重：《堕胎，避孕与绝育》，第180页。

⑤ See Gates, *Footbinding and Handspinning in Sichuan: Capitalism' s Ambiguous Gifts to Petty Capitalism*，第181页。

⑥ Johnson, *Women and Childbearing in Kwan Mun Hau Village: A Study of Social Change*，第238页。

⑦ 同上书，第237页。

但无论如何,一些女性确曾尝试过堕胎。在江氏采访过的女性中,有两位曾三次以传统方法尝试了堕胎,而1/3的成功率也颇为显著:

> 一个中年女性曾用药堕胎无果,而所用的药则是从中药店里买来的。另一个(45岁)女性则曾试图打掉她5个月大的胎儿。为此,她服用了各种各样的药物,甚至故意重摔,但都失败了。在第四个月时,她服用了一副中药,最终成功终止了6个月的妊娠。①

考虑到至少有15%的妊娠在被察觉后会自然流产(且营养不良、疾病和其他一些因素都会增加流产的概率),因此,不能保证在“成功的”三次尝试中堕胎药一定见效了。②

江氏最为有趣的发现之一是她的受访者对于堕胎的反对,而后者的理由是“堕胎会对女性造成伤害”:

> 没有人会对堕胎提起道德上的控诉。在怀孕时剥夺生命似乎不会被指斥为不道德。几乎所有女性都认为堕胎是不可取的,因为堕胎会危及母亲的身体健康……对母亲的身体健康造成的威胁至为关切。

那里的女性通过谚语来传递这一民间的智慧:“宁生三子,不堕一胎”;并且堕一次胎“就如摘一个青木瓜,会伤害育瓜的树。不如成熟再去摘”。③ 总而言之,江氏的受访者既否认了传统的避孕和堕胎方法的安全性、可靠性,也不认为这些方法在很大范围内得到了使用。的确,在一些时候会有女性尝试堕胎,且偶尔会见效。但很难想象这些女性会求助于非正式的渠道。

最近的一项研究也提供了颇有价值的新视角。在这项研究中,韩华(Hua Han)采访了浙江萧山地区的年长女性,采访内容仍是现代节育引进以前的生活。

---

① Johnson, *Women and Childbearing in Kwan Mun Hau Village*, 第236页。

② 妊娠早期的高烧(此为传染性疾病的征兆之一)或体重过轻(此为营养不良的征兆之一)都可能增加流产的风险;一般而言,明显的焦虑和疲劳会增加不良妊娠发生的概率。参见Helgstrand和Anderson(安敏成):“Maternal Underweight and the Risk of Spontaneous Abortion”; Kline:“Fever During Pregnancy and Spontaneous Abortion”; Maconochie等:“Risk Factors for First Trimester Miscarriage—results from a UK - population - based case - control study”(对此信息,谨向Joan Kreider MD致上笔者的谢意)。参见Arthur P. Wolf, *Is There Evidence of Birth Control*, 第137~139页。

③ Johnson, *Women and Childbearing in Kwan Mun Hau Village*, 第236~237页。

韩氏强调,“在20世纪70年代以前,生育几乎是不可控的”。但其受访者却举出了相当数量的偏方,且一部分女性“尝试”用这些偏方“来限制子嗣的数量,从而减少抚养子女的生理负担和经济负担”。[①] 与其说这类“尝试”是集体家庭的节育策略的一部分,旨在扩大家庭规模(如李中清和王丰的设想那样),倒不如说是不顾丈夫和法律的态度而秘密采取的一种个人行为,颇有铤而走险的意味。[②] 但是,能够证明这些偏方确实有效的证据却并不多。韩氏也认为,使用这些偏方“通常情况下十分冒险,既危险又无效”。[③]

韩氏的受访者还提到了三种据说能够避孕和导致不孕的药草,但是“却鲜有人使用。尽管有相当多的女性对这三种药草及其效用都十分了解”。在受访的女性中,仅有1/90的人曾服用过这三种药草中的一种,即合麻子。“由于丈夫的懒惰和长期无业,这位受访者认为,再要一个孩子对她来说将会是一个沉重的负担,尤其是考虑到她在工作的同时还要照顾其他孩子。于是,她瞒着丈夫采来了合麻子,熬成药,并定期服用。”药草可能已经见效了,因为这个受访者确实已不再生育(在此之前,她已经生育了5次)。但韩氏的受访者却一致认为,“一般情况下合麻子都没有什么效果,而且反而可能对身体造成伤害,尤其是当孕妇在孕期中意外服用了这种药草的时候”。[④] 而另外两位受访者则曾大量服用荸荠来避孕。能够证明这两位受访者成功避孕的证据同样寥寥无几:其中一位受访者总共生下了6个孩子,最后一个是在37岁;另一位则先后8次染上身孕(包括1次流产),最后一次是在39岁。这些数字可以说明,即便荸荠真的具备避孕功效,这种功效也仅仅是微乎其微的。[⑤]

对韩氏的受访者而言,堕胎的唯一意义就在于自我伤害,犹如用织机的锤棍猛击腹部一般。众所周知,这样的方法危险而不可靠。正如韩氏所言,这类方法“残忍,却并不有效”。[⑥] 据一位育有9子的“模范母亲”(“因为没有有效的节育方法”)透露,用织机的锤条猛击腹部的方法“效果微乎其微”。[⑦] 谨再次说明,尽管有许多女性曾听说过可以用锤棍来尝试堕胎,但韩氏只找到了3位受访者曾有

① Han, *Under the Shadow*, 第322页。

② 同上书, 第333~334页。

③ 同上书, 第332页。

④ 同上书, 第328~329页。另外两种药草是朱术和子么。目前为止,笔者尚无法找到任何有关这三种药草的其他信息。

⑤ 同上书, 第340页。根据武氏的观点,1949年以前,中国女性的平均最晚生育年龄是38岁——参见 *Is There Evidence of Birth Control*, 第141页。

⑥ 同上书, 第331页。受访者还提到了“强力的物理举动,比如跳跃”, 第323页。

⑦ 同上书, 第341~342页。

过这样的经历。其中2位受访者失败了,而另一位则坚信其成功堕胎了2次。但是,这位受访者前后共怀孕过15次,其中包括13次顺产和2次流产,这2次流产就为猛击腹部所致。2/15,即13.3%的概率,仍旧落在自然流产的概率区间内,因此亦无假设其成功的理由。根据另一位女性的解释,"这个受访者其实并不想要10个孩子,但她别无选择,因为在那时的村里或镇上并没有有效的节育措施"。作出如上解释的这位女性也曾尝试用锤棍猛击腹部的方法来堕胎,但最终也失败了。①

综上所述,韩氏的研究仅仅记录下了贫困的农村女性的愿景。这些受访者因为生理上和经济上的困难而想要停止生育。考虑到这些受访者中至少有一部分已经付诸行动,因此可以说这些女性已经为控制她们的生育付出了努力。但韩氏的研究也表明了一个事实:这些尝试既不普遍,也往往无效。②

为了支持自己的观点,李中清和王丰还引用了李伯重的论著,并认为李伯重"证实"了他们的论断。李伯重认为清代的女性"采取了某些方法来控制生育",并由此着力解释她们是如何做到的。③ 李伯重还认为,晚期中华帝国的避孕和终止妊娠的技术在"不断改进",并"大大超过了近代以前乃至近代早期的西欧","变得前所未有的普及,为广大民众所接受"。尽管李伯重的研究重心在江南地区,但他认为这一地域能够"代表"大势所趋。④

对于这一改进过程,李伯重在一定程度上将之归因于医学文献对堕胎药的选择,这些文献在时间上起自宋代而迄于晚清。在这些医学文献中,堕胎药的数量随着时间的推演而有所减少。并且一些晚近的文献会对一些药物的毒性作出警示,而这些药物则往往出现在先前的文献中。李伯重指出,一些古老的医学文献(如《本草纲目》)中的药物已被实验证明具有堕胎的功效,而其他一些药物的危

① 参见Han, *Under the Shadow*,第331页。关于另一部人种志记录,可参见曹锦清等著:《当代浙北乡村的社会文化变迁》,上海远东出版社1995年版,第96~99页,这一记录与浙北地区的堕胎偏方有关,这些偏方大多功效存疑。作者认为贫困和疾病才是检测这一地区人口增长的真正标尺,因为随着贫困的加深,杀婴也变得极为普遍。如曹树基和陈意新指出的那样,浙江北部(二人的共同研究区域)位于李伯重所论及地区的中心,在这一地区,有效的堕胎和其他节育措施十分普遍且易于获得——参见《马尔萨斯理论与清代以来的中国人口》,第49页。

② 韩氏的研究表明,在共和国时期,一些受过教育的中国城市夫妇开始利用节欲来实现"早停"的情况;但这种情况属于现代生育变迁的一部分,而非传统实践——*Under the Shadow*,第332页、第334~338页。

③ 参见李伯重:《堕胎,避孕与绝育》,第172页。该文章在《人类的四分之一》的参考文献中属于"即将出版"之列,并于2000年在由李中清共同编写的一本书中出版。

④ 同上书,第172页、第179页、第196页。

险性(如斑蝥)或无效性(如驴肉)也已能确知。正是由于后来的文献中功效存疑的药物越来越少,因此李伯重认为,堕胎技术一定得到了改进,使人们能够愈发有效地控制生育。李伯重还引用了许多药方。这些典籍中的药方包含了许多药材,并被认为具备堕胎的功效。由于单独使用这些药物中的某一种是有效的(李伯重的这一假设尚未经过验证),因此李伯重认为如果将药物配伍使用,效果会更好。而这样的药物使用方法也成为技术改进的进一步论据。① 然而,将多种药物配伍使用的另一种可能则是出于无奈。这种无奈之举反映出了一种不信任,即不信任任何一种单独成分的可靠性。②

在此,仍有许多问题需要回答。首先,李伯重对于所引医学文献的选择颇为武断。他所选择的那些文献可能的确随着时间的推演列出了越来越少的功效存疑的堕胎药物,但这并不能说明问题。因为像《本草纲目》这样的经典著作始终都在印刷出版,直到今天都保持着其权威性。在今天的中国传统医学期刊中,特定药物方面的论文也往往以引用《本草纲目》作为其开头。此外,对于这些古老文献中的药方的"盲目"使用,研究不良反应问题的专家学者也都甚为痛心。举例来说,在一篇 2004 年的报告中,贵州有 73 起中药中毒案例在医院进行了紧急处理(包括 5 名用斑蝥尝试流产的女性),对此作者作出了如下评论:

> 医者治病用药,总以《本草》为依据,而《本草》年代久远,不免有记载缺漏、记载不详,甚至误载的情况。如用斑蝥堕胎和治疗狂犬病并没有得到实验或临床证实,却因《本草》记载而沿用至今,导致屡屡发生不良反应。

这篇报告的作者还举出了其他几个典籍中的药方。这些药方在近几年已经出现了致病、致盲或致死的情况。③ 在本文的最后一节,笔者指出了一个事实:许多危险的传统药物近些年仍在继续使用,其中就包括那些已从医学文献中消失的药物,而这些文献则被李伯重誉为技术进步的证据。

---

① 参见李伯重:《堕胎,避孕与绝育》,第 175~176 页。

② Stefania Seidlecky 观察认为,西方的偏方"列出了大量的药物,用以单独服用或共同服用,其间通常间隔数天或数周,以此说明没有哪种药物作为通经药或堕胎药是极其可靠的"("Pharmacological Properties of Emmenagogues",第 96 页)。参见 Santow,"Emmenagogues and Abortifacients in the Twentieth Century",第 82 页,及 Santow 针对李斗的著作所作的批评,其中有相当部分亦适用于李伯重(*Santow, Review of Eve's Herbs*)。

③ 参见欧阳菊、蒋友忠:《中药中毒原因分析及预防措施》,载《实用中医药杂志》2004 年第 12 期。

与此同时,找到那些晚清的医学文献也并非难事。这些医学文献为病患提供了一些建议,但这些建议在现在看来颇为可疑,甚至十分危险。例如,在19世纪的法医学释书《洗冤录》中,斑蝥[blister beetle mylabris,含有强力的毒性物质斑蝥素(cantharidin)]因为具备堕胎的功效而成为一种有效的狂犬病治剂,而这部释书也被其时的官府法医所采用。这样说的理由是颠狗的咬伤会令被咬的人怀上小狗,如果听之任之,便会致宿主于死地。但如果淡食与斑蝥同蒸的鸡蛋,就可以将这些小狗胎儿以血块的形式随小便排出。病患必须持续食用与斑蝥同蒸的鸡蛋,直到没有血块出现。根据这一文献,这种疗法是"以毒攻毒"的一个例证。①(斑蝥素会导致肾功能衰竭,这或许能够解释血块的出现。)顺带说一句,《洗冤录》中还提供了斑蝥素中毒的解毒药方。但这个药方中却包含猪膏。根据今天的毒理学家的说法,油腻的食物会加快斑蝥素的扩散(作为斑蝥的活性剂),因而对于所有斑蝥素中毒的人来说,油腻的食物都应被严格规避。由此看来,《洗冤录》可能在实际上加剧了斑蝥素中毒对生命安全造成的威胁。②

正如这些例证所说明的那样,即便翻阅更多的医学文献也无法支持李伯重对于技术进步的自信。且李伯重在论据的运用上仍然存在一些问题:李伯重所引用的文献恰恰表明,这些文献的作者可能对药物所具有的避孕或堕胎功效深信不疑;但这些作者却并未证明这些药物确实有效,或曾经有相当数量的人使用过这些药物。这一点至关重要。显然,一些人相信(并且一些人仍旧相信)在这样或那样的疗法中,总归有一部分会具有避孕或堕胎的功效,如蝌蚪、螺蛳、斑蝥、盐水、荸荠……但这种相信本身并不能视作功效的证明。

李伯重还声称,现代药理实验已经证实了所涉及的这些药物中,有一部分的确具有真实疗效。③ 但正如吉吉·桑托(Gigi Santow)所指出的那样(这一内容见于其书评。该评论针对李斗的一部著作作出,后者与西方的通经药和堕胎药的历

① 参见许琏:《洗冤录详义》卷四〇九;参见Smith(*Chinese Blistering Files*,第19页):"中国的观念是颠狗的咬伤会致孕。伤者只有通过尿道生下一个小狗的胎儿,才能解除危险";按照Smith的说法,斑蝥和"红娘子"(cicada huechys)会在此种情况下共用,以此来"堕胎"。此种疗法在数部医学文献中都曾出现过,其中就包括《本草纲目》,而这些文献都一致认为,病患如果想要成功治疗狂犬病,就要生下小狗或随尿液排出小狗形状的血块(参见BCGM,第1517页)。(《洗冤录详义》据上海古籍出版社2002年版《续修四库全书》972册收《洗冤录详义》译出。——译者注)

② 关于这一解毒药方,参见许琏:《洗冤录详义》卷四,卷二一,下部,及阮其新:《重刊补注洗冤录集证》卷四,〇九,上部;关于斑蝥素的毒性,参见Moed等:"Cantharidin Revisted:a blistering defense of an ancient medicine",第1359页。(《重刊补注洗冤录集证》据道光二十四年重校刊本译出。——译者注)

③ 参见李伯重:《堕胎,避孕与绝育》,第175页。

史有关),实验检测和临床试验未能还原过去使用被测药物时的真实生活环境。这些实验通常只对化学制品(均是一些不可能以传统方式制备的物品)进行检测,而这些化学制品均已从原材料中萃取而出,且剂量也受到严格的管控。[①] 除此之外,实验还表明,许多传统上用于避孕或堕胎的药物(如蝌蚪)不具备任何疗效。

而关于这些传统方法在多大范围内得到了实际运用的问题,李伯重也承认了其实质性论据的缺乏。[②] 但这一事实并未阻止李伯重作出推论,尽管这一事实难以忽视。李伯重的观点以小说中的轶事和文人札记(Literati jottings)为基础,认为到明清时代时,堕胎的实施在长江三角洲地区已十分普遍,且堕胎的服务"十分容易获得"。加之当时使用的"节育药物"主要是"常见中药,价格也不甚昂贵。这更使节育药物的获得成为一件相对容易的事"。[③] 而基于对堕胎的"比较成熟"、"运用较广"之间的相关性的强调,李伯重在避孕与绝育的问题上也提出了颇为相近的观点。总而言之,李伯重认为"传统的控制生育方法变得非常流行而普遍"。[④] 由此,李伯重断定"那种认为近代以前的人口行为只是一种'自然'的生理行为的设想,肯定是不符历史真实的"。[⑤] 但这个观点与其说是建立在真凭实据上的,毋宁说是建立在推测上的。[⑥]

---

① 参见 Santow, Review of *Eve's Herbs*; Santow, "Emmenagogues and Abortifacients", 第 82 页, Seidlecky, "Phamacological Properties", 第 106 ~ 109 页, 以及 van de Walle, "Flowers and Fruits", 第 185 页。

② 参见李伯重:《堕胎,避孕与绝育》,第 179 页。李伯重的许多论据都来自小说,但这些小说却被其引为实证性事实。举例而言,李伯重引用了一部小说来主张推拿堕胎在清代江南的"民间很普遍"(第 184 页)。李伯重还将针对胎死腹中(这被视作一种医疗事故)的药方与针对节育而实施的人工流产混为一谈(第 188 ~ 190 页)。或许在堕胎作为节育手段的问题上,李伯重最为有力的论据就是一篇短文。这篇短文出自 14 世纪的文学家孔齐之手。李伯重引述了孔氏的妻子常服堕胎药后的效果,孔氏的朋友李汉杰的妻子也是如此(《堕胎,避孕与绝育》,第 180 页、第 190 页)。事实上,孔氏文章的核心面向在于警示这些"毒药"的潜在致命性。倘若真的需要使用这些毒药,必须十分谨慎,且只能在孕期的前两个月中使用。孔氏引述了李氏妻子的事例作为警示。李氏的妻子在服用了一种堕胎药后几乎失血而死——而其也已生育逾 10 次。孔齐:《堕胎当谨》。

③ 李伯重:《堕胎,避孕与绝育》,第 180 页、第 189 ~ 190 页。

④ 同上书,第 181 页、第 196 页。(译者在李伯重的文章中未见对应作者所引的原句,此处从张译。谨识。——译者注)

⑤ 同上书,第 172 页;参见第 196 页:"换言之,晚期中华帝国的传统生育率并非'自然'生育率"。(李伯重原文为"那种认为近代以前的江浙人民的人口行为只是一种'自然'的生理行为的设想,肯定是不符历史真实的"。作者写作时并未体现"江浙人民"。另,本注所引第 196 页中一句亦未在原文中获得,仅按作者所述译出。——译者注)

⑥ 参见曹树基、陈意新:《马尔萨斯理论与清代以来的中国人口》,第 49 页。

如此看来,堕胎或避孕的确不大可能具有深远的人口学上的影响。但这个结论并不当然否定性别史家的观点,即一夫多妻家庭中的上层女性能够终止妊娠。那么,性别史家又提供了什么论据来支持其观点呢?

(二)性别史家:上层女性的自主节育?

两位著名的性别史家白馥兰和费侠莉,已对晚期中华帝国中的上层女性的生育控制有所研究。这些研究以医家(male literati physicians)①的记述为基础。②正如白氏和费氏的说明一样,这些医家不仅将堕胎描述为一种危机处置,还通过医疗事故来证明这一判断。这些医家坚称堕胎药是危险的,并且通过计算致病和致死的情况来支撑他们所提出的警示。这些致病和致死的情况均因使用广为人知的药物流产而导致,其中就包括牛膝、麝香和肉桂。但是,如果一个女性命在旦夕,医家同样也会开出堕胎药的方子来保全其性命。毫无疑问,在医家眼中,母亲的健康相对胎儿的生命而言,占有明显的优势地位。③

与此同时,费氏和白氏还认为,用于调经的传统药物(这些药物被称作通经药,是一种"疏通月经的药物")使上层女性在很大程度上能够控制自己的生育。当一个女性经期延迟的时候,这些强效的药物就可以用于"疏通"月经,而医家则会予以帮助。因为这些医家认为,女性的身体健康和生育能力的关键就在于经期的规律。此外,堕胎药中含有的一些相同成分也可用作通经药。由此,白氏和费氏断定,上层女性能够利用这其中的隐晦不明来终止非意愿性的妊娠,事实上,早期的妊娠可以用月经"不调"来表达,而所用的堕胎药也可以委婉地说成是通经药。这种隐晦不明的情况就是其中的关键所在,因为没有人会明确承认这些做法是堕胎。④

---

① 作者原文为"male literati physicians"。而白氏著作中译本《技术与性别》中所用译名为"医师",张译为"男性文人医师",译者以为均欠妥。作者所指为通医术的文人,且此类文人多为男性。译者遍寻所涉诸古籍,未见相合之名词,故按中文习惯译作"医家"。谨识。——译者注

② 参见Bray,A Deathly Disorder和《技术与性别》;费:"Blood,Body,and Gender"和《繁盛之阴》。

③ 参见Bray,《技术与性别》,第250~252页、第260页(第322~325页、第335页);费:《繁盛之阴》,第149~150页、第225~229页(第168~169页、第252~256页)。(中译本的翻译并不流畅,故译者未全引中译本内容,而依本文文风进行翻译。下同。——译者注)

④ 部分欧洲史家(如李斗,*Eve's Herbs*)在节育的传统意义上提出了类似的观点,但遭到其他许多学者的反对(如Flemming,Review of *Eve's Herbs*;Santow,Review of *Eve's Herbs*和"Emmenagogues and Abortifacients";Seidlecky,"Pharmacological Properties";van de Walle,"Flowers and Fruits"。正如Heuveline的评论一样(见于其对《人类的四分之一》的评论中),"其他人群也拥有类似的知识,但关于所提及的技术的功效问题,除了部分堕胎实践外,均存疑。这部分堕胎实践对于母亲而言过于危险,故其使用必须有所限制"(第517页)。参见Brodie("Menstrual Interventions in the Nineteenth-Century United States",第47~54页)的评论。这些评论涉及通经药和堕胎药间的模糊界限,同时也涉及这些药物用于堕胎时的风险和尚存疑的功效问题。

但笔者认为,此处仍有两个问题未能解决。首先,费氏与白氏两位学者的观点似乎与其所引文献中提出的警示相悖。两位学者认为上层女性将堕胎药用于生育控制,而其所引文献又明确警示了堕胎的危险性。两位学者从未对此矛盾作出过解答。① 其次,关于这些女性是否以其预期的方式成功终止了非意愿性妊娠的问题,两位学者也未举出记录在案的实例。

为启发读者,费氏与白氏引用了鄞楚璇(Chor – Swang Ngin)的实地考察成果。这一考察与女性用于调经的偏方有关,而这些女性则是具有中国血统的马来西亚女性。此外,白氏还引用了类似的调查结果。这些调查结果出自卡罗尔·布劳纳(Carole Browner),后者对哥伦比亚的女性进行了采访。② 布劳纳指出,哥伦比亚的女性会“利用妊娠初期的隐晦情况”来“控制生育”:

> 这些女性创造出了一个间隔区间。这一区间出现在怀孕后及出现孕症前。在这个区间内,她们可以对生育进行控制。这也使得这些女性能够在终止妊娠的同时逃脱惩罚。这些被堕去的胎儿并不是她们自己想要怀上的。她们既逃脱惩罚,也摆脱自身的罪恶感。而这种罪恶感则与堕胎的观念紧密相连。③

与之相似的是,鄞氏还解释道:

> 关于腹中的胎儿何时长成人形这一问题,民间存在一种观念。这种民间观念上的弹性使得月经迟延与妊娠确认间的这段时间变得颇为特殊。在这段时间内,催经止孕既无法受到消极的法律惩处,也无法在医理上被认定为是堕胎。④

---

① 在“A Deathly Disorder”这篇文章中,Bray 强调了堕胎药的危险性。但与此同时,她又断言,“事实上,‘治疗月经不调(Amenorrhea)’可能只是使用堕胎药的一个委婉说法”,而“对于一个女性来说,如果怀疑自己可能已染上身孕,那么月经不调的诊断所造成的隐晦情况就使其能够对生育进行控制。这种控制往往以长期健康的名义作出。”Bray 的著述强调了使用这些药物的自由。按照推测,这些药物为上层女性所用。

② See Ngin, *Reproductive Decisions and Contraceptive Use in a Chinese New Village in Malaysia* 和 *Indigenous Fertility Regulating Methods among Two Chinese Communities in Malaysia*; Browner, *The Management of Early Pregnancy* 和 *Traditional Techniques for Diagnosis, Treatment, and Control of Pregnancy in Cali, Colombia*。

③ Browner, *The Management of Early Pregnancy*, 第 28 页、第 31 页。

④ Ngin, *Indigenous Fertility Regulating Methods*, 第 40 页。

费氏和白氏将这一观点推及中国:20世纪晚期的马来西亚和哥伦比亚贫苦女性所用的偏方与晚期中华帝国的上层女性所用的药物有异曲同工之处。这种药物上的相似说明了三个地区之间有着相同的行事逻辑。根据费氏的观察,"调经的做法无疑加剧了生育的压力。但如果一个女性不想再生育,这些医疗措施反倒能够掩盖她们在堕胎上的尝试"。这一观察可自其引用的鄞氏的博士学位论文中看出——换言之,要"实施'调经'就不能将女性体内的真实状况公之于众"。这样一来,"寻求堕胎的意图就会变得说不清、道不明,自然也就无可厚非了"。①

白氏从费氏处引用了上述说法,并由此推断:

> 我进一步认为……医学文献显示,正统妇科医学为晚期中华帝国的上层女性提供了一种可行的节育技术。但与其说这种技术为上层女性提供了完全的生育自由,毋宁说是为其提供了机动的空间。只承担妻母角色的社会性职责是有可能的,但也有代价。代价或许就是需要一个不断生育的女性来承担妻母角色的生物性职责。②

白氏还有一个更为重要的观点,即一个上层女性会为了完成家庭职责的分配而实施节育(以调经作为障眼法,终止非意愿性的妊娠)。这也使其能够垄断妻母角色的社会性身份所带来的权力和威望,同时也能够将这一角色的生物性身份所导致的责任和风险移转给其家庭中的下层女性(妾室与女佣)。后者同样能在性方面满足丈夫的要求。换言之,"生育策略的机动性仅限于上层女性。这种机动性的基础在于榨取女性阶层内部的不平等"。③

然而,这种压榨性的家庭职责分配如果想要获得成功,上层女性就必须真正具备避免生育的能力——也就是说,"节育技术"是前提条件。这些技术不但要真实有效,对于日常运用来说,也必须足够安全。除去上述的问题,这些技术又究竟能够提供多少"机动空间"呢?

但是,白氏却对堕胎药的功效问题避而不谈,其仅有的证据对于论证也无甚帮助。关于这个问题,白氏与费氏两人很大程度上都将17世纪的医家程茂先记载的一件事作为依据。根据程氏的记载,程氏的妻子被之前的数次小产耗尽了体力。而就在她40岁时,却又忽然经事过期。由于担心让自己的妻子再次妊娠足

---

① Furth, *Blood, Body, and Gender*, 第64~65页。

② Bray,《技术与性别》,第259页(334)。

③ 同上书,第260~261页(336)、第268~269页(347~368)。

月可能带来性命之忧,程氏开了"通经药"的方子,但却没有见效。程氏就在其妻子妊娠困难时记录下了这些治疗措施。[①] 白氏将这一记载称为"'疑似妊娠'的经典案例",并对此进行了一番比较。程氏的妻子服用了通经药,而布劳纳的受访者实施的自我治疗则效果存疑。[②] 但笔者认为,这并不是什么经典案例,而是在医疗危机的语境下诉诸堕胎的一次尝试。依据原始文献,基本可以确定这是一次终止妊娠的尝试。[③]

数个月后,程氏的妻子开始出血。程氏认为其妻可能会小产,还认为这次流产是"塞翁失马,焉知非福"。于是程氏也开始让她服用"破血药",尝试为她流产。但这第二次尝试也没能成功。程氏的妻子活了下来,并最终产下了一个健康的男孩。

程氏将这样的结果归结于天意:这个孩子的出世是天意,不宜驱逐。但或许另一个解释更为简单:首先,程氏的妻子不得不妊娠足月仅仅是因为药没有见效。其次,程氏的妻子先前曾多次生育,消耗巨大。这一生育史暗示了其无法实施有效的节育。而程氏的妻子也提醒了我们应当留意归有光的母亲,后者在其短暂的婚姻生活中始终为生育所束缚,并因此而精疲力竭。关于程氏妻子的记载,费氏亦有过评论。在评论中,费氏明确承认了这一点:"将调经与破血之方用于堕胎,不但不可靠,还具有潜在的危险性。"[④]但不论是费氏还是白氏,两位学者都未尝

① 参见白:《技术与性别》,第 251 ~ 251 页、第 255 ~ 256 页(323 ~ 324,329);Furth,《繁盛之阴》,第 225 ~ 229 页(252 ~ 255)。白氏书中的翻译亦由费氏完成[参见白:《技术与性别》,第 252 页第 18 注(第 324 页第 18 注)]。但在许多细节问题上,这一内容与费氏本人书中的翻译有所不同。关于原始的文本内容,参见程茂先:《程茂先医案》,卷三,卷四,下部至六,上部。(《程茂先医案》据上海图书馆藏《程茂先医案》上海中医学院藏本译出。——译者注)

② 参见白:《技术与性别》,第 255 ~ 256 页(329)。

③ 在服用通经药二三剂没有见效后,程氏夫妇亦"不敢"再进——文献中没有说明他们为什么不敢,但据白氏推测,程氏夫妇已经确定是身孕,并且不想伤及胎儿[《技术与性别》,第 251 ~ 252 页、第 255 ~ 256 页(324、329)]。但这一解释似乎并不合理。程氏夫妇第一次使用通经药就是因为"恐"其是孕。更为可能的原因是大剂量通经药的危险性,而程氏也担心进一步伤害自己的妻子。程氏的记载将其动机表露无遗。程氏自始至终都在担心妻子的安危,因此,他不会因为一个孩子的出世而危及其性命。在这一文本的解读上,笔者谨对吴一立提供的专业帮助表示感谢。

④ 费:《繁盛之阴》,第 228 ~ 229 页(255)。费氏将这一记载作为论据来证明女性已能自主控制生育药物。但原始文献中却并不支持其观点。在费氏的两个译文中(一译为白氏采用,另一译则录于费氏本人书中),有几处地方出现了未见于原始文献的代词(这是因为古汉语在文意清晰的情况下并不要求使用代词的缘故)。费氏在这些地方插入了代词"she"来说明程氏的妻子是独立地做出决定并采取行动的(因此,"即便是在一个医药执业的家庭中,程氏的妻子也能对用于调节自己的月经的药物作出决定")。尽管原始文献未见这些代词,笔者仍未看出有何文义模糊之处:程氏作为一位丈夫、医家和作者,其权威一目了然,而其对妻子的治疗也有着显而易见的决定权[《繁盛之阴》,第 228 ~ 229 页(255)]。

试调和这一结论与另一观点之间的冲突,即上层女性能够通过使用"通经药"来终止非意愿性的妊娠,并借此获得"机动空间"的观点。

需要注意的是,布氏和鄞氏两位学者都不认为偏方真正有效,尽管这些偏方为哥伦比亚和马来西亚的受访者所使用。恰恰相反,两位学者都对那些偏方的"可知性"颇为关注,并希望借此理解受访女性的心理。为何这些受访女性会对现代医疗方法置之不理,而继续使用那些偏方呢?照理说前者应更为可靠。据两位学者的证据显示,在预防或终止妊娠方面,偏方的效果十分有限。而事实上,两位学者的研究还有一个共同的目的,即帮助发展更多卓有成效的项目,以此将现代节育技术普及给更多的人。①

或许确实有一些上层女性会利用调经的隐晦不明来终止非意愿性的妊娠,并将此作为节育的一种方式;亦或许这些女性拥有的财富也使她们能够接触到医术精湛的医生,从而将这些药物的危险性降低到一个可以接受的水平,并有选择地用于堕胎。但白氏和费氏却没能提出明确的证据来证明这一点——正因为缺少了这样的证据,两位学者的观点始终停留在推测的层面。除此之外,尚有其他充足的理由向她们的观点提出质疑。

就如白氏指出的一样,一些用于"通经"的药物也会被用于"破血"或"打胎",而这些"通经药"的范围也必然较为模糊。这一术语通常情况下译作"emmenagogue",但正如上述所见,程氏的妻子在首次尝试堕胎时服用了所谓的"通经药",而"通经"(疏通月经)和"调经"(调节月经)这两个术语在现在的中国台湾地区有时却是堕胎的一种委婉说法。②

然而,调经和堕胎在实践中会存在多少隐晦不明的情况仍旧无法确定。药物的剂量可能由于药物的使用目的不同而有所差异,但白氏和费氏对剂量的问题亦

---

① 尤须参见鄞:"Reproductive Decisions and Contraceptive Use",该文中的介绍和结论。在鄞氏的受访者中,仅有26.5%的农村女性和16.6%的城市女性仍在使用偏方,因为现代的避孕方法正在变得越来越实用("Indigenous Fertility Regulating Methods")。而在最年长的农村女性群体(这些女性的年龄在40~44岁,是最有可能曾使用过偏方的人)中,平均每人育有7个孩子,这说明这些女性曾尝试过的节育方法并不可靠(鄞:"Reproductive Decisions and Contraceptive Use",table 9.1)。在一项研究中,布氏在产前护理中心采访了207位孕妇,其中有73位认为她们的妊娠是"非意愿性的"。在这些认为自己的妊娠十分多余的受访孕妇中,有55%曾试图用偏方来"恢复"月经,但都没有成功。还有23%的受访孕妇在采访时表示对自己的孩子"充满了期待"(布:"Traditional Techniques")。布氏指出,"接受怀孕的事实可能……伴随着堕胎偏方的不断失败:正如'一位女性'的解释一样,'我打算把「孩子」生下来,因为没有任何堕胎的办法'"(布:"The Management of Early Pregnancy",第31页);另一位女性则表示,"我试过了所有的办法,但没有哪个见效了。我的妹妹也同样如此"(同上,第30页)。

② 参见白:《技术与性别》,第258页第37注(第332页第37注)。

所言甚少。尽管如此,白氏确曾提到了18世纪的医家徐大椿引用的一个案例。在这个案例中,用于堕胎的牛膝的剂量是“通常药方”的30~50倍,而这个病患也因失血过多而死。① 这一观察结果似乎能够说明,同样一种药物,当被用作堕胎药而非单纯的通经药时,效果可能大相径庭。而目前也尚不清楚这些药物是否曾被频繁地使用。部分医学界的权威认为,这些强效的药物若非万不得已,不能够轻易使用。例如,白氏本人也指出,徐大椿就曾对使用通经药来治疗月事不行提出过警示,认为通经药“乃命止药”。②

而对上层女性的妻室与妾室之间的生育率是否有所不同进行考察亦颇为有趣。如果白氏的观点成立,那么妻子的生育率就将始终低于妾室的生育率。但是,即便这样的模式能够成立,也并不一定会被遵循。问题出在妻子对于堕胎药的使用上。纳妾的正式理由(在传统的语境中,这也是唯一能够接受的理由)是妻子的不育。但即便妻子能够生育,这样一种模式也可能单纯反映出丈夫对妾室的偏爱,而不愿与妻子有性生活。虽然夫妻的婚姻出自父母之命、媒妁之言,但男性可以通过纳妾来满足自己的欲望。

一个更为重要的观点是,白氏认为,一夫多妻的家庭中存在妻母角色的社会性职责与生物性职责的分配——乍看之下这个观点完全合理——但这却不需要妻子使用药物进行节育。总而言之,白氏的主要贡献之一在于展示了一夫多妻制如何能够为上层女性的利益服务。此外,就如其本人指出的一样,根据许多可资查阅的案例,部分妻子会主动为丈夫纳妾。③ 道德家们(Male Authors)④通常将这

---

① 参见白:《技术与性别》,第250~251页第11注(第322页第11注)。参见1870年美国的一个案例。案例中,一个习惯将小剂量的艾菊油(oil of tansy)作为通经药使用的女性出现了痉挛的症状。这位女性还尝试服用三倍甚至四倍剂量的艾菊油来堕胎,并险些因此丧命。而许多女性都在使用这一方法时因过服而香消玉殒(Brodie,“Menstrual Interventions”,第48页)。

② 见于白氏的著作,“A Deathly Disorder”,第247~249页,及《技术与性别》,第332(258)页,参见第333页(258~259)。徐氏所引用的药物也被用作堕胎药,且其中一部分具有潜在的致命性,比如“青娘子”芫菁(Blister Beetle Lytta)(同斑蝥一样,含有斑蝥素)和“红娘子”红蝉。(清)徐大椿撰:《徐大椿医书全集》(下册),人民卫生版社1988年版,1846页。

③ 参见白:《技术与性别》,第275~278页(356~358);参见Patricia Ebrey(伊沛霞):*The Inner Quarters: Marriage and the Lives of Chinese Women in the Sung Period*(《内闱:宋代的婚姻和妇女生活》,胡志宏译,江苏人民出版社2004年版),第193~195页(220~221);曼:*The Talented Women of the Zhang Family*(《张家才女》),第189页;Janice Stockard,*Daughters of the Canton Delta*,第48~69页。根据风俗,纳妾也需要妻子的同意;妾室进门后的第一件事就是以敬仪向妻子奉茶就是一个典型的例子(Jaschok,*Concubines and Bondservants: The Social History of a Chinese Custom*,第95页;Watson(华如璧),“Wives, Concubines, and Maids: Servitude and Kinship in the Hong Kong Region, 1900~1940”,第240页。

④ 作者原文为“Male Authors”。作者此处指的是对女性的德行进行评判的文人。译者翻阅所引著作,并据中文语言习惯译作“道德家”。——译者注

一举动说成克己(self - abnegation)的表现,因为在这样的情况下,妻子与生俱来的忌妒心向丈夫的欲望做出了让步——但这一解释又假设了这些妻子渴望与丈夫享有性生活。[①] 如果一个女性真的想要避免其生物性的职责,那么最好的办法就是为她的丈夫寻觅一个秀色可餐的年轻女子。这样一个简单的办法似乎也比自服毒药更能让人信服。

三、清代法律文献中所见的堕胎

在第一节中,笔者概括了目前为止与题旨相关的学术讨论,而人口史学家和性别史学家均未提出充足的实质性论据来支持各自的观点。值得注意的是,两派史家既未能提供明确而可资查阅的案例来证明确曾有人将堕胎(或任何其他方法)用于例行节育,也未能证明曾有人通过堕胎来限制家庭规模或规避妻母角色的生物性职责。然而,重要的问题仍未解决,即谁曾真正尝试过堕胎,又是在何种情况之下作出的呢?

在诸多尚未被用于上述问题研究的史料中,清代的法律案例或许是其中史料价值最高的一种,其中偶可见到尝试堕胎的记载。但是,要使这一论据佐助于论证,我们就需要先对堕胎在清代法律的价值判断中处于何种地位有一扎实的理解。

(一)清代法律中的堕胎

许多对中国堕胎史感兴趣的美国学者已遍寻清代法律,对堕胎的合法性问题作出了研究。这一方面的研究可追溯至伯纳德·卢克(Bernard Luk)[②]一篇具有开创性的文章。在该文中,卢克发现,清律并未对堕胎作出明确而总括的禁止性规定。[③] 卢氏还进一步认为,缺乏禁止性的规定说明,"传统中国的人们享有堕胎的自由",而这一假设也使中国女性"在处理腹中胎儿的问题上,比西方的女性享

---

① 参见伊氏对于上层女性心理的分析,后者往往多疑,且"正常的性生活"也会被丈夫的纳妾行为打断[《内闱》,第146 - 148页(166 - 167)]。

② 该学者的姓氏不见于《英语姓名译名手册》,亦无中文名,故谨音译出。谨识。下文相同处理不另说明。——译者注

③ 参见卢:"Abortion in Chinese Law"。将清代立法者对于尚未出世的胎儿的态度假设为中立是错误的。例如,对于殴打女性致其流产的行为,清律规定了额外的处罚(同上,第379页)。清律还禁止在审讯孕妇时用刑,以及对孕妇适用死刑。孕妇在分娩前可以免受长时间的刑讯或死刑。这些规定都是为了避免伤及胎儿。参见薛允升:《读例存疑重刊本》(下引作DC),律第420条及条例(《读例存疑卷四十九·刑律·断狱下》"妇人犯罪条")。(《读例存疑重刊本》据光绪乙巳年刊本《读例存疑》译出。《读例存疑》所录律例共436条。作者所列仅为条数,未明卷次。为便检索,译者谨于引注后列出所引律例卷次条名。谨识。——译者注)

有了更多的自由”。[①] 后来的学者也往往引用卢氏的观点，尽管这一“自由”的提法颇具误导性。举例而言，白氏竟在其著作中赋予了清代女性以明确的法律权利（卢氏本人都不曾提出这样的观点），而卢氏则是这一观点的唯一来源。“在这些等级体系中，无论孩子是否出生，母亲的地位都更高。因此，母亲的生命比孩子的生命更有价值，而母亲对孩子的处置权也得到了法律的认可。”[②]但事实上，没有哪个朝代的法律会承认这样的“权利”。

关于上述方面的研究，这样一种参照标准所表现的是现代美国在堕胎问题上存在的矛盾。在美国，堕胎始终与政府在保障个体权利时所扮演的角色有关：政府应该保护女性的“选择权”还是胎儿的“生命权”？但将这一参照标准适用于清律却毫无意义，因为后者并不存在什么权利原则，甚至无法在其中找到这一概念的。恰恰相反，根据清律的原则，天子对于臣民的生命有着无限的支配权。因此，唯有舍弃这种时代错位的权利架构，我们才能真正理解堕胎在清律中的地位。

与帝国晚期的医学文献将堕胎叙述为医疗危机语境下的危机处置不同，清代法律文献对堕胎的描述更像是一种铤而走险的举动，这种具有潜在致命性的举动与堕胎所导致的社会危机语境紧密相连。而就笔者所知，堕胎也仅在这一语境下才会出现在清代的法庭上。举例而言，一个奸妇一旦怀孕被揭发，无论是否成功堕胎，这对男女都会因为不正当的性关系而被起诉。[③] 然而，在档案中出现的大多数案例中，因为不正当的性关系而染上身孕的女性为了避免实情败露通常会尝试堕胎，但结果通常是因堕胎药而致死。在这样的情况下，诉讼的矛头就会指向提供了堕胎药的人。

关于这一问题，1740 年颁布的《大清律例》至为重要。[④] 在这部律例中，“因奸而威逼人致死”这一律文有如下的规定：

> 妇人因奸有孕，畏人知觉，与奸夫商谋用药打胎，以致堕胎身死者，奸夫比照以毒药杀人知情卖药者，至死减一等，律杖一百、流三千里。若有服制名分，本罪重于流者，仍照本律从重科断。如奸妇自倩他人买药，

---

① 卢：“Abortion in Chinese Law”，第 382 页、第 384 页。

② 白：《技术与性别》，第 260 页（334）。（作者原注页数为第 334 页，但实为第 335 页。谨识——译者注）

③ 例如，《巴县档案》（下引作 BX），案例 8951，道光十二年。

④ 作者仅提到了 1740 年的一部“substatute”，未说明具体名目。经译者检索，仅乾隆五年编成的《大清律例》与之合。故译如文。——译者注

奸夫果不知情,止科奸罪。①

有清代,地方官员可能遇到一些未见于《大清律例》规定的案件。这时,中央可能针对地方官员的请求而制定一部新律例。②(清代的立法意旨在于预见所有可能的犯罪情况,并制定准确的刑罚,以此减轻地方官员查明案件事实的压力。)1740年《大清律例》的颁布说明,地方官员审判的这一类型的案件已有相当的数量。

根据18世纪的法学家吴坛的说法,1740年《大清律例》的颁布是因为"例无明文,是以各省办理颇不画一。乾隆五年(1740年)馆修,将酌纂例款,以便引用"。③ 而1740年以前处理此类案件的一种方法,则可观照1737年的一个案例。在这个案例中,一个奸妇因服用了奸夫提供的堕胎药而殒命,而这个奸夫也因此而被判处斩监候,秋后处决。这一判罚是比照"因奸而威逼人致死"律(律文的规定十分模糊)而作出的。④ 吴氏认为,此类判决如果比照"因奸威逼致死律将奸夫拟断,则事起和奸,本非'威逼'",未免苛刻;但他同时也认为,如果此类判决"止科奸罪",则"死实因奸而致",对奸夫又未免过于宽容。因此,1740年的《大清律例》酌纂例款以便引用,无疑取得了折中的效果。⑤

1740年的《大清律例》明确认识到,通奸可能会导致堕胎,而尝试堕胎则很可能致命。因此,为了通过适当的刑罚来使堕胎的危险性更加明显可知,这部馆修律例规定了明确的类推原则:堕胎药即比照于致命的毒药(因为对女性而言就是如此),而提供堕胎药的人则相当于为用药人提供方法,蓄意教唆杀人。内在的逻辑则是提供堕胎药的人应当对堕胎的致命性有所了解。就如吴氏的解释一样。

堕胎之药,性皆酷烈,受其攻逼,十无一生。在奸妇虽孽由自作,而奸夫既骥其节,又戕其命,未使竟从宽典。⑥

---

① DC,条例第299条第11款(《读例存疑》卷三四,刑律·人命·威逼人致死条)。

② 关于这一原则的实际运行,参见苏:*Sex, Law, and Society in Late Imperial China*,第124页。

③ 马建石等主编:《大清律例通考校注》,第810~811页。

④ 《内阁刑科题本》(下引作XT),28卷2号,乾隆元年十二月十四日(参见XT,12卷6号和XT,30卷19号,两案具录于乾隆元年);DC,律第299条(《读例存疑》卷三四,刑律·人命·威逼人致死条)。

⑤ 参见马建石等主编:《大清律例通考校注》,中国政法大学出版社1992年版,第810~811页。

⑥ 同上。

吴氏在其著作中认为堕胎的死亡率超过九成，这样的说法或许只是为了营造夸张的效果。[①] 但是，在堕胎药的潜在危险性问题上，吴氏的基本观点却与其余的可用论据不谋而合。而吴氏身为一位经验丰富的资深法学家，对于自己的所言，也理应有所考量。

1740 年的《大清律例》只对奸夫为其情人获取堕胎药，并致其死亡的情况作出了规定，但是，如果一个医生、药草商人或稳婆在此时向奸夫提供了堕胎药，那么就将同奸夫一样，面临严厉的刑罚。[②] 案例文献还表明，在判决此类个案时，可以援引数条不同的律文规定，而不存在一以贯之的政策。例如，在《大清律例》"斗殴"条下有如下条例："折人肋、眇人两目、堕人胎、及刃伤人者，杖八十，徒二年。"[③]在判处 1767 年的一个案件时，法官援引了这一条例。在这个案例中，医生向奸妇提供了堕胎药，并致其殒命。[④] 但其他一些案例对 1740 年《大清律例》的援引则与此有所不同：提供堕胎药的医疗从业者仅仅比照为"从犯"（与奸夫作为"淫纵残忍之徒"相对）处理，而最终得到的也是减罪一等的判决。[⑤]

但在 19 世纪早期，司法人员却针对向奸妇提供堕胎药的问题，制定了一项量刑政策。根据这一量刑政策，此类情况应依照《大清律例》中"诈伪"卷下的一条律文规定进行类推。而该条律文在诈病死伤避事的惩罚上，所作出的规定不尽相同，包括为逃避审讯与惩处而故自伤残等情况。除此之外，该律文还作出了补充：

---

① 吴氏原文即前引"十无一生"。依据古文的语言习惯，"十""一"之数仅为虚指，而作者将之作为准确的死亡率估计，盖为误解。——译者注

② 作者原用"physician"与"herbalist"两词。两词均有"医生"之意，但重复使用未免累赘。考虑到作者文中并未对"herbalist"做专门释义，但下文有"herbalist who sells"语，故依据该词在英语中偏向种植及贩卖草药之意，译作"药草商人"。谨向友人黄金辉对此释义的帮助表示感谢。——译者注

③ DC，律第 302 条。（《读例存疑》卷三五，刑律·斗殴·斗殴条）。

④ XT，1000 卷 3 号，乾隆三十二年六月二十日；XT，1011 卷 14 号，乾隆三十二年八月九日。根据该条律文的文本（根据"斗殴"条的规定），卢氏将这一条例解释为"斗殴致人流产"——例如，由于身体上的侵犯而"导致孕妇流产的大意举动"（"Abortion in Chinese Law"，第 373 页）。但条例的文本中却没有对该条例在特殊情况下的适用加以限制，而笔者在此处引用的案例显然就适用了其中的"堕人胎律"。（《读例存疑》等清代律例文献的编排均是律下列条例，而作者将条例中的具体规定称为"律"的说法值得商榷。——译者注）

⑤ 例如，在 1774 年的一个案例中，一个稳婆曾向怀孕的娼妇提供堕胎药，而另一个男人则将这个娼妇送到了稳婆处。两人最终都被比照为从犯而获刑。（清）祝庆祺等著：《刑案汇览三编》（第 2 编），北京古籍出版社 2004 年版，第 1328 案。（《刑案汇览三编》据道光十四年本《刑案汇览》译出。——译者注）

其受雇倩为人伤残者,与犯人同罪。因而致死者,减斗杀罪一等。[①]

这种类推背后的逻辑是将因奸致孕的女性视作罪犯,而通过堕胎来隐瞒通奸的事实则构成了自残避罪。因此,一个医生或药草商人若将堕胎药卖予因奸致孕的女性,实际上便等同于受其雇佣而施伤残,并以此唆使其逃避责任。这样一来,一旦奸妇因药而死,卖药人就触犯了上述规定的底线,最终卖药人会被判处杖一百,并流三千里。举例而言,在一个案例中,奸夫向其情人提供了堕胎药并致其死亡。法官便依据乾隆五年的律例判处其杖一百,并流三千里。这一灵活的刑罚等量处理无疑是有意为之。谨再次说明,对于堕胎行为,这一类推规则无疑强化了其高风险的可知性:堕胎等同于自我伤害,而售卖堕胎药等同于受人雇佣而施伤残。[②]

这一可知性也在清本的官方法医学释书《洗冤录》中得到了加强。根据文献记载,清本《洗冤录》对许多女性服用堕胎药致死后的死状均有所刻画,其中包括一些如何确定此类案件中女性死因的指示。举例而言,根据其中一个版本的清本《洗冤录》记载,1794年一个江西乐安县的女性服用了由麝香和红花(Tibetan Saffron)混合的堕胎药,但最终死于大出血。这一版本的《洗冤录》同样记载了这个女性的死状。[③] 这些不同版本的《洗冤录》还针对斑蝥和芫菁中毒的情况开出了解毒药方。这两种虫类都被认为具有堕胎的功效,但尝试堕胎却曾是(且至今仍是)此类中毒情况的一个主要原因。[④]

总而言之,如果搁置所谓的"权利"问题,我们就能发现,在清代法律文献的书写中,堕胎不但是一种铤而走险的举动,而且极有可能致命。尝试堕胎的女性则往往是因为不正当的性关系而致孕。由此可见,清代法律首要考虑的问题并非禁止堕胎行为本身,而是惩处通奸的人,以及那些唆使奸妇堕胎而致其死亡的人。

---

① DC,律第364条(《读例存疑》卷四二·刑律·诈伪·诈病死伤避事条)。

② 参见(清)祝庆祺等著:《刑案汇览三编》第三编,第1930案,这一先例最早得以确立是在1817年四川的一个案例中;参见BX,案例1618,咸丰十年九月。在1738年的一个案件中,一个女性曾尝试堕胎(煎煮麝香)却导致堕胎不尽而残留有胎盘。在这样的情况下,一个稳婆试图挽救这个女人的性命,但最终没能成功。尽管这个稳婆没有为堕胎提供任何帮助,但仍旧依照"不应重"律被判处了刑罚(XT,90卷6号,乾隆三年十二月十二日)。

③ 参见葛元煦著:《洗冤录摭遗》卷上,卷四,上部,卷下,卷〇七,上部;(清)阮其新著:《重刊补注洗冤录集证》卷一,卷三四,上部。(《洗冤录摭遗》据光绪丁亥年刊本译出。——译者注)

④ 例如,(清)阮其新:《重刊补注洗冤录集证》卷四,卷〇九,上部;(清)许琏撰:《洗冤录详义》卷四,卷二一,下部至卷二二,上部。关于使用斑蝥进行非安全性堕胎的存续问题,可参见本文的最后一节。

除此之外,笔者仍需就此补充说明一点:在清代的法律文献中,笔者未见有任何蛛丝马迹能够说明堕胎在脱离通奸这一语境时仍旧司空见惯,或能够被社会或法律所认可。

(二)清代法律案例中所见的堕胎实践

在清代的档案中,笔者找到了相当一部分涉及堕胎的法律案例。其时笔者没有如此的远见,未能将这些案例尽数抄录,但笔者尚留有一份样本,其中收录了26个颇具代表性的案例。① 此外,笔者还从档案中将另外5个案例增补进了上述26个案例中。这5个案例在官方的案例汇编中均有概述。② 在总共31个案例中,有24个案例记录了堕胎完成的情况,还有3个案例记载了堕胎未完成的情况(3个案例中,女性的堕胎均被打断,并无法继续实施堕胎),而在剩余的4个案例中,女性积极地寻求堕胎的方法,但最终失败了。

但是,使用法律案例来估定社会实践的方法也存在明显的问题:这些案例更倾向于记录堕胎受挫的情况。笔者在清代法律文献中所见到的所有堕胎尝试都与女性因不正当性关系致孕的情况有关,而在所有的这些堕胎尝试中,有至少2/3都以孕妇的死亡而告终。倘若确实有相当数量的已婚女性将例行而安全的堕胎纳入了可接受的节育计划之中,那么有关这些女性的记载又怎么可能见诸其时的法律案例呢?但这一假设的前提是相关的记载也未见于其他文献。而在可资查阅的案例史料附之阙如的情况下认定其存在广泛的社会实践,无疑难以成立。

但这些法律案例也带来了极大的益处:为我们提供了27个可资查阅的案例——且其中一部分案例的记载十分详尽——这些案例均记录了真实的堕胎尝试,揭示了其时的社会背景,以及案中人所使用的方法和结果。除此之外,案例中所涉及的都是普通的女性,而非明清两代医学文献集中关注的上层女性。据笔者的推想,这一样本在某种程度上无疑可能造成曲解。举例而言,笔者认为,无论最终的结果如何,大多数未能成功的堕胎情形从未被上报给政府。但即便如此,清朝的法律文献仍旧提供了可资查阅的案例。这些记载了晚期中华帝国真实的堕胎实践情况的案例是除去白氏和费氏引用的医学文献(这些文本似乎没能支持他们的主张)外我们所能够掌握到的仅有的案例文献。再者,尽管在许多不涉及堕

① 其中有22个是18世纪和19世纪的"刑科题本"(在这些刑科题本中,地方官员将主要的案件呈报给帝国中央,以便审核),而另外4个则来自19世纪四川巴县当地法庭的档案。

② 参见(清)祝庆祺等著:《刑案汇览三编》(第2编),北京古籍出版社2004年版,第138案和第3编,第1930案;(清)许琏和熊莪编:《刑部比照加减成案》,法律出版社2009年版,第297~298页、第710页;震泽和沈沾霖编:《江苏成案》,第134~135页。(作者原注"2:138",但应为前引第2编,第1328案。——译者注)

胎尝试的案例中能够看到一丝与堕胎的可用性相关的线索(总体而言也是节育的可用性),但这一线索同时也证明了一个事实(可回想李伯重的观点):即使女性积极地寻求堕胎也未必能够如愿以偿。尽管这些法律案例中的论据在记录之初或许不是为某一定论而作,但是,任何与晚期中华帝国的堕胎相关的理论却都应该能够对这些论据作出合理的解释。

在下方的列表中,笔者列出了案例样本中31个女性的婚姻状况,这些女性均尝试过或积极地寻求过堕胎。

31个尝试过或积极地寻求过堕胎的女性的婚姻状况:
寡妇,未再婚:[①]16
妻子,丈夫离家:5
童养媳,尚未成婚:3
订婚,尚未完婚:2
寡妇,嫁与亡夫的兄弟:[②]1
独身,未订婚:1
尼姑:1
不详:2

在上述31个女性中,有一个寡妇的情形较为特别。这个寡妇以妓女为业,她尝试堕胎是为了保住自己的生计而非掩藏与他人的性关系——她害怕怀孕会使得她无法谋生。而其余的30个女性为了堕胎都不惜涉险,因为她们害怕婚外性行为曝光后会带来的后果。是什么导致这30个女性如此害怕?

我们不应假设这些女性的家庭和其所处的地方在女性贞洁的观念上必然与官方和上层阶级一样,偏于顽固——毕竟这种价值取向在多大程度上为普通百姓所接受仍未可知。[③] 但至少能够确定,有一部分丈夫和公婆认为他们有权杀死通

---

① 在案例汇编引述的女性中,有3人结过婚(可从其姓氏看出)且几乎可以确定已守寡(案中记载并未提及其丈夫)。笔者将这3人都算作未再婚的寡妇,计入此处。

② 在1800年湖南零陵县的一个案例中,寡妇与夫兄再婚得到了婆婆的同意,而这样做就是为了给未亡的儿子找一个媳妇。寡妇的娘家发现后十分愤怒,并以极端的后果相威胁,要求寡妇否认再婚的事实(当时寡妇已发现自己怀孕),并用通草熬成的药汤来堕胎。这份药草是由一个稳婆提供,耗价4.5石稻谷。XT,2126卷3号,嘉庆五年十月十五日和2111卷7号,嘉庆五年五月二十一日。

③ 例如,可参见Wolf and Huang,*Marriage and Adoption in China*,第159~160页。

奸的妻子,尽管在此类案例中通常还可以看到其他一些不可告人的动机。[1] 此外,需要注意的是,在几乎所有的堕胎案例中,我们都能够发现一些特定的因素。这些特定因素不仅在极大程度上为案中人带来了风险,同时也能够说明为何案中人除了单纯地考虑丢脸之外,还会为其他一些事而倍感焦虑(部分案件所包含的此类因素不止一个)。

何种因素会对因奸致孕的女性造成风险:
身为寡妇,怀孕则名节不保:15
乱伦致孕:11
与雇工媾和:5
自为尼姑,而与和尚媾和:1

独身寡妇的情形在上表中十分突出,这不仅仅是因为她们可能比其他女性拥有更多的机会发生不正当的性关系。出于生活的需要,多数寡妇在第一任丈夫死后不久便会再婚。但如果丈夫留下了足够的财产,寡妇也可能不会再嫁(除非这个寡妇能够得到公婆的同意,找来一个赘婿)。但这一切却非理所当然。一个寡妇的名节决定了她的身份(包括对其丈夫财产的支配权和孩子的抚养权)。倘若通奸败露,公婆不但可以夺走她的财产和孩子,也可以把她赶回娘家甚至把她卖给舍得花钱的人。在这些案例中,如果冲突涉及重大的利益,那么名节带来的话语权无疑会是一项重要的武器。[2]

第二个突出的因素则是乱伦致孕。在这种情况下,女性通常是与丈夫的近亲发生性关系。一旦被人察觉,所导致的后果无论在社会层面还是法律层面都可能极为惨重。根据清律的规定,女性若与丈夫的兄弟、侄子或叔伯苟且乃至结婚,将会被判处死刑(尽管收继婚在中国并不罕见)。并且在部分案例中,针对案犯判处的死刑基本上也都得到了实施。此外,女性若与夫家的长期雇工发生性关系,也会被判处死刑。这类情形同样出现在堕胎的案例中。而倘若和尚与尼姑苟且败露,双方都会被剥夺宗教身份,并因此而无法营生(与处罚不正当的性关系相比,剥夺宗教身份对宗教人员来说无疑更为严重)。在上述所有情形中,当事双方

---

① 在明清的法律规定中,丈夫如果发现妻子通奸,只要当场采取行动,就可以杀死妻子和她的情人而不受惩罚(DC,律第 285 条(《读例存疑》卷三二,刑律 · 人命 · 杀死奸夫条);参见 Sommer,*Sex, Law, and Society*,第 42 页)。

② See Sommer,*Sex, Law, and Society*, Chapter 5(尤其是第 172 ~ 177 页、第 190 ~ 197 页)。

都竭力避免实情败露,这也能够说明为何这些人会冒着极大的风险去尝试堕胎。①

那么,这些女性又会用什么样的方法去尝试堕胎,她们的成功率又如何呢?根据前述27次堕胎尝试的记载,其中有一个女性尝试了自我伤害的方式,还有一个女性采用的方法我们不得而知。但在其余的25次堕胎尝试中,无一例外地使用了堕胎药。在这25次尝试中,有10个案例列出了具体的药物,并且有几个案例详尽说明了使用的方法。多数堕胎药通过口服使用,但也有一部分堕胎药是引道栓剂或敷在腹部使用的膏药。

举例而言,根据四川巴县当地法庭档案的记载,在1850年的一个案例中,四川万县的一个寡妇谭刘氏与亡夫的近亲谭焕达通奸,并因此而染上身孕。当一次谭刘氏回到娘家时,她的父母注意到了她的腹部已有隆起,于是对她大加指责。尽管谭刘氏矢口否认,但同时却在竭力避免让公婆知悉内情。

谭刘氏将实情告诉了一个叫谭方氏的药草商人,并求谭方氏给她一副堕胎药,许诺如果堕胎成功,就会付给她一笔丰厚的报酬。于是,谭方氏到屋后山地内(这说明谭方氏有一个花园)摘了"一把牛膝根"交给谭刘氏,并告诉了她如何使用。谭刘氏将药草煎下饮服。第二天早晨,谭刘氏产下了胎儿,并随即将之"丢弃"。但谭刘氏也因此而血崩不止,5天之后就命丧黄泉。临死前,谭刘氏承认了通奸、怀孕和堕胎的事实,但却拒绝指认她的情人或给了她药的谭方氏。

几年后,谭刘氏的儿子从谭方氏的口中知道了事情的原委,并杀掉母亲当年的情人谭焕达,为母报仇。这一谋杀情节是案例中的关键所在。根据审判的结果,谭刘氏之子(杀人犯)最终得到了一个大幅减轻的劳役之刑,并在巴县服刑(正是如此,这一案例才得以留存在巴县的档案中)。而根据"受雇为人伤残,因而致死者"的律文进行比照,谭方氏则因为向谭刘氏提供了致命的堕胎药而被判处"杖一百,流三千里"。不过,谭方氏最终因为大赦而免于受刑。②

上述案例中谭刘氏用于堕胎的药草牛膝在今天的传统中医领域仍在广泛使用。许多人认为这种药草具备堕胎的功效,而这种药草也是堕胎药中的一种常见药材(包括蒸煮的药汤和阴道栓剂)。就如许多会导致子宫出血的药草一样,医学典籍认为,可以用牛膝来治疗月经不调、打下残留的胎盘或死胎,却唯独不可用于堕胎。过量使用牛膝甚至有可能致命。谭刘氏的死也并非个案,白氏和费氏所

① 在《金瓶梅》中,潘金莲堕胎时既是寡妇,又是乱伦致孕。

② 参见《巴县档案》,第1618案,咸丰十年九月;DC,律文364(《读例存疑》卷四二,刑律·诈伪·诈病死伤避事条)。

引用的医学文献也统计了女性大量服用牛膝堕胎致死的案例。①

而在1739年浙江海宁县的一个案例中，寡妇徐祝氏因为与其夫弟履冰(45岁)苟且而怀孕，而履冰却是一个和尚。当徐祝氏发现自己怀孕后便告诉履冰要“弄药打胎”。根据徐祝氏儿子(他已经知道了母亲通奸的事实，但却害怕面对她)的说法，在徐祝氏尝试堕胎时，“她已经肚子大了”。履冰后来也证实，最初他拒绝去找堕胎药。但徐祝氏却向他施压，到他的寺庙里并拒绝离开，直到他答应。因此最后他去了药店，并买了三种药：红娘子、麝香和山楂。记载中没有显示履冰买了多少药或买这些药花了多少钱。履冰将这些药熬成药汤，给徐祝氏服下。结果徐祝氏严重腹痛并大出血，最终在36个小时后死去。后来，地方官员问履冰“那堕胎的药方是哪个传你的？”履冰坦白道，“小的向来听得人说红娘子、麝香是下胎的，故此去买的，并不是哪个传授，也不是药铺里知情卖给小的。”(很可能履冰撒谎只是为了保护给了他堕胎药的人，但主审的官员接受了他的证词)。最终，履冰因为与其兄长的妻子发生不正当的性关系而被判处绞立决。这个判决也取代了购买堕胎药的罪行。②

令徐祝氏毙命的药均是广为人知的传统中药。其中，山楂具有包括治疗出血在内的许多功效，而且通常情况下被认为是安全的。③ 但红娘子却含有极高的毒性，其药用价值与斑蝥和芫菁十分相近。在中国香港特区、台湾地区和大陆，这三种虫类无一例外被列为受管制的有毒药物。并且这三种药物如果内服，小量即可致命(典型的死因是肾衰竭和体内化学烧伤)。④ 除去山楂和红娘子，麝香作为麝鹿的生殖腺分泌物，有特殊的刺激性气味，在中国传统中药中也属于广为人知的

---

① 参见费：《繁盛之阴》，第149~150页(168~169)；白：《技术与性别》，第250~251页(322)。由于“不致于殒绝者鲜矣”，14世纪的医家孔齐也曾对将牛膝用作堕胎栓剂的方法提出过警示(《堕胎当谨》，第93页)。关于牛膝的毒性，参见夏丽英等主编：《现代中药毒理学》，天津科技翻译出版公司2005年版，第470~471页。

② XT，91卷4号，乾隆四年二月十八日。同时参见Sommer，*Sex，Law，and Society*，第202~203页。截至笔者在书中概述这个案例时，笔者仍未能辨明这副堕胎药的成分。

③ 参见香港浸会大学图书馆：“中国药物样本数据库”(Chinese Medicine Specimen Database)，载http://www.hkbu.edu.hk/lib/electronic/libdbs/scm_specimen.html。

④ 斑蝥与芫菁均是西班牙蝇(lytta vesicatoria)的近亲(这种虫类能够作为春药使用的名声就来源于男性在斑蝥素中毒后阴茎异常勃起的症状)。红娘子中似乎并不含有斑蝥素，但其在传统中药中的使用却与斑蝥十分接近。关于红娘子、斑蝥和芫菁，参见Li Xia等：“Authentication of 31 Species of Toxic and Potent Chinese Material Medica”和夏丽英等主编的《现代中药毒理学》中的相应的条目，以及徐国钧和陈金泉等主编：《香港常用有毒中药图鉴》，商务印书馆(香港)公司1994年版。

堕胎药。但如果内服,麝香同样可能致命。①

在另一个江苏金匮县的案例中,麝香再次出现。这个案例呈报于1767年。案件中,童养媳朱氏(18岁)尚未与其未婚夫陈福郎(17岁)完婚。朱氏与其夫家所雇的农工倪惟良(45岁)发生了关系,并有了身孕。这个鳏夫倪氏自18岁开始就为陈家干活,每年拿5两或6两银的工钱。出于性命之忧,朱氏十分害怕公婆发现她的奸情。倪氏告诉她,他曾听说"妇人身边配带麝香就可堕胎"。于是朱氏给了他300文钱去买麝香。倪氏找到了他的表弟,一个名叫华群的医生。倪氏让他的表弟去买一些麝香,并告诉他自己是"要做香袋用的"。② 此后6周,朱氏把麝香佩在身边,但却没有见效。倪氏陷入了绝望。最终,倪氏将实情告诉了他的表弟,并求他开出一副堕胎药,还告诉他朱氏和他自己都已性命难保。华氏同意帮忙,随后买来了硼砂和樟脑,并把它们与麝香混合,制成3个药丸,告诉倪氏,若将药丸"塞入阴户或可堕得胎下"。(记载中未载明这些药材的用量和花费。)但是,在后来接受审讯时,华氏却坚称他"平日也不是惯代人家打胎的"。

朱氏依华氏所嘱用了药,但几天后却开始高烧不止,并伴有腹部和骨盆的剧痛。朱氏的婆婆生性多疑,识出了麝香的气味并质问朱氏。朱氏坦白了一切。于是,陈家找来了朱氏的哥哥。朱氏同样对她的兄长坦白了她的奸情。接下来的几天,朱氏的病情每况愈下,因此她的兄长把她带到了倪氏的家中,并把她留在了那里(这样做含义是让倪氏来承担朱氏之死的责任)。与此同时,朱氏的公公通知了当地的总甲长,总甲长又将这桩丑闻报告给了县衙门。获悉后,知县派了信差去抓捕倪氏,并派了一个医生照料朱氏。根据医生的诊断,朱氏的病情已是穷途末路。但医生仍然开了药方来"安胎",试图以此挽救她的性命。尽管如此,朱氏在第二天(也即塞入栓剂后10天)产下胎儿后便死去了。

依照"雇工人奸家长之期亲"的规定,倪氏最终被判处绞监候(对这一罪行的惩处也取代了对求取致命的堕胎药的惩罚)。而由于给药堕胎,华氏得到的判决则是杖八十,徒二年(根据"斗殴"律中有关堕人胎的规定)。③

---

① 关于麝香的毒性,参见胡利发:"麝香中毒致急性肾功能衰竭二例",载《中华肾脏病杂志》1994年第2期,其中记录了一个甘肃的案例。案例中,一个女性服用了3克麝香来堕胎,最终死于肾衰竭。而另一份文献对中毒剂量的估计则是3克或3克以上,6克即致命——马建昕:"常见中药不良反应概况",载《河北中医》2001年第2期。

② 作者原文为"wanted it for scent",张译引用了原文。为行文流畅故,此处从张译。——译者注

③ XT,1000卷3号,乾隆三十二年六月二十日以及XT,1011卷14号,乾隆三十二年八月九日;感谢戴氏向笔者分享了关于这个案子上的笔记。

许多医学典籍中的堕胎栓剂药方都含有麝香,如令朱氏毙命的那一副药方就是如此。在这些药方中,麝香还通常和牛膝根一同使用。① 笔者尚未找到其他含有硼砂或樟脑的堕胎药方,但樟脑是像麝香一样具有极高毒性的药物,如果内服就可能致命。②

笔者所查阅的清代法律案例也佐证了其他文献的记载。换言之,使用堕胎药是目前为止最为普遍的堕胎手段。③ 尽管如此,结果却不尽如人意:在24个完成了堕胎尝试的女性中,有17个女性最终丧命。而其余7个幸存下来的女性中,有6个女性成功堕胎,但她们中却至少有2个人因此遭受了严重的副作用影响,以致卧床数月之久(其他女性的详细信息则付之阙如)。最后一位幸存下来的女性也没能成功堕胎。总体而言,就面相上来看,这一样本中堕胎的成功率是1/4(姑且不论已经察觉的妊娠中有至少15%会自然流产,真实的堕胎成功率因此也可能更低);相比之下,堕胎的死亡率却超过了2/3。④

这份论据同时也显示,与其说传统药物能够安全地堕胎,毋宁说更可能致病或致亡。诚然,一些人必然会认为消极的结果在法律案例中可能存在过度代表的情况。但即便如此,这份论据也能够帮助我们理解医家徐大椿提出的通经药"乃命止药"的警示和法学家吴坛所说的"十无一生"的情况,以及江氏的受访者为何会认为传统的堕胎方法太过危险,以至于"宁生三子,不堕一胎"。⑤

的确,这些案例能够说明堕胎的可能性已是共识(笔者的样本能够代表安徽、福建、广西、贵州、湖南、江苏、江西、山东、四川、云南、浙江和直隶),但关于堕胎,仍旧存在许多错误的认识,而真正的堕胎方法也是一个特定领域内的专业知识。举例来说,似乎许多人都认为麝香具备堕胎的功效(正是麝香的气味让朱氏的婆婆起了疑心),但这些人却未必知道如何使用麝香来堕胎。更遑论安全地堕胎了。

---

① 如BCGM,第266页、第711页;(明)杜文燮著:《药鉴》,中国中医院出版社1993年版,第107页;(明)陈嘉谟著:《本草蒙筌》,中医古籍出版社2009年版,第38页。(《本草蒙筌》据人民卫生出版社1988年版《本草蒙筌》译出。——译者注)

② 1997年的一篇文章报道了一起堕胎失败的案例。根据该报道,一个16岁的女孩怀孕已6周。这个女孩服用了樟脑来堕胎,却险些丧命。这一案例发生在爱尔兰(Ireland),而堕胎在爱尔兰受到严格的限制。报道的作者认为,人类摄入樟脑的致死量是每千克体重50~500毫克。Walter Rabl等,"Camphor ingestion for abortion(案例报告)",第137~138页。

③ 参见白:《技术与性别》,第252页(325)。

④ 在这24个女性中,至少有23个使用了堕胎药,其中就包括所有最终丧命的17个女性。

⑤ 马建石等主编:《大清律例通考校注》,中国政法大学出版社1992年版,第810~811页;(清)徐大椿著:《徐大椿医书全集》(下册),人民卫生出版社1988年版,第1846页;江:"Women and Childbearing in Kwan Mun Hau Village",第237页。

例如,倪氏就相信,女性只要闻到麝香的气味就能够堕胎(这一古老的说法往往在女性间流传,且在今天的中国也仍然存在),而当那样做不起作用后,倪氏和朱氏便无计可施了。然后,在笔者的案例样本中,除一个女性外,其余所有的女性都必须花上一笔钱才能从药草商、稳婆或医生那里买到堕胎药。①

(三)堕胎的费用与可用性

由于堕胎药往往需要购买,而售卖堕胎药的这些人也大多具备一定程度的专业知识,因此,衡量堕胎药的可用性的重要因素之一就是价钱。一次堕胎需要花费多少钱,这样一笔钱又是不是大多数人能够承受的?

堕胎药所用的药材价钱不一:普通的药草如牛膝可能十分便宜(如果有人知道如何能够自行找到,那么这种药草甚至不需分文),而产自异域的药物如麝香、樟脑、肉桂和水银则理应贵得多。在笔者的案例样本中,麝香是最常被提及的堕胎药(在所有能够识别堕胎药成分的10个案例中,有5个案例用到了麝香,而且通常与其他药物一同使用)。长期以来,麝香作为香水的原料耗价不菲,而在中药中也同样如此。但至为可惜的是,我们无从得知在准备案例中的堕胎药时每种特定的药材所用的药量,以及大多数这些药材的准确价钱。例如,在前引最后一个案例当中,倪氏用了300文钱去买小量的麝香。这一价钱可以与倪氏一年的工钱作一番比较。倪氏一年的工钱是5两或6两银子,这在当时大约值4000文钱。但由于我们不知道倪氏究竟买了多少麝香(更不用说其质量)或华氏是否需要更多的麝香来准备栓剂,因此也无法对这一价钱作出何种评断(我们同样不知道樟脑和硼砂的价钱)。由于麝香功效显著,且颇为昂贵,案例中理应只用了相当少量的麝香。然而,一位英国的医学传教士在19世纪至20世纪记载的两个堕胎药方所用的麝香剂量却大相径庭:一副煎煮后口服的药汤只含有0.37克的麝香,而另一副栓剂所用的剂量却十倍于此——考虑到麝香内服仅3克就可能致命,后者的剂量无疑十分危险。②

---

① 唯一例外的是1819年湖南邵阳县的一个案例。该案中,由于丈夫长期在外,于是妻子与一个雇工有了私情,并染上了身孕。这个妻子用一种自行采摘的野生草药成功堕胎,这种草药就是"土牛膝"——这一术语在不同的文献中所指不同,因此无从断定她所用的是哪一种。XT,2732卷4号,嘉庆二十四年十一月十七日。

② 参见马:"On Criminal Abortion in China",第18页;胡利发:《麝香中毒致急性肾功能衰竭二例》,载《中华肾脏病杂志》1994年第2期。

但所幸我们能够知道其中8个法律案件中堕胎的费用。①

8个案例中堕胎的费用,包括地点与时间:
1)三两银七折钱(等于米1.5石);金匮县,江苏,1773年
2)1500~4500文钱;永北厅,云南,1774年
3)1000文钱;阳湖县,江苏,1781年
4)4100文钱;苍梧县,广西,1788年
5)谷4.5石(等于米2.25石);零陵县,湖南,1800年
6)2000文钱;高安县,江西,1802年
7)5两银;古州厅,贵州,1815年
8)5两银;余庆县,贵州,1842年

为了更直观地感知这些价钱,可对其作一番简单的比较:1.5石米大致是一个人一年的用量;而在18世纪和19世纪早期,一个农工一年的工钱平均3000~5000文钱或5~7两银,这取决于支付工钱的方式。② 在部分情况下,卖妻的价钱与此十分相近。例如,在1798年云南永善县的一个案例中,一个男人迫于贫困,便以区区5两银的价钱卖掉了他的妻子(25岁,并附有生育能力的证明)。③

让我们对另外两个案例作进一步的考察。首先,在1773年江苏金匮县(地点与前述朱氏和倪氏的案例相同)的一个案例中,寡妇章杨氏(27岁)与亡夫的侄儿章宝私通后怀孕。章氏的朋友潘永林和他的伯母潘张氏(一个50岁的寡妇)住在一起,后者是一个稳婆。章氏问潘氏,他的伯母是否能够堕胎,但潘氏并不知道。于是潘氏便带着章氏去见他的伯母。

这个稳婆后来证实,她"从前并没有替人打过胎的",但她的祖母在很久前告诉过她怎么做,于是她应承了下来。她先将一小块麝香塞进一束"牛膝草"的茎

① XT,1280卷4号,乾隆三十八年八月二十四日;XT,1303卷,乾隆三十九年二月二十六日;震泽和沈沾霖等编:《江苏成案》,第134~135页;XT,1763卷12号,乾隆五十三年二月二十四日;XT,2126卷3号,嘉庆五年十月十五日和2111卷7号,嘉庆五年五月二十一日;XT,2171卷2号,嘉庆七年正月二十日;XT,2586卷13号,嘉庆二十年十一月十四日;XT,3323卷6号,道光二十二年五月二十八日。

② 黄宗智(*The Peasant Family and Rural Development*,第184页)通过利用1950年代松江县每年稻米的贴补额,对消费量进行了估计:每口(不以年龄或性别划分)人3~3.25石谷。谷兑米的比率是2:1。关于工钱的问题,参见李文治著:《明清时代的农业资本主义萌芽问题》,中国社会科学出版社1983年版,第230~238页。

③ XT,2051卷8号,嘉庆三年二月二十七日。

尾端,用丝线扎紧,然后通过扪诊(palpation)的方式,推断出章杨氏的身孕已有5个月左右。因此,她用了一束5寸长(约6.5英寸)的牛膝草。她的祖母曾告诉她,牛膝草的长度应随孕期长短逐月增加,一月1寸。① 然后,她把这些药草放入了章杨氏的产门,没有取出。不到24个小时,章杨氏就开始大出血,堕下胎后就死了。根据药草的长度判断,章杨氏的子宫恐怕已被刺穿。②

潘张氏虽允诺帮助章杨氏堕胎,但条件是付给她3两7折钱,相当于2100文钱。为了支付这笔费用,章氏给了潘张氏1石米(价值2两7折钱或1400文钱),余下的则用钱抵付。根据这一信息我们可以算出,这笔费用的实际价钱是1.5石米。而所有的案中人又都是贫苦的农民,因此这个价钱对于他们来说,无疑是一笔巨大的开销。

在这些费用中,章氏先付给了潘张氏0.4两银(价值280文钱),用来购买堕胎药的药材。在潘张氏将药草放入章杨氏产门后,章氏付给了她米和余下的钱。由于潘张氏所用的牛膝草是自行采摘的(在一个附近的稻田边上),因此预付的定金应当是用于购买麝香。换言之,在给付的酬资中,超过5/6的部分都用于偿付潘张氏在使用何种药物、如何使用这些药物方面所具备的知识(由此看来,这些知识尚未普及)及其所作的慎重选择了。③

如果我们认可潘张氏的证词(主审的知县及其上级就接受了这一证词),那么堕胎就不属于其日常工作的一部分——事实上,她也从未有过堕胎的经验。或许潘张氏是在说谎——其是否经常为已婚夫妇提供安全有效的堕胎服务,以此作为节育的措施亦未可知,而这起特殊案例中的死亡也可能仅仅是一个意外。但如果这一假设成立,即施行堕胎实际上至为普遍,不但为社会和法律所接受,还是稳婆的日常工作中的一部分,那么潘张氏又为什么要说谎呢?(而且为什么她的侄儿不知道她是否会堕胎?)尽管潘张氏声称这是她第一次为他人堕胎,但这却丝毫不能减轻她在章杨氏的死中所扮演的共犯角色,以及应得的刑罚。相同的逻辑或许同样可以适用于前述案例中的医生华氏,后者提供的栓剂虽然导致朱氏毙命,但也证实了使用堕胎药并非其日常工作的一部分。

倘若潘张氏确实说了谎,声称自己缺乏堕胎的经验,那么最合理的解释就是她要保护其他因婚外性行为而怀孕的病患。在此,这一论述显然已进入推测的层

---

① "Ox knee grass"是牛膝草,一种具有通经和堕胎价值的芳香草药(Ernst,"Herbal Medicinal Products during Pregnancy",第231页)。尽管汉语中的名称十分相似,但牛膝草显然与通常使用根部的牛膝并不相同。

② 产门既可指阴部也可指宫颈,但在这个案例中,显然指的是后者。

③ XT,1280卷4号,乾隆二十八年八月二十四日。

面。但如果堕胎果真在社会实践与法律书写两个面向上都与通奸密切相关,那么或许潘张氏早在案发以前就已在暗中帮助因奸致孕的女性堕胎了。并且,从证词中可以看出,潘张氏可能是通过假装缺乏堕胎的经验来使自己的病患免于起诉和舆论的责难。但在此类情形下所实施的堕胎显然与已婚夫妇为实现例行节育而实施的堕胎相去甚远。除此之外,潘张氏在案中所供称的证词也完全有可能就是事实本身。

且不论推测的部分,章氏没有任何异议就同意付给潘张氏这样一笔高昂的费用,这就足以说明章氏除了仰赖潘张氏外已别无选择。对章氏而言,想要比较不同堕胎服务的价钱后再行选择显然不可能。

除了上述金匮县的案例,第二个需要考察的案例则来自于1774年的云南永北厅。这一案例虽未载明堕胎的确切费用,但仍可从中推出这一费用的区间。根据案例的记载,萧万氏(31岁)的丈夫长期离家。而为了谋生,萧万氏便会不时地与邻居李琇(35岁,一个已婚的武生)发生关系。李氏的家境较为殷实。每次事毕,李氏就会付给萧万氏100~200文钱,并隐瞒他们之间的关系。

7个月后,萧万氏怀上了身孕。于是萧万氏便让李氏给她4500文钱去买堕胎药。但李氏却因为价钱的原因而断然拒绝(李氏认定堕胎药不会如此昂贵)。萧万氏威胁李氏,无论后果如何,她不但要把孩子生下来,还要让所有人知道李氏就是孩子的生父。面对萧万氏的逼迫,李氏只得给了她1500文钱,并答应迟些再付清余下的部分。拿到钱后,萧万氏买来了一服不知名的堕胎药来尝试堕胎。尽管萧万氏最终成功堕胎并活了下来,但她也因这服药而病倒。她不仅阴部出血,还丧失了正常的生活能力,数月之后才逐渐痊愈。在卧床期间,萧万氏让李氏按照约定付给她余下的3000文钱,以便结清堕胎的费用。李氏拒绝了。他认为,既然堕胎已经成功,他也就无须再担心私情败露。李氏的自私令萧万氏怒不可遏。病愈之后,萧万氏拒绝再与李氏发生关系,并委身于另一个允诺供养她的邻居。李氏因此而妒火中烧。他悄悄地跟踪萧万氏,最终伺机勒死了她。

考虑到萧万氏曾与李氏有过交涉,因此,萧万氏原有可能从李氏那里拿到1500~4500文钱来付清堕胎药的钱(萧万氏曾向李氏要4500文钱,而我们也无从得知李氏最终付给她的1500文是否足够抵偿全部药物的费用)。为了直观地感受这笔钱的分量,可以将这一费用区间与每次事毕李氏付给萧万氏的100~200文钱进行比较,萧万氏可能需要与李氏发生8~15次关系才能换来这一区间中最低的价钱。①

① XT,1301卷5号,乾隆三十九年二月二十六日。

由于有关堕胎费用的论据十分有限,因此任何结论都必然是待定的。但就前述8个能够确知堕胎费用的案例而言,我们仍然能够肯定地推断,其中的费用对于中国有清一代的大多数人来说都颇为昂贵(即便是李氏这样的武生,也拒绝支付4500文钱的费用)——而对于穷人来说,这样一笔费用已与禁止堕胎无异。这样的费用也可能单纯地反映了部分药物的昂贵。但至少尚有一个案例能够表明,堕胎服务的纯粹稀缺性才是至关重要的因素。这也正是稳婆能够向案中人勒索高昂费用的原因。

事实上,堕胎药的费用远非衡量其可用性的唯一因素。在其余的数个案例中,案中人不顾一切地寻找堕胎的方法,但都未能如愿。这说明,即便能够承担堕胎的费用也未必能够成功堕胎。

根据1769年直隶束鹿县的一个案例,妻子苏氏在丈夫离家期间因为通奸而怀孕。苏氏的情人赵黑子无法为她找到堕胎药,于是苏氏便自尽身亡。最初苏氏试图自尽(为了避免奸情败露导致的后果),却被赵氏阻止。赵氏告诉苏氏,"替你去买副打胎的药来打下来吧"。[①] 但尽管赵氏四处奔忙,也始终"寻不出打胎药来"。随后,苏氏回到了夫家,服砒霜自尽了。[②]

与苏氏案类似的是,在1787年安徽阜阳县的一个案例中,贾得宝(32岁)因为与堂妹贾大姐(19岁)通奸而致其怀孕,但贾氏却找不到堕胎药能够让贾大姐堕胎。据贾氏后来证实,贾大姐意识到自己怀孕后便"叫我买打胎药"。贾氏虽然应允了下来,但却发现"无处购买"。4个月后(贾大姐的腹部开始隆起),贾氏开始不顾一切地想要掩盖这桩丑闻。最终,贾氏将老鼠药掺进酒中(并告诉贾大姐是堕胎药),让贾大姐喝下。贾大姐随之毙命。既然贾氏身为地主(贾氏不仅自己有2个长工,他的妻子还有1个女佣),家境富裕,堕胎药的高昂费用自然不是问题。因此,更为合理的解释便是贾氏的确无处购买堕胎药。[③]

此外,1773年广西兴安县的一个案例还记载,寡妇唐杨氏(41岁)由于和散工李成忠(41岁)通奸而怀孕。唐杨氏以每月400文钱的工钱雇了李氏3个月。唐杨氏的干女儿赵氏的兄长赵廷林是一个医生。唐杨氏甫一得知自己怀孕便让李氏去找赵氏的丈夫唐明义,托唐氏将自己引荐给赵廷林,并希望说服赵廷林为她堕胎。她答应付给唐明义1两银子作为酬谢,方才使唐明义答应帮忙。但当唐明义领着唐杨氏来到赵廷林的家中时,赵廷林却拒绝为唐杨氏开一个堕胎药的方

① 作者本人此处所注拼音无"去"字。从张译所引原文。——译者注
② XT,1104卷18号,乾隆三十四年四月六日。
③ XT,1760卷11号,乾隆五十二年十二月十七日。

子,并称那是“犯法的事”。唐杨氏不依不饶,但赵廷林态度坚决。于是,唐杨氏留在赵廷林的家中不肯离去。无奈之下,赵廷林找来自己的母亲,让母亲陪她过夜。僵持了两天后,唐明义来接唐杨氏回去,并告知唐杨氏,她的婆家人(在得知唐杨氏怀孕的消息后)已经杀死了李成忠。

唐杨氏的性格颇为坚强,也具备一定的经济基础,但仍旧无法成功堕胎。而赵廷林的严词拒绝虽然十分确切,却也同样令人无奈。他的证词既未显示他是否知道如何堕胎,也没有明确表示他认为何种行为是“犯法的”(也就是说,证词未能显示他究竟认为普遍意义上的堕胎即属犯法抑或仅仅是帮助一个通奸者堕胎有违法律)。这一记载的阙如无疑十分可惜。但赵廷林的拒绝却毋庸置疑。唐杨氏显然已别无他法,因为她最终怀胎足月,产下了一个死胎。随后,唐杨氏因通奸而被起诉,并获杖责。①

这3个案例各自的结果甚为迥异,而我们也无从得知所有相关的因素。但至少我们可以确定,只要案中的这些女性能够掌握堕胎的方法,她们就能够成功地堕胎。但是(为了说明得更加清楚),这些女性却在一开始就缺乏有效的避孕措施。

那么,如果一个女性无力承担堕胎药的费用,或是由于其他原因而无法获得堕胎药,她又会怎么做呢？1762年直隶任丘县的一个案例中,寡妇马氏(27岁)与其雇工李安(25岁)有染并怀孕。怀孕后,马氏试图以自我伤害的方式来堕胎。她不顾一切地想要阻止丈夫的兄嫂知道她通奸的事,因为她害怕被赶出家门,失去亡夫的财产和她的孩子。李安后来也证实,“她说,‘不好了,我有了胎了,你也不管我,快给我躧躧罢。’她就仰在炕上,小的上去给她躧了两三脚”。但就在那时,马氏的嫂子却恰巧撞见了这一幕,并且马上意识到马氏一定是在尝试堕胎。马氏和李安向她的嫂子磕头,求她不要将这件事告诉她的丈夫。在马氏的嫂子拒绝了二人的哀求后,这对情人便决定一起自杀。李安随后杀死了马氏和她的嫂子以及她们的两个女儿,然后准备自杀(但失败了)。李安最终因为杀一家三人以上而被处以凌迟。②

马氏与李安所选择的堕胎方法如此粗陋,无疑反映出了二人的绝望和缺乏选择的事实——这让我们想起韩氏的受访者。这些受访者用织机的锤棍猛击腹部,试图以此堕胎。这样的方法几乎不可能成功,而且十分危险。但也正如韩氏的受

---

① XT,1706卷11号,乾隆五十二年十二月十七日。

② XT,795卷6号,乾隆二十七年三月二十六日。关于案例的详细记录,参见Sommer,*Sex,Law,and Society*,第203~204页。

访者一样,马氏与李安显然已经别无选择。但颇为有趣的是,马氏的嫂子一见李安踩在马氏的肚子上就知道发生了什么,这说明对于这样的举动,只有这种解释至为可能。

这一案例也令笔者对清代法律档案中有关女性"自杀"的诸多案例产生了兴趣。[①] 有相当一部分人认为年轻的农村女性是在服用了有毒的药物后死去的,而这些有毒的药物在农村环境中随处可见。举例而言,有砒霜(可用于杀虫和治疗皮肤溃烂)、盐卤,以及一些特殊的野生药草如断肠毒草[②]与19世纪晚期的鸦片。毫无疑问,这些死亡案例中的绝大多数都是真实自杀。但笔者怀疑(这一想法尚未得到证实),这些死亡案例中至少有一部分是由于尝试堕胎而导致的,这些女性或无从寻求专业医生的帮助,或铤而走险,寄希望于手边尚可得到的毒物。这样一种行为模式在其他地方也可见到(Roe vs. Wade 案发生之前的美国就是如此)。[③] 在这类案例中,真实的结果可能已经无从考证,亦或许案中的这些家庭已将真相永远抹去。举例而言,在1824年直隶鹿县的一个案例中,一个因通奸而怀孕的女性吞下官粉而死——她的死被认定为是自杀,然而,她所服用的官粉尽管具备多种不同的用途,但同时也被认为具备堕胎的功效。我们已经无法确知这个女性为何要服用官粉,但堕胎确实有可能是其初衷。[④] 事实上,我们或许还能够将这一推想延展至今天的中国。在今天的中国地区,年轻农村女性的自杀率依旧居高不下,而服用杀虫药则是其中最常见的死因。在这些死亡当中,是否也有一部分是由于贸然尝试堕胎而导致的呢?[⑤]

(四)妊娠足月的后果

笔者所见的每个法律案例都记录了一次真实的堕胎尝试,但此外尚有相当数量的案例记载了妊娠足月后的情况。在这种情形下,通奸败露所导致的结果对于

---

① 在20世纪早期的台湾,女性的自杀率远高于男性。这一情况在即将成年和二十岁出头的女性种尤其明显(Margery Wolf,"Women and Suicide")。

② *Gelsemium elegans*,也被称作"大茶叶",常被用于自杀和谋杀——有关女性使用断肠草的案例,参见XT,3卷3041号,乾隆三十一年五月九日;6卷2325号,乾隆三十一年九月五日;以及7卷2754号,乾隆三十一年十一月十六日。这种植物的栽植十分普遍且广为人知。

③ See Reagan, *When Abortion Was a Crime*. Quinn Javers,其在斯坦福大学期间完成的一篇学位论文与晚清巴县的非正常死亡有关。根据该文的观点,食用鸦片自杀的方式最为常见。

④ XT,2852卷1号,道光四年五月九日。一部分医学典籍也将官粉(也被称作铅粉或粉锡)列为一种堕胎药——例如BCGM,上卷,第266页、第336~338页。

⑤ 关于现代中国非安全性堕胎的讨论请参见下文。中国是现在世界上唯一一个女性自杀率高于男性的国家;农村的自杀率则是城市的三倍,且集中在15~34岁这一年龄段(Xie Chuanjiao,"China's Suicide Rate among World's Highest";Fan,"In Rural China, a Bitter Way Out")。

女性而言往往是毁灭性的。而此类案例中女性所具有的特点也与上述堕胎案例颇为相似：寡妇、新娘、养女（尚未成婚）以及独守空闺的妻子，偶尔也有尼姑。

下述三个1736年的案例均来自刑科题本：江苏长洲县，寡妇邱氏因怀孕暴露了她与夫弟有染的事实，二人也因此被指控乱伦，最终获死罪。山东临清县，一个名叫骆氏的年轻新娘在完婚后仅仅4个月就生下了一个健康的女儿，这令她的丈夫恼羞成怒，并将她与孩子双双杀死。而在福建南靖县，一个名叫庄氏的年轻女子在未婚夫远在台湾期间却怀上了身孕。奸情败露后，庄氏走投无路，宁愿选择自杀结束一切也不愿意面对此事的后果。① 笔者尚可以援引更多的案例，这些案例可以作为一个参照系，与那些可资查阅的真实堕胎尝试进行比较。就如唐杨氏（由于医生拒绝帮忙，最终只得将孩子生了下来）一般，倘若这些女性真有办法堕胎，她们一定已经终止了自己的妊娠。此外，另一个事实也毋庸置疑：如果这些女性掌握了有效的避孕方法，那么她们自一开始就不会遇到这样的麻烦。

再来考察1845年直隶宝坻县的一个案例。案例中，寡妇胡氏在丈夫死后3年生下了一个孩子。为此她的婆家要将她逐出家门。胡氏拒不离开，并否认自己曾与人通奸，还声称不知为何会怀上身孕。双方的争执最终闹到了官府，成了一桩棘手的案子。没有人相信这个寡妇的说辞，但她却一口咬定自己没有说谎。折衷之下，胡氏得偿所愿（没人知道她的情人是谁，这也起了一定的作用）。显然，胡氏的孩子（一个女孩）一出生便死了，最初胡氏在公堂上承认自己杀死了孩子。胡氏的婆家也证实了这一点。但随后胡氏翻供，声称孩子是自然死亡。主审的官员没有继续追查孩子的死因，这或许是因为无论如何都没有人想要这个孩子的缘故。②

堕胎本可为胡氏省去大堆麻烦。但实际上，正如江氏和韩氏的受访者以及程氏的妻子一样，胡氏可能已经尝试过堕胎，但却失败了。这也是1788年广西苍梧县的一个案例中出现的情况。案例中，一个女性服下了一份不知名的堕胎药（为此她的情人支付了4100文钱），但却没有见效。最终这个女性生下了孩子，勒死后将之掩埋，徒劳地想要掩盖所发生的一切。③

在所有涉及非意愿性妊娠的法律案例中，涉及杀婴的案例要比涉及堕胎的案例多出不少。这就说明，在行得通的情况下，杀婴或许是解决此类问题的首选方

① XT，7卷3号，乾隆元年四月十八日；XT，11卷3号，乾隆元年六月二日；XT，20卷15号，乾隆元年九月十九日。

② 宝坻县档案，bundle 162，道光二十五年三月八日；关于这一案例的详细记录，参见Sommer，*Sex，Law，and Society*，第205～207页。

③ XT，1763卷12号，乾隆五十三年二月二十四日。

案。通过1737年湖北巴东县一个案例中的计算,我们或许能够得到些许启发。在这个案例中,谭氏常住娘家照料生病的母亲。但在此期间谭氏却因为通奸而染上了身孕。谭氏的情人付给谭氏父亲一笔钱,让他对这件事守口如瓶。由于担心谭氏可能会试图堕胎或杀婴,于是谭氏的情人便警告谭氏的父亲,称自己想要这个孩子:“若是怕李文明(谭氏丈夫)知觉,或将身孕用药打下,或是产后淹死,我便要向李文明实说,卖奸怀孕,大家弄得不好交代。”①这个案子最终引起官方的注意是因为谭氏的情人杀死了李文明,希望将谭氏据为己有。彼时谭氏怀有六甲已7个月。

根据谭氏情人的说法,堕胎和杀婴是处理这类妊娠的两种选择。事实上,谭氏确实想要回到丈夫的身边(对她而言,这段不正当的关系只是一时的放纵,而不是长久的关系),而她也并未参与共谋杀害自己的丈夫。在公堂上接受审问时,谭氏解释称,考虑到“产后不难灭迹”,因此自己已经计划等到来年春天再回到丈夫的身边。而她的丈夫也就永远不会发现这件事。谭氏的这一陈述说明,在排除了堕胎的可能后,她已在考虑杀婴的可行性。②

但杀婴的前提是将孩子生下来。生育本身不仅有风险(考虑到产妇的高死亡率),同时也很难隐藏——对于一个想要掩人耳目的女性来说,这一问题至关重要。例如,在1736年的一个案例中,安徽的寡妇秦氏与雇工有染并怀孕,孩子一生下秦氏便将其掐死。但警觉的邻居却听到了婴孩的啼哭,秦氏的奸情也就此曝光。由于不愿意面对指控和被婆家逐出家门的境况,秦氏最终选择了自杀。③ 而另一件1736年河南滑县的案例情况与此类似:寡妇刘氏(与两个邻居有染)在孩子甫一出世后便迫不及待地将其杀死,但她的公婆却发现了孩子的尸体——刘氏企图出逃,但却在被抓后死于婆家之手。④

考虑到秦氏和刘氏所冒的巨大风险,为什么她们二人还要将孩子生下来呢?最有可能的答案恐怕是她们别无选择。

四、现代中国的非安全性堕胎

(一)1928年河北地区的传统堕胎方法

非安全性堕胎并未随着清代的灭亡而消失。恰恰相反,这一情况在整个20

---

① 张译此处原文未引全,恐有误。——译者注

② XT,29卷9号,乾隆元年十二月十九日。

③ XT,32卷12号,乾隆元年。

④ XT,4卷6号,乾隆元年三月十四日。

世纪都持续存在,甚至到后毛泽东时期也如此。

针对中国北部传统堕胎技术的实践问题,马士敦(J. Preston Maxwell)提供了一个独特的视角。马氏作为一位英国的医学传教士,当时任北京协和医学院的妇产科和妇科学教授。1928年,马氏在其论文《论中国的堕胎犯罪》(On Criminal Abortion in China)①中对传统堕胎技术造成的副作用的描写令人颇感心悸,其处理这类情况也积累了丰富的临床经验。

马氏对四种基本的堕胎方法进行了描述。第一种方法是“从外部对子宫实施强有力的打击”。但据马氏称,这种方法没有什么作用,也并不普遍。“这种方法除了使下腹部持续疼痛一段时间外,成功率并不高。”②而在世界上部分禁止堕胎的地区,推拿堕胎则仍旧存在。但这种堕胎方法同样成功率很低,且导致并发症的风险很高。③ 笔者尚未发现有证据能够表明推拿堕胎在中国普遍存在。

马氏提及的另外两种堕胎方法是“将异物塞入宫颈”和打“催产针”。而使用“催产针”时需要将针头穿透皮肤和腹壁,最终打进子宫。根据马氏的说法,这两种方法都很少使用。但众所周知,这些堕胎的方法都具有极大的危险性,导致的并发症很可能危及生命。由于缺乏消毒手段和抗生素,这类外科手术式的堕胎方法即便能够“正确”实施也仍然相当危险。④

在马氏记载的一个案例中,一个女性将一根筷子插入了自己的宫颈,从而成功堕胎。但之后这个女性也险些死于败血症。而另一个试图用这样的方法堕胎的女性却没能成功,并最终因破伤风而丧命。此外,马氏还记载了三个案例,记录了注射催产针的过程中出现失误的情况。根据其中两个案例的记载,堕胎的过程中针头发生了断裂,如果不实施紧急的外科手术取出,就会留在体内。这两个案例中的女性最终都没能成功堕胎。其中第二个女性(一个38岁的农民,丈夫离家时通奸而怀孕)曾尝试过用药草堕胎,但未见功效。之后,她找到了一个“中国的本地郎中”,试图用针堕胎(在相对安全的堕胎方法失败后再寻求外科手术式的

---

① 参见Rigdon所引用的马氏的研究内容(“Abortion Law and Practice in China”,第548页、第559~560页)以及贺氏的研究(《危险的愉悦》,第462~463页)。

② 马:On Criminal Abortion in China,第13页。

③ “对女性的下腹部施加强有力的打击是为了终止妊娠,但这样做有时却会打破子宫,从而导致孕妇死亡”(Grimes等:“Unsafe Abortion:The Preventable Pandemic”,第4页)。参见Shepherd,*Marriage and Mandatory Abortion among the* 17_{th} *– Century Siraya,for massage abortion as apparently practiced by an aboriginal people of Taiwan*。

④ 参见Grimes等:“Unsafe Abortion”,第4~5页。

危险方法是一种世界各地都有记载的非安全性堕胎模式)。① 在第三个案例中,一个43岁的寡妇(此前曾生育过8次,但却由于通奸而再次怀孕)4次用针穿入自己腹部才成功堕胎。虽然堕胎成功,但这个女性最终却也因腹膜炎而殒命。②

马氏提到的第四种堕胎方法则是"催产药"。根据所有的证据显示,催产药作为一种堕胎药是堕胎最重要的一种手段。在马氏的受访者中,一个经营传统药物的药草商人给了马氏3服堕胎药的药方,并保证在怀孕后的最初3个月内,这3副药方都是有效的。第一服药方主要包括一些有毒的虫类:例如,14只斑蝥壳,2只红蝉,5.6克水蛭(leech)以及1.9克虻虫(gadfly),加上其他一些药材,研成粉末,混于酒中,然后口服。③ 但这服药方很可能具有相当的危险性。中国的医学期刊就曾报道过女性仅服用3只斑蝥壳即致死的事件。④ 第二服药方则是在将数种药草熬成药汤后加入麝香,而后随酒口服。第三服药方则是一服引道栓剂。根据这服药方,需要将部分药材研成糊状,然后与麝香一起放入一个丝袋当中。⑤

马氏指出,"我们掌握了相当数量的案例。在这些案例中,药物导致的后遗症对病患造成了严重的影响,而这些药物则在中国北部被广泛使用"⑥(N. B.:马氏的这一说法强调的是地理上的范畴,但马氏并没有说明这些药物的使用是否安全或有效,因此也无从认定这些药物是否能够用于例行节育以限制家庭规模,或推

---

① Santow, *Review of Eve's Herbs*.

② Maxwell, *On Criminal Abortion in China*,第14~17页;马氏提供了一张X光射线图,从中可以看到一根"普通的地毯针"。这根铁制的地毯针(长7.25cm)留在了一个女性腹部内。此外,马氏还提供了一张照片,从中可见地毯针经手术取出后的情形。

③ 马氏将红蝉称作"瓢虫"(lady bug),而将称虻虫称作"马蝇"(horse fly)。关于虻虫和水蛭的毒性,参见徐国钧和陈金泉等编,《香港常用有毒中药图鉴》和夏丽英等编:《现代中药毒理学》,天津科技翻译出版公司2005年版,第481~483页、第507~508页。

④ 例如,孙忠国和郭英丽,"斑蝥中毒死亡未检出斑蝥素1例分析"。在这个案例中,斑蝥经研成粉末后与其他药材一起用芝麻油(sesame oil)混合服用。西安交通大学的法医病理学网站经评估认为,斑蝥的致死量应为1.3~3.0克;而另一文献则认为是1.5克(徐国钧和陈金泉等编:《香港常用有毒中药图鉴》,商务印书馆1994年版,第188页)。使用动物身上的原料和草本药物也存在一个问题:活性剂的所需用量可能因药材的集取季节、病患的年龄和性别、用药的部位、制备的方法等因素不尽相同而有所差异。而对外观上十分相似的药物种类加以分辨也颇为困难,因此也就可能导致危险的后果——已有相当数量的文献对如何通过显微镜观察、DNA分析或其他一些手段来辨别药物有所涉及,但这些方法直到最近才出现:比如徐国钧和陈金泉等编:《香港常用有毒中药图鉴》;高:"Causes, Epidemiology, and Clinical Evaluation of Suspected Herbal Poisoning";Li Xia等:"Authentication of 31 Species of Toxic and Potent Chinese Materia Medica"。

⑤ Maxwell, *On Criminal Abortion in China*,第17~18页。

⑥ Ibid.,第18页。

知其描述的严重影响有无例外的可能)。马氏还对两个因使用阴道栓剂而导致副作用的案例进行了描述。在第一个案例中,病患成功堕胎,但这也对孕妇的生殖器官造成了永久性的伤害:"从那时起,她的每次经期都会伴随严重的痛经。这种疼痛随着黄色排泄物和血迹的排出而停止。阴道被顽固的纤维组织堵塞……而子宫则发生了粘连并紧紧地收缩在一起。"第二个案例中的堕胎则以失败告终——而马氏也相信,这个病患将因此而不久于人世,虽然他并不知道这个病患最终的结局如何。除上述案例外,马氏还引述了其他两个因肾衰竭导致孕妇死亡的案例,尽管他没有明确指出这两个案例中所用的堕胎方法。[①]

就具体情况而言,马氏在文中提及的所有女性都十分趋同,都是因为通奸而致孕。在这一面向上,马氏掌握的证据与那些记载了堕胎尝试的清代法律案例惊人地相似,女性由于害怕私通后怀孕所导致的社会后果而铤而走险是二者共同的题旨。

此外,需要指出的是,马氏对"犯罪性堕胎"这一术语的使用反映出堕胎在其时仍旧被中国的法律所禁止。马氏至为关心的问题自然是这些堕胎方法"对病患造成的极大风险",他也称此为"一种重大威胁"。[②] 当然,马氏的证据也同法律案例一样,颇类于坊间传闻。而医生也与地方官一样,更倾向于关注那些出现危险性错误的堕胎案例。尽管如此,马氏的证据也与法律案例一道反驳了部分人对于传统堕胎技术的自满。这至少说明,那些认为这类堕胎技术足够安全或可靠,能够满足例行使用的人需要承担相当一部分的证明责任。

(二)1949年后的传统堕胎技术

自1949年以来,中国政府大力地推进了传统中医的发展。而自20世纪70年代起,政府又制定强制性的节育政策来限制人口的增长。而倘若安全可靠的堕胎技术在1949年以前就已被广泛使用,那么今天就同样会有人期待这些技术能够一如既往地得到运用。既然如此,传统堕胎技术在现代的命运又究竟如何呢?

在最近的数十年内,许多草本的堕胎药已在严格管控的临床或实验室环境下得到了检验。这些检验偶尔会采用药物的原材料,但通常情况下是检验可注射的化学萃取物。就表面上来看,此类检验最为成功的地方就是将特定的传统药物与现代技术一同使用。举例而言,在20世纪70年代,有报道称,将一种叫作天花粉(tricosanthin)的丝瓜根萃取物与前列腺素(prostaglandin)一起使用(以注射的方式),早期堕胎的成功率高达81%。然而后来,天花粉在很大程度上被米非司酮

① Maxwell, *On Criminal Abortion in China*, 第18~19页。

② Ibid., 第13页。

(mifepristone)(RU-486)所取代,后者所收到的效果更加令人满意。在今天的中国大陆地区,米非司酮是药物堕胎的一种技术选择,虽然这种药物有时需要传统疗法的支持。[①] 例如,根据报告,曾有部分医生成功地使用牛膝来扩张宫颈,并配合米非司酮或手术实施堕胎。[②] 另外一个案例则报告称,将麝香和草本药物加入敷在腹部使用的膏药中,成功地改善了药的功效,并减轻了米非司酮的副作用。[③]

在现代传统中医诊所中的确能够看到成功使用传统药方的记录,[④]但在医学期刊中也仍旧有许多关于不适症状或副作用的报告。举例来说,据一位医生的报告称,他曾尝试用两副不同的药汤来堕胎。这两服药汤都由传统的药草熬制而成,其中包括麝香、牛膝和其他一些药材。但这些药没有见效,病患最终需要通过手术来堕胎。[⑤] 另一位医生则将3种广为人知的传统药材应用到了41个独立的案例中,但失败率却是100%。然而,这位医生在一份颇能说明问题的评论中指出:"在实验中使用的制剂因安全起见均经过筛选,危险的成分如水银和斑蝥则被剔除了。"[⑥]("斑蝥"是指"blister beetles",也就是"mylabris"或"lytta"。)这也就说明,通过对明显具有毒性的药材进行排除的方法,这个医生同时也将这些药材可能具备的堕胎功效拒之门外了。与此相似的是,另有两位医生报告称,他们依照《本草纲目》所载有关堕死胎的药方,只用了一只斑蝥壳,随温水口服,但却失败了。他们据此断定,安全剂量范围内的斑蝥作为堕胎药使用彻底无效,而过量的斑蝥则未免太过危险,不可尝试。[⑦] 这一说法也不可尽信,但这也说明,已有部分医生发现将传统的药物作为生药(crude drugs)使用效果不尽如人意,尽管这些医生可能出于安全的考虑而没能完全论证这一事实。

相比之下,1986年的一个案例中,一个18岁的高中生在怀孕5个月后央求她

---

① 参见程利南:"*Medical Abortion in Early Pregnancy: Experience in China*";Rigdon,"*Abortion Law and Practice in China*",第548~549页。关于天花粉造成的危险的副作用,参见李玲、黄光照:《急性天花粉中毒尸检二例》,载《同济医科大学学报》1990年第6期。

② 如黄国平等:《流产药物的临床应用》,载《医药导报》1996年第5期;季小芬等:《牛膝在人工流产术中的应用》,载《时珍国医国药》2001年第5期。

③ 参见商晶:《麝香风湿膏贴脐提高药物流产成功率的临床观察》,载《河南中医》2003年第5期。在1875年江苏太仓的一个案例中,一个接生婆用一副含有麝香的腹部膏药堕胎,但却导致孕妇死亡—XT,3751卷26号,同治十三年十二月十八日;XT,3966卷16号,光绪元年十一月四日。

④ 如秦玉蕙、李培乾:《红草汤抗早妊38例》,载《吉林中医药》2001年第3期;王逢民和戴展男:《催经止孕汤抗早早孕34例》,载《辽宁中医杂志》1993年第10期。

⑤ 参见翁宜峰:《峻剂攻逐配麝香堕胎不下一例》,载《福建中医药》1990年第2期。

⑥ Li Fu-kuang,"*Problems Concerning Artificial Abortion through Oral* Administration of Traditional Drugs",第200页。

⑦ 参见廖安水、程玉珠:《斑蝥中毒2例报告》,载《江西医药》1986年第3期;BCGM,p.266。

的校医给她一些帮助。这位校医开了一副药方，其中包括一只斑蝥壳，以及干水蛭、虻虫和瞿麦，并将这些药材熬成药汤后让女孩服用。但这个药方没能见效。这位校医又让女孩试了3次，每次尝试都稍稍增加斑蝥的剂量，但仍旧没能成功。最后，这位校医在沮丧之中做了第5次尝试，也是最后一次。这一次，他将用量提高到了原先的5倍，用了整整30只斑蝥壳——这个剂量最终令怀孕的女孩命丧黄泉。经验尸的病理学家检测，这个女孩所摄入的斑蝥量已超过致死量5倍以上。①

（三）传统非安全性堕胎的存续问题

上文引用的最近3个涉及斑蝥的案例无疑都强调了这一药物的安全问题。在所有用于堕胎的传统药物中，斑蝥是最为危险的药物之一。尽管如此，正如我们所见，许多传统的堕胎药物有时会配伍使用，其中就包括斑蝥及其近亲芫菁，以及/或者红蝉。我们能够看到，不仅在《金瓶梅》中潘金莲使用的堕胎药里能够看到斑蝥的身影，在马氏提到了一副堕胎药中也有其踪迹（与红蝉一并出现）。

即便是在今天，认为斑蝥可以堕胎，还能够治疗狂犬病和癌症的信念仍然存在。如此一来，因摄入斑蝥而中毒甚至致死的问题便始终无法根治。根据广州中医药大学的两位教职人员的研究，斑蝥中毒通常是由于“经济、文化较为落后”的农村地区使用“民间偏方”导致。②

但此类迷信并不局限于贫困的农村地区，从2004年中国人民大学人口史学家发表的一则声明中亦可略窥一二：

> 我曾听一位当事人讲，她一次因偶然带了一块麝香，从此就不能怀孕（她因为已有四、五个小孩，也就“歪打正着”，乐得如此了）。还有朋友告诉我说，将一种药物“斑蝥”置于子宫颈口（似用一纸捻送入），也可有效地起到避孕的作用。旧日的妓女使用这一方法，“从良”之后，也就依然可以生育。③

倘若一位在顶尖大学执教的教授尚且认为此类危险的无稽之谈颇有道理，那么一部分没有接受过教育的农村百姓会对此深信不疑也就在情理之中了。斑蝥素（斑蝥、芫菁中的活性剂）具有极高的腐蚀性，而且可以作为发泡剂（vesicant）外

① 参见编写组编：《临床医疗护理实务分析》，第690~692页。

② 参见梁进权、王宁生：《斑蝥中毒反应及原因分析》，载《新中医》2003年第7期。

③ 高王凌：《马尔萨斯阴影下的人口争论》，载《清史研究》2004年第1期。

用。[①] 在传统中药中,斑蝥具有同样的用途。这种虫类研成粉末后可以涂抹于皮肤(如用来除疣),但若使用不慎或吸入粉末则会导致严重的化学烧伤——而如果一个女性将斑蝥塞进宫颈,后果将不堪设想。当然,走投无路的女性的确有可能通过这样的方式来阻止或终止妊娠——毕竟在Roe vs. Wade案之前,女性通过将漂白剂或碱液灌入阴道来尝试堕胎在美国是十分普遍的,即便这样的做法往往会致命。[②]

截至目前,笔者尚未找到统计数据能够对堕胎导致的斑蝥中毒案例作出频率上的认定,因此笔者的论据亦不充分。但最近数十年内此类情况的相关报道却不胜枚举,其中包括为数众多的致死案例。举例而言,在1989年到1996年间,山东的一家医院就为88个独立病案提供了急诊护理;而另外一家山东的医院则在1997年至2001年间接诊了42个这样的病案。[③] 虽然在此类案例中有一部分是缘于治疗被狗咬伤或癌症,但多数受害者却是希望终止妊娠的女性。据2004年河北张家口的一篇报道称,"斑蝥中毒可见于多种原因,但以未婚年轻女性怀孕误用其堕胎最常见"。[④] 而通过对在线医学期刊进行粗略调查,笔者发现,北京、甘肃、广东、贵州、河北、香港、湖北、江西、青海、陕西、山东、四川、天津和云南等地均有此类案例的报道。[⑤] 但在笔者所见的报道中,所有的女性却非死即伤,未有人

---

① 参见Moed等:"*Cantharidin Revisited*"。

② See Reagan, *When Abortion Was a Crime*, Oxford University Press, 1997, pp. 208 - 209.

③ 参见胡萍、胡德传:《斑蝥中毒88例报告》,载《实用乡村医生杂志》1997年第6期;金海燕:《斑蝥中毒42例》,载《药物不良反应杂志》2002年第5期。笔者曾于2009年1月26日检索中国期刊网(可通过斯坦福大学东亚图书馆,Stanford's East Asian Library进行使用),共检索出1980年至2002年间发表的文章93篇,文章标题均含有"斑蝥"和"中毒"。(作者所引金海燕文原题为"斑蝥中毒42例及救治",作者引漏。——译者注)

④ 孙忠国、郭英利:《斑蝥中毒死亡未检出斑蝥素1例分析》,载《河北北方学院学报》2004年第6期。

⑤ 比如,参见谌剑飞:《中草药中毒50例综合分析及文献复习》,载《江西中医药》1981年第2期;陈金华:《斑蝥中毒死亡的检验五例报告兼论斑蝥堕胎的危险》,载《云南医药》1981年第1期;Cheng Kok - Choi等:"A Fatality Due to the Use of Cantharides from *Mylabris Phalerata* as an Abortifacient";侯汝妙和马家骥:《急性斑蝥中毒一例报告》;胡萍和胡德传:《斑蝥中毒88例报告》;金海燕:《斑蝥中毒42例及救治》;金甦:《五种常用有毒虫类中药的毒性及解救方法》;梁炳学:《斑蝥中毒二例报告》;梁蕾和胡玉川:《斑蝥中毒1例报告》;廖安水和程玉珠:《斑蝥中毒二例报告》;欧阳菊和蒋友忠:《中药中毒原因分析及预防措施》;潘其英:《急性斑蝥中毒一例报告》;童瑶华:《斑蝥中毒的抢救与护理》;翁心植和高崇基:《斑蝥中毒——文献复习及一例报告》;谢莲生:《浅谈急性斑蝥中毒的证治》;徐楚材:《急性斑蝥中毒三例报告》;荀显文:《斑蝥中毒死亡二例》;张继宗等:《用GC/MS鉴定尸体脏器中的斑蝥素——附1例分析》;张俊文和张玉五:《中药中毒20例报道》;张益鹄、黄光照:《有毒动物中毒4例尸检报告》;邹伟波:《口服斑蝥堕胎中毒致死的法医学鉴定(毒物检出与病理)》。同样可参见蒋庆雨和齐永茂主编:《中药不良反应》,中国中医药出版社1985年版,第293~295页。(作者引陈金华文原题为"斑蝥中毒死亡的检验附五例报告兼论斑蝥堕胎的危险",引漏。——译者注)

能在堕胎成功后幸免于难。①

发表于1990年的一篇文章报告的一个案例颇具代表性。案例中,两个未婚的湖北农村女性均因堕胎而导致斑蝥中毒,最终丧命。其中,第一个女性年仅21岁。在怀孕7个月后的一天深夜,这个女性喝下了掺有斑蝥粉的酒,天明前便死了。而另一个女人丧命时也仅22岁。怀孕4个月后,她将6份斑蝥研成粉末服下,并将其余4份制成膏药贴于太阳穴和小腹。不出24个小时她便命丧黄泉。②此外,据报道,1999年广东,一名21岁的未婚女性喝下约半两斑蝥熬成的汤药,彼时其已有身孕3个月。虽然得到了紧急救治,但仍旧无法阻止这名女性在24小时内丧命。③

在此类案例中,斑蝥绝非唯一的罪魁祸首。除上述案例外,我们还能够找到许多由麝香和其他各种堕胎药草导致中毒的报道。例如,1986年的一篇文章报道了一个桂林的病案。病案中,一位24岁的未婚女性在怀孕2个月后将一束白花丹用红线扎紧,用作阴道栓剂。这名女性从一个没有执照的传统中医处得到了这种药草,这种药草俗称"土牛膝"。塞入栓剂两天后,这名女性成功堕胎(在一个公用的厕所中),随后却昏倒在地,被送往就医。医生对此无能为力。7天后,这名女性由于肾衰竭最终殒命。④

诸如此类的记载与有清一代的法律案例以及1928年马氏报告的情形惊人地相似。在这些记述中,女性由于惧怕奸情败露而孤注一掷,便求之于那些致命的堕胎方法。

而在西安市人口和计划生育委员会的网站上有一则题为"切忌自服打胎药"

---

① 因治疗月经不调或不育而导致斑蝥中毒的情况同样见诸报告,如金亚诚:《斑蝥内服致死1例报告》,载《基层中药杂志》2002年第4期;以及孙忠国、郭英利:《斑蝥中毒死亡未检出斑蝥素1例分析》,载《河北北方学院学报》2004年第6期。

② 参见荀显文:《斑蝥中毒死亡二例》,载《中国法医学杂志》1990年第3期。

③ 参见邹伟波:《口服斑蝥堕胎中毒致死的法医学鉴定(毒物检出与病理)》,载《现代临床医学生物工程学杂志》。

④ 参见张村:《白花丹堕胎致败血症急性肾功能衰竭死亡一例报告》,载《广西中医药》1986年第1期。关于白花丹的毒性,参见夏丽英等编:《现代中药毒理学》,天津科技翻译出版公司2005年版,第253~255页。关于麝香中毒(口服),参见胡利发:《麝香中毒致急性肾功能衰竭二例》,载《中国肾脏病杂志》1994年第2期;关于芫花和天花粉(用作阴道栓剂)等药草,参见李玲、黄光照:《急性天花粉中毒尸检二例》,载《同济医科大学学报》1990年第6期;马建昕:《常见中药不良反应概况》,载《河北中医》2001年第2期;张益鹄和黄光照:《九种有毒植物中毒的尸检报告》,载《中国法医学杂志》1987年第1期。

的声明,内容如下:①

妇女怀了孕,因为某种原因想把胎儿打下来,又不好意思去医院做人工流产,所以想自己吃药打胎,这是非常危险的。容易造成大流血、不全流产或遗留妇科疾病,这是常见的。因为打胎药毒性大、用量大,更容易引起中毒。

农村用中药斑蝥打胎。一般成人口服斑蝥粉0.6克即可产生严重的毒性反应,口服1.3~3.0克即时可致死。主要毒性物质为斑蝥素,内服可引起胃肠炎症,粘膜坏死;吸收后可引起肾小球变性、肾小管出血;心肌也出血;可引起神经系统损害。有的用牛膝、附子、麝香、夹竹、桃叶等纳入阴道,企图造成流产,常常导致阴道大出血而危及生命。

还有些中药,如马钱子、生南星、生川乌、生草乌、水银、巴豆、蜈蚣、水蛭、三棱、莪术、益母草等药用来打胎对孕妇带来不良后果。②

上述的声明可视作一份直观的情况报告,其中还对长期以来用于堕胎的高危药物进行了列举,足以说明传统的非安全性堕胎在中国的现状。

当然,认为中国在堕胎的问题上一成不变同样过于武断,尤其是在过去的数十年中,中国在产妇保健方面取得了惊人的发展。根据政府的统计数据,中国的产妇死亡率已从1990年的每10万例活产就有94.7位母亲死亡下降到了2004年时的48.3位。③ 时至今日,安全的避孕和堕胎在中国已经十分普及——这也导致了中国的非安全性堕胎率已低至可以忽略不计,尤其是与仍旧禁止堕胎或不提供堕胎服务的国家相比。但众所周知的是,非安全性堕胎所造成的死亡案例并未被

① 西安市人口和计划生育委员会:《切忌自服打胎药》,载 http://www.xianfp.gov.cn/Index/Catalog119/3105.aspx。其他几个地方政府的网站上也贴出了同样的声明。

② 这些成分中的许多种被中华人民共和国和香港列为有毒药物而受到限制。附子和草乌含有乌头毒草,马钱子含有番木鳖碱。

③ 世界卫生组织驻中国办事处(World Health Organization Representative Office in China),“Maternal and Child Health In China”,载 http://www.wpro.who.int/china/sites/mch/overview.htm。

相关报道完整呈现,且其发生率难以估计。此种情况在发展中国家尤为明显。[①]此外,即便是在今天,中国农村年轻女性的自杀率仍然居高不下。据此推测,在这类"自杀"案例中,或许也包括了一些由非安全性堕胎所导致的死亡案例,但却从未被发觉或发觉后遭蓄意谎报。

正如西安政府网站的声明一般,多数的斑蝥堕胎中毒似乎都涉及年轻的农村女性。这类农村女性"不好意思"去正规的门诊做人工流产。调查结果也显示,农村往城市的移民不仅对婚前性行为的接受度正在逐步提高,同时也愿意寻求安全的避孕和堕胎服务。但在这些移民的家乡,这一方面的态度可能仍旧趋于保守。2001 年曾有部分桂林的农村女性在采访中称婚前性行为是一大忌讳:"没有人敢在婚前怀孕!老人如果发现会将你踢出家门!在城市不是个问题,但是在乡村却很重要。整家人都会丢脸!"[②]显然,有一件事始终没有改变:至少有一部分女性仍旧害怕婚外性行为曝光,以至于她们不敢冒险去做安全的人工流产,即便她们有这样的必要。相反,这些女性求助于不安全的传统堕胎方法,而结果业已如我们所见。

在今天的医疗报道中偶尔仍可见到传统堕胎药导致中毒的案例。这对我们的调查十分重要。此类案例不仅能够帮助我们理解堕胎在过去是如何操作的,还为我们了解文献所载的堕胎实践状况如何提供了一些线索。倘若通过传统方法实施的非安全性堕胎在如今的中国已不常见,那么这实际上应属幸事。但我们也须牢记,这些传统的堕胎方法直到最近为止还是唯一可用的方法。

五、结论

> 据世界卫生组织估计,世界范围内每年大约有 50 万名女性死于与妊娠有关的病症,而在这些人中,有 1/4 到 1/3 死于非安全性堕胎。而与堕胎相关的死亡案例却有 98% 发生在第三世界国家。此外,还有成千上万的女性因非安全性堕胎而患上了严重的并发症……因此,对民间

① 参见世界卫生组织,*Unsafe Abortion*;Grimes 等,"Unsafe Abortion"。笔者尚无法找到系统性的报道能够说明中国的非安全性堕胎死亡率;大多数涉及产妇死亡率的报道或将这一因素排除考量,或将之计入"其他因素"中。但此类情况亦有例外。据广西平果县的一个案例记载,自 1989 ~ 1991 年间,共有 31 名女性因妊娠或分娩而死,5 名农村女性死于"用草药自行堕胎"导致的大出血或感染。黄润红:《平果县 31 例孕产妇死亡情况分析》,载《右江医学》1992 年第 1 期。

② 郑真真等:《城市外来未婚青年女工的性行为、避孕知识和实践——来自 5 个城市的调查》,载《中国人口科学》2001 年第 2 期。

传统堕胎方法的安全性和可靠性感到自满无疑有失偏颇。①

调查报告能够让上述的数据更加直观。举例而言,在乌拉圭(在这一地区堕胎是违法的),1986~1999年,一家毒药防治中心为86名服用堕胎药草而患重病的女性提供了急救护理。② 在这86名女性使用的所有药草中,有30种不同的药草能够得到辨认。除了服用堕胎药草外,还有11名女性尝试了自我伤害的方式。86人中仅有23人成功堕胎,但其中却有14人出现了多重器官衰竭的情况,9人需要切除子宫,5人最终死亡。而对其他大多女性而言,所遭受的严重健康损害也长期存在。"大多数堕胎(成功堕胎)的病患都出现了多重器官衰竭的症状,并患上了肝脏或血液疾病。这些结果充分表明,多数堕胎是由草本药物中毒所致。"换言之,堕胎是中毒的结果。这一报道也得出了这样的结论:"使用草本药物来堕胎具有重度中毒的风险,除致死外,导致的并发症还可能影响到未来的生育。"③

部分史家却认为,堕胎在晚期的中华帝国已被用于例行节育。尽管观点有所不同,但这些学者的假设却不谋而合:传统的堕胎方法对于渴望堕胎的女性而言安全、有效且便于利用。倘若这一假设成立,上述学者的观点就将为我们理解中国的历史提供莫大的帮助:中国人可能是世界上唯一一个在现代医学到来以前就能够享受到有效节育带来的便利的民族。

但事实上,笔者认为,中国并没有如此与众不同。在1949年以前,中国的堕胎实践乍看之下颇为熟悉,这类实践不仅看起来与美国在Roe vs. Wade案前的非安全性堕胎实践十分相似,也与乌拉圭和现在许多国家的非安全性堕胎实践"异曲同工"。除以药草熬制汤药服用外,这类堕胎实践还包括了外科手术式的方法甚至自残的方式。④ 现留存于中国民间的堕胎方法与此类情形不谋而合。可以推断,这些方法不仅危险,而且并不可靠。

安全可靠的避孕和堕胎是现代化的巨大益处之一,但正如其他益处一样,这一益处也并非普世共享。无论是因为禁制、耻辱、贫困抑或其他原因,在无法获得安全可靠的避孕堕胎服务的地区,走投无路的女性仍旧只能求助于不安全的传统堕胎方法——即便在中国也依然如此,尽管在产妇保健方面,中国已经取得了全

① Seidlecky,"Pharmacological Properties of Emmenagogues",第96页。

② See Ciganda and Laborde,"Herbal Infusions Used for Induce Abortion".

③ Ibid.,pp. 237-238.

④ See Grimes,"Unsafe Abortion".

面的发展。①

中英词汇对照

A

Amenorrhea　月经不调
American Philosophical Society　美国哲学学会
Anderson　安敏成
Antibiotic　抗生素
Arsenic　砒霜
Arthur Wolf　武雅士

B

Beheading　斩监候
Bernard Luk　伯纳德·卢克
Blister Beetle Lytta　“青娘子”/芫菁
blister beetle mylabris　斑蝥
Borax　硼砂
BX　《巴县档案》

C

Cameron Campbell　康文林
Camphor　樟脑
cantharidin　斑蝥素
Carole Browner　卡罗尔·布劳纳
Charlotte Furth　费侠莉
Che-chia Chang　张哲嘉
Chinese Medicine Specimen Database　中国药物样本数据库
Chor-Swang Ngin　鄞楚璇
Christopher Isett　艾仁民
cicada huechys　“红娘子”/红蝉
Cinnamon　肉桂
control set　参照系
crude drugs　生药
CSCPRC　美中学术交流委员会

D

DC　《读例存疑重刊本》
Dongfang Shao　邵东方
Dorothy Ko　高彦颐
Dysmenorrhea　痛经

E

ecbolic acupuncture　催产针
ecbolic medicine　催产药
Elizabeth Johnson　江伊莉
Emmenagogue　通经药

---

① 世界范围内对非安全性堕胎死亡率的估算差异巨大：范围从大约每年 70000 人死亡到这一数字的两倍[如 Grimes 等，“Unsafe Abortion”；世界卫生组织：*Unsafe Abortion*；人口理事会（Population Council），“Safe Abortion”，http://www. popcouncil. org/topics/mnh_safeabor. asp#]。作为参照，在 1920 年代的美国，非安全性堕胎每年导致约 15000 名女性死亡（Reagan，*When Abortion Was a Crime*，第 139 页）。

Empowerment 自我赋权
Engelen 恩格伦

F

Fei Xiaotong 费孝通
Francesca Bray 白馥兰

G

Gadfly 虻虫
Gelsemium elegans 断肠毒草
Gigi Santow 吉吉·桑托

H

hawthorn fruit 山楂
Hemorrohage 出血/血崩
Hershatter 贺萧
Hill Gates 葛希芝
Hong Kong 香港
horse fly 马蝇
Hsiung Ping-chen 熊秉真
Hua Han 韩华
Hurst Legal History Institute at the University of Wisconsin 威斯康星大学赫斯特法制史研究所

I

Ireland 爱尔兰

J

J. Preston Maxwell 马士敦
James Z. Lee 李中清
Janet Theiss 戴真兰

K

Karasawa Yasuhiko 唐泽靖彦
Kenneth Pomeranz 彭慕兰
kidney failure 肾衰竭

L

lady bug 瓢虫
Leech 水蛭
Levirate 收继婚
Li Bozhong 李伯重
Lillian Li 李明珠
literati jottings 文人札记
local ox knee 土牛膝
lytta vesicatoria 西班牙蝇

M

Male Authors 道德家
male literati physicians 医家
Malinowski 马林诺夫斯基
Margery Wolf 卢蕙馨
Matthew H. Sommer 苏成捷
McMahon 马克梦
Mei-yu Hsieh 谢美裕
menstrual induction 催经止孕
Midwife 稳婆
Mifepristone 米非司酮
musk deer 麝鹿
Musk 麝香

N

natural fertility 自然生育率

O

oil of tansy　艾菊油
Ox knee root　牛膝根
Ox Knee　牛膝

P

Palpation　扪诊
Patricia Ebrey　伊沛霞
Peritonitis　腹膜炎
Philip Huang　黄宗智
pickling brine　盐卤
Population Council　人口理事会
post-Mao state　20 世纪 70 年代以来的政府
PRC　中国
Prostaglandin　前列腺素

R

Riddle　李斗

S

self-abnegation　克己
self-realization　自我实现
Septicemia　败血症
sesame oil　芝麻油
Standford University　斯坦福大学
Stanford's East Asian Library　斯坦福大学东亚图书馆
Susan mann　曼素恩

T

Tetanus　破伤风
Thomas Mullaney　墨磊宁
Tibetan Saffron　红花
Tricosanthin　天花粉
Trobriand Islands　特罗布里恩群岛

U

UPS Endowment　联合包裹服务公司

V

Vesicant　发泡剂

W

Wang Feng　王丰
Watson　华如璧
white lead　官粉/铅粉/粉锡
William T. Rowe　罗威廉
World Health Organization Representative Office in China　世界卫生组织驻中国办事处

X

XT　《内阁刑科题本》
Xue Zhaohui　薛昭慧

Y

Yangzi Delta　长江三角洲地区
Yi-Li Wu　吴一立
Ying Hu　胡缨

国家、主权与人民

——中国与印度的“法治”比较①

欧中坦(Jonathan K. Ocko)　吉尔马丁(David Gilmartin)*　著

杨　烨　赵　阳　译

姚　远　方　强　校

在法治成为立法和审判行为的产物之前,它首先是一种理念。

——保罗·卡恩(Paul W. Kahn)1999

清代中国和英属印度都是强权帝国,都通过法治构建主权。在本文中,作者拟运用“法治”作为一种概念来

---

① 谨以此文献给已故的杜克大学南亚史教授约翰·理查德(John Richards),他建议我们就“中印”这个主题撰写一篇论文,以参加他与彭慕兰(Ken Pomeranz)、王国斌(Bin Wong)合作组织的一场“中印”会议。我们同时也十分感谢彭教授和王先生组织了第二次“中印”会议。就是在这场会议上,我们发表了这篇论文的第二次修改版。非常感谢拜读初稿的读者们提供了非常有用的建议,他们是劳伦·明斯基(Lauren Minsky)、瑞秋·斯特曼(Rachel Sturman)、帕姆·普莱斯(Pam Price)、杜克大学和加利福尼亚大学加州大学尔湾分校举行的中印工作会议与会者、“三角”法律史读书会参与者、北加州大学国家权力与知识物权研讨会的与会者和评论者、哥伦比亚为瑟海德东亚机构(Columbia's Weatherhead East Asian Institute)、北京大学与清华大学举办讲座与会者的评论和意见。最后,两位作者观点相左之处可能出现错误,烦请诸位谅解。

* 欧中坦(Jonathan K. Ocko,1946~2015年),原美国北卡罗来纳州立大学历史系教授、主任,杜克大学法学院法律史兼职教授。戴维·吉尔马丁(David Gilmartin),美国北卡罗来纳州立大学历史学教授。

比较两个帝国,分析两者法治运用方式差异造成的后续影响。与此同时,我们也将聚焦法治,以引出更大的比较性问题:塑造19世纪和20世纪国际化格局的历史进程中,中国和印度是如何分别构建起主权和权利体系的?

中国、印度与法治(或者法治缺失)相关的问题,理所当然地已经成为当代评述的主题。特意是在现代中国,学者们的分析多聚焦中国从集体经济转向市场经济这一"迈向法治的长征"(也是近期一本书的标题)过程中出现的问题。① 多数关注该问题的作者已经用术语建立起法治分析的框架,强调法律与市场效率、民主,以及人权的关系。基于这个原因,亚洲(学者们)对于法治的研究通常追随法律研究的主流趋势,也就是说,现有研究更关注法律的实施如何与政治经济程序相互影响,如何在国家权力与私人权利之间,在统治与平等之间,正义与市场理性之间成为利益争夺的战场。不用说,如此法律工具论观点在过去好几十年里一直主导着美国法治理论研究(相关分析和批判,参见Tamanaha 2006)。

但是如果要从比较和历史的层面观察法治,我们首先需要从这种工具主义视野中抽身出来,哪怕这些问题对我们理解法律的运作有所帮助。19世纪中国与印度的法治比较,首先应该着手于法治这一概念如何帮助两国在19世纪建立赖以依靠的基本原则,如何定义国家与他们治理的社会之间的关系。从这个意义上说,"法治"与"法制"从来就不是一回事,甚至也不是史蒂芬·霍姆斯(Stephen Holmes,他追随卢梭的观点)声称的那样:两者是一根连续轴上形态不同的两种形式,差别在于其服务对象是较广泛还是较狭隘的利益集团。事实上,"法治"是相当特殊的,它是理解国家权威(既对普罗大众而言又对天地洪荒而言)合法化的关键。在理解过程中,假设法律与(国家的)主权基础紧密关联是非常必要的。

"法治"观念对于现代政治理论发展的重要性,最近在保罗·卡恩(Paul W. Kahn)的《法律文化研究》(*The Cultural Study of Law*)(1999)一书中得到了使人信服的论证。卡恩的著作恪守英美研究传统,但其论点直指19世纪、20世纪法治被广泛概念化的多种途径。其所说的法治概念化,是指世界范围内诸多特点各异的国家运用"法治"这一工具对统治的正当性给出符合普世道德标准的定义。理解这点,关键在于理解卡恩所说的"合法期",即在卡恩看来,在法律在社会和国家之外,为自身获取道德空间的一种运作。尽管法律在政治运作和权力关系中占

① 裴文睿认为:"法律必须得到实施;书本上的法律和实践中的法律之间的差距必须被加以缩小"(2002,65),这是他根据法治的"单薄论"(thin theory)提出的工具主义观点。我们与他观点相反,我们认为,法律的字面含义与法律实践之间的差距是我们对"法治"的历史性含义理解的关键,也是"法治"这一术语本身定义所包含的特征。

据中心地位,但英美法系中传统的法律这一概念逐渐演变成为一种根植于某个民族主权创始神话之上的永恒制度——正是这种天赋特权使得英国和美国确立了国家存在,并将其合法化。当今社会,法律成为各方利益的争夺场,但它也一度作为革命性概念,是国家和民众订立的社会契约中重要的一章。这一概念虽然已经世俗化,但它来自古老而神圣的天赋特权。[①] 关注"法治"(就像卡恩声称的)不仅仅是关注国家和社会之间的判决规则和判决体系,而是关注现代主权构建的核心理念。

当然,不能说中国和印度传承了英美法系传统影响下的"法治"(虽然印度的法治实践确实在与英国的长期交往中成形),但"法治"这一概念对当代的历史性比较研究仍然极为关键,虽然后者几乎完全被所谓的"西方模式"主导。在英属印度和清代中国,法律均是权力运行和主权构建的核心理念。"法治"运作当中最为重要的(也是我们定义"法治"的底线)是建立由"法治"和"人治"这组对立理念组成的概念框架。借由这样一个由矛盾概念组成的框架,可以看到中国和印度的法律均独立于日常权力运作之外。当然,法律非常依赖国家(在人的操控下),亦依赖国家权力的运行。但是这一矛盾框架的搭建可以让我们更好观察上述两个国度之中国家、主权和人民之间的关系,得以发现两个地区的差异以及"法治"在两国带来的紧张局面。

"法治"在定义和限制国家权威上的张力,一直以来都是广义历史学和法律文化的主题,并激发了颇多辩论。该辩论条款订立的清晰化也许是在30年前,虽然早在18世纪汤普森(E. P. Thompson)就已经在英国出版了关于法治运作的著作。在《辉格党和猎人》(*Whigs and Hunters*)一书中,汤普森明确描绘了18世纪的英国法律如何作为统治阶级的武器被运用。汤普森认为,从资本主义和精英权贵的利益出发,组建国家权威力量去侵占民众领域,在这个过程中法律扮演了极为重要的角色。法律也因此成为定义现代国家侵入力量的核心因素。但是,汤普森也说道,工具主义的价值之外,法律本身也具有批判性,因其主张一种程序化的形式主义(普世价值由此而生),可以脱离权力结构,作为道德理想而存在。这种理想至少实现了原本存在于想象中的无私正义。就像劳伦·本顿(Lauren Benton)对汤普森的观点所总结的那样,平等的"表面化",意味着"精巧地设置一种形式主义"使"正义的后果意外产生,或使统治阶级遭受挫败,或在特定的案件

---

① "法治"这个世俗观念借鉴了古老神学意义上的主权理念,这一看法并不是新近出现的。例如,早在1920年卡尔·施密特(Carl Schmitt)就提出:"现代国家理论中的所有核心概念,都是世俗化了的神学概念"(1985,36)。

中维护百姓的利益”。这使法律同时拥有两方面的含义,它既是权力的工具,亦是超然于日常权力,且运行于日常权力范围之外的一个理想领域。

当然,19世纪中印“法治”比较框架的构建因为下列事实而变得复杂:中国和印度的法律都不是从静止状态开始发生演进的。基本建立在从大不列颠引进的法制理念上,印度法律制度随着印度和英国发生的变革不断变化,也随着印度在全球帝国主义和资本主义序列中的地位变化而变化。中国也是如此。解读19世纪全球变革(给中国)带来的影响,特别是19世纪末的最后25年,对于理解其本土法律变革有着重要意义。本文并不会回顾塑造19世纪中国和印度的整个法律变革过程及其给20世纪带来的影响。我们会观察比较三个方面,以衡量两个国家“法治”概念的运作,并指出其“法治”建立在强势且矛盾的原则之上。这三个要探讨的方面是:法律话语在赋予和限制国家政治权力中发挥的角色;法和法律程序在塑造和定义社会中扮演的角色;法律在经济和社会秩序(构建在契约、财产和权利之上)中扮演的角色。在本文的最后一部分,我们将探讨上述领域中的差异对中国和印度产生的政治影响,由此更好理解他们在20世纪不同的历史发展轨迹。

一、法律与政治权威的话语

(一)中国

1730年雍正皇帝阐述了为何清朝能够受命于天进行统治,他解释说:大清“肇基东土,列圣相承,保万邦,天心笃佑,德教弘敷,恩施遐畅,登生民于衽席,变中外而尊亲者”。[①] 也许因为他不是王朝的建立者,其冗长的叙述里明显忽略了法律。但法律确实是定义帝国权力和规则的一个重要范畴。修改旧王朝法律或颁布全新法典是每个崭新王朝恢复社会秩序的第一步,特别是对于“蛮族”即非汉族统治的王朝来说。对此,17世纪的思想家王夫之说道:“牧民之道,教养合而成”,而夷族“不从律”。自汉代以来,士大夫们试图通过论证法不单属于帝王而属于“普天之下”(天下)来限制君权。他们委婉地表达出法律所属的“人民”概念,这些人民都是“开化”的。

为了恢复被前明王朝败坏的“传统价值观”,对此表明决心,清王朝采取了一

---

① 在这里,柯娇燕(Pamela Kyle Crossley)1999年总结了一本奇书即《大义觉迷录》中的一段阐述。雍正皇帝在该书所记载的一桩煽动谋逆案的处理过程中指出,大清之所以能够执掌天命,是因为他们经过德礼的教化。史景迁(Jonathan Spence)在他的著作《雍正王朝之大义觉迷》(2001年)一书中则有另一种解读。

系列的措施,包括修订科举考试科目,使其更加坚守保守的礼教概念,招募杰出的文人来汇编大量的士大夫文集等。虽然这些措施在士大夫看来对于树立大清正统地位至关重要,它们对于矫正社会风气颇显无力。不难想象,普通人并不是士大夫,他们多不能通过自我修养和自律产生的道德自制力约束自己。大清发动的道德革新运动是清政府声称自己可以进行正统治理而不仅依赖意识形态的关键。然而,法律仍不可或缺。① 为了一改明朝晚期农民流离失所和社会风气倒退的气象,民众(和执法者)必须按照他们被定位的社会阶级来做出相应的行为,如果不这样做,他们应该被施以恰当的处罚。《圣谕广言》忠告那些按理需要教导农民的人:"对法律的阐释是为了警告那些无知而又固执的人"。从这里可以清楚地看到,虽然"法治"和"人治"的概念在本质上相反,但它们总密切交织在一起。

但是法律的本质为何?是由人制定的成文法,还是因循"道"的自然法?法与有效治理的政治动机之间有何联系?法是儒家意义上的、法家意义上的,还是两者兼而有之的?在某些方面,法是以上各项的总和。它是一种人为制定的成文法令,运用儒家思想推行国家利益(儒学本身代表了自然序列),辅之以严厉的威慑性刑罚。根据儒家观点,如果刑罚被滥用,上天将通过自然灾害来表现其不满,由此动摇国家稳定。如此一来,尽管国家权威由天赋予,法律依然是权威的重要表现形式,与王朝的建立息息相关。

清代的儒家主流学说认为,宇宙本身有一种固有的道德性和阶级性。一个秩序良好的稳定社会来自那些统领阶层,他们先是通过学习和自我修炼领会这些深奥的原则,继而根据这些原则的指导生活,通过他们的道德影响力来转变身边的人。普天之下的人都在这一系列嵌套的阶级结构中占有一席之地——性别(男性优于女性)、年龄(长辈由于晚辈)、家庭关系(父母优于子女,姑舅优于侄子等),还有道德品质(农民优于乞讨者,廉优于奸)。这个阶级结构严格遵守的话,会带来社会和谐。法律因此变成特权所有,体现平等观念的思想和实践则被视为异端邪说。期待家庭关系的互惠和睦同样在一定程度上阻碍了阶级分化的要求。不过,社会接受家庭是社会和政治关系缩影这一观念。如果不支持家长特权,民众眼中的国家正统合法性不仅会受到损害,皇权的至高无上也会被动摇。

因此,由"有道德"的人来治理在整个清朝(事实上一直延续到20世纪)都依然是主流思想,其本质是"人治"必然蒙上随意性和主观性的魅影,权力的运行处

① 为了行文的考虑,我们在本文中将会将视线集中于《大清律例》以及其在清国疆域内本土地区的适用。由此可知,我们剔除了对八旗制度运作等纷繁复杂规定的分析,更不会考究清政府对于新疆或者穆斯林聚居区所作的特别规定以及这些地区特准伊斯兰法的适用。

于低级水平。基于这个原因,清朝像它之前的几乎所有朝代一样遵循法家学说,将奖励和惩罚两种手段牢牢掌控在统治者手中的建议,以它们来约束低品级官员,使其"依法而治"。17世纪的君权批判者黄宗羲认为①,当法律的设立是"为一姓也",也就是说,法是为了保障统治者的权力,而不是"为万民"的时候,法律不可避免地会繁密不堪。作为法律的制定者,统治者会害怕最初制定的法律被无视,所以会制定另外一部法律去捍卫这部法律不被侵犯。这是法治与人治的矛盾之处。事实上,《大清律例》一半以上的规定都致力于规范"政府官僚的职务行为"。② 这些规定织成的法网不可避免地也约束着立法者以及他们底下的官僚。肯特·盖伊(R. Kent. Guy)认为:尽管帝王在理论上拥有绝对的权力,可以像爱丽丝梦游仙境中的红心皇后那样恣意地挥舞权力,但是至少在清朝,他们很少无理由地攻击封建官僚。针对文官的整肃和惩罚可能会不时被用于设定一个政治议程,然而这个议程总是通过"有数世纪之久的古老法律格言(a centuries old legal idiom)"的语言和程序来执行。从这个意义上说,"法治"可谓清统治下主权建设的关键因素。如果法律归属于天下苍生,那么法律在理论上可以独立于国家创立者,并能够用来与之对抗。

但是这其中存在固有的紧张关系。帝王将法律视为对"天理"的编撰和实施,而且主要由他们创立。理论上来讲,这种法律的施行之中充满危机。处理重要案件的时候,统治者往往自觉认识到法律对于政治合法性的重要。施以恰当的处罚是法律最基本的任务,因为不合适的处罚不仅展现了犯罪对人类社会秩序所造成的损害,而且会引起社会骚乱。所以官员们不断地向帝王们复述冤杀一名寡妇引致了三年大旱的古老故事,由此来提醒他们:法律不是一家之法而是"天下"之法。如果皇帝特别签署的文件使法律变得更加严苛,人民将会对法失去信心。虽然清朝皇帝多持有不同法律理念,且避免让自己被父亲和先皇的旨意随时左右,他们仍明白法律稳定、公平、平等的重要性。就像清前期的皇帝康熙所总结的"若要民免于不义,判决必须公平"(《清朝文献通考》)。公平之语来自"同判同罚",和"留养承嗣"。虽然所有的帝王都担心触怒上天,且实施虑及"天理"与具

---

① 黄宗羲认为政治之所以腐败,人民之所以受难,最大的祸根就是专制君主。他说:"为天下之大害者,君而已矣。"(《明夷待访录·原君》)这里指的不是君主个人的好坏问题,而是制度问题。在他看来,"人生之初,人各自私也,人各自利也",并没有君主。但到后来,各人只顾各人,天下有"公利"无人去兴,有"公害"无人去除。为了兴"公利"、除"公害",于是才产生"不以一己之利为利,而使天下受其利;不以一己之害为害,而使天下释其害"的君主。他认为唐、虞、三代(夏、商、周)的君主就是这样。——译者注

② 《户部处分则例》对于官员尚未达到"犯罪"程度的渎职或者过失行为进行处罚。

体情境之间的平衡,但统治者不会让上天对自身的利益造成损害。

究竟判决是立即执行还是复审后再执行？对此,清朝皇帝在死刑案件中保留了最终决定权。只有在非常极端的情况下,皇帝才会放弃对死刑的绝对控制,而允许省级甚至更低级的官吏在没有皇权监督下颁布刑罚,甚至草率处决。当王朝的政治生命受到威胁,或者说处于紧急状态,国家越过法律的边界或者暂停法律的实施是很常见的。[①] 但是清朝采取这种措施并不限于"紧急情况"下。面对权力的威胁、叛乱、巫术和巨大贪腐带来的声誉威胁的时候,一些清朝皇帝会以个人名义介入审讯和处罚冒犯者的案件,以实施监督。在那个时代,"取悦君王"某种程度上就是"执行法律的核心内容"(Kuhn 1990,121)。可以肯定的是,没有独裁强权和帝国权威,清朝"法治"不可能存在。不过,清朝并没有"暂停实施法律",直到太平天国运动的爆发。

即使正常秩序被挑战,谕旨批示中仍然涉及"法治"的相关原则。由于那场叛乱,更由于随之而来的盗匪猖獗现象,清朝统治者将实质性的生死之权移交给了低级别官吏,甚至一些非正式组织。主犯和从犯、共同犯罪和犯罪集团之间的区分因为法律失效而消失,到头来为了官吏的方便,全凭断案者一人之语而定。在平定暴乱和恣意行刑的过程中,断案者及其反对者触发了不公正判决的风险,社会因为草菅人命变得脆弱,对实体正义和程序正义的破坏甚至对清王朝的正统合法性造成了威胁。值得注意的是,最后一点在 19 世纪的后 25 年里成了报纸和"秘史小说"津津乐道的话题。对于法律改革的支持者来说,这些内外交加的批评被证明是离间权力联合,使之分崩离析的有效手段。尽管统治权威和法律权威在相当程度上合二为一,法律归属于"天下苍生"的理念仍然重要。如此一来,晚清的批判者们强调清朝主权中"法治"的重要性,并且着重指出该系统的典型特征是"法治"和"人治"之间的冲突。

(二)印度

19 世纪的英属印度,法律点石成金一般地为英国政府的正统合法提供了统治语言,这一点更甚于中国。英帝国在印度的统治,就像清朝一样,得自全面的征服。但是在英属印度,"法治"的历史注定与英国紧密联系。18 世纪、19 世纪,英国致力将自己的政治"精神"特别灌注于法律之中,以作为权力征服的象征,亦是

---

① 一些学者会把这种紧急状态视为对中国是否存在"法治"的观念的论点。在对法律之上的主权来源的探究中,斯密特(1985)提醒我们要对于此类紧急状态及其例外情况额外重视。我们认为这是对"法治"概念界定的一种突破,打破了其中的矛盾。就像"法治"和"人治"是对立概念也是本质上的悖论一样,法律独立于主权之外运作的观点无论在当今还是过去都是难以解决的悖论。然而,我们还是坚持,这个悖论并不影响一个事实,即法律是主权的来源,是其理论的根基。

英国政治血统的标志。在某些方面，印度殖民地法治的历史与英国本国国家权力建设的历史紧密相连，不可分割。然而本文要关注的并非该点，因为印度法律历史是被自身的特点塑造的。

本文比较的重点在于“法治”和“人治”的概念区别，对于英国也是如此。法律对于英帝国统治印度的道德合法性而言至关重要，正如纳赛尔·侯赛因(Nasser Hussain)所清晰指出的那样。“通过法律来治理”，侯赛因写道，“成为英国殖民统治‘道德合法性’概念的基础。规则的全面运用被理解为英国统治的特点，其对立面是殖民前主权者的‘个人自由裁量权’，被(英国人)认为是一种‘东方专制主义’”。虽然措辞相异，但在印度，从一开始英国的统治也是人治和法治两种手法并行的。为了区分英帝国和之前的“东方国家”[主要是莫卧儿王朝(Mughals)]，英国强调“法治”的重要，并将其作为特点大肆宣扬。亚历山大·陶氏(Alexander Dow)在1770年写道，历史告诉我们“独裁统治中，人们处境凄惨；当王朝既不建立在法律之上，也未建立在与人类情感和意见的链接之上，王朝的地位也岌岌可亡”。[①] 在这个意义上，法律治国的原则在印度殖民地管理中留下了比英国本土行政结构中更深刻的影响。

讽刺的是，“法治”与“人治”并列概念明确化使得英属印度法治的官方版本在某些方面呈现出与清代中国惊人的相似。毕竟，在英国和大清帝国，法律均用来区分“文明”与“蛮夷”。后者也就是“东方专制主义”，相当于“人治”。然而，英国人非常强调印度历史本身正是这种“专制主义”的源头。这种专制主义，在陶氏(Dow)看来(在缺乏实际历史调查情况下)，使人民已经习惯性地“没有怨言”，也使许多英国官员建议要根据印度实际对法律进行调整。至于中国，法律与特权之间的关系在这个国家里十分复杂。自18世纪起，关于法律的讨论对于英国在印度的主权治理十分重要，也有很多英国官僚因为视印度人为不同人种，出于他们“习惯和惯例”的特殊性调整规则，并因而颇为自得。“东方专制主义”因此成为“他者”，与“法治”相对立。法律也由此成为规则约束理性的重要工具。正如许多英国统治者认为的那样，集权主义和个人权力主义的历史传统面前，要统治这样的一国人民、实现国家意志，法律不可或缺。[②]

如此一来，拥有普世性语言特征的法律，从头到尾对于英国在印权力运行都

---

① 关于英国早期印度史研究中“东方专制主义”架构的概念(及其变异)的探讨，参见 Sudipta Sen(2002,27～56)。

② 我们无法对此加以深入探索，但是对一些问题的讨论毕竟是有趣的，譬如19世纪和20世纪的英国在何种程度上将规则约束的理性与驭民之术的威权主义相糅合，使之适用于殖民地“法治”的发展？而其又是如何作为广义上“中产阶级政府”的合法性基石的？

十分关键,可谓特殊的为印度实际情况调整的高度集权形式。关于"法治"在权力与道德的联系中扮演的角色,也许19世纪的詹姆斯·菲茨姆斯·史蒂芬爵士(Sir James Fitzjames Stephen)表述得最为清晰。史蒂芬在19世纪70年代早期曾是总督会议的法律委员,在他看来,"法治"对于权力的有效率运作至关重要,因为它调节了"人治"运作产生的反复无常性,防止个人权力超越法律红线。法律使权力的运行简单而透明。也许没有任何一部英国法令比麦考利勋爵颁布的《印度刑法典》(Lord Macaulay's Indian Penal Code)更能清晰地表达史蒂芬的观点。这部法典在边沁思想的指导下编撰于19世纪30年代,1857印度民族大起义爆发后,于1860年正式颁布。麦考利刑法典替换了东印度公司治理时期逐渐发展出来的零碎的刑事法律结构(以穆斯林法为基础)。在史蒂芬爵士看来,其杰出源于直观明了。对史蒂芬爵士而言,该法令明确了"法治"对于英国统治的关键意义:法律是一种同时关于道德(因其倡导限制个人权力,遵从更大的法则)和权力(因其有助实现国家权力建设,且赋予英国特权,使之成为合乎伦理道德的统治者)的工具。[①]英国人有权调整法律中的普世性原则,将其运用于特殊的国家情况,以此保证他们在印度独裁。对此,史蒂芬爵士深信不疑。

然而,就像中国一样,在印度,法律话语的普世性亦可能限制国家权力运行,因为法律独立于国家权力争斗。如果说法律"属于"印度人民,该判断在英属印度的可信度比起大清王朝更低。因为要在英属官员的描述中找到类似法律属于"天下"这种理念,几乎是不可能的。但是事事诉至"法治",将其作为合法化的道德系统来对待,从而拓展法律的普世性,这也使得殖民政府官员——从伦敦政府到在加尔各答的总督政府——无法否认法律对他们的行为亦存在潜在约束力。具有决定作用的不是上天,而是一种具有普世性的道德理想。这对于英属印度逐渐发展出——与中国全然不同——以理性规则来定义的一种半独立法庭结构尤为重要。从此,国家和个人在理论上成为地位平等的当事人。

这些19世纪印度法庭的独立性,当然很容易被夸大。在地方层面上,地方行政官吏通常既是收税官也是法官,集两个角色于一身。即使是省级高级法院,虽然有能力运用上诉功能对抗国家,也很少那么去做。但是,侯赛因认为,法律语言

---

① 史蒂芬的许多讨论是基于纳塞尔·侯赛因(2003,66-68)。史蒂芬也许以其起草1872年证据法中发挥的作用最为知名。该法试图将印度法院中的证据规则标准化,同时凝成一个迥异于印度各部落习惯的程序性领域。史蒂芬在英国更是以其所出版的《自由、平等与博爱》一书广为人知。除了其他内容,该书主张,自由的观念只有置于宗教、道德和法律的约束之中才有意义。这种主张也许体现他关于印度和英国"法治"(及其德性)在思想演变中互动的思想。有关麦考利《印度刑法典》颁布前印度刑法的演进历程,参见Radhika Singha和Jörg Fisch。

的存在主要集中体现于人身保护令,法院可以以此命令国家承担错误关押(或者违法)的责任,这是法院独立的象征。但是,法院真正运用它去对抗国家权力并不常见。当法院真正挑战国家的行为,国家权利机关可以改变法律,或者颁布新法限制法院审判权。[①] 关于这一点,有许多实例,在包括但不限于中国这样的国家,该手段曾用来应对不同寻常的威胁和紧急情况,处理挑战国家自身稳定的事件。但在这种挑战面前,英国统治者应对的手段颇具代表性:很少有英国官员挑战"法治"的概念,甚至特殊情况下,即使坚持"国家原因"应当超越法律界限,他们也很少如此为之。

通过这种方式,"法治"的广泛重要性使其作为统治合法性语言在 19 世纪、20 世纪几乎从未被英国驻印度官员挑战过,即使在极其特殊的情况之下。虽然与中国的内涵不太一样,但是"法治"仍然是英属印度国家实现合法性的主要政治话语模式。"法治"集国家权力和道德主义为一身。无论如何,国家权力既依赖其实现,又受其约制。在印度,如同在中国,"法治"最为鲜明的特征,是其既作为一种法治化的意识形态,又服务于独裁权威——它订立了原则,又潜在地对其进行限制。

二、法律程序和国家与社会结构

19 世纪,在国家对法治依赖的背景下,如何定义中印两国中国家与社会的独特关系?在国家与社会关系领域(也在我们定义"国家"与"社会"含义时),"法治"研究也许是比较 19 世纪中印两国最关键的着眼点。有人可能会说中国和印度两国情况下,法律都在构建"官僚式"的社会结构方面扮演了关键角色,这种社会结构建立在法典和法律程序的基础上。在争端解决方面,英属印度和大清都重视法庭和审判官的作用,这种社会结构能够真正地构建起大众拥护和社会关系。两个国家的法律都明确地体现出建立社会关系的规范性假设。这些假设在实践中,均可以通过讨价还价进行调整。这也是以上两套法律系统的特点。无论如何,在解决争议和协调社会阶层的过程中,法律程序结构的广泛重要性在两国均对社会的主流思潮和身份结构变更起到了深远影响——虽然最终而言,其影响各有差异。

(一)印度

在印度,法律在社会建构方面的影响力与英国推行"法治"的合法化框架直

---

① 英属印度的多数省级政府都有官方的法律职员,其工作职责之一是针对涉及国家的上诉起草答辩状,并给出法律建议,以协调可能危及国家利益的法院判决。

接相关。当然,英属印度法律与更宏大的殖民主义框架亦相当契合。殖民体系的特点是"刻意保持某些方面的'本土'法律,以使他们的统治合法化,就如同维持他们自己的文化那样"。与很多其他的殖民地相似,这导致了印度一开始产生了一套双规制的法律系统,以不同法律不同法院分别适用于殖民者和被殖民者。随着时间变迁,这两种独立法院的意义减弱了。① 更重要的是,从长期发展来看(特别是与中国对比来看),印度发展出了一套越来越体系化和具有普世性法律程序规范的法律系统,理论上适用于所有人,与此同时,与其并存的实质性法律随着特定社会群体的需求有所变化。正是这种法律程序的结构,最终被英国人与他们对殖民国家政府理性主义和公平主义的设想紧密地连在了一起(并且从而有了一个对"国家"和国家权威的理想定义)。与之构成对比的,是不同法律群体的特殊性塑造了一个与英国高度隔离的印度"社会"。在这样的架构之下,印度"人民"(或"各群体人民")与英国人的区分不仅体现在种族上,而且体现在英国程序结构的普世性对印度特殊的个人法体系的适用上。事实上,法律程序普世性的主张与在印度实体法特殊和多样化的运用形式之间存在的矛盾可以用来解释英国人创建的权威结构的合理性。②

国家权力对于普世理性的追求,当然并不全部由程序法概念体现,因为实体法也起到了部分作用。就像麦考利的印度刑法典中指出的,普世理想决定了以国家理性实施惩罚。这也反映在物权法的发展中,在下一章中我们将讲到该点。但是在印度民法(特别是所谓的"个人法")的构建中将两者区别开来是十分重要的。因为即使法律系统化的推崇者如亨利·梅因爵士(Sir Henry Maine)也认为,法律对于差别的认可是英国统治的核心。梅因曾在1980年担任总督委员会的法律委员。在他看来,一方面,国家由清晰的理性的程序来定义;另一方面,社会是由本地处于不同阶级的各个社会群体组成,这两方面之间的对比十分关键。事实上,这一对比也为梅因从地位到契约的社会进化理论提供了依据。但法律不仅建立在这个区分之上,甚至对该区分的维护也成为殖民统治合法性中关键的一环。

① 有关针对印度人和英国人设立不同法院和刑事管辖权的历史已经被伊丽莎白·考尔斯(Elizabeth Kolsky)(2005)所追踪到了,她还展示了这一点如何明显影响了导致《印度刑法典》最终出台的相关讨论。

② 在对据称普遍适用的《刑事程序法》进行讨论时,伊丽莎白·考尔斯(2005)强调了种族差异对这一结构的重要性。毫无疑问,种族问题影响了英国人的很多思维方式。但是,普遍适用的原则,如英国1858年颁布的维多利亚女王诏书(Queen Victorias proclamation of Crown rule)所公开宣称的那样,也是印度人经常要求的。在种族和差别的现实要求目前,该原则也为大多数的法律官员们维护。当然,从一般意义上说,普遍性和差异性之间的张力,是英国统治意识形态的核心(Metcalf 1994)。

这可以从印度特定地区(尤其是旁遮普)所谓"习惯法"的发展中反映出来。对"习惯法"的记录深受梅因的社会进化论思想影响,意在将村庄中基于地位的互动与部落的"习俗"融入英国法律程序的框架。但法律也有意强调印度理性国家与等级制社会之间的区别。①

对于这种区别,也许最重要是英国通常依赖所谓"印度教法"和"穆斯林法"(有时被称作盎格鲁—印度教法和盎格鲁—穆罕穆德法)来对继承,家庭和社会群体问题做出实质性判决。这种发展的关键,也是"习惯法"(只是在几个地区优先执行宗教法)案例的关键,是为了调整"传统"和文本法律的形式,以适应英属印度法律程序的构架。学术评论家已经注意到这种实践对"印度教法"和"穆斯林法"产生了变革性影响的意义。多年来,英国东印度公司依靠法庭聘请的宗教学专家帮助英国法官解释该法律。19 世纪以来,印度教法和穆斯林法在实质上越来越取决于关键文本的翻译,以及由英属印度法庭(以及印度帝国最高法院,连同伦敦的枢密院)逐步建立起来的先例。对印度教教徒和穆斯林来说,这种做法鼓励了一种观念,即一种独特的、实质性的宗教"法律"可以从政治和程序的语境中被抽离出来。如格里高利·C. 科兹洛夫斯(Gregory. C. Kozlowski)所认为的那样,这反过来促进了一种理念,即印度社会由不同的宗教群体组成,由不涉政治的法律(但关注社会和国内事务)规则来定义,而这些规则深植于现有的文本传统。② 以印度教为例,拉塔·摩尼(Lata Mani)和其他人已经描述了这种发展不仅有助于以下理念的传播(无论在印度还是英国人之中),即在印度存在一个被称为"印度教社区"的法律实体,也有助于产生关于婆罗门权威(和种姓制度)的一个高度文本化的形象,以作为该社区的标志性特征。

这些发展对于英属印度"社会"(随后)产生的影响当然可观。就像在其他殖民地语境中一样,其关键作用之一是从社会稳定的利益出发,加强了家庭、血统、种姓中的家长权威。在这一过程中产生的宗法家族血缘关系(以及权力的高度性别化)与《大清律例》规定的别无二致。然而,在英属印度,家庭事务中宗教和习

---

① 这一背景中不足为奇(多少也有些讽刺性)的是,在英国人看来,印度社会是由按阶层划分的社会群体组成的,这一观念在实践中往往对 19 世纪晚期法律的解释造成了强烈影响,以至于乡村群体的法律发展朝着梅因提出的著名公式——"从契约到身份"——的相反方向运动,以满足殖民主义的基本法律规则要求。这一点最为明显地体现在旁遮普地区"习惯法"法律解释上。尤其是 19 世纪晚期,作为习惯法之首要基础,强调以父系亲属关系的"男系亲属"理论。关于乡村法律构造中从契约到身份演变的一些讨论,参见 Richard Saumarez Smith(1996,64 - 66)。

② 还可以补充的,那就是这一点还帮助建立起一个框架,其中的宗教法以及社区法多与家庭事务,特别是女性地位相关。有大量文献涉及盎格鲁 - 默罕默德法律的发展。其中有关英国学者的研究,参见 Roland Knyvet Wilson(1894)。关于这些发展过程的早期论述,参见 Scott Alan Kugle(2001)。

惯法的实质性运作由国家完成。这种实践并不反映(和中国一样)由上天赋予、国家予以维护的等级制度普世性,却证明了文化和社会领域完全独立于(将国家视为一个理性而规范实体的)法律程序领域。在实践中,当然,正如瑞秋·斯特曼(Rachel Sturman)所论述的那样,英国法官的偏好往往对"古老"宗教文本的确切解释产生重要影响。在实践中,法官对于"公平、正义和良心"的看法可能导致基于印度教法和穆斯林法的判决被修改。"公平、正义和良心"一语其实颇具不确定性,在法律的解释方面有相当大的弹性空间(也带有意识形态的影响),很多情况下,这导致了在更具普世性价值的欧洲理念影响,种姓和家族权威往往被赋予新的解释。然而,不管怎么说,在英国人眼中,法律的合法性主要来自在概念上将理性程序领域与确实属于人民自己的实体法分隔开来。但是这里的"人民"是破碎的,而且与普世的原则相剥离。

程序与实体法的区别不仅塑造了英属印度的法律,而且对"国家"与"社会"(由截然对立的原则定义)典型形象的概念进行了区分。该情形的结果之一(又一次与清王朝形成鲜明对比)是一种特殊的法律职业在印度的出现。至少在某种程度上,这一职业被以上典型形象之间的对立定义,且在立场上成为这两者之间的调解人。律师在法庭上出席这一实践来源于英国,从早期开始就成为英属印度法律体系的特征之一。但是19世纪下半叶开始,律师渐渐在法庭上超越了他们原本的角色,变成了印度殖民体系中关键的政治调解人,参与协调法律结构决定的国家和社会之间的不同形象。

当然,律师们不会仅关注法律程序,因为实体法的训练在英国和印度同样是法学教育的重要组成部分(尽管英属印度法律训练方面的研究有待展开)。但在由"法治"定义的英属印度法律体系当中,律师具有至关重要的地位。参与法律规则和法律程序的广大领域决定了他们的专业知识——以及特殊地位,但他们不会因此被视为(由阶层或宗教划分的)某些社会群体的代表。他们独立于国家机构。事实上,他们的地位决定了他们处在法律普世性和文化特殊性之间。在英国的统治下,后者对"社会"的定义产生了巨大影响。在这种情境下,律师在印度政治发展和20世纪的印度国民大会中扮演了非比寻常的角色,这就不足为奇了。从更广阔的英属印度殖民史的视野来看,律师的结构性地位可能有助于厘清"法治"这一概念对于印度殖民地政治具有的独特含义,而且也可以揭示"法治"的架构在英属印度何以最终,正如我们将要看到的,在广泛程度上影响20世纪印度的政治轨迹和印度"人民"这一概念的含义。

(二)中国

清朝在这方面的情况和英属印度形成了鲜明的对比。如果说理论上承诺遵守程序正义使印度在具有普世价值、理性且规范的国家和具有文化特殊性且社会等级森严的社会这两者之间建立起概念上的对立，程序与文化之间泾渭分明的情况在清朝并不存在。因为法律在实体以及程序上本身就体现了普世道德观念。当然，代表国家的道德模范和需要道德模范以构建社会的人群之间还是存在一种紧张关系。理想和现实、应然和实然分裂的情况之下，清代中国和印度一样都是“不尽完美”的。

在清朝，礼教与法律交织在一起，所以法律不能作为规范化程序被抽离出来。清朝没有独立司法，取而代之的是县官（magistrates）担任事务执行、行政和司法等职务，且作为道德模范引导社会风气的转变。法律因此很难与人治相分离。即便有道德模范的引领，“人治”仍然具有“正义”被个人的专断独行或者反复无常颠覆这一风险。尽管实质正义和据罪量刑对于捍卫“天理”颇为关键，统治者们自己也知道普遍适用的程序规范是防范上述风险的最佳屏障。

清朝的法律程序并不完美。自然，也没能将国家定义为一个理性而规范的实体。它当然不“仅是一个躯壳”。本文在此并不关心程序正义的细节（尽管极具价值），而是程序与实体的关系问题。除了一些特例，如就地正法制度，清朝和英属印度的法律程序从某种意义上来说是相通的。无论审判涉及的是广东客家的船民、江北的农民，还是重庆的客商，其法律程序极为相似。[①] 然而，从另外一个角度来看，清代法律程序具有独特性，不是因为其根植于多样的法律社会群体（如同印度那样），而是因为其成形于普遍存在的等级观念（如性别），这种观念亦存在于普世性的道德规范当中。这些规范决定了谁能控告谁，谁能亲自提交申诉。儿子不能起诉父亲，妻子不应该控告丈夫，女人应该通过其男性代理人表达他们的诉求。[②] 对女性的审讯，无论是否被严刑拷打，都应沿用与男性不同的规则。正如马修·萨默（Matthew H. Sommer）所说的那样，对于性侵犯这一罪行，法律强加给妇女一套高规格的举证责任，导致她们只有以自杀来自证清白。还有，季节的特殊性意味着农忙季节之外，水利和财产纠纷每个月只在特定的日子里接受听讼。故意伤害案件则在全年任何时候都可以听讼。可想而知，为了让诉求被关注，许多琐碎的争吵在纸面上往往被夸张为暴力对抗。

但是，实体正义——惩罚危害社会的犯罪并使定罪与其相配套——在《大清律例》中非常重要。《大清律例》的两个核心因素确保了国家视为社会破坏性的

---

① 清朝法律确实要求配备译事官，以确保州县官吏能够听懂当地方言。

② 在妇女通过代理人所提出的控告中，究竟是子为母保存颜面和利益，还是母为子操控起诉，这是引发巨大争论的一个永恒话题。对于被诉方来讲，指控起诉人不守妇道，泼辣好讼经常被使用。

行为必定会被惩罚,且会获得应有的后果。著名(或臭名昭著——这取决于个人对于法律的理解)的"统管"这一条款允许行政官僚对"(那些)做了不该做的事(的人)"施以肉刑。例如,提议邻居向县官寻求赔偿可能不至获得"煽动诉讼"这一罪名,但仍属于"做了不该做的事",有可能招致杖刑。同样,《大清律例》中有整整一节,说明如何类比定罪。该节的目的不是找到与犯罪事实完全相符的条文,而是指导法官找到与一系列事实相匹配的惩罚标准,以强调该法律体系的重要目的:使刑罚"与罪名相适应"。

因为强调实质正义,清朝的法庭通常允许公众进入。法庭作为一种说教的工具,由国家借此传播占主导地位的道德话语,并向普罗大众宣导。不过,国家从来没有打算垄断法庭的功能和审判的意义,这点倒不足为奇。可以肯定的是,人们起诉的目的是赢得官司,获取确切、翔实的审判结果。如执行契约,或解决债务,或取得继承权,或厘定边界,或确认一种所有权,或终止关系等。通过马克·格兰特(Marc Galanter)称为"诉讼和解"的过程,诉讼参与人会努力争取聆讯的机会,以利用法庭来威胁、恐吓或敲诈他人。由此,社会和国家的权力关系亦得到调整。

清朝法庭中,与地方习俗有关的继承、婚姻有时甚至是商业案件常常混杂在一起,且不时会与由国家支持的通用法律规范相冲突。但是在中国的大部分地区①,这些规范并不从属于特定民族或者宗教团体——当然,如果家庭或社会群体中某位女性的权威地位过高,可能引发宗教影响方面的怀疑——确切地说,这些案件涉及地方上的具体事务,如包办婚姻、买卖新娘、收养儿童等。这些行为违背了儒家信条,却反映出经济驱动下的地方现实。重要的是,实践与协议相结合,致力于"以契约形式"固定下普世的规范。可以说,与国家相对的社会,正是借由这些契约事实形成的(该点将在下节中进一步谈及)。

无论法律宣扬的普世道德理念如何,法庭存在的有效性在于法律运用过程中法庭作为宣扬伦理道德的场所,传达出国家对于社会的期待。不过这一角色的实现取决于国家代言人,特别是县官对案牍(由案件陈述和法庭判决构成)的解读。代表案件双方当事人的讼师和诉状撰写人的出现使县官的工作变得复杂。他们先起草诉状以说服审判官接受或拒绝一个案件。随后,如案件被同意审理,他们要起草接下来的诉状,并运用法律技巧提供诉讼战略方面的建议。但是这些法律

---

① 在新疆和其他穆斯林聚居的地方,清朝的管理与英国在印度的情形非常相似,它允许按照宗教社区标准实行属人法原则,不必依照《大清律例》的指导。而在中国的其他地方,如艾马克(Mark Allee1994)所研究的台湾,对于外来移民或者本地居民之间的财产纠纷,清朝在法庭审判上坚持使用统一法律规范而不是当地习俗与标准。

专家的扮演的角色与印度律师有很大的不同。诉状不会特地提及法律,一般仅阐述案件事实。当然,在向提供客户法律建议的过程中,不可避免地,讼师会特意教授他们一些法律技巧。对一名讼师来说,最重要的是为客户赢得诉讼,提高自己的声誉,同时尽量不让审判官察觉他在背后搞的小动作。在17世纪刑名师爷(他们很多都是当过讼师的)出现之前,中国的审判官都没有经过法律的专门训练,也缺乏对付讼师的法律技巧。法律史学家邱澎生认为,讼师和师爷掌握着法律知识的武器,控制法律判决的结果渐渐成为他们之间的一种竞争。

具状者和讼师与师爷幕僚一样参与到法律诉讼程序中,但是他们被国家所忌惮,因为他们被视为特殊利益的代理人。他们精心安排法律程序的进行,这阻碍了法律普世性伦理的实现。他们的角色是非法的,所以只能展开地下活动。由此,虽然讼师在社会而不是国家机制中占有一席之地,但是其边缘化的社会地位,加上与之相关的法律咨询者和程序专家的配角身份,使他们绝对不可能扮演印度律师那样的角色。在印度,律师主导了一种社会和机构的架构,由此催生出法律的观念既借助国家势力独立成形,又与国家势力存在分离关系。这种对法律的认识在晚清时期曾经在新媒体和流行文学中一度出现。但是该时期的新闻报纸,无论其批评多么激烈,仍然缺乏专业知识和一定的社会立场,以致未能产生足够的社会力量,从而创立法律职业。此外,20世纪20年代起,虽然已有部分人开始接受法律的专门训练,但通过法律的客观独立来调节国家和社会这一观念还是未被认同,律师也从未成为政治的参与者。这与殖民地时期以及独立时期的印度都截然不同。大清的法律也从未像殖民地时期的印度那样,在国家和社会之间划定出界限。

事实上,中国的国家和社会,与殖民时期的印度具有不可思议的相似度。中国的国家和社会之间缺乏激烈的差别。与此同时,我们也可以看到在印度亦有一种正义的理念超越实质和程序之间的差别。这一理念在刑法中体现得最为彻底。对于民众和国家而言,公正的程序至关重要。但因为正义通过具体的实质性结果而体现,(在具体的执行层面和人们的观念当中)官员们即使脱离"正当程序",只要结果中正义"被实现",就能够获得谅解。这种谅解的背景在于该官员的行为将自身利益排除在外,当然,这凸显了通过拥有优越道德标准的人来改造一个不太完美社会的主旨。最后,法律的实体性结果与民众对规范的内化成是皇帝的最终责任。这意味着将道德、上天/宇宙、人民群众联系在一起,国家和社会、人治和法治之间的紧密纽带亦由此体现出来。

三、物权、合同和权利

在这一节中,我们将简要地看待法治如何影响"权力"概念,以及法治的方式如何定义宏大政治体系下个人的地位。这一领域涉猎颇广,如果考虑充分,它将带我们进入一个领域,其不仅涵盖经济结构和经济行为,且包括大众观念、社会组织和地方冲突。这些话题当然在本论文的视野之外。但我们至少可以简要地提及他们,尤其在审视法治如何在大清中国和英属印度塑造"财物权利"这一内涵之时。多数人都认可这一点:财产和权利的内涵对于任何法治观念来说都是极其重要的。但是这两个领域中"权利"的意义依然存疑。更重要的是,虽然"物权"在中印两国社会和经济的变革中扮演了至关重要的角色,其对主权观念(涉及不同"权利"的关系定义)的影响截然不同。

(一)中国

英美法系的观念下,我们常说不存在"无救济的权利",在此之上,我们可以进一步假定救济是政府应当作为的一部分。因此,根据韦斯利·霍菲尔德(Wesley Hohfeld)的理论架构,财产是"权利的集合"(bundle of rights),这种权利也意味着政府可以代表个人对此进行干预。张伟仁指出:"权利只有在他人认同的时候才存在"。但不同于"西方"从主张者的角度看待权利世界,张伟仁说道,在中国,儒家传统的架构意味着我们要"包容"这些权利主张。也就是说,儒家传统认可个人的"责任"而不是"权利"或者"资格"(所谓的"分")。"分"并非"生而有之",而是一种"严格意义上社会的产物",它代表一个人在社会总产出中分得某一份额,这一份额往往由社会"或准予或配给"给权利的主张者。

运用张伟仁对于物权的分析,将导致不一致的结果。一方面,这意味着中国并没有将物权视作"唯一且专属的领域",视为一种"纯粹的、非社会的、人与物的关系"。然而有记录证据表明,这种关于财产的物权观念在普通中国人中普遍存在,正如萨利·安格尔·梅丽(Sally Engle Merry)所研究的12世纪新英格兰人一样,他们认为物权赋予他们个人独有的尊严和权势。另一方面,张伟仁的分析揭示出《大清律例》对于以下观念的接受:对无主之地进行耕作可以带来假定的所有权主张。这一观念在某些方面与一些法学家,如罗伯特·C.埃里克森(Robert C. Ellickson)的主张有相似之处。他认为权利起源于去中央集权化的社会程序,特别是经济交易,而不是法律本身。事实上,在最近一次关于合同和物权的论文集中,麦伦·科恩(Myron Cohen)声称:无论合同和"合意文件"的主题内容为何,他们在本质更社会化而不是法律化,因为他们根植于社会中当事人之间的关系,并且受到其保护。或者像安妮·奥斯本(Anne Osborne)在同一卷中写的那样:

“个人权利最可靠的保障在于他们被当地社会群体熟知”。

权利的起源是“去中央集权化”的社会程序,这并不意味着权利的发展脱离国家和国家法律的轨道。对研究清朝合同和物权的学者来说,最困难的任务也许是辨认研读的交易文档中,当事人是否是在“法律的阴影下”成交的?如果他们表现出对法律的无知甚至是漠视,因而无法适用法律的“威慑力”,那么这些学者如何能证明是法律发挥了作用?而不是依靠的风俗和社会规范?[①] 当然,国家对于财产索赔非常慎重,这一点体现在《大清律例》的诸多条例中。在大卫·魏克费尔德(David Wakefield)关于继承研究的基础上,曾小萍(Madeleine Zelin)让我们关注到该部法典中关于继承的具体规则,足以证明政府重视对财物权利的保护。经君健对清朝法典中冗长的禁令,特别是关于盗窃、多重抵押以及无偿侵占他人财产的禁令,表达了类似的看法。最后显而易见的是,如果交易人不知道其房产已经被妥善登记在税赋花名册上,不知道相关交易已经被地方政府记录,他们也不可能获得国家提供的强大保护。从这个意义上说,房产是与国家之间的一纸合同,国家对纳税者提供权利和利益的保护,以交换税金。然而,这种交换的意义是有疑问的。物权拥有者(集体或者个人)是否考虑过保护的程度值得税金和注册的花费?鉴于18 世纪、19 世纪越来越多的人并不登记注册他们的土地,答案似乎是否定的。

令人震惊的是,清朝统治者并不太清楚知道他们辖下具体有多少土地,何种土地被耕种,由此产生的税赋几何?在清朝,“鱼鳞册”曾作为地籍或土地调查登记的本子,记录下每一块土地的位置、形状、大小、价值以及所有权,定期更新。这种登记对于税收有重大价值,但清朝的地籍与明朝相比没有什么显著变化,一些省份的信息完全缺乏。这并不是说清朝不承认它们的效用。事实上,因为统治者担心其涉及的成本和带来的麻烦,全国范围内的地籍调查从来没有完成。许多行政方面的研究者由此得出的结论:(这种调查带来的)麻烦大过价值。当然,有些区域也在尝试进行这种调查,特别是长江三角洲地区和被 19 世纪太平天国起义严重影响的区域。但是与英属印度相比,两者存在很大的区别——地方层面上的地籍更新几乎不存在。与印度律师会将这些调查简报作为副本附上不同,清代中国的物权纠纷很少涉及对地籍的引用。事实上,援引税务登记这一举动可谓闻所

① 在一份对满洲的近期研究中,艾仁民(Christopher Mills Isett)认为,因为辖内的移民在躲避官方调查时非法地耕种并获取了土地的权利,他们实际上不能运用法律的“威慑力”。

未闻。①

这种情况进一步表明了在物权纠纷中,地契合约是决定性证据,虽然该类合约1768年之前都没有被正式承认。② 当然,所有权最好的证明,是一张盖着官府大印的“红印契约”,确认交易记录,并收取合适的税金和费用,或者是存在纠纷的土地已有的纳税凭证。然而,但凡研究土地纷争案件,我们往往发现多数合同都是“白的”,也就是未盖印的,使交易成为技术上不合法的事物。审判官往往使用家谱、墓地、中间人的证词,以及实地调查等另外的证据,或运用其一或集合所有来解决纷争。尽管法官可以拒绝审理“白合同”纠纷,但他们很少这样做,因为他们明白未解决的物权纠纷会迅速升级为暴力事件。且暴力程度越高,越不利于该地区官员的年度评估。更重要的是,如果这类案件上诉到法庭,地方官员就可以将此土地注册以征税。只要大清帝国能征收到税金,它会容忍物权的各种安排,包括简单清晰的物权所有,也包括涉及各层面、与惯例相关、复杂的甚至非法的土地使用。事实上,该地区的税收水平越高,对地方官员的评估越高。因此,土地纠纷(无论如何发生,证据实质如何)的处理事关地方官员和国家自身的利益。

如果个人谈判者的这些协议在国家权力之外创造了一种合意和规则,这种合意和规则对他们而言尚有待清晰,且这些合意和规则仅反映社会规则,由社会规则强制执行,那么,这样创造出来的“权利”是否具备足够效力?而且,如果这些“权利”“强烈”独立于国家权力,为何这些“权利”有时又要由国家代理人来最后裁决?就像曾小萍和穆素洁(Sucheta Mazumdar)所指出的那样,我们认可(社会与国家)之间的交易和协定创造出了强大却未必完全的物权。③ 如果不这样,很难解释清朝出现的土地高周转率和商业快速增长这些现象。当然,土地的商业化

① 而且,这些资料很多在财物权纠纷升级为暴力性命案的案件中出现。这可能是因为这些案件需要中央来复核,有的甚至由皇帝亲自勾复。也许官员认为有必要表明其判决时考虑到了当事人的纳税记录等经济状况。与此同时,国家制定的税务登记在印度的诉讼中也是重要的。根据皮特·罗布(Peter Robb)的观察,“在19世纪80年代后期,印度农民(raiyats)大量购买记载有权利义务的结算册(settlement roll)的摘要部分”,这意味着税务登记在纠纷中有巨大作用,无论对贵族还是平民都是如此。

② 这一规则相对较晚被纳入《大清律例》,艾仁民引用该事实作为否定清政府有意“建立一个系统的、融合的物权法体系”的证据。尽管如此,契约仍在财物权纠纷中发挥了极为关键的作用。这一点可见诸于如下事实:很多家庭将契约作为所有权的证据保存数百年。

③ 这与法国学者Jérôme Bourgon对此不大积极的看法形成对比。巩涛不赞成从《大清律例》中那些对盗窃、非法交易和强取他人财物加以禁止的规定可以得出物权概念这一看法。他坚持认为只有个人财物权才能够创造对抗国家权力的堡垒,并因此不认可家庭财产的意义。最后,他也认为,中国不曾有过强而有力的财物权,因为它们被“令人混淆的”多层次的所有权体系侵蚀,《大清律例》中也没有“一种坚实的法律背景”可以推动其形成。

和商品化，不可避免会对私下交易者协定的共识产生巨大压力。当资源被重新分配，地方习俗中的借贷、用水、抵押贷款、附带条件的买卖、家人和邻居的优先购买权，以及附属偿付行为也随之发生改变，以适应新的环境。一旦行为规范被广泛适用，其对不同社会成员带来的好处程度是不同的。有的权利被加强，有的减弱甚至消失。不可避免地，如何调整旧的习俗以适应新形势的争论会爆发，甚至会引发冲突。当清政府对这些有条件的物权交易进行规范，国家在此期间也得以对物权争议引起的公共秩序混乱进行预见性的干预，由此，国家介入了社会。

就中国而言，物权问题主要体现在国家仅关心收取税收和压制社会冲突上。这凸显出清朝基本上以不干涉的态度对待平民的土地耕作实践。17 世纪中叶，清王朝控制了国家，采取措施打破地主精英势力。随后的 18 世纪初，自耕农大体上能够自给自足，并通过开放的土地市场获得了各种土地物权。交易反复发生，加上合同的形式和实质从根本上而言具有普世性，如此，合同内嵌的价值观深入社会各层面，且在很大程度上独立于国家。当然，各个地方具体实践不同，但都可以通过合同体现出来，这一点体现了社会职责。在社会实践中，已知地产(informed property)构成了某种内在逻辑完善的体系，这种基于惯习的社会实践衍生出来的期待和预期实际上是独立于国家的。① 因为清朝的国家与社会都是公共道德规范的维护者，清帝国容许社会独立运行，只要它能维护自有秩序。但是当社会衰败和社会失序危机出现，国家会大力发挥其作为道德规范的作用。国家鼓励财产或其他小纠纷的私下和解，却禁止谋杀案的私自和解。

所以，中华帝国中社会和国家的这一交集，体现出物权的界定和判断更关涉审判和惩罚犯罪关系，而非正义的界定或者法治作为道德概念发挥的作用。这并不是说物权不重要。作为农业社会，在中国，土地所有权不仅是食物供给的保障，并且在子女婚姻、社会声望和血缘传承方面也有着重要意义。然而，民众普遍对法治的看法不是法律体系如何对待物权纠纷，而是其如何处理物权纠纷引起的暴力。换言之，法律通常如何对犯罪或者说是暴力犯罪做出回应？

(二)印度

和中国一样，在英属印度，物权法在塑造当地社会和经济关系中起到了至关重要的作用；反过来，这种关系也促进了物权法的发展。作为法律的一个独特领域，物权法的具体运行也与中国产生了鲜明的对比，因为它在定义社会和国家之

---

① 对清代“习惯法”的全面考察，参见梁治平的著作。北京大学法学院的朱苏力，已经将这些观念归为“法治的本土资源”。中国近期的两篇博士学位论文利用新获得的契约和其他文书资料对民事纠纷的处理加以考察，深入研究了习惯法和成文法的互动关系(春杨、邓建鹏)。

间的关系,界定关于法律制度的普遍观念上扮演了不同的角色。相比中国而言,在殖民地印度,国家强制实施的刑法和通行的正义理念之间的联系更弱。有的时候,盛大的刑事审判确实会引起公众的广泛注意,法庭审判和刑事程序从而变为一场关于正义及其意义的焦点论争。这样的辩论时而反映在通俗文学和戏剧中,其中法律语言和法庭程序享有至关重要的地位。但是总体而言,1860年之后印度刑法在外来统治下被修正,充斥大量功利主义精神的《印度刑法典》引起的共鸣似乎远少于中国的大众正义观。虽然"人民"这一概念仍与法院强制执行、人们也广为接受的"正义"这一观念紧密相连,在印度,殖民地刑法典几乎无法影响大众对于"人民"身份的既定假设。这显然与清朝中国有所不同。①

除此之外,物权法在印度社会引起深度共鸣,不仅与社会财富和资源的分布有关,而且与强权主义结构中个人、地方社区和国家在政治秩序架构中的互动有关。这看似自相矛盾,因为在印度,很难发现证据,证实基于契约的文化在普通大众中确实存在。反之,在中国,存有大量非官方的(契约)文件。在印度,物权法(以及与土地所有权有关的"权利"的定义)在塑造国家和社会新发展出的关系方面,在殖民地"法治"下给予印度民众有力支持方面,都扮演了重要角色。

毋庸置疑,印度的"财产"的历史性意义复杂且众说纷纭。但对于印度的英国人来说,财产被广泛地概念化了,至少从它的起源上来说,"财产"被当作一种权利以对抗国家。国家势力对"专属权利"的定义和裁决,其实很大程度上来自征服,它使国家以它认为最好的方式重新分配财产(即使很大程度上这些分配是为前任国家遗留的要求和安排而做出的)。正如19世纪末巴登·鲍威尔(B. H. Baden - Powell)在伟大的《印度土地法大纲》中申明的那样,"我认为,总的来说,各种法规和其他地方声明的意思不过如此;政府宣告成功接任前任统治者的地位,相当于利用这一地位(在逻辑未必完全成立)获取一种发言资格,从而在新的基础上分配,赋予并且认可权利"。这样做的关键在于殖民国家树立自治地位,从而构建起独立的物权秩序。

从这个角度上来说,财产的构建根本上源于英属印度国家与个人之间的一种契约(也可以说,在少数但关键的情况下,是国家与联合家族、国家与其他企业集团之间的契约)。这些合同的有效性取决于国家能够通过庞大的档案记录调查和

---

① 很少有人对此做过研究,参见Singha(1998)。塔尼卡·萨卡尔(Tanika Sarkar)也许不同意这种观点。她认为,印度教属人法的结构创造了这样一种例外,也就是即使适用《印度刑法典》的案件,印度人家族内部行为(例如涉及通奸的谋杀)的审理也需要一位实际上受雇于法院的印度公民进行监督。塔尼卡·萨卡尔还利用这些案件来辩论正义的含义。如果这在孟加拉情况属实,也只可能在印度全境的某一有限范围内实施。

分配英属印度帝国领土。通过土地"清算"的操作,国家官吏实际上签署了英属印度所有相关可耕种土地的合同。这使国家能够确认土地"所有权",以此换取支付土地税负的承诺。如此大规模的举动,远远胜过清朝相较之下的任何努力。因为这些合同经常记录着复杂的多层次性权利和税收义务,不仅是简单地对土地所有权予以确认。它们将国家的力量和意义定义为可赋予权利的权威机构。在某种意义层面上,这些合同同时构成了印度社会,该社会由独立个体组成,由土地"权利"(英国档案记录中经常出现的术语)定义。在法庭上,这些合同不仅在理论上可以用来对抗土地的竞争对手,甚至可以(在理论上)与国家抗辩。①

印度的物权法因此在理论上确定了基于合同的国家和社会秩序,比中国更为明确。但它也被卷入程序法的普世性道德要求和实体法的社会身份和文化特殊性之间的紧张关系中。后者更为普遍地定义了印度的"法治"。清算时,在国家统计财产"权利"这一层面上,这种紧张关系体现得尤为明显。当然,清算之时,"所有权"全凭国家决定,这也明确证明了"法治"根植于国家对普遍权力的声张(也根植于官僚制和相关档案的保存设置)。不过,具体的历史和文化背景,也就是参照先前的习惯和惯例,可以使这些权利合理化。在实践中,这些习惯和惯例往往用来检验国家认证(或授予)的某些物权诉求。② 随着 19 世纪的发展,这一趋势愈发增强。如果把物权定义为一个机制,通过该机制,英国承认拥有法律权利的个人是社会的基石,那么物权法(特别是继承法)也借由"个人法",通过习惯和过往的实践,将每个"他"或者"她"深嵌于社会群体当中。由此,19 世纪晚期大量物权案件的涌现均与地方性社会群体惯例相关,这些惯例被提出来以解释殖民地的清算记录。当然,法官们可以不受限制地对这些权利提出自己的见解。然而,已有许多证据表明,民众的看法当中,习惯和惯例给"权利"的理解提供了重

① 这并不是说,政府不能通过声称某些特殊情况而消灭财物权利,正如政府在 20 世纪早期通过特别立法取消了旁遮普省新都桑感杜波河(Sind Sagar Doab)地区的村庄土地所有权,理由是需要国有土地来节省河道建设的成本。但是也存在很多财产性判决不利于政府的案例。著名的 1901 年哈吉瓦运河(Hajiwah Canal)案就是一个很好的例子。在该案中,枢密院在上诉审中否定了旁遮普省政府试图(以提高管理效率的名义)没收已建有私人河道土地的做法。在该案中,枢密院在其判决中指出,政府需要受到土地登记簿上承认的河渠所有人财物权的约束(正如枢密院所指出的,根据土地登记簿上的记载,可以推定其所有权人能够继续享有财产的收益)。

② 殖民地期间对所有权的承认,事实上常常是讨价还价的结果。正如戴维·沃什布鲁克(David Washbrook)所指出的,"英国政府对土地的授予建立在一系列灵活可变的政治交易基础上;通过这类政治交易,英国政府将税收的特权或授予那些处于国家和农耕社会之间的中间人,或从其处收回"。

要依据(这一理解可以用来合理抗辩他人,甚至是国家)。[①]

物权法因此成为一种框架,其中,基于身份地位分层的社会角色与国家认可的个人"权利"相互融合。在这些情况下,物权案件中当事人的动机很难辨别,这点不足为奇。当广泛的记录和财产索赔裁定孕育出一个物权拥有者阶级,其阶级利益由他们对土地生产性的使用决定,物权制度结构似乎变得鼓励诉讼,因诉讼会带来合同的执行,由此保护某人对土地生产开发的特权。(从这个角度上来说,)诉讼也多与地位(由文化和社会群体的独特性决定)相关。[②] 尽管这方面的研究还有待展开,伯纳德·科恩(Bernard. S. Cohn)离开英国不久后对一个印度北部村庄诉讼案件的观察颇值得注意:"利用当地法院解决地方争端,在大多数村庄里都是非主流的",他写道,"法院被当作竞争社会地位的舞台,以争夺村里的政治和经济控制权"。[③] 在物权争夺的语境下,即使对土地的生产性控制是件小事,有关地位和身份的争议时常被触发。如此使用官方法庭,在中国是极其罕见的。帕梅拉·蒲丽斯(Pamela Price)在其对印度南部地主家庭的研究著作中提出了著名的论断:大多数印度人经常用物权纠纷作为一种手段,迫使法庭介入显贵家族之间和内部的地位判定;印度南部社会中,这一角色在传统上往往由国王承担。[④] 以上案例中,对地位判定的要求显得十分重要,远胜于要求法院强制执行明确的合同或纠纷。其他著作则指出:物权提供了一个关键的平衡杠杆,通过这一杠杆,在与印度文化特性相关的事务(据官方记录)上,印度民众迫使国家做出实质性判决。由此,通过物权纠纷机制,法庭频频被迫对苏菲派诸神殿的继承权或者对印度教寺庙的行政权力这样的案例进行判决。从这些理论上来说,这些宗教领域是国家不应染指的。这些案例的讽刺之处还在于,尽管有合同可循,财产纠纷与清晰的物权判定关系不大,其更多关涉的反而是受到地位、关系以及义务牵制的土地控制这样的先例。

当然,这并不是说要求确立土地明确权利的诉讼未曾发生过,而是说物权法的主要着眼点是另一个方向。事实上,殖民地物权性法律对于经济结构的影响曾

---

① 英国学说对于法官们关于种姓、宗教性权利,以及风俗习惯含义解释的重要影响(尤其是在19世纪后半叶),是一项刚被开始仔细研究的重大问题(例见 Sturman 2006)。在奉行习惯法的旁遮普省存在着这样一种明显趋势,即法官们试图借助主要受亨利·梅因爵士(Sir Henry Maine)的影响而形成的社会进化论,来理解习俗的含义。有关重要文献,参见 C. L. Tupper(1881)。

② 殖民地法院总体上是"为人民所拥戴的",这是一个存在争议的问题。关于这一论题的概述,参见 Pamela G Price(1992,179 - 200)。

③ 关于1947年之后对这一论题的深入讨论,参见 Robert Moog(1997,100 - 102)。

④ 事实上,普莱士(Price)将财产纠纷视为一种改变身份含义的关键机制。这种机制,通过让王室之间地位高低(royal precedence)的纷争服从于法院程序的普世化程序来达到目的。

被大卫·沃谢布鲁克(David Washbrook)相当明确地探讨过。尽管沃谢布鲁克清楚地认为法律与印度农业经济之间的关系随着时间的推移发生改变,他的分析基于以下观察的预测:“英国的法律制度明显带有两面性,其原则经常自相矛盾。”一方面,法律设想个人作为独立的个体能够从事契约活动,自由拥有财产,以及参与“不涉道德的、纯经济的市场关系”。另一方面,法律关注将个人于同时嵌入根据地位划分关系的世界中去,这些关系的目的是“通过规定个人的道德和社会责任,限制个人自由尺度”。这些责任不是通过法律或合同,而是通过“现有惯例和宗教规范”来界定的。沃谢布鲁克认为,这种物权法中的张力产生,并非源于英国(或“西方/资本主义”)和印度本土规范之间的冲突,而是英国作为一个殖民大国,自身就拥有特殊的利益。在英国统治的第一个世纪里,英国法律的影响体现为严格限制财产自由交易产生的不稳定性,也抵制任何有效个人行为的产生。这种情况在19世纪下半叶有些变化,当时土地市场和诉讼发展势头迅猛。即便如此,沃谢布鲁克仍声称,“法治”的内在冲突阻止了法律发展,“偏离适应市场经济下资本主义的社会责任过多,或者走得过快”。

沃谢布鲁克的著作阐明了英属印度财产体系矛盾结构所具有的工具性意义,尤其是这种矛盾性结构与资本主义发展(可与中国比较的重要领域)的潜力有关。但他的研究贬低了物权法在协调冲突倾向方面扮演角色的关键性,正是这些冲突使得殖民地的法律体系(以及主权结构)得以成形。物权法也在定义印度殖民国家和社会的区别这一过程扮演了重要角色。这个角色的实现,是因为一个法律框架之中包容了两种潜在冲突的社会观念:其一,由权利的个人拥有者(由国家法律予以认可)确定;其二,由拥有历史基础、承载社会价值观的社会群体决定。物权法本身提供了一个场所,可以将这些对立的原则融合起来。在“法治”框架和法律程序结构内,原生的身份(无论基于宗教还是等级)从某种意义上说都是个人化的。在财产和“权利”的语境下,本土宗教和习俗的身份对于个人来说是不可避免的存在。确定个人与法律体系的关系,或许因为变得越来越在概念上成为个人财产的形式之一。① 物权法(以及其所赋予的“权利”)具有两面性,不仅成

---

① 有关这种身份专属性的讨论,参见Lauren G. Leve(2003)。这种专属性身份,最终提供了一个框架,与政治制度联系起来。(至少在理论上)这一框架可以延伸到那些形式上的有产者之外,正如当年印度围绕表列种姓/表列部落和其他落后阶级的“补偿性歧视”的政治信念发展所表明的那样。个人财物权与基于其地位的身份之间的交织关系也许也可以说明为什么直接基于阶级的身份(在概念上区别于基于地位的种姓、种族或者共同体类型的身份)在印度较弱(或者用另一种方式来说,已经普遍与前述其他形式的身份不可分离地交织在 起)。在这里,我们也可以与中国做一比较。

为印度获取生产性资源的关键领域,亦同时(远胜于中国)定义了社会(尽管这种社会比较分散),且将个人与其本土身份(以及文化)的概念联系起来。当然,不是所有印度人都会卷入物权问题的争议。但是物权法提供了"权利"的概念模型(其中纳入了对文化特质和差异的考量),给予了"法治"一种独特形式,使其成为印度远期政治意义的重要组成部分。

四、面对20世纪:法律、主权和人民

中印两国法治运作的共性和差异因此指向两国国家权力关系的差异,及其独特的社会结构。我们认为,这一背景足以启示我们就20世纪的印度和中国的政治话语做出对比。比较20世纪印度和中国纷繁的政治叙述,当然远超出本文分析重点。但我们认为,对法治运行中的内在矛盾进行分析,可以提供重要线索,以理解印度和中国两国政治的不同轨迹。

(一)印度

印度"法治"的某些结构特征中的独特形式,作为权威的殖民意识形态体现(特别体现在程序法和实体法的核心区别中),对于20世纪印度的发展至关重要。其重要影响可以在圣雄甘地的思想中清楚看到。作为1919年民族主义运动中的关键人物,甘地被训练成了一名律师,且在19世纪受到了英国发达法律观念和法律结构的熏陶。事实上,许多律师在民族主义运动中了扮演重要的角色,反映出律师在殖民地政治秩序中的战略地位,甘地只是其中的一员。"如果没有律师",甘地曾写道,"谁来给我们指出一条通往独立自由之路?"但是就像许多国家的激进领袖一样,甘地有着极其矛盾的法律观点。有时候,甘地会对法律进行严厉地批判。"这是我确认的信念",在1920年支持非暴力不合作的一篇文章中,甘地如此说道:"即每一个政府都会通过民事和刑事法庭掩盖其暴力、维持其统治,因为这是更廉价、更简单、更为人尊崇的一种治理方式,可以取代通过赤裸裸的暴力去控制民众;而民众们通过法院自甘为奴,拱手献上自身"。如此观点下,法律,使法律得以运作的律师,以及殖民主义的专制结构和压迫(英国殖民的特征)串通一气。"我坚定地认为",后来甘地在《印度自治》中写道,"是律师奴役了印度"。甘地认识到"法治"对于印度的殖民统治来说至关重要。

然而,甘地也承认英国的"法治"的结构框架对于民族身份认同的重要性。①

---

① 事实上,印度独立后的数月,甘地就转而认同"法治"的极度重要性。"自由从不意味着可以肆意做任何事",甘地在1947年8月宣称,"独立意味着,为了全体印度人民都能通过其所选举的代表们行使权利,而自愿接受约束和规训,以及自愿接受法治"。

"法治"重要,在于其区分出印度法在程序(连同其普遍性假设)和法律实体(决定国家权力结构)特殊性之间的差异。具有讽刺意义的是,这一差异为英国提供了借口,否认印度存在无差别的"人民",也拒绝对印度的民众予以认可。他们不愿承认,印度民众其实是一些特殊群体的集合体,这些特殊群体由特征鲜明的实质性法律定义,且因为英国法律程序和合理管辖结构聚集到一起。不过,这一具有差异的法律结构有助于构建印度"民众"统一的新形象,在甘地看来,这一形象建立在紧张的道德关系之上,且由新兴民族主义个人定义。

对甘地来说,个人的自控和自律使得其能认同国家(identification with the nation)。除此之外,对于甘地而言,没有什么能比自律更能象征其承诺的非暴力。非暴力这一理念起源于日常世界的政治和国家权力之间存在的紧张关系(其中往往酝酿着暴力事件),亦根植于(超越政治纷争)对理想的致力实现。① 富有道德感的社会群体的建立依靠那些有能力的人自愿放弃施加暴力的权力,并以更高原则的名义约束自身不行使这种权力。在甘地看来,这种观念根植于印度传统的道德主权。② 至关重要的是,这种对国家的设想反映出程序性的普遍主义和实体性的特殊主义之间的结构性(也是道德性)差异,这是英国统治下"法治"的特点。尽管坚持程序的形式主义可能有助于为独裁国家权力奠定基础,它也引入了英国更高领域的原则,以对抗个人统治者的想当然、谋取私利以及过度冲动(当然,英国将以上表现称为"东方专制主义")。因此,甘地的思想中"人治"和"法治"(尽管据我们所知甘地没有使用上述并列的具体语句)的矛盾关系和谐共存在这样的国家群体当中:根据自治和遵守原则的承诺建立的国家社会群体(相当于"法治")和恒久不变的个人利益和文化特殊论(相当于"人治"),无论在个人还是社会之间,始终充满紧张关系。③ 如此的法律结构为一个道德理想化的国家提供了

---

① 事实上,甘地明确将非暴力并入一种高级法则的至高权威之中。"关于真理和爱的永恒法则"正如甘地在1994年的一封信中所指出的,"我将其解读为非暴力"。

② 当然,这里的关键在于权力放弃和道德主宰之间的关系。有关甘地本人论述中权利放弃和合法权威之关系的讨论,参见 Susanne Hoeber Rudolph 和 Lloyd I. Rudolph(1983)。此类观念在印度传统中深厚根基的讨论,参见 J. C. Heesterman(1985)。

③ 尽管甘地常常被视为自由主义的批评者(Skaria 2002),他的观点在一定程度上呼应了19世纪一些英国官员(例如詹姆斯·费兹詹姆斯·史蒂芬 Fitzjames Stephen)在此方面的看法,尽管他们的观点之间明显存在深刻的差异。史蒂芬将"法治"看作是一种很大程度上让个人冲动和恣意(这些被视为"东方专制主义"的特征)服从于确定的规则和原则(这一观点与他的下述观点有关,即"自由"只有在宗教、道德和法律的约束之下才有意义)的标志。按照这种看法,究其实质而言,"法治"体现了道德理性相对特殊主义本身的胜利。尽管甘地对"西方文明"批评有加,他和维多利亚时期的自由派人士一样,都坚信关于个人良心的普遍性理想是"法治"概念的基础。

重要样板。

自然,甘地动员印度人民的成功,在于他发动的政治运动基于他对该民众的理解。甘地动员民众的关键在于非暴力不合作。非暴力不合作也可以称作非暴力不服从,这是甘地政治影响力的核心,与甘地的思想一致。对“法治”的继受,至少在自律规则方面的接受,对于非暴力不合作运动来说是至关重要的,尽管道德理想中的自律、遵守规则和现实中的不公正或分裂的实体法(定义了殖民统治,当下正遭到道德挑战)并存。对甘地而言,独立或者自治,是非暴力不合作运动的目的。这里所说的自治包括个人的自治(克服每个人的暴力倾向以及特殊本能)和作为一个整体的国家的自治/独立。[①] 作为“人民”运动的象征,非暴力不合作运动的概念在关键方面反映出道德的两极分化,这标志了殖民地印度“法治”的理想化,这也意味着该运动正运用这些两极化的观念,以造就一个独特且理想化的国家。

然而,除了象征性地削弱殖民结构的控制,非暴力不合作运动本身几乎未获成功。该殖民结构的根深蒂固,在于国家联合地方精英对暴力实行严格控制,也在于印度社会群体相互隔离的普遍性。因此,有必要观察印度政治另一个关键发展期,即20世纪英属印度政治结构中选举的引进。事实上,1919年英国在印度逐步引入选举,很大程度上是为了吸引新的政治官僚和政治权力,以面对民族主义的挑战。无论与殖民地的结构控制联系有多么紧密,对法律的实体法和程序法的关键区分使选举终于成功实现。

这点或许也可以从印度殖民地选举法和物权法的联系上看出来。殖民地选举中投票的权力与财产所有权紧密相关(正如19世纪英国逐步扩张所实现的一样)。最重要的,也许是选举结构从根本上而言,是建立一种紧张局面之上。这种紧张局面反映出英属印度物权法律制度结构。一方面,选举基于这样的法律概念:每一位选民是拥有同意权的个体,如同每一位物权拥有者一样,有能力与国家订立契约。另一方面,选举法(如同物权法一样)建立在如此的假设之上:参与选举的个人(就像他/她在物权案件中自己前往法院一样)对印度社会文化特殊性负有塑造任务。[②] 事实上,这种在选举中体现的紧张关系通过复杂的政治戏剧表

---

① “azadi”(自由)和“swaraj”(自治),常常被用来翻译“独立”(independence)一词。利用这两个关键词之间的错综纠缠来撰写一部印度独立运动史将是非常有吸引力的工作。尽管这两个术语在某种程度上是一个意思,他们的核心意义还是有重大区别的。

② 在这一脉络下讨论殖民地选举法历史的研究,参见David Gilmartin(2007)。物权法对于塑造(由英国引入印度的)选举民主制的法律结构的重要性,“被代表”的个人——其地位可能受到非法的“不正当”干预——这一概念对于契约和选举法律的重要性从而体现。

现出来。最终,政治矛盾导致印巴分治以及巴基斯坦的创建。不过,从结构上来说,非暴力不合作运动提供了一个强大的制度框架,在非暴力不合作中,通过让个人融入超越(甚至是包容)政治激情和冲突的正式框架以及程序,“人民”被重新定义。

20 世纪印度政坛关于“法治”的话语,及其对于特定的印度“人民”(依照卡恩的理解)概念的定义,因此颇具影响力。确实,这一话语最终导致 1950 年印度宪法的形成,以及英国离开后印度政治结构的建立。作为印度首任总理,贾瓦哈拉尔·尼赫鲁(Jawaharlal Nehru)在 1949 年美国国会的一次演讲中宣布:“我们已经将基本人权置于我们宪法的前沿,所有喜欢自由、平等以及向往进步——自由的个体,人与人的平等和法治——的人都有权享受”。但是“法治”也带来了一系列印度政治体系独有的紧张关系。该情况有三个方面值得注意。

首先是印度法律结构对“人民”的定义所遗留下来的冲突。“人民”既需要符合法律结构的设想,与此同时,又被个人权利(有时则体现为甘地主义所主导的、高度自控的道德个人主义)定义,且在诸多特殊性社会群体中受到大量文化特质影响。虽然巴基斯坦 1947 年的独立使得这种紧张局面在某种程度上得以缓解,它也继续塑造着印度政治的方方面面。例如,宪法中关于印度统一民法典的设想与现实中代表不同宗教团体利益的法律特殊性之间,紧张关系仍然存在(这种紧张关系应该被写入宪法)。普遍的正义观念中也可以看到这种紧张关系。无论“法治”与印度“人民”的定义之间存在多么密切的联系,“法治”与个人实质正义之间的关系,远远不如其与想象的程序性道德理想(后者定义了一个理想的人)那么紧密。事实上,正式法律结构与实质正义之间的联合在印度主流思想中依然不受欢迎。很少人认为法院系统或者律师能为个人正义提供令人信服的榜样。[①]实质正义的公众想象在印度文化中多集中在英雄人物或者某些民粹主义政客身上,如民间故事《罗摩衍那》(Ramayana)中理想的国王罗摩(Ram),首席部长和电影明星拉马钱德兰(Ramachandran)(俗称 MGR)等。在泰米尔(Tamil)地区文化

① 关于这点的一个实例是印度独立后律师的地位急剧下降。殖民地时期的印度,在当地社会群体体现的特殊主义与国家普世和理性化的合法性主张之间,律师扮演了关键的战略性角色。然而,随着印度宪法的颁布和国家政治活动向其他人(包括那些参与发展事务的人们)放开,律师不再担任这一角色。

中,甚至可以是“土匪女王”普兰·黛维(Phulan Devi)。[①] 虽然正义理想与这些普遍受欢迎的人物之间存在共鸣,这些人物往往需要被置于特定社会群体(无论在地域上还是宗教上)之中。[②] 他们因此成为某些文化和政治紧张关系的目标对象。“拯救”罗摩在阿逾陀国出生地这样的政治运动就是例证之一。

当然,第二个方面与之相平衡。个人“权利”话语不仅与财产和投票有关,也与印度强调的个人与生俱来的群体身份相关。具体而言,可以说印度关于“权利”的政治话语最重要的是在印度种姓制度基础上提供歧视的补偿性机制。但是“法治”在印度政治的重要性远不止于此。因为“权利”的政治话语与宪政体系关系密切,而宪政体系体现出——如果不在实践上,至少在理论上——文化对于程序形式主义的超凡理想。在该理想当中,这一形式主义是人民主权的基本体现,无论其表现为选举机制(名义上由不受政治影响的国家选举委员会操作)还是有时积极(有时保守)的最高法院。这一理想是甘地主义和英国法律思想遗留下来的。甚至面对国家(如之前的英属殖民国家)对其高度专制遮掩,党派之争中偏袒某方,以及法律语言毫无效用这样的情境,这一理想依然幸存下来。这些矛盾现实导致的最明显结果,是大众普遍不信服印度的下级法院(通常与司法腐败而不是正义关系更为密切),反而相对尊重最高法院和全国选举委员。因为后者代表了“法治”理想,且有时会让当权者承担其相应的责任。到目前为止,这些正式机构都是印度在道德上最受人尊敬的。[③]

两者集合,可以引出显而易见的第三点。也就是说,在塑造印度身份——印度“人民”——的过程中,“法治”的凸显在理想和现实之间制造出特殊的巨大差距。当然,这正是汤普森(Thompson)所描述的英国“法治”本质,亦是印度殖民地法律体系的特征之一。自1947年始,这一点可以用来较为宽泛地描述印度的法

---

① 戴维出生于印度北方一个属于低级种姓的贫穷家庭。她11岁的时候就被迫结婚。在遭到丈夫的虐待后,戴维开始了逃亡生涯并加入了一个抢劫团伙。当地村民抓住了戴维,对她进行了多次强奸。戴维设法脱逃后,组织了自己的团伙,然后回到那个村子复仇。在她的命令下,她的团伙成员用机枪杀害了22人。戴维受到了印度下层人民的崇拜,在他们眼里,她成了反抗印度种姓制度的女英雄。戴维于1983年因涉嫌杀害村民而被捕,但她对此予以否认。11年后,最高法院以戴维已受够痛苦为由宣布释放她。从此以后,戴维开始从政,声称要在政府中为穷人伸张正义。受到妇女和贫民广泛支持的戴维于1996年以多票当选议员。——译者注

② 在这一点上,印度相对于中国的差异再一次展现。因为在中国,诸如包公这样广为流传的正义英雄形象与法律普世主义而不是特殊共同体的主张相联系。

③ 国家选举调查(National Election Survey)为我们提供了这一论点的数据化证据。据调查显示,75%的人认为司法机关和国家选举机构的运作还算不错;相较而言,其他部门(如行政部门和政党)获得支持的比例要小很多(Alam 2004,14)。

律和政治体系。当然,这种差距的意义还有待争辩。对于很多人而言,这一差距已经证明了印度"法治"的缺陷,因为法律理想和法律现实(包括执行和行动)之间的差距恰如鸿沟。不过,我们仍然认为,差距的存在与继续也可以被看成"法治"角色重要性的证明。因为作为一种意识形态,"法治"可以平衡理想与现实中不可避免的"人治"。无论矛盾如何,将"法治"的本质不单单理解为下达指令和进行审判的体系,而且是主权矛盾性的理想产物,这对于推动20世纪印度的政治进步至关重要。

(二)中国

20世纪中国政治中"法治"的角色当然与印度完全不同。其原因是多方面的,包括1911年清朝覆灭之后中国还是否存在这一质疑带来的前所未有的国际压力。但我们的观点是,中国政治20世纪发展轨迹受到清朝已存在的"法治"结构的深远影响。虽然相对来说,那些岁月里印度积累的基础更为雄厚,对比清代中国和英属印度,仍然可以帮助我们更好地解读20世纪"法治"发展史。在印度,法律程序与实体概念分离的剧烈过程极大影响了民族主义的发展;在中国,程序和实体的融合对法律的定义同样产生了长期重要的影响。

考虑到"法治"与本土国家主权概念的结合在19世纪的中国比英属印度更为紧密——在中国社会之中这一结合则更为根深蒂固——树立具有崭新形式且与"法治"相关的国家权威这一期望在中国远比在印度更有可能实现。毕竟,个人甚至庶民都可以依据"普天之下"的王法声张个人权益,也可以运用法律有效维护自身利益。因为他们多少都有一些关于法律运作程序和实体层面的知识,且知晓这些法律的制定背后超然的原则(依据上天的旨意)。然而,颇具讽刺意味的是,也许正源于这套固有观念,清朝一旦倾覆,中国法律的前景便岌岌可危。一旦皇帝不再是道德榜样,儒家传统受到攻击,法律便不再为民众、社会和国家所共享。实现政权合法性,不再等同于将正义分配给民众,而在于敌对且变动不局的国际环境下为自身获取正义付出努力。当政党为了国家权力互相争夺,法律就失去了国家和社会以外的自治空间,也不能在实体斗争之外赋予"人民"这一概念理想化的定义。"人民"的定义由政党而非法律给出,且法律服从于政党利益。[①]直到20世纪的最后几十年,"法治"才在公众话语中再次得到重点关注。

这一发展轨迹可以追溯到晚清时期的法律改革。基于法律体系长期的内部缺陷会引致王朝灭亡这一担忧,加上为了兑现让列强放弃治外法权的承诺,晚清

---

① 关于20世纪中国党派超越了国家的更多论述,参见朱苏力在2007年写的文章《中国法律中的政党》。

的法律改革主要在以下方面进行:废止残酷刑罚;修订刑法;创建独立民法典;行政和司法分离;废除满汉之间的法律适用区别。清朝末年,酷刑和种族歧视已经废除,新的刑法典开始起草。新建立的"三权分立"的共和国继续了晚清改革,规定法官不得是政党成员。虽然这些改革在实际上有政治根源可循,其意义在于从事实上将法律这一领域从儒家传统中剥离出来——换言之,道德说教(礼教)被剔除出了司法程序。

但这种剥离手段的关键在于,中国政府的主权能在具有敌对气氛的世界局势中获得新的支持。正如沈爱娣(Henrietta Harrison)认为的那样,即使中国新建立(即使较为无能)的谘议局"赋予了国家合法性来自人民(而不是'天子及天')这一新的想法一种合宪的形式",源自政治改革的法律改革较少诉之于"正义"观念,其更多谋求的是确保中国政府的国际合法性地位。这种做法不仅在官方文本中,而且在新闻报道的著名案例中频频得以体现。例如,20世纪早期,一桩涉及妻子对丈夫谋杀未遂(违反儒家核心道德教义的行为)的案件中,帝国的官员运用了报纸对此案的报道而不是礼教来描述此案将如何影西方对治外法权的态度,以给皇帝留下深刻的印象。

即使晚清谘议局标志着对正义的寻求开始与"天理"脱离,外国势力不可避免的存在主导了中国"法治"争论的实质。"国民"这一新的概念着重与外国人的关系,而不是"保障民族国家公民个人权利的活力"。在这种背景下,政治权利被"解释为国家而不是个人为自身利益采取的行动"。这种态度并不能阻止共和国从欧洲引进新的法律机制的尝试。这一机制认可作为权利拥有者的个人有权诉之正式程序,以在法院无私的裁判官面前追求自身利益的实现。在理论上,这一正式程序"高于政治"。事实上,尽管存在明显冲突,1912年到1920年年末,中国新兴的法律职业在沿海和沿河的许多大型城市一度盛行。对某些学者而言,当时的中国正朝着新的"法治"方向努力,个人利益和集团利益在这个国家内均被视为合法。但是这种发展趋势被持续的国际压力和内部不稳定因素严重地限制,也被发展过程中国家和社会关系之间的矛盾阻碍了。

这一矛盾的核心在于"法治"和"人治"对立的意义变化。"法治"和"人治"这一对对立概念对于清朝统治下法律的角色以及"法治"的定义十分关键。在实践中,与印度的比较表明,独特的中国文化环境基础使得清朝的"法治"并不完全反对与之相对的"人治"。其提倡的是某类具有特殊权威的人拥有必要的修养和能力,能够将个人利益置于中华文明的利益原则之后。在清代,这一形象与儒家士绅或者学者紧密相关。印度有所不同。在印度,甘地所设想出来的具有自律和自控能力的人,对于在一个民族主义的(本土的)印度道德习语中概念化为一个国家主义的和殖民的“法治”至关重要，而中国为了在国际秩序中为自身谋求新的地位，拒绝了儒家思想，反而将两者（“法治”与“人治”）之间的关系拖入混乱之中。

“人治”的信奉者往往受到儒家观念的影响，却又极力避免被认为推行儒家思想。这是一个巨大的挑战，因为从本质上来讲，他们反对道德革新分子。这些人曾在19世纪30年代的公学中断言，个人的道德活动尤其是特殊人物的道德活动比国家机构更能够完成治国之道。在这种情况下，“法治”的支持者则属于不同的政治派系。以袁世凯为例，一方面他激烈反对刑法改革对礼教的淡化；另一方面又试图维护一种个人权力体系，企图复辟君主政体。不过他也谴责对个人财产的任意没收，声称“共和国是建立在法治基础上的”。与此构成鲜明对比的是中国共产党的创始人之一陈独秀。他谴责个人化“人治”（即使其为大众发声），因其容易被情绪主导，且劣于较为客观的“法治”。事实上，1930年一桩涉及孝女杀死杀害其父亲凶手的轰动案件中，最后法院判决明确表示，法律不能被公众同情或社会情绪所绑架。法官拒绝了被告的情感主张和公众同情的呼吁，认为这些不能作为减轻处罚的法律依据，然而在小范围内，他们被允许表达法治的主张①此案确认了道德理性（与民愤或者说群众呼声形成对比）的重要性。这种理性对于“法治”运作至关重要。不过，因其超越了儒家自我约束的理想，确立了中国政权国际化合法性的基础，该概念与独特的中国文化——或者说中国“人民”——的关联变得更复杂了。

尽管印度推行“法治”的争论主要关注对独裁治理的调整，以及建立新的自律的民族主义国家（根植于既存的国家权力道德理念），在中国，相关争论则朝着完全不同的方向发展。19世纪20~30年代的社会冲突中，当“国家”利益与政党密切相关，该差异表现得更为明显。1923年，国民党和共产党的统一战线一旦形成，他们马上一致认为国民革命优先于社会革命，也赞同引入新的经过改革的自治制度。“如果社会利益与国家利益冲突，那么社会必须服从于国家”。不仅每个人都要表现得像“国家公民”而不是“代表局部利益的社会分子”，整个国家都应该屈从于国民党，因为其“通过政党引领国家”。

正如徐小群所指出的，到19世纪20年代中期，司法和法律职业已经被全盘

---

① 然而，[美]林郁沁（Eugenia Lean）对于此案有更宏观的看法：19世纪30年代的“大众激情”造就了一种“影响司法程序”的影响力政治（2007，208）。她认为法院想要利用这一案件来推动“正当程序的落实”（135），以此拒绝政党干涉和“大众激情”影响。最后，为了回应公众对被告复仇孝行的同情，国民党对她实行了特赦。

“党化”。国民党高级领导人胡汉民解释说,在没有具体法律规定的情况下,法官应该因循孙中山先生著作作出判决。法官不得加入政党的有关规定已经成为过去式。国民党明确声称,《刑法典》的目的在于执行党的信念,而《民法典》的目的则强调共同利益和公共利益优于个人利益。同时,国民政府通过了越来越多的严刑峻法以惩治盗匪。与《大清律例》相似,这些法律废止了明文规定的正常程序,施行异常严厉的严刑峻法。诚然,以上这些不等于说中国不存在既属于国家(或政党)又属于个人的“法治”这一继有模式。正如一些优秀律师堪称模本的起诉书和省级高等法院的判决(保存在南京第二历史档案馆)显示的那样,律师们和法官们依然履行着他们的职责,如同法律仍然构成和占据了一个独立的程序性空间。但是内忧外患,尤其是政党意识形态取代礼教这样的大环境背景,使得他们的努力成效颇微。

1949年取得政权之后,共产党断然否定了继承任何“资产阶级性质的”国民党法律的可能性。但是仍然认为法律是政党/国家实施政策的工具。正如共产党内部分管法律理论和政法问题的领导人彭真所指出的,法律是“由党批准并由国家强制力保障实施的政治、社会和经济政策的权威性表达”。不仅如此,彭真始终意识到共产党作为良好行为模范起到的带头作用。他也主张即使无产阶级专政实施阶级斗争,共产党不能隐藏在革命斗争的保护之下,共产党员的违法行为也必须接受法律的制裁,而不仅仅是党纪处分。此外,法律的作用应该随着阶级斗争的消散而扩大,但是,在阶级斗争中,法律职业及其规则是完全没有地位的。①尽管如此,对于彭真以及党内与他意见相同的其他人来说,即使法律充当政党权力的工具,程序的形式主义和法律的普遍适用性,也代表了“真理面前人人平等”这一观念。在理论上(而不是在实践中,正如他们后来认识到的),法律可以被作为反对个人化的“人治”,特别是一人之治的保障。

1980年年初试图推动中国转向市场经济之时,邓小平提出了“一手抓法制,一手抓改革”的思想。但是,“法治”的作用因为下述两项因素的影响而复杂化。首先,中国需要向其人民宣教法律及其在社会中的相应角色。曾经标志了清朝特征的实体和程序常识及其与社会价值的联系,在中华人民共和国却是闻所未闻。鉴此,1979年起中国开始了“普法教育”工作。1985年,随着其第一个普法五年规

① 在1957年的反右运动中,希望就程序性问题和实质性法律问题进行审判、提出法律问题的律师和法官很快意识到自己成为反“右”运动的受害者。这些人被清除出法律职业队伍;该行业本身也因为“文化大革命”遭到彻底的解散。19世纪80年代,中华人民共和国重建法治,这些“法政英雄”得以“平反”,随即参加到法律职业的重建中。

划的制定,这项工作变为正式化。法律"知识读本"和法律条文"简明"释义大量出版。引人注目的是,帝制中国时期"正义化身"的出版物与20世纪30年代以来共产党自身宣传的"正义化身"故事同样热销。如果如保罗·卡恩所写的那样:"在法治成为立法和审判行为的产物之前,它首先是一种理念",那么看来中国需要重新培育起人民的想象。其次,也是更具挑战性的是中国需要面对这样的现实:不同于几乎全由国有企业和集体企业构成的计划经济,市场经济要求有一个框架,促使各类权利拥有者之间自愿形成横向联系。从某种程度上说,中国关于契约的充满活力的社会文化遗产提供了这一框架。相比印度而言,由契约构成的经济世界早就融入中国社会现实之中。但是,正如1986年围绕《民法通则》的激烈争论所显示的,这种新的经济框架包含一些观念的萌芽;这些观念关于政治秩序应该与财产和契约(以及法律程序)体现出来的双方合意概念相符,这在中国引起了相当程度的焦虑。正是在这一意义上,"法治"的重新引入仍然带来问题:对"法治"思想史的考查既促使了其诞生,又限制了它在政治上适应中国新的社会秩序。

五、结语

在英属印度以及清代中国——无论以何种方式表现——人治与法治之间的观念对立都是主权概念的核心。人治和法治的两分法引发了一个无法回避的悖论。在实践之中,法治当然永远无法与人治相分离,因为离开了人的施行,法律便等于虚无之物。但作为对立原则,法治和人治在概念上的并置基于如此的假设:在某种程度上,法律原则并非来源于同时期人类社会的政治结构,这赋予了法治作为政治合法性的道德力量。考察这一张力的不同形式对于比较作为意识形态工具的"法治"十分关键。

对中印两国的个案研究中,正如我们已指出的那样,"法治"的内在未必是民主的。事实上,无论是帝制时期的中国还是殖民地时期的印度,对法律的吁求都为治理的高度威权主义形式提供了意识形态基础,只是方式不同。上述案件中,即使被精英统治正当化,该吁求也提供了强有力的概念基础约束政治权力的行使。对清政府和英国政府而言,法治不仅依赖对具体法律和法律程序的界定,还依赖于这样的假定:法律结构本身体现了若干道德原则,后者则与日常权力结构及治理社会的欲望之间存在紧张关系。上述两例个案中,这一点对于权威统治正当化十分关键。在本质上,社会由其所缺乏的道德理性来界定。上述案例中,统治者的理性程度、道德修养水平与社会实际达到的理性程度和道德修养水平之间的差距,界定了社会和国家之间的关键不同。

尽管存在上述共同点,但法律构建不甚完美的社会形象时所运用的方式差异是理解上述个案中“法治”历史意义的关键。在中国,“法治”的意识形态基于这样的观念:道德理性的能力是普遍的,但呈不平等分布状态,因此法律必须针对不同身份的群体区别适用。社会因此可以被理解为具有等级差异,但又由共同原则(同时体现在法律实体和程序之中)界定。一个理想社会体现的原则应当与统治者适用自身的原则相同。然而在殖民地时期的印度,法律结构设立了一道概念之墙,将国家与社会分隔开来。这种国家和社会之间的分隔,亦体现在实体法与程序法的区分之中。当更高程度的国家理性反映在其对程序普世性的公开承诺中,法律实体则随着构成印度社会的群体差异而变动(至少在“个人”事务方面如此)。由此,英属印度法律所构建的社会形象非但不完美,且在文化上支离破碎。

以财产、合同和权利确定社会和国家之间的各种结构性关系,不仅体现了这种差异,还将这种差异复杂化了。在某些方面,物权法和合同法似乎可以扭转我们刚刚呈现的中国和印度的形象。与印度相比,中国来源于合同逻辑的物权在主流的社会关系中渊源更深,亦由此确定了一个独立于国家、具有程序性规范的世界。一方面,得到英属印度不少理论家推崇的私有制实体法将国家与社会的价值联合在一起,亦颇具普世价值。然而在实践中,这些对立均有损法律运作之下的政治现实。在中国,实质正义的规则(而不是财产)与“天理”息息相关,将社会与国家结合起来。另一方面,在殖民地印度,无论其普遍性如何,物权法在实践中被文化差异和社会结构多样性影响,这种影响在法律系统的其他方面也体现出来,再次凸显社会与国家在文化上的分离。要理解20世纪的政治,这些对比十分关键。

在印度和中国,对法治产生长期影响的关键是“法治”和“人民”的概念之间的联系。卡恩认为,“在我们于身处其中的地方社会群体的历史叙述中植入权威命令之前,法律的统治将无法实现”。尽管英国人用法治的结构否定了印度存在一致的人民这一观念,他们对实质与程序的分割在事实上促进了甘地对伦理叙述的强调,该叙述对道德原则和日常多元化之间的紧张关系(这是民族认同感产生的关键)予以了认可。这一点随后体现在印度的宪法传统中,也定义了社会。尽管现实与原则之间仍然存在巨大差距,该国的法律构架在定义国家中起到了重要作用。中国的颁布则全然不同。清朝的“法治”对于“人民”身份的确认比英属印度远为重要,但是程序法和实体法的紧密结合使得法律与国家认同的关系在20世纪发生了急剧的变化。20世纪关于等级、阶级、社会平等以及国家权力的革新性纷争均围绕法律的实质进行,而法律则深嵌于政党政治之中。这种情况下,希冀法律程序能够作为中国统一的象征超越政治竞争和政党组织,只能说可能性颇微。

对比19世纪和20世纪中国和印度的“法治”轨迹无疑是重要的,有两个原因让我们如此相信。其一,即使"法治"对于民主制度的建立和现代社会自由市场的运行至关重要,它不能简单被概念化为一种"政策",以促成这种结果。实际上,如同我们已经展示出的那样,"法治"史需要放在国家权力和主权的宏大历史叙述背景下解读,才具有信服力。仅依赖法律机构来推行"法治"的构想无疑是行不通的。除此之外,我们的比较还有第二个原因,与第一个原因有机相连。其二,尽管"法治"史的宏大历史叙事多蕴于西欧史和北美史之中,其对于现代世界的巨大意义,只有当我们跳出这一既定框架,才能被更好理解。我们并不否定西欧历史对于"法治"的特殊意义,也并不否定中国和印度史(它们通向更为广大的世界史)的重大意义。我们想要论证的是主权在根本上具有的矛盾性,正是这一矛盾性塑造了"法治"的历史,不限于西欧。在这个主题的讨论当中,希望本文起到抛砖引玉的作用。

中英词汇对照

A

Alford,William P.　安守廉
Allee,Mark A.　艾马克

B

Benton　本顿

C

Carl Schmitt　卡尔・施密特
Crossley　克罗斯雷

D

David Gilmartin　大卫・吉尔马丁
De bary　狄百瑞

E

E. P. Thompson　汤普森
Ellickson,Robert C.　埃里克森

G

Gregory. C. Kozlowski　格里高利・C. 科兹洛夫斯

H

Henrietta Harrison　沈爱娣
Henry Maine　亨利・梅因

J

Jonathan Spence　史景迁
Jones　琼斯

K

Ken Pomeranz　彭慕兰
Kuhn Philip　孔飞力

L

Lauren Minsky　劳伦・明斯基

Lauren. Benton 劳伦·本顿
Lufrano 勒夫拉诺

P

Pam Price 帕姆·普莱斯
Pamela Kyle Crossley 柯娇燕
Paul W. Kahn 保罗·卡恩
Peerenboom 裴文睿

R

Rachel Sturman 瑞秋·斯特曼
Rousseau 卢梭

S

Sally Engle Merry 萨利·安格尔·梅丽
Sommer,Matthew H 苏成捷
Stephen. holmes 史蒂芬·霍姆斯

T

Tamanaha 塔玛纳哈

W

Wesley Hohfeld 韦斯利·霍菲尔德
WXTK 《清朝文献通考》

编后记

翻译真是一件吃力不讨好的事！从2014年上半年至今，这项工作已开展了近两年，好不容易接近了尾声。终于有机会向各位译者、校者以及许多为本书做出贡献的朋友表达我们的谢意了！

2013年上海市学位办批准各市属高校开展“上海市研究生教育创新计划”，华东政法大学法律史研究中心有幸与复旦大学历史学系合作，承担了其中的“世界法律文明的互动与变迁”项目。在3年时间里，共开展了4期专项研究和访学项目，组织了2场学术研讨会。近100名博士研究生、硕士研究生及青年教师参与了项目，包括赴复旦大学历史学系访学、撰写论文、翻译外文学术论著等。

本书收入的16篇法律史译文，就是项目第4期的成果之一。

2014年方强教授来访，为华东政法大学研究生举办讲座。之后，我们聊到海外学者研究中国法律史论著的引介问题，都认为欧美学者研究中国法律史的大量论著，至今较少被译为中文。很快，我们就达成了共识，在工作组织、分工、凡例、关键词、文献引用、法条引用、体例格式等问题形成了初步意见。参与翻译的同人有杨焯、高童非、宋麟、杨安舒、郑欣沂、朱琳、周欢、袁也、黄桦、翟晓强、魏鑫、蒋辰、王鹏飞、赵阳、于莹、刘丁、宋保振、阚剑、余璐、陈宇等。各位译者加班加点，反复琢磨，勤奋程度令人钦佩！

我们最初设定的流程是：两位译者一组，合作翻译两篇。其本意是集思广益、取长补短,但后来有些译者还是“单干”了。2015 年上半年译稿初步提交,质量参差不齐,加之时间紧急。在最困难的时刻,杨焯老师义无反顾地加入团队,承担起最繁重的统译工作。她专门作了一次有关翻译规范的讲座,并对所有译稿逐字逐句统译。个别原译者实在力不从心,译文无法畅达,只得另觅译者重译。难度特别大的几篇,杨焯老师干脆自己重译。她实际承担了超过40 万字的翻译、校译和重译工作,如果没有她的参与,这项工作或许就会流产。

方强教授大概不会料到,2014 年的上海之行会给他带来这么大的麻烦。他在明尼苏达大学的教学研究任务非常繁重,支持我们开展这个项目,纯粹是出于共同的学术兴趣以及推进中国法律史研究的热情。他承担了所有译文的版权联系工作,还就翻译的每一个细节问题与我们讨论沟通。我试着数了一下方强教授发给我的电子邮件,实在出乎意料,竟有 128 封之多,加上他与原作者以及各位译者、校者的通信,我想至少有几百封吧。我真不知该用怎样的语言,才能表达对方强教授的谢意与敬意!

姚远、于明、高珣和我共同承担了译稿的初校。

本书出版时,“世界法律文明的互动与变迁”项目的经费已经用罄,感谢何勤华教授批准从国家重点学科华东政法大学法律史学科建设项目、上海市人文社科基地华东政法大学外国法与比较法研究院建设项目中拨出经费,资助本书的出版。感谢法律出版社财经分社沈小英社长、本书责任编辑刘晓萌老师、华东政法大学研究生院杨忠孝教授、王月明教授、戴国立老师、危红波老师对我们一如既往的大力支持！当然,我们不会忘记对方强教授、戴福士教授、马若斐教授、高道蕴教授免费授予他们大作的翻译版权致以最诚挚的感谢!

我们深知,学术界公认的翻译目标是信、达、雅,对于专业译者来说,达到这三个目标也是很不容易的,对于业余译者的我们来说,则近乎不可能完成的任务。有时是外语水平,有时是法律史专业能力,有时是工作的状态,总会或多或少地影响我们的翻译质量。译者、校者、编者须对译文的差错负责。对于译文中可能存在的各种差错,期望学界前辈、师友、同仁们提出宝贵意见,以便我们改进和提高。

华东政法大学法律史研究中心

陈灵海

2016 年 1 月 28 日

图书在版编目(CIP)数据

法律史研究. 第5辑,欧美学者研究中国法律史论文选译专号/华东政法大学法律史研究中心编. —北京:法律出版社,2016.6

ISBN 978-7-5118-9620-9

Ⅰ.①法… Ⅱ.①华… Ⅲ.①法制史—世界—文集②法制史—中国—文集 Ⅳ.①D909.9-53

中国版本图书馆CIP数据核字(2016)第132726号

法律史研究(第5辑)

欧美学者研究中国法律史论文选译专号/华东政法大学法律史研究中心 编

编辑统筹 财经出版分社
策划编辑 沈小英
责任编辑 刘晓萌
装帧设计 李 瞻

出版 法律出版社
总发行 中国法律图书有限公司
经销 新华书店
印刷 北京京华虎彩印刷有限公司
责任印制 吕亚莉

开本 720毫米×960毫米 1/16
印张 32.75
字数 528千
版本 2017年3月第1版
印次 2017年3月第1次印刷

法律出版社/北京市丰台区莲花池西里7号(100073)
网址/www.lawpress.com.cn
投稿邮箱/info@lawpress.com.cn
举报维权邮箱/jbwq@lawpress.com.cn
销售热线/010-63939792/9779
咨询电话/010-63939796

中国法律图书有限公司/北京市丰台区莲花池西里7号(100073)
全国各地中法图分、子公司销售电话:
统一销售客服/400-660-6393
第一法律书店/010-63939781/9782　西安分公司/029-85330678　重庆分公司/023-67453036
上海分公司/021-62071010/1636　深圳分公司/0755-83072995

书号:ISBN 978-7-5118-9620-9　**定价**:99.00元
(如有缺页或倒装,中国法律图书有限公司负责退换)